公路水运工程试验检测专业技术人员
职业资格考试用书

桥梁隧道工程

(2023年版)

交通运输部安全与质量监督管理司　　组织编写
交通运输部职业资格中心

人民交通出版社股份有限公司
北　京

内 容 提 要

本书是公路水运工程试验检测专业技术人员职业资格考试用书之一,根据《2023年度公路水运工程试验检测专业技术人员职业资格考试大纲》编写。全书共有四个部分:绪论,介绍桥隧工程试验检测的目的、内容、依据、工程质量评定、安全风险评估以及桥隧养护工程质量检验评定的基本要点;第一篇介绍桥隧工程基本的几种原材料和常用工程制品的力学性能试验检测方法,以及结构构件材质状况的无损检测技术;第二篇介绍桥梁地基与基础、桥梁技术状况评定、荷载试验以及承载能力评定的试验检测、检查及评定内容;第三篇介绍隧道相关基础知识、洞身开挖质量检测、喷锚衬砌施工质量检测、混凝土衬砌施工质量检测、隧道防排水检测、辅助工程施工质量检查、施工监控量测、超前地质预报、隧道施工环境检测、隧道运营环境检测、运营隧道结构检查以及盾构隧道施工质量检测与监测。

本书主要作为公路工程试验检测人员考试用书,也可供相关专业技术人员和高等院校相关专业师生参考使用。

图书在版编目(CIP)数据

公路水运工程试验检测专业技术人员职业资格考试用书. 桥梁隧道工程:2023年版 / 交通运输部安全与质量监督管理司,交通运输部职业资格中心组织编写. — 北京:人民交通出版社股份有限公司,2023.1

ISBN 978-7-114-18393-5

Ⅰ.①公… Ⅱ.①交…②交… Ⅲ.①桥梁工程—试验—资格考试—自学参考资料②桥梁工程—检测—资格考试—自学参考资料③隧道工程—试验—资格考试—自学参考资料④隧道工程—检测—资格考试—自学参考资料 Ⅳ.①U41②U61

中国版本图书馆 CIP 数据核字(2022)第 252225 号

书　　名:	公路水运工程试验检测专业技术人员职业资格考试用书　桥梁隧道工程(2023年版)
著　作　者:	交通运输部安全与质量监督管理司 交通运输部职业资格中心
责任编辑:	刘永超　黎小东
责任校对:	赵媛媛
责任印制:	刘高彤
出版发行:	人民交通出版社股份有限公司
地　　址:	(100011)北京市朝阳区安定门外外馆斜街3号
网　　址:	http://www.ccpcl.com.cn
销售电话:	(010)59757973
总　经　销:	人民交通出版社股份有限公司发行部
经　　销:	各地新华书店
印　　刷:	北京市密东印刷有限公司
开　　本:	787×1092　1/16
印　　张:	35
字　　数:	848千
版　　次:	2023年1月　第1版
印　　次:	2023年1月　第1次印刷
书　　号:	ISBN 978-7-114-18393-5
定　　价:	100.00元

(有印刷、装订质量问题的图书,由本公司负责调换)

《公路水运工程试验检测专业技术人员职业资格考试用书 桥梁隧道工程》（2023 年版）

主 编

何玉珊　程崇国　章关永　涂　耘

主 审

刘　渊　王　陶

PREFACE | 前　　言

交通基础设施建设质量安全工作事关交通运输行业高质量发展，事关人民群众生命财产安全，事关经济社会稳定发展，抓好质量安全工作功在当代、利在千秋。公路水运工程试验检测是交通运输基础设施建设的关键岗位，在质量把关、隐患排查和安全监测等环节发挥着重要作用。实施好公路水运工程试验检测专业技术人员职业资格制度，建设高素质、专业化的专业技术人员队伍，既是不断提升交通建设工程质量，实现交通运输安全发展的重要保证，也是为加快建设交通强国、当好中国现代化的开路先锋提供质量安全人才支撑。

为方便考生备考，我们组织来自全国公路水运工程试验检测相关单位和部分高校的专家，依据《2023年度公路水运工程试验检测专业技术人员职业资格考试大纲》，对《公共基础》《道路工程》《桥梁隧道工程》《交通工程》《水运材料》和《水运结构与地基》六个科目的考试用书进行了修订。新版考试用书贯彻了习近平总书记关于交通运输工作的重要论述和指示批示精神，始终坚持以人民为中心的发展思想，树立了工程建设质量安全工作新理念、构建新格局，把质量安全作为交通基础设施建设的核心，坚持高质量发展，坚持统筹发展和安全。落实了《交通强国建设纲要》《国家综合立体交通网规划纲要》对新阶段公路水运工程建设质量安全提出的目标任务，体现了交通建设的新标准、新工艺、新技术、新设备、新材料的发展对试验检测专业技术人员职业能力的新要求，注重理论联系实际，针对性、实用性和指导性强，可以作为广大考生复习备考的参考用书。

在此一并向所有参与编写及修订工作的单位及专家表示感谢！

由于水平有限，疏漏之处在所难免，敬请批评指正。

编写组

2022年12月

CONTENTS 目 录

绪论 ·· 1
 第一节 桥梁隧道工程试验检测的任务和意义 ·· 1
 第二节 桥梁隧道工程试验检测的内容和依据 ·· 3
 第三节 桥梁隧道工程质量检验评定的依据和方法 ·· 4
 第四节 工程安全风险评估 ·· 8
 第五节 桥梁隧道养护工程质量检验评定 ··· 11

第一篇 桥隧工程原材料、工程制品和构件材质状况检测

第一章 原材料试验检测 ·· 17
 第一节 石料 ·· 17
 第二节 混凝土 ··· 20
 第三节 钢材 ·· 29
第二章 工程制品试验检测 ··· 48
 第一节 预应力筋用锚具、夹具、连接器试验检测 ······································ 48
 第二节 桥梁支座试验检测 ··· 56
 第三节 桥梁伸缩装置试验检测 ·· 73
 第四节 波纹管试验检测 ··· 78
 第五节 隧道用防水卷材性能检测 ·· 86
 第六节 隧道用土工布性能检测 ·· 94
第三章 构件材质状况无损检测 ··· 110
 第一节 结构混凝土强度的检测与评定 ·· 110
 第二节 钢筋锈蚀电位的检测与判定 ··· 131
 第三节 结构混凝土中氯离子含量的测定与评定 ······································ 135

第四节	混凝土中钢筋分布及保护层厚度的检测	141
第五节	混凝土碳化深度的检测与评定	145
第六节	混凝土电阻率的检测与评定	146
第七节	超声法检测混凝土结构内部缺陷与表层损伤	148
第八节	钢结构试验检测	158
第九节	地质雷达法检测混凝土衬砌质量	173

第二篇 桥 梁

第四章 地基与基础试验检测 … 183
- 第一节 地基承载力检测 … 183
- 第二节 基桩成孔质量检测 … 199
- 第三节 桩身完整性检测 … 209
- 第四节 基桩承载力检测 … 235

第五章 桥梁技术状况评定 … 254
- 第一节 桥梁基本知识 … 255
- 第二节 桥梁检查 … 263
- 第三节 桥梁技术状况评定 … 273

第六章 桥梁荷载试验 … 282
- 第一节 桥梁荷载试验仪器设备 … 283
- 第二节 荷载试验准备 … 300
- 第三节 桥梁静载试验 … 305
- 第四节 桥梁动载试验 … 311

第七章 桥梁承载力评定 … 329
- 第一节 概述 … 329
- 第二节 基于结构技术状况检查与检算的承载能力评定 … 330
- 第三节 基于荷载试验的承载能力评定方法 … 338

第三篇 隧 道

第八章 基础知识 … 343
- 第一节 概述 … 343

第二节	公路隧道的特点	345
第三节	常见质量问题和主要病害现象	347
第四节	公路隧道试验检测内容	348

第九章 洞身开挖质量检测 349
第一节	概述	349
第二节	开挖方法	349
第三节	开挖质量标准	351
第四节	激光断面仪检测开挖断面	352

第十章 喷锚衬砌施工质量检测 357
第一节	概述	357
第二节	锚杆施工质量检查	358
第三节	锚杆抗拔力测试	361
第四节	锚杆锚固长度和密实度检测	362
第五节	喷射混凝土质量检测	364
第六节	钢筋网施工质量检测	369
第七节	钢架施工质量检测	369
第八节	喷锚衬砌断面尺寸检测	372

第十一章 混凝土衬砌施工质量检测 374
第一节	概述	374
第二节	混凝土衬砌施工检查	374
第三节	模筑混凝土衬砌质量检测	380

第十二章 隧道防排水检测 385
第一节	概述	385
第二节	防水层施工质量检测	388
第三节	排水系统施工质量检查	393

第十三章 辅助工程施工质量检查 400
第一节	概述	400
第二节	围岩稳定措施	400
第三节	涌水处理措施	403
第四节	注浆材料性能试验	405
第五节	施工质量检查	408

第十四章 施工监控量测 411
第一节	概述	411
第二节	施工监控量测内容及要求	411
第三节	必测量测项目	412

第四节	选测量测项目	424
第五节	量测数据处理及应用	441

第十五章 超前地质预报 446

第一节	概述	446
第二节	超前地质预报方法	447
第三节	不良地质体的预报	456

第十六章 隧道施工环境检测 459

第一节	概述	459
第二节	粉尘浓度测定	459
第三节	瓦斯检测	464
第四节	一氧化碳检测	470
第五节	硫化氢检测	475
第六节	氡气检测	478
第七节	核辐射检测	483

第十七章 隧道运营环境检测 486

第一节	运营通风方式	486
第二节	运营照明方式	486
第三节	运营通风检测	489
第四节	运营照明检测	501

第十八章 运营隧道结构检查 514

第一节	概述	514
第二节	结构检查及技术状况评定	514
第三节	衬砌裂缝检查与检测	522
第四节	渗漏水检查与检测	525
第五节	隧道净空断面变形检测	527

第十九章 盾构隧道施工质量检测与监测 530

第一节	概述	530
第二节	盾构隧道管片质量检测	530
第三节	盾构隧道施工质量检测	538
第四节	盾构隧道施工监测	541

参考文献 545

绪论

第一节　桥梁隧道工程试验检测的任务和意义

一、背景

1. 工程建设质量保证的需求

近年来,我国公路交通事业发展迅猛。截至 2021 年底,全国公路通车里程达 528.07 万 km,其中高速公路 16.91 万 km。公路桥梁 96.11 万座、7380.21 万延米,其中特大桥梁 7417 座、1347.87 万延米,大桥 13.45 万座、3715.89 万延米。公路隧道 23268 处、2469.89 万延米,其中特长隧道 1599 处、717.08 万延米,长隧道 6211 处、1084.43 万延米。

根据《国家综合立体交通网规划纲要》2035 年规划目标,国家高速公路网、普通国道网,合计 46 万 km 左右。其中,国家高速公路网 16 万 km 左右,由 7 条首都放射线、11 条纵线、18 条横线及若干条地区环线、都市圈环线、城市绕城环线、联络线、并行线组成;普通国道网 30 万 km 左右,由 12 条首都放射线、47 条纵线、60 条横线及若干条联络线组成。

根据《交通强国建设纲要》2035 年发展目标,基本形成"全国 123 出行交通圈"(都市区 1 小时通勤、城市群 2 小时通达、全国主要城市 3 小时覆盖)和"全球 123 快货物流圈"(国内 1 天送达、周边国家 2 天送达、全球主要城市 3 天送达)。到 21 世纪中叶,全面建成人民满意、保障有力、世界前列的交通强国。基础设施规模质量、技术装备、科技创新能力、智能化与绿色化水平位居世界前列,交通安全水平、治理能力、文明程度、国际竞争力及影响力达到国际先进水平,全面服务和保障社会主义现代化强国建设,人民享有美好交通服务。

在今后一个时期,中国公路建设仍将保持高速发展,而质量是公路建设中永恒的主题。在公路建设中,为了加强公路工程施工质量管理,工程建设实行"政府监督、社会监理和企业自检"的质量保证体系,各级质量监督部门、建设监理机构以及承担建设施工任务的企业控制质量的主要手段,则是依据国家和交通运输部颁布的有关法规、技术标准、规范和规程进行试验检测,以确保监督、监理和自检工作的有效实施。

2. 科学养护管理的需求

随着公路大规模建设的开展,桥梁隧道数量迅猛增长,由于使用荷载、环境因素以及结构本身缺陷等的作用,结构使用性能衰退、安全与耐久性降低,有的桥梁适应性不足,甚至出现安全事故。从发达国家桥梁使用状况看,混凝土桥梁使用 20~30 年后,即出现安全与耐久性方面的问题。桥梁性能退化、承载能力不足、适应性不够,已成为世界各国普遍关心的问题。而通过先进、适用、有效的方法对桥梁结构进行合理的试验检测与诊断评定,是对在用桥梁进行预防性养护管理、科学维修加固的重要手段。

运营隧道结构检查是隧道运营管理中的一项重要工作,通过结构检测、检查,了解隧道结构的技术状况,来保证隧道结构的安全、耐久。《公路隧道养护技术规范》(JTG H12—2015)提出了公路隧道分级养护的理念,公路隧道养护可分为三个等级,根据隧道养护等级对隧道结构进行检测、分级及技术状况评定,为隧道维修、保养以及隧道安全运营管理提供科学依据。

3. 加强安全耐久的需求

工程结构物是符合自身"生命周期"发展规律的,公路桥梁具有服役周期长、工作环境恶劣等特点,随着建设完成投入运营,立即进入漫长的衰退期。客观来看,桥梁老化问题是"重大周期性问题"。交通运输部《关于进一步提升公路桥梁安全耐久水平的意见》指出,坚持标准规范,落实管理责任,牢牢守住发展安全底线,着力"抓建设、重管养、防风险、优治理、促创新、强保障",不断提升我国公路桥梁安全耐久水平,为加快建设交通强国提供有力支撑。

二、桥梁隧道工程试验检测的任务和意义

1. 桥梁工程检测的任务和意义

目前,一批具有国际先进水平的特大桥梁已经建成,新桥型、新材料和新工艺在桥梁施工中得到了广泛应用。这些桥梁施工监控中的试验检测,桥梁状态的整体性能试验,以及各种桥梁施工质量控制、试验检测和在用桥梁的检查检测等,是试验检测技术人员必须完成的光荣而艰巨的任务。

桥梁试验检测是大跨径桥梁施工控制、新桥型结构性能研究、各类桥梁施工质量评定、在用桥梁养护管理工作的重要手段。认真做好桥梁试验检测工作,对推动我国桥梁建设水平,确保桥梁工程施工质量,提高建设投资效益,保障人民生命财产安全,具有十分重要的意义。

2. 隧道工程检测的任务和意义

我国地域广阔,地质条件、气候环境以及施工环境条件复杂,施工组织实施困难,在公路隧道建设中会遇到各种各样的技术问题。随着公路隧道里程的不断增加,养护需求日趋迫切,提高养护水平、确保畅通,也是十分突出的问题。不管是新建,还是运营的隧道,为保证工程质量,降低运营风险,都离不开隧道的检测与监测工作。

公路隧道的检测、监测活动贯穿于建设和运营两个阶段。在施工过程中从原材料、制品的质量控制到各个阶段的施工过程量测、质量检验,以及超前地质预报、施工环境监测等,都离不开检测工作。在运营期,通过对隧道结构的检测评定和运营环境监测,以保证结构安全和路网通畅。

第二节 桥梁隧道工程试验检测的内容和依据

一、桥梁工程试验检测的内容

桥梁工程试验检测的内容随桥梁所处的位置、结构形式和所用材料不同而异,应根据所建桥梁的具体情况按有关标准、规范选定试验检测项目。一般常规试验检测的内容主要包括:

(1)施工准备阶段的试验检测。主要包括桥位放样测量、原材料试验、工程制品试验和其他成品、半成品试验检测等。

(2)施工过程中的试验检测。主要包括材料加工检测、地基承载力试验检测、桩基检测、成品构件位置和尺寸检测等。

(3)施工完成后的试验检测。主要包括桥梁总体外观检测、荷载试验、使用性能监测等。

(4)在用桥梁试验检测。主要包括桥梁几何形态参数测定、结构恒载变异状况调查、结构构件材质强度检测与评定、结构固有模态参数的测定、索力测量、结构变位情况调查、地基与基础的检验等。

二、隧道工程试验检测的内容

隧道建设是百年大计,保证工程质量是工程建设的基本要求,检测是保证工程质量的重要手段,是控制和评价工程质量的重要基础,贯穿于设计、施工和运营各个阶段。以钻爆法修建的山岭公路隧道,其检测技术内容主要包括:

(1)材料检测。包括隧道工程常用原材料、初期支护、二次衬砌和防排水材料等。

(2)施工检测。主要包括施工质量检测、施工监控量测和超前地质预报。

(3)环境检测。分为施工环境检测和运营环境检测。

(4)运营隧道的养护、检查、检测与结构技术状况评定。

三、桥梁隧道工程试验检测的依据

公路桥梁和隧道工程试验检测应以国家和交通运输部颁布的有关公路工程的法规、技术标准、设计施工规范和材料试验规程为依据进行,对于某些新结构以及采用新材料、新工艺的桥梁和隧道,有关的公路工程规范、规程暂无相关条款规定时,可以借鉴执行国外或国内其他行业相关标准、规范的有关规定。我国结构工程的标准和规范可以分为以下四个层次。

第一层次:综合基础标准,如《工程结构可靠性设计统一标准》(GB 50153),是指导制定专业基础标准的国家统一标准。

第二层次:专业基础标准,如《公路工程技术标准》(JTG B01)、《公路工程结构可靠性设计统一标准》(JTG 2120),是指导专业通用标准和专业专用标准的行业统一标准。

第三层次：专业通用标准。
第四层次：专业专用标准。

公路工程标准体系分为公路工程行业标准体系（JTG）和公路工程行业推荐性标准体系（JTG/T）。本书所涉及的标准均已在书中列出。

第三节　桥梁隧道工程质量检验评定的依据和方法

一、桥梁隧道工程质量检验评定的依据

公路工程质量检验和等级评定是依据交通运输部颁布的《公路工程质量检验评定标准　第一册　土建工程》（JTG F80/1—2017）（以下简称《质量检评标准》）进行的，该标准是公路桥梁和隧道工程质量等级评定的最低限值标准，是公路质量监督部门进行质量检查监督、监理工程师进行质量检查认定与施工单位质量自检，以及工程交竣工验收质量评定的依据。

《质量检评标准》包含检验标准和评定准则两部分内容。检验标准部分规定了检查项目、方法、数量及检查项目合格应满足的要求，评定准则部分规定了质量等级制度和如何利用检验结果进行评判的方法。按照《质量检评标准》对公路桥梁和隧道进行质量检验时，具体试验检测还要以设计文件以及《公路桥涵施工技术规范》（JTG/T 3650—2020）和《公路隧道施工技术规范》（JTG/T 3660—2020）的有关规定为依据。设计文件中对桥梁和隧道各部分结构尺寸、材料强度的要求是试验检测的基本依据，结构施工过程的工艺要求、施工阶段结构材料强度、结构内力和变形控制则应以施工技术规范的有关规定为依据。

对于新结构或采用新材料、新工艺的桥梁和隧道，或特殊地区、特殊要求的桥梁和隧道，在《质量检评标准》缺乏适宜的技术规定时，在确保工程质量的前提下，可参照相关标准（国内外公路行业或其他行业的标准、规范）按照实际情况制定相应的技术标准，并按规定报主管部门批准。

二、质量等级评定的方法

公路工程质量检验评定标准一直采用对分项工程、分部工程、单位工程直到合同段逐级进行质量评定的方法，涉及工程质量、安全、进度、费用管理等各个方面，是工程建设、监理、施工单位等开展各项工作的基础条件。

1. 质量等级评定的工程划分

《质量检评标准》按工程建设规模大小、结构部位和施工工序将建设项目划分为单位工程、分部工程和分项工程，对复杂工程，还可设立子分部工程。

单位工程：在合同段中，具有独立施工条件和结构功能的工程。
分部工程：在单位工程中，按结构部位及施工特点等划分的工程。
分项工程：在分部工程中，根据施工工序、工艺或材料等划分的工程。

工程划分应注意规模均衡、主次区别、层次清晰。表0-1和表0-2中给出了《质量检评标

准》中关于公路桥涵质量等级评定工程划分的规定,其中小桥和涵洞被划分到路基单位工程。隧道工程的相关规定参见第八章第五节。

单位、分部及分项工程的划分 　　　　　　　　表 0-1

单位工程	分部工程	分项工程
桥梁工程①（每座或每合同段）	基础及下部构造(1~3墩台)②	钢筋加工及安装,预应力筋加工和张拉,预应力管道压浆,混凝土扩大基础,钻孔灌注桩,挖孔桩,沉入桩,灌注桩桩底压浆,地下连续墙,沉井,沉井、钢围堰的混凝土封底,承台等大体积混凝土结构,砌体,混凝土墩、台,墩台身安装,支座垫石和挡块,拱桥组合桥台,台背填土等
	上部构造预制和安装(1~3跨)②	钢筋加工及安装,预应力筋加工和张拉,预应力管道压浆,预制安装梁、板,悬臂施工梁,顶推施工梁,转体施工梁,拱圈节段预制,拱的安装,转体施工拱,中下承式拱吊杆和柔性系杆,刚性系杆,钢梁制作,钢梁安装,钢梁防护等
	上部构造现场浇筑(1~3跨)②	钢筋加工及安装,预应力筋加工和张拉,预应力管道压浆,就地浇筑梁、板,悬臂施工梁,就地浇筑拱圈,劲性骨架混凝土拱,钢管混凝土拱,中下承式拱吊杆和柔性系杆,刚性系杆等
	桥面系、附属工程及桥梁总体	钢筋加工及安装,混凝土桥面板桥面防水层,钢桥面板上防水黏结层,混凝土桥面板桥面铺装,钢桥面板上沥青混凝土铺装,支座安装,伸缩装置安装,人行道铺设,栏杆安装,混凝土护栏,钢桥上钢护栏安装,桥头搭板,混凝土小型构件预制,砌体坡面护坡,混凝土构件表面防护,桥梁总体等
	防护工程	砌体坡面护坡,护岸③,导流工程等
	引道工程	见路基工程、路面工程的分项工程
隧道工程④（每座或每合同段）	总体及装饰装修(每座或每合同段)	隧道总体、装饰装修工程
	洞口工程(每个洞口)	洞口边仰坡防护、洞门和翼墙的浇(砌)筑、截水沟、洞口排水沟、明洞浇筑、明洞防水层、明洞回填
	洞身开挖(200延米)	洞身开挖
	洞身衬砌(200延米)	喷射混凝土、锚杆、钢筋网、钢架、仰拱、仰拱回填、衬砌钢筋、混凝土衬砌、超前锚杆、超前小导管、管棚
	防排水(200延米)	防水层、止水带、排水
	路面(1~3km路段)	基层、面层
	辅助通道⑤(200延米)	洞身开挖、喷射混凝土、锚杆、钢筋网、钢架、仰拱、仰拱回填、衬砌钢筋、混凝土衬砌、超前锚杆、超前小导管、管棚、防水层、止水带、排水

注:①分幅桥梁按照单幅划分,特大斜拉桥和悬索桥按照表 0-2 进行划分,其他斜拉桥和悬索桥可作为一个单位工程参照表 0-2 进行划分。
②按单孔跨径确定的特大桥取 1,其余根据规模取 2 或 3。
③护岸可参照挡土墙进行划分。
④双洞隧道每单洞作为一个单位工程。
⑤辅助通道包括竖井、斜井、平行导坑、横通道、风道、地下风机房等。

特大斜拉桥、特大悬索桥工程划分 表 0-2

单位工程	分部工程	分项工程
塔及辅助、过渡墩(每个)	塔基础	钢筋加工及安装,混凝土扩大基础,钻孔灌注桩,灌注桩桩底压浆,沉井、沉井、钢围堰的混凝土封底等
	塔承台	钢筋加工及安装,双壁钢围堰,沉井、钢围堰的混凝土封底,承台等大体积混凝土结构等
	索塔	钢筋加工及安装,预应力筋加工和张拉,预应力管道压浆,混凝土索塔,索塔钢锚箱节段制作,索塔钢锚箱节段安装、支座垫石和挡块等
	辅助墩	钢筋加工及安装,预应力筋加工和张拉,预应力管道压浆,钻孔灌注桩,灌注桩桩底压浆,承台等大体积混凝土结构,沉井、钢围堰的混凝土封底,混凝土墩、台,墩台身安装、支座垫石和挡块等
	过渡墩	
锚碇(每个)	锚碇基础	钢筋加工及安装,混凝土扩大基础,钻孔灌注桩,灌注桩桩底压浆,地下连续墙,沉井、沉井、钢围堰的混凝土封底等
	锚体	钢筋加工及安装,锚碇锚固系统制作,锚碇锚固系统安装,锚碇混凝土块体,预应力锚索的张拉与压浆,隧道锚的洞身开挖,隧道锚的混凝土锚塞体等
上部钢结构制作与防护	主缆	索股和锚头的制作与防护,主缆防护
	索鞍	索鞍制作,索鞍防护
	索夹	索夹制作,索夹防护
	吊索	吊索和锚头制作与防护
	加劲梁	钢梁制作,钢梁防护,自锚式悬索桥主缆索股的锚固系统制作等
上部结构浇筑与安装	加劲梁浇筑	混凝土斜拉桥主墩上梁段的浇筑,混凝土斜拉桥梁的悬臂施工,组合梁斜拉桥的混凝土板等
	安装	索鞍安装,主缆架设,索夹和吊索安装,悬索桥钢加劲梁安装,自锚式悬索桥主缆索股的锚固系统安装,自锚式悬索桥吊索张拉和体系转换,钢斜拉桥钢箱梁段的拼装、组合梁斜拉桥工字梁段的悬臂拼装,混凝土斜拉桥梁的悬臂施工等
桥面系、附属工程及桥梁总体	桥面系	钢筋加工及安装,混凝土桥面板桥面防水层或钢桥面板上防水黏结层,混凝土桥面板桥面铺装或钢桥面板上沥青混凝土铺装
	附属工程及桥梁总体	支座安装,伸缩装置安装,人行道铺装,栏杆安装,混凝土护栏,钢桥上钢护栏安装,混凝土构件表面防护,桥头搭板,桥梁总体等

2. 工程质量检验

工程质量检验评定以分项工程为基本单元,采用合格率法进行。分项工程质量检验内容包括基本要求、实测项目、外观鉴定和质量保证资料四个部分。只有在基本要求符合规定,且外观质量无限制缺陷和质量保证资料真实并基本齐全时,方能对分项工程质量进行检验评定。

1)基本要求检查

分项工程所列基本要求,对施工质量优劣具有关键作用,应按基本要求对工程进行认真检查。并应检查工程所用的各种原材料的品种、规格、质量及混合料配合比和半成品、成品是否符合有关技术标准规定并满足设计要求。

2) 实测项目检验

对规定检查项目采用现场随机抽样方法,按照规定频率和下列合格率计算方法对分项工程的各检查项目直接计算合格率,按数理统计方法评定的项目除外。

$$检查项目合格率(\%) = \frac{合格的点(组)数}{该检查项目的全部检查点(组)数} \times 100$$

检查项目分为一般项目和关键项目。涉及结构安全和使用功能的重要实测项目为关键项目,其他项目均为一般项目。关键项目在《质量检评标准》中以"△"标示,其合格率不得低于95%(机电工程为100%),一般项目的合格率应不低于80%,否则该检查项目为不合格。

对少数实测项目还有规定极值的限制,这是指任何一个检测值都不能突破的极限值,不符合要求时,该实测项目为不合格,所在分项工程可直接判为不合格,并要求必须进行返工处理。

采用《质量检评标准》附录 B 至附录 N 等所列方法进行评定的关键项目,不符合要求时,则该分项工程评为不合格。

3) 外观质量检查

外观质量应进行全面检查,并满足规定要求,否则该检验项目为不合格。

4) 质量保证资料

工程应有真实、准确、齐全、完整的施工原始记录、试验检测数据、质量检验结果等质量保证资料。质量保证资料应包括下列内容:

(1) 所用原材料、半成品和成品质量检验结果;
(2) 材料配合比、拌和加工控制检验和试验数据;
(3) 地基处理、隐蔽工程施工记录和桥梁、隧道施工监控资料;
(4) 质量控制指标的试验记录和质量检验汇总图表;
(5) 施工过程中遇到的非正常情况记录及其对工程质量影响分析评价资料;
(6) 施工过程中如发生质量事故,经处理补救后达到设计要求的认可证明文件等。

3. 工程质量评定

工程质量等级评定分为合格与不合格,应按分项工程、分部工程、单位工程、合同段和建设项目逐级评定。

1) 分项工程质量等级评定

当分项工程的检验记录完整,实测项目合格,外观质量满足要求时,该分项工程评定为合格,否则为不合格。

2) 分部工程质量等级评定

当分部工程的评定资料完整、所含分项工程及实测项目合格、外观质量满足要求时,该分部工程评定为合格,否则为不合格。

3) 单位工程质量等级评定

当单位工程的评定资料完整、所含分部工程合格、外观质量满足要求时,该单位工程评定为合格,否则为不合格。

4)合同段和建设项目质量等级评定

所含单位工程合格,该合同段评定为合格;所含合同段合格,该建设项目评定为合格。

评定为不合格的分项工程、分部工程,经返工、加固、补强或调测,满足设计要求后,可重新进行检验评定。

4. 工程质量检验评定的变化趋势

随着管理理念、质量水平和检测技术的发展变化,工程质量检验评定也将随之发生变化,并趋向更加合理、更加高效和更加适合工程建设的需要。

(1)施工过程对工程质量有重要影响,除重视对最终成品的质量检验外,还应加强过程质量的检验控制。

(2)完善评定方法,使评定结果更加合理,更加适应工程质量的管理和控制。

(3)用检测数据反映工程质量,检验评定中的一些定性规定应调整为定量规定,确定合适的检测频率,提高评定结果的准确性和可信度。

(4)采用高效、准确的检测技术和设备,特别是无损检测技术。

(5)在总结经验的基础上,调整检验评定中的技术指标,使之更加适合实际施工质量,促进质量水平提高。

(6)吸纳新结构、新工艺等相关分项工程的检验评定研究成果,不断丰富《质量检评标准》的内容。

第四节 工程安全风险评估

为加强公路桥梁和隧道工程施工安全管理,优化施工组织方案,提高施工现场安全预控有效性,要在施工阶段实行公路桥梁和隧道工程安全风险评估制度,为此,交通运输部工程质量监督局印发《关于开展公路桥梁和隧道工程施工安全风险评估试行工作的通知》(交质监发[2011]217号),对工程安全风险评估提出明确、具体的要求。检测工作是保证工程质量和运营畅通的重要手段,提高相关人员的安全意识十分必要。

一、目的与适用范围

1. 目的及意义

安全评估的目的是查找、分析和预测工程中存在的危险有害因素及可能导致事故的严重程度,提出合理可行的安全对策措施,指导危险源监控和事故预防,达到最低事故率、最少损失和最优的安全投资效益。

公路桥梁和隧道工程施工环境条件复杂,施工组织实施困难,作业安全风险居高不下,一直以来是行业安全监管的重要环节。在施工阶段建立安全风险评估制度符合国际通行做法。这项工作也是公路桥梁和隧道工程设计风险评估结果在施工阶段的落实和深化。

安全评估的意义在于,能够增强安全风险意识,改进施工措施,规范预案预警预控管理,有效降低施工风险,严防重特大事故发生,主要体现在以下5个方面:

(1)是安全生产管理的一个必要组成部分。
(2)有助于主管部门对施工单位的安全生产实行宏观控制。
(3)有助于安全投资的合理选择。
(4)有助于提高施工单位的安全管理水平。
(5)有助于施工单位提高经济效益。

安全评估是关系到被评估建设工程项目能否符合国家规定的安全标准,能否保障劳动者安全的关键工作,必须以被评估建设工程项目的具体情况为基础,以国家安全法规及有关技术标准为依据,遵循科学性、公正性、合法性和针对性原则。

2. 适用范围

列入国家和地方基本建设计划的新建、改建、扩建以及拆除、加固等高等级公路桥梁和隧道工程项目,在施工阶段,应进行施工安全风险评估。其他公路工程项目可参照执行。

二、评估范围

公路桥梁和隧道工程施工安全风险评估范围,可由各地根据工程建设条件、技术复杂程度和施工管理模式,以及当地工程建设经验,并参考以下标准确定。

1. 桥梁工程

(1)多跨或跨径大于40m的石拱桥,跨径大于或等于150m的钢筋混凝土拱桥,跨径大于或等于350m的钢箱拱桥,钢桁架拱桥、钢管混凝土拱桥。
(2)跨径大于或等于140m的梁式桥,跨径大于400m的斜拉桥,跨径大于1000m的悬索桥。
(3)墩高或净空大于100m的桥梁工程。
(4)采用新材料、新结构、新工艺、新技术的特大桥、大桥工程。
(5)特殊桥型或特殊结构桥梁的拆除或加固工程。
(6)施工环境复杂、施工工艺复杂的其他桥梁工程。

2. 隧道工程

(1)穿越高地应力区、岩溶发育区、区域地质构造、煤系地层、采空区等工程地质或水文地质条件复杂的隧道,黄土地区、水下或海底隧道工程。
(2)浅埋、偏压、大跨度、变化断面等结构受力复杂的隧道工程。
(3)长度3000m及以上的隧道工程,Ⅵ、Ⅴ级围岩连续长度超过50m或合计长度占隧道全长的30%及以上的隧道工程。
(4)连拱隧道和小净距隧道工程。
(5)采用新技术、新材料、新设备、新工艺的隧道工程。
(6)隧道改扩建工程。
(7)施工环境复杂、施工工艺复杂的其他隧道工程。

三、评估方法分类及选择

1. 评价方法分类

公路桥梁和隧道工程施工安全风险评估分为总体风险评估和专项风险评估。

(1)总体风险评估。工程开工前,根据工程的地质环境条件、建设规模、结构特点等孕险环境与致险因子,估测工程施工期间的整体安全风险大小,确定其静态条件下的安全风险等级。

(2)专项风险评估。当工程总体风险评估等级达到Ⅲ级(高度风险)及以上时,将其中高风险的施工作业活动(或施工区段)作为评估对象,根据其作业风险特点以及类似工程事故情况,进行风险源普查,并针对其中的重大风险源进行量化估测,提出相应的风险控制措施。

2. 评估方法选择

应根据被评估项目的工程特点,选择相应的定性、定量及综合评估的风险评估方法。

定性评估是指依靠人的观察分析能力,借助于经验和判断能力进行评估的方法;定量评估,是指依靠历史统计数据,运用数学方法构造模型进行评估的方法;综合评估是指两种及以上方法的综合运用,可以为定性方法和定量方法的综合,或两种以上定量评估方法的综合。具体评估方法的选择,可参照《公路桥梁和隧道工程施工安全风险评估指南(试行)》。

四、安全评估的基本程序及步骤

安全评估主要过程一般包括:前期准备,危险、有害因素识别与分析,评估单元划分,现场安全调查,定性、定量评估,提出安全对策措施及建议,做出安全评估结论,编制安全评估报告,安全评估报告评审等。

公路工程施工安全风险评估工作包括制订评估计划、选择评估方法、开展风险分析、进行风险估测、确定风险等级、提出措施建议、编制评估报告等方面。评估步骤一般如下:

(1)开展总体风险评估。根据设计阶段风险评估结果(若有),以及类似结构工程安全事故情况,用定性与定量相结合的方法初步分析本项目孕险环境与致险因子,估测施工中发生重大事故的可能性,确定项目总体风险等级。

(2)确定专项风险评估范围。总体风险评估等级达到Ⅲ级(高度风险)及以上工程,应进行专项风险评估。其他风险等级的工程可视情况开展专项风险评估。

(3)开展专项风险评估。通过对施工作业活动(施工区段)中的风险源普查,在分析物的不安全状态、人的不安全行为的基础上,确定重大风险源和一般风险源。宜采用指标体系法等定量评估方法,对重大风险源发生事故的概率及损失进行分析,评估其发生重大事故的可能性与严重程度,对照相关风险等级标准,确定专项风险等级。

(4)确定风险控制措施。根据风险接受准则的相关规定,对专项风险等级在Ⅲ级(高度风险)及以上的施工作业活动(施工区段),应明确重大风险源的监测、控制、预警措施以及应急预案。其他风险等级的工程可根据工程实际情况,按照成本效益原则确定相应的风险控制措施。

第五节 桥梁隧道养护工程质量检验评定

一、养护工程特点及评定依据

现行的公路工程行业标准规范中,《公路桥涵养护规范》(JTG H11)、《公路隧道养护技术规范》(JTG H12)等,适用于指导桥梁和隧道养护工程施工;《公路工程质量检验评定标准 第一册 土建工程》(JTG F80/1),适用于新建和改扩建工程施工质量检验评定。养护工程有别于新建工程,不能完全按新建项目的方法进行工程质量检验评定,因此,交通运输部于2020年发布了《公路养护工程质量检验评定标准 第一册 土建工程》(JTG 5220—2020)。具体来讲,桥梁和隧道养护工程具有以下特点。

(1)养护工程中包含大量在新建工程中没有的专门技术,例如,桥梁养护工程中的粘贴钢板/碳纤维加固、体外预应力加固、桥梁支座更换、桥面铺装层修复等;隧道养护工程中的锚杆加固、增设仰拱、衬砌更换等。

(2)同样的施工项目,养护工程与新建项目的施工工艺亦不尽相同。养护工程要保证新老结构或材料共同作用,因此包含着特殊的工艺和技术指标要求。例如,桥梁加固中的混凝土浇筑就包含了老混凝土界面处理、植剪力筋、要求混凝土微收缩等新建项目所不包括的工艺和特殊要求。

(3)养护工程是在已有公路工程构造物基础上进行的,大量工程是在开放交通的情况下实施的,工程质量受到病害成因、交通组织方式、原有结构物情况、已破损部件修复情况等的显著制约,影响因素比新建工程更多。

(4)养护工程技术有一定的地域特征,不同地区公路病害有所不同,常用的养护技术有所差异,同一养护技术的具体实施方法也可能有所差别。

二、评定方法

养护工程的作业内容往往比较单一,例如一处挡土墙的维修、一座桥梁的支座更换、一段路面的沥青混凝土罩面等均可能作为一项工程,因此,养护工程采用简化的评定层级,分为养护单元、养护工程两级评定。

1. 养护单元划分

桥梁养护工程的养护单元划分:每一桥梁构件、部件均应按下列维修、加固的工艺或方法,分别作为一个养护单元,包括:桥面铺装维修,伸缩装置更换,排水设施维修,混凝土栏杆及护栏维修,梁体顶升,支座更换,混凝土表面缺陷修补,混凝土裂缝修补,混凝土构件表面防护,植筋,钢筋混凝土增大截面,设置体外预应力,粘贴钢板,粘贴碳纤维复合材料,钢结构涂装防护,高强螺栓更换,钢管混凝土拱脱空注浆,钢管混凝土拱外包混凝土,更换吊杆、吊索和拱桥系杆,斜拉桥换索及调索,斜拉索、吊杆防护套修补,混凝土盖梁、台帽维修,墩身外包钢,钢花管注浆锚杆加固桥台、墩、台增补静压桩,桩身修补。

隧道养护工程的养护单元划分:每一座隧道每10m纵向施工长度的衬砌背面压(注)浆,喷射混凝土加固,套(嵌)拱,增设仰拱;每200m累计长度渗、漏水处治;每6m混凝土衬砌更换;每50m施工长度的排水设施维修,冻害处治;每100m累计施工长度的人行道(检修道)维修,分别作为一个养护单元。

2. 养护单元质量检验评定

养护单元应按基本要求、实测项目、外观质量和质量保证资料等检验项目分别检查。养护单元质量应在所使用的原材料、半成品、成品及施工控制要点等符合基本要求的规定,无外观质量限制缺陷且质量保证资料真实齐全时,方可进行检验评定。

养护单元完工后,应进行质量检验评定,隐蔽工程在隐蔽前应检查合格。一般桥梁和隧道养护工程中,采用相同工艺或方法维修、加固的同类结构或构件数量不大,施工条件、环境等也有差别,不适合采用抽样检查。因此,规定除特殊情况外,每个结构或构件均应进行检验。养护工程质量检验一般按照《公路养护工程质量检验评定标准 第一册 土建工程》(JTG 5220)的要求进行检验。

钢筋混凝土结构或构件均应包含钢筋加工及安装养护单元,预应力混凝土结构或构件均应包含预应力筋安装及张拉养护单元,并应按现行《公路工程质量检验评定标准 第一册 土建工程》(JTG F80/1)的相关规定进行检验。

桥梁和涵洞结构、构件更换时,新的结构、构件应按现行《公路工程质量检验评定标准 第一册 土建工程》(JTG F80/1)的相关规定进行检验。

墩、台增补桩基应根据桩基的类型和成桩工艺,按现行《公路工程质量检验评定标准 第一册 土建工程》(JTG F80/1)的相关规定或《公路养护工程质量检验评定标准 第一册 土建工程》(JTG 5220)进行检验,并应按设计要求在施工过程中对相邻桩基的墩台进行监控。

桥台锥护坡、调治构造物和河床防护铺砌的修复或增设应根据构造物类型,按现行《公路工程质量检验评定标准 第一册 土建工程》(JTG F80/1)的相关规定或《公路养护工程质量检验评定标准 第一册 土建工程》(JTG 5220)的相关规定进行检验。

隧道装饰装修维护应按现行《建筑装饰装修工程质量验收标准》(GB 50210)制定相应的质量检验评定标准。

1)基本要求检查

对养护单元所列基本要求逐项检查,经检查不符合规定时,不得进行工程质量的检验评定。养护单元所用的各种原材料的品种、规格、质量及混合料配合比和半成品、成品等应符合有关技术标准规定并满足设计要求。

2)实测项目检验

对检查项目按规定的检查方法和频率进行随机抽样检验并计算合格率,采用其他高效检测方法时应经提前比对确认。

$$检查项目合格率(\%) = \frac{合格的点(组)数}{该检查项目的全部检查点(组)数} \times 100$$

检查项目分为一般项目和关键项目。涉及结构安全和使用功能的重要实测项目为关键项目,其他项目均为一般项目。关键项目在《公路养护工程质量检验评定标准 第一册 土建工程》(JTG 5220)中以"△"标示,其合格率不得低于95%,属于工厂加工制造的桥梁金属构件的合格率应为100%,一般项目的合格率应不低于80%,否则该检查项目为不合格。

对少数实测项目还有规定极值的限制,这是指任何一个检测值都不能突破的极限值,不符合要求时该检查项目为不合格。

采用《公路养护工程质量检验评定标准　第一册　土建工程》(JTG 5220)附录B~附录J、附录L~附录N所列方法进行评定的检查项目,不符合要求时则该检查项目应为不合格。

3)外观质量检查

外观质量应进行全面检查,并满足规定要求。对于明显的外观缺陷,养护工程施工单位应进行整修或返工处理直至合格。

4)质量保证资料

工程应有真实、准确、齐全、完整的施工原始记录、试验检测数据、质量检验结果等质量保证资料。有监理的养护工程,工程监理单位应提交齐全、真实和系统的监理资料。

3. 养护工程质量评定

养护工程质量等级评定分为合格与不合格,养护工程质量检验评定按养护单元、养护工程逐级进行。

养护单元工程质量评定为合格应同时符合下列规定:
(1)检验记录应完整;
(2)质量保证资料应符合规定;
(3)所含实测项目的质量均应合格;
(4)外观质量应满足要求。

养护工程质量评定为合格应同时符合下列规定:
(1)评定资料应完整;
(2)所含各养护单元的质量均应合格;
(3)外观质量应满足要求。

第一篇

桥隧工程原材料、工程制品和构件材质状况检测

第一章

原材料试验检测

第一节 石 料

石料是由天然岩石经爆破开采得到的大块石,再按要求的规格经粗加工或细加工而得到的规则或不规则的块石、条石等,另一来源是由天然的卵石、漂石、巨石经加工而成。石料按地质形成条件可分为岩浆岩、沉积岩和变质岩三大类。

桥梁和隧道工程石料制品有片石、块石、粗料石,工程使用的石料主要用于砌体工程。

一、基本要求

根据《公路桥涵施工技术规范》(JTG/T 3650—2020)及《公路圬工桥涵设计规范》(JTG D61—2005),石料应符合设计规定的类别和强度,石质应均匀、不易风化、无裂纹。一月平均气温低于 – 10℃的地区,除干旱地区的不受冰冻部位外,所用石料及混凝土材料须通过冻融试验,抗冻性指标合格后方可使用。

累年最冷月份平均气温低于或等于 – 10℃的地区,所用的石料抗冻性指标应符合表1-1的规定。

石料的抗冻性指标 表1-1

结构物类别	大、中桥	小桥及涵洞
镶面或表层石料的抗冻性指标	50 次	25 次

注:1. 抗冻性指标指材料在含水饱和状态下经 – 15℃的冻结与融化的循环次数。试验后的材料应无明显损伤(裂缝、脱层和边角损坏),其强度不低于试验前的0.75倍。
2. 根据以往实践经验证明材料确有足够抗冻性能的,可不做抗冻试验。

石料应具有耐风化和抗侵蚀性。用于浸水或气候潮湿地区的受力结构的石材软化系数不应低于0.8。

片石的厚度应不小于150mm。用作镶面的片石,应选择表面较平整、尺寸较大者,并应稍加修整。

块石的形状应大致方正,上下面大致平整,厚度应为200～300mm,宽度应为厚度的1.0～1.5倍,长度应为厚度的1.5～3.0倍。块石如有锋棱锐角,应敲除。块石用作镶面时,应从外露面四周向内稍加修凿;后部可不修凿,但应略小于修凿部分。

粗料石的外形应方正，成六面体，厚度应为200～300mm，宽度应为厚度的1.0～1.5倍，长度应为厚度的2.5～4.0倍，表面凹陷深度不大于20mm。用作镶面的粗料石，丁石长度应比相邻顺石宽度至少大150mm；修凿面每100mm长应有錾路4～5条，侧面修凿面应与外露面垂直，正面凹陷深度不应超过15mm；外露面带细凿边缘时，细凿边缘的宽度应为30～50mm。

块石和粗料石加工的形状要求分别如图1-1和图1-2所示。

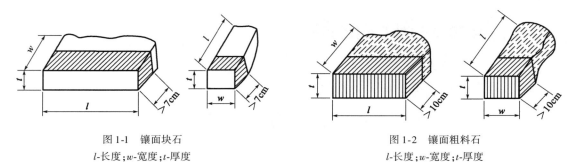

图1-1 镶面块石　　　　　　　　　图1-2 镶面粗料石
l-长度；w-宽度；t-厚度　　　　　l-长度；w-宽度；t-厚度

石料强度、试件规格及换算应符合设计要求，石料试验应按现行《公路工程岩石试验规程》(JTG E41—2005)执行。

二、力学性质试验

石料力学性质试验包括单轴抗压强度试验、单轴压缩变形试验、劈裂强度试验、抗剪强度(直剪)试验、点荷载强度试验、抗折强度试验等。

石料的抗压强度是反映石料力学性质的重要指标，本试验是测定规则形状石料试件单轴抗压强度的方法。

石料的抗压强度受一系列因素的影响和控制，如石料的矿物组成和结构、含水率、试件尺寸等。一般情况下试件的尺寸和高径比大的石料所包含的裂隙、孔隙等缺陷增多，形状不同试件因棱角部分应力集中造成应力分布不均会使石料强度降低，随含水率增大石料强度也会降低。

桥梁工程中的石料强度等级对应的是边长为70mm±2mm的立方体试件；试件的含水状态要在试验报告中注明。软化性是指含水状态对石料强度的影响，用软化系数表示。

1. 抗压强度计算

石料的抗压强度按下式计算：

$$R = \frac{P}{A} \tag{1-1}$$

式中：R——石料的抗压强度(MPa)；
　　　P——试件破坏时的荷载(N)；
　　　A——试件的截面积(mm²)。

单轴抗压强度试验结果应同时列出每个试件的试验值及同组石料单轴抗压强度的平均值；有显著层理的石料，分别报告垂直与平行层理方向试件强度的平均值。计算值精确至0.1MPa。

2. 软化系数计算

石料的软化系数按下式计算：

$$K_p = \frac{R_w}{R_d} \tag{1-2}$$

式中：K_p——软化系数；

R_w——石料饱和状态下的单轴抗压强度（MPa）；

R_d——石料烘干状态下的单轴抗压强度（MPa）。

软化系数计算值精确至 0.01；3 个试件平行测定，取算术平均值；3 个值中最大与最小之差不应超过平均值的 20%，否则，应另取第 4 个试件，并在 4 个试件中取最接近的 3 个值的平均值作为试验结果，同时在报告中将 4 个值全部给出。

三、抗冻性试验

抗冻性试验是用来评估石料在饱和状态下，经受规定次数的冻融循环后抵抗破坏的能力。岩石抗冻性对于不同的工程环境气候有不同的要求。冻融次数规定：在严寒地区（最冷月的月平均气温低于 -15℃）为 25 次；在寒冷地区（最冷月的月平均气温处于 -15 ~ -5℃）为 15 次。

判断石料抗冻性能好坏有三个指标：冻融循环后强度变化、质量损失、外形变化。一般认为，抗冻系数大于 75%，质量损失率小于 2% 时，为抗冻性好的岩石；吸水率小于 0.5%，软化系数大于 0.75 以及饱水系数小于 0.8 的岩石，具有足够的抗冻能力。

1. 质量损失率计算

试件冻融后的质量损失率按下式计算（精确至 0.1%）：

$$L = \frac{m_s - m_f}{m_s} \times 100 \tag{1-3}$$

式中：L——冻融后的质量损失率（%）；

m_s——试验前烘干试件的质量（g）；

m_f——试验后烘干试件的质量（g）。

冻融后的质量损失率取 3 个试件试验结果的算术平均值。

2. 冻融后的吸水率计算

冻融后的吸水率按下式计算（精确至 0.1%）：

$$w'_{sa} = \frac{m'_f - m_f}{m_f} \times 100 \tag{1-4}$$

式中：w'_{sa}——石料冻融后的吸水率（%）；

m'_f——冻融试验后的试件饱水质量（g）；

其他符号意义同前。

3. 冻融系数计算

冻融系数按下式计算（精确至 0.01）：

$$K_f = \frac{R_f}{R_s} \tag{1-5}$$

式中：K_f——冻融系数；

R_f——若干次冻融试验后的试件饱水抗压强度(MPa);

R_s——未经冻融试验的试件饱水抗压强度(MPa)。

4. 试验记录

抗冻性记录应包括石料名称、试验编号、试件编号、试件描述、冻融循环次数、冻融试验前后的烘干质量、冻融试验后的试件饱水抗压强度、未经冻融试验的试件饱水抗压强度。

四、砌筑用砂浆

(1)砌筑用砂浆的类别和强度等级应符合设计规定。

(2)砂浆中所用水泥、砂、水等材料的质量应符合本章第二节的相应规定。砂宜采用中砂或粗砂,当缺乏天然中砂或粗砂时,可采用满足质量要求的机制砂代替;在保证砂浆强度的基础上,也可采用细砂,但应适当增加水泥用量。砂的最大粒径,当用于砌筑片石时,不宜超过5mm;当用于砌筑块石、粗料石时,不宜超过2.5mm。

(3)砂浆的配合比应通过试验确定,当变更砂浆的组成材料时,其配合比应重新试验确定。砂浆应具有良好的和易性,用于石砌体时其稠度宜为50~70mm,气温较高时可适当增大。砂浆的配制宜采用质量比,并应随拌随用,保持适宜的稠度,且宜在3~4h内使用完毕;气温超过30℃时,宜在2~3h内使用完毕。在运输过程中或在储存器中发生离析、泌水的砂浆,砌筑前应重新拌和;已凝结的砂浆不得使用。

(4)各类砂浆均宜采用机械拌和,拌和时间宜为3~5min。

第二节 混 凝 土

普通混凝土通常是用水泥、水、砂、石等材料按设计要求的比例混合,在需要时掺加适量的外加剂和掺合料。在混凝土组成材料中,砂、石是集(骨)料,对混凝土起骨架作用,其中小颗粒的集料填充在大颗粒集料的空隙。水泥和水组成水泥浆,包裹在所有粗、细集料的表面并填充在集料空隙中。在混凝土硬化前,水泥浆起润滑作用,赋予混凝土拌合物流动性,以便于施工;在混凝土硬化后起胶结作用,把砂、石集料胶结成为整体,使混凝土产生强度,成为坚硬的人造石材。

一、配制混凝土的原材料

混凝土工程所用的各种原材料,均应符合现行国家或行业标准的规定,并应在进场时对其性能和质量进行检验。

1. 水泥

公路桥梁和隧道工程采用的水泥应符合现行《通用硅酸盐水泥》(GB 175)的规定,水泥的品种和强度等级应通过混凝土配合比试验选定,且其特性应不会对混凝土的强度、耐久性和工作性能产生不利影响。当混凝土中采用碱活性集料时,宜选用含碱量不大于0.6%的低碱水泥。水泥的检验试验方法应符合现行《公路工程水泥及水泥混凝土试验规程》(JTG 3420)的规定。

2. 细集料

1）细集料技术指标

细集料宜采用级配良好、质地坚硬、颗粒洁净的河砂；当河砂不易得到时，可采用符合规定的其他天然砂或机制砂；细集料不得采用海砂。细集料的技术指标应符合表1-2的规定。

细集料技术指标　　　　　　　　　　　　　　　　表1-2

项目			技术要求		
			Ⅰ类	Ⅱ类	Ⅲ类
有害物质限量	云母（按质量计,%）		≤1.0	≤2.0	
	轻物质（按质量计,%）		≤1.0		
	有机物		合格		
	硫化物及硫酸盐（按 SO_3 质量计,%）		≤0.5		
	氯化物（以氯离子质量计,%）		≤0.01	≤0.02	≤0.06
天然砂	含泥量（按质量计,%）		≤1.0	≤3.0	≤5.0
	泥块含量（按质量计,%）		0	≤1.0	≤2.0
机制砂	MB值≤1.4或快速法试验合格	MB值	≤0.5	≤1.0	≤1.4或合格
		石粉含量（按质量计,%）	≤10.0		
		泥块含量（按质量计,%）	0	≤1.0	≤2.0
	MB值>1.4或快速法试验不合格	石粉含量（按质量计,%）	≤1.0	≤3.0	≤5.0
		泥块含量（按质量计,%）	0	≤1.0	≤2.0
坚固性	硫酸钠溶液法试验,砂的质量损失（%）		≤8		≤10
	机制砂单级最大压碎指标（%）		≤20	≤25	≤30
表观密度（kg/m³）			≥2500		
松散堆积密度（kg/m³）			≥1400		
空隙率（%）			≤44		
碱集料反应			经碱集料反应试验后,试件应无裂缝、酥裂、胶体外溢现象,在规定试验龄期的膨胀率应小于0.10%		

注：1. 砂按产源分为天然砂、机制砂两类；按技术要求分为Ⅰ类、Ⅱ类、Ⅲ类。
2. 石粉含量系指机制砂中粒径小于75μm的颗粒含量。
3. 当工程有要求时,含水率和饱和面干吸水率应采用实测值。
4. 砂中不应混有草根、树叶、树枝、塑料、煤块、炉渣等杂物。
5. 当对砂的坚固性有怀疑时,应做坚固性试验。
6. 当碱集料反应不符合表中要求时,应采取抑制碱集料反应的技术措施。

2）砂的分类

砂的分类应符合表1-3的规定。

砂的分类　　　　　　　　　　　　　　　　表1-3

砂组	粗砂	中砂	细砂
细度模数	3.7~3.1	3.0~2.3	2.2~1.6

注：细度模数主要反映全部颗粒的粗细程度,不完全反映颗粒的级配情况,配制混凝土时应同时考虑砂的细度模数和级配情况。

3)细集料的颗粒级配

细集料的颗粒级配应符合表 1-4a)的规定,级配类别应符合表 1-4b)的规定。

细集料的颗粒级配　　　　　　　　　　　　　　　　　　　　表 1-4a)

细集料的分类	天 然 砂			机 制 砂		
级配区	1 区	2 区	3 区	1 区	2 区	3 区
方孔筛	累计筛余(%)					
4.75mm	10~0	10~0	10~0	10~0	10~0	10~0
2.36mm	35~5	25~0	15~0	35~5	25~0	15~0
1.18mm	65~35	50~10	25~0	65~35	50~10	25~0
600μm	85~71	70~41	40~16	85~71	70~41	40~16
300μm	95~80	92~70	85~55	95~80	92~70	85~55
150μm	100~90	100~90	100~90	97~85	94~80	94~75

注:1. 表中除 4.75mm 和 600μm 筛档外,其余可略有超出,但各级累计筛余的超出值总和应不大于 5%。
　　2. 对砂浆用砂,4.75mm 筛孔的累计筛余量应为 0。

级 配 类 别　　　　　　　　　　　　　　　　　　　　表 1-4b)

类别	Ⅰ类	Ⅱ类	Ⅲ类
级配区	2 区	1、2、3 区	

细集料检验试验方法应符合现行《公路工程集料试验规程》(JTG E42)的规定。

3. 粗集料

1)粗集料技术指标

粗集料宜采用质地坚硬、洁净、级配合理、粒形良好、吸水率小的碎石或卵石,其技术指标应符合表 1-5 的规定。

粗集料技术指标　　　　　　　　　　　　　　　　　　　　表 1-5

项 目	技 术 要 求		
	Ⅰ类	Ⅱ类	Ⅲ类
碎石压碎指标(%)	≤10	≤20	≤30
卵石压碎指标(%)	≤12	≤14	≤16
坚固性 (硫酸钠溶液法试验质量损失值,%)	≤5	≤8	≤12
吸水率(%)	≤1.0	≤2.0	
针片状颗粒总含量(按质量计,%)	≤5	≤10	≤15
含泥量(按质量计,%)	≤0.5	≤1.0	≤1.5
泥块含量(按质量计,%)	0	≤0.2	≤0.5
有害物质限量　有机物	合格		
有害物质限量　硫化物及硫酸盐(按 SO_3 质量计,%)	≤0.5	≤1.0	

续上表

项 目	技术要求		
	I类	II类	III类
岩石抗压强度(水饱和状态,MPa)	火成岩≥80;变质岩≥60;水成岩≥30		
表观密度(kg/m³)	≥2600		
连续级配松散堆积空隙率(%)	≤43	≤45	≤47
碱集料反应	经碱集料反应试验后,试件应无裂缝、酥裂、胶体外溢等现象,在规定试验龄期的膨胀率应小于0.10%		

注:1. 粗集料中不应混有草根、树叶、树枝、塑料、煤块、炉渣等杂物。
2. 混凝土强度等级为C60及以上时应进行岩石抗压强度检验,其他情况下,如有必要也可进行岩石的抗压强度检验。岩石的抗压强度除应满足表中要求外,其抗压强度与混凝土强度等级之比对于C60及以上的混凝土,应不小于2,其余应不小于1.5。岩石强度首先由生产单位提供,工程中可采用压碎值指标进行质量控制。
3. 当粗集料中含有颗粒状硫酸盐或硫化物杂质时,应进行专门检验,确认能满足混凝土耐久性要求后,方可采用。
4. 采用卵石破碎成碎石时,应具有两个及以上的破碎面,且其破碎面应不小于70%。
5. 卵石和碎石混合使用时,压碎值应分别按卵石和碎石控制。

当混凝土结构物处于不同环境条件下时,粗集料坚固性试验的结果除应符合表1-5的规定外,尚应符合表1-6的规定。

粗集料的坚固性试验 表1-6

混凝土所处环境条件	在硫酸钠溶液中循环5次后的质量损失(%)
寒冷地区,经常处于干湿交替状态	<5
严寒地区,经常处于干湿交替状态	<3
混凝土处于干燥条件,但粗集料风化或软弱颗粒过多	<12
混凝土处于干燥条件,但有抗疲劳、耐磨、抗冲击要求或强度等级大于C40	<5

注:有抗冻、抗渗要求的混凝土用硫酸钠法进行粗集料坚固性试验不合格时,可再进行直接冻融试验。

2)粗集料级配范围

粗集料宜根据混凝土最大粒径采用连续两级配或连续多级配。单粒级配宜用于组合成满足要求的连续粒级,也可与连续粒级混合使用。粗集料的级配范围应符合表1-7的规定。

粗集料的颗粒级配 表1-7

公称粒级(mm)		累计筛余(按质量计,%)									
		方孔筛筛孔边长尺寸(mm)									
		2.36	4.75	9.50	16.0	19.0	26.5	31.5	37.5	53.0	63.0	75.0	90.0
连续粒级	5~16	95~100	85~100	30~60	0~10	0						
	5~20	95~100	90~100	40~80		0~10	0					
	5~25	95~100	90~100		30~70		0~5	0				
	5~31.5	95~100	90~100	70~90		15~45		0~5	0			
	5~40		95~100	70~90		30~65			0~5	0		

续上表

公称粒级(mm)	累计筛余（按质量计,%）											
	方孔筛筛孔边长尺寸(mm)											
	2.36	4.75	9.50	16.0	19.0	26.5	31.5	37.5	53.0	63.0	75.0	90.0
单粒粒级 5~10	95~100	80~100	0~15	0								
10~16		95~100	80~100	0~15								
10~20		95~100	85~100		0~15	0						
16~25			95~100	55~70	25~40	0~10						
16~31.5		95~100		85~100			0~10	0				
20~40			95~100		80~100		0~10	0				
40~80					95~100			70~100		30~60	0~10	0

3）粗集料最大粒径

粗集料最大粒径宜按混凝土结构情况及施工方法选取，但最大粒径不得超过结构最小边尺寸的1/4和钢筋最小净距的3/4；在两层或多层密布钢筋结构中，最大粒径不得超过钢筋最小净距的1/2，同时不得超过75.0mm。混凝土实心板的粗集料最大粒径不宜超过板厚的1/3且不得超过37.5mm。泵送混凝土时的粗集料最大粒径，除应符合上述规定外，对碎石不宜超过输送管径的1/3，对卵石不宜超过输送管径的1/2.5。

粗集料检验试验方法应符合现行《公路工程集料试验规程》（JTG E42）的规定。

4. 水

符合国家标准的饮用水可直接作为混凝土的拌制和养护用水；当采用其他水源或对水质有疑问时，应对水质进行检验。水的品质指标应符合表1-8的规定。

混凝土用水的品质指标　　表1-8

项　目	拌　制　用　水			养 护 用 水
	预应力混凝土	钢筋混凝土	素混凝土	
pH 值	≥5.0	≥4.5	≥4.5	≥4.5
不溶物(mg/L)	≤2000	≤2000	≤5000	—
可溶物(mg/L)	≤2000	≤5000	≤10000	—
氯化物(以 Cl^- 计,mg/L)	≤500	≤1000	≤3500	≤3500
硫酸盐(以 SO_4^{2-} 计,mg/L)	≤600	≤2000	≤2700	≤2700
碱含量(mg/L)	≤1500	≤1500	≤1500	≤1500

注：1. 对设计使用年限为100年的结构混凝土，氯离子含量不得超过500mg/L；对使用钢丝或经热处理钢筋的预应力混凝土，氯离子含量不得超过350mg/L。

2. 碱含量按 $Na_2O+0.658K_2O$ 计算值表示。采用非碱活性集料时，可不检验碱含量。

混凝土用水尚应符合下列规定：

（1）水中不应有漂浮明显的油脂和泡沫及有明显的颜色和异味。

（2）严禁将未经处理的海水用于结构混凝土的拌制和养护。

5. 外加剂

工程使用的外加剂，与水泥、矿物掺合料之间应具有良好的相容性。所采用的外加剂，应是经过具备相关资质的检测机构检验并附有检验合格证明的产品,且其质量应符合现行《混凝土外加剂》(GB 8076)的规定。外加剂使用前应进行复验,复验结果满足要求后方可用于工程中。外加剂的品种和掺量应根据使用要求、施工条件、混凝土原材料的变化等通过试验确定。

在公路桥涵混凝土工程中采用的膨胀剂,其性能应符合现行《混凝土膨胀剂》(GB/T 23439)的规定。膨胀剂的品种和掺量应通过试验确定。掺入膨胀剂的混凝土宜采取有效的持续保湿养护措施,且宜按不同结构和温度适当延长养护时间。

6. 掺合料

掺合料应保证其产品品质稳定,来料均匀;掺合料应由生产单位专门加工,进行产品检验并出具产品合格证书。掺合料的技术要求见《公路桥涵施工技术规范》(JTG/T 3650—2020)附录 D。混凝土中需要掺用粉煤灰、粒化高炉矿渣粉、硅灰等掺合料时,其掺入量应在使用前通过试验确定。

二、混凝土力学性能试验

桥梁隧道工程混凝土常用力学性能试验有立方体抗压强度试验、棱柱体轴心抗压强度试验、棱柱体抗压弹性模量试验、弯拉强度试验、立方体劈裂抗拉强度试验等。常用的几种试件尺寸和最大粒径按表1-9选定。

混凝土力学性能试验试件尺寸及数量　　　　表1-9

试件名称	试件形状	试件尺寸(集料最大粒径)(mm)	尺寸换算系数	每组试件数量
立方体抗压强度试件	立方体	200×200×200(53)	1.05	3个
	立方体	150×150×150(31.5)	标准试件	3个
	立方体	100×100×100(26.5)	0.95	3个
棱柱体轴心抗压强度试件	棱柱体	200×200×400(53)	1.05	3个
	棱柱体	150×150×300(31.5)	标准试件	3个
	棱柱体	100×100×300(26.5)	0.95	3个
棱柱体抗压弹性模量试件	棱柱体	200×200×400(53)	1.05	3个
	棱柱体	150×150×300(31.5)	标准试件	3个
	棱柱体	100×100×300(26.5)	0.95	3个
弯拉强度试件	棱柱体	150×150×600(31.5)	标准试件	3个
	棱柱体	150×150×550(31.5)	标准试件	3个
	棱柱体	100×100×400(26.5)	0.85	3个
立方体劈裂抗拉强度试件	立方体	150×150×150(31.5)	标准试件	3个
	立方体	100×100×100(26.5)	—	3个

注:括号中的数字为试件中集料公称最大粒径。

混凝土立方体试件置于压力机上受压时,在沿加荷方向发生纵向变形的同时,混凝土试件及上、下钢压板也按泊松比效应产生横向自由变形,但由于压力机钢压板的弹性模量比混凝土大10倍左右,而泊松比大于混凝土近2倍,所以在压力作用下,钢板的横向变形小于混凝土的横向变形,造成上、下钢压板与混凝土试件接触的表面之间均产生摩擦阻力,它对混凝土的横向膨胀起着约束作用,从而对混凝土强度起提高作用(图1-3)。但这种约束作用随着远离试件端部而变小,大约在距离 $\sqrt{3}/2a$（a 为立方体试件边长）处,约束作用消失,所以试件抗压破坏后呈一对顶棱锥体(图1-4),称为环箍效应。若在钢压板和混凝土试件之间加涂润滑剂,试件将直立破坏(图1-5),则环箍效应大大减小,测得的抗压强度偏低;混凝土试件立方体尺寸较大时,环箍效应的相对作用较小,混凝土试件立方体尺寸较小时,环箍效应的相对作用较大。混凝土试件中存在的孔隙和微裂缝等缺陷,会引起混凝土试件的实际受力面积降低和应力集中,导致混凝土强度降低。混凝土试件尺寸越小,测得的抗压强度值越大。

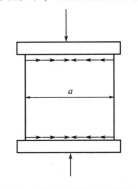 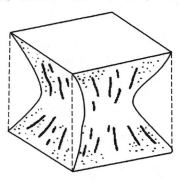 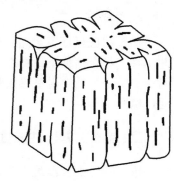

图1-3　压力机压板对试件的　　　图1-4　受压板约束试件破坏　　　图1-5　不受压板约束时试件
　　　　　约束作用　　　　　　　　　　　残存的棱锥体　　　　　　　　　破坏情况

混凝土试件的最小尺寸应根据混凝土所用集料的最大粒径确定。混凝土采用标准试件在标准条件下测定其抗压强度,是为了具有可比性。在实际施工中允许采用非标准尺寸的试件,但应将其抗压强度测值按表1-9所列尺寸换算系数换算成标准试件时的抗压强度。

三、防水混凝土

防水混凝土是以水泥、砂、石子为原料或掺入外加剂、高分子聚合物等,以调整配合比,减小孔隙率,增加各原材料界面间密实性或使混凝土产生补偿收缩作用,从而使水泥砂浆或混凝土具有一定抗裂、防渗能力,使其满足抗渗等级大于 0.6MPa 的不透水性混凝土,也就是自身抗渗性能高于 0.6MPa 的混凝土。

防水混凝土一般可分为普通水泥防水混凝土、外加剂防水混凝土和膨胀水泥防水混凝土。

隧道工程常用防水混凝土的种类及其特性如表1-10所示。

隧道工程常用防水混凝土的种类及其特性　　　　表1-10

种类	普通防水混凝土	防水混凝土外加剂类型				
		引气剂	减水剂	三乙醇胺	氯化铁	明矾石膨胀剂
抗渗压力	>3.0MPa	>2.2MPa	>2.2MPa	>3.8MPa	>3.8MPa	>3.8MPa
主要技术要求	水灰比0.5~0.6;坍落度30~50mm;水泥用量≥320kg/m²;粗集料粒径≤40mm	含气量3%~6%;水泥用量≥250~300kg/m²	加气型减水剂,可以为缓解、促凝和普通型的减水剂	可单独掺用三乙醇胺,也可以与氯化钠、亚硝酸钠配合	液体中氯化铁含量≥0.4kg/L,掺量一般为水泥质量的3%	必须掺入42.5级以上的普通矿渣、火山灰和粉煤灰水泥,不得单独代替水泥,外掺量为水泥质量的20%

续上表

种类	普通防水混凝土	防水混凝土外加剂类型				
		引气剂	减水剂	三乙醇胺	氯化铁	明矾石膨胀剂
适用范围	一般地下防水工程	抗冻性能要求高	含筋率高或薄壁结构	要求早强及抗渗要求高	水中结构	有后浇缝

四、隧道工程防水混凝土的一般要求

(1)隧道模筑混凝土衬砌应满足抗渗要求,混凝土的抗渗等级一般不小于P8。
(2)当衬砌处于侵蚀性地下水环境中,混凝土的耐侵蚀系数不应小于0.8。
混凝土的耐侵蚀系数按式(1-6)计算:

$$N_s = \frac{R_{ws}}{R_{wy}} \quad (1-6)$$

式中:N_s——混凝土的耐侵蚀系数;
R_{ws}——在侵蚀性水中养护6个月的混凝土试块抗折强度;
R_{wy}——在饮用水中养护6个月的混凝土试块抗折强度。

(3)当受冻融作用时,不宜采用火山灰质硅酸盐水泥和粉煤灰硅酸盐水泥。
(4)隧道工程防水混凝土的水泥用量不得少于320kg/m³,水泥强度等级不低于42.5,水灰比不大于0.50。当掺入活性细粉时,不得少于280kg/m³。
(5)防水混凝土结构应满足:
①裂缝宽度应不大于0.2mm,并不贯通。
②迎水面主钢筋保护层厚度不应小于50mm。
③衬砌厚度不应小于30cm。
(6)试件的抗渗等级应比设计要求提高0.2MPa。
(7)当采用防水混凝土时,应对衬砌的各种缝隙采取有效的防水措施,以使衬砌获得整体防水效果。
(8)防水混凝土的实际坍落度与要求坍落度之间的偏差一般不得超过要求值的30%。

五、抗渗性试验

1.目的和适用范围

主要用于检测混凝土硬化后的防水性能,以测定其抗渗等级。
防水混凝土的抗渗等级可分为三种:
(1)设计抗渗等级。它是根据地下工程的埋深以及水力梯度(最大作用水头与建筑物最小壁厚之比)综合考虑而确定的,由勘测设计确定。
(2)试验抗渗等级。用于确定防水混凝土施工配合比时测定的抗渗等级。最终的抗渗等级在设计抗渗等级的基础上提高0.2MPa来确定。
(3)检验抗渗等级。它是对防水混凝土抗渗试块进行抗渗试验所测定的抗渗等级。检验

抗渗等级不得低于设计抗渗等级。

混凝土抗渗性试验应遵照《普通混凝土长期性能和耐久性能试验方法标准》(GB/T 50082—2009)执行，试验方法有渗水高度法与逐级加压法两种，下面以逐级加压法为例进行介绍。

2. 试件制备

(1)试件每组6个，试件试作时，混凝土拌合物应分两层装入试模内，每层的装料厚度大致相等，如采用人工插捣成型时，插捣应按螺旋方向从边缘向中心均匀进行。在插捣底层混凝土时，捣棒应达到试模底部，插捣上层时，捣棒应贯穿上层后插入下层20～30mm。插捣时捣棒应保持垂直不得倾斜，然后应用抹刀沿试模内壁插拔数次。每层插捣次数不得少于29次，插捣后应用橡皮锤轻轻敲击试模四周直至插捣棒留下的空洞消失为止。

根据《公路隧道施工技术规范》(JTG/T 3660—2020)，对于采用防水混凝土的衬砌，每200m需要做1组(6个)抗渗试件。

(2)试件形状为圆台体：上底直径为175mm，下底直径为185mm，高为150mm。

(3)试件成型后24h拆模，用钢丝刷刷净两端面水泥浆膜，标准养护龄期为28d。

3. 仪器设备

(1)混凝土渗透仪。应符合《混凝土抗渗仪》(JG/T 249—2009)的规定，应能使水压按规定稳定地作用在试件上。常用的有TH4-HP-4.0型自动调压混凝土抗渗仪、HS-4型混凝土抗渗仪、ZKS微机控制高精度抗渗仪、HS-40型混凝土抗渗仪等(图1-6)。抗渗仪施加水压力范围为0.1～2MPa。

图1-6 HS-40型混凝土抗渗仪

(2)成型试模。上口直径为175mm，下口直径为185mm，高为150mm或上、下直径与高度均为150mm。

(3)螺旋加压器、烘箱、电炉、浅盘、铁锅、钢丝刷等。

(4)密封材料。如石蜡，内掺约2%的松香。

4. 试验步骤

(1)密封与安装

试件到期前一天，将试件从养护室取出，擦干表面，用钢丝刷刷净两端面。待表面干燥后，在试件侧面滚涂一层熔化的内加少量松香的石蜡，然后用螺旋加压器将试件压入经过烘箱或电炉预热过的试模中，使试件和试模底平齐，待试模变冷后解除压力。试模的预热温度，应以石蜡接触试模即缓慢熔化，但不流淌为准。

试件密封也可以采用其他更可靠的密封方式。

(2)试验

水压从0.1MPa开始，每隔8h增加水压0.1MPa，并随时注意观察试件端面渗水情况。当6个试件中有3个试件表面发现渗水，记下此时的水压力，即可停止试验。

当加压至设计抗渗等级规定压力，经8h后第三个试件仍不渗水，表明混凝土已满足设计要求，也可停止试验。

如在试验过程中,水从试件周边渗出,则说明密封不好,要重新密封。

5. 试验结果计算

混凝土的抗渗等级以每组6个试件中有4个未发现有渗水现象时的最大水压力表示。抗渗等级按式(1-7)计算:

$$P = 10H - 1 \qquad (1-7)$$

式中:P——混凝土抗渗等级;

H——6个试件中有3个试件渗水时的水压力(MPa)。

第三节 钢　　材

钢材具有优异的力学性能和加工性能,广泛应用于各种不同类型的桥涵工程结构。

根据化学成分、冶炼和轧制工艺、形状不同等,工程用钢材可以分为很多种类,但作为结构材料,钢材的力学性能是最重要的。在工程结构施工、构件制作时,都需要对钢材进行加工,如弯曲、焊接等,因此对钢材的加工性能也有很高的要求。

本节主要讨论钢材的力学性能、加工性能及相应的试验检测方法等。

一、主要力学性能和加工性能

1. 屈服强度 R_{eL}

大部分结构钢材都有明显的屈服现象,如碳素结构钢、优质碳素结构钢、低合金结构钢等,以及钢筋混凝土用的钢筋。在室温条件下,对有明显屈服现象的钢材标准试样进行拉伸试验,可以得到钢材的应力-伸长率曲线。图1-7为经过修正的应力-伸长率曲线,图中的应力为拉力除以试样的原始截面面积,伸长率为原始标距的伸长除以原始标距(单位长度的伸长,用百分率表示,也可称为应变)。由图1-7可以看到,从 O 点到 A 点,应力-伸长率曲线可以看作为一条通过零点的斜直线,直线的斜率就是弹性模量,这时应力-伸长率呈线弹性关系,这一阶段称为线弹性阶段;从 A 点到 B 点,应力不增加,伸长率也会不断增大,这就是屈服现象,相应的应力即为屈服强度,这一阶段称为屈服阶段,A 点到 B 点的长度称为屈服平台。

屈服阶段中,应力-伸长率曲线会发生波动,取首次下降前的最大应力为上屈服强度 R_{eH};不计初始瞬时效应,取其最小应力为下屈服强度 R_{eL}。通常将下屈服强度 R_{eL} 作为屈服强度特征值(或屈服强度)。

2. 抗拉强度 R_m

图1-7中,从 B 点起,继续拉伸,应力又随着伸长率的增加而增大,到 C 点处达到最大值,即抗拉强度,B 点到 C 点称为强化段。C 点起,随着伸长率的增加,应力下降,试样最薄弱处出现颈缩显现,到 D 点时,试样受拉断裂,C 点到 D 点称为下降段。

其他没有明显屈服现象的钢材,拉伸试验中的最大应力,即为抗拉强度。

3. 规定塑性延伸强度 R_p

在室温条件下，对没有明显屈服现象的钢材标准试样进行拉伸试验，可以得到另一种应力-延伸率曲线（图1-8）。延伸率为引伸计标距的延伸除以引伸计标距（单位长度的延伸，也可称为应变）。由于应力-延伸率曲线没有明显的屈服现象，可以取对应于某一规定塑性延伸率（图1-8中的 e_p）对应的应力作为规定塑性延伸强度，作为这类钢材的强度指标。通常取塑性延伸率为0.2%所对应的应力作为规定塑性延伸强度，即 $R_{p0.2}$。

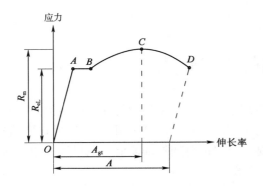

图1-7 有明显屈服现象钢材的应力-伸长率曲线　　图1-8 无明显屈服现象钢材的应力-延伸率曲线

4. 断后伸长率 A

钢材拉伸试验中，伸长率是用以表示钢材变形的重要参数。断后伸长率为试样拉伸断裂后的残余伸长量与原始标距之比（以百分率表示），它是表示钢材变形性能、塑性变形能力的重要指标（图1-7）。

5. 最大力总延伸率 A_{gt}

钢材拉伸试验中，最大力时原始标距的总延伸（弹性延伸加塑性延伸）与引伸计标距之比，称为最大力总延伸率（以百分率表示），如图1-7所示。由于部分标准未修订，为了与原标准表述一致，后文中部分说法仍称为最大力总伸长率。

6. 弯曲性能

在钢结构制作和安装、钢筋加工中，常常需要对钢材进行弯曲，要求钢材具有良好的弯曲性能，这是钢材的一个重要工艺性能或加工性能。

弯曲性能要求钢材具有一定的弯曲塑性变形能力，在弯曲到规定的角度后，弯曲部位不得发生裂纹等损坏现象。钢材的弯曲性能由弯曲试验或反复弯曲试验得到。

7. 应力松弛性能

应力松弛是钢材在规定的温度和规定约束条件下，应力随时间而减少的现象。松弛率为松弛应力与初始应力之比，用松弛率评价钢材的应力松弛性能。由于应力松弛通常会造成不利的后果，特别是在预应力混凝土结构中，预应力钢筋或钢绞线等受到很大的拉应力作用，应力松弛会造成预应力损失，影响结构性能。

应力松弛性能要求钢材特别是预应力用钢材的松弛率不得大于规定值。

8. 疲劳性能

钢材在一定次数的交变应力(随时间作周期性交替变更的应力)作用下,往往会在最大应力远小于其抗拉强度的情况下,发生突然破坏,这种现象称为"疲劳破坏"。钢材抵抗疲劳破坏的能力称为疲劳性能。

9. 冲击性能

钢材在冲击荷载作用下断裂时吸收能量的能力,称为冲击性能,它是衡量钢材抵抗脆性破坏的力学性能指标。

10. 钢筋连接

钢筋的连接通常采用焊接和机械连接。钢筋连接接头应该满足强度及变形性能的要求。

二、试验方法

1. 拉伸试验

钢材的屈服强度、抗拉强度和伸长率等性能都可以通过拉伸试验获得,拉伸试验应该按照现行《金属材料　拉伸试验　第1部分:室温试验方法》(GB/T 228.1)进行。

钢材拉伸试验的试样制备应符合现行《钢及钢产品　力学性能试验取样位置及试样制备》(GB/T 2975)、《金属材料　拉伸试验　第1部分:室温试验方法》(GB/T 228.1)等相关金属产品标准的有关规定。

拉伸试验的试验机应按照现行《静力单轴试验机的检验　第1部分:拉力和(或)压力试验机测力系统的检验与校准》(GB/T 16825.1)进行校准,并且其准确度应为1级或优于1级。引伸计的准确度级别应符合现行《单轴试验用引伸计的标定》(GB/T 12160)的要求,测定上屈服强度、下屈服强度、屈服点延伸率、规定塑性延伸强度、规定总延伸强度、规定残余延伸强度,以及规定残余延伸强度的验证试验,应使用1级或优于1级准确度的引伸计;测定其他具有较大延伸率(延伸大于5%)的性能,例如抗拉强度、最大力总延伸率、最大力塑性延伸率、断裂总伸长率以及断后伸长率,可使用2级或优于2级准确度的引伸计。

拉伸试验一般在室温10~35℃范围内进行。对温度要求严格的试验,试验温度应为23℃±5℃。

拉伸试验的试验速率可以根据要求、条件等,选择采用基于应变速率的试验速率(方法A)或基于应力速率的试验速率(方法B)。方法A的应变速率可以使用引伸计测量试样的应变来达到(方法A_1闭环),也可以通过控制试验机横梁位移速率来达到(方法A_2开环)。应力速率控制是用拉伸力除以试样的原始截面面积得到应力,通过控制拉伸力的速率来达到控制应力速率。

1)屈服强度

采用方法A控制试验速率,应变速率推荐取$0.00025s^{-1}$,相对偏差±20%。

采用方法B控制试验速率,可按材料弹性模量的大小取相应的应力速率。弹性模量

$E<150\text{GPa}$ 时,应力速率取 $2\sim20\text{MPa}\cdot\text{s}^{-1}$;弹性模量 $E\geqslant150\text{GPa}$ 时,应力速率取 $6\sim60\text{MPa}\cdot\text{s}^{-1}$。

对于有明显屈服现象的钢材,可以采用下列的图解法和指针法测定其上屈服强度和下屈服强度:

(1)图解法。试验时记录力-延伸曲线或力-位移曲线(图1-9),从曲线图读取首次下降前的最大力和不计初始瞬时效应时屈服阶段中的最小力或屈服平台的恒定力,将其分别除以试样原始横截面积得到上屈服强度 R_eH 和下屈服强度 R_eL。

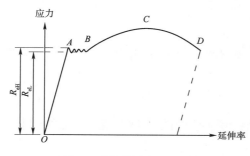

图1-9 图解法测定屈服强度

(2)指针法。试验时,读取测力度盘指针首次回转前指示的最大力和不计初始瞬时效应时屈服阶段中指示的最小力或首次停止转动指示的恒定力,将其分别除以试样原始横截面积得到上屈服强度和下屈服强度。

2)抗拉强度

采用方法 A 控制试验速率,应变速率推荐取 0.0067s^{-1},相对偏差 $\pm20\%$(0.4min^{-1},相对偏差 $\pm20\%$)。

采用方法 B 控制试验速率,在测定屈服强度或塑性延伸强度后,试验速率可以用不大于 0.008s^{-1} 的应变速率;如果仅仅需要测定抗拉强度,则在整个试验过程中取不超过 0.008s^{-1} 的单一试验速率。

也可以采用下列的图解法、指针法或自动装置测定试样的抗拉强度:

(1)图解法。从试验记录的力-延伸曲线或力-位移曲线(图1-7)上,读取最大力,将最大力除以试样原始横截面积得到抗拉强度。

(2)指针法。从测力度盘读取试验过程中的最大力,将最大力除以试样原始横截面积得到抗拉强度。

(3)自动装置。使用自动装置或自动测试系统等测定抗拉强度。

3)规定塑性延伸强度

采用方法 A 控制试验速率,应变速率推荐取 0.00025s^{-1},相对偏差 $\pm20\%$,也可以换算成横梁位移速率。

采用方法 B 控制试验速率,在弹性范围可按材料弹性模量的大小取相应的应力速率,弹性模量 $E<150\text{GPa}$ 时,应力速率取 $2\sim20\text{MPa}\cdot\text{s}^{-1}$;弹性模量 $E\geqslant150\text{GPa}$ 时,应力速率取 $6\sim60\text{MPa}\cdot\text{s}^{-1}$。在塑性范围,改为按应变速率控制,应变速率不应超过 0.0025s^{-1}。

在试验得到的应力-延伸率曲线图(图1-8)上,画一条与曲线的弹性直线段部分平行,且在延伸轴上与此直线段的距离等效于规定塑性延伸率,例如 0.2% 的直线。此平行线与曲线的交截点给出相应于所求规定塑性延伸强度的力。将此力除以试样原始横截面积得到规定塑性延伸强度。

如果力-延伸曲线图的弹性直线部分不能明确地确定,以致不能以足够的准确度画出这一平行线,建议用另一种方法(图1-10)。图1-10 中,e 为延伸率,e_p 为规定的塑性延伸率,R 为应力，R_p 为规定塑性延伸强度。试验中，加载超过预期的规定塑性延伸强度后，将力降至约为已达到力的 10%；然后再加载直至超过原已达到的力，可以得到一个力-延伸的滞后环。过滞后环的两端点画一条直线，然后作一条与此平行，并经过横轴的平行线，其与横轴的交点到曲线原点的距离等效于所规定的塑性延伸率。该平行线与曲线的交截点给出相应于规定塑性延伸强度的力，此力除以试样原始横截面积得到规定塑性延伸强度。

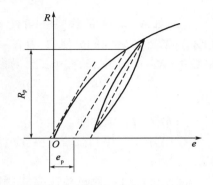

图 1-10 测定规定塑性延伸强度

可以按以下方法修正曲线的原点：作一条平行于滞回环所确定直线的平行线，并使其与力-延伸曲线相切，此平行线与延伸轴的交点即为曲线的修正原点（图 1-10）。

4）断后伸长率

采用方法 A 控制试验速率，应变速率推荐取 $0.0067s^{-1}$，相对偏差 ±20%（$0.4min^{-1}$，相对偏差 ±20%）。

采用方法 B 控制试验速率，在测定屈服强度或塑性延伸强度后，试验速率可以用不大于 $0.008s^{-1}$ 的应变速率。

试样被拉伸断裂后，应将其断裂的部分仔细地配接在一起使其轴线处于同一直线上，并采取特别措施确保试样断裂部分适当接触后测量试样断后标距。按前面的定义计算断后伸长率，即断后标距减去原始标距，然后除以原始标距。

应使用分辨力优于 0.1mm 的量具或测量装置测定断后标距，准确到 ±0.25mm；如规定的最小断后伸长率小于 5%，宜采用特殊方法进行测定。

原则上只有断裂处与最接近的标距标记的距离不小于原始标距的 1/3 情况方为有效。但断后伸长率大于或等于规定值时，不论断裂位置处于何处，测量均为有效。

为了避免因断裂发生在离最接近的标距标记的距离小于原始标距的 1/3 而造成试样报废，可以采用移位法测定断后伸长率（图 1-11）。

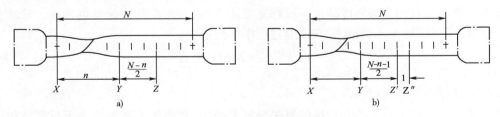

图 1-11 移位法测定断后伸长率

如图 1-11 所示，试验前将原始标距 L_0 细分为 5mm（标准推荐）到 10mm 的 N 等分。试验后，以符号 X 表示断裂后试样短段的标距标记，以符号 Y 表示断裂后试样长段上的某个标记，使此标记 Y 到断裂处的距离最接近于断裂处到标距标记 X 的距离。测得 X 与 Y 之间的分格数为 n，按以下方法测定断后伸长率。

(1) 如 $N-n$ 为偶数[图 1-11a]，测量 X 与 Y 之间的距离（XY）和 Y 与 Z 之间的距离（YZ）[Y 与 Z 之间的分格数为 $(N-n)/2$]，按下式计算断后伸长率：

$$A(\%) = \frac{XY + 2 \times YZ - L_0}{L_0} \times 100 \tag{1-8}$$

(2)如 $N-n$ 为奇数[图1-11b)],测量 X 与 Y 之间的距离(XY)和 Y 与 Z' 之间的距离(YZ')[Y 与 Z' 之间的分格数为$(N-n-1)/2$]和 Y 与 Z'' 之间的距离(YZ'')[Y 与 Z'' 之间的分格数为$(N-n+1)/2$],按下式计算断后伸长率:

$$A(\%) = \frac{XY + YZ' + YZ'' - L_0}{L_0} \times 100 \tag{1-9}$$

5)最大力总延伸率

采用方法 A 控制试验速率,应变速率推荐取 $0.0067s^{-1}$,相对偏差 $\pm 20\%$($0.4min^{-1}$,相对偏差 $\pm 20\%$)。

采用方法 B 控制试验速率,在测定屈服强度或塑性延伸强度后,试验速率可以用不大于 $0.008s^{-1}$ 的应变速率。

拉伸试验中,用引伸计得到力-延伸曲线图上测定最大力时的总延伸,该总延伸除以引伸计标距,得到最大力总延伸率。

如有些钢材在最大力时曲线呈现一平台,则取曲线平台中点的最大力对应的总延伸,用该总延伸除以引伸计标距。

2. 弯曲试验

钢材的弯曲性能可以通过弯曲试验获得,弯曲试验应该按照《金属材料　弯曲试验方法》(GB/T 232—2010)进行。

钢材弯曲试验的试样制备应符合《钢及钢产品　力学性能试验取样位置及试样制备》(GB/T 2975—2018)、《金属材料　弯曲试验方法》(GB/T 232—2010)等相关金属产品标准的有关规定。

弯曲试验应在配备弯曲装置的试验机或压力机上进行,弯曲装置可以取以下弯曲装置之一:支辊式弯曲装置(图1-12)、V 形模具式弯曲装置、虎钳式弯曲装置或翻板式弯曲装置。通常可采用支辊式弯曲装置进行弯曲试验,参见以下介绍。

支辊式弯曲装置的支辊长度应大于试样宽度或直径,支辊应具有足够的硬度。除非另有规定,支辊间距离应按下式确定,并在试验过程中保持不变。

$$l = (d + 3a) \pm 0.5a \tag{1-10}$$

式中:d——弯曲压头直径(mm);
　　a——试样厚度或直径(mm)。

弯曲压头直径应按相关产品标准的有关规定来确定,弯曲压头宽度应大于试样宽度或直径,并具有足够的硬度。

试验一般在 10~35℃ 的室温范围内进行。对温度要求严格的试验,试验温度应为 23℃ ±5℃。

试验过程时,应将试样放于两支辊上(图1-12),试样轴线应与弯曲压头轴线垂直,弯曲压头在两支辊之间的中点处对试样连续施加力使其弯曲,直至达到规定的弯曲角度。

如不能直接达到规定的角度,应将试样置于两平行压板之间(图1-13),连续施加力压其两端,使其进一步弯曲,直至达到规定的弯曲角度。

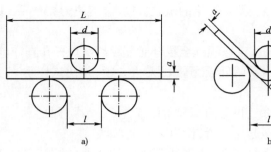
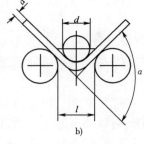

图1-12 支辊式弯曲装置　　　　图1-13 进一步弯曲试样

弯曲试验时，应缓慢施加弯曲力，以使材料能够自由地进行塑性变形。当出现争议时，试验速率应为1mm/s±0.2mm/s。

应按照相关产品标准的要求评定弯曲试验结果，如标准中未作具体要求，弯曲试验后不使用放大仪器观察，试样弯曲外表面无可见裂纹应评定为合格。

以相关产品标准规定的弯曲角度作为最小值；若规定弯曲压头直径，以规定的弯曲压头直径作为最大值。

3. 反复弯曲试验

直径或厚度为0.3~10mm（包括10mm）金属线材的弯曲性能可以通过反复弯曲试验获得，反复弯曲试验应该按照《金属材料　线材　反复弯曲试验方法》（GB/T 238—2013）进行。

反复弯曲试验的试样应尽可能平直，必要时可以对试样进行矫直。

反复弯曲试验机的工作原理和构造示意如图1-14所示。

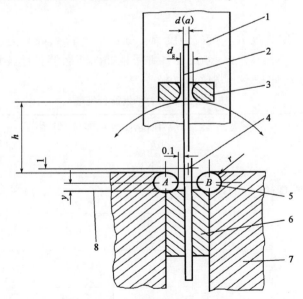

图1-14 反复弯曲试验机工作原理和构造示意图（尺寸单位：mm）

1-弯曲臂；2-试样；3-拨杆；4-弯曲臂转动中心；5-圆柱支座A和B；6-夹块；7-支座；8-夹块顶部；d-圆金属线材直径；a-非圆截面试样最小厚度；r-圆柱支座半径；h-圆柱支座顶部至拨杆底部距离；d_g-拨杆孔直径；y-两圆柱支座轴线所在平面与试样最近接触点的距离

试验一般应在室温10~35℃下进行,对温度要求严格的试验,试验温度应为23℃±5℃。

试验程序:

(1)根据线材直径,选择圆柱支座半径、圆柱支座顶部至拨杆底部距离及拨杆孔直径。

(2)使弯曲臂处于垂直位置,将试样由拨杆孔插入,下端用夹块夹紧,并使试样垂直于圆柱支座轴线。

(3)将试样由垂直位置向任一方向弯曲90°,再弯曲至起始位置,作为一次弯曲。

(4)将试样向相反方向弯曲90°,再弯曲至起始位置,作为又一次弯曲。

(5)依次向相反方向进行连续不间断的反复弯曲,直至达到规定的弯曲次数或出现肉眼可见裂纹,或试样完全断裂为止。

试样断裂的最后一次弯曲不计入弯曲次数。

三、钢材产品检验

1. 钢筋混凝土用钢筋

1)热轧带肋钢筋

根据《钢筋混凝土用钢 第2部分:热轧带肋钢筋》(GB/T 1499.2—2018)的规定,热轧带肋钢筋(包括普通热轧带肋钢筋和细晶粒热轧带肋钢筋)按屈服强度特征值分为400级、500级、600级,普通热轧带肋钢筋的牌号为:HRB400、HRB500和HRB600,细晶粒热轧带肋钢筋的牌号为:HRBF400和HRBF500。

热轧带肋钢筋横截面为圆形,表面带有横肋,通常还带有纵肋;有些钢筋横肋的纵截面呈月牙形,可称为月牙肋钢筋。

(1)力学性能

热轧带肋钢筋的屈服强度R_{eL}、抗拉强度R_m、断后伸长率A、最大力总延伸率A_{gt}等力学性能特征值见表1-11。表中,直径28~40mm各牌号钢筋的断后伸长率A可降低1%,直径大于40mm各牌号钢筋的断后伸长率A可降低2%。

热轧带肋钢筋力学性能特征值　　　　表1-11

牌　号	下屈服强度R_{eL}(MPa)	抗拉强度R_m(MPa)	断后伸长率A(%)	最大力总延伸率A_{gt}(%)	R_m^0/R_{eL}^0	R_{eL}^0/R_{eL}
			不小于			不大于
HRB400	400	500	16	7.5	—	—
HRBF400						
HRB400E			—	9.0	1.25	1.30
HRBF400E						
HRB500	500	630	15	7.5	—	—
HRBF500						
HRB500E			—	9.0	1.25	1.30
HRBF500E						
HRB600	600	730	14	7.5	—	—

注:R_m^0为钢筋实测抗拉强度;R_{eL}^0为钢筋实测下屈服强度。

钢筋力学性能的试验按照《金属材料 拉伸试验 第1部分:室温试验方法》(GB/T 228.1—2021)的有关规定进行,试样数量为2根,从任选2根钢筋上切取,计算强度用横截面面积采用公称横截面面积。

(2)弯曲性能

按表1-12规定的弯芯直径弯曲180°后,钢筋受弯曲部位表面不得产生裂纹。

热轧钢筋弯曲性能要求　　　　　　　　表1-12

牌　号	公称直径 d (mm)	弯芯直径
HRB400 HRBF400 HRB400E HRBF400E	6~25	$4d$
	28~40	$5d$
	>40~50	$6d$
HRB500 HRBF500 HRB500E HRBF500E HRB600	6~25	$6d$
	28~40	$7d$
	>40~50	$8d$

钢筋弯曲性能的试验按照《金属材料 弯曲试验方法》(GB/T 232—2010)的有关规定进行,试样数量为2根,从任选2根钢筋上切取。

(3)其他检验项目

根据工程使用需求,还可以进行其他项目如反向弯曲性能、疲劳性能、焊接性能和表面质量等的检验。表面形状及尺寸允许偏差、质量偏差及相应的检验方法,应参照《钢筋混凝土用钢 第2部分:热轧带肋钢筋》(GB/T 1499.2—2018)。

2)热轧光圆钢筋

根据《钢筋混凝土用钢 第1部分:热轧光圆钢筋》(GB/T 1499.1—2017)的规定,热轧光圆钢筋(包括热轧直条钢筋和盘卷光圆钢筋)按屈服强度特征值分为300级,其牌号为HPB300。

(1)力学性能

热轧光圆钢筋的屈服强度 R_{eL}、抗拉强度 R_m、断后伸长率 A、最大力总延伸率 A_{gt} 等力学性能特征值见表1-13,钢筋检验结果应不小于表中所列的特征值。

热轧光圆钢筋力学性能特征值　　　　　　　　表1-13

牌　号	R_{eL} (MPa)	R_m (MPa)	A (%)	A_{gt} (%)
HPB300	≥300	≥420	≥25.0	≥10.0

钢筋力学性能的试验按照《金属材料 拉伸试验 第1部分:室温试验方法》(GB/T 228.1—2021)的有关规定进行,试样数量为2根,从任选2根钢筋上切取,计算强度用横截面面积采用公称横截面面积。

(2)弯曲性能

弯曲试验的弯芯直径为钢筋的公称直径,弯曲180°后,钢筋受弯曲部位表面不得产生裂纹。

钢筋弯曲性能的试验按照《金属材料 弯曲试验方法》(GB/T 232—2010)的有关规定进行,试样数量为2根,从任选2根钢筋上切取。

(3)其他检验项目

表面质量、表面形状、尺寸允许偏差、质量偏差及相应的检验方法,应参照《钢筋混凝土用钢 第1部分:热轧光圆钢筋》(GB/T 1499.1—2017)。

2. 预应力混凝土用钢棒

按照《预应力混凝土用钢棒》(GB/T 5223.3—2017)的规定,预应力混凝土用钢棒(以下称为钢棒)是低合金钢热轧圆盘条经过冷加工后(或不经过冷加工)淬火和回火所得到,按表面形状分为光圆、螺旋槽、螺旋肋和带肋钢棒。

钢棒按不同的制造加工有不同的强度等级和试验要求,此外还有延性级别和松弛级别要求。

1)力学性能

钢棒的抗拉强度 R_m、规定非比例延伸强度 $R_{p0.2}$ 见表1-14,伸长特性(断后伸长率 A、最大力总伸长率 A_{gt})要求见表1-15,钢棒检验结果应不小于表中所列的规定值。

预应力混凝土用钢棒强度要求 表1-14

表面形状类型	公称直径(mm)	R_m(MPa)	$R_{p0.2}$(MPa)
光圆	6~16	对所有规格	对所有规格
螺旋槽	7.1~14.0	1080	930
		1230	1080
螺旋肋	6~14	1420	1280
带肋	6~16	1570	1420
螺旋肋	16~22	1080	930
		1270	1140

预应力混凝土用钢棒伸长特性要求 表1-15

延性级别	A_{gt}(%)(L_0=200mm)	A(%)(L_0=8d)
延性35	3.5	7.0
延性25	2.5	5.0

注:L_0 为标距,d 为钢棒公称直径。

钢棒力学性能的试验按照《金属材料 拉伸试验 第1部分:室温试验方法》(GB/T 228.1—2021)的有关规定进行,但伸长特性试验的标距按表1-15确定;抗拉强度试样数量为1根/盘,规定非比例延伸强度试样数量为3根/批,断后伸长率试样数量为1根/盘,最大力总伸长率试样数量为3根/批,从每(任一)盘中任意一端截取;计算强度用横截面面积采用公称横截面面积。拉伸试验后,目视观察,钢棒应呈现出缩颈韧性断口。

2)弯曲性能

公称直径不大于10mm的钢棒(螺旋槽钢棒和带肋钢棒除外)应按表1-16的规定进行反复弯曲试验,公称直径大于10mm的钢棒(螺旋槽钢棒和带肋钢棒除外)应按表1-16的规定进行弯曲试验。

钢棒反复弯曲试验按照《金属材料 线材 反复弯曲试验方法》(GB/T 238—2013)的有

关规定进行,钢棒弯曲试验按照《金属材料 弯曲试验方法》(GB/T 232—2010)的有关规定进行,试样数量均为3根/批,从每(任一)盘中任意一端截取。

钢棒的弯曲性能要求 表1-16

表面形状类型	公称直径 d (mm)	弯曲性能	
		性能要求	弯曲半径(mm)
光圆	6	反复弯曲不小于4次/180°	15
	7、8		20
	9、10		25
	11～16	弯曲160°～180°后弯曲处无裂纹	弯芯直径为钢棒公称直径的10倍
螺旋肋	6	反复弯曲不小于4次/180°	15
	7、8		20
	9、10		25
	11～22	弯曲160°～180°后弯曲处无裂纹	弯芯直径为钢棒公称直径的10倍

3)应力松弛性能

钢棒应进行初始应力为70%公称抗拉强度时1000h的松弛试验,如需方有要求,也应测定初始应力为60%和80%公称抗拉强度时1000h的松弛值,实测松弛值应不大于表1-17规定的最大松弛值。

钢棒最大松弛值 表1-17

初始应力为公称抗拉强度的百分数(%)	1000h松弛值(%)	初始应力为公称抗拉强度的百分数(%)	1000h松弛值(%)
70	2.0	80	4.5
60	1.0		

应力松弛试验应参照《金属材料 拉伸应力松弛试验方法》(GB/T 10120—2013)的有关规定进行。试样数量为不少于1根/每条生产线每个月,从每(任一)盘中任意一端截取。

4)其他检验项目

疲劳试验、表面质量、横截面面积等相应的检验方法,应参照《预应力混凝土用钢棒》(GB/T 5223.3—2017)。

3. 预应力混凝土用钢绞线

按照《预应力混凝土用钢绞线》(GB/T 5224—2014)的规定,预应力混凝土用钢绞线(以下称为钢绞线)是由冷拉光圆钢丝及刻痕钢丝捻制而成,按结构形式分为以下8类,其代号为:

（1）用2根钢丝捻制的钢绞线，1×2。

（2）用3根钢丝捻制的钢绞线，1×3。

（3）用3根刻痕钢丝捻制的钢绞线，1×3I。

（4）用7根钢丝捻制的标准型钢绞线，1×7。

（5）用6根刻痕钢丝和1根光圆中心钢丝捻制的钢绞线，1×7I。

（6）用7根钢丝捻制又经模拔的钢绞线，(1×7)C。

（7）用19根钢丝捻制的1+9+9西鲁式钢绞线，1×19S。

（8）用19根钢丝捻制的1+6+6/6瓦林吞式钢绞线，1×19W。

钢绞线的产品标记包含：结构代号、公称直径、强度级别和标准编号。

1）力学性能

按不同的结构形式、公称直径和强度等级，有不同的力学性能要求，检验结果应不小于规定值。

钢绞线力学性能的试验按照《预应力混凝土用钢材试验方法》（GB/T 21839—2019）的有关规定进行，但试样在夹头内和距钳口2倍钢绞线公称直径内断裂达不到标准要求时，试验无效。计算抗拉强度时取钢绞线的公称横截面面积值。屈服力 $F_{p0.2}$ 即为引伸计标距（不小于一个捻距）的非比例延伸达到引伸计标距0.2%时的力。测定最大力总伸长率时，如有预加负荷，应考虑将预加负荷所产生的伸长率计入总伸长率内。

整根钢绞线的最大力试样数量为3根/批，屈服力试样数量为3根/批，最大力总伸长率试样数量为3根/批，从每（任一）盘中任意一端截取。

2）应力松弛性能

所有不同规格钢绞线的松弛性能要求见表1-18，实测应力松弛率应不大于表中规定的松弛率。

钢绞线应力松弛性能要求   表1-18

初始负荷相当于实际最大力的百分数(%)	1000h 应力松弛率 r(%) ≤
70	2.5
80	4.5

应力松弛试验应参照《预应力混凝土用钢材试验方法》（GB/T 21839—2019）的有关规定进行，试样的环境温度应保持在20℃±2℃内，标距长度不小于公称直径的60倍，试样制备后不得进行任何热处理和冷加工，允许用至少120h的测试数据推算1000h的松弛值。试样数量为不少于1根/每合同批，从每（任一）盘卷中任意一端截取。

3）其他检验项目

表面质量、外形尺寸和钢绞线伸直性的检验，疲劳性能试验和偏斜拉伸试验，应参照《预应力混凝土用钢绞线》（GB/T 5224—2014）。

4. 预应力混凝土用螺纹钢筋

按照《预应力混凝土用螺纹钢筋》（GB/T 20065—2016）的规定，预应力混凝土用螺纹钢筋（以下称为螺纹钢筋）是采用热轧、轧后余热处理或热处理等工艺生产的，外表有热轧成的不连续外螺纹的直条钢筋,可以与带有匹配形状的内螺纹的连接器或锚具进行连接。

螺纹钢筋按屈服强度划分级别,用其代号为"PSB"加上规定屈服强度最小值表示。

1)力学性能

表1-19为不同级别螺纹钢筋的力学性能要求,检验结果应不小于表中所列的规定值。如无明显屈服时,用规定非比例延伸强度$R_{p0.2}$代替。

预应力混凝土用螺纹钢筋力学性能　　　表1-19

级　　别	屈服强度R_{eL}（MPa）	抗拉强度R_m（MPa）	断后伸长率A（%）	最大力总伸长率A_{gt}（%）
PSB785	785	980	8	3.5
PSB830	830	1030	7	
PSB930	930	1080	7	
PSB1080	1080	1230	6	
PSB1200	1200	1330	6	

螺纹钢筋力学性能的试验按照《金属材料　拉伸试验　第1部分:室温试验方法》（GB/T 228.1—2021）的有关规定进行,计算应力时用公称横截面面积。试样数量为2根。

2)应力松弛性能

各个级别螺纹钢筋的松弛性能要求均相同,初始应力取$0.7R_{eL}$（公称屈服强度）,实测1000h后应力松弛率不大于4%。

应力松弛试验应参照《金属材料　拉伸应力松弛试验方法》（GB/T 10120—2013）的有关规定进行,试样的环境温度应保持在20℃±2℃内,标距长度不小于公称直径的60倍,试样制备后不得进行任何热处理和冷加工,初始负荷应在3~5min内均匀施加完毕、持荷1min后开始记录松弛值,允许用至少120h的测试数据推算1000h的松弛值。试样数量为1根/1000t。

3)其他检验项目

表面质量、外形尺寸的检验以及疲劳性能试验,应参照《预应力混凝土用螺纹钢筋》（GB/T 20065—2016）。

5. 碳素结构钢

按照《碳素结构钢》（GB/T 700—2006）的规定,碳素结构钢的牌号由代表屈服强度的字母Q、屈服强度数值、质量等级符号（A、B、C、D）、脱氧方法符号（F、Z、TZ）组成。强度等级有:Q195、Q215、Q235、Q275。

碳素结构钢的形式有热轧钢板、钢带、型钢和钢棒。

1)力学性能

表1-20为碳素结构钢的力学性能要求,对于不同的厚度和直径,有不同的要求,检验结果应不小于表中所列的规定值。

碳素结构钢的力学性能 表1-20

牌号	屈服强度 R_{eL}(MPa)					抗拉强度 R_m (MPa)	断后伸长率 A(%)				
	厚度(或直径)(mm)						厚度(或直径)(mm)				
	≤16	>16~40	>40~60	>60~100	>100~150	>150~200		≤40	>40~60	>60~100	>100~150	>150~200
Q195	195	185	—	—	—	—	315~430	33	—	—	—	—
Q215	215	205	195	185	175	165	335~450	31	30	29	27	26
Q235	235	225	215	215	195	185	370~500	26	25	24	22	21
Q275	275	265	255	245	225	215	410~540	22	21	20	18	17

注:1. Q195的屈服强度仅作为参考。
  2. 厚度大于100mm的钢材,抗拉强度下限允许降低20MPa。

碳素结构钢力学性能试验按照《金属材料 拉伸试验 第1部分:室温试验方法》(GB/T 228.1—2021)的有关规定进行,试样数量为1个。

2)弯曲性能

按表1-21规定的弯芯直径弯曲180°后,试样受弯曲部位表面不得产生裂纹。

碳素结构钢弯曲性能要求 表1-21

牌号	试样方向	冷弯试验180°,B=2a	
		钢材厚度(或直径)(mm)	
		≤60	>60~100
		弯芯直径 d	
Q195	纵	0	—
	横	0.5a	—
Q215	纵	0.5a	1.5a
	横	a	2a
Q235	纵	a	2a
	横	1.5a	2.5a
Q275	纵	1.5a	2.5a
	横	2a	3a

注:B为试样宽度,a为试样厚度。

碳素结构钢弯曲性能的试验按照《金属材料 弯曲试验方法》(GB/T 232—2010)的有关规定进行,试样数量为1个。

3)冲击试验

厚度不小于12mm或直径不小于16mm的钢材应做冲击试验,具体试验方法参照《金属材料 夏比摆锤冲击试验方法》(GB/T 229—2007),试样数量为3个。

6. 低合金高强度结构钢

按照《低合金高强度结构钢》(GB/T 1591—2018)的规定,低合金高强度结构钢的牌号由代表屈服强度"屈"字的汉语拼音首字母 Q、规定的最小上屈服强度数值、交货状态代号、质量等级符号(B、C、D、E、F)四个部分组成。

强度等级有:Q355、Q390、Q420、Q460、Q500、Q550、Q620、Q690。交货状态有:以热轧、正火、正火轧制和热机械(TMCP)轧制。热轧代号为 AR 或 WAR(可省略),正火、正火轧制代号为 N,热机械轧制代号为 M。

低合金高强度结构钢的形式有热轧钢板、钢带、型钢和钢棒等。

1) 力学性能

不同形式的低合金高强度结构钢的力学性能要求,对于不同的交货状态、厚度和直径,有不同的要求,检验结果应不小于规定值。

低合金高强度结构钢力学性能试验按照《金属材料 拉伸试验 第1部分:室温试验方法》(GB/T 228.1—2021)的有关规定进行,试样数量为1个/批。

2) 弯曲性能

按表1-22规定的弯芯直径弯曲180°后,试样受弯曲部位表面不得产生裂纹。

弯 曲 试 验　　　　　　　表1-22

牌 号	试 样 方 向	冷弯试验180° 钢材厚度(直径、边长)(mm)	
		≤16	>16~100
		弯芯直径 d	
Q345 Q390 Q420 Q460	宽度不小于600mm 的扁平材,拉伸试验取横向试样; 宽度小于600mm 的扁平材、型材及棒材,取纵向试样	2a	3a

注:a 为试样厚度。

低合金高强度结构钢弯曲性能的试验按照《金属材料 弯曲试验方法》(GB/T 232—2010)的有关规定进行,试样数量为1个/批。

3) 冲击试验

厚度不小于6mm 或直径不小于12mm 的钢材应做冲击试验,具体试验方法参照《金属材料 夏比摆锤冲击试验方法》(GB/T 229—2007),试样数量为3个/批。

7. 桥梁用结构钢

按照《桥梁用结构钢》(GB/T 714—2015)的规定,桥梁用结构钢的牌号由代表屈服强度的字母 Q、屈服强度数值、桥字的汉语拼音字母、质量等级符号等组成。常用的强度等级有:Q345q、Q370q、Q420q、Q460q、Q500q、Q550q、Q620q、Q690q。

桥梁用结构钢的形式有钢板、钢带、型钢等。

1) 力学性能

表1-23 为桥梁用结构钢的力学性能要求,对于不同的厚度,有不同的要求,检验结果应不小于表中所列的规定值。对厚度不大于16mm 的钢材,断后伸长率应在表中的百分数上提高1%,即现为20%,提高为21%。

桥梁用结构钢的力学性能 表1-23

牌 号	下屈服强度 R_{eL}（MPa）			抗拉强度 R_m（MPa）	断后伸长率 A（%）
	厚度（mm）				
	≤50	>50~100	>100~150		
Q345q	345	335	305	490	20
Q370q	370	360	—	510	20
Q420q	420	410	—	540	19
Q460q	460	450	—	570	18
Q500q	500	480	—	630	18
Q550q	550	530	—	660	16
Q620q	620	580	—	720	15
Q690q	690	650	—	770	14

注：1. 拉伸试验取横向试样。

2. 屈服不明显时，可用 $R_{p0.2}$ 代替下屈服强度。

桥梁用结构钢力学性能试验按照《金属材料 拉伸试验 第1部分：室温试验方法》（GB/T 228.1—2021）的有关规定进行，试样数量为1个/批。

2）弯曲性能

低合金高强度结构钢弯曲性能的试验按照《金属材料 弯曲试验方法》（GB/T 232—2010）的有关规定进行。当钢材厚度≤16mm时，弯芯直径取2倍的钢材厚度；当钢材厚度>16mm时，弯芯直径取3倍的钢材厚度。要求弯曲180°后，试样受弯曲部位表面无肉眼可见裂纹。试样数量为1个/批。

3）冲击试验

厚度不小于6mm或直径不小于12mm的钢材应做冲击试验，具体试验方法参照《金属材料 夏比摆锤冲击试验方法》（GB/T 229—2007），试样数量为3个/批。

8. 钢筋焊接连接

根据《钢筋焊接及验收规程》（JGJ 18—2012）的有关规定，钢筋焊接连接，就是通过熔解钢筋或焊接材料（如焊条），将两段钢筋（或钢筋与预埋件等）连接，并可传递力的连接方法，分为电阻点焊、闪光对焊、电弧焊、窄间隙电弧焊、电渣压力焊、气压焊和预埋件钢筋埋弧压力焊等。

钢筋焊接接头的质量检验包括外观检查和力学性能检验，力学性能检验包括拉伸试验、弯曲试验、剪切试验、冲击试验和疲劳试验，试件数量和试验结果判定按照《钢筋焊接及验收规程》（JGJ 18—2012）的有关规定执行，试验方法按照《钢筋焊接接头试验方法标准》（JGJ/T 27—2014）的有关规定执行。

纵向受力钢筋焊接接头，应进行拉伸试验，接头抗拉强度应满足标准要求；还应按照标准要求进行弯曲试验，接头弯曲性能也应满足标准要求。

9. 钢筋机械连接

根据《钢筋机械连接通用技术规程》（JGJ 107—2016）的有关规定，钢筋机械连接，就是通过钢筋与连接件的机械咬合作用或钢筋端面的承压作用，将一根钢筋中的力传递到另一根钢筋的连接方法。

按照连接形式、加工工艺,分为滚轧直螺纹钢筋连接、镦粗直螺纹钢筋连接、带肋钢筋套筒挤压连接、钢筋锥螺纹连接。

钢筋连接接头应满足强度及变形性能的要求。根据抗拉强度、残余变形以及高应力和大变形条件下反复拉压性能的差异,分为以下三个性能等级:

Ⅰ级,接头抗拉强度应不小于钢筋极限抗拉强度标准值(钢筋拉断时)或不小于1.10倍钢筋抗拉强度标准值(连接件破坏时),残余变形小并具有高延性及反复拉压性能。

Ⅱ级,接头抗拉强度应该不小于被连接钢筋抗拉强度标准值,残余变形较小并具有高延性及反复拉压性能。

Ⅲ级,接头抗拉强度应该不小于被连接钢筋屈服强度标准值的1.25倍,残余变形较小并具有一定的延性及反复拉压性能。

接头应根据其性能等级和应用场合,确定相应的检验项目,如单向拉伸性能、高应力反复拉压、大变形反复拉压、抗疲劳等。试件数量和结果判定按照《钢筋机械连接通用技术规程》的有关规定执行。

为确定接头性能等级,或材料、工艺、规格改动时,或型式检验报告超过4年时,应进行型式检验。对每种类型、级别、规格、材料、工艺的钢筋机械连接接头,型式检验试件不应少于12个,其中钢筋母材拉伸强度试件不应少于3个、单向拉伸试件不应少于3个、高应力反复拉压不应少于3个、大变形反复拉压不应少于3个,同时全部试件的钢筋均应在同一根钢筋截取。型式检验试件不得采用经过预拉的试件。

钢筋连接工程开始前,应对不同钢筋生产厂家的进场钢筋进行接头工艺检验,每种规格钢筋的接头试件不应少于3个。

对接头的现场检验,应按验收批进行。对每一验收批,必须在工程结构中随机截取3个接头试件做抗拉强度试验。

10. 硬度检测

钢结构零件硬度是指金属材料抵抗硬物压入其表面的能力。工程上常用的有布氏硬度和洛氏硬度,按照《金属材料 洛氏硬度试验 第1部分:试验方法》(GB/T 230.1—2018)和《金属材料 布氏硬度试验 第1部分:试验方法》(GB/T 231.1—2018)的有关规定执行。

1)检测设备

硬度检测按产品零件设计图样规定的硬度值种类(洛氏硬度或布氏硬度),选用相应的硬度测量仪(洛氏硬度计或布氏硬度计)进行检测。

2)温度条件

硬度试验一般在10~35℃室温下进行。

3)试样放置

将试样稳固地放置于硬度计试验台上,并使压头轴线与试样表面垂直。

试验过程中,硬度计应避免受到影响试验结果的冲击和振动。

4)洛氏硬度检测

洛氏硬度试验,是将特定尺寸、形状和材料(金刚石或钢)的压头分两级试验力压入试样表面,初试验力加载后,测量初始压痕深度。随后施加主试验力,在卸除主试验力后保持初试验力时测量最终压痕深度。洛氏硬度根据最终压痕深度和初始压痕深度的差值 h 及常数 N 和 S(图1-15)通过下式计算得出:

$$洛氏硬度值 = N - h/S \tag{1-11}$$

(1)使压头与试样表面接触,无冲击、振动、摆动和过载地施加初试验力 F_0,初试验力的加载时间不超过2s,保持时间应为 3^{+1}_{-2} s。

(2)初始压痕深度测量。手动(刻度盘)硬度计需要给指示刻度盘设置设定点或设置零位。自动(数显)硬度计的初始压痕深度测量是自动进行,不需要使用者进行输入,同时初始压痕深度的测量也可能不显示。

(3)无冲击、振动、摆动和过载地施加主试验力 F_1,使试验力从初试验力 F_0 增加至总试验力 F,主试验力的加载时间为 1~8s,建议采用与间接校准时相同的加载时间。

(4)总试验力 F 的保持时间为 5^{+1}_{-3} s。

(5)卸除主试验力 F_1,保持初试验力 F_0,经 4^{+1}_{-3} s 后,读出硬度值。

(6)相邻两压痕中心间距离至少应为压痕平均直径的3倍。任一压痕中心距试样边缘的距离至少应为压痕直径的2.5倍。

5)布氏硬度检测

布氏硬度试验,是采用一定直径 D 的碳化钨合金球施加试验力 F 压入试样表面(图1-16),经规定保持时间后,卸除试验力,测量试样表面压痕的直径 d。布氏硬度与试验力除以压痕表面积的商成正比。压痕被看作是卸载后具有一定半径的球形,压痕的表面积通过压痕的平均直径和压头直径计算。

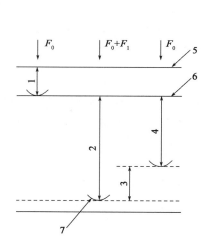

图1-15 洛氏硬度试验原理图

1-在初试验力 F_0 下的压入深度;2-由主试验力 F_1 引起的压入深度;3-卸除主试验力 F_1 后的弹性回复深度;4-残余压入深度 h;5-试样表面;6-测量基准面;7-压头位置

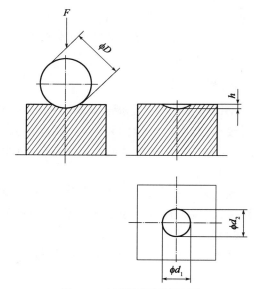

图1-16 布氏硬度试验原理图

试验过程如下：

(1)使压头与试样表面接触，垂直于试验面施加试验力，直至达到规定试验力值。

(2)从加力开始到全部试验力施加完毕的时间应在为7^{+1}_{-5}s 之间。

(3)试验力保持时间为14^{+1}_{-4}s,对于要求试验力保持时间较长的材料,试验力保持时间公差为±2s。

(4)任一压痕中心距试样边缘距离至少应为压痕平均直径的 2.5 倍,相邻两压痕中心间距离至少应为压痕平均直径的 3 倍。

(5)在两相互垂直方向测量压痕直径,通过下式计算出布氏硬度值,将试验结果修约到 3 位有效数字。或按《金属材料 布氏硬度试验 第 4 部分:硬度值表》(GB/T 231.4—2009)中的硬度值表直接查得。

$$HBW = 0.102\frac{2F}{\pi D(D-\sqrt{D^2-d^2})} \tag{1-12}$$

式中：HBW——布氏硬度;

　　　D——球直径(mm);

　　　F——试验力(N);

　　　d——压痕平均直径(mm),$d=\dfrac{d_1+d_2}{2}$。

第二章

工程制品试验检测

第一节 预应力筋用锚具、夹具、连接器试验检测

本节内容所涉及的预应力筋用锚具、夹具、连接器产品标准和主要相关标准为《公路桥梁预应力钢绞线用锚具、夹具和连接器》(JT/T 329—2010),《预应力筋用锚具、夹具和连接器》(GB/T 14370—2015),《预应力混凝土用钢绞线》(GB/T 5224—2014)。

一、产品分类、代号及标记

1. 产品分类、代号

交通运输行业标准 JT/T 329—2010 将锚具、连接器按其结构形式分为张拉端锚具、固定端锚具两类,国家标准 GB/T 14370—2015 将锚具、夹具和连接器按锚固方式不同分为夹片式、支承式、组合式和握裹式四种基本类型。锚具、夹具和连接器产品分类及代号如表 2-1 所示。

锚具、夹具和连接器产品分类及代号　　　　表 2-1

标准号	产品分类名称			产品分类代号
JT/T 329—2010	张拉端锚具	圆锚张拉端锚具		YM
		扁锚张拉端锚具		YMB
	固定端锚具	固定端压花锚具	圆锚固定端压花锚具	YMH
			扁锚固定端压花锚具	YMHB
		固定端挤压式锚具	圆锚固定端挤压式锚具	YMP
			扁锚固定端挤压式锚具	YMPB
	夹具			YJ
	连接器	圆锚连接器		YMJ
GB/T 14370—2015	锚具	夹片式	圆形	YJM
			扁形	BJM
		支承式	镦头	DTM
			螺母	LMM

续上表

标准号	产品分类名称			产品分类代号
GB/T 14370—2015	锚具	组合式	冷铸	LZM
			热铸	RZM
		握裹式	挤压	JYM
			压花	YHM
	连接器	夹片式	圆形	YJL
			扁形	BJL
		支承式	镦头	DTL
			螺母	LML
		握裹式	挤压	JYL
	夹具	夹片式	圆形	YJJ
			扁形	BJJ
		支承式	镦头	DTJ
			螺母	LMJ

2. 标记

锚具、夹具及连接器的标记由产品代号、预应力筋类型、预应力钢绞线直径和预应力钢绞线根数 4 部分组成。纤维增强复合材料筋为 F,预应力钢材不标注。

示例 1:预应力钢绞线的圆锚张拉端锚具,钢绞线直径为 15.2mm,锚固根数为 12 根,标记为:YM15-12。

示例 2:预应力钢绞线的扁锚固定端挤压式锚具,钢绞线直径为 15.2mm,锚固根数为 5 根,标记为:YMPB15-5。

示例 3:预应力钢绞线的圆锚连接器,钢绞线直径为 15.2mm,锚固根数为 7 根,标记为:YMJ15-7。

以上标记适用于交通运输行业标准 JT/T 329—2010。

示例 4:预应力钢绞线的圆形夹片式群锚锚具,钢绞线直径为 15.2mm,锚固根数为 12 根,标记为:YJM15-12。

示例 5:预应力钢绞线的用于固定端的挤压式锚具,钢绞线直径为 12.7mm,锚固根数为 12 根,标记为:JYM13-12。

示例 6:预应力钢绞线的用于挤压式连接器,钢绞线直径为 15.2mm,锚固根数为 12 根,标记为:JYL15-12。

以上标记适用于国家标准 GB/T 14370—2015。

二、预应力筋用锚具、夹具、连接器的力学性能要求

预应力筋用锚具、夹具、连接器的力学性能要求见表 2-2。

锚具、夹具、连接器的力学性能要求 表 2-2

标准号	检测项目		力学性能要求
JT/T 329—2010	锚具、连接器	静载锚固性能	同时满足:①效率系数 $\eta_a \geq 0.95$;②实测极限拉力时的总应变 $\varepsilon_{apu} \geq 2.0\%$
		疲劳荷载性能	①试样经过 200 万次循环荷载后,锚具零件不应发生疲劳破坏;②钢绞线因锚具夹持作用发生疲劳破坏的面积不应大于原试样总面积的 5%
		周期荷载性能	试样经过 50 次周期荷载试验后,钢绞线在锚具夹持区域不应发生破断、滑移和夹片松脱现象
		钢绞线内缩量	张拉端钢绞线内缩量应不大于 5mm
		锚口摩阻损失率	锚口(含锚下垫板)摩阻损失率合计不大于 6%
	夹具	静载锚固性能	效率系数 $\eta_g \geq 0.92$
GB/T 14370—2015	锚具	静载锚固性能	同时满足:①效率系数 ≥ 0.95;②实测极限拉力时预应力筋受力长度的总伸长率 $\varepsilon_{Tu} \geq 2.0\%$
		疲劳荷载性能	①试样经过 200 万次循环荷载后,锚具零件不应发生疲劳破坏;②预应力筋因锚具夹持作用发生疲劳破坏的截面面积不应大于原试样总截面的 5%
		锚固区传力性能	实测破坏荷载 $F_u \geq 1.1 F_{ptk} \times \dfrac{f_{cm,e}}{f_{cm,0}}$
		锚板强度	静载锚固性能试验合格,同时,卸载之后的锚板表面直径中心的残余挠度不应大于配套锚垫板上口直径 D 的 1/600
		低温锚固区传力性能	实测极限抗拉力 $F_{Tu} \geq 0.95 n F_{pm}$
	夹具	静载锚固性能	①效率系数 ≥ 0.95;②组装件破坏应是预应力筋的破断,而不应是夹具的失效导致试验终止
	连接器		①永久留在混凝土结构或构件中的连接器力学性能要求与锚具的相同;②张拉后还需放张和拆卸的连接器力学性能要求与夹具的相同

三、预应力筋用锚具、夹具、连接器的试验方法

1. 试验准备

预应力筋-锚具、夹具、连接器组装件试验之前必须进行单根预应力钢绞线(母材)的力学性能试验。

母材试样不应少于 6 根,力学性能试验结果符合 GB/T 5224—2014 标准后方可使用。钢

绞线力学性能试验结果记入表 2-3。

钢绞线力学性能试验结果 　　　　　表 2-3

钢绞线规格		生　产　厂　家	
公称面积(mm^2)		实测极限抗拉强度平均值(MPa)(6 根试验结果平均值)	
公称直径(mm)		抗拉强度标准值(MPa)	

2. 试验用设备

静载试验、疲劳荷载试验用设备,一般由加载千斤顶、荷载传感器、承力台座(架)、液压油泵源及控制系统组成。

测力系统必须经过法定的计量检测机构标定,并在有效期内使用。

3. 静载锚固性能试验

夹具、连接器与锚具试验方法基本相同,以下介绍的试验方法均以锚具为例。

1)试样准备

试样数量:组装件 3 个(6 个锚环及相配套的夹片、钢绞线)。

2)组装

组装前必须把锚固零件擦拭干净,然后将钢绞线、锚具与试验台组装,如图 2-1 所示。将钢绞线、锚具与试验台组装,各根钢绞线初应力调试均匀,初应力可取钢绞线抗拉强度标准值的 10%。测量总应变的量具,其标距不宜小于 1m。

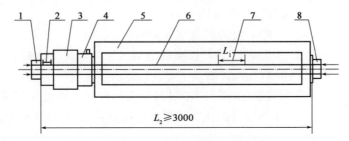

图 2-1　预应力筋-锚具组装件静载试验示意图(尺寸单位:mm)

1-试验锚具;2-位移传感器 2;3-加荷载用千斤顶;4-荷载传感器;5-承力台座;6-钢绞线;7-位移传感器 1;8-试验锚具

3)加载

(1)按钢绞线抗拉强度标准值的 20%、40%、60%、80%分四级等速加载,加载速率为每分钟约 100MPa,达到 80%后,持荷 1h。

(2)若用试验机进行单根钢绞线-锚具组装件静载试验,在应力达到 $0.8f_{ptk}$ 时,持荷时间可以缩短,但不应少于 10min。

(3)随后逐步缓慢加载至破坏,加载速度每分钟不宜超过钢绞线抗拉强度标准值的 1%。

4)试验过程中测量项目

试验期间钢绞线及锚具(连接器)零件的位移参见图 2-2,试验过程中测量项目包括:

（1）张拉至钢绞线抗拉强度标准值 f_{ptk} 的 10% 时位移传感器 1 的标距 L_1。
（2）选取有代表性的若干根钢绞线，按施加荷载的前 4 级，逐级测量期间的相对位移 Δa。
（3）选取锚具或连接器若干有代表性的零件，按施加荷载的前 4 级，逐级测量其间的相对位移 Δb。
（4）试件的实测极限拉力 F_{apu}。
（5）达到实测极限拉力时的总应变 ε_{apu}。
（6）应力达到 $0.8f_{ptk}$ 后，在持荷的 1h 期间，每 20min 测量一次相对位移（Δa 和 Δb）。

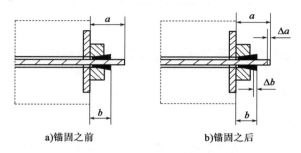

图 2-2　试验期间钢绞线及锚具（连接器）零件的位移图

5）观察、记录内容
（1）观察锚具变形情况。
（2）记录试样的破坏部位与形式。

6）判定
（1）应力达到 $0.8f_{ptk}$ 后的持荷期间，Δa 和 Δb 均应无明显变化，保持稳定。如持续增加，不能保持稳定，则表明已经失去可靠的锚固能力。
（2）应力达到 $0.8f_{ptk}$ 时，夹片不应出现裂纹和破断。
（3）在锚具效率系数 η_a 和组装件受力长度的总应变 ε_{apu} 满足要求后，夹片允许出现微裂和纵向断裂，不允许横向、斜向断裂及碎断。
（4）受钢绞线多根或整束破断的剧烈冲击引起的夹片破坏或断裂属正常情况。
（5）静载试验连续进行 3 个组装件的试验结果均应满足要求，不得以平均值作为试验结果。

7）静载试验结果计算
（1）锚具、连接器效率系数按下式计算：

$$\eta_a = \frac{F_{apu}}{F_{pm}} \qquad (2\text{-}1)$$

其中：

$$F_{pm} = n \cdot f_{pm} \cdot A_{pk} \qquad (2\text{-}2)$$

式中：F_{apu}——钢绞线锚具组装件的实测极限拉力（kN）；
　　　F_{pm}——钢绞线锚具组装件中各根钢绞线计算极限拉力之和（kN）；
　　　f_{pm}——由钢绞线中抽取的试样的极限抗拉强度平均值（MPa）；
　　　A_{pk}——钢绞线单根试样的特征（公称）截面面积（mm²）；
　　　n——钢绞线锚具组装件中钢绞线根数。

(2)总应变的计算如下:
①采用直接测量标距时,按下式计算:

$$\varepsilon_{\mathrm{apu}}(\%) = \frac{\Delta L_1 + \Delta L_2}{L_1} \times 100 \tag{2-3}$$

式中:ΔL_1——位移传感器 1 从张拉至钢绞线抗拉强度标准值 f_{ptk} 的 10% 加载到极限应力时的位移增量(mm);

ΔL_2——从 0 到张拉至钢绞线抗拉强度标准值 f_{ptk} 的 10% 的伸长量理论计算值(标距内)(mm);

L_1——张拉至钢绞线抗拉强度标准值 f_{ptk} 的 10% 时位移传感器 1 的标距(mm)。

②采用测量加荷载用千斤顶活塞伸长量时,按下式计算:

$$\varepsilon_{\mathrm{apu}}(\%) = \frac{\Delta L_1 + \Delta L_2 - \Delta a}{L_2} \times 100 \tag{2-4}$$

式中:ΔL_1——从张拉至钢绞线抗拉强度标准值 f_{ptk} 的 10% 加载到极限应力时的活塞伸长量(mm);

ΔL_2——从 0 到张拉至钢绞线抗拉强度标准值 f_{ptk} 的 10% 的伸长量理论计算值(夹持计算长度内)(mm);

Δa——钢绞线相对试验锚具(连接器)的实测位移量(mm);

L_2——钢绞线夹持计算长度,即两端锚具(连接器)的端头起夹点之间的距离(mm)。

(3)夹具的效率系数按下式计算:

$$\eta_{\mathrm{g}} = \frac{F_{\mathrm{gpu}}}{F_{\mathrm{pm}}} \tag{2-5}$$

式中:F_{gpu}——钢绞线夹具组装件的实测极限拉力(kN);

F_{pm}——钢绞线夹具组装件中各根钢绞线计算极限拉力之和(kN)。

4. 疲劳荷载试验

1)试样准备

试样数量:组装件 3 个(6 个锚环及相配套的夹片、钢绞线)。

2)组装

将钢绞线、锚具与试验台组装,每根钢绞线初应力调试均匀,初应力可取钢绞线抗拉强度标准值的 10%。

3)应力幅度、试验应力上限值

(1)应力幅度取 80MPa。

(2)试验应力上限值为钢材抗拉强度标准值 f_{ptk} 的 65%。

4)疲劳试验机的脉冲频率、循环次数

(1)试验频率 300~500 次/min。

(2)循环次数为 200 万次。

5)加载

根据所使用的试验机,以约 100MPa/min 的速度加载至试验应力上限值,再调节应力幅度达到规定值后,开始记录循环次数。

6)观察、记录内容

(1)试验锚具和连接器部件及钢绞线疲劳损伤情况及变形情况。

(2)疲劳破坏的钢绞线的断裂位置、数量以及相应的疲劳次数。

7)试验结果评判

(1)描述试样经受 200 万次循环荷载后,锚具零件不应发生疲劳破坏。

(2)钢绞线因锚具夹持作用发生疲劳破坏的截面面积不应大于原试件总面积的 5%。

5. 周期荷载试验

1)试样准备

试样数量:组装件 3 个(6 个锚环及相配套的夹片、钢绞线)。

2)组装

将钢绞线、锚具与试验台组装,每根钢绞线初应力调试均匀,初应力可取钢绞线抗拉强度标准值的 10%。

3)加载

以 100~200MPa/min 的速率加载至钢绞线抗拉强度标准值 f_{ptk} 的 80%,为试验应力上限值,再卸荷至 f_{ptk} 的 40% 为试验应力下限值,为第一周期;然后荷载自下限值经上限值回复到下限值为第二个周期,重复 50 个周期。

4)观察、记录内容

试验锚具及钢绞线疲劳损伤情况及变形情况。

5)试验结果评判

试件经过 50 次周期荷载试验后,钢绞线在锚具夹持区域不应发生破断、滑移和夹片松脱现象。

6. 辅助性试验

辅助性试验项目为钢绞线的内缩量试验、锚具摩阻损失试验和张拉锚固工艺试验。

1)钢绞线的内缩量试验

(1)内缩量试验可在台座或混凝土承压构件上进行。

(2)受力长度不小于 5m。

(3)张拉控制力为钢绞线的 $0.8f_{ptk} \cdot A_p$。

(4)预应力筋的内缩量 Δa 可根据锚固前后测得的钢绞线拉力差值计算[式(2-6)]得出,也可用测量锚固处钢绞线相对位移的方法直接测出。

$$\Delta a = \frac{\Delta F \times L}{E \times A_p} \tag{2-6}$$

式中:Δa——钢绞线内缩量(mm);

ΔF——锚固前后钢绞线拉力差值(N);

L——钢绞线的夹持计算长度(mm)。

(5)试验用的试件不得少于三个,取平均值。

(6)结果判定:张拉端钢绞线内缩量应不大于 5mm。

2)锚口(含锚下垫板)摩阻损失试验

(1)试验可在模拟锚周区的混凝土块体或张拉台座上进行。

(2)台座长度不小于5m。

(3)混凝土块体的配筋及构造钢筋应按结构设计要求布置,锚下垫板及螺旋筋应安装齐备,试件内管道应顺直。

(4)张拉控制力为钢绞线的$0.8f_{ptk} \cdot A_p$。

(5)用测量精度为0.5%级的压力传感器测出锚具前后预应力差值即为锚具摩阻损失,通常以张拉力的百分率计。

(6)锚口和锚下垫板摩阻损失按下式计算:

$$\mu = \frac{\Delta F}{0.8f_{ptk} \cdot A_p} \tag{2-7}$$

式中:μ——锚口和锚下垫板摩阻损失(%)。

(7)试验用的试件不得少于三个,取平均值。

(8)结果判定:

①锚口(含锚下垫板)摩阻损失率合计不大于6%。

②锚下垫板的长度应保证钢绞线在锚具底口处的最大折角不大于4°。

③锚下垫板的构造尺寸应能满足预应力能可靠地从锚具传递到混凝土构件中。

3)张拉锚固工艺试验

(1)根据预应力张拉锚固体系的构造安排,设计制作专门的长度不小于5m的钢筋混凝土模拟块体作为试验平台或在施工现场进行。

(2)混凝土块体中,应包含多种弯曲和直线孔道、喇叭形垫板、螺旋筋、波纹管等。

(3)用配套张拉设备按钢绞线抗拉强度标准值f_{ptk}的30%、60%和80%进行分级张拉,三次最大张拉力为$0.8f_{ptk} \cdot A_p$的张拉、锚固和放松操作。

(4)通过张拉锚固工艺试验观察并判定:

①分级张拉或因张拉设备倒换行程需要临时锚固的可能性。

②张拉发生故障时,将组装件内全部钢绞线放松的可能性。

7. 外观、尺寸及硬度检测

1)外观及尺寸

外观质量用目测法检测。外观尺寸用直尺和游标卡尺检测。裂纹采用磁粉探伤的方法,按现行《无损检测 磁性检测 第1部分:总则》(GB/T 15822.1)的相关要求进行检测。

2)硬度

(1)在专用工装上对夹片锥面的硬度进行检测,检测时应使硬度计压头施压方向与夹片外锥母线垂直,其他相关要求符合 GB/T 230.1 的规定。

(2)在锚板或连接体锥孔小端平面上外圈的两孔之间,检测锚板或连接体的硬度,检测前应磨去检测部位的机加工刀痕,露出金属光泽,其他相关要求符合 GB/T 230.1 或 GB/T 231.1 的规定。

8. 注意事项

(1)出厂检验时,每批产品的数量是指同一规格产品、同一批原材料、用同一种工艺一次投料生产的数量。

(2)每个抽检组批不得超过2000套。

(3)外观检查抽取5%,且不少于10套。

(4)对有硬度要求的零件应做硬度检验,按热处理每炉装炉量的3%抽样。

(5)静载试验应在外形外观及硬度检验合格后,按锚具、连接器的成套产品抽样,每批取三个组装件进行试验。

(6)锚具、连接器的型式检验,还应为疲劳试验、周期荷载试验及辅助性试验抽取各三个组装件用的样品。

四、试验检测结果的判定

1. 外观及尺寸

外观检验的尺寸按厂家提供的尺寸公差进行检验,如有一件尺寸超过允许偏差,应取双倍数量的零件重做检验;如仍有一件不符合要求,则应逐件检验,合格者方可用。如发现一件有裂纹,即应对全部产品进行逐件检验,合格者方可使用。

2. 硬度

如有一个零件不合格,则应另取双倍数量的零件重做检验,如仍有一个零件不合格,则应逐个检验,合格者方可使用。

3. 静载锚固性能、疲劳荷载和周期荷载

(1)在三个组装件试件中,如有一个试件不符合要求,则可另取双倍数量的试件重做试验;如仍有一个试件不合格,则该批产品判为不合格品。在三个组装件试件中,如两个试件不符合要求,则应判该批产品为不合格品。

(2)若在钢绞线自由伸长段(非夹片夹持区)内出现断丝,应判定为钢绞线不合格导致试验结果不合格。

(3)若屈强比过高(大于0.92)的钢绞线与锚具组成的组装件,在静载试验中出现锚固效率系数达到95%而伸长率不足2%的情况,不宜判定为锚具不合格,应更换钢绞线重新试验。

(4)在疲劳试验后钢绞线出现颈缩断口时,应判为非疲劳破坏,应重新取样重做试验。

第二节　桥梁支座试验检测

本节内容所涉及的桥梁支座产品标准和主要相关标准为《公路桥梁板式橡胶支座》(JT/T 4—2019),《公路桥梁板式橡胶支座规格系列》(JT/T 663—2006),《公路桥梁盆式支座》(JT/T 391—2019),《橡胶支座　第4部分:普通橡胶支座》(GB 20688.4—2007),《桥梁球型支座》(GB/T 17955—2009),《公路钢筋混凝土及预应力混凝土桥涵设计规范》(JTG 3362—2018)。

一、产品分类、代号及标记

1. 分类、代号

板式橡胶支座产品分类及代号见表2-4,盆式支座产品分类及代号见表2-5,球型支座产品分类及代号见表2-6。

板式橡胶支座产品分类及代号　　　　　表2-4

类　　型		名　称　代　号	
		JT/T 4—2019	GB 20688.4—2007
普通板式橡胶支座	矩形板式橡胶支座	J	JBZ
	圆形板式橡胶支座	Y	YBZ
四氟滑板式橡胶支座	矩形四氟滑板式橡胶支座		JBZ
	圆形四氟滑板式橡胶支座		YBZ
滑板橡胶支座	矩形滑板橡胶支座	JH	
	圆形滑板橡胶支座	YH	

注:1. 常温型橡胶支座,适用温度为-25~60℃,采用氯丁橡胶生产,代号CR。
　　2. 耐寒型橡胶支座,适用温度为-40~60℃,采用天然橡胶生产,代号NR。

盆式支座产品分类及代号　　　　　表2-5

类　　型		名　称　代　号	按使用性能分类的代号
JT/T 391—2019	固定支座	GPZ	GD
	双向活动支座		SX
	纵向活动支座		ZX
	横向活动支座		HX
	减震型固定支座		JZGD
	减震型纵向活动支座		JZZX(纵向)
	减震型横向活动支座		JZHX(横向)
GB 20688.4—2007	固定支座	PZ	GD
	双向活动支座		SX
	单向活动支座		DX
	抗震型固定支座		KGD

注:1. 常温型支座,适用于-25~60℃,代号C。
　　2. 耐寒型支座,适用于-40~60℃,代号F。

球型支座产品分类及代号　　　　　表2-6

类　　型	名　称　代　号	产品分类代号
双向活动支座	QZ	SX
单向活动支座	QZ	DX
固定支座	QZ	GD

2. 板式橡胶支座标记

板式橡胶支座型号由名称代号、结构形式、外形尺寸及适用温度四部分组成。

示例1:公路桥梁普通矩形橡胶支座,常温型,采用氯丁橡胶,支座平面尺寸为300mm×400mm,总厚度为47mm,表示为:GBZJ300×400×47(CR)。

示例2:公路桥梁圆形滑板橡胶支座,耐寒型,采用天然橡胶,支座直径为300mm,总厚度54mm,表示为:GBZYH300×54(NR)。

以上标记适用于交通运输行业标准 JT/T 4—2019。

示例3:采用氯丁橡胶制成的普通板式橡胶支座:短边尺寸为150mm,长边尺寸为200mm,厚度为30mm,支座标记为:JBZ150×200×30(CR)。

示例4:采用天然橡胶制成的四氟滑板式橡胶支座:直径为300mm,厚度为54mm,支座标记为:YBZF4300×54(NR)。

以上标记适用于国家标准 GB 20688.4—2007。

3. 盆式支座标记

盆式支座型号一般由支座名称代号、支座系列、设计竖向承载力(MN)、设计水平承载力(%)、使用性能分类代号、活动支座顺桥向位移量(mm)、适用温度代号组成。

示例1:××××年设计,竖向设计承载力15MN、横向水平设计承载力为竖向设计承载力10%的双向活动顺桥向设计位移为±100mm的耐寒型盆式支座,其型号表示为GPZ(××××)15-10%-SX-±100-F。

示例2:××××年设计,竖向设计承载力15MN、横向水平设计承载力为竖向设计承载力15%的纵向活动顺桥向位移为±50mm的常温型盆式支座,其型号表示为GPZ(××××)15-15%-ZX-±50-C。

示例3:××××年设计,竖向设计承载力15MN、水平设计承载力为竖向设计承载力10%的固定常温型盆式支座,其型号表示为GPZ(××××)15-10%-GD-C。

示例4:××××年设计,竖向设计承载力15MN的减震固定耐寒型盆式支座,其型号表示为GPZ(××××)15-JZGD-F。

示例5:××××年设计,竖向设计承载力15MN、顺桥向设计位移为±150mm的减震型纵向活动常温型盆式支座,其型号表示为GPZ(××××)15-JZZX-±150-C。

以上标记适用于交通运输行业标准 JT/T 391—2019。

示例6:设计承载力为5MN,主位移方向位移量为±100mm,工作温度为-40~60℃的双向活动盆式支座,标记为:PZ5SX100F。

示例7:设计承载力为2.5MN,主位移方向位移量为±50mm,工作温度为-25~60℃的单向活动支座,标记为:PZ2.5DX50。

示例8:适用于7度以上地震区,设计承载力为10MN,工作温度为-40~60℃的抗震型固定支座,标记为:PZ10KGDF。

以上标记适用于国家标准 GB 20688.4—2007。

4. 球型支座标记

球型支座产品标记一般由支座名称代号、支座设计竖向承载力(kN)、产品分类代号、位移量(mm)、转角(rad)组成。

示例1:支座设计竖向承载力为30000kN的单向活动球型支座,其纵向位移量为±150mm,转角为0.05rad,标记为:QZ30000DX/Z±150/R0.05。

示例2:支座设计竖向承载力为20000kN的双向活动球型支座,其纵向位移量为±100mm,横向位移量为±40mm,转角为0.02rad,标记为QZ20000SX/Z±100/H±40/R0.02。

二、桥梁支座的力学性能要求

板式橡胶支座力学性能要求见表2-7,盆式橡胶支座力学性能要求见表2-8,球型支座力学性能要求见表2-9。

板式橡胶支座成品力学性能要求 表2-7

项 目	指 标	
	JT/T 4—2019	GB 20688.4—2007
实测极限抗压强度 R_u(MPa)	≥70	
实测抗压弹性模量 E_1(MPa)	$E \pm E \times 20\%$	$E \pm E \times 30\%$
实测抗剪弹性模量 G_1(MPa)	$G \pm G \times 15\%$	
实测老化后抗剪弹性模量 G_2(MPa)	$G_1 \pm G \times 15\%$	$G_1 \pm G_1 \times 15\%$
抗剪黏结性能($\tau = 2$MPa 时)	无橡胶开裂和脱胶现象	
实测转角正切值 $\tan\theta$ 混凝土桥	≥1/300	
实测转角正切值 $\tan\theta$ 钢桥	≥1/500	
实测四氟板与不锈钢板表面摩擦系数 μ_f(加硅脂时)	≤0.03	

注:表中板式支座抗压弹性模量 E 和支座形状系数 S 应按下列公式计算:

$$E = 5.4G \cdot S^2 \qquad (2\text{-}8)$$

矩形板式橡胶支座:

$$S = \frac{a' \cdot b'}{2t_1(a' + b')} \qquad (2\text{-}9)$$

圆形板式橡胶支座:

$$S = \frac{d'}{4t_1} \qquad (2\text{-}10)$$

式中:E——板式支座抗压弹性模量(MPa);
G——板式支座抗剪弹性模量(MPa);
S——板式支座形状系数;
a'——矩形板式橡胶支座加劲钢板短边尺寸(mm);
b'——矩形板式橡胶支座加劲钢板长边尺寸(mm);
t_1——板式支座中间单层橡胶片厚度(mm);
d'——圆形板式橡胶支座加劲钢板直径(mm)。

盆式橡胶支座成品力学性能要求 表2-8

项 目	指 标		
	压缩变形	径向变形	残余变形
竖向承载力	在竖向设计承载力作用下支座压缩变形不大于支座总高度的2%	在竖向设计承载力作用下盆环上口径向变形不得大于盆环外径的0.05%	卸载后,支座残余变形小于设计荷载下相应变形的5%

续上表

项 目	指 标	
水平承载力	固定支座、纵向活动支座和横向活动支座	减震型固定支座、减震型纵向活动支座和减震型横向活动支座
	不小于支座竖向承载力的10%或15%	不小于支座竖向承载力的20%
转角	支座设计竖向转动角度不小于0.02rad	
摩擦系数（加5201硅脂润滑后）	常温型活动支座	耐寒型活动支座
	不大于0.03	不大于0.05

球型支座成品力学性能要求 表2-9

项 目	指 标	
竖向承载力	压缩变形	径向变形
	在竖向设计承载力作用下支座的竖向压缩变形不应大于支座总高度的1%	在竖向设计承载力作用下盆环径向变形不应大于盆环外径的0.05%
水平承载力	固定支座	单向活动支座
	不小于支座竖向承载力的10%	
支座实测转动力矩	应小于支座设计转动力矩	
摩擦系数（加5201硅脂润滑后）	温度适用范围在 −25～60℃时	温度适用范围在 −40～−25℃时
	不大于0.03	不大于0.05

注：表中球型支座设计转动力矩按下列公式计算：

$$M_\theta = R_{ck} \cdot \mu_f \cdot R \tag{2-11}$$

式中：M_θ——支座设计转动力矩（N·m）；

　　　R_{ck}——支座竖向设计承载力（kN）；

　　　μ_f——球面镀铬钢衬板的镀铬层与球面聚四氟乙烯板间的设计摩擦系数；

　　　R——球面镀铬钢衬板的球面半径（mm）。

三、桥梁支座的试验方法

1. 桥梁支座试验前的准备工作

1）试样准备

桥梁支座成品力学性能试验应采用实体支座，当试验设备能力受到限制时，经与用户协商可选用小型支座或特制试样进行试验。

2）试样停放与试验条件

试样在标准温度为23℃±5℃的试验室内停放24h，并在该标准温度内进行试验。

3）试验用设备、仪器

（1）压力试验机的示值相对误差最大允许值为±1.0%，并应具有正确的加载中心。加载时应平稳无震动。压力机的使用负荷可在其满负荷的0.4%～90%内。

（2）试验中使用的测量仪表应定期检定。

（3）试验中使用的带有测力装置的千斤顶，其千斤顶和测力计的使用负荷可在其满量程的 1%～90% 范围内。

2. 板式橡胶支座试验方法

板式橡胶支座试验检测项目为抗压弹性模量、抗剪弹性模量、抗剪黏结性能、抗剪老化、摩擦系数、转角、极限抗压强度试验以及外观质量及尺寸检测。

1）抗压弹性模量试验

抗压弹性模量试验计算承载力 R 时,按支座有效承压面积(钢板面积)A_0 计算。

(1) 试样放置

将试样置于压力机的承载板上,如图 2-3 所示,对准中心,偏差应小于 1% 的试样短边尺寸或直径。缓缓加载至压应力为 1.0MPa 且稳压后,在承载板四角对称安置 4 只位移传感器(百分表)。

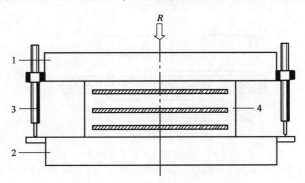

图 2-3 抗压弹性模量试验装置示意图
1-上承载板;2-下承载板;3-位移传感器;4-支座试样

(2) 预压

将压应力以 0.03～0.04MPa/s 速率连续地增至 $\sigma=10$MPa,持荷 2min,然后连续均匀地卸载至压应力为 1.0MPa,持荷 5min,记录百分表初始值,预压 3 次。

(3) 正式加载

①每一加载循环自 1.0MPa 开始,将压应力以 0.03～0.04MPa/s 的速率均匀加载至 4MPa,持荷 2min。然后以同样速率每 2MPa 为一级逐级加载,每级持荷 2min 至 $\sigma=10$MPa 为止。

②将压应力由 $\sigma=10$MPa 连续均匀地卸载至压应力为 1.0MPa,持荷 10min。

③正式加载连续进行 3 次。

(4) 数据采集与整理

以承载板四角位移传感器所测得的变化值的平均值,作为各级荷载下试样的累计竖向压缩变形 Δc,按试样橡胶层的总厚度 t_e 求出在各级试验荷载作用下,试样的累计压缩应变。

(5) 试验结果的计算

①抗压弹性模量按下式计算:

$$E_1 = \frac{\sigma_{10} - \sigma_4}{\varepsilon_{10} - \varepsilon_4} \qquad (2-12)$$

式中: σ_4、ε_4 ——第 4MPa 级试验荷载作用下的压应力和累积压缩应变值;

σ_{10}、ε_{10} ——第 10MPa 级试验荷载作用下的压应力和累积压缩应变值;

E_1 ——试样实测的抗压弹性模量计算值,精确至 1MPa。

②每一块试样的抗压弹性模量 E_1 为三次加载过程所得的三个实测结果的算术平均值。但单项结果和算术平均值之间的偏差不应大于算术平均值的 3%，否则该试样应重新复核试验一次。

2) 抗剪弹性模量试验

抗剪弹性模量试验计算承载力 R 时，按支座有效承压面积（钢板面积）A_0 计算；计算水平拉力时，按支座平面毛面积（公称面积）A 计算。

(1) 试样放置

将试样置于压力机的承载板与中间钢拉板上按双剪组合配置好，对准中心，偏差应小于 1% 的试样短边尺寸或直径。当试样为矩形支座，应使支座顺其短边方向受剪，如图 2-4 所示。

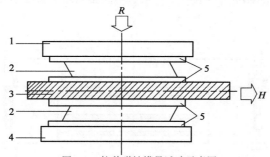

图 2-4　抗剪弹性模量试验示意图
1-上承载板；2-板式支座试件；3-中间钢拉板；4-下承载板；5-防滑摩擦板

(2) 施加竖向荷载

将压应力以 0.03~0.04MPa/s 的速率连续增至平均压应力 $\sigma = 10\mathrm{MPa}$（当支座形状系数小于 7 时为 8MPa），并在整个抗剪试验过程中保持不变。

(3) 调整试验机的剪切试验机构

使水平油缸、负荷传感器的轴线和中间钢拉板的对称轴重合。

(4) 预加水平荷载

以 0.002~0.003MPa/s 的速率连续施加水平荷载至剪应力 $\tau = 1.0\mathrm{MPa}$，持荷 5min，然后连续均匀地卸载至剪应力为 0.1MPa，持荷 5min，记录初始值。预载 3 次。

(5) 正式加载

①每一加载循环自 $\tau = 0.1\mathrm{MPa}$ 开始，分级加载至 $\tau = 1.0\mathrm{MPa}$ 为止；每级加载剪应力增加 0.1MPa，持荷 1min。

②连续均匀地将剪应力 $\tau = 1.0\mathrm{MPa}$ 卸载至剪应力为 0.1MPa，持荷 10min。

③正式加载连续进行 3 次。

(6) 试验数据采集与整理

将各级水平荷载下位移传感器所测出的试样累积水平剪切变形 Δs，按试样橡胶层的总厚度 t_e，求出在各级试验荷载作用下，试样的累积剪切应变。

(7) 试验结果的计算

①抗剪弹性模量按下式计算：

$$G_1 = \frac{\tau_{1.0} - \tau_{0.3}}{\gamma_{1.0} - \gamma_{0.3}} \tag{2-13}$$

式中：$\tau_{1.0}$、$\gamma_{1.0}$——第1.0MPa级试验荷载作用下的剪应力和累积剪切应变值；

$\tau_{0.3}$、$\gamma_{0.3}$——第0.3MPa级试验荷载作用下的剪应力和累积剪切应变值；

G_1——试样的实测抗剪弹性模量计算值(MPa)，精确至1%。

②每对检验支座所组成试样的综合抗剪弹性模量G_1，为该对试样3次加载所得到的3个结果的算术平均值。但各单项结果与算术平均值之间的偏差应不大于算术平均值的3%，否则该试样应重新复核试验一次。

3) 抗剪老化试验

抗剪老化试验计算承载力R时，按支座有效承压面积(钢板面积)A_0计算；计算水平拉力时，按支座平面毛面积(公称面积)A计算。

(1) 将试样置于老化箱内，在70℃±2℃温度下经72h后取出。

(2) 将试样在标准温度23℃±5℃下停放48h后，再在标准试验室温度下进行剪切试验(抗剪老化试验与标准抗剪弹性模量试验方法步骤相同)。

(3) 试样放置。

将试样置于压力机的承载板与中间钢拉板上，按双剪组合配置好，对准中心，偏差应小于1%的试样短边尺寸或直径。当试样为矩形支座，应使支座顺其短边方向受剪，如图2-4所示。

(4) 施加竖向荷载。

将压应力以0.03~0.04MPa/s的速率连续增至平均压应力$\sigma=10$MPa(当支座形状系数小于7时为8MPa)，并在整个抗剪试验过程中保持不变。

(5) 调整试验机的剪切试验机构。

使水平油缸、负荷传感器的轴线和中间钢拉板的对称轴重合。

(6) 预加水平荷载。

以0.002~0.003MPa/s的速率连续施加水平力至剪应力$\tau=1.0$MPa，持荷5min，然后连续均匀地卸载至剪应力为0.1MPa，持荷5min，记录初始值。预载3次。

(7) 正式加载。

①每一加载循环自$\tau=0.1$MPa开始，分级加载至$\tau=1.0$MPa为止；每级加载剪应力增加0.1MPa，持荷1min。

②连续均匀地将剪应力$\tau=1.0$MPa卸载至0.1MPa，持荷10min。

③正式加载连续进行3次。

(8) 试验数据采集与整理。

将各级水平荷载下位移传感器所测出的试样累积水平剪切变形Δs，按试样橡胶层的总厚度t_e，求出在各级试验荷载作用下试样的累积剪切应变。

(9) 试验结果的计算。

①老化后抗剪弹性模量计算方法与标准抗剪弹性模量计算方法相同。

②每对检验支座所组成试样的综合抗剪弹性模量G_2，为该对试样3次加载所得到的3个结果的算术平均值。但各单项结果与算术平均值之间的偏差应不大于算术平均值的3%，否则该试样应重新复核试验一次。

4) 抗剪黏结试验

抗剪黏结性能试验计算承载力R时，按支座有效承压面积(钢板面积)A_0计算；计算水平拉力时,按支座平面毛面积(公称面积)A计算。

(1)试样放置

将试样置于压力机的承载板与中间钢拉板上,按双剪组合配置好,对准中心,偏差应小于1%的试样短边尺寸或直径。当试样为矩形支座,应使支座顺其短边方向受剪,如图2-4所示。

(2)施加竖向荷载

将压应力以0.03~0.04MPa/s的速率连续增至平均压应力$\sigma=10\mathrm{MPa}$(当支座形状系数小于7时为8MPa),并在整个抗剪试验过程中保持不变。

(3)调整试验机的剪切试验机构

使水平油缸、负荷传感器的轴线和中间钢拉板的对称轴重合。

(4)施加水平荷载

①以0.002~0.003MPa/s的加载速率施加水平荷载,当剪应力达到2MPa时,持荷5min。

②水平力以连续均匀地速度卸载。

③试验过程中随时观察试样受力状态及变化情况。

④水平力卸载后检查试样是否完好无损。

5)摩擦系数试验

摩擦系数试验计算承载力R时,按支座有效承压面积(钢板面积)A_0计算;计算水平拉力时,按支座平面毛面积(公称面积)A计算。

(1)试样放置

将试样置于压力机的承载板与中间钢拉板上,配置好,对准中心,偏差应小于1%的试样短边尺寸或直径,如图2-5所示。

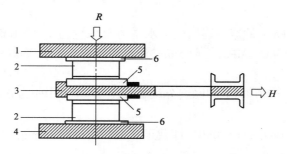

图2-5 摩擦系数试验示意图

1-试验机上承载板;2-四氟滑板式橡胶支座试样;3-中间钢拉板;4-试验机下承载板;5-不锈钢板试件;6-防滑摩擦板

试验时应将四氟滑板试样的储油槽内注满5201-2硅脂油。

(2)施加竖向荷载

将压应力以0.03~0.04MPa/s的速率连续增至平均压应力$\sigma=10\mathrm{MPa}$(当支座形状系数小于7时为8MPa),并在整个抗剪试验过程中保持不变。其预压时间为1h。

(3)调整试验机的剪切试验机构

使水平油缸、负荷传感器的轴线和中间钢拉板的对称轴重合。

(4)施加水平力

以0.002~0.003MPa/s的速率连续地施加水平力,直至不锈钢板与四氟滑板试样接触面间发生滑动为止,记录此时的水平力作为初始值。试验过程应连续进行3次。

(5)摩擦系数

摩擦系数应按下列公式计算：

$$\mu_f = \frac{H}{R} \tag{2-14}$$

式中：μ_f——四氟滑板与不锈钢板表面的摩擦系数，精确至0.01；

　　H——支座承受的最大水平力(kN)；

　　R——支座最大承压力(kN)。

(6)试验结果

每对试样的摩擦系数为3次试验结果的算术平均值。

6)转角试验

转角试验计算承载力R时，按支座有效承压面积(钢板面积)A_0计算。

转角试验所采用的试验装置一般由加载横梁、千斤顶加载系统、测量转角变化的位移传感器等组成。

(1)试样放置

将试样置于压力机的承载板与加载横梁上，配置好，对准中心，偏差应小于1%的试样短边尺寸或直径，如图2-6所示。

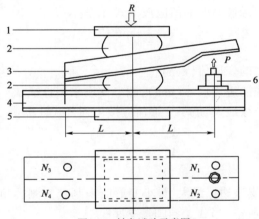

图2-6 转角试验示意图

1-试验机上承载板；2-试样；3-加载横梁(假想梁体)；4-承载梁(板)；5-试验机下承载板；6-千斤顶加载系统

在距试样中心(试验机加载承压板中心)L处，安装使梁产生转动用的千斤顶和测力计，并在承载板四角对称安置4只位移传感器。

(2)预压

①将压应力以$0.03 \sim 0.04$MPa/s的速率连续地增至平均压应力$\sigma = 10$MPa(当支座形状系数小于7时为8MPa)，持荷5min。然后以连续均匀的速度卸载至压应力$\sigma = 1.0$MPa，如此反复3遍。

②检查传感器是否灵敏准确。

(3)加载

①将压应力按照抗压弹性模量试验要求增至σ，采集支座变形数据，并在整个试验过程中维持σ不变。

②用千斤顶对加载横梁施加一个向上的力P，使其达到预期转角的正切值(偏差不大于

5%),持荷 5min 后,记录千斤顶力 P 及传感器的数值。

(4)试验结果计算(图 2-7)

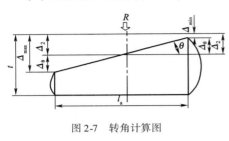

图 2-7 转角计算图

①实测转角的正切值应按下列公式计算:

$$\tan\theta = \frac{\Delta_1^2 + \Delta_3^4}{2L} \quad (2-15)$$

式中:$\tan\theta$——试样实测转角的正切值;
Δ_1^2——传感器 N_1、N_2 处的变形平均值(mm);
Δ_3^4——传感器 N_3、N_4 处的变形平均值(mm);
L——转动力臂(mm)。

②各种转角下,由于垂直承压力和转动共同影响产生的压缩变形值应按下式计算:

$$\Delta_2 = \Delta_c - \Delta_1 \quad (2-16)$$

$$\Delta_1 = \frac{\Delta_1^2 - \Delta_3^4}{2} \quad (2-17)$$

式中:Δ_c——支座最大承压力 R 时试样累积压缩变形值(mm);
Δ_1——转动试验时,试样中心平均回弹变形值(mm);
Δ_2——垂直承压力和转动共同影响下试样中心处产生的压缩变形值(mm)。

③各种转角下,试样边缘换算变形值应按下式计算:

$$\Delta_\theta = \frac{\tan\theta \cdot l_a}{2} \quad (2-18)$$

式中:Δ_θ——实测转角产生的变形值(mm);
l_a——矩形支座试样的短边尺寸(mm),圆形支座采用直径 d。

④各种转角下,支座边缘最大、最小变形值应按下列公式计算:

$$\Delta_{max} = \Delta_2 + \Delta_\theta \quad (2-19)$$

$$\Delta_{min} = \Delta_2 - \Delta_\theta \quad (2-20)$$

⑤试验结果。

根据所测各种转角下支座边缘最大、最小变形值来判定实测转角正切值是否符合标准要求。当 $\Delta_{min} \geq 0$ 时,支座不脱空;当 $\Delta_{min} < 0$ 时,支座脱空。

(5)注意事项

①计算实测转角正切值时需要注意公式中 L 的取值,L 在这里被定义为"转动力臂"。也就是说"转动力臂"为被检测试样中心(或者说试验机加载承压板中心)至转动加载千斤顶中心的距离。

②当被检测试样中心至位移传感器探头中心的距离与"转动力臂"相等时,L 的取值为"转动力臂"。"转动力臂"大小取决于试验机结构,一般为定值。

③当被检测试样中心至位移传感器探头中心的距离与"转动力臂"不相等时,L 的取值应为被检测试样中心至位移传感器探头中心的距离而非"转动力臂"。这时"转动力臂"只与计算预期转角的正切值有关。

7)极限抗压强度试验

极限抗压强度试验计算承载力 R 时,按支座有效承压面积(钢板面积)A_0 计算。

(1)将试样放置在压力机的承载板上,并对准中心位置。
(2)以 0.1MPa/s 的速率连续地加载,至试样极限抗压强度 R_n 不小于 70MPa 为止。
(3)试验过程中随时观察试样受力状态及变化情况、试样是否完好无损。

3. 盆式支座试验方法

盆式支座成品试验检测项目为竖向承载力、水平承载力、摩擦系数以及转动试验。

1)成品支座竖向承载力试验

盆式支座竖向承载力试验应测定在垂直荷载作用下,盆式支座竖向压缩变形和盆环径向变形。

(1)试样放置

将待测试支座安置于试验机承载板上,并对中心位置。

(2)预压

正式加载前对支座预压 3 次,预压荷载为支座设计承载力;预压初始荷载为该试验支座竖向设计承载力的 1.0%,每次加载至预压荷载宜稳压 2min 后卸载至初始荷载。

(3)安装位移传感器

在初始荷载稳压状态,在支座顶、底板间均匀安装 4 个竖向位移传感器(百分表),测试支座竖向压缩变形;在盆环上口相互垂直的直径方向安装 4 只径向位移传感器(千分表),测试盆环径向变形。

(4)正式加载

正式加载分 3 次进行,检验荷载为支座竖向设计承载力的 1.5 倍。

①每次检测时,以预加设计承载力的 1.0% 作为初始压力,分 10 级加载到检验荷载。

②每级加载后稳压 2min,然后记录每一级的位移量,加载至检验荷载稳压 3min 后卸载至初始压力,测定残余变形。

(5)试验结果计算

①每次、每级竖向变形取该次、该级加载时 4 个竖向位移传感器(百分表)读数的算术平均值。

②每次、每级径向变形取该次、该级加载时 4 个径向位移传感器(千分表)读数绝对值之和的一半。

③3 次测试结果的平均值为该支座试样的测试结果。

2)成品支座水平承载力试验

盆式支座水平承载力试验应配备自平衡反力架,应标定试验装置在设计竖向承载力下的滚动摩擦力。

(1)试样放置

将待测试支座安置于试验机承载板上,并对中心位置,将自平衡反力架及水平力试验装置组合配置好,如图 2-8 所示。

(2)预推

正式加载前对支座预推 3 次,预推荷载为水平设计承载力的 20%。将支座竖向承载力加至

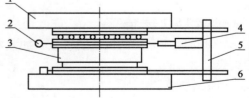

图 2-8 盆式支座水平承载力试验示意图
1-上承载板;2-百分表;3-试样;4-水平力加载装置;5-自平衡反力架;6-下承载板

设计承载力的50%,水平力加载至水平承载力的0.5%后,核对水平方向百分表及水平千斤顶数据,确认无误后,进行预推。

(3)正式加载

正式加载分3次进行,试验荷载为支座水平设计承载力的1.2倍。

①每次检测时,预加设计水平承载力的0.5%作为初始推力,分10级加载到试验荷载。

②每级加载后稳压2min,然后记录每一级的位移量,待达到设计水平力90%后,再将竖向承载力加至设计承载力,然后将水平承载力加载至试验荷载,稳压3min后卸载。

(4)试验结果

水平力作用下变形分别取两个百分表的平均值,绘制荷载-水平变形曲线。变形曲线应呈线性关系。

3)成品支座摩擦系数试验

摩擦系数试验所采用的水平加载装置应由千斤顶加载系统、测力传感器等组成。

(1)试样放置

摩擦系数试验选取两个相同规格的单向或双向盆式支座试样,将一个试样放置在压力机的承载板上,另一个试样放置在水平加载装置的拉板上,并对准中心位置,如图2-9所示。

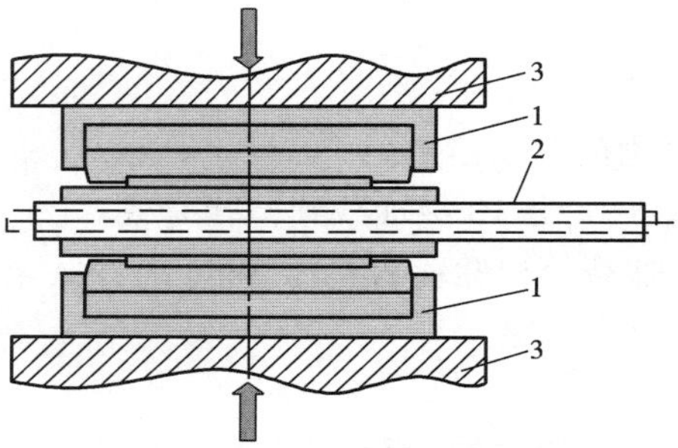

图2-9 盆式支座摩擦系数试验示意图
1-试样;2-水平加载装置;3-试验机

(2)预压

试验前应对支座进行预压,预压荷载为该试验支座竖向设计承载力,预压3次。预压初始荷载为该试验支座竖向设计承载力的1.0%,每次加载稳压3min后卸载至初始荷载。

(3)正式加载

试验机对试验支座加载到竖向设计承载力时,用千斤顶施加水平力。

①盆式支座试样发生滑动(水平拉力下降)时,停止施加水平力,并由专用的测力传感器记录水平力值。

②依照以上相同的方法再连续重复进行3次。

(4)试验结果计算

第一次滑动记录初始值,然后试验过程应连续进行3次,实测摩擦系数取后3次(第2次至第4次)试验结果的算术平均值。

4)成品支座转动试验

转动试验所采用的试验装置应由加载横梁、千斤顶加载系统、测量转角变化的位移传感器等组成。

(1)试样放置

试验选取两个相同规格的固定支座,也可以选用两个相同规格的双向盆式支座试样,将一个试样放置在压力机的下承载板上,另一个试样放置在加载横梁上,并对准中心位置,如图2-10所示。

(2)预压

试验前应对支座进行预压,预压荷载为该试验支座竖向设计承载力,预压3次。预压初始荷载为该试验支座竖向设计承载力的1.0%,每次加载稳压3min后卸载至初始荷载。

(3)正式加载

①试验机对试验支座加载到竖向设计承载力时,用千斤顶顶起加载横梁。

②使支座分别产生0.010rad、0.015rad、0.020rad设计转角值,每次达到预期的转角后,稳压30min。

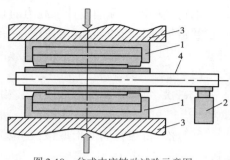

图2-10 盆式支座转动试验示意图
1-试样;2-千斤顶;3-试验机;4-加载横梁

③当加到最大转角后应保持荷载30min后卸载。

④在整个转动试验过程中都应随时观测试验支座的工作状态。

⑤转动试验结束(支座卸载)后,应对试验支座试样进行拆解,检查中间钢衬板、聚四氟乙烯板、黄铜紧箍圈、橡胶承压板等零部件是否完好无损。

(4)试验结果

支座转动试验后,要求聚四氟乙烯板和钢件无损伤,橡胶承压板没有被挤出,黄铜密封圈也没有明显损伤。

4. 球型支座试验方法

球型支座试验检测项目为竖向承载力、水平承载力、摩擦系数以及转动性能试验。

1)竖向承载力试验

球型支座竖向承载力试验应测定在垂直荷载作用下,球型支座竖向压缩变形和底盆径向变形。

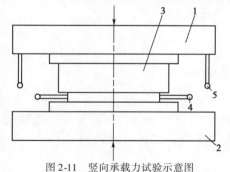

图2-11 竖向承载力试验示意图
1-上承载板;2-下承载板;3-试样;4-位移传感器(千分表);5-位移传感器(百分表)

(1)试样放置

将待测试支座安置于试验机承载板上,并对准中心位置,如图2-11所示。

(2)预压

正式加载前对支座预压3次,预压荷载为支座设计承载力;预压初始荷载为该试验支座竖向设计承载力的0.5%,每次加载至预压荷载宜稳压2min后卸载至初始荷载。

(3)安装位移传感器

在初始荷载稳压状态,在支座顶、底板间均匀安装4个竖向位移传感器(百分表),测试支座竖向压缩变形;在盆环上口相互垂直的直径方向安装4只径向位移传感器(千分表),测试盆环径向变形。

(4)正式加载

正式加载分3次进行,检验荷载为支座竖向设计承载力的1.5倍。

①每次检测时预加设计承载力的0.5%作为初始荷载,分10级加载到检验荷载。
②每级加载稳压2min后记录每一级的位移量,加载至检验荷载稳压3min后卸载至初始荷载。

(5)试验结果计算

①每次、每级竖向变形取该次、该级加载时4个竖向位移传感器(百分表)读数的算术平均值。

②每次、每级径向变形取该次、该级加载时4个径向位移传感器(千分表)读数的算术平均值。

③3次测试结果的平均值为该支座试样的测试结果。

2)摩擦系数试验

摩擦系数试验所采用的水平加载装置应由千斤顶加载系统、测力传感器等组成。

(1)试样放置

摩擦系数试验选取两个相同规格的单向或双向球型支座试样,将一个试样放置在压力机的下承载板上,另一个试样放置在水平加载装置的拉板上,并对准中心位置,如图2-12所示。

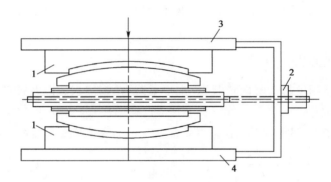

图2-12 摩擦系数试验示意图
1-试样;2-水平力加载装置;3-上承载板;4-下承载板

(2)预压

试验前应对支座进行预压,预压荷载为该试验支座的竖向设计承载力。将支座以连续均匀的速度加载到预压荷载,在整个摩擦系数试验过程中保持不变。其预压时间为1h。

(3)正式加载

用水平力加载装置连续均匀地施加水平力。

①球型支座试样一发生滑动(水平拉力下降)时,即停止施加水平力,并由专用的测力传感器记录水平力值。

②依照以上相同的方法再连续重复进行4次。

(4)试验结果计算

第一次滑动记录初始值,实测摩擦系数取后4次(第2次至第5次)试验结果的算术平均值。

3)转动性能试验

转动性能试验所采用的试验装置应由加载横梁、千斤顶加载系统、力传感器等组成。

(1)试样放置

试验选取两个相同规格型号的球型支座试样,将一个试样放置在压力机的下承载板上,另一个试样放置在加载横梁上,并对准中心位置,如图2-13所示。

(2)预压

试验前应对支座进行预压,预压荷载为该试验支座的竖向设计承载力。将支座以连续均匀的速度加载到预压荷载,并在整个转动试验过程中保持不变。

(3)正式加载

①用千斤顶以5kN/min的速率施加转动力矩,直至支座发生转动后千斤顶卸载。

②记录支座发生转动瞬间的千斤顶最大荷载。

(4)试验过程

连续进行3次。

(5)试验结果

①支座实测转动力矩按下列公式计算:

图2-13 转动性能试验示意图
1-试样;2-加载装置;3-上承载板;4-下承载板

$$M_1 = \frac{P \cdot L}{2} \tag{2-21}$$

式中:M_1——支座实测转动力矩(N·m);
P——千斤顶最大荷载(kN);
L——转动力臂(mm)。

②试验结果取其3次试验的平均值。

4)水平承载力试验

(1)试样放置

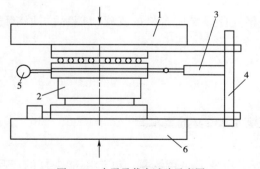

图2-14 水平承载力试验示意图
1-上承载板;2-试样;3-水平力试验装置;4-自平衡反力架;
5-位移传感器;6-下承载板

将试样置于试验机的承载板上,将自平衡反力架及水平力试验装置组合配置好,如图2-14所示。

(2)安装位移传感器

水平承载力试验荷载为支座水平承载力的1.2倍,将支座竖向承载力加至设计承载力的50%,将水平力加载至设计水平承载力的0.5%后,核对水平方向位移传感器(百分表)及水平千斤顶数据。确认无误后,进行预推。

(3)预推

支座竖向承载力加至设计承载力的50%持

荷后,用水平承载力的20%进行预推,反复进行3次。

(4)正式加载

①将试验荷载按由零至试验荷载值均匀分为10级。

②试验时先将竖向承载力加至50%。

③以支座设计水平力的0.5%作为初始推力,逐级加载,每级荷载稳压2min后记录百分表数据。

④待水平承载力达到设计水平力的90%后,再将竖向承载力加至设计承载力。然后,将水平承载力加至试验荷载稳压3min后卸载至初始推力。正式加载过程连续进行3次。

(5)试验结果

①水平力作用下变形分别取2个百分表的平均值,绘制荷载-水平变形曲线。

②支座水平承载力试验,在拆除装置后,检查支座变形是否恢复。

四、力学性能试验检测结果的判定

1. 成品板式支座试验结果的判定

板式支座力学性能试验时,随机抽取3块(或3对)支座,若有2块(或2对)不能满足表2-7的要求,则认为该批产品不合格。若有1块(或1对)支座不能满足表2-7的要求时,则应从该批产品中随机再抽取双倍支座对不合格项目进行复检,若仍有一项不合格,则判定该批规格产品不合格。

2. 成品盆式支座试验结果的判定

(1)试验支座的竖向压缩变形和盆环径向变形满足表2-8的规定,实测的荷载-竖向压缩变形曲线和荷载-盆环径向变形曲线呈线性关系,且卸载后残余变形小于支座设计荷载下相应变形的5%,该支座的竖向承载力为合格。

(2)试验支座的转动角度满足表2-8的规定,该支座的转动角度为合格。试验支座的摩擦系数满足表2-8的规定,该支座的摩擦系数为合格。

(3)支座各项试验均为合格,判定该支座为合格支座。试验合格的支座,试验后可以继续使用。

(4)试验支座在加载中出现损坏,则该支座为不合格。

3. 成品球型支座试验结果的判定

(1)试验支座竖向压缩变形、盆环径向变形应满足表2-9的要求。

(2)试验支座水平力应满足表2-9的有关要求。

(3)支座水平承载力试验,在拆除装置后,检查支座变形是否恢复。变形不能恢复的产品为不合格。

(4)试验支座摩擦系数应满足表2-9的要求。

(5)试验支座实测转动力矩应小于计算的设计转动力矩。

(6)整体支座的试验结果若有2个支座各有1项不合格,或有1个支座2项不合格时,应取双倍试样对不合格项目进行复检,若仍有1个支座1项不合格,则判定该批产品不合格。若有1个支座3项不合格则判定该批产品不合格。

第三节　桥梁伸缩装置试验检测

本节内容所涉及的桥梁伸缩装置产品标准为《公路桥梁伸缩装置通用技术条件》(JT/T 327—2016)。

一、产品分类、代号

公路桥梁伸缩装置(简称伸缩装置)按伸缩结构分为模数式伸缩装置,代号 M;梳齿板式伸缩装置,代号 S;无缝式伸缩装置,代号 W。模数式伸缩装置按橡胶密封带的数量分为单缝、多缝,代号 MA、MB。梳齿板式伸缩装置按梳齿板受力状况分为悬臂、简支,代号 SC、SS。简支梳齿板式伸缩装置分为活动梳齿板的齿板位于伸缩缝一侧的 SSA 和活动梳齿板的齿板跨越伸缩缝的 SSB。

二、桥梁伸缩装置的总体要求

1. 性能要求

桥梁伸缩装置的变形性能应符合表2-10的要求。当桥梁变形使伸缩装置产生显著的横向错位或竖向错位时,宜通过专题研究确定伸缩装置的平面转角和竖向转角要求并进行变形性能测量。

伸缩装置变形性能要求　　　　　　　　　表2-10

装置类型	项目		要求
MB	拉伸、压缩时最大水平摩阻力(kN/m)		$\leq 4 \times n$
MB	拉伸、压缩时变形均匀性	每单元最大偏差值(mm)	$-2 \sim 2$
MB	拉伸、压缩时变形均匀性	总变形最大偏差值(mm) $80 \leq e \leq 400$	$-5 \sim 5$
MB	拉伸、压缩时变形均匀性	总变形最大偏差值(mm) $400 < e < 800$	$-10 \sim 10$
MB	拉伸、压缩时变形均匀性	总变形最大偏差值(mm) $e > 800$	$-15 \sim 15$
MB	拉伸、压缩时每单元最大竖向变形偏差(mm)		≤ 2
MB	符合水平摩阻力和变形均匀性条件下的错位性能	纵向错位(°)	伸缩装置的扇形变位角度≥ 2.5
MB	符合水平摩阻力和变形均匀性条件下的错位性能	横向错位(mm)	伸缩装置两端偏差值$\geq 20 \times n$
MB	符合水平摩阻力和变形均匀性条件下的错位性能	竖向错位(%)	顺桥向坡度≥ 5
SC	拉伸、压缩时最大竖向变形偏差(mm)		≤ 1.0

续上表

装置类型	项目		要求
SSA SSB	拉伸、压缩时最大水平摩阻力（kN/m）		≤5.0
	拉伸、压缩时最大竖向变形偏差（mm）	$80 \leq e \leq 720$	≤1.0
		$720 < e \leq 1440$	≤1.5
		$e > 1440$	≤2.0
W	拉伸、压缩时被大竖向变形（mm）		≤6.0

注：1. n 为多缝模数式伸缩装置中橡胶密封带的个数。
　　2. 防水性能应符合注满水 24h 无渗漏。

2. 使用要求

在车辆轮载作用下，伸缩装置各部件及连接应安全可靠。在正常设计、生产、安装、运营养护条件下，伸缩装置设计使用年限不应低于 15 年。

三、桥梁伸缩装置的试验方法

模数式伸缩装置试验检测项目为变形性能试验、防水性能试验及承载性能试验。变形性能试验又包含拉伸、压缩时的最大水平摩阻力，拉伸、压缩时的变形均匀性，拉伸、压缩时每单元的最大竖向变形偏差，以及符合水平摩阻力和变形均匀性条件的错位性能等内容。

梳齿板式伸缩装置试验检测项目为拉伸、压缩时的最大竖向变形偏差、最大水平摩阻力以及防水性能试验。

无缝式伸缩装置试验检测项目为拉伸、压缩时的最大竖向变形及防水性能试验。

桥梁伸缩装置的试验对象分为材料试件、构件试件和整体试件 3 类。材料试件应按试验要求取样。构件试件取足尺产品。整体试件采用整体装配后的伸缩装置；当受试验设备限制，不能对整体试件进行试验时，试件截取长度不得小于 4m；多缝模数式伸缩装置应不少于 4 个位移箱；梳齿板式伸缩装置应不小于一个单元。

试验前，要将试件直接置于标准温度 23℃±5℃下，静置 24h，使试件内外温度一致。环境中不能存在腐蚀性气体及影响检测的振动源。

桥梁伸缩装置目前使用较多的是模数式伸缩装置，以下主要介绍模数式伸缩装置的试验方法。

1. 拉伸、压缩时最大水平摩阻力试验

（1）试样放置。

将整体组装的伸缩装置试样有效地固定在试验平台上。

（2）预加载。

将放置好的试样分级往返预加载（拉伸、压缩）1 次。

（3）正式加载。

将试样拉伸到最大伸缩量的位置时，开始分级（按位移控制，如 ±80mm、±160mm、…）加载（压缩、拉伸），直至加载到最大伸缩量的位置为 1 个循环。重复试验 3 次。

（4）每级加载后测定摩阻力（读取、记录摩阻力值）。

(5)试验结果。

试验结果取 3 次循环的算术平均值。

注:在测定伸缩装置水平摩阻力时应扣除试验装置台架本身的摩阻力。

2. 拉伸、压缩时变位均匀性试验

(1)试样放置。将整体组装的伸缩装置试样有效地固定在试验平台上。

(2)预加载。将放置好的试样分级往返预加载(拉伸、压缩)1 次。

(3)在试样两端和中间做好标记线,再将试样拉伸到最大伸缩量的位置时,准确测定标记线处的总宽(b)和每条缝隙宽度(b_1、b_2、$\cdots$、b_n)的初始值并记录。

(4)然后开始分级(按位移控制,如 ±80mm、±160mm、$\cdots$)加载(压缩、拉伸),直至加载到最大伸缩量的位置为 1 个循环。重复试验 3 次。

(5)每级加载后测定变位均匀性(量测、记录伸缩装置两端总宽和每条缝隙宽度变化值)。

(6)试验结果。试验结果取 3 次循环的算术平均值。

3. 拉伸、压缩时最大竖向偏差或变形试验

(1)试样放置。

将整体组装的伸缩装置试样有效地固定在试验平台上。

(2)预加载。

将放置好的试样分级往返预加载(拉伸、压缩)1 次。

(3)正式加载。

伸缩装置分级加载(压缩、拉伸)时,选择任意位置,在同一断面处,测定伸缩装置边梁与中梁间的竖向偏差。重复试验 3 次。

(4)试验结果。

试验结果取 3 次循环的算术平均值。

4. 伸缩装置纵向错位试验

伸缩装置纵向错位试验示意如图 2-15 所示。

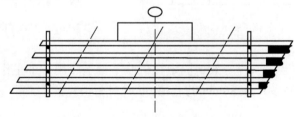

图 2-15 伸缩装置纵向错位试验示意图

(1)试样放置。

将整体组装的伸缩装置试样有效地固定在试验平台上。用作动器沿试验平台纵向施加作用力,使其产生满足伸缩装置支承横梁倾斜角度≥2.5°的纵向位移。

(2)正式加载。

在纵向错位后分级进行拉伸及压缩,实测其拉压过程中摩阻力(kN/m)大小与变位均匀性(mm),方法同拉伸、压缩时最大水平摩阻力试验和拉伸、压缩时变位均匀性试验。

(3)纵向错位后重复试验3次。

(4)试验结果。

计算3次循环的算术平均值。

5. 伸缩装置竖向错位试验

伸缩装置竖向错位试验示意如图2-16所示。

(1)试样放置。

将整体组装的伸缩装置试样有效地固定在试验平台上。将试验平台用竖向作动器顶起,使伸缩装置沿顺桥向产生5%的坡度。

(2)正式加载。

在竖向错位后分级进行拉伸及压缩试验,实测其拉压过程中摩阻力(kN/m)大小与变位均匀性(mm),方法同前边拉伸、压缩时最大水平摩阻力试验和拉伸、压缩时变位均匀性试验。

(3)竖向错位后重复试验3次。

(4)试验结果。

计算3次循环的算术平均值。

6. 伸缩装置横向错位试验

伸缩装置横向错位试验示意如图2-17所示。

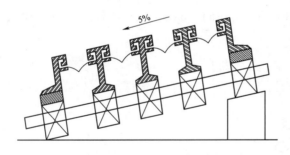

图2-16 伸缩装置竖向错位试验示意图

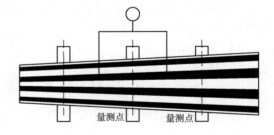

图2-17 伸缩装置横向错位试验示意图

(1)试样放置。

将整体组装的伸缩装置试样有效地固定在试验平台上。用一个主作动器将试样在两支承横梁3.6m间距两端总宽度产生80mm的差值,形成扇形张开。

(2)正式加载。

在横向错位后分级进行拉伸及压缩试验,实测其拉压过程中摩阻力(kN/m)大小与变位均匀性(mm),方法同拉伸、压缩时最大水平摩阻力试验和拉伸、压缩时变位均匀性试验。

(3)横向错位后重复试验3次。

(4)试验结果。

计算3次循环的算术平均值。

7. 承载性能试验

承载性能试验试件布置示意图如图 2-18 所示。

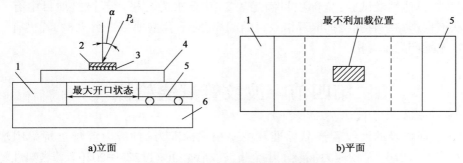

图 2-18　承载性能试验试件布置示意图
1-固定台座;2-钢加载板;3-橡胶板;4-伸缩装置试件;5-移动台座;6-试验台

(1) 试样放置

在试验台座上固定伸缩装置,移动移动台座,使伸缩装置处于最大开口状态并固定。

(2) 加载

使用钢加载板和橡胶板模拟轮载作用,加载板尺寸采用轮载的着地尺寸。模拟轮载的静力作用时,α 取 16.7°;模拟轮载的疲劳作用时,α 取 0°。

(3) 应力和竖向挠度测量

模拟轮载的静力作用时,以设计轮载 P_d 的 10% 为步长,以 1kN/s 的速度加载,每步加载完成后,静置 5min,测量伸缩装置的应力和竖向挠度。模拟轮载的疲劳作用时,以 $0 \sim P_d$ 为循环幅,施加 2×10^6 次,测量伸缩装置的应力变化情况。

(4) 试验结果

模拟轮载的静力作用时,重复测量 3 次,试验结果取 3 次测量结果的算术平均值。模拟轮载的疲劳作用时,观察伸缩装置是否开裂。

8. 防水性能试验

(1) 伸缩装置在最大开口状态下固定,将每个伸缩单元两端堵截。

(2) 在伸缩装置缝内注满水(水面超过伸缩装置顶面 10mm)。

(3) 经过 24h 后检查有无渗水、漏水现象。

9. 外观质量及尺寸检测

1) 外观质量

产品外观质量用目测方法和相应精度的量具进行检测。

2) 尺寸检测

(1) 测量器具:钢直尺、游标卡尺、平整度仪、水准仪等。

(2) 测量方法:橡胶伸缩装置平面尺寸除量测四边长度外,还应量测对角线尺寸,厚度应在四边量测 8 点取其平均值。模数式和梳齿板式伸缩装置应每 2m 取其断面量测后,取其平均值。

四、力学性能试验检测结果的判定

伸缩装置总体性能试验,全部项目满足表 2-10 要求为合格。若检验项目中有一项不合格,则应从该批产品中再随机抽取双倍数目的试样,对不合格项目进行复检,若仍有一项不合格,则判定该批产品不合格。

第四节　波纹管试验检测

本节内容所涉及的波纹管产品标准及主要相关标准为《预应力混凝土桥梁用塑料波纹管》(JT/T 529—2016),《预应力混凝土用金属波纹管》(JG/T 225—2020),《热塑性塑料管材耐性外冲击性能　试验方法　时针旋转法》(GB/T 14152—2001)和《热塑性塑料管材　环刚度的测定》(GB/T 9647—2015)。

一、产品分类、代号及标记

1. 分类、代号

目前桥梁工程常用的波纹管有预应力混凝土桥梁用塑料波纹管和预应力混凝土用金属波纹管两大类。预应力混凝土桥梁用塑料波纹管按截面形状可分为圆形和扁形两大类,预应力混凝土用金属波纹管按径向刚度分为标准型和增强型;按截面形状分为圆形和扁形。

波纹管产品分类及代号见表 2-11。

波纹管产品分类及代号　　　　表 2-11

产品名称	产品代号	管材类别代号		刚度类别代号	
		圆形	扁形	标准型	增强型
塑料波纹管	SBG	Y	B		
金属波纹管	JBG			B	Z

注:1. 塑料波纹管内径(mm):圆管以直径表示;扁形管以长轴表示。
　　2. 金属波纹管内径(mm):圆管以直径表示;扁管以长轴尺寸×短轴尺寸表示。

2. 标记

波纹管的标记由产品代号、管材内径及管材(刚度)类别三部分组成。
示例 1:内径为 50mm 的圆形塑料波纹管标记为:SBG-50Y。
示例 2:长轴方向内径为 41mm 的扁形塑料波纹管标记为:SBG-41B。
以上标记适用于交通运输行业标准 JT/T 529—2016。
示例 3:内径为 70mm 的标准型圆管标记为:JBG-70B。
示例 4:内径为 70mm 的增强型圆管标记为:JBG-70Z。
示例 5:长轴为 65mm、短轴为 20mm 的标准型扁管标记为:JBG-65×20B。
示例 6:长轴为 65mm、短轴为 20mm 的增强型扁管标记为:JBG-65×20Z。

以上标记适用于建筑工业行业标准 JG/T 225—2020。

二、波纹管的力学性能要求

预应力混凝土桥梁用塑料波纹管力学性能要求见表 2-12，金属波纹管力学性能要求见表 2-13。

预应力混凝土桥梁用塑料波纹管力学性能要求 表 2-12

项　目	指　标
环刚度	不小于 6kN/m²
局部横向荷载	塑料波纹管在规定荷载(800N)作用下,管材表面不应破裂,管材残余变形量不得超过管材外径的 10%
柔韧性	按规定的弯曲方法反复弯曲 5 次后,用专用塞规能顺利地从塑料波纹管中通过
抗冲击性	塑料波纹管低温落锤冲击试验的真实冲击率 TIR 最大允许值为 10%

金属波纹管力学性能要求 表 2-13

项　目	指　标		管材类别	
	截面形状		圆形	扁形
金属波纹管径向刚度要求	局部横向荷载（N）	标准型 增强型	800	500
	均布荷载（N）	标准型 增强型	$F=0.31d_n^2$	$F=0.15d_e^2$
	δ	标准型 $d_n \leq 75mm$ $d_n > 75mm$	≤0.20 ≤0.15	≤0.20 ≤0.15
		增强型 $d_n \leq 75mm$ $d_n > 75mm$	≤0.10 ≤0.08	≤0.15
抗渗漏性能要求	在规定的集中荷载作用后或在规定的弯曲情况下,预应力混凝土用金属波纹管允许水泥浆泌水渗出,但不得渗出水泥浆			

注：1. 表中圆管内径及扁管长、短轴长度均为公称尺寸。
　　2. F-均布荷载值(N)；d_n-圆管公称内径(mm)；d_e 扁管等效公称内径(mm)；δ-变形比，$\delta = \Delta d/d$ 或 $\delta = \Delta h/h$，其中 Δd 为圆管径向变形量(mm)，Δh 为扁管短轴向变形量(mm)。

$$d_e = \frac{2(b_n + h_n)}{\pi} \tag{2-22}$$

式中：b_n——扁管公称内长轴(mm)；
　　　h_n——扁管公称内短轴(mm)。

三、波纹管的试验方法

1. 预应力混凝土桥梁用塑料波纹管试验方法

预应力混凝土桥梁用塑料波纹管试验检测项目为环刚度试验、局部横向荷载试验、柔韧性试验、抗冲击性试验、外观及规格尺寸检测。

1)环刚度试验

(1)试样制备与测量

①从 5 根管材上各截取长 300mm ± 10mm 试样一段,两端与轴线垂直切平。

②每个试样沿圆周方向等分测量 3 个长度值,计算其算术平均值为试样长度(L_a、L_b、L_c、L_d、L_e),精确到 1mm。

注:对于每个试样,在所有的测量值中,最小值不应小于最大值的 0.9 倍。

③分别测量 a、b、c、d、e 5 个试样的内直径。应通过横断面中点处每隔 45°依次测量 4 处,取算术平均值,每次的测量结果精确到内直径的 0.5%。

④分别记录 a、b、c、d、e 5 个试样的平均内径 d_{Ia}、d_{Ib}、d_{Ic}、d_{Id}、d_{Ie}。

⑤计算 5 个值的平均值:

$$d_I = \frac{d_{Ia} + d_{Ib} + d_{Ic} + d_{Id} + d_{Ie}}{5} \tag{2-23}$$

(2)加载

上压板下降速度为 5mm/min ± 1mm/min,当试样垂直方向的内径变形量为原内径的 3% 时,记录此时试样所受的负荷。

(3)结果计算

试验结果按下列公式计算:

$$S = \left(0.0186 + 0.025 \times \frac{\Delta Y}{d_I}\right) \times \frac{F}{\Delta Y \cdot L} \tag{2-24}$$

式中:S——试样的刚度(kN/m^2);

ΔY——试样内径垂直方向 3% 变化量(m);

F——试样内径垂直方向 3% 变形时的负荷(kN);

d_I——试样内径(m);

L——试样长度(m)。

每个试样环刚度的计算值 S_a、S_b、S_c、S_d、S_e,精确到小数点后第 2 位;环刚度的计算值 S,保留 3 位有效数字。

(4)试验结果

取 5 个试样试验结果的算术平均值。

2)局部横向荷载试验

(1)试样放置

在试样中部位置波谷处取一点,用端部为 $R = 6mm$ 的圆柱顶压头施加横向荷载 F,如图 2-19 所示。

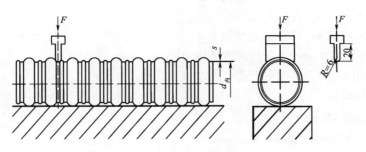

图 2-19　塑料波纹管横向荷载试验示意图(尺寸单位:mm)

(2)加载

在 30s 内加载到规定荷载值 800N,持荷 2min 后观察管材表面是否破裂。

(3)测量变形

卸荷 5min 后,在加载处测量塑料波纹管外径的变形量。

(4)试验结果

每根试样测试 1 次,记录数据,取 5 个试样试验结果的平均值。

3)柔韧性试验

(1)试样放置

将一根 1100mm 的试样垂直地固定在专用测试平台上,如图 2-20 所示。

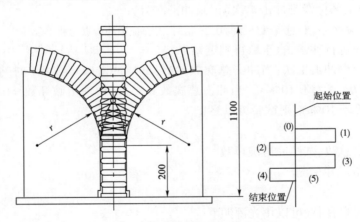

图 2-20　塑料波纹管柔韧性试验示意图(尺寸单位:mm)

(2)加载

在试样上部 900mm 的范围内,用手向两侧缓慢弯曲试样至弧形模板位置,左右往复弯曲 5 次;当试样弯曲至最终结束位置时保持弯曲状态 2min。

(3)试验结果

用专用塞规检查是否能顺利地从波纹管中通过。

4)抗冲击性试验

(1)试样准备

①每个试样应沿管材圆周方向等分,沿长度方向画出等分标记线,并顺序编号。

②不同外径管材试样等分标记线数量如下。

公称外径:50~63mm,等分标记线数为3;

公称外径:75~90mm,等分标记线数为4;

公称外径:110~125mm,等分标记线数为6;

公称外径:140~180mm,等分标记线数为8。

(2)试样状态调节

①试样调节温度:0±1℃。

②调节时间:≥15min(壁厚δ≤8.6mm)。

③完成试验时间间隔:≤10s。

④再处理时间:≥5min。

(3)确定落锤质量和冲击高度

波纹管内径:≤90mm,落锤质量为0.5kg,冲击高度为2000mm。

波纹管内径:90~130mm,落锤质量为1.0kg,冲击高度为2000mm。

(4)冲击试验

①使落锤冲击在每个试样的1号标线上,若试样未破坏,则将该试样立即放回预处理装置,最少进行5min的再处理。

②将试样依顺时针方向旋转放置到2号标线上进行冲击,若试样仍未破坏,则将该试样立即放回预处理装置,最少再进行5min的再处理。依次试验,直至试样破坏(记录试样冲击破坏时的试验数)或全部标线都冲击1次(记录冲击次数)。

注:当波纹管的波纹间距超过管材外径的0.25倍时,要保证被冲击点为波纹顶部。

③逐个对试样进行冲击,直至取得判定结果。

④每个试样至少冲击1次;当冲击总次数≤25,试样冲击破坏数≥4时,则试验可以终止(试验结果为C;TIR值大于10%)。当冲击总次数≥25,试样冲击破坏数=0时(试验结果为A;TIR值小于或等于10%),则试验可以终止。

⑤试验结果。

记录试样冲击总数、试样冲击破坏数。

5)外观及规格尺寸检测

(1)外观

用肉眼直接观察,内壁可以用光源照看。

(2)尺寸检测

①厚度。

任取一段试样,使用管壁测厚仪测量其厚度。在同一断面各处测量,读取最小值。厚度测量结果精确到0.05mm。小数点后两位>0、≤5时取5,>5时进一位。

②外直径(平均直径)。

任取1段试样,使用派尺测量其外直径。将派尺垂直于管材轴线,绕外壁1周,紧紧贴合后,读数,直径结果精确到0.1mm。

③内直径。

任取1段试样,测量其内直径。应通过横断面中点处,每隔45°依次测量4处,取算术平均值,直径结果精确到0.1mm。

④不圆度。

用分度不大于 0.05mm 的游标卡尺在管材同一表面各处测量,直至得出最大值与最小值。按下列公式计算管材的不圆度:

$$\Delta d(\%) = \frac{d_{max} - d_{min}}{d_{max} + d_{min}} \times 200 \qquad (2\text{-}25)$$

式中:d_{max}——最大外径(mm);
d_{min}——最小外径(mm)。

取 5 个试样试验结果的平均值作为不圆度。

2. 预应力混凝土用金属波纹管试验方法

预应力混凝土用金属波纹管试验检测项目为抗局部横向荷载性能试验、抗均布荷载性能试验、承受局部横向荷载后抗渗漏性能试验、弯曲后抗渗漏性能试验、外观及尺寸检测。

1)抗局部横向荷载性能试验

(1)试样制备

试样长度取 $5d(5d_e)$,且不应小于 300mm。

(2)试样放置

在试样中部位置波谷处取一点,用端部直径 10mm,横向长度 150mm 的圆柱顶压头对试件施加局部横向荷载至规定值 F 并持荷,如图 2-21 所示。

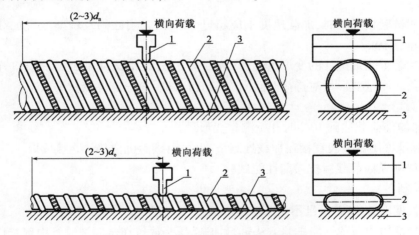

图 2-21 抗局部横向荷载作用试验示意图
1-圆柱顶压头;2-试件;3-试验台座;d_n-圆管公称内径

(3)加载

采用万能试验机加载时,加载速度不应超过 20N/s;采用砝码及辅助装置加载时,每次增加砝码不宜超过 10kg。

在持荷状态下测量试件的变形量,并计算变形比 δ,观察试件是否出现咬口开裂、脱扣或其他破坏现象。测量变形量时持荷时间不应短于 1min。每根试件测试 1 次。

2)抗均布荷载性能试验

(1)试样制备

试样长度取 $5d(5d_e)$,且不应小于 300mm。

(2)试样放置

将试样放置在加载板上对准中心,在上、下加载板与试样之间放置10mm厚度的海绵垫,如图2-22所示。

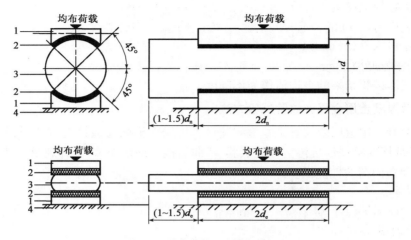

图2-22 均布荷载试验加载示意图
1-加载板;2-10mm厚海绵垫;3-试件;4-试验台座

(3)加载

采用万能试验机加载时,加载速度不应超过20N/s;采用砝码及辅助装置加载时,每次增加砝码不宜超过10kg。

在持荷状态下测量试件的变形量,并计算变形比 δ,观察试件是否出现咬口开裂、脱扣或其他破坏现象。测量变形量时持荷时间不应短于1min。每根试件测试1次。

3)变形测量

(1)施加的外荷载达到10N时开始测量变形量。

(2)变形量可用百分表直接在加载处测量,也可由试验机位移计直接读取。

4)承受局部横向荷载后抗渗漏性能试验

(1)试样制备

①试样长度取 $5d(5d_e)$,且不应小于300mm。

②按抗局部横向荷载性能试验方法进行加载,压头放置在金属波纹管中部咬口位置,施加局部横向荷载至变形量达到圆管公称内径或扁管公称内短轴尺寸的20%,持荷1min后卸荷,形成试件。

(2)试验方法

①将试件的一端封严后竖放。

②用水灰比为0.50的普通硅酸盐水泥浆灌满试件,观察试件表面渗漏情况30min。

③也可用清水灌满试件,如果试件不渗水,可不再用水泥浆进行试验。

5)弯曲后抗渗漏性能试验

(1)试样制备

①试件长度取1500mm,将试件弯成圆弧形。

②圆弧半径：圆管的曲率半径 R 应为圆管公称内径的 30 倍，扁管短轴方向的曲率半径 R 应为 4000mm。

（2）试验方法

①将制备好的试样按规定放置，如图 2-23 所示，下端封严。

②用水灰比为 0.50 的普通硅酸盐水泥浆灌满试件，观察表面渗漏情况 30min。

③也可用清水灌满试件，如果试件不渗水，可不再用水泥浆试验。

6）外观及尺寸检测

（1）外观

外观可用目测法检验。

（2）尺寸

①测量工具。

内外径尺寸测量应采用游标卡尺；钢带厚度测量应采用千分尺；长度测量应采用钢卷尺；波纹高度测量应采用深度尺。

②测量方法。

圆管内径尺寸应分别量取试件两端相互垂直两个方向的内径，取算术平均值；扁管内长轴和内短轴尺寸应分别量取试件两端的内长轴和内短轴尺寸，分别取算术平均值；钢带厚度及波纹高度应分别在试件两端量取，取算术平均值。

测量时应避开波纹和咬口位置。

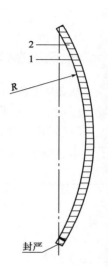

图 2-23 弯曲后抗渗漏性能试验示意图
1-试件；2-纯水泥浆或清水

四、试验检测结果的判定

1. 预应力混凝土桥梁用塑料波纹管试验检测结果的判定

（1）外观质量检测抽取的 5 根（段）产品中，当有 3 根（段）不符合规定时，则该 5 根（段）所代表的产品不合格；若有 2 根（段）不符合规定时，可再抽取 5 根（段）进行检测，若仍有 2 根（段）不符合规定，则该批产品不合格。

（2）在外观质量检验后，检验其他指标均合格时则判该产品为合格批。

若其他指标中有一项不合格，则应在该产品中重新抽取双倍样品制作试样，对指标中的不合格项目进行复检，复检全部合格，判该批为合格批；检测结果若仍有一项不合格，则该批产品为不合格。复检结果作为最终判定的依据。

2. 预应力混凝土用金属波纹管试验检测结果的判定

当全部出厂检验项目均符合要求时，应判定该批产品合格；当检验结果有不合格项目时，应从同一批产品中未经抽样的产品中重新加倍取样对不合格项目复检，复检结果全部合格，应判定该批产品合格，否则应判定该批产品不合格。

第五节 隧道用防水卷材性能检测

一、防水卷材的种类及性能要求

从20世纪60年代开始,弹性或弹塑性的合成高分子防水卷材在发达国家得到了广泛开发与应用。高分子防水卷材与传统的石油沥青油毡相比,具有使用寿命长、技术性能好、冷施工、质量轻和污染性低等优点,在隧道防水工程中得到广泛应用。目前,隧道防水常用的高分子防水卷材有ECB、EVA和PE等,其性能要求见表2-14。

常用防水卷材技术指标　　　　　　　　　表2-14

项　目		单　位	指　标		
			乙烯-醋酸乙烯共聚物（EVA）	乙烯-醋酸乙烯与沥青共聚物（ECB）	聚乙烯（PE）
断裂拉伸强度 ≥		MPa	18	17	18
扯断伸长率 ≥		%	650	600	600
撕裂强度 ≥		kN/m	100	95	95
不透水性(0.3MPa/24h)		—	无渗漏	无渗漏	无渗漏
低温弯折性 ≤		℃	-35(无裂缝)	-35(无裂缝)	-35(无裂缝)
加热伸缩量	延伸 ≤	mm	2	2	2
	收缩 ≤	mm	6	6	6
热空气老化(80℃,168h)	断裂拉伸强度 ≥	MPa	16	14	15
	扯断伸长率 ≥	%	600	550	550
耐碱性[饱和Ca(OH)$_2$溶液,168h]	断裂拉伸强度 ≥	MPa	17	16	16
	扯断伸长率 ≥	%	600	600	550
人工候化	断裂拉伸强度保持率 ≥	%	80	80	80
	扯断伸长率保持率 ≥	%	70	70	70
刺破强度	1.5mm ≥	N	300	300	300
	2.0mm ≥	N	400	400	400
	2.5mm ≥	N	500	500	500
	3.0mm ≥	N	600	600	600

高分子防水卷材类型发展较快,其理化性能检测应按相应规范执行。

下面以《氯化聚乙烯防水卷材》(GB 12953—2003)为例,说明其检测方法。

二、取样方法

合成高分子防水卷材均应成批提交验收。

以同类同型的 10000m² 卷材为一批,不满 10000m² 也可作为一批。在该批产品中随机抽取 3 卷进行尺寸偏差和外观检查,在上述检查合格的样品中任取一卷,在距外层端部 500mm 处裁取 3m(出厂检验为 1.5m)进行理化性能检验。

试样截取前,在温度 23℃±2℃、相对湿度 60%±15% 的标准环境下进行状态调整,时间不少于 24h。裁取试件的部位、种类、数量及用作试验的项目,应符合表 2-15 和图 2-24 的要求。试样应牢固地粘贴标签,并用样品袋封装,注明标签及样品袋。

理化性能试验所需的试样尺寸及数量　　　表 2-15

序 号	项 目	符 号	尺寸(纵向×横向)(mm)	数 量
1	拉伸性能	A、A′	120×25	各6
2	热处理尺寸变化率	C	100×100	3
3	抗穿孔性	B	150×150	3
4	不透水性	D	150×150	3
5	低温弯折性	E	100×50	2
6	剪切状态下的黏合性	F	200×300	2
7	热老化处理	G	300×200	3
8	耐化学侵蚀	I-1、I-2、I-3	300×200	各3
9	人工气候加速老化	H	300×200	3

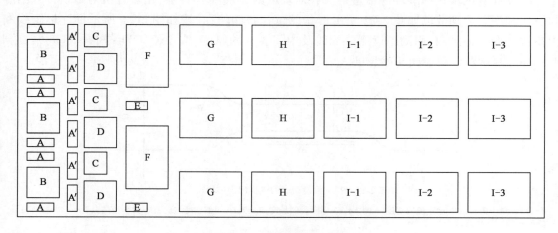

图 2-24　试样截取布置示意

三、外观质量检查

外观质量用目测法检测。

卷材的接头不多于一处,其中较短的一段长度不少于 1.5m,接头应剪切整齐,并加长

100mm。卷材表面应平整、边缘整齐、无裂纹、孔洞和黏结,不应有明显气泡、疤痕。

四、长度、宽度、厚度、平直度和平整度量测

(1)长度和宽度用最小分度值为1mm的卷尺测量,分别量测卷材两端和中部3处取平均值。

(2)厚度用分度值为0.01mm,压力为22kPa±5kPa,接触面直径为6mm的厚度计进行测量,保持时间为5s。在卷材宽度方向量5点,距卷材长度方向边缘100mm±15mm向内各取一点,在这两点中均分取其余3点,以5点的平均值作为卷材的厚度,并报告最小单值,厚度偏差和最小单值的要求见表2-16。

厚度偏差和最小单值要求(单位:mm)　　　　表2-16

厚　　度	允许偏差	最小单值
1.2	±0.10	1.00
1.5	±0.15	1.30
2.0	±0.20	1.70

五、拉伸性能试验

1. 试验设备

拉力试验机,能同时测定拉力与延伸率,保证拉力测试值在量程的20%~80%之间,精度1%;能够达到250mm/min±50mm/min的拉伸速度,测长装置测量精度1mm。

2. 试验程序

拉伸性能试验在标准环境下进行。在对裁取的3块A样片上,用裁片机对每块样片沿卷材纵向和横向分别裁取如图2-25所示形状的试样各两块,并按如图2-25所示标注标距线和夹持线。在标距区内,用测厚仪测量标线及中间3点的厚度,取中值作为试样厚度d,精确到0.1mm。测量两标距线间初始长度L_0。

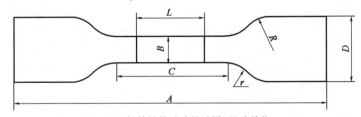

图 2-25　拉伸性能试验的试样(尺寸单位:mm)

A-总长,最小值115;B-标距段的宽度,6.0+0.4;C-标距段的长度,32±2;D-端部宽度,25±1;R-大半径,25±2;r-小半径,14±1;L-标距线间的距离,25±1

将试验机的拉伸速度调到250mm/min±50mm/min,再将试样置于夹持器的中心,对准夹持线夹紧。开动机器拉伸试样,读取试样断裂时的荷载P,同时量取试样断裂瞬间标距线间的长度L_1。若试样断裂在标距外,则该试样作废,另取试样重做。

3. 试验结果计算

(1)拉伸强度。试样的拉伸强度按下式计算(精确到0.1MPa):

$$TS = \frac{P}{B \times d} \qquad (2\text{-}26)$$

式中:TS——试样的拉伸强度(MPa);
  P——试样断裂时的荷载(N);
  B——试样标距段的宽度(mm);
  d——试样标距段的厚度(mm)。

(2)断裂伸长率。断裂伸长率按下式计算:

$$E = \frac{L_1 - L_0}{L_0} \times 100 \qquad (2\text{-}27)$$

式中:E——试样的断裂伸长率(%);
  L_0——试样标距线间初始有效长度(mm);
  L_1——试样断裂瞬间标距线间的长度(mm)。

分别计算并报告 5 块试样纵向和横向的算术平均值,精确到 1%。

六、热处理尺寸变化率试验

1. 试验器具

(1)鼓风恒温箱
自动控温范围为 50~240℃,控温精度为 ±2℃。
(2)直尺
量程为 150mm,分度值为 0.5mm。
(3)模板
100mm×100mm×0.4mm 的正方形金属板,边长误差不大于 ±0.5mm,直角误差不大于 ±1°。
(4)垫板
300mm×300mm×2mm 的硬纸板 3 块,表面应光滑平整。

2. 试验程序

用模板裁取 3 块 B 试样,标明卷材的纵横方向,并标明每边的中点,作为试样处理前后测量时的参考点。

在标准环境下,试件上面压一钢直尺,用游标卡尺测量试件纵横方向画线处的初始长度 S_0,精确到 0.1mm。将试件平放在撒有少量滑石粉的釉面砖垫板上,再将垫板水平地置于鼓风恒温箱中,不得叠放。在 80℃±2℃ 的温度下恒温 24h,然后取出置于标准环境中调节 24h,再测量纵向或横向上两参考点间的长度 S_1,精确到 0.1mm。

3. 结果计算

纵向和横向的尺寸变化率按下式计算:

$$R = \frac{|S_1 - S_0|}{S_0} \times 100 \qquad (2\text{-}28)$$

式中:R——试样的热处理尺寸变化率(%);
  S_0——试样同方向上两参考点间的初始长度(mm);

S_1——试样处理后同方向上两参考点间的长度(mm)。

分别计算3块试样纵向和横向尺寸变化率的平均值作为纵向或横向的试验结果。

七、低温弯折性试验

1. 试验器具

(1)低温箱。可在 −30~0℃ 自动控温,控温精度为 ±2℃。

(2)弯折仪。主要由金属材料制成的上下平板、转轴和调距螺钉组成,平板间距可任意调节。其形状与尺寸如图2-26所示。

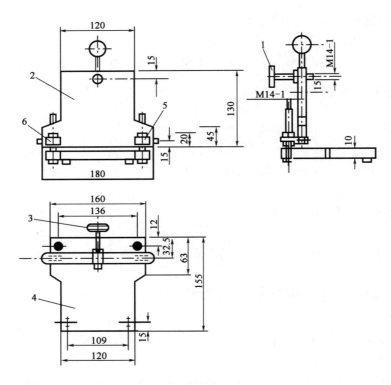

图 2-26 弯折仪尺寸示意(尺寸单位:mm)
1-手柄;2-上平板;3-转轴;4-下平板;5、6-调距螺钉

(3)放大镜。放大倍数为6倍。

2. 试验程序

在标准环境下,用测厚仪测量C试样的厚度。试样的耐候面应无明显缺陷。然后将试样的耐候面朝外,弯曲180°,使50mm宽的边缘重合、齐平,并确保不发生错位(可用定位夹或10mm宽的胶布将边缘固定),将弯折仪的上下平板间距调到卷材厚度的3倍。试验2块试样。

将弯折仪上平板翻开,将两块试样平放在弯折仪下平板上,重合的一边朝向转轴,且距离转轴20mm,将弯折仪连同试样放入低温箱内,在规定温度下保持1h。然后,在1s之内将弯折仪的上平板压下,达到所调间距位置,保持1s后将试样取出。待恢复到室温后,观察试样弯折处是否断裂,或用6倍放大镜观察试样弯折处受拉面是否有裂纹。

3. 结果评定

两块试样均未断裂或无裂纹时,评定为无裂纹。

八、抗渗透性试验

1. 试验仪器

试验采用GB/T 328—2007规定的不透水仪,但透水盘的压盖采用如图2-27所示的金属槽盘。

2. 试验程序

试验在标准环境下进行。先按GB/T 328—2007的规定做好准备,将裁取的3块D试样分别置于3个透水盘中,盖紧槽盘,然后按GB/T 328—2007的规定操作不透水仪,以每小时提高1/6规定压力2×10^5Pa的速度升压,达到规定压力后保压24h,观察试样表面是否有渗水现象。

3. 结果评定

3块试样均无渗水现象时,评定为不透水。

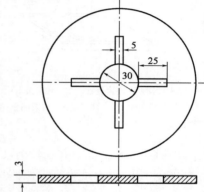

图2-27 不透水试验用槽盘(尺寸单位:mm)

九、抗穿孔性试验

1. 试验器具

(1)穿孔仪

由一个带刻度的金属导管、可在其中自由运动的活动重锤、锁紧螺栓和半球形钢珠冲头组成。其中,导管刻度长为0～500mm,分度值10mm;重锤质量为500g,钢珠直径为12.7mm。

(2)铝板

厚度≥4mm。

(3)玻璃管

内径≥30mm,长600mm。

2. 试验程序

将裁取的E试样自由地平放在铝板上,并一起放在密度25kg/m^3、厚度50mm的泡沫聚苯乙烯垫板上。穿孔仪置于试样表面,将冲头下端的钢珠置于试样中心部位,把重锤调节到规定的落差高度300mm并定位。使重锤自由下落,撞击位于试样表面的冲头,然后将试样取出,检查试样是否穿孔,试验3块试样。

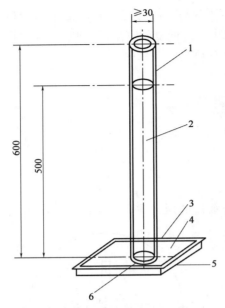

图 2-28 水密性试验装置(尺寸单位:mm)
1-玻璃管;2-染色水;3-滤纸;4-试样;5-玻璃板;
6-密封胶

无明显穿孔时,采用如图 2-28 所示装置对试样进行水密性试验。将圆形玻璃管垂直放在试样穿孔试验点的中心,用密封胶密封玻璃管与试样间的缝隙。将试样置于滤纸(150mm×150mm)上。滤纸由玻璃板支承,把染色水溶液加入玻璃管中,静置 24h 后检查滤纸。如有变色、水迹现象,则表明试样已穿孔。

3. 结果评定

3 块试样均无穿孔时,评定为不渗水。

十、剪切状态下的黏合性试验

1. 试验程序

按图 2-24 和表 2-15 裁取试片,在标准试验条件下,将与卷材配套的胶黏剂涂在试片上,涂胶面积为 100mm×300mm,按图 2-29 进行黏合,黏合时间按生产厂商要求进行。黏合好的试片放置 24h,裁取 5 块 300mm×50mm 的试件,将试件在标准试验条件下养护 24h。将试件夹在拉力试验机上,拉伸速度为 250mm/min±50mm/min,夹具间距 150~200mm。开动拉力试验机,记录试件最大拉力 P。

试验使用的拉力试验机应保证拉力测试值在量程的 20%~80% 间,精度 1%;能够达到 250mm/min±50mm/min 的拉伸速度。

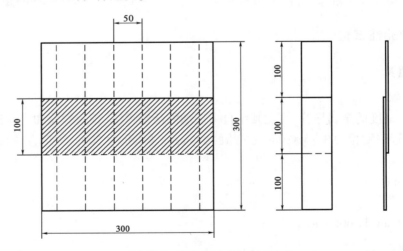

图 2-29 剪切状态下的黏合性试件(尺寸单位:mm)

2. 结果计算

如果拉伸剪切时,试样在黏结面滑脱,则剪切状态下的黏合性以拉伸剪切强度 σ 表示,按下式计算:

$$\sigma = \frac{P}{b} \tag{2-29}$$

式中：σ——拉伸剪切强度(N/mm)；
　　P——最大拉伸剪切荷载(N)；
　　b——试样黏合面宽度(mm)。

结果以 5 块试样的算术平均值表示，精确到 0.1N/mm。

如果在拉伸剪切时，试样在接缝外断裂，则评定为接缝外断裂。该试验方法也可以测试热焊接接缝的黏结特性。

十一、热老化处理试验

1. 试验仪器

热老化试验箱：自动控温范围为 50～240℃，误差为 ±2℃。

2. 试验程序

将裁取的 3 块 G 试样放置在撒有滑石粉的按热处理尺寸变化率试验要求的垫板上，然后一起放入热老化试验箱中。在 80℃±2℃的温度下保持 168h。处理后的样片在标准环境下调节 24h，然后检查外观，并在每块试件上裁取纵向、横向哑铃形试件各 2 块做拉伸强度试验。在一块试件上裁取纵向 1 块，另一块裁横向 1 块做低温弯折性试验。

3. 结果计算

(1) 3 块 G 样片外观质量与低温弯折性的结果评定分别与相应试验条文相同。
(2) 处理后试样拉伸强度相对变化率按下式计算(精确到1%)：

$$R_t = \left(\frac{TS_1}{TS} - 1\right) \times 100 \tag{2-30}$$

式中：R_t——试样处理后拉伸强度相对变化率(%)；
　　TS——样品处理前平均拉伸强度(MPa)或拉力(N/cm)；
　　TS_1——样品处理后平均拉伸强度(MPa)或拉力(N/cm)。

(3) 处理后断裂伸长率相对变化率按下式计算(精确到1%)：

$$R_e = \left(\frac{E_1}{E} - 1\right) \times 100 \tag{2-31}$$

式中：R_e——试样处理后断裂伸长率相对变化率(%)；
　　E——样品处理前平均断裂伸长率(%)；
　　E_1——样品处理后平均断裂伸长率(%)。

十二、结果评判

防水卷材的外观质量、尺寸允许偏差均合格，可判定为合格。若存在不合格，允许在该批产品中随机另抽 3 卷重新检验，全部达到标准规定即判其尺寸偏差、外观合格，若仍有不符合标准规定的即判该批产品不合格。

对于拉伸性能、热处理尺寸变化率、剪切状态下的黏合性以同一方向试件的算术平均值分别达到标准规定,即判该项合格。

低温弯折性、抗穿孔性、不透水性所有试件都符合标准规定,判该项合格,若有一个试件不符合标准规定则为不合格。

若表2-15中所列各项理化性能的检测结果仅有一项不符合标准规定,允许在该批产品中随机另取一卷进行单项复测,合格则判该批产品理化性能合格,否则判该批产品理化性能不合格。

第六节　隧道用土工布性能检测

土工织物也称土工布,是透水性的土工合成材料,按制造方法分为无纺或非织造土工织物和有纺或机织土工织物。因其具有过滤、排水、隔离、加筋、防渗和防护等作用,在水利、冶金、电力、石油、海港、铁路、公路、机场、市政和建筑等部门均得到了广泛应用,特别是无纺土工织物在隧道工程中作为防水卷材的垫层和排水通道,用量十分可观。为了选择和应用土工织物,必须了解材料的工程特性,以便正确确定设计参数。同一种类型的材料,因加工工艺制造过程不同,其工程特性有时差别很大。因此,使用单位应通过抽样试验来核实和确定。对隧道工程比较重要的工程特性有物理特性、力学特性和水力学特性。

土工布的物理特性主要指土工布的厚度与单位面积质量,一般隧道设计中通常只对单位面积质量有要求。在我国,公路隧道中常用250~400g/m^{2}的土工布,国外在公路隧道中也有用到700g/m^{2}的土工布。

土工布的力学性能包括抗拉强度及延伸率、握持强度及延伸率、抗撕裂强度、顶破强度、刺破强度、抗压缩性能等。

土工布水力学特性反映了其在反滤和排水方面的能力,本节仅介绍孔隙率的确定、有效孔径及垂直渗透性能的测试方法。

土工布各项性能的试验检测均依据《公路工程土工合成材料试验规程》(JTG E50—2006)进行。

一、试样制备及数据整理

隧道用土工布检测的试样制备必须满足以下要求。

1. 试样的制备

(1)试样不应含有灰尘、折痕、损伤部分和可见疵点。

(2)每项试验的试样应从样品长度与宽度方向上随机抽取,但距样品边缘至少100mm。

(3)为同一试验剪取2个以上的试样时,不应在同一纵向或横向位置上剪取,如不可避免时,应在试验报告中说明。

(4)剪取试样应满足精度要求。

(5)剪取试样时,应先制订剪裁计划,对每项试验所用的全部试样予以编号。

2. 试样的调湿与饱和

(1)对于土工织物,试样一般应置于温度为20℃±2℃、相对湿度为65%±5%和标准大气压的环境中调湿24h。对于塑料土工合成材料,在温度为23℃±2℃的环境下,进行状态调节的时间不得少于 4h。

(2) 如果确认试样不受环境影响,则可不调湿,但应在记录中注明试验时的温度和湿度。

(3) 土工织物试样在需要饱和时,宜采用真空抽气法饱和。

3. 试样记录

(1) 对试样的制取和准备方法应作详细记录,并作为试验报告的组成部分。

(2) 对与取样程序不符的情况、制样的日期、样品来源、样品名称及制造商等信息作相应记录。

4. 数据的整理方法

(1) 算术平均值 $\bar{x}$ 按下式计算:

$$\bar{x} = \frac{\sum_{i=1}^{n} x_i}{n} \tag{2-32}$$

式中:n——试样个数;

x_i——第 i 块试验的试样值;

$\bar{x}$——n 块试样测试数值的算术平均值。

(2) 标准差 σ 按下式计算:

$$\sigma = \sqrt{\sum_{i=1}^{n}(x_i - \bar{x})^2/(n-1)} \tag{2-33}$$

(3) 变异系数按下式计算:

$$C_v(\%) = \frac{\sigma}{\bar{x}} \times 100 \tag{2-34}$$

(4) 在资料分析时,可疑数据的舍弃,以 K 倍标准差作为舍弃标准,即舍弃在 $\bar{x} \pm K\sigma$ 范围以外的测定值。对不同的试件数量,K 值按表 2-17 选用。

统计量的临界值　　表 2-17

试件数量	3	4	5	6	7	8	9	10	11	12	13	14
K	1.15	1.45	1.57	1.82	1.94	2.03	2.11	2.18	2.23	2.28	2.33	2.37

二、单位面积质量测定

1. 仪器和仪具

(1) 剪刀或切刀。

(2) 直尺。最小分度值为 1mm,精度为 0.5mm。

(3) 天平。感量 0.01g(现场测试可为 0.1g)。

2. 试样制备

(1) 试样数量不得少于 10 块,对试样进行编号。

(2) 试样面积。对一般土工合成材料,试样面积为 10cm×10cm,裁剪和测量精度为 1mm;对网孔较大或均匀性较差的土工合成材料,可适当加大试样尺寸。

(3) 取样方法。按前述方法取试样,用切刀或剪刀裁取。

3. 试验步骤

将裁剪好的试样按编号顺序逐一在天平上称量,并细心测读和记录,读数精确到 0.01g。

4. 结果整理

(1)按下式计算每块试样的单位面积质量 $G(\mathrm{g/m^2})$:

$$G = \frac{m}{A} \qquad (2\text{-}35)$$

式中:m——试样质量(g);

A——试样面积(m^2)。

(2)保留小数一位,按前述方法计算单位面积质量的平均值、标准差及变异系数。

三、厚度测定

测厚仪测定土工织物厚度。

(1)目的和适用范围

本试验方法适用于测定土工合成材料在一定压力下的厚度。土工织物在承受规定的压力下,正反两面之间的距离称为厚度。常规厚度是指在 2kPa 压力下的试样厚度。

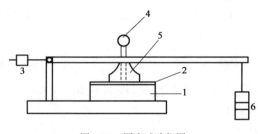

图 2-30 厚度试验仪图
1-基准板;2-试样;3-平衡锤;4-指示表;5-压块;6-砝码

(2)仪器和仪具

厚度试验仪由下列部件及用具组成,如图 2-30 所示。目前,新型测厚仪具有数显读数功能。

①基准板。

其面积要大于 2 倍的压块面积。

②压块。

采用表面光滑、面积为 $25\mathrm{cm}^2$ 的圆形压块,重力为 5N、50N 和 500N 不等。其中测常规厚度的压块重力为 5N,放在试样上时,其自重对试样施加的压力为 $2\mathrm{kPa} \pm 0.01\mathrm{kPa}$。

③百分表。

用以量测基准板至压脚间的垂直距离,表的最小分度值为 0.01mm。

④秒表。

最小分度值为 0.1s。

(3)试样制备

①试样数量不得少于 10 块,对试样进行编号。

②试样面积不小于基准板的面积。

③取样要求同前。

(4)试验步骤

①擦净基准板和压块,检查压脚轴是否灵活,调整百分表至零读数。

②提起压块,将试样自然平放在基准权与压块之间。轻轻放下压块,稳压 30s 后记录百分表读数,精确至 0.01mm。

③土工合成材料的厚度一般指在 2kPa 压力下的厚度测定值。如需测定厚度随压力的变化时,尚需进行④、⑤步骤。

④增加砝码对试样施加 20kPa±0.1kPa 的压力,稳压 30s 后读数。

⑤增加砝码对试样施加 200kPa±1kPa 的压力,稳压 30s 后读数。除去压力,取出试样。

⑥重复上述步骤,测试完 10 块试样。

(5)结果整理

①分别计算每种压力下 10 块试样厚度的算术平均值,以 mm 表示。

②计算每种压力下厚度的标准差 σ 及变异系数 C_v。

③在未明确规定压力时,采用 2kPa 压力下的试样厚度平均值作为土工合成材料试样的厚度。

④以压力的对数为横坐标、厚度的平均值为纵坐标,绘制厚度与压力的关系曲线图。

四、宽条拉伸试验

土工合成材料的拉伸强度和最大负荷下伸长率是各项工程设计中最基本的技术指标,拉伸性能的好坏,可以通过拉伸试验进行测试。测定土工织物拉伸性能的试验方法有宽条法和窄条法。由于窄条试样在拉伸的过程中会产生明显的横向收缩(颈缩),使测得的拉伸强度和伸长率不能真实反映样品的实际情况;而采用宽条试样和较慢的拉伸速率,可以有效地降低横向收缩,使试验结果更加符合实际情况,所以国际标准和国外先进国家的相关标准以及国标土工织物拉伸均采用宽条法。

依据《公路工程土工合成材料试验规程》(JTG E50—2006),用拉伸试验测定土工织物及其相关产品的拉伸性能。根据隧道工程中土工布的应用环境,可采用调湿和浸湿状态下的拉伸试验。常用的试验指标有单位宽度下最大负荷和最大负荷下的伸长率和特定伸长率下的拉伸力。伸长率是指试验中试样实际夹持长度(名义夹持长度与预负荷伸长之和)的增加与实际夹持长度的比值,以 % 表示。

1. 仪器和材料

(1)拉伸试验机。具有等速拉伸功能,拉伸速率可以设定,并能测读拉伸过程中试样的拉力和伸长量,记录拉力-伸长量曲线(图 2-31)。

(2)夹具。一对夹持试样的夹具,其钳口面要有一定的约束作用,并能防止试样在钳口滑移和损伤。钳口宽度至少与试样 200mm 同宽。

(3)伸长计。测量和记录装置。能够测量试样上两个标记点之间的距离,对试样无任何损伤和滑移,能反映标记点的真实动程。伸长计包括力学、光学或电子形式的。伸长计的精度应不超过 ±1mm。

(4)蒸馏水,用于浸湿试样。

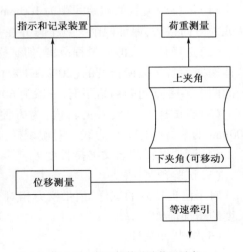

图 2-31 平面拉伸试验装置示意

(5)非离子润湿剂,用于浸湿试样。

2. 试样制备

(1)试样数量

分别以土工合成材料纵向和横向作试样长边,剪取试样各至少5块。

(2)试样尺寸

①无纺类土工织物试样宽度为200mm±1mm(不包括边缘),试样有足够长度以保证夹具净间距100mm。实际长度视夹具而定,必须有足够的长度使试样伸出夹具。

②对于有纺土工织物,裁剪试样宽度为220mm,再在两边拆去大约相同数量的纤维,使试样宽度达到200mm±1mm的名义试样宽度。

③除测干态强度外,要求测定湿态强度时,裁剪两倍的长度,然后截为等长度的2块。

④对湿态试样,要求从水中取出到上机拉伸的时间间隔不大于10min。

(3)取样方法

取样原则同厚度测试。对于针织土工织物等裁剪方法取样可能影响织物结构时,可以采用热切割方法取样,但是需要在试验报告中说明。

3. 试样调湿和状态调节

(1)对于土工织物,试样一般应置于温度为20℃±2℃的蒸馏水中,浸润时间应足以使试样全湿或至少为24h。为了使试样完全湿润,可以在水中加入不超过0.05%的非离子型湿润剂。

(2)对于塑料土工合成材料,在温度为23℃±2℃的环境下,进行状态调节的时间不得少于4h。

(3)如果确认试样不受环境影响,则可不调湿和状态调节,但应在报告中注明试验时的温度和湿度。

4. 试验步骤

(1)调整两夹具的初始间距为100mm±3mm。两个夹具中要求其中一个的支点能自由旋转或为万向接头,保证两个夹具平行并在一个平面内。

(2)选择拉力机的满量程范围,使试样的最大断裂力在满量程的30%~90%范围内,设定拉伸速率为名义夹持长度的(20%±1%)/min。名义夹持长度是指在试样的受力方向上,标记的两个参考点间的初始距离,一般为60mm,记为L_0。

(3)将试样对中放入夹具内,为方便对中,可在试样上画垂直于拉伸方向的两条相距100mm的平行线作为标志线。对湿试样,从水中取出3min内进行试验。

(4)测读试样的名义夹持长度L_0。

(5)试验预张拉。

对于已夹持好的试样,预张拉力相对于最大负荷的1%。记录因预张拉试样产生的夹持长度的增加值L_0'。

(6)安装伸长计。

在试样上相距60mm处设定标记点(距试样中心各30mm),安装伸长计。

(7)测定拉伸性能。

开动试验机,以名义夹持长度的(20%±1%)/min 的拉伸速率进行拉伸,同时启动记录装置,连续运转直到试样破坏时停机。对延伸率较大的试样,应拉伸至其拉力明显降低时方能停机。记录最大负荷,精确至满量程的 0.2%。记录最大负荷下的伸长量 ΔL,精确至 0.1mm。

上述最大负荷、预负荷伸长量、最大负荷下的伸长量 ΔL 的含义如图 2-32 所示。

如果试样在距钳口 5mm 范围内断裂,则该试验结果应剔除。纵、横向分别至少要有 5 个合格试样。当试样在钳口内打滑或大多数试样在钳口边缘断裂时,可采取下列改进措施:

①钳口内加衬垫。
②钳口内的试样加以涂层。
③改进夹具钳口表面。

不论采取哪种措施均应在试验报告中说明。

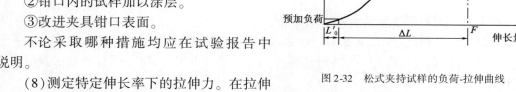

图 2-32 松式夹持试样的负荷-拉伸曲线

(8)测定特定伸长率下的拉伸力。在拉伸过程中,测定特定伸长率下的拉伸力,记录精确到满量程的 0.2%。

5. 结果整理

(1)拉伸强度。

土工织物或小孔径土工网试样的拉伸强度 α_f 可用下式计算:

$$\alpha_f = F_f C \tag{2-36}$$

式中:α_f——拉伸强度(kN/m);

F_f——测读的最大负荷(kN);

C——按以下两种情况之一计算。对于非织造、高密织物或类似产品,$C=1/B$,其中,B 为试样的名义宽度(m);对于稀松土工织物、土工网等松散结构材料,$C=N_m/N_s$,其中,N_m 为试样 1m 宽度内的拉伸单元数,N_s 为试样宽度内的拉伸单元数。

(2)最大负荷下的伸长率。

按下式计算试样的伸长率:

$$\varepsilon = \frac{\Delta L}{L_0 - L_0'} \times 100 \tag{2-37}$$

式中:ε——伸长率(%);

L_0——名义夹持长度(使用夹具时为 100mm,使用伸长计时为 60mm);

L_0'——预负荷伸长量(mm)。

(3)特定伸长率下的拉伸力。试样在特定伸长率下的拉伸力按下式计算:

$$F_{n\%} = f_{n\%} C \tag{2-38}$$

式中:$F_{n\%}$——对应于伸长率为 $n\%$ 时试样的每延米拉伸力(kN/m);

$f_{n\%}$——对应于伸长率为 $n\%$ 时试样的测定负荷(kN);

C——计算同拉伸强度中的方法。

(4)计算拉伸强度、最大负荷下伸长率和特定伸长率下拉伸力的平均值,并计算它们的标准差 σ 及变异系数 C_v。

如有需要,可绘制如图 2-32 所示典型的负荷-拉伸曲线。

五、撕破强力试验

土工织物在铺设和使用过程中,常常会有不同程度的破损。土工织物抵抗扩大破损裂口的能力可以用撕裂强度表示。土工织物的撕裂强度定义为:试样在撕裂过程中抵抗扩大破损裂口的最大拉力,也称撕破强力。

依据《公路工程土工合成材料试验规程》(JTG E50—2006),采用梯形样品测定土工织物的梯形撕破强力。

1.仪器和仪具

(1)拉力机。同条带拉伸试验用的拉力机。

(2)夹具夹。持面尺寸(长×宽)为 50mm×84mm,宽度要求不小于 84mm,宽度方向垂直于力的作用方向。要求夹具上下夹持面平行、光滑,夹紧时不损坏试样,同时要求试验中试样不发生打滑。

(3)梯形模板。用于剪样,标有尺寸。

2.试样制备

(1)试样数量经向和纬向(纵、横)各取 10 块试样。

(2)试样尺寸试样为宽 76mm、长 200mm 的矩形试样,在矩形试样中部用梯形模板画一等腰梯形(夹持线),尺寸如图 2-33 所示。

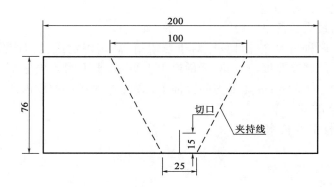

图 2-33 梯形试样平面图(尺寸单位:mm)

(3)取样方法应符合试样制备的一般原则,如前述试样制备的要求。

(4)有纺土工织物试样测定经向纤维的撕裂强度时,剪取试样长边应与经向纤维平行,使试样切缝切断及试验时拉断的为经向纤维。测定纬向撕裂强度时,剪取试样长边应与纬向纤维平行,使试样被切断及撕裂拉断的为纬向纤维。

(5)无纺土工织物试样测定经向的撕裂强度时,剪取试样长边应与织物经向平行,使切缝垂直于经向;测定纬向撕裂强度时,剪取试样长边应与织物纬向平行,使切缝垂直于纬向。

(6)在已画好的梯形试样短边 1/2 处剪一条垂直于短边的长 15mm 的切缝。

(7)准备好试样,如进行湿态撕裂试验,要求同条带拉伸试验。

3. 试验步骤

(1)调整拉力机夹具的初始距离到 25mm,设定拉力机满量程范围,使试样最大撕裂荷载在满量程的 30%~90% 范围内,设定拉伸速率为 100mm/min ±5mm/min。

(2)将试样放入夹具内,沿梯形不平行的两腰边缘(夹持线)夹住试样。梯形的短边平整绷紧垂直,其余呈起皱叠合状,夹紧夹具。

(3)开动拉力机,以拉伸速率 100mm/min 拉伸试样,并记录拉伸过程中的撕裂力,直至试样破坏时停机。撕裂力可能有几个峰值和谷值,也可能单一上升而只有一个最大值,如图 2-34 所示。取最大值作为撕破强力,单位以 N 表示。

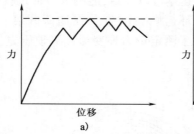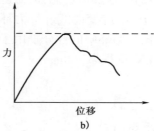

图 2-34 撕裂过程曲线

(4)在夹具内有打滑现象或有 1/4 以上的试样在夹具边缘 5mm 范围内发生断裂时,夹具可做如下处理:

① 夹具内加垫片。

② 与夹具接触部分的织物用固化胶加固。

③ 修改夹具面。

采用任何处理均要在试验报告中说明。

4. 结果整理

(1)分别计算纵向和横向撕破强力的平均值 $\overline{T_{\iota}}$,作为试验值,精确至 0.1N。

(2)计算纵向和横向撕破强力的标准差和变异系数,变异系数精确至 0.1%。

六、CBR 顶破强力试验

在隧道工程中,土工织物直接与初期支护内表面接触,在二次衬砌施作之后,土工布一般要受到径向挤压力。对于采用锚喷支护为初期支护的结构,其内表面往往凹凸不平,导致土工织物常被置于不均匀受压状态。其中最不利的一种状态为处于紧绷状态的土工合成材料受到法向集中力的作用。按接触面的受力特征和破坏形式可分为顶破、刺破和穿透几种受力状态。

顶破强度是反映土工织物抵抗垂直织物平面的法向压力的能力。在顶破强力试验中,顶杆顶压试样直至破裂过程中测得的最大顶压力称为顶破强力。与刺破强力试验相比,顶破强力试验试样压力作用面积相对较大,材料呈双向受力状态。

顶破强力试验的常用方法有 CBR 顶破试验和圆球顶破试验。两者的差异主要在于:前者用圆柱形顶压杆顶压,后者用圆球顶压;两者的夹具环直径不同。《公路工程土工合成材料试验规程》(JTG E50—2006)推荐采用 CBR 方法。下面介绍顶破试验中常用的 CBR 顶破强力试验,测定土工织物的顶破强力、顶破位移和变形率。

以 CBR 仪的圆柱顶杆均匀垂直顶压于土工合成材料平面时,测定土工合成材料所能够承受的最大顶压力,称为顶破强力。顶破位移是指在试验过程中,从顶压杆顶端开始与试样表面接触时起,直至达到顶破强力时,顶压杆顶进的距离。变形率是指环形夹具内侧距顶压杆边缘之间试样的长度变化百分率。

1. 仪器设备

(1)试验机。具有等速加荷功能,加荷速率可以设定,能测读拉伸过程中土工合成材料的拉力和伸长量,记录应力-应变曲线。量力环(测力计)安装在加荷框架上,量力环下部装有 50mm 的圆柱体压杆,量力环中的百分表用于测定量力环变形计算顶压力(图 2-35)。一般试验仪最大压力约 50kN,行程为 100mm。

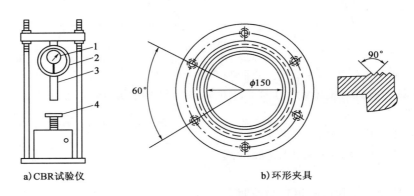

图 2-35 CBR 试验仪及环形夹持设备(尺寸单位:mm)
1-百分表;2-量力计;3-圆柱顶杆;4-托盘

(2)顶破夹具。夹具夹持环底座高度须大于 100mm,环形夹具内径为 150mm(图 2-35),试验仪上的夹具中心必须在圆柱顶压杆的轴线上。

(3)顶压杆。直径 50mm、高度 100mm 的圆柱体,顶端边缘倒成半径为 2.5mm 的圆弧。

2. 试样制备

(1)取样方法同本节"一、试样制备及数据整理"所述。

(2)试样数量。每组试验裁取直径 300mm 的圆形试样 5 块。

(3)试样制备。在每块试样离外圈 50mm 处均等开 6 条 8mm 宽的槽,如图 2-36 所示。

(4)试样调湿和状态调节同拉伸试验。

3. 试验步骤

(1)试样放入环形夹具内,试样在自然状态下拧紧夹具。

(2)将夹持好试验的夹具对中放在加荷系统的托盘上,调整高度,使试样与顶杆刚好接触。设定试验机满量程,使试样最大顶破强力在满量程的30%～90%范围内,设定顶压杆的下降速率为60mm/min±5mm/min。

(3)启动试验机,直至试样完全顶破为止。观察记录顶破情况,记录顶破强力(N)和顶破位移值(mm)。如果试验中试样在夹具中有明显滑动,则剔除该试样结果,重新取样补做。

4. 结果整理

(1)由量力环标定曲线,将量力环中百分表的读数换算为力,单位为N。计算每块试样的顶破强力(N)平均值,精确到0.1N。

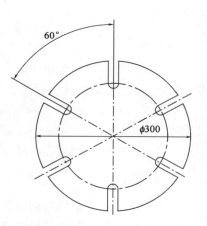

图2-36 CBR试验仪环形样品
(尺寸单位:mm)

(2)计算顶破位移(mm)的平均值,精确到0.1mm。

(3)按下式计算变形率 ε:

$$\varepsilon(\%) = \frac{L_1 - L_0}{L_0} \times 100 \tag{2-39}$$

$$L_1 = \sqrt{h^2 + L_0^2} \tag{2-40}$$

式中:L_0——试验前夹具内侧至顶压杆顶端边缘的距离(mm);
　　　L_1——试验后夹具内侧至顶压杆顶端边缘的距离(mm);
　　　h——压顶杆位移(mm)。

各参数的含义如图2-37所示。

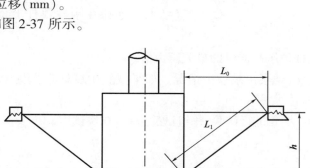

图2-37 CBR顶破试验参数示意(尺寸单位:mm)

(4)如需要,计算5块试样顶破强力平均值的变异系数。

七、刺破强力试验

刺破强力是反映土工织物抵抗如有棱角的石子、支护用钢构件端头等小面积集中荷载的能力。试验方法与圆球顶破试验相似,只是以金属杆代替圆球。

刺破强力试验以一刚性顶杆以规定的速率垂直顶向土工合成材料平面,测试试样被刺破时的最大力。

1. 仪器设备

（1）试验机。具有等速加荷功能，能测读拉伸过程中土工合成材料的拉力和伸长量，记录应力-应变曲线。试验仪行程大于100mm，加荷速率能达到300mm/min±10mm/min。

（2）环形夹具。内径为44.5mm±0.025mm，底座高度大于顶杆长度，有较高的支撑力，稳定性好。

（3）平头顶杆。钢质实心杆，直径为8mm±0.01mm，顶端平头，边缘倒角0.5mm×45°。

2. 试样准备

（1）取样方法。取样原则同顶破强力试验。

（2）试样数量。每组试验取圆形试样10块。

（3）试样制备。试样直径不小于100mm，根据夹具的结构在对应的螺栓位置处开孔。

3. 试验步骤

（1）将试样放入环形夹具内，使试样在自然状态下放平，拧紧夹具。

（2）将夹持好试样的夹具对中放在加荷系统的托盘上，使平头顶杆对中，如图2-38所示。

（3）设定试验机满量程，使试样最大顶刺强力在满量程的30%～90%范围内，设定顶压杆的下降速率为300mm/min±10mm/min。调整高度，使试样与顶杆刚好接触。

（4）调整连接在刚性顶杆上量力环的百分表读数至零。

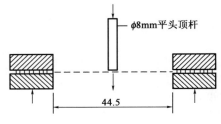

图2-38 刺破试验示意（尺寸单位：mm）

（5）开机，记录顶杆顶压试样时的最大压力值。

（6）停机，取下试样，观察记录顶破情况。如果试验中试样在夹具中有明显滑动，则剔除该试样结果，重新补做。

（7）重复（1）～（6）步骤进行试验，每组试验进行10块试样。

4. 结果整理

（1）由量力环标定曲线，将量力环中百分表的读数换算为力，单位为N。计算每块试样的顶破强力（N）平均值，保留三位有效数字。

（2）如需要，计算刺破强力平均值的变异系数，精确到0.1%。

八、孔隙率确定

1. 孔隙率

土工织物的孔隙率是指其孔隙体积与总体积的比值，以 n 表示。它是无纺织物的主要物理性质之一。孔隙率的确定不需要直接进行试验，可通过下式计算求得：

$$n(\%) = \left(1 - \frac{m}{\rho\delta}\right) \times 100 \qquad (2\text{-}41)$$

式中：m——单位面积质量（g/m^2）；
　　　ρ——原材料密度（g/m^3）；
　　　δ——织物厚度（m）。

无纺织物的孔隙率随承受的压力变化很大。不承压时，一般在 90% 以上；承压后，孔隙率明显降低。

2. 筛分法试验

土工布的有效孔径（EOS）或表观孔径（AOS）表示能有效通过的最大颗粒直径。目前，具体试验方法有两种：干筛法（GB/T 14799—2005）和湿筛法（GB/T 17634—1998）。干筛法相对较简便，但振筛时易产生静电，颗粒容易集结。湿筛法是根据 ISO 标准制订的，在理论上可消除静电的影响，但因喷水后产生表面张力，集结现象并不能完全消除。目前，国内应用仍以干筛法为主。干筛法标准制备是分档颗粒（从 0.05~0.07mm 至 0.35~0.4mm 分成 9 档），逐档放于振筛上（以土工布作为筛布），得出一系列不同粒径的筛余率。当某一粒径的筛余率等于总量的 90% 或 95% 时，该粒径即为该土工布的表观孔径或有效孔径，相应地用 O_{90} 或 O_{95} 表示，如 O_{95} 表示土工织物中 95% 的孔径低于该值。依据《公路工程土工合成材料试验规程》（JTG E50—2006），标准颗粒材料可以为玻璃珠或天然砂，但是粒径分组应符合要求。

(1) 仪器和仪具
①标准分析筛。
细筛一个，孔径为 2mm，外径为 200mm。
②振筛机。
具有水平摇动和垂直（或拍击）装置的筛析仪器。横向振动频率：220 次/min ± 10 次/min，回转半径：12mm ± 1mm。垂向振动频率：150 次/min ± 10 次/min，振幅：10mm ± 2mm。
③天平。
称量 200g，感量 0.01g。
④其他用品。
秒表、剪刀、画笔、小毛刷等。

(2) 材料与试样
①试样数量。
剪取试样数量为 $5n$ 块，n 为选取的粒径组数。
②试样的准备。
按前述土工试样的制备要求进行，试样调湿时，当试样在间隔至少 2h 的连续称量中质量变化幅度不超过试样质量的 0.25% 时，认为已满足要求。
③标准颗粒材料的准备。
将洗净烘干的颗粒材料用筛析法制备分级标准颗粒。可参照《公路土工试验规程》（JTG E40—2007）。

(3)试验步骤

①将试样和标准颗粒同时放在标准大气下调湿平衡。

②将同组5块试样平整地放入能够支撑试样,并不下凹的、孔径约2mm的细筛网上,并固定好。

③称量较细粒径规格的标准颗粒材料50g,均匀地撒在筛中的试样表面。

④将筛子、上盖和下部底盘一起固定在摇筛机上筛析,开启振筛机,摇筛试样10min。

⑤停机后,用天平称量通过试样进入接收盘中的颗粒,准确至0.01g。

⑥用刷子将筛筐上的表面颗粒清理干净,更换试样。

⑦采用同级标准颗粒材料,重复①~⑥步骤,共进行5次平行试验。

⑧另取一组分级标准颗粒材料按①~⑥步骤进行试验。需要取得不小于3组连续分级标准颗粒的过筛率,并要求试验点分布均匀,其中一组的筛余率在95%左右。

(4)结果整理

①按下式计算某组标准颗粒的过筛率B:

$$B(\%) = \frac{P}{T} \times 100 \tag{2-42}$$

式中:T——每次试验时标准颗粒的质量(g);

P——5块试样同组粒径过筛量的平均值(g)。

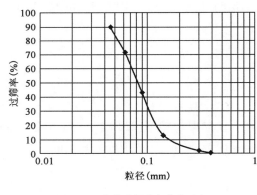

图2-39 有效孔径分布曲线示意

②绘制孔径分布曲线。以分级标准颗粒粒径平均值为横坐标(对数坐标)、过筛率平均值为纵坐标绘制孔径分布曲线,即过筛率-粒径分布曲线(图2-39)。该曲线可间接地反映织物孔径的分布情况。

③有效孔径O_{90}和O_{95}的确定。在分布曲线(图2-39)上纵坐标为10%(1-90%)的点所对应的横坐标,即定义为等效孔径O_{90};曲线上纵坐标为5%(1-95%)的点所对应的横坐标,即定义为等效孔径O_{95},单位为mm,取两位有效数字。

九、垂直渗透性能试验

依据《公路工程土工合成材料试验规程》(JTG E50—2006),采用恒水头法测定土工织物的垂直渗透特性参数,包括流速指数、垂直渗透系数、透水率等。

流速指数是指试样两侧50mm水头差下的流速(mm/s),试验精确到1mm/s。垂直渗透系数是指单位水力梯度下垂直于土工织物平面的水的流速(mm/s)。透水率是指垂直于土工织物平面流动的水,在水位差等于1时的渗透流速(L/s)。

1. 目的及适用范围

本试验方法适用于各种具有透水性能的土工织物。试验目的为确定土工织物在法向水流作用下的透水特性。

2. 仪器和仪具

（1）常水头渗透仪（图 2-40）。

①渗透仪夹持器的最小直径为 50mm，能使试样与夹持器周壁密封良好，没有渗漏。

②仪器能设定的最大水头差应不小于 70mm，有溢流和水位调节装置，能够在试验期间保持试件两侧水头恒定，有达到 250mm 恒定水头的能力。

③测量系统的管路应避免直径的变化，以减少水头损失。

④有测量水头高度的装置，精确到 0.2mm。

⑤试验用水应按《水质 溶解氧的测定 碘量法》（GB/T 7489—1987）对水质的要求，采用蒸馏水或经过过滤的清水，试验前必须用抽气法或煮沸法脱气，水中的溶解氧含量不得超过 10mg/kg。溶解氧含量的测定在水入口处进行，溶解氧的测定仪器应符合《水质 溶解氧的测定 碘量法》（GB/T 7489—1987）的有关规定。

⑥水温控制在 18~22℃。

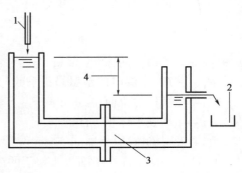

图 2-40 水平式恒水头渗透仪示意图
1-进水系统；2-出水收集；3-试样；4-水头差

（2）其他设备和用品。温度计（精度 0.2℃）、秒表（精度 0.1s）、量筒（精度 10mL）。

3. 试样制备

（1）取样方法同本节"一、试样制备及数据整理"所述。

（2）试样数量，取不少于 5 块，尺寸大小与试验仪器相适应。

4. 试验步骤

（1）将试样浸泡在含湿润剂（0.1% 体积分数的烷基苯磺酸钠）水中至少 12h，至饱和，并驱走气泡。

（2）将饱和的试样装入渗透仪的夹持器内，安装时防止空气进入。有条件的可在水下装样，并使所有的接触点不漏水。

（3）向渗透仪注水，直到试样两侧达到 50mm 的水头差。关掉供水，如果试样两侧的水头在 5min 内不能平衡，查找是否有未排除干净的空气，重新排气，并在试验报告中注明。

（4）调整水流，使水头差达到 70mm±5mm，记录此值，精确到 1mm。待水头稳定至少 30s 后，在规定的时间周期内，用量杯收集通过仪器的渗透水量，体积精确到 10mL，时间精确到 s。收集渗透水量至少 1000mL，时间至少 30s。如果使用流量计，流量计至少应有能测出水头差 70mm 时的流速的能力，实际流速由最小时间间隔 15s 的 3 个连续读数的平均值得出。

（5）分别对最大水头差 0.8、0.6、0.4、0.2 倍的水头差，重复（4）的程序，从最高流速开始，到最低流速结束，并记录下相应的渗透水量和时间。如果使用流量计，适用同样的原则。

（6）记录水温，精确到 0.2℃。

（7）对剩下的试样重复（2）~（6）的步骤。

5. 结果计算

(1)流速指数

①按下式计算标准温度(20℃)下的流速 v_{20}：

$$v_{20} = \frac{VR_T}{At} \quad (\text{mm/s}) \tag{2-43}$$

式中：V——渗透水的体积(m^3)；

R_T——T℃水温时的水温修正系数(见 JTG E50—2006 中表 T 1141-1)；

A——试样过水面积(m^2)；

t——达到水体积 V 的时间。

如果采用流速计，流速 v_T 直接测定，则 $v_{20}=v_T R_T$。

②计算每块试样在不同水头差下的流速 v_{20}。

使用计算法或作图法，用水头差 h 对流速 v_{20} 通过原点作曲线。在同一图中绘制 5 个试样的水头差 h 对流速 v_{20} 的 5 条曲线。

③通过计算法或作图法，求出 5 个试样 50mm 水头差的流速值，并给出平均值、最大值、最小值。平均值作为该样品的流速指数，精确到 1mm/s。

(2)垂直渗透系数

按下式计算实际水温下的垂直渗透系数 k：

$$k = \frac{v}{i} = \frac{v\delta}{\Delta h} \tag{2-44}$$

式中：k——实际水温下的垂直渗透系数(mm/s)；

v——垂直土工织物平面水的流动深度(mm/s)；

i——土工织物上下两侧的水力梯度；

δ——土工织物试样的厚度(mm)；

Δh——土工织物试样施加的水头差(mm)。

20℃温度下的垂直渗透系数 k_{20} 按下式计算：

$$k_{20} = kR_T \tag{2-45}$$

式中：R_T——T℃水温时的水温修正系数(见 JTG E50—2006 中表 T 1141-1)。

(3)透水率

标准温度(20℃)下的透水率 θ_{20} 按下式计算：

$$\theta_{20} = \frac{k_{20}}{\delta} = \frac{v_{20}}{\Delta h} \tag{2-46}$$

式中：θ_{20}——标准温度(20℃)下试样的透水率(s^{-1})；

k_{20}——水温 20℃下的垂直渗透系数(mm/s)；

v_{20}——温度 20℃下垂直土工织物平面水的流动深度(mm/s)；

δ——土工织物试样的厚度(mm)；

Δh——土工织物试样施加的水头差(mm)。

6. 报告

(1)土工织物在标准温度(20℃)的渗透系数，也可同时给出透水率。

（2）如果进行了不同压力下的渗透试验，给出渗透系数与压力的变化曲线。

（3）对试验中发生的可能影响试验结果的情况做出必要的说明。

值得指出的是，上述试验是基于渗透试验服从达西定律进行的。而达西定律仅适用于层流状态，实际上当水力坡降大于某一数值后，流态将由层流转变为紊流，达西定律将不再适用。土工织物的渗透系数一般在 $8\times10^{-4} \sim 5\times10^{-1}$ cm/s 范围内，而无纺土工布的渗透系数一般在 $4\times10^{-3} \sim 5\times10^{-1}$ cm/s 范围内。土工织物的厚度随法向压力而变化，其测量误差将影响水力梯度及渗透系数的精度，在应用时需要注意。

第三章

构件材质状况无损检测

桥梁与隧道结构材质状况与耐久性反映了结构构件的技术状况,直接影响结构的整体使用性能和承载能力。无损检测技术的发展为结构材质状况与耐久性的测定提供了手段,但过去在结构检算分析时,检算系数主要依据专家经验确定,检测结果无法定量化应用。而随着桥梁科研和检测工程实践的不断深入,我们已可能对结构构件材质状况与耐久性进行检测,并根据检测情况确定各评价指标的评定标度,以此确定结构检算时的相关系数,以便定量、半定量地使用检测结果。现场检测通常包括下列内容:外观损伤、混凝土强度、钢筋锈蚀电位、混凝土中氯离子含量、混凝土中钢筋分布及保护层厚度、混凝土碳化深度、混凝土电阻率、混凝土内部缺陷等。本章介绍现场检测时主要采用的检测方法和结果评定,如何使用这些检测结果在桥梁承载能力评定、隧道的相关检测内容中介绍。

第一节 结构混凝土强度的检测与评定

一、结构混凝土强度检测方法分类与要求

结构混凝土强度的检测方法可分为无损检测、半破损检测和破损检测。本节对目前桥隧工程常用的回弹法、超声回弹综合法、取芯法、回弹法结合取芯法等测定混凝土强度的通用方法进行介绍。隧道工程另外常使用的方法见第十章、第十一章。

使用这些方法要注意桥隧工程结构的特点。混凝土桥梁结构有其特殊性,混凝土强度检测评定分为结构或构件的强度检测评定与承重构件的主要受力部位的强度检测评定。如主梁,根据具体检测目的和检测要求,选择合适的方法进行检测时,可对主梁整个(批)构件进行检测评定,也可对主梁跨中部位进行混凝土强度的检测评定,但测区布置必须满足相关的规范规定。隧道工程中使用时同样要给予关注。

原则上对结构不采取破损检测,但在其他方法不能准确评定结构(构件)或承重构件主要受力部位的混凝土强度时,应采用取芯法或取芯法结合其他方法综合评定。在结构上钻、截取试件时,应尽量选择承重构件的次要部位或次要承重构件,并应采取有效措施,确保结构安全。钻、截取试件后,应及时进行修复或加固处理。

二、回弹法检测结构混凝土强度的方法

回弹法在我国已使用 50 余年,而且使用范围越来越广泛,这不仅是因为回弹法简便、灵活,同时也因为我国已解决了回弹法使用精度不高和不能普遍推广的一些关键问题。

1. 回弹法的基本原理

回弹法是用弹簧驱动重锤,通过弹击杆弹击混凝土表面,并测出重锤被反弹回来的距离,以回弹值(反弹距离与弹簧初始长度之比)作为与强度相关的指标,来推定混凝土强度的一种方法。由于测量在混凝土表面进行,所以应属于表面硬度法的一种。

图 3-1 为回弹法原理示意图。当重锤被拉到冲击前的状态时,若重锤的质量等于 1,则这时重锤所具有的势能 e 为:

$$e = \frac{1}{2}kl^2 \tag{3-1}$$

式中: k ——拉力弹簧的刚度系数;

l ——拉力弹簧起始拉伸长度。

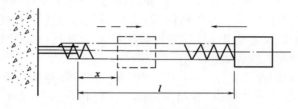

图 3-1 回弹法原理示意图

混凝土受冲击后产生瞬时弹性变形,其恢复力使重锤弹回,当重锤被弹回到 x 位置时所具有的势能 e_x 为:

$$e_x = \frac{1}{2}kx^2 \tag{3-2}$$

式中: x ——重锤反弹位置或重锤弹回时弹簧的拉伸长度。

所以重锤在弹击过程中,所消耗的能量 Δe 为:

$$\Delta e = e - e_x = \frac{1}{2}k(l^2 - x^2) = e\left[1 - \left(\frac{x}{l}\right)^2\right] \tag{3-3}$$

令:

$$R = \frac{x}{l} \tag{3-4}$$

在回弹仪中,l 为定值,所以 R 与 x 成正比,称为回弹值。将 R 代入式(3-3)得:

$$R = \sqrt{1 - \frac{\Delta e}{e}} = \sqrt{\frac{e_x}{e}} \tag{3-5}$$

由式(3-5)可知,回弹值只等于重锤冲击混凝土表面后剩余势能与原有势能之比的平方根。简而言之,回弹值的大小取决于与冲击能量有关的回弹能量,而回弹能量主要取决于被测混凝土的弹塑性性能。其能量的传递和变化概述如下:

$$e = \sum A_i = A_1 + A_2 + A_3 + A_4 + A_5 + A_6 \tag{3-6}$$

式中:A_1——使混凝土产生塑性变形的功;

A_2——使混凝土、弹击杆及弹击锤产生弹性变形的功;

A_3——弹击锤在冲击过程中和指针在移动过程中因摩擦所损耗的功;

A_4——弹击锤在冲击过程中和指针在移动过程中克服空气阻力的功;

A_5——混凝土产生塑性变形时增加自由表面所损耗的功;

A_6——仪器在冲击时由于混凝土构件颤动和弹击杆与混凝土表面移动而损耗的功。

A_3、A_4、A_5、A_6 一般很小,当混凝土构件具有足够的刚度且在冲击过程中仪器始终紧贴混凝土表面时,均可忽略不计。在一定的冲击能量作用下,A_2 的弹性变形接近于常数。因此弹回距离主要取决于混凝土的塑性变形。混凝土的强度越低,则塑性变形越大,消耗于产生塑性变形的功也越大,弹击锤所获得的回弹能量就越小,回弹距离相应也越小,从而回弹值就越小,反之亦然。据此,可由能量建立"混凝土抗压强度-回弹值"的相关曲线,通过回弹仪对混凝土表面弹击后的回弹值来推算混凝土的强度值。

2. 回弹仪

1)回弹仪的构造及工作原理

回弹仪的类型比较多,有重型、中型、轻型和特轻型,一般工程使用最多的是中型回弹仪。

我国自 20 世纪 50 年代中期开始生产回弹仪,回弹仪可分为指针直读式和数字式。其中以指针直读的直射锤击式仪器应用最广,随着数字技术的发展,数字回弹仪应用得也越来越多。回弹仪的外观及构造见图 3-2a)、b)。

仪器工作时,随着对回弹仪施压,弹击杆[图 3-2a)中 1]徐徐向机壳内推进,弹击拉簧(2)被拉伸,使连接弹击拉簧的弹击锤(4)获得恒定的冲击能量 e,当仪器在水平状态工作时,其冲击能量 e 可由式(3-2)计算,其能量大小为 2.207J(标准规定弹击拉簧的刚度为 785.0N/m),单击拉簧工作时的拉伸长度为 0.075m。

当挂钩(12)与调零螺钉(16)互相挤压时,弹击锤脱钩,于是弹击锤的冲击面与弹击杆的后端平面相碰撞,此时弹击锤释放出来的能量借助弹击杆传递给混凝土构件,混凝土弹性反应的能量又通过弹击杆传递给弹击锤,使弹击锤获得回弹的能量向后弹回,计算弹击锤回弹的距离 x 和弹击锤脱钩前距弹击杆后端平面的距离 l 之比,即得回弹值 R,它由仪器外壳上的刻度尺(8)示出。

2)对中型回弹仪的技术要求

(1)水平弹击时,弹击锤脱钩的瞬间,中型回弹仪的标称能量应为 2.207J。

(2)弹击锤与弹击杆碰撞的瞬间,弹击拉簧应处于自由状态,此时弹击锤起跳点应相应于指针指示刻度尺上"0"处。

(3)在洛式硬度 HRC 为 60±2 的钢砧上,回弹仪的率定值应为 80±2。

(4)数字式回弹仪应带有指针直读示值系统,数字显示的回弹值与指针直读示值相差应不超过 1。

(5)回弹仪使用时的环境温度应为 −4~40℃。

3)回弹仪的率定方法

回弹仪在工程检测前后,应在钢砧上做率定试验,并应符合下述要求。率定试验宜在干燥、室温为 5~35℃ 的条件下进行。率定时,钢砧表面应干燥、清洁、并稳固地平放在刚度大的物体上。测定回弹值时,取连续向下弹击 3 次稳定回弹值的平均值。弹击杆应分四个方法进行,且每个方向弹击前,弹击杆应旋转90°,每个方向的回弹平均值均应为80±2。率定回弹仪的钢砧应每2年校准一次。

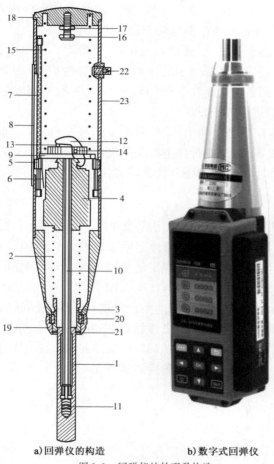

a) 回弹仪的构造　　　　b) 数字式回弹仪
图3-2　回弹仪的外观及构造

1-弹击杆;2-弹击拉簧;3-拉簧座;4-弹击锤;5-指针块;6-指针片;7-指针轴;8-刻度尺;9-导向法兰;10-中心导杆;11-缓冲压簧;12-挂钩;13-挂钩压簧;14-挂钩销子;15-压簧;16-调零螺钉;17-紧固螺母;18-尾盖;19-盖帽;20-卡环;21-密封毡帽;22-按钮;23-外壳

4) 回弹仪的检定

回弹仪具有下列情况之一时,应由法定部门按照国家现行标准《回弹仪》(JJG 817—2011)对回弹仪进行检定。

(1) 新回弹仪启用前。

(2) 超过检定有效期限。

(3) 数字式回弹仪显示的回弹值与指针直读示值相差大于1。

(4) 经保养后,在钢砧上率定值不合格。

(5) 遭受严重撞击或其他损害。

5) 回弹仪的保养方法

当回弹仪的弹击次数超过2000次,或者对检测值有怀疑以及在钢砧上的率定值不合格时,应对回弹仪进行保养。常规保养应符合下列规定:

(1)先将弹击锤脱钩后取出机芯,然后卸下弹击杆,取出里面的缓冲压簧,并取出弹击锤、弹击拉簧和拉簧座。

(2)清洗机芯各零部件,重点清洗中心导杆、弹击锤和弹击杆的内孔和冲击面,清洗后应在中心导杆上薄薄涂抹钟表油,其他零部件均不得抹油。

(3)应清理机壳内壁,卸下刻度尺,并应检查指针,其摩擦力应为 0.5~0.8N。

(4)对数字式回弹仪,还应按产品要求的维护程序进行维护。

(5)保养时,不得旋转尾盖上已定位紧固的调零螺丝,不得自制或更换零部件。

(6)保养后应对回弹仪进行率定试验。

回弹仪使用完毕后,应使弹击杆伸出机壳,清除弹击杆、杆前端球面以及刻度尺表面和外壳上的污垢、尘土。回弹仪不用时,应将弹击杆压入仪器内,经弹击后方可按下按钮锁住机芯,将回弹仪装入仪器箱,平放在干燥阴凉处。数字回弹仪长期不用时,应取出电池。

3. 检测方法

在正常情况下,混凝土强度的检验与评定应按现行国家标准《混凝土结构工程施工质量验收规范》(GB 50204)及《混凝土强度检验评定标准》(GB/T 50107)执行。但是,当出现标准养护试件或同条件试件数量不足或未按规定制作试件时,当所制作的标准试件或同条件试件与所成型的构件在材料用量、配合比、水灰比等方面有较大差异,已不能代表构件的混凝土质量时,当标准试件或同条件试件的试压结果不符合现行标准、规范规定的对结构或构件的强度合格要求,并且对该结果持有怀疑时,总之,当结构中混凝土实际强度有检测要求时,可以依据《回弹法检测混凝土抗压强度技术规程》(JGJ/T 23—2011),采用回弹法来检测,检测结果可作为评价混凝土质量的一个依据。其一般检测步骤如下。

1)收集基本技术资料

收集的基本技术资料包括:

(1)工程名称、设计单位、施工单位。

(2)构件名称、数量及混凝土类型、强度等级。

(3)水泥安定性,外加剂、掺合料品种,混凝土配合比等。

(4)施工模板,混凝土浇筑、养护情况及浇筑日期等。

(5)必要的设计图纸和施工记录。

(6)检测原因。

2)确定抽样数量及适用范围

结构或构件混凝土强度检测可采用下列两种方式,其适用范围及结构或构件数量应符合下列规定。

(1)单个检测:适用于单个结构或构件的检测。

(2)批量检测:适用于在相同的生产工艺、强度等级相同、原材料、配合比、养护条件基本一致且龄期相近的同类结构或构件的检测。按批进行检测的构件,抽检数量不得少于同批构件总数的30%,且构件数量不得少于10件。抽检构件时,应随机抽取并使所选构件具有代表性。当检验批构件数量大于30个时,抽样构件数量可适当调整,并不得少于国家现行有关标准规定的最少抽样数量。

3）选择符合下列规定的测区

（1）对一般构件，测区数不宜少于10个。当受检构件数量大于30个且不需提供单个构件推定强度或构件某一方向尺寸不大于4.5m且另一方向尺寸不大于0.3m时，其测区数量可适当减少，但不应少于5个。

（2）相邻两测区的间距不应大于2m，测区离构件端部或施工缝边缘的距离不宜大于0.5m，且不宜小于0.2m。

（3）测区宜选在使回弹仪处于水平方向检测的混凝土浇筑侧面。当不能满足这一要求时，也可选择在使回弹仪处于非水平方向检测的混凝土构件的浇筑表面或底面。

（4）测区宜选在构件的两个对称可测面上，当不能布置在对称可测面上时，也可布置在一个可测面上，且应均匀分布。在构件的重要部位及薄弱部位应布置测区，并应避开预埋件。

（5）测区的面积不宜大于$0.04m^2$。

（6）测区表面应为混凝土原浆面，并应清洁、平整，不应有疏松层、浮浆、油垢、涂层以及蜂窝、麻面。

（7）对弹击时产生颤动的薄壁、小型构件，应进行固定。

（8）测区应标有清晰的编号，必要时应在记录纸上绘制测区布置示意图和描述外观质量。

4）回弹值测量

（1）回弹仪的操作：将弹击杆顶住混凝土的表面，轻压仪器，松开按钮，弹击杆徐徐伸出。使仪器对混凝土表面缓慢均匀施压，待弹击锤脱钩冲击弹击杆后即回弹，带动指针向后移动并停留在某一位置上，即为回弹值。继续顶住混凝土表面并在读取和记录回弹值后，逐渐对仪器减压，使弹击杆自仪器内伸出，重复进行上述操作，即可测得被测构件或结构的回弹值。操作中注意仪器的轴线应始终垂直于混凝土构件的检测面，缓慢施压，准确读数，快速复位。

（2）测点宜在测区范围内均匀分布，相邻两测点的净距不宜小于20mm；测点距外露钢筋、预埋件的距离不宜小于30mm。测点不应在气孔或外露石子上，同一测点应只弹击一次。每一测区应读取16个回弹值，每一测点的回弹值读数应精确至1。

5）碳化深度值测量

（1）回弹值测量完毕后，应在有代表性的位置上测量碳化深度值，测点数不应少于构件测区数的30%，取其平均值为该构件每测区的碳化深度值。当碳化深度值极差大于2.0mm时，应在每一测区分别测量碳化深度值。

（2）碳化深度值测量方法：采用适当的工具在测区表面形成直径约15mm的孔洞，其深度应大于混凝土的碳化深度。孔洞中的粉末和碎屑应除净，并不得用水擦洗。采用浓度为1%~2%的酚酞酒精溶液滴在孔洞内壁的边缘处，当已碳化与未碳化界线清楚时，再用深度测量工具测量已碳化与未碳化混凝土交界面到混凝土表面的垂直距离，测量3次，读数精确至0.25mm。取3次测量的平均值作为检测结果，精确至0.5mm。

6）泵送混凝土检测

检测泵送混凝土强度时，测区应选在混凝土浇筑侧面。

4. 回弹值计算和测区混凝土强度的确定

(1) 计算测区平均回弹值,应从该测区的16个回弹值中剔除3个最大值和3个最小值,余下的10个回弹值按下式计算:

$$R_m = \frac{\sum_{i=1}^{n} R_i}{10} \tag{3-7}$$

式中:R_m——测区平均回弹值,精确至0.1;

R_i——第i个测点的回弹值。

(2) 非水平方向检测混凝土浇筑侧面时,应按下式修正:

$$R_m = R_{m\alpha} + R_{a\alpha} \tag{3-8}$$

式中:$R_{m\alpha}$——非水平状态检测时测区的平均回弹值,精确至0.1;

$R_{a\alpha}$——非水平状态检测时回弹值的修正值,可由表3-1查取。

非水平状态检测时回弹值的修正值　　　　表3-1

$R_{m\alpha}$	检测角度							
	向上				向下			
	90°	60°	45°	30°	-30°	-45°	-60°	-90°
20	-6.0	-5.0	-4.0	-3.0	+2.5	+3.0	+3.5	+4.0
21	-5.9	-4.9	-4.0	-3.0	+2.5	+3.0	+3.5	+4.0
22	-5.8	-4.8	-3.9	-2.9	+2.4	+2.9	+3.4	+3.9
23	-5.7	-4.7	-3.9	-2.9	+2.4	+2.9	+3.4	+3.9
24	-5.6	-4.6	-3.8	-2.8	+2.3	+2.8	+3.3	+3.8
25	-5.5	-4.5	-3.8	-2.8	+2.3	+2.8	+3.3	+3.8
26	-5.4	-4.4	-3.7	-2.7	+2.2	+2.7	+3.2	+3.7
27	-5.3	-4.3	-3.7	-2.7	+2.2	+2.7	+3.2	+3.7
28	-5.2	-4.2	-3.6	-2.6	+2.1	+2.6	+3.1	+3.6
29	-5.1	-4.1	-3.6	-2.6	+2.1	+2.6	+3.1	+3.6
30	-5.0	-4.0	-3.5	-2.5	+2.0	+2.5	+3.0	+3.5
31	-4.9	-4.0	-3.5	-2.5	+2.0	+2.5	+3.0	+3.5
32	-4.8	-3.9	-3.4	-2.4	+1.9	+2.4	+2.9	+3.4
33	-4.7	-3.9	-3.4	-2.4	+1.9	+2.4	+2.9	+3.4
34	-4.6	-3.8	-3.3	-2.3	+1.8	+2.3	+2.8	+3.3
35	-4.5	-3.8	-3.3	-2.3	+1.8	+2.3	+2.8	+3.3
36	-4.4	-3.7	-3.2	-2.2	+1.7	+2.2	+2.7	+3.2
37	-4.3	-3.7	-3.2	-2.2	+1.7	+2.2	+2.7	+3.2
38	-4.2	-3.6	-3.1	-2.1	+1.6	+2.1	+2.6	+3.1
39	-4.1	-3.6	-3.1	-2.1	+1.6	+2.1	+2.6	+3.1
40	-4.0	-3.5	-3.0	-2.0	+1.5	+2.0	+2.5	+3.0
41	-4.0	-3.5	-3.0	-2.0	+1.5	+2.0	+2.5	+3.0
42	-3.9	-3.4	-2.9	-1.9	+1.4	+1.9	+2.4	+2.9
43	-3.9	-3.4	-2.9	-1.9	+1.4	+1.9	+2.4	+2.9
44	-3.8	-3.3	-2.8	-1.8	+1.3	+1.8	+2.3	+2.8

续上表

$R_{m\alpha}$	检 测 角 度							
	向上				向下			
	90°	60°	45°	30°	-30°	-45°	-60°	-90°
45	-3.8	-3.3	-2.8	-1.8	+1.3	+1.8	+2.3	+2.8
46	-3.7	-3.2	-2.7	-1.7	+1.2	+1.7	+2.2	+2.7
47	-3.7	-3.2	-2.7	-1.7	+1.2	+1.7	+2.2	+2.7
48	-3.6	-3.1	-2.6	-1.6	+1.1	+1.6	+2.1	+2.6
49	-3.6	-3.1	-2.6	-1.6	+1.1	+1.6	+2.1	+2.6
50	-3.5	-3.0	-2.5	-1.5	+1.0	+1.5	+2.0	+2.5

注:1. 当 $R_{m\alpha}$ 小于 20 或大于 50 时,分别按 20 或 50 查表。
2. 表中未列入的相应于 $R_{m\alpha}$ 的修正值 $R_{a\alpha}$,可用内插法求得,精确至 0.1。

(3) 水平方向检测混凝土浇筑顶面或底面时,应按下列公式修正:

$$R_m = R_m^t + R_a^t \qquad (3-9)$$

$$R_m = R_m^b + R_a^b \qquad (3-10)$$

式中:R_m^t、R_m^b——水平方向检测混凝土浇筑表面、底面时,测区的平均回弹值,精确至 0.1;

R_a^t、R_a^b——混凝土浇筑表面、底面回弹值的修正值,应由表 3-2 查取。

不同浇筑面回弹值的修正值　　　　　表 3-2

R_m^t 或 R_m^b	表面修正值(R_a^t)	底面修正值(R_a^b)	R_m^t 或 R_m^b	表面修正值(R_a^t)	底面修正值(R_a^b)
20	+2.5	-3.0	36	+0.9	-1.4
21	+2.4	-2.9	37	+0.8	-1.3
22	+2.3	-2.8	38	+0.7	-1.2
23	+2.2	-2.7	39	+0.6	-1.1
24	+2.1	-2.6	40	+0.5	-1.0
25	+2.0	-2.5	41	+0.4	-0.9
26	+1.9	-2.4	42	+0.3	-0.8
27	+1.8	-2.3	43	+0.2	-0.7
28	+1.7	-2.2	44	+0.1	-0.6
29	+1.6	-2.1	45	0	-0.5
30	+1.5	-2.0	46	0	-0.4
31	+1.4	-1.9	47	0	-0.3
32	+1.3	-1.8	48	0	-0.2
33	+1.2	-1.7	49	0	-0.1
34	+1.1	-1.6	50	0	0
35	+1.0	-1.5			

注:1. 当 R_m^t 或 R_m^b 小于 20 或大于 50 时,分别按 20 或 50 查表。
2. 表中有关混凝土浇筑表面的修正系数,是指一般原浆抹面的修正值。
3. 表中有关混凝土浇筑底面的修正系数,是指构件底面与侧面采用同一类模板在正常浇筑情况下的修正值。
4. 表中未列入的相应于 R_m^t 或 R_m^b 的 R_a^t 或 R_a^b 值,可用内插法求得,精确至 0.1。

当检测时回弹仪为非水平方向且测试面为非混凝土的浇筑侧面时,应先对回弹值进行角度修正,再对修正后的值进行浇筑面修正。

(4)测区混凝土强度值的确定。构件第 i 个测区混凝土强度的换算值,根据每一测区的回弹平均值及碳化深度值,查阅统一测强曲线[《回弹法检测混凝土抗压强度技术规程》(JGJ/T 23—2011)]得出,当有地区测强曲线或专用测强曲线时,混凝土强度换算值应按地区测强曲线或专用测强曲线换算得出。表中未列入的测区强度值可用内插法求得。对于泵送混凝土要注意规程中的有关规定。

5. 混凝土强度计算

(1)构件的测区混凝土强度平均值应根据各测区混凝土强度的换算值计算。当测区数为10个及以上时,应计算强度标准差。平均值及标准差应按下列公式计算:

$$m_{f_{cu}^c} = \frac{\sum_{i=1}^{n} f_{cu,i}^c}{n} \tag{3-11}$$

$$s_{f_{cu}^c} = \sqrt{\frac{\sum (f_{cu,i}^c)^2 - n(m_{f_{cu}^c})^2}{n-1}} \tag{3-12}$$

式中:$m_{f_{cu}^c}$——结构或构件测区混凝土强度换算值的平均值(MPa),精确至0.1MPa;

n——对单个检测的构件,取一个构件的测区数;对批量检测的构件,取所有被抽检构件的测区数之和;

$s_{f_{cu}^c}$——结构或构件测区混凝土强度换算值的标准差(MPa),精确至0.01MPa。

(2)结构或构件混凝土强度推定值($f_{cu,e}$)应按下列公式确定:

①当该结构或构件测区数少于10个时:

$$f_{cu,e} = f_{cu,min}^c \tag{3-13}$$

式中:$f_{cu,min}^c$——构件中最小的测区混凝土强度换算值。

②当该结构或构件测区强度值中出现小于10.0MPa的值时:

$$f_{cu,e} < 10.0 \text{MPa} \tag{3-14}$$

③当该结构或构件测区数不少于10个时:

$$f_{cu,e} = m_{f_{cu}^c} - 1.645 s_{f_{cu}^c} \tag{3-15}$$

④当批量检测时:

$$f_{cu,e} = m_{f_{cu}^c} - k s_{f_{cu}^c} \tag{3-16}$$

式中:k——推定系数,宜取1.645,当需要推定强度区间时,可按国家现行有关标准的规定取值。

构件的混凝土强度推定值是指相应于强度换算值,总体分布中保证率不低于95%的构件混凝土抗压强度值。

⑤对按批量检测的构件,当该构件混凝土强度标准差出现下列情况之一时,则该批构件应全部按单个构件检测:

a. 当该批构件混凝土强度平均值小于 25MPa、$s_{f_{cu}^c} > 4.5$MPa 时；
b. 当该批构件混凝土强度平均值不小于 25MPa 且不大于 60MPa、$s_{f_{cu}^c} > 5.5$MPa 时。

6. 回弹法测强的误差范围

回弹法测强的影响因素比较多，如水泥品种、粗集料品种、成型方法、模板种类、养护方法、湿度、保护层厚度、混凝土龄期、测试时的大气温度、测试技术等均有不同程度的影响。估计回弹法的测强误差时，一般采用在试验室内通过试块测试制定测强相关曲线，然后按试验值进行最小二乘法回归分析得到标准差及离散系数，作为测定误差，或以验证性实测试验误差作为测定误差。表 3-3 为部分国家的回弹法标准中，按这一估计方法所列出的回弹法测强误差范围。然而，结构混凝土强度的检测误差与试块混凝土强度的检测误差之间的差异，尚待进一步研究。

部分国家回弹法标准中的强度测定误差　　　　　表 3-3

国　　家	误差(%)	条　　件
英国	±15 ~ ±25	龄期 3 个月以内，校准曲线法
苏联	> ±15	保证率 95%，校准曲线法
罗马尼亚	±25 ~ ±35	保证率 90%，已知配合比，有试块复核影响系数法
国际建议(ISO)	> ±15	龄期 14 ~ 16d，只有 1 ~ 2 个影响因素的变化，条件明确，校准曲线法
	> ±25	龄期同上，已知影响因素很少，校准曲线法

7. 注意问题

(1) 回弹法测强的误差比较大，因此对比较重要的构件或结构物必须慎重使用。
(2) 符合下列条件的非泵送混凝土，才能采用全国统一测强曲线进行测区混凝土强度换算：
①混凝土采用的水泥、砂石、外加剂、掺合料、拌和用水符合国家现行有关标准；
②采用普通成型工艺；
③采用符合国家标准规定的模板；
④蒸汽养护出池后经自然养护 7d 以上，且混凝土表层为干燥状态；
⑤自然养护且龄期为 14 ~ 1000d；
⑥抗压强度为 10 ~ 60MPa。
(3) 当有下列情况之一时，测区混凝土强度值不得按全国统一测强曲线进行测区混凝土强度换算：
①非泵送混凝土粗集料最大公称粒径大于 60mm，泵送混凝土粗集料最大公称粒径大于 31.5mm；
②特种成型工艺制作的混凝土；
③检测部位曲率半径小于 250mm；
④潮湿或浸水混凝土。
(4) 当构件混凝土抗压强度大于 60MPa 时，可采用标准能量大于 2.207J 的混凝土回弹仪，并应另行制订检测方法及专用测强曲线进行检测。

(5) 批量检测的条件是：在相同的生产工艺条件下，混凝土强度等级相同，原材料、配合比、成型工艺、养护条件基本一致且龄期相近的同类结构或构件。按批量进行检测时，应随机抽取构件，抽检数量不得少于同批构件总数的30%且不宜少于10件。当检验批构件数量大于30个时，抽样构件数量可适当调整，并不得少于国家现行有关标准规定的最少抽样数量。

三、超声回弹综合法检测结构混凝土强度的方法

超声回弹综合法是指采用超声仪和回弹仪，在结构混凝土同一测区分别测量声时值和回弹值，然后利用已建立起来的测强公式推算该测区混凝土强度。与单一回弹法或超声法相比，超声回弹综合法具有受混凝土龄期和含水率的影响小、测试精度高、适用范围广、能够较全面地反映结构混凝土的实际质量等优点。

1. 超声法的基本原理

超声仪是超声检测的基本装置。它的作用是产生重复的电脉冲去激励发射换能器，发射换能器发射的超声波经耦合进入混凝土，在混凝土中传播后被接收换能器所接收并转换成电信号，电信号被送至超声仪，经放大后显示在示波屏上。超声仪除了产生电脉冲、接收、显示超声波外，还具有测量超声波有关参数，如声传播时间、接收波振幅、频率等功能。

超声脉冲检测技术用于结构混凝土的检测起源于20世纪40年代末。目前工程中应用的主要是智能型超声仪，其基本工作原理和组成总体框图如图3-3所示，主要由计算机（主机）、高压发射系统、程控放大系统、数据采集及传输系统、电源系统五大部分组成。其工作原理为：高压发射电路在主机控制下，产生高压脉冲，通过发射换能器转换为声波信号并传入被测介质，接收换能器接收通过被测介质的声波信号并转换为电信号，受主机控制的程控放大系统对接收的电信号作自动增益调整达到设定状态，经数据采集系统转换为数字信号，并将其高速送入主机系统，然后在主机系统控制下进行波形显示、声参量的判读和存储，或者对所存储的声参量进行分析处理等。

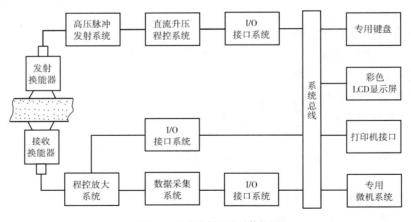

图3-3 超声波仪组成总体框图

2. 设备要求

超声回弹综合法检测混凝土强度技术，实质上就是超声法和回弹法两种单一测强的综合

测试，因此，有关回弹仪技术要求、检测方法及规定与前述基本相同，超声波仪器技术要求、检测方法及规定如下。

1）一般规定

（1）混凝土超声波检测仪应具有产品合格证、检定或校准证书，混凝土超声波检测仪的明显位置上应有名称、型号、制造商、出厂编号、出厂日期等标识。

（2）所采用的超声波检测仪应符合现行行业标准《混凝土超声波检测仪》（JG/T 659）的要求，并在计量检定有效期内使用。

（3）混凝土超声波检测仪宜为数字式，并应符合下列规定：

①可对接收的超声波波形进行数字化采集和存储；

②应具有清晰、稳定的波形显示示波装置；

③应具备手动游标测读和自动测读两种声参量测读功能，且自动测读时可标记出声时、幅度的测读位置；

④应具备对各测点的波形和测读声参量进行存储功能。

（4）数字式混凝土超声波检测仪的性能指标应符合下列规定：

①声时测量范围宜为 $0.1 \sim 999.9 \mu s$，声时分辨力应为 $0.1 \mu s$，实测空气声速的相对测量允许误差应为 $\pm 0.5\%$；在 1h 内每 5min 测读一次的声时允许误差应为 $\pm 0.2 \mu s$；

②幅度测量范围不宜小于 80dB；幅度分辨力应为 1dB；

③仪器信号接收系统的频带宽度应为 $10 \sim 250 kHz$；

④信噪比为 3∶1 时，接收灵敏度不应大于 $50 \mu V$。

（5）混凝土超声波检测仪应能在下列条件下正常工作：

①环境温度为 $0 \sim 40 ℃$；

②空气相对湿度不大于 80%；

③电源电压波动范围在标称值 ±10% 内；

④连续工作时间不少于 4h。

2）换能器技术要求

（1）换能器的工作频率宜在 $50 \sim 100 kHz$ 范围内。

（2）换能器的实测主频与标称频率相差的允许误差应在 ±10% 内。

3）校准和保养

有下列情况之一时，混凝土超声波检测仪应进行检定或校准：

（1）新混凝土超声波检测仪启用前；

（2）超过检定或校准有效期；

（3）仪器修理或更换零件后；

（4）测试过程中对声时值有怀疑时；

（5）仪器遭受严重撞击或其他损害。

4）自校准

混凝土超声波检测仪可按以下方法进行自校准。

（1）声速的测试应按下列步骤进行：

①取常用平面换能器一对，接于超声波仪器上，开机预热 10min；

②在空气中将两个换能器的辐射面对准,依次改变两个换能器辐射面之间的距离(如50mm、60mm、70mm、80mm、90mm、100mm、…),在首波幅度一致的条件下,读取各间距所对应的声时值 $t_1、t_2、t_3、…、t_n$。同时测量空气温度 T_k,精确至 0.5℃。

(2)声速的测试应符合下列规定:
①两个换能器辐射面的轴线始终保持在同一直线上。
②换能器辐射面间距的测量误差不应超过 ±1%,且测量精度为 0.5mm。
③换能器辐射面宜悬空相对放置;若置于地板或桌面上,应在换能器下面垫以吸声材料。

(3)以各测点的测距 l 和对应的声时 t 求回归直线方程 $l = a + bt$。回归系数 b 便是空气中声速实测值 v'。

(4)空气中声速计算值按式(3-17)计算:

$$v_k = 0.3314\sqrt{1 + 0.00367 T_k} \tag{3-17}$$

式中:v_k——空气中声速计算值(m/s);
T_k——测试时空气的温度(℃)。

(5)空气中声速值 v_k 与空气中声速实测值 v' 之间的相对误差(Δ)可按式(3-18)计算:

$$\Delta = \frac{v_k - v'}{v_k} \times 100 \tag{3-18}$$

(6)计算所得的相对误差范围应为 ±0.5% 内,否则,应检查仪器各部位的连接后重测,或更换超声波检测仪。

3. 回弹值和声速值的测量及计算

1)一般规定
(1)测试前宜收集下列资料:
①工程名称及建设、勘察、设计、施工、监理、委托单位名称。
②构件名称、设计图纸。
③水泥的安定性、品种规格、强度等级和用量,砂石的品种、粒径,外加剂或掺合料的品种、掺量,混凝土配合比、拌合物坍落度和混凝土设计强度等级等。
④模板类型、混凝土浇筑情况、养护情况、浇筑日期和气象温湿度等。
⑤混凝土试件抗压强度测试资料及相关的施工技术资料。
⑥构件存在的质量问题或检测原因。

(2)检测数量应符合下列规定:
①构件检测时,应在构件上均匀布置测区,每个构件上测区数量不应少于 10 个。
②对于检测面一个方向尺寸不大于 4.5m,且另一方向尺寸不大于 0.3m 的构件,测区数可适当减少,但不应少于 5 个。
③当同批构件按批进行一次或二次随机抽样检测时,随机抽样的最小样本容量宜按照《超声回弹综合法检测混凝土抗压强度技术规程》(T/CECS 02—2020)规定执行。

(3)按批抽样检测时,满足下列条件的构件可作为同批构件:
①混凝土设计强度等级相同。
②混凝土原材料、配合比、成型工艺、养护条件和龄期基本相同。

③构件种类相同。
④施工阶段所处状态基本相同。
(4)构件的测区布置宜满足下列规定:
①在条件允许时,测区宜优先布置在构件混凝土浇筑方向的侧面。
②测区可在构件的两个对应面、相邻面或同一面上布置。
③测区宜均匀布置,相邻两测区的间距不宜大于2m。
④测区应避开钢筋密集区和预埋件。
⑤测区尺寸宜为200mm×200mm;采用平测时宜为400mm×400mm。
⑥测试面应为清洁、平整、干燥的混凝土原浆面,不应有接缝、施工缝、饰面层、浮浆和油垢,并应避开蜂窝、麻面部位。
⑦测试时可能产生颤动的薄壁、小型构件,应对构件进行固定。
(5)对结构或构件上的测区编号,并记录测区位置和外观质量情况。
(6)每一测区,应先进行回弹测试,后进行超声测试。
(7)计算混凝土抗压强度换算值时,非同一测区的回弹值和声速值不得混用。
2)回弹测试及回弹值计算(同回弹法测试及计算方法)
3)超声测试及声速值计算
(1)超声测点应布置在回弹测试的同一测区内,每一测区布置3个测点。超声测试宜采用对测,当被测构件不具备对测条件时,可采用角测或平测。
(2)超声测试应符合下列规定:
①应在混凝土超声波检测仪上配置满足要求的换能器和高频电缆。
②换能器辐射面应与混凝土测试面耦合。
③应先测定声时初读数(t_0),再进行声时测量,读数应精确至$0.1\mu s$。
④超声测距(l)测量应精确至1mm,且测量允许误差应为±1%。
⑤检测过程中若更换换能器或高频电缆,应重新测定声时初读数(t_0)。
⑥声速计算值应精确至0.01km/s。
(3)当在混凝土浇筑方向的侧面对测时,测区混凝土中声速代表值应按式(3-19)计算:

$$v_d = \frac{1}{3}\sum_{i=1}^{3}\frac{l_i}{t_i - t_0} \tag{3-19}$$

式中:v_d——对测测区混凝土中声速代表值(km/s);
  l_i——第i个测点的超声测距(mm);
  t_i——第i个测点的声时读数(μs);
  t_0——声时初读数(μs)。
(4)当在混凝土浇筑的表面或底面对测时,测区混凝土中声速代表值应按式(3-20)修正:

$$v_a = \beta \cdot v_d \tag{3-20}$$

式中:v_a——修正后测区混凝土中的声速代表值(km/s);
  β——超声测试面的声速修正系数,取1.034;在混凝土浇筑的顶面或底面平测时,测区混凝土中声速代表值应按式(3-22)中相关规定进行修正。
(5)当采用角测时,应按以下方法测试:

①当构件只有两个相邻表面可供检测时,可采用角测法。每个测区布置3个测点,并应与相应测试面对应的3个测点的测距保持基本一致。换能器布置如图3-4所示。

②布置超声角测点时,换能器中心与构件边缘的距离 l_1、l_2 不宜小于300mm;且两者两差不宜大于1.5倍。

③角测时超声测距应按式(3-21a)计算:

$$l_i = \sqrt{l_{1i}^2 + l_{2i}^2} \tag{3-21a}$$

式中:l_i——第 i 个测点换能器的超声测距(mm);

l_{1i}^2、l_{2i}^2——角测时第 i 个测点换能器与构件边缘的距离(mm)。

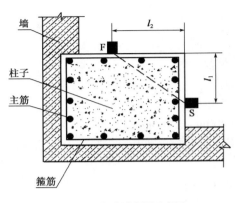

图3-4 超声波角测示意图

④角测时,混凝土中声速代表值应按式(3-21b)计算:

$$v = \frac{1}{3}\sum_{i=1}^{3}\frac{l_i}{t_i - t_0} \tag{3-21b}$$

式中:v——角测时混凝土中声速代表值(km/s);

t_i——角测第 i 个测点的声时读数(μs);

t_0——声时初读数(μs)。

(6)当采用平测时,应按以下方法测试:

①当构件只有一个表面可供检测时,可采用平测方法测量混凝土中声速,平测示意图如图3-5所示。

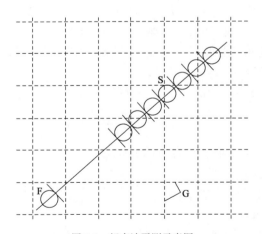

图3-5 超声波平测示意图
F-发射换能器;S-接收换能器;G-钢筋轴线

②布置超声平测点时,每个测区应布置一排超声测点,发射和接收换能器的连线与附近钢筋轴线成 40°~50°,应以两个换能器内边距分别为 200mm、250mm、300mm、350mm、400mm、450mm、500mm 进行平测,逐点测读相应声时值(t),并用回归分析方法求出直线方程 $l = a + ct$,c 为平测测区混凝土中声速代表值。

③应选取有代表性且具有对测条件的构件,将平测测区混凝土中声速代表值(v_p)修正为对测测区混凝土中声速代表值(v_d)。在构件上采用对测法得到对测测区混凝土中声速代表值(v_d),并采用平测法得到平测时代表性构件混凝土中平测声速(v_{pp}),按式(3-22a)计算平测声速修正系数:

$$\lambda = v_d/v_{pp} \tag{3-22a}$$

式中:λ——平测声速修正系数;

v_d——对测测区混凝土中声速代表值(km/s);

v_{pp}——平测时代表性构件混凝土中平测声速(km/s)。

④平测法修正后的测区混凝土中声速代表值应按式(3-22b)计算。

$$v_a = \lambda v_p \tag{3-22b}$$

式中:v_a——修正后的测区混凝土中声速代表值(km/s);

v_p——平测测区混凝土中声速代表值(km/s);

λ——平测声速修正系数。

4. 混凝土抗压强度推定

(1)超声回弹法强度换算方法适用于符合下列条件的普通混凝土:

①混凝土采用的水泥、砂石、外加剂、掺合料、拌合用水应符合国家现行标准的有关规定;

②自然养护或蒸汽养护后经自然养护7d以上,且混凝土表层为干燥状态;

③龄期为7~2000d;

④混凝土抗压强度为10~70MPa。

(2)构件第i个测区的混凝土抗压强度换算值($f_{cu,i}^c$)的计算。可按式(3-7)或式(3-8)求得修正后的测区回弹代表值R_{ai}和按式(3-19)或式(3-20)求得声速代表值v_{ai}后,优先采用专用测强曲线或地区测强曲线换算而得。

(3)当无专用测强曲线或地区测强曲线时,按《超声回弹综合法检测混凝土抗压强度技术规程》(T/CECS 02—2020)附录E的有关规定通过验证后,按该规程附录F的有关规定对测区混凝土抗压强度进行换算,也可按下式计算:

$$f_{cu,i}^c = 0.0286 v_{ai}^{1.999} R_{ai}^{1.155} \tag{3-23}$$

式中:$f_{cu,i}^c$——第i个测区的混凝土抗压强度换算值(MPa),精确至0.1MPa;

v_{ai}——第i个测区修正后的测区声速代表值;

R_{ai}——第i个测区修正后的测区回弹代表值。

(4)当构件所采用的材料及龄期与制定测强曲线所采用的材料及龄期有较大差异时,可采用在构件上钻取混凝土芯样或同条件立方体试件对测区混凝土抗压强度换算值进行修正。

①采用混凝土芯样修正时,采用芯样数量不应少于4个,公称直径宜为100mm,高径比应为1。芯样应在测区内钻取,每个芯样应只加工1个试件,并应符合现行行业标准《钻芯法检测混凝土强度技术规程》(JGJ/T 384)的有关规定。测区混凝土抗压强度修正量应按下列公式计算:

$$\Delta_{tot} = f_{cor,m} - f_{cu,m0}^c \tag{3-24a}$$

$$f_{cor,m} = \frac{1}{n}\sum_{i=1}^{n} f_{cor,i} \tag{3-24b}$$

$$f_{cu,m0}^c = \frac{1}{n}\sum_{i=1}^{n} f_{cu,i}^c \qquad (3\text{-}24c)$$

式中：Δ_{tot}——测区混凝土抗压强度修正量(MPa)，精确至 0.1MPa；

$f_{cor,m}$——芯样试件混凝土抗压强度修正量(MPa)，精确至 0.1MPa；

$f_{cor,i}$——第 i 个混凝土芯样试件的抗压强度；

$f_{cu,i}^c$——对应于第 i 个芯样部位测区回弹值和声速值的混凝土抗压强度换算值；

n——芯样或试件数量。

②采用同条件立方体试件修正时，试件数量不应少于 4 个，试件边长应为 150mm，并应符合现行国家标准《混凝土物理力学性能试验方法标准》(GB/T 50081)的有关规定。测区混凝土抗压强度修正量应按下列公式计算：

$$\Delta_{tot} = f_{cu,m} - f_{cu,m0}^c \qquad (3\text{-}25a)$$

$$f_{cu,m} = \frac{1}{n}\sum_{i=1}^{n} f_{cu,i} \qquad (3\text{-}25b)$$

$$f_{cu,m0}^c = \frac{1}{n}\sum_{i=1}^{n} f_{cu,i}^c \qquad (3\text{-}25c)$$

式中：Δ_{tot}——测区混凝土抗压强度修正量(MPa)，精确至 0.1MPa；

$f_{cu,m}$——同条件立方体试件混凝土抗压强度修正量(MPa)，精确至 0.1MPa；

$f_{cu,i}$——第 i 个混凝土同条件立方体试件的抗压强度；

$f_{cu,i}^c$——对应于第 i 个同条件立方体试件测区回弹值和声速值的混凝土抗压强度换算值；

n——芯样或试件数量。

③测区混凝土抗压强度换算值的修正按下式计算：

$$f_{cu,i1}^c = f_{cu,i0}^c + \Delta_{tot} \qquad (3\text{-}26)$$

式中：$f_{cu,i1}^c$——第 i 个测区修正后的混凝土强度换算值(MPa)，精确到 0.1MPa；

$f_{cu,i0}^c$——第 i 个测区修正前的混凝土强度换算值(MPa)，精确到 0.1MPa。

(5)构件混凝土抗压强度推定值($f_{cu,e}$)的确定，应符合下列规定：

①当构件的测区混凝土抗压强度换算值中出现小于 10.0MPa 的值时，构件的混凝土抗压强度推定值($f_{cu,e}$)应为小于 10.0MPa。

②当结构或构件中的测区数少于 10 个时，应按下式计算：

$$f_{cu,e} = f_{cu,min}^c \qquad (3\text{-}27)$$

式中：$f_{cu,min}^c$——构件最小的测区混凝土抗压强度换算值(MPa)，精确至 0.1MPa。

③当构件中测区数不少于 10 个或按批量检测时，应按下列公式计算：

$$f_{cu,e} = m_{f_{cu,i}^c} - 1.645 s_{f_{cu}^c} \qquad (3\text{-}28a)$$

$$m_{f_{cu,i}^c} = \frac{1}{n}\sum_{i=1}^{n} f_{cu,i}^c \qquad (3\text{-}28b)$$

$$s_{f_{cu}^c} = \sqrt{\frac{\sum_{i=1}^{n}(f_{cu,i}^c)^2 - n(m_{f_{cu}^c})^2}{n-1}} \qquad (3\text{-}28c)$$

式中：$f^c_{cu,i}$——第 i 个测区的混凝土抗压强度换算值(MPa)，精确至 0.01MPa；

$m_{f^c_{cu,i}}$——测区混凝土抗压强度换算值的平均值(MPa)，精确至 0.01MPa；

$s_{f^c_{cu}}$——测区混凝土抗压强度换算值的标准差(MPa)，精确至 0.01MPa；

n——测区数；对单个检测的构件，取一个构件的测区数；对批量检测的构件，取被抽检构件测区数的总和。

(6)对按批量检测的构件，当测区混凝土抗压强度标准差出现下列情况之一时，构件应全部按单个构件进行强度推定：

①测区混凝土抗压强度换算值的平均值($m_{f^c_{cu}}$)小于 25.0MPa，测区混凝土抗压强度换算值的标准差($s_{f^c_{cu}}$)大于 4.50MPa；

②测区混凝土抗压强度换算值的平均值($m_{f^c_{cu}}$)不小于 25.0MPa 且不大于 50.0MPa，测区混凝土抗压强度换算值的标准差($s_{f^c_{cu}}$)大于 5.50MPa；

③测区混凝土抗压强度换算值的平均值($m_{f^c_{cu}}$)大于 50.0MPa，测区混凝土抗压强度换算值的标准差($s_{f^c_{cu}}$)大于 6.50MPa。

四、钻芯法检测结构混凝土强度的方法

钻芯法检测混凝土强度是从混凝土结构物中钻取芯样来测定混凝土的抗压强度，是一种直观准确的方法。用钻芯法还可以检测混凝土的裂缝、接缝、分层、孔洞或离析等缺陷，具有直观、精度高等特点，因而广泛应用于土木工程中混凝土结构或构筑物的质量检测。

1. 适用情况

(1)对试块抗压强度的测试结果有怀疑时。
(2)因材料、施工或养护不良而发生混凝土质量问题时。
(3)混凝土遭受冻害、火灾、化学侵蚀或其他损害时。
(4)需检测经多年使用的建筑结构或构筑物中混凝土强度时。

2. 钻取芯样

1）钻前准备资料
(1)工程名称及设计、施工、监理和建设单位名称。
(2)结构或构件种类、外形尺寸及数量。
(3)设计混凝土强度等级。
(4)浇筑日期、配合比通知单和强度试验报告。
(5)结构或构件质量状况和施工记录。
(6)有关的结构设计施工图等。
2）钻取芯样部位
(1)结构或构件受力较小的部位。
(2)混凝土强度具有代表性的部位。
(3)便于钻芯机安放与操作的部位。
(4)宜采用钢筋探测仪测试或局部剔凿的方法避开主筋、预埋件和管线。

3) 钻取要求

（1）在构件上钻取多个芯样时，芯样宜取自不同部位。

（2）钻芯机就位并安放平稳后，应将钻芯机固定。

（3）钻芯机在未安装钻头之前，应先通电确认主轴的旋转方向为顺时针方向。

（4）钻芯时用于冷却钻头和排除混凝土碎屑的冷却水的流量宜为 3~5L/min。

（5）钻取芯样时宜保持匀速钻进。

（6）芯样应进行标记，钻取部位应予以记录。芯样高度及质量不能满足要求时，应重新钻取芯样。

（7）芯样应采取保护措施，避免在运输和储存中损坏。

（8）钻芯后留下的孔洞应及时进行修补。

（9）钻芯操作应遵守国家有关安全生产和劳动保护的规定，并应遵守钻芯现场安全生产的有关规定。

3. 芯样要求

1）芯样数量

芯样试件的数量应根据检测批的容量确定。直径 100mm 的芯样试件的最小样本量不宜少于 15 个，小直径芯样试件的最小样本量不宜小于 20 个。

芯样应从检测批的结构构件中随机抽取，每个芯样应取自一个构件或结构的局部部位，取芯位置应符合上文提到的要求。

2）芯样直径

抗压芯样试件宜使用直径为 100mm 的芯样，且其直径不宜小于集料最大粒径的 3 倍；也可采用小直径芯样，但其直径不应小于 70mm 且不得小于集料最大粒径的 2 倍。

3）芯样高度

抗压芯样试件的高径比（H/d）宜为 1。

4）芯样端面处理方法

抗压芯样试件的端面处理，可采取在磨平机上磨平端面的处理方法，也可采用硫黄胶泥或环氧胶泥补平，补平层厚度不宜大于 2mm。抗压强度低于 30MPa 的芯样试件，不宜采用磨平端面的处理方法；抗压强度高于 60MPa 的芯样试件，不宜采用硫黄胶泥或环氧胶泥补平的处理方法。

5）芯样测量

在试验前应按下列规定测量芯样试件的尺寸：

（1）平均直径应用游标卡尺在芯样试件上部、中部和下部相互垂直的两个位置上共测量 6 次，取测量的算术平均值作为芯样试件的直径，精确至 0.5mm。

（2）芯样试件高度可用钢卷尺或钢板尺进行测量，精确至 1.0mm。

（3）垂直度应用游标量角器测量芯样试件两个端面与母线的夹角，精确至 0.1°。

（4）平整度可用钢板尺或角尺紧靠在芯样试件承压面（线）上，一面转动钢板尺，一面用塞尺测量钢板尺与芯样试件承压面（线）之间的缝隙，取最大缝隙为试件的平整度；也可采用其他专用设备量测。

6)芯样抗压试件要求

芯样试件内不宜含有钢筋。当不能满足此项要求时,抗压试件应符合下列要求:

(1)标准芯样试件,每个试件内最多只允许有 2 根直径小于 10mm 的钢筋。

(2)公称直径小于 100mm 的芯样试件,每个试件内最多只允许有一根直径小于 10mm 的钢筋。

(3)芯样内的钢筋应与芯样试件的轴线基本垂直并离开端面 10mm 以上。

7)芯样试件尺寸偏差及外观质量要求

抗压芯样试件尺寸偏差及外观质量超过下列数值时,相应的芯样试件不宜进行试验:

(1)芯样试件的实际高径比(H/d)小于要求高径比的 0.95 或大于 1.05。

(2)芯样试件端面与轴线的不垂直度超过 1°。

(3)芯样试件端面的不平整度在每 100mm 长度内超过 0.1mm。

(4)沿芯样试件高度的任一直径与平均直径相差超过 1.5mm。

(5)芯样有较大缺陷。

4. 抗压强度试验

(1)芯样试件应在自然干燥状态下进行抗压试验。

(2)当结构工作条件比较潮湿,需要确定潮湿状态下混凝土的抗压强度时,芯样试件宜在 20℃ ±5℃ 的清水中浸泡 40~48h,从水中取出后应立即进行抗压试验。

5. 芯样强度计算

芯样试件的混凝土强度换算值,应按下列公式计算:

$$f_{cu,cor} = \frac{F_c}{A} \tag{3-29}$$

式中:$f_{cu,cor}$——芯样试件混凝土强度换算值(MPa);

F_c——芯样试件抗压试验测得的最大压力(N);

A——芯样试件抗压截面面积(mm^2)。

6. 混凝土抗压强度推定值

(1)检测批混凝土强度的推定值应按下列方法确定:

①确定检测批的混凝土强度推定值时,应计算推定区间,推定区间的上限值和下限值按下列公式计算。

上限值:

$$f_{cu,e1} = f_{cu,cor,m} - k_1 s_{cor} \tag{3-30a}$$

下限值:

$$f_{cu,e2} = f_{cu,cor,m} - k_2 s_{cor} \tag{3-30b}$$

平均值:

$$f_{cu,cor,m} = \frac{\sum_{i=1}^{n} f_{cu,cor,i}}{n} \tag{3-30c}$$

标准差:

$$s_{cu} = \sqrt{\frac{\sum_{i=1}^{n}(f_{cu,cor,i} - f_{cu,cor,m})^2}{n-1}} \tag{3-30d}$$

式中：$f_{cu,cor,m}$——芯样试件的混凝土抗压强度平均值（MPa），精确至 0.1MPa；

$f_{cu,cor,i}$——单个芯样试件的混凝土抗压强度值（MPa），精确至 0.1MPa；

$f_{cu,e1}$——混凝土抗压强度推定上限值（MPa），精确至 0.1MPa；

$f_{cu,e2}$——混凝土抗压强度推定下限值（MPa），精确至 0.1MPa；

k_1、k_2——推定区间上限值系数和下限值系数，按《钻芯法检测混凝土强度技术规程》（JGJ/T 384—2016）附录 A 查得；

s_{cu}——芯样试件抗压强度样本的标准差（MPa），精确至 0.1MPa。

②$f_{cu,e1}$和$f_{cu,e2}$所构成推定区间的置信度宜为 0.90；当采用小直径芯样试件时，推定区间的置信度可为 0.85。$f_{cu,e1}$和$f_{cu,e2}$之间的差值不宜大于 5.0MPa 和 $0.10f_{cu,cor,m}$ 两者的较大值。$f_{cu,e1}$和$f_{cu,e2}$之间的差值大于 5.0MPa 和 $0.10f_{cu,cor,m}$两者的较大值时，可适当增加样本容量，或重新划分检测批直至满足要求。

③宜以$f_{cu,e1}$作为检测批混凝土强度的推定值。

④钻芯法确定检测批混凝土强度推定值时，可剔除芯样试件抗压强度样本中的异常值。剔除规则应按现行《数据的统计处理和解释　正态样本异常值的判断和处理》（GB/T 4883）的规定执行。当确有试验依据时，可对芯样试件抗压强度样本的标准差s_{cu}进行符合实际情况的修正或调整。

（2）钻芯法确定单个构件混凝土抗压强度推定值应按下列方法确定：

①芯样试件的数量不应少于 3 个；钻芯对构件工作性能影响较大的小尺寸构件，芯样试件的数量不得少于 2 个。

②单个构件的混凝土强度推定值不再进行数据的舍弃，而应按有效芯样试件混凝土抗压强度值中的最小值确定。

（3）钻芯法确定构件混凝土抗压强度代表值时，芯样试件的数量宜为 3 个，应取芯样试件抗压强度值的算术平均值作为构件混凝土抗压强度代表值。

7. 钻芯修正方法

（1）对间接测强方法进行钻芯修正时，宜采用修正量的方法，也可采用其他形式的修正方法。

（2）当采用修正量的方法时，芯样试件的数量和取芯位置应符合下列要求：

①直径 100mm 芯样试件的数量不应少于 6 个，小直径芯样试件数量不少于 9 个。

②当采用的间接检测方法为无损检测方法时，钻芯位置应与间接检测方法相应的测区重合。

③当采用的间接检测方法对结构构件有损伤时，钻芯位置应布置在相应测区的附近。

（3）钻芯修正后的换算强度可按下列公式计算：

$$f_{cu,i0}^c = f_{cu,i}^c + \Delta f \tag{3-31a}$$

$$\Delta f = f_{cu,cor,m} - f_{cu,mi}^c \tag{3-31b}$$

式中：$f_{cu,i0}^c$——修正后的换算强度（MPa），精确至 0.1MPa；

$f_{cu,i}^c$ ——修正前的换算强度(MPa),精确至0.1MPa;
Δf ——修正量(MPa),精确至0.1MPa;
$f_{cu,cor,m}$ ——芯样试件抗压强度平均值(MPa),精确至0.1MPa;
$f_{cu,mi}$ ——所用间接检测方法对应芯样测区的换算强度的算术平均值(MPa),精确至0.1MPa。

五、桥梁结构混凝土材质强度检测的评定

桥梁结构混凝土材质强度检测结果的评定,应依据桥梁结构或构件实测强度推定值或测区平均换算强度值,按式(3-32a)、式(3-32b)计算其推定强度匀质系数 K_{bt} 或平均强度匀质系数 K_{bm},并根据其值的范围按表3-4确定混凝土强度评定标度。

桥梁混凝土强度评定标准　　　　　　表3-4

K_{bt}	K_{bm}	强度状况	评定标度
≥0.95	≥1.00	良好	1
(0.95,0.90]	(1.00,0.95]	较好	2
(0.90,0.80]	(0.95,0.90]	较差	3
(0.80,0.70]	(0.90,0.85]	差	4
<0.70	<0.85	危险	5

(1)推定强度匀质系数:

$$K_{bt} = \frac{R_{it}}{R} \tag{3-32a}$$

式中:R_{it} ——混凝土实测强度推定值;
R ——混凝土极限抗压强度设计值。

(2)平均强度匀质系数:

$$K_{bm} = \frac{R_{im}}{R} \tag{3-32b}$$

式中:R_{im} ——混凝土测区平均换算强度值。

第二节　钢筋锈蚀电位的检测与判定

一、概述

钢筋混凝土结构物的耐久性问题越来越引起人们的重视,而钢筋锈蚀则是影响结构物耐久性的主要因素之一,随着工业污染及建筑结构的老化,钢筋锈蚀问题越来越突出,直接影响到结构物的安全使用。

钢筋锈蚀是一个电化学过程,这已为人们所共知,然而电化学过程的起始与发展还取决于许多复杂的因素,一些工程技术人员往往不重视或不甚了解这些因素的作用原理与钢筋锈蚀

的密切关系,甚至在设计、施工及使用过程中增加一些不利的人为因素,使结构物过早出现腐蚀问题。此外,一切防护措施,均应在全面分析和了解影响钢筋锈蚀的各种因素的基础上制订和实施,方能得到预期的效果。

下面以硅酸盐水泥为例,介绍一下混凝土中钢筋表面钝化膜的破坏与腐蚀半电池的形成机理。

硅酸盐水泥在水化过程中产生一定的碱,方程式如下:

$$2[3CaO \cdot SiO_2] + 6H_2O \rightarrow 3CaO \cdot 2SiO_2 \cdot 3H_2O + 3Ca(OH)_2$$

$Ca(OH)_2$ 一部分溶解于混凝土的液相中,使混凝土pH在13~14之间,另一部分则沉淀于混凝土的微孔中,处于强碱环境中的钢筋,其表面生成致密氧化膜,使钢筋处于钝化状态,同时混凝土对钢筋也起着物理保护作用。

但是从热力学的观点来看,钢筋的钝化是不稳定的,钝化状态的保持具有一定的条件,一旦条件改变,钢筋便由钝化状态向活化状态转变。

混凝土通常具有连续贯通的毛细孔隙,起初这些毛细孔隙被水泥水化过程中所产生的自由水和固体 $Ca(OH)_2$ 所填塞,但是,暴露在空气中的混凝土随着时间的推移,会逐渐释放一部分自由水,在干燥过程中,混凝土中的水分挥发,其原来占有的孔隙空间就会被空气所填补,通常空气中包含着大量的 CO_2 和酸性气体,它们能与混凝土中的碱性成分起反应,大气中的 CO_2、SO_2、SO_3 能中和混凝土中的 $Ca(OH)_2$:

$$\left.\begin{array}{l} CO_2 + Ca(OH)_2 \rightarrow CaCO_3 + H_2O \\ SO_2 + Ca(OH)_2 \rightarrow CaSO_3 + H_2O \\ SO_3 + Ca(OH)_2 \rightarrow CaSO_4 + H_2O \end{array}\right\}$$

这就是我们所说的混凝土碳化。混凝土碳化会使得混凝土的pH值降低,当pH值小于11时,混凝土中钢筋表面的致密钝化膜就被破坏,不仅如此,$CaSO_3$、$CaSO_4$ 还会与水泥水化产物中的铝酸三钙反应,生成物体积增大,从而使混凝土胀裂,这就是硫酸盐侵蚀破坏。常说的碱性集料反应或者叫碱性反应破坏机理,也与此相似。当混凝土中的碱浓度超过一定临界值后,集料中如微晶和隐晶硅等活性矿料就会起化学反应而生成一种凝胶,而这种凝胶往往是吸水膨胀的,一旦混凝土遭受水的侵蚀,就使凝胶膨胀,从而产生过高的内应力,导致混凝土胀裂,这样一来就加快了混凝土的表面剥落。

一旦钢筋表面钝化膜局部破坏或变得致密度差,即不完整,则钝化膜处就会形成阳极,而周围钝化膜完好的部位构成阴极,从而形成了若干个微电池。虽然有些微电池处于抑制状态,但在一定条件下可以激化,从而使其处于活化状态发生氧化还原反应,这样就造成钢筋的锈蚀,宏观上混凝土和握裹其中的钢筋形成半电池,而我们也正是通过检测以上所述的处于活化状态的钢筋锈蚀半电池电位来判断当下混凝土内的钢筋锈蚀活化程度。

二、半电池电位法

半电池电位法是指利用混凝土中钢筋锈蚀的电化学反应引起的电位变化来测定钢筋锈蚀状态。通过测定钢筋/混凝土半电池电极与在混凝土表面的铜/硫酸铜参考电极之间电位差的大小,来评定混凝土中钢筋的锈蚀活化程度。

此方法主要针对半电池电位法检测混凝土中钢筋锈蚀状况的原理,规定仪器的使用方法、检测方法和判定标准的应用方法。

钢筋锈蚀状况检测范围应为主要承重构件或承重构件的主要受力部位,或根据一般检查结果有迹象表明钢筋可能存在锈蚀的部位。用于估测在用的现场和试验室硬化混凝土中无镀层钢筋的半电池电位,测试与这些钢筋的尺寸和埋在混凝土中的深度无关,可以在混凝土构件使用寿命中的任何时期使用。

此方法用于检测混凝土中钢筋的锈蚀活化程度。已经干燥到绝缘状态的混凝土或已发生脱空层离的混凝土表面,测试时不能提供稳定的电回路,不适用本方法。对特殊环境,如海水浪溅区、处于盐雾中的混凝土结构等,不具有普遍适用性。

电位的测量需由有经验的、从事结构检测的工程师或相关技术专家完成并解释,除了半电池电位测试之外,还有必要使用其他数据,如氯离子含量、碳化深度、层离状况、混凝土电阻率和所处环境调查等,以掌握钢筋腐蚀情况及其对结构使用寿命可能产生的影响。

三、测量装置

1. 参考电极(半电池)

(1)本方法参考电极为铜/硫酸铜半电池。它由一根不与铜或硫酸铜发生化学反应的刚性有机玻璃管、一只通过毛细作用保持湿润的多孔塞、一个处在刚性管里饱和硫酸铜溶液中的紫铜棒构成,如图3-6所示。

(2)铜/硫酸铜参考电极温度系数为0.9mV/℃。

2. 二次仪表的技术性能要求

(1)测量范围大于1000mV。
(2)准确度优于0.5% F.S. ±1mV。
(3)输入电阻大于$10^{10}\Omega$。
(4)仪器使用环境条件:环境温度0~+40℃;相对湿度≤95%。

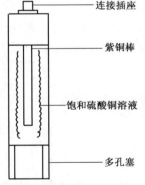

图3-6 铜/硫酸铜参考电极结构图

3. 导线

导线总长不应超过150m,一般选择截面积大于0.75mm^{2}的导线,以使在测试回路中产生的电压降不超过0.1mV。

4. 接触液

为使铜/硫酸铜电极与混凝土表面有较好的电接触,可在水中加适量的家用液态洗涤剂对被测表面进行润湿,减小接触电阻与电路电阻。

5. 使用情况

在使用接触液后仍然无法得到稳定的电位差时,应分析是否因电回路的电阻过大或是附近存在与桥梁连通的大地波动电流,在以上情况下,不应使用半电池电位法。

四、测试方法

1. 测区的选择与测点布置

（1）钢筋锈蚀状况检测范围应为主要承重构件或承重构件的主要受力部位，或根据一般检查结果有迹象表明钢筋可能存在锈蚀的部位。但测区不应有明显的锈蚀胀裂、脱空或层离现象。

（2）在测区上布置测试网格，网格节点为测点，网格间距可选 20cm×20cm、30cm×30cm、20cm×10cm 等，根据构件尺寸而定，测点位置距构件边缘应大于 5cm，一般不宜少于 20 个测点。

（3）当一个测区内相邻测点的读数超过 150mV 时，通常应减小测点的间距。

（4）测区应统一编号，注明位置，并描述外观情况。

2. 混凝土表面处理

用钢丝刷、砂纸打磨测区混凝土表面，去除涂料、浮浆、污迹、尘土等，并用接触液将表面润湿。

3. 二次仪表与钢筋的电连接

（1）现场检测时，铜/硫酸铜电极一般接二次仪表的正输入端，钢筋接二次仪表的负输入端。

（2）局部打开混凝土或选择裸露的钢筋，在钢筋上钻一小孔并拧上自攻螺钉，用加压型鳄鱼夹夹住并润湿，采用图 3-7 所示的测试系统连接方法连接，确保有良好的电连接。若在远离钢筋连接点的测区进行测量，必须用万用表检查内部钢筋的连续性，如不连续，应重新进行钢筋的连接。

（3）铜/硫酸铜参考电极与测点的接触。测量前应预先将电极前端多孔塞充分浸湿，以保证良好的导电性，正式测读前应再次用喷雾器将混凝土表面润湿，但应注意被测表面不应存在游离水。

测试系统连接方法见图 3-7。

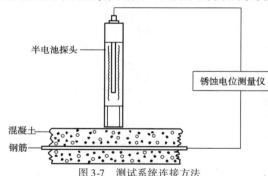

图 3-7 测试系统连接方法

4. 铜/硫酸铜电极的准备

饱和硫酸铜溶液由硫酸铜晶体溶解在蒸馏水中制成。当有多余的未溶解硫酸铜结晶体沉积在溶液底部时，可以认为该溶液是饱和的。电极铜棒应清洁，无明显缺陷；否则，需用稀释盐酸溶液清洁铜棒，并用蒸馏水彻底冲净。硫酸铜溶液应注意更换，保持清洁，溶液应充满电极，以保证电连接。

5. 测量值的采集

测点读数变动不超过 2mV，可视为稳定。在同一测点，同一支参考电极重复测读的差异不应超过10mV;不同参考电极重复测读的差异不应超过20mV。若不符合读数稳定要求,应检查测试系统的各个环节。

五、影响测量准确度的因素及修正

混凝土含水率对测值的影响较大,测量时构件应处在自然干燥状态。为提高现场评定钢筋状态的可靠度,一般要进行现场比较性试验。现场比较性试验通常按已暴露钢筋的锈蚀程度,在它们的周围分别测出相应的锈蚀电位。比较这些钢筋的锈蚀程度和相应测值的对应关系,提高评判的可靠度,但不能与有明显锈蚀胀裂、脱空、层离现象的区域比较。若环境温度在 22℃±5℃范围之外,应对铜/硫酸铜电极做温度修正。此外,各种外界因素产生的波动电流对测量值影响较大,特别是靠近地面的测区,应避免各种电、磁场的干扰。混凝土保护层电阻对测量值有一定影响,除测区表面处理要符合规定外,仪器的输入阻抗要符合技术要求。

六、钢筋锈蚀电位的一般判定标准

(1)在对已处理的数据(已进行温度修正)进行判读之前,按惯例将这些数据加以负号,绘制等电位图,然后进行判读。

(2)按照表3-5的规定判断混凝土中钢筋发生锈蚀的概率或钢筋正在发生锈蚀的锈蚀活化程度。

混凝土桥梁钢筋锈蚀电位评定标准　　　表3-5

电位水平(mV)	钢筋状况	评定标度
≥-200	无锈蚀活动性或锈蚀活动性不确定	1
(-200,-300]	有锈蚀活动性,但锈蚀状态不确定,可能坑蚀	2
(-300,-400]	有锈蚀活动性,发生锈蚀概率大于90%	3
(-400,-500]	有锈蚀活动性,严重锈蚀可能性极大	4
<-500	构件存在锈蚀开裂区域	5

注:1.量测时,混凝土桥梁结构或构件应为自然状态。
　　2.表中电位水平为采用铜/硫酸铜电极时的量测值。

第三节　结构混凝土中氯离子含量的测定与评定

一、概述

有害物质侵入混凝土将会影响结构的耐久性。混凝土中氯离子可引起并加速钢筋的锈蚀;硫酸盐(SO_4^{2-})的侵入可使混凝土成为易碎松散状态,强度下降;集料具有碱活性时,碱的侵入(K^+、Na^+)可能引起碱集料反应破坏。因此,在进行结构耐久性评定时,根据需要应对混凝土中Cl^-、SO_4^{2-}、Na^+、K^+含量进行测定。目前,对混凝土中氯离子含量的测定方法比较成熟,已被普遍应用于现代结构。

二、结构混凝土中氯离子含量的测定方法

(1)氯离子含量的测定方法比较简便的有两种:试验室化学分析法和滴定条法(Quantab-strips)。滴定条法可在现场完成氯离子含量的测定。

(2)混凝土中的氯离子含量,可采用现场按混凝土不同深度取样,测定结果需能反映氯离子在混凝土中随深度的分布,根据钢筋处混凝土氯离子含量判断引起钢筋锈蚀的危险性。

(3)氯离子含量测定应根据构件的工作环境条件及构件本身的质量状况确定测区,测区应能代表不同工作条件及不同混凝土质量的部位,测区宜参考钢筋锈蚀电位测量结果确定。

三、取样

1. 混凝土粉末分析样品的取样部位和数量

(1)分析样品的取样部位可参照钢筋锈蚀电位测试测区布置原则确定。

(2)测区的数量应根据钢筋锈蚀电位检测结果以及结构的工作环境条件确定。在电位水平不同部位,工作环境条件、质量状况有明显差异的部位布置测区。

(3)每一测区取粉的钻孔数量不宜少于3个,取粉孔可与碳化深度测量孔合并使用。

(4)测区、测孔应统一编号。

2. 取样方法

(1)使用直径20mm以上的冲击钻在混凝土表面钻孔,钻孔前应先确定钢筋位置。

(2)钻孔取粉应分层收集,一般深度间隔可取 3mm、5mm、10mm、15mm、20mm、25mm、50mm 等。若需测定指定深度处的钢筋周围氯离子含量,取粉间隔可进行调整。

(3)使用附在钻头侧面的标尺杆控制钻孔深度。

(4)用一硬塑料管和塑料袋收集粉末,如图3-8所示,每一种深度应使用一个新的塑料袋收集粉末,每次采集后,钻头、硬塑料管及钻孔内都应用毛刷将残留粉末清理干净,以免不同深度的粉末混杂。

(5)同一测区不同孔相同深度的粉末可收集在一个塑料袋内,质量应不少于25g,若不够可增加同一测区测孔数量。不同测区测孔相同深度的粉末不应混合在一起。

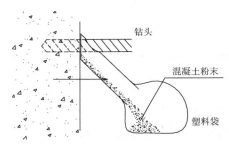

图3-8 钻孔取混凝土粉末的方法

(6)采集粉末后,塑料袋应立即封口保存,注明测区、测孔编号及深度。

四、滴定条法

分析步骤如下:

(1)将采回的样品过筛,去掉其中较大的颗粒。

(2)将样品置于105℃±5℃烘箱内烘2h后,冷却至室温。

(3)称取 5g 样品粉末(准确度优于 ±0.1g)放入烧杯中。
(4)缓慢加入 50mL(1.0mol)HNO_3 并彻底搅拌直至嘶嘶声停止。
(5)用石蕊试纸检查溶液是否呈酸性(石蕊试纸变红),如果不呈酸性,再加入适量硝酸。
(6)加入约 5g 无水碳酸钠(Na_2CO_3)。
(7)用石蕊试纸检查溶液是否呈中性(石蕊试纸不变);否则,再加入少量无水碳酸钠直至溶液呈中性。
(8)用过滤纸做一锥斗加入液体。
(9)当纯净的溶液渗入锥斗后,把滴定条插入液体中。
(10)待到滴定条顶端水平黄色细条转变成蓝色,取出滴定条并顺着由上至下的方向将其擦干。
(11)读取滴定条颜色变化处的最高值,然后,在该批滴定条表中查出对应的氯离子含量,此值是以百万分之几表示的。若分析过程取样 5g,加硝酸 50mL,则将查表所得的值除以1000即为百分比含量。
(12)如果使用样品质量不是 5g 或使用过量的硝酸,则应按式(3-33)修正百分比含量。

$$氯离子百分比含量 = \frac{a \times b}{10000c} \tag{3-33}$$

式中:a——查表所得的值;
b——硝酸体积(mL);
c——样品质量(g)。

五、试验室化学分析法

1. 混凝土中游离氯离子含量的测定

1)适用范围
测定硬化混凝土中砂浆的游离氯离子含量。
2)所需化学药品
硫酸(相对密度1.84)、酒精(95%)、硝酸银、铬酸钾、酚酞(以上均为化学纯)、氯化钠(分析纯)。
3)试剂配制
(1)配制浓度约5%铬酸钾指示剂——称取 5g 铬酸钾溶于少量蒸馏水中,加入少量硝酸银溶液使之出现微红,摇匀后放置12h,过滤并移入100mL 容量瓶中,稀释至刻度。
(2)配置浓度约0.5%酚酞溶液——称取 0.5g 酚酞,溶于 75mL 酒精和 25mL 蒸馏水中。
(3)配置稀硫酸溶液——将 1 份体积硫酸倒入 20 份蒸馏水中。
(4)配置 $0.02N$ 氯化钠标准溶液——把分析纯氯化钠置于瓷坩埚中加热(以玻璃棒搅拌),一直到不再有盐的爆裂声为止。冷却后称取 1.2g 左右(精确至 0.1mg),用蒸馏水溶解后移入1000mL 容量瓶,并稀释至刻度。

氯化钠当量浓度按式(3-34)计算：

$$N = \frac{W}{58.45} \tag{3-34}$$

式中：N——氯化钠溶液的当量浓度；

W——氯化钠质量(g)；

58.45——氯化钠的克当量。

（5）配置 0.02N 硝酸银溶液（视所测的氯离子含量，也可配成浓度略高的硝酸银溶液）——称取硝酸银 3.4g 左右溶于蒸馏水中并稀释至 1000mL，置于棕色瓶中保存。用移液管吸取氯化钠标准溶液 20mL（V_1）于三角烧瓶中，加入 10~20 滴铬酸钾指示剂，用于配制的硝酸银溶液滴定至刚呈砖红色。记录所消耗的硝酸银毫升数（V_2）。

$$N_2 = \frac{N_1 V_1}{V_2} \tag{3-35}$$

式中：N_2——硝酸银溶液的当量浓度；

N_1——氯化钠标准溶液的当量浓度；

V_1——氯化钠标准溶液的毫升数；

V_2——消耗硝酸银溶液的毫升数。

4）试验步骤

（1）样品处理。

取混凝土中的砂浆约 30g，研磨至全部通过 0.63mm 筛，然后置于 105℃±5℃烘箱中加热 2h，取出后放入干燥器冷却至室温。称取 20g（精确至 0.01g），质量为 G，置于三角烧瓶中并加入 200mL（V_3）蒸馏水，塞紧瓶塞，剧烈振荡 1~2min，浸泡 24h。

（2）将上述试样过滤。用移液管分别吸取滤液 20mL（V_4），置于 2 个三角烧瓶中，各加 2 滴酚酞，使溶液呈微红色，再用稀硫酸中和至无色后，加铬酸钾指示剂 10~20 滴，立即用硝酸银溶液滴定至呈砖红色。记录所消耗的硝酸银毫升数（V_5）。

5）试验结果计算

游离氯离子含量按下式计算：

$$P = \frac{N_2 V_5 \times 0.03545}{G \frac{V_4}{V_3}} \times 100 \tag{3-36}$$

式中：P——砂浆样品游离氯离子含量（%）；

N_2——硝酸银标准溶液的当量浓度；

G——砂浆样品质量(g)；

V_3——浸样品的水量(mL)；

V_4——每次滴定时提取的滤液量(mL)；

V_5——每次滴定时消耗的硝酸银溶液(mL)；

0.03545——氯离子的毫克当量。

2. 混凝土中氯离子总含量的测定

1）适用范围

测定混凝土中砂浆的氯离子总含量,其中包括已和水泥结合的氯离子量。

2）基本原理

用硝酸将含有氯化物的水泥全部溶解,然后在硝酸溶液中,用倭尔哈德法来测定氯化物含量。倭尔哈德法是在硝酸溶液中加入过量的 $AgNO_3$ 标准溶液,使氯离子完全沉淀在上述溶液中,用铁矾作指示剂;将过量的硝酸银用 KCNS 标准溶液滴定。滴定时 CNS^- 首先与 Ag^+ 生成白色的 AgCNS 沉淀, CNS^- 略有多余时,即与 Fe^{3+} 形成 $Fe(CNS)^{2+}$ 络离子使溶液显红色,当滴至红色能维持 5~10s 不褪色,即为终点。

反应式为：

$$Ag^+ + Cl^- \rightarrow AgCl \downarrow$$
$$Ag^+ + CNS^- \rightarrow AgCNS \downarrow$$
$$Fe^{3+} + CNS^- \rightarrow Fe(CNS)^{2+}（红色）$$

3）化学试剂

氯化钠、硝酸银、硫氰酸钾、硝酸、铁矾、铬酸钾（以上均为化学纯）。

4）试验步骤

(1) 试剂配置

① $0.02N$ 氯化钠标准溶液的配制。

② $0.02N$ 硝酸银溶液的配制与标定。

③ $6N$ 硝酸溶液——取含量 65%~68% 的 25.8mL 化学纯浓硝酸（HNO_3）置于容量瓶中,用蒸馏水稀释至刻度。

④ 10% 铁矾溶液——用 10g 化学纯铁矾溶于 90g 蒸馏水配成。

⑤ $0.02N$ 硫氰酸钾标准溶液——用天平称取化学纯硫氰酸钾晶体约 1.95g,溶于 100mL 蒸馏水,充分摇匀,装在瓶内配成硫氰酸钾溶液,并用硝酸银标准溶液进行标定。将硝酸银标准溶液装入滴定管,从滴定管放出硝酸银标准溶液约 25mL,加 $6N$ 硝酸 5mL 和 10% 铁矾溶液 4mL,然后用硫氰酸钾标准溶液滴定。滴定时,激烈摇动溶液,当滴至红色维持 5~10s 不褪色,即为终点。

硫氰酸钾标准溶液的当量浓度按下式计算：

$$N_1 = \frac{N_2 V_2}{V_1} \tag{3-37}$$

式中：N_1——硫氰酸钾标准溶液的当量浓度；

V_1——滴定时消耗的硫氰酸钾标准溶液(mL)；

N_2——硝酸银标准溶液的当量浓度；

V_2——硝酸银标准溶液量(mL)。

(2) 混凝土试样处理和氯离子测定步骤

① 取适量的混凝土试样（约 40g）,用小锤仔细除去混凝土试样中的石子部分,保存砂浆,

把砂浆研碎成粉状,置于105℃±5℃烘箱中烘2h。取出放入干燥器内冷却至室温,用感量为0.01g天平称取10~20g砂浆试样倒入三角锥瓶。

②用容量瓶盛100mL稀硝酸(按体积比为浓硝酸:蒸馏水=15:85)倒入盛有砂浆试样的三角锥瓶内,盖上瓶塞,防止蒸发。

③砂浆试样浸泡24h左右(以水泥全部溶解为度),其间应摇动三角锥瓶,然后用滤纸过滤,除去沉淀。

④用移液管准确量取滤液20mL两份,置于三角锥瓶,每份由滴定管加入硝酸银溶液约20mL(可估算氯离子含量的多少而酌量增减),分别用硫氰酸钾溶液滴定。滴定时激烈摇动溶液,当滴至红色能维持5~10s不褪色,即为终点。

注:必要时加入3~5滴10%铁矾溶液以增加水泥含有的Fe^{3+}。

5)试验结果计算

氯离子总含量按下式计算:

$$P = \frac{0.03545(NV - N_1V_1)}{\frac{GV_2}{V_3}} \times 100 \qquad (3-38)$$

式中: P——砂浆样品中氯离子总含量(%);
N——硝酸银标准溶液的当量浓度;
V——加入滤液试样中的硝酸银标准溶液(mL);
N_1——硫氰酸钾标准溶液的当量浓度;
V_1——加入滤液试样中的硫氰酸钾标准溶液(mL);
V_2——每次滴定时提取的滤液量(mL);
V_3——浸样品的水量(mL);
G——砂浆样品质量(g);
0.03545——氯离子的毫克当量。

六、氯离子含量的评定

(1)氯化物浸入混凝土可引起钢筋的锈蚀,其锈蚀危险性受到多种因素的影响,如碳化深度、混凝土含水率、混凝土质量等,因此应进行综合分析。

(2)根据每一取样层氯离子含量的测定值,做出氯离子含量的深度分布曲线,判断氯化物是混凝土生成时已有的,还是结构使用过程中由外界渗入及浸入的。

(3)可按表3-6的评判经验值确定混凝土中的氯离子引起钢筋锈蚀的可能性。

混凝土中氯离子含量评定标准　　表3-6

氯离子含量 (占水泥含量的百分比,%)	诱发钢筋锈蚀的可能性	评定标度
<0.15	很小	1
[0.15,0.40)	不确定	2

续上表

氯离子含量 （占水泥含量的百分比,%）	诱发钢筋锈蚀的可能性	评 定 标 度
[0.40,0.70)	有可能诱发钢筋锈蚀	3
[0.70,1.00)	会诱发钢筋锈蚀	4
≥1.00	钢筋锈蚀活化	5

第四节　混凝土中钢筋分布及保护层厚度的检测

一、应用范围

混凝土中钢筋分布及保护层厚度的检测针对主要承重构件或承重构件的主要受力部位，或钢筋锈蚀电位测试结果表明钢筋可能锈蚀活化的部位，以及根据结构检算及其他检测需要确定的部位。在下列情况下需进行检测：

（1）用于估测混凝土中钢筋的位置、深度和尺寸。
（2）在无资料或其他原因需要对结构进行调查的情况下。
（3）进行其他测试之前需要避开钢筋进行的测试。

二、检测方法及原理

（1）检测方法：采用电磁无损检测方法确定钢筋位置，辅以现场修正确定保护层厚度，估测钢筋直径，量测值精确至1mm。

（2）检测原理：仪器探头产生一个电磁场，当某条钢筋或其他金属物体位于这个电磁场内时，会引起这个电磁场磁力线的改变，造成局部电磁场强度的变化。电磁场强度的变化和金属物大小与探头距离存在一定的对应关系。如果把特定尺寸的钢筋和所要调查的材料进行适当标定，通过探头测量并由仪表显示出来这种对应关系，即可估测混凝土中钢筋的位置、深度和尺寸。

三、仪器技术要求

1. 检测仪器的技术要求

检测仪器一般包含探头、仪表和连接导线，仪表可进行模拟或数字的指示输出，较先进的仪表还具有图形显示功能，仪器可用电池或外接电源供电。

2. 钢筋保护层测试仪的技术要求

（1）钢筋保护层测试仪应通过技术鉴定，必须具有产品合格证。
（2）仪器的保护层测量范围应大于120mm。
（3）仪器的准确度应满足：

①0~60mm,±1mm。
②60~120mm,±3mm。
③>120mm,±10%。

(4)适用的钢筋直径范围应为 φ6~φ50,并不少于符合有关钢筋直径系列规定的12个档次。

(5)仪器应具有在未知保护层厚度的情况下,测量钢筋直径的功能。

(6)仪器应能适用于温度0~40℃、相对湿度≤85%、无强磁场干扰的环境条件。

(7)仪器工作时应为直流供电,连续正常工作时间不小于6h。

四、仪器的标定

(1)钢筋保护层测试仪使用期间的标定校准应使用专用的标定块。当测量标定块所给定的保护层厚度时,测读值应在仪器说明书所给定的准确度范围之内。

(2)标定块为一根 φ16 的普通碳素钢筋垂直浇铸在长方体无磁性的塑料块内,钢筋距四个侧面分别为 15mm、30mm、60mm、90mm,如图 3-9 所示。

(3)标定应在无外界磁场干扰的环境中进行。

(4)每次试验检测前均应对仪器进行标定,若达不到应有的准确度,应送专业机构维修检验。

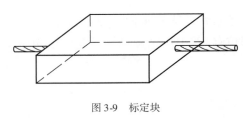

图 3-9 标定块

五、操作程序

1. 混凝土结构钢筋分布状况调查的范围

其范围应为主要承重构件或承重构件的主要受力部位,或经钢筋锈蚀电位测试结果表明钢筋可能锈蚀活化的部位,以及根据结构检算及其他检测需要确定的部位。

2. 测区布置原则

(1)按单个构件检测时,应根据尺寸大小,在构件上均匀布置测区,每个构件上的测区数不应少于3个。

(2)对于最大尺寸大于5m的构件,应适当增加测区数量。

(3)测区应均匀分布,相邻两测区的间距不宜小于2m。

(4)测区表面应清洁、平整,避开接缝、蜂窝、麻面、预埋件等部位。

(5)测区应注明编号,并记录测区位置和外观情况。

(6)测点数量及要求:
①构件上每一测区应不少于10个测点。
②测点间距应小于保护层测试仪传感器长度。

(7)对某一类构件的检测,可采取抽样的方法,抽样数不少于同类构件数的30%,且不少于3件,每个构件测区布置按单个构件要求进行。

(8)对结构整体的检测,可先按构件类型分类,再按类型进行检测。

3. 测量步骤

（1）测试前应了解有关图纸资料，以确定钢筋的种类和直径。

（2）进行保护层厚度测读前，应先在测区内确定钢筋的位置与走向，做法如下：

①将保护层测试仪传感器在构件表面平行移动，当仪器显示值为最小时，传感器正下方即是所测钢筋的位置。

②找到钢筋位置后，将传感器在原处左右转动一定角度，仪器显示最小值时传感器长轴线的方向即为钢筋的走向。

③在构件测区表面画出钢筋位置与走向。

（3）保护层厚度的测读。

①将传感器置于钢筋所在位置正上方，并左右稍稍移动，读取仪器显示的最小值，即为该处保护层厚度。

②每一测点宜读取 2~3 次稳定读数，取其平均值，精确至 1mm。

③应避免在钢筋交叉位置进行测量。

（4）对于缺少资料、无法确定钢筋直径的构件，应首先测量钢筋直径。对钢筋直径的测量宜采用测读 5~10 次、剔除异常数据、求其平均值的测量方法。

六、影响测量准确度的因素及修正

1. 影响测量准确度的因素

（1）应避免外加磁场的影响。

（2）混凝土若具有磁性，测量值需加以修正。

（3）钢筋品种对测量值有一定影响，主要是高强钢筋，需加以修正。

（4）布筋状况、钢筋间距影响测量值，当 $D/S < 3$ 时需修正测量值。其中，D 为钢筋净间距（mm），即钢筋边缘至边缘的间距；S 为保护层厚度（mm），即钢筋边缘至保护层表面的最小距离。

2. 保护层测量值的修正

当钢筋直径、材质、布筋状况、混凝土性质都已知时，才能准确测量保护层厚度，而实际测量时，这些因素往往都是未知的。

（1）仪器测量直径的选择：

两根钢筋横向并在一起（图3-10），等效直径 $d_{等效} = d_1 + d_2$；

两根钢筋竖向并在一起（图3-11），等效直径 $d_{等效} = 3(d_1 + d_2)/4$。

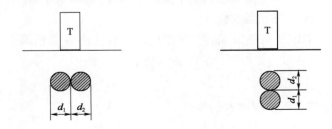

图 3-10　两根钢筋横向并在一起　　图 3-11　两根钢筋竖向并在一起

(2)用标准垫块进行综合修正,这种方法适用于现场检测。标准垫块用硬质无磁性材料制成,例如工程塑料或电工用绝缘板。平面尺寸与仪器传感器底面相同,厚度 S_b 为10mm 或 20mm。修正系数 K 计算方法如下:

①将传感器直接置于混凝土表面已标好的钢筋位置正上方,读取测量值 S_{m1}。

②将标准垫块置于传感器原混凝土表面位置,并把传感器放于标准垫块之上,读取测量值 S_{m2},则修正系数 K 为:

$$K = \frac{S_{m2} - S_{m1}}{S_b} \tag{3-39}$$

③对于不同钢筋种类和直径的试块,应确定各自的修正系数,每一修正系数应采用3次平均值求得。

(3)用校准孔进行综合修正,也是现场校准测量值的有效方法。

①用6mm 钻头在钢筋位置正上方,垂直于构件表面打孔,手感碰到钢筋立即停止,用深度卡尺量测钻孔深度,即为实际的保护层厚度 S_r,则修正系数 K 为:

$$K = \frac{S_m}{S_r} \tag{3-40}$$

式中:S_m——仪器读数值。

②对于不同钢筋种类和直径的试块应打各自的校准孔,一般应不少于2个,求其平均值。

(4)现场检测的准确度。经过修正后确定的保护层厚度值,精确度可在10%以内,因混凝土表面的平整度及各种影响因素的存在仍会给测量带来误差。

(5)用图示方式注明检测部位及测区位置,将各个测区的钢筋分布、走向绘制成图,并在图上标注间距、保护层厚度及钢筋直径等数据。

七、钢筋分布及保护层厚度的评定

1. 数据处理

(1)首先根据某一测量部位各测点的混凝土厚度实测值,按下式求出混凝土保护层厚度平均值 $\bar{D}_n$(精确至 0.1mm)。

$$\bar{D}_n = \frac{\sum_{i=1}^{n} D_{ni}}{n} \tag{3-41}$$

式中:D_{ni}——结构或构件测量部位测点混凝土保护层厚度,精确至 0.1mm;

n——检测构件或部位的测点数。

(2)按照下式计算确定测量部位混凝土保护层厚度特征值 D_{ne}(精确至 0.1mm):

$$D_{ne} = \bar{D}_n - K_p s_D \tag{3-42}$$

式中:s_D——测量部位测点保护层厚度的标准差,精确至 0.1mm,$s_D = \sqrt{\frac{\sum_{i=1}^{n}(D_{ni})^2 - n(\bar{D}_n)^2}{n-1}}$;

K_p——合格判定系数值,按表 3-7 取用。

混凝土保护层厚度合格判定系数值　　　　　　　表 3-7

n	10~15	16~24	≥25
K_p	1.695	1.645	1.595

2. 结果评定

根据测量部位实测保护层厚度特征值 D_{ne} 与其设计值 D_{nd} 的比值,混凝土保护层厚度对结构钢筋耐久性的影响评判可参考表 3-8 中的经验值。

钢筋保护层厚度评定标准　　　　　　　表 3-8

D_{ne}/D_{nd}	对结构钢筋耐久性的影响	评定标度
>0.95	影响不显著	1
(0.85, 0.95]	有轻度影响	2
(0.70, 0.85]	有影响	3
(0.55, 0.70]	有较大影响	4
≤0.55	钢筋易失去碱性保护,发生锈蚀	5

第五节　混凝土碳化深度的检测与评定

一、检测方法

钢筋锈蚀电位测试结果表明,应对可能存在钢筋锈蚀活动的区域(钢筋锈蚀电位评定标度值为 3、4、5)进行混凝土碳化深度测量。另外,碳化深度的检测也是混凝土强度检测中需要进行的一项工作。

混凝土碳化状况的检测通常采用在混凝土新鲜断面喷洒酸碱指示剂,通过观察酸碱指示剂颜色变化来确定混凝土碳化深度的方法。

二、检测步骤

碳化深度检测时,测区位置的选择原则可参照钢筋锈蚀自然电位测试的要求,若在同一测区,应先进行保护层和锈蚀电位、电阻率的测量,再进行碳化深度及氯离子含量的测量,具体检测步骤如下。

1. 测区及测孔布置

(1)测区应包括锈蚀电位测量结果有代表性的区域,同时能反映不同条件及不同混凝土质量的部位,结构外侧面应布置测区。

(2)测区数不应小于 3 个,测区应均匀布置。

(3)每一测区应布置 3 个测孔,3 个测孔应呈"品"字排列,孔距根据构件尺寸大小确定,但应大于2倍孔径。

(4)测孔距构件边角的距离应大于2.5倍保护层厚度。

2. 形成测孔

(1)用装有20mm直径钻头的冲击钻在测点位置钻孔。

(2)成孔后用圆形毛刷将孔中碎屑、粉末清除,露出混凝土新茬。

(3)将测区测孔统一编号,并绘出示意图。

3. 碳化深度的测量

(1)检测前配制好指示剂(酚酞试剂):75%的酒精溶液与白色酚酞粉末配置成酚酞浓度为1%~3%的酚酞溶剂,装入喷雾器备用,溶剂应为无色透明的液体。

(2)将酚酞指示剂喷到测孔壁上。

(3)待酚酞指示剂变色后,用测深卡尺测量混凝土表面至酚酞变色交界处的深度,准确至1mm。酚酞指示剂从无色变为紫色时,混凝土未碳化,酚酞指示剂未改变颜色处的混凝土已碳化。

4. 数据整理

(1)将测量结果标注在测区、测孔布置图上。

(2)将测量值整理列表,应列出最大值、最小值和平均值。

三、碳化深度检测结果的评定

混凝土碳化深度对钢筋锈蚀影响的评定,可取构件的碳化深度平均值与该类构件保护层厚度平均值之比K_c,并考虑其离散情况,参考表3-9对单个构件进行评定。

混凝土碳化评定标准　　　　　　　　表3-9

K_c	评定标度	K_c	评定标度
<0.5	1	[1.5,2.0)	4
[0.5,1.0)	2	≥2.0	5
[1.0,1.5)	3		

第六节　混凝土电阻率的检测与评定

一、混凝土电阻率的检测方法

混凝土的电阻率反映其导电性。混凝土电阻率大,若钢筋发生锈蚀,则发展速度慢,扩散能力弱;混凝土电阻率小,锈蚀发展速度快,扩散能力强。因此,测量混凝土的电阻率是对钢筋状况进行检测评定的一项重要内容。

混凝土电阻率检测测区,应根据钢筋锈蚀电位测量结果确定,对经钢筋锈蚀电位测试结果表明钢筋可能锈蚀活化的区域,应进行混凝土电阻率测量。

混凝土电阻率可采用四电极阻抗测量法测定,即使混凝土表面等间距接触四支电极,两外侧电极为电流电极,两内侧电极为电压电极,通过检测两电压电极间的混凝土阻抗获得混凝土电阻率 ρ,如图 3-12 所示。

$$\rho = \frac{2\pi dV}{I} \tag{3-43}$$

式中:V——电压电极间所测电压;
I——电流电极通过的电流;
d——电极间距。

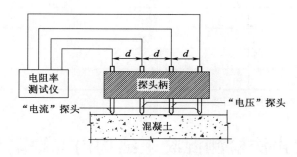

图 3-12 混凝土电阻率测试技术示意图

二、电阻率测试仪及技术要求

混凝土电阻率测试仪应通过技术鉴定,具有产品合格证,并定期进行计量标准检定。
电阻率测试仪由四电极探头与电阻率仪表组成,采用交流测量系统。
(1)探头四电极间距可调,调节范围 10cm,每一电极内均装有压力弹簧,从而保证可测不同深度的电阻率且电极与混凝土表面接触良好。
(2)电压电极间的输入阻抗 >1MΩ。
(3)电极端部直径尺寸不得大于 5mm。
(4)显示方式:数字显示电阻率值。
(5)电源:直流供电,连续正常工作时间不小于 6h。
(6)仪器使用环境条件:环境温度 0~40℃,相对湿度 ≤85%。

三、仪器的检查

在四个电极上分别接三支电阻,则仪器的显示值为相应的电阻率值。例如,电阻值为 1kΩ,相应电阻率值为:$2\pi d \times 1 \text{k}\Omega \cdot \text{cm}$。

四、混凝土电阻率的测量

测区与测位布置可参照钢筋锈蚀自然电位测量的要求,在电位测量网格间进行,并做好编号工作。
混凝土表面应清洁、无尘、无油脂。为了提高量测的准确性,必要时可去掉表面碳化层。
调节好仪器电极的间距,一般采用的间距为 50mm。为了保证电极与混凝土表面有良好、连续的电接触,应在电极前端涂上耦合剂,特别是当读数不稳定时。测量时探头应垂直置于混凝土表面,并施加适当的压力。

五、混凝土电阻率的评定标准

混凝土电阻率的评定标准见表3-10。

混凝土电阻率评定标准　　　　　　　表3-10

电阻率(Ω·cm)	可能的锈蚀速率	评定标度
≥20000	很慢	1
[15000,20000)	慢	2
[10000,15000)	一般	3
[5000,10000)	快	4
<5000	很快	5

注:量测时混凝土桥梁结构或构件应为自然状态。

第七节　超声法检测混凝土结构内部缺陷与表层损伤

超声法适用于常见公路桥梁混凝土结构内部缺陷与表层损伤的检测。涉及的检测内容主要包括:混凝土内部空洞和不密实区的位置与范围、裂缝深度、表层损伤厚度,以及不同时间浇筑的混凝土结合面的质量和钢管混凝土中的缺陷等。

一、超声法检测混凝土缺陷的基本依据与方法

1. 基本依据

(1)根据超声波在混凝土中传播时遇到缺陷的绕射现象,按声时和声程的变化来判别和计算缺陷的大小。

(2)依据超声波在缺陷界面上的反射,及抵达接收探头时能量显著衰减的现象,来判别缺陷的存在和大小。

(3)依据超声波脉冲各频率成分在遇到缺陷时不同程度地衰减,从而造成接收频率明显降低,或接收波频谱与反射波频谱产生差异,来判别内部缺陷。

(4)根据超声波在缺陷处波形转换和叠加,造成波形畸变的现象来判别缺陷。

2. 方法

用超声法检测混凝土缺陷时,发射和接收换能器与测试面之间应具备良好的耦合状态,发射和接收换能器的连线必须离开钢筋一定距离或与钢筋轴线形成一定夹角,并力求混凝土处于自然干燥状态。

超声法检测混凝土内部缺陷与表层损伤的方法总体上可分为两类:第一类为用厚度振动式换能器进行平面测试;第二类为采用径向振动式换能器进行钻孔测试。

1)第一类平面测试方法

(1)对测法:一对发射和接收换能器分别置于被测结构相互平行的两个表面,且两个换能

器的轴线位于同一直线上。

(2)斜测法:一对发射和接收换能器分别置于被测结构的两个表面,但两个换能器的轴线不在同一直线上。

(3)单面平测法:一对发射和接收换能器置于被测结构物的同一表面上进行测试。

2)第二类钻孔测试方法

(1)孔中对测:一对换能器分别置于两个对应的钻孔中,位于同一高度进行测试。

(2)孔中斜测:一对换能器分别置于两个对应的钻孔中,但不在同一高度,而是在保持一定高程差的条件下进行测试。

(3)孔中平测:一对换能器置于同一钻孔中,以一定高程差同步移动进行测试。

二、声学参数测量

1. 一般规定

(1)检测前应取得有关资料:工程名称、检测目的与要求、混凝土原材料品种和规格、混凝土浇筑和养护情况、构件尺寸和配筋施工图或钢筋隐蔽图,以及构件外观质量及存在的问题。

(2)依据检测要求和测试操作条件,确定缺陷测试的部位(简称"测位")。测位混凝土表面应清洁、平整,必要时可用砂轮磨平或用高强度的快凝砂浆抹平,抹平砂浆必须与混凝土黏结良好。

(3)在满足首波幅度测读精度的条件下,应选用较高频率的换能器。换能器应通过耦合剂与混凝土测试表面保持紧密结合,耦合层不得夹杂泥沙或空气。

(4)检测时应避免超声传播路径与附近钢筋轴线平行,如无法避免,应使两个换能器连线与该钢筋的最短距离不小于超声测距的1/6。

(5)检测中出现可疑数据时,应及时查找原因,必要时进行复测校核或加密测点补测。

2. 声学参数测量

1)模拟式超声检测仪测量

(1)检测之前应根据测距大小将仪器的发射电压调在某一挡,并以扫描基线不产生明显噪声干扰为前提,将仪器"增益"调至较大位置保持不动。

(2)声时测量。应将发射换能器(简称"T换能器")和接收换能器(简称"R换能器")分别耦合在测位中的对应测点上。当首波幅度过低时,可用"衰减器"调节至便于测读,再调节游标脉冲或扫描延时,使首波前沿基线弯曲的起始点对准游标脉冲前沿,读取声时值 t_1(精确至 $0.1\mu s$)。

(3)波幅测量。在保持换能器良好耦合状态时采用下列两种方法之一进行读取。

①刻度法:将衰减器固定在某一衰减位置,在仪器荧光屏上读取首波幅度的格数。

②衰减值法:采用衰减器将首波调至一定高度,读取衰减器上的 dB 值。

(4)主频测量。应先将游标脉冲调至首波前半个周期的波谷(或波峰),读取声时值 t_1(μs),再将游标脉冲调至相邻的波谷(或波峰),读取声时值 t_2(μs),按式(3-44)计算出该点(第 i 点)第一个周期波的主频 f_i(精确至 0.1kHz)。

$$f_i = \frac{1000}{t_1 - t_2} \tag{3-44}$$

(5)在进行声学参数测量的同时,应注意观察接收信号的波形或包络线的形状,必要时进行描绘或拍照。

2)数字式超声检测仪测量

(1)检测之前根据测距大小和混凝土外观质量情况,将仪器的发射电压、采样频率等参数设置在某一挡并保持不变。换能器与混凝土测试表面应始终保持良好的耦合状态。

(2)声学参数自动测读:停止采样后即可自动读取声时、波幅、主频值。当声时自动测读光标所对应的位置与首波前沿基线弯曲的起始点有差异或者波幅自动测读光标所对应的位置与首波峰顶(或谷底)有差异时,应重新采样或改为手动游标读数。

(3)声学参数手动测量:先将仪器设置为手动判读状态,停止采样后调节手动声时游标至首波前沿基线弯曲的起始位置,同时调节幅度游标使其与首波峰顶(或谷底)相切,读取声时和波幅值;再将声时光标分别调至首波及其相邻的波谷(或波峰),读取声时差值 Δt(μs),$1000/\Delta t$ 即为首波的主频(kHz)。

(4)波形记录:对于有分析价值的波形,应予以储存。

3)混凝土声时值计算

$$t_{ci} = t_i - t_0 \tag{3-45}$$

或

$$t_{ci} = t_i - t_{00}$$

式中:t_{ci}——第 i 点混凝土声时值(μs);

t_i——第 i 点测读声时值(μs);

t_0、t_{00}——声时初读数(μs)。

当采用厚度振动式换能器时,t_0 应参照仪器使用说明书的方法测得;当采用径向振动式换能器时,t_{00} 可按下述的"时-距"法测得。

使两个径向振动式换能器保持轴线相互平行,置于清水中同一水平高度,两个换能器内边缘间距先后调节在 l_1(如 200mm)、l_2(如 100mm),分别读取相应声时值 t_1、t_2。由仪器、换能器及其高频电缆所产生的声时初读数 t_0 应按下式计算:

$$t_0 = \frac{l_1 t_1 - l_2 t_2}{l_1 - l_2} \tag{3-46}$$

用径向振动式换能器在钻孔中进行对测时,声时初读数 t_{00} 应按下式计算:

$$t_{00} = t_0 + \frac{d_2 - d}{v_w} \tag{3-47}$$

用径向振动式换能器在预埋声测管中检测时,声时初读数 t_{00} 应按下式计算:

$$t_{00} = t_0 + \frac{d_2 - d_1}{v_g} + \frac{d_1 - d}{v_w} \tag{3-48}$$

式中:t_{00}——钻孔或声测管中测试的声时初读数(μs);

t_0——仪器设备的声时初读数(μs);
d——径向振动式换能器直径(mm);
d_1——声测孔直径或预埋声测管的内径(mm);
d_2——声测管的外径(mm);
v_w——水的声速(km/s),按表3-11取值;
v_g——预埋声测管所用材料的声速(km/s),用钢管时,$v_g=5.80$,用PVC管时,$v_g=2.35$;
l_1——第一次调节换能器内边缘间距;
l_2——第二次调节换能器内边缘间距。

水声速取值   表3-11

水温度(℃)	5	10	15	20	25	30
水声速(km/s)	1.45	1.46	1.47	1.48	1.49	1.50

当采用一只厚度振动式换能器和一只径向振动式换能器进行检测时,声时初读数可取该两换能器初读数的平均值。

4)超声传播距离(简称测距)的测量

当采用厚度振动式换能器对测时,宜用钢卷尺测量T、R换能器辐射面之间的距离;当采用厚度振动式换能器平测时,宜用钢卷尺测量T、R换能器内边缘之间的距离;当采用径向振动式换能器在钻孔或预埋管中检测时,宜用钢卷尺测量放置T、R换能器的钻孔或预埋管内边缘之间的距离;测距的测量误差应不大于±1%。

三、混凝土不密实区和空洞的检测

混凝土结构在施工过程中,因漏振、漏浆或石子架空在钢筋骨架上,会导致混凝土内部形成蜂窝状不密实或空洞等隐蔽缺陷。检测时,宜先根据现场施工记录和外观质量情况,或者在结构的使用过程中出现了质量问题后,初步判定混凝土内部缺陷的大致位置,或采用大范围的粗测定位方法(大面积扫测)确定隐蔽缺陷的大致位置,然后再根据粗测情况对可疑区域进行细测。检测不密实区和空洞时,构件的被测部位应具有一对或两对相互平行的测试面,测试范围原则上应大于有怀疑的区域,同时应在同条件的正常混凝土区域进行对比测试。一般地,对比测点数不宜少于20个。

采用平面测试法和钻孔或预埋管测法时,需注意以下内容。

(1)当结构被测部位具有两对平行表面时,可采用一对换能器,分别在两对互相平行的表面上进行对测。如图3-13所示,先在测区的两对平行表面上分别画出间距为200~300mm的网格,并逐点编号,定出对应测点的位置,然后将T、R换能器经耦合剂分别置于对应测点上,逐点读取相应的声时t_i、波幅A_i和频率f_i,并量取测试距离l_i。

(2)当结构物的被测部位只有一对平行表面可供测试,或被测部位处于结构的特殊位置时,可采用对测和斜测相结合的方法,换能器在对测的基础上进行交叉斜测,测点布置如图3-14所示。

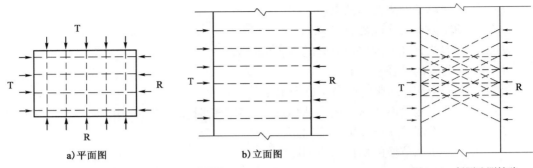

图 3-13　对测法换能器布置　　　　　图 3-14　斜测法测缺陷

（3）对于大体积混凝土结构，由于其断面尺寸较大，如直接进行平面对测，接收到的脉冲信号微弱，甚至无法识别首波的起始位置，不利于声学参数的读取和分析。为了缩短测试距离，提高检测灵敏度，可采用钻孔或预埋管测法。如图 3-15 所示，在测位预埋声测管或钻出竖向测试孔，预埋管内径或钻孔直径宜比换能器直径大 5～10mm，预埋管或钻孔间距宜为 2～3m，其深度可根据测试需要确定。检测时可用两个径向振动式换能器分别置于两测孔中进行测试，或用一个径向振动式与一个厚度振动式换能器，分别置于测孔中和平行于测孔的侧面进行测试。根据需要，可以将两个换能器置于同一高度，也可以将二者保持一定的高度差，同步上下移动，逐点读取声时、波幅和频率值，并记下孔中换能器的位置。

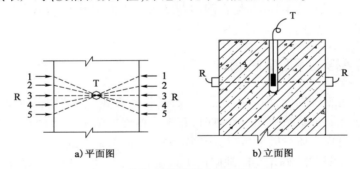

图 3-15　钻孔或预埋管测法换能器布置图

（4）每一测点的声时、波幅、主频和测距，应按本节所述方法进行测量。

（5）由于混凝土本身的不均匀性，以及混凝土的原材料品种、用量及混凝土的湿度和测距等因素对声学参数值的影响，一般宜采用统计方法进行不密实区和空洞的测定。

（6）测位混凝土声时（或声速）、波幅及频率等声学参数的平均值 m_x 和标准差 s_x 可按下列公式计算：

$$m_x = \frac{1}{n}\sum_{i=1}^{n} x_i \tag{3-49}$$

$$s_x = \sqrt{\frac{\sum_{i=1}^{n} x_i^2 - n \cdot m_x^2}{n-1}} \tag{3-50}$$

式中：x_i——第 i 点某一声学参数的测量值；

n——参与统计的测点数。

(7) 声学参数观测值中异常值的判别。当测位混凝土中某些测点的声学参数被判为异常值时,可结合异常测点的分布及波形状况,确定混凝土内部不密实区和空洞的位置和范围。

四、混凝土结合面质量的检测

用超声法检测两次浇筑混凝土结合面的质量时,应先查明结合面的位置及走向,明确被测部位及范围。若构件的被测部位具有声波垂直或斜穿结合面的测试条件,可采用对测法与斜测法进行检测。换能器的具体布置方法如图3-16所示。

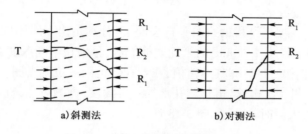

图3-16 混凝土结合面质量检测示意图

1. 测点布置

(1) 使测试范围覆盖全部结合面或有怀疑的部位。

(2) 各对 T-R_1(声波传播不经过结合面)和 T-R_2(声波传播经过结合面)换能器连线的倾斜角测距应相等。

(3) 测点间距应根据被测结构尺寸和结合面的外观质量情况确定,一般为 100~300mm,间距过大易造成缺陷漏检。

2. 声时、波幅和主频率测量

按布置好的测点分别测出各点的声时、波幅和主频率。

3. 数据处理及判定

(1) 将同一测位各点声速、波幅和主频道分别按式(3-49)和式(3-50)进行统计计算。

(2) 当测点数无法满足统计法判断时,可将 T-R_2 的声速、波幅等声学参数与 T-R_1 进行比较,若 T-R_2 声学参数比 T-R_1 显著更低,则该点可判为异常测点。

(3) 当通过结合面的某些测点的数据被列为异常,并查明无其他因素影响时,可判定混凝土结合面在该部位结合不良。

五、混凝土表面损伤层的检测

冻害、高温或化学腐蚀会引起混凝土表面层损伤。检测表面损伤层厚度时,被测部位和测点的确定应满足下列要求:

(1) 根据构件的损伤情况和外观质量选取有代表性的部位布置测位。

(2) 构件被测部位表面应平整并处于自然干燥状态,且无接缝和饰面层。

(3)检测时,为保证检测结果的可靠性,宜做局部破损验证。

1. 测试方法

(1)用超声法检测混凝土表面损伤层厚度的方法大致有两种:一是单面平测法,二是逐层穿透法。

(2)单面平测法。此法可应用于仅有一个可测表面的结构,也可应用于损伤层位于两个对应面上的结构或构件。如图 3-17 所示,将发射换能器 T 置于测试面某一点保持不动,再将接收换能器 R 以测距 l_i =30mm、60mm、90mm……依次置于各点,读取相应的声时值 t_i。每一测位的测点数不得少于 6 个,当损伤厚度较厚时,应适当增加测点数,当构件的损伤层厚度不均匀时,应适当增加测位数量。

(3)逐层穿透法。在损伤结构的一对平行表面上,分别钻出一对不同深度的测试孔,孔径为 50mm 左右,然后用直径小于 50mm 的平面式换能器,分别在不同深度的一对测孔中进行测试,读取声时值和测试距离,并计算其声速值,或者在结构同一位置先测一次声速,然后凿开一定深度的测孔,在孔中测一次声速,再将测孔增加一定深度,再测声速,直至两次测得的声速之差小于 2% 或接近于最大值时为止,如图 3-18 所示。

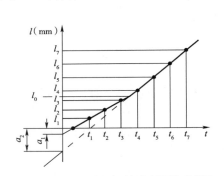

图 3-17 采用平测法检测损伤层厚度示意图

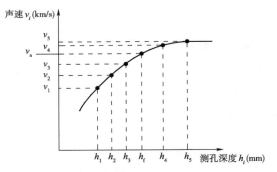

图 3-18 采用逐层穿透法检测损伤厚度的 v-h 曲线

(4)表层损伤层平测法检测时,宜选用 30~50kHz 的低频厚度振动式换能器。

2. 数据处理及判断

(1)当采用单面平测时,将各测点的声时测值 t_i 和相应的测距值 l_i 绘制"时-距"坐标图。如图 3-17 所示,由图可求得声速改变所形成的转折点,该点前、后分别表示损伤和未损伤混凝土的 l 与 t 相关直线。用回归分析方法分别求出损伤、未损伤混凝土 l 与 t 的回归直线方程。

损伤混凝土:

$$l_f = a_1 + b_1 t_f \tag{3-51}$$

未损伤混凝土:

$$l_a = a_2 + b_2 t_a \tag{3-52}$$

式中: l_f ——损伤前各测点的测距(mm),对应于图 3-17 中的 l_1、l_2 和 l_3;

t_f ——对应于图 3-17 中的 l_1、l_2 和 l_3 的声时 t_1、t_2 和 t_3(μs);

l_a —— 损伤后各测点的测距(mm),对应于图 3-17 中的 l_4、l_5、l_6 和 l_7;

t_a —— 对应于测距 l_4、l_5、l_6 和 l_7 的声时 t_4、t_5、t_6 和 t_7(μs);

a_1、a_2、b_1、b_2 —— 直线的回归系数,分别为图 3-17 中损伤和未损伤混凝土直线的截距和斜率。

(2) 采用单面平测法检测的损伤层厚度 h_f(mm)可按下式进行计算:

$$L_0 = \frac{a_1 b_2 - a_2 b_1}{b_2 - b_1} \quad (3-53)$$

$$h_f = \frac{l_0(b_2 - b_1)}{2(b_2 + b_1)} \quad (3-54)$$

(3) 当采用逐层穿透法检测时,可以每次测量的声速值(v_i)和测孔深度值(h_i)绘制"v-h"曲线,如图 3-18 所示,当声速趋于基本稳定的测孔深度,便是混凝土损伤层的厚度 h_f。

六、混凝土裂缝深度的检测

超声法可用于检测混凝土裂缝的深度。检测时,裂缝中应没有积水和其他能够传声的夹杂物,且裂缝附近混凝土应相当匀质。

开口垂直裂缝检测分为如下两种情况。

1. 构件断面不大且可对测

(1) 在两个测面上等距离布置测点,用对测法逐点测出声时值,见图 3-19a)。

(2) 绘制测点声时与距离的关系曲线,见图 3-19b)。曲线 A 段的末端与 B 段的首端的相交位置即为裂缝所到达的区域,对这一区域再采用加密测点的方法即可准确地确定裂缝深度 H_L。

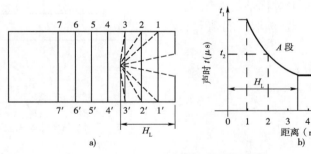

图 3-19 开口垂直裂缝的穿透法探测

(3) 当两探头连线与裂缝平面相交时,随探头的移动,声时逐渐由长变短,未相交时声时不变。实际测量时只要有三个不变声时点,即认为声时稳定。

2. 构件断面很大不可对测

只有一个可测面,无法在测面用对测法检测时,可用平测法检测裂缝的深度。

(1) 当估计裂缝深度不大于 500mm 时,宜采用单面平测法进行检测。检测时应在裂缝的被测部位以不同的测距,按跨缝和不跨缝布置测点。测点布置应避开钢筋。

① 进行不跨缝的声时测量:将发射换能器 T 和接收换能器 R 置于裂缝附近同一侧,并将 T

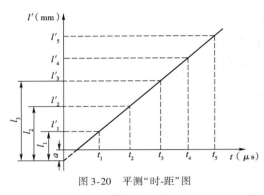

图3-20 平测"时-距"图

耦合好保持不动,以 T、R 两个换能器内边缘间距 l'_i 为 100mm、150mm、200mm 等,依次移动 R 并读取相应的声时值 t_i。以 l' 为纵轴、t 为横轴绘制"时-距"坐标图(图3-20),或用回归分析的方法求声时与测距之间的回归直线方程:

$$l'_i = a + bt_i \tag{3-55}$$

每一个测点的超声实际传播距离 l_i 为:

$$l_i = l'_i + |a| \tag{3-56}$$

式中:l_i——第 i 点的超声波实际传播距离(mm);

l'_i——第 i 点的 R、T 换能器边缘间距(mm);

a——"时-距"图中 l' 轴的截距或回归直线方程的常数项(mm)。

不跨裂缝平测的混凝土声速值 v 为:

$$v = \frac{l'_n - l'_1}{t_n - t_1} \quad (km/s) \tag{3-57}$$

或

$$v = b \tag{3-58}$$

式中:l'_n、l'_1——第 n 点和第 1 点的测距(mm);

t_n、t_1——第 n 点和第 1 点读取的声时值(μs);

b——"时-距"直线的斜率。

②进行跨缝的声时测量:如图3-21所示,将T、R换能器分别置于以裂缝为对称轴的两侧,l'_i 取100mm、150mm、200mm 等,分别读取声时值 t_{ci},同时观察首波相位的变化。

③裂缝深度按下式计算:

$$h_i = \frac{l_i}{2}\sqrt{\left(\frac{t_{ci}v}{l_i}\right)^2 - 1} \tag{3-59}$$

$$h_m = \frac{1}{n}\sum_{i=1}^{n}h_i \tag{3-60}$$

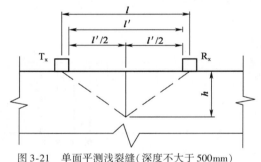

图3-21 单面平测浅裂缝(深度不大于500mm)示意图

式中:l_i——不跨缝平测时第 i 点的超声波实际传播距离(mm);

h_i——以第 i 点计算的裂缝深度(mm);

t_{ci}——第 i 点跨缝平测时的声时值(μs);

h_m——各测点计算裂缝深度的平均值(mm);

n——测点数。

④裂缝深度的确定方法:

a.跨缝测量中,当在某测距发现首波反相时,可用该测距及两个相邻测距的测量值按式(3-59)计算 h_i 值,取此三点 h_i 的平均值作为该裂缝的深度值 h。

b. 跨缝测量中，如难以发现首波反相，则以不同测距按式(3-59)、式(3-60)计算 h_i 及其平均值 h_m。将各测距 l'_i 与 h_m 做比较，剔除测距 l'_i 小于 h_m 和大于 $3h_m$ 的数据组，然后取余下 h_i 的平均值，作为该裂缝的深度值 h。

（2）对于裂缝深度超过 500mm，被检测混凝土允许在裂缝两侧钻测试孔的情形，可采用钻孔对测法检测裂缝深度，如图 3-22 所示。

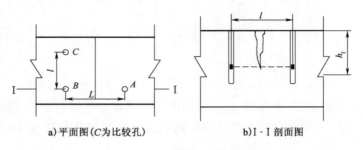

图 3-22　钻孔测裂缝深度示意图

①所钻测试孔应满足下列技术要求：

a. 孔径应比所用换能器的直径大 5~10mm；

b. 孔深应比被测裂缝的预计深度深 70mm，经测试，如浅于裂缝深度，则应加深钻孔；

c. 对应的两个测孔应始终位于裂缝两侧，且其轴线保持平行；

d. 两个对应测试孔的间距宜为 2m，同一检测对象各对应测孔间距应保持相同；

e. 孔中的粉尘碎屑应清理干净；

f. 如图 3-22a）所示，宜在裂缝一侧多钻一个孔距相同但较浅的孔（C），通过 B、C 两孔测试无裂缝混凝土的声学参数；

g. 横向测孔的轴线应具有一定倾斜角。

②裂缝深度检测应选用频率为 20~60kHz 的径向振动式换能器。

③测试前首先向测孔内注满清水，并检查是否有漏水现象，如果漏水较快，说明该测孔与裂缝相交，此孔不能用于测试。经检查测孔不漏水，可将 T、R 换能器分别置于裂缝同侧的 B、C 孔中，以相同高度等间距地同步向下移动，并读取相应的声时和波幅值。再将两个换能器分别置于裂缝两侧对应的 A、B 测孔中，以同样方法同步移动两个换能器，逐点读取声时、波幅和换能器所处的深度。换能器每次移动的间距一般为 100~300mm，当初步查明裂缝的大致深度时，为便于准确判定裂缝深度，当换能器位于裂缝末端附近时，移动的间距应减小，详见图 3-22b）。

④若需确定裂缝末端的具体位置，可按图 3-23 所示的方法，将 T、R 换能器相差一个固定高度，然后上下同步移动，在保持每一个测点的测距相等、测线倾角一致的条件下，读取相应声时的波幅值及两个换能器的位置。

⑤裂缝深度及末端位置判定。

a. 裂缝深度判定主要以波幅测值作为依据。具体对测孔所测得的波幅值和相应的孔深，用图 3-23 进行判别。其方法如下：换能器所处深度 h 为纵坐标，对应的波幅值 A 为横坐标，绘制 h-A 坐标图，如图 3-24 所示。随着换能器位置的下移，波幅逐渐增大，当换能器下移至某一位置后,波幅达到最大并基本保持稳定,该位置对应的深度,便是该裂缝的深度 h。

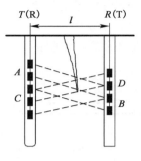

图 3-23 孔中交叉斜测示意图

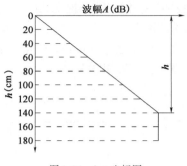

图 3-24 $h\text{-}A$ 坐标图

b. 裂缝末端位置判定,如图 3-23 所示。当两个换能器的连线(测线)超过裂缝末端后,波幅测值将保持最大值,根据这种情况可以确定达到裂缝末端的两条测线 AB 和 CD 的位置,该两测线的交点便是裂缝末端的位置。

⑥采用钻孔对测时,应注意混凝土不均匀性的影响、温度和外力的影响以及钢筋的影响。

七、混凝土匀质性检验

结构混凝土的均匀性一般宜采用平面式换能器进行穿透对测法检测。

检测时,要求被测结构应具备一对相互平行的测试表面,并保持平整、干净。先在两个测试面上分别画出等间距的网格,并编上对应的测点序号,网格的间距大小取决于结构的种类和测试要求,一般为 200~300mm。对于测距较小、质量要求较高的结构,测点间距宜小些,而对于大体积结构,测点间距可适当取大些。

其次,应使 T、R 换能器在对应的一对测点上保持良好的耦合状态,逐点读取声时值 t_i。超声测距的测量方法可根据构件的实际情况确定,如果各测点的测距完全一致,便可在构件的不同部位抽测几次,取其平均值作为该构件的超声测距值 l。当各测点的测距不尽相同(相差 $\geqslant$ 1%)时,应分别进行测量,有条件时最好采用专用工具逐点测量 l_i 值。

最后,根据被测结构混凝土的"声速 v-强度 R"关系曲线,先计算出被测构件测位处测点换算强度值 R_i,然后,再计算测位处测点换算强度的平均值 m_R、标准差 S_R 和离差系数(变异系数)C_R。

第八节 钢结构试验检测

一、构件焊接质量检验

桥梁建造工程中许多构件需焊接加工,其焊接质量的好坏直接影响着构件的质量,因此,钢结构构件焊接质量的检验工作是确保产品质量的重要措施。根据焊接工序的特点,检验工作是贯穿焊接始终的。一般分成三个阶段,即焊前检验、焊接过程中检验和焊后成品的检验。

1. 焊前检验

焊前检验是指焊接实施之前准备工作的检验,包括原材料的检验、焊接结构设计的鉴定及其他可能影响焊接质量因素的检验(如焊工考试、电源的质量、工具和电缆的检查)。检验应根据图纸要求和相应的国家标准及行业标准进行。

2. 焊接过程中的检验

在焊接过程中主要检验焊接规范、焊缝尺寸和结构装配质量。

1)焊接规范的检验

焊接规范的检验主要针对焊接过程中的工艺参数,如焊接电流、焊接电压、焊接速度、焊条(焊丝)直径、焊接的道数、层数、焊接顺序、能源的种类和极性等。正确的规范是在焊前进行试验总结取得的。有了正确的规范,还要在焊接过程中严格执行才能保证接头质量的优良和稳定。对焊接规范的检验,不同的焊接方法有不同的内容和要求。

(1)手工焊规范的检验

一方面检验焊条的直径和焊接电流是否符合要求,另一方面要求焊工严格执行焊接工艺规定的焊接顺序、焊接道数、电弧长度等。

(2)埋弧自动焊和半自动焊焊接规范的检验

除了检查焊接电流、电弧电压、焊丝直径、送丝速度、焊接速度(对自动焊而言)外,还要认真检查焊剂的牌号、颗粒度、焊丝伸出长度等。

(3)接触焊规范的检验

对于对焊,主要检查夹头的输出功率、通电时间、顶锻量、工件伸出长度、工件焊接表面的接触情况、夹头的夹紧力和工件与夹头的导电情况等。电阻对焊时还要注意焊接电流、加热时间和顶锻力之间的相互配合。压力正常但加热不足,或加热正确而压力不足都会形成未焊透。电流过大或通电时间过长会使接头过热,降低其机械性能。闪光对焊时,特别要注意检查烧化时间和顶锻速度。若焊接时顶锻力不足,焊件断头表面可能因氧化物未被挤出而形成未焊透或白斑等缺陷。对于点焊,要检查焊接电流、通电时间、初压力以及加热后的压力、电极表面及工件被焊处表面情况等是否符合工艺规范要求。对焊接电流、通电时间、加热后的压力三者之间配合是否恰当要认真检查,否则会产生缺陷。如加热后的压力过大会使工件表面显著凹陷和部分金属被挤出;压力不足会造成未焊透;电流过大或通电时间过长会引起金属飞溅和焊点缩孔。对于缝焊,要检查焊接电流、滚轮压力和通电时间是否符合工艺规范。通电时间过少会形成焊点不连续,电流过大或压力不足会使焊缝区过烧。

(4)气焊规范的检验

要检查焊丝的牌号、直径、焊嘴的号码,并检查可燃气体的纯度和火焰的性质。如果选用过大的焊嘴会使焊件烧坏,过小的焊嘴会造成未焊透,使用过分的还原性火焰会使金属渗碳,而氧化焰会使金属激烈氧化。这些都会使焊缝金属机械性能降低。

2)焊缝尺寸的检查

焊缝尺寸的检查应根据工艺卡或行业标准所规定的要求进行,一般采用特制的量规和样板来量测。图3-25和图3-26是普通样板和万能量规量测的示意图。

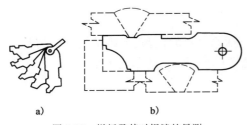

图 3-25　样板及其对焊缝的量测

3）结构装配质量的检验

在焊接之前进行装配质量检验是保证结构焊成后符合图纸要求的重要措施。对装配结构应做如下几项检查：

（1）按图纸检查各部分尺寸、基准线及相对位置是否正确，是否留有焊接收缩余量和机械加工余量。

（2）检查焊接接头的坡口形式及尺寸是否正确。

（3）检查点固焊的焊缝布置是否恰当，能否起到固定作用，是否会给焊后带来过大的内应力，并检查点固焊缝的缺陷。

（4）检查焊接处是否清洁，有无缺陷（如裂缝、凹陷、夹层）。

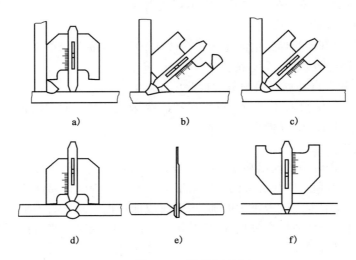

图 3-26　万能量规的用法

3. 焊后成品的检验

《钢结构工程施工质量验收标准》（GB 50205—2020）规定，设计要求的一、二级焊缝应全数进行内部缺陷的无损检测，检验方法采用超声波或射线探伤。

焊接产品虽然在焊前和焊接过程中进行了检查，但由于制造过程中外界因素的变化，如操作的不稳定、能源的波动都有可能引起缺陷的产生。为了保证产品的质量，对成品必须进行质量检验。钢结构构件一般用外观检验法检测表面缺陷。下面先介绍外观检测方法，其他探伤原理和方法将作专门介绍。

焊接接头的外观检测是一种手续简便而应用广泛的经验方法，是成品检验的一项重要内容。这种方法有时也使用于焊接过程中，如厚壁焊件做多层焊时，每焊完一层焊道便采用这种方法进行检查，以防止前道焊层的缺陷被带到下一层焊道中去。

外观检查主要是发现焊缝表面的缺陷和尺寸上的偏差。

这种检查一般是通过肉眼观察，借助标准样板、量规和放大镜等工具进行检测，故有肉眼观察法或目视法之称。

检查之前,必须将焊缝附近 10～20mm 基本金属上的所有飞溅及其他污物清除干净。在清除焊渣时,要注意焊渣覆盖的情况。一般来说,根据熔渣覆盖的特征和飞溅的分布情况,可粗略地预料在该处会出现什么缺陷。例如,贴焊缝面的熔渣表面有裂纹痕迹,往往在焊缝中也有裂纹;若发现有飞溅呈线状集结在一起,则可能是电流产生磁场磁化工件,金属微粒堆积在裂纹上,因此,应在该处仔细地检查是否有裂纹。

对合金钢的焊接产品必须进行两次外部检查,即紧接着焊接之后和焊接经过 15～30d 以后。这是因为有些合金钢内产生的裂纹形成得很慢,以致在第二次检查时才发现裂缝。

对未填满的弧坑应特别仔细检查,因该处可能会有星形散射状裂纹。

若焊缝表面出现缺陷,焊缝内部便有存在缺陷的可能。如焊缝表面出现咬边或满溢,则内部可能存在未焊透或未熔合;焊缝表面多孔,则焊缝内部亦可能会有气孔或非金属夹杂物存在。

焊缝尺寸的检查可采用前面介绍的量规和样板进行。

二、钢结构无损检测

近几年来钢结构在桥梁工程上的使用增加迅速,特别是在大跨径桥的建设中尤为明显,钢结构无损检测需求日益突出。这方面的检测对人员有特殊的资质要求,应由相应等级资质的人员按有关规范完成检测、报告编制与审批。本书只介绍一些最基本的知识。

1. 超声波检测

1)超声波检测原理

实际的探伤应用中,脉冲反射式超声探伤是应用的最为广泛一种。在一个钢构件中存在一个缺陷,由于这个缺陷的存在,造成了缺陷和钢材料之间形成了一个不同介质之间的交界面。交界面之间的声阻抗不同,当超声波探头发射的超声波遇到这个界面之后会发生反射,反射回来的能量又被探头接收到,在仪器显示屏幕中横坐标的一定的位置就会显示出该反射波的波形。缺陷在被检测材料中的深度则可由该反射波在仪器上显示的横坐标位置确定。这个反射波的高度和形状因不同的缺陷而不同,反映了缺陷的性质和当量大小。

超声波检测法有以下主要优点:①穿透能力大,在钢中的有效探测深度可达 1m 以上;②对平面型缺陷如裂纹、夹层等,探伤灵敏度较高,并可测定缺陷的深度和相对大小;③设备轻便,操作安全,现场即可获得结果,易于实现自动化检验。

缺点是:①对形状复杂的构件不易检查;②要求被检查表面有一定的光洁度,且需要耦合剂充填满探头和被检查表面之间的空隙,确保充分的声耦合;③对于有些粗晶粒的铸件和焊缝,因易产生杂乱反射波而较难应用;④超声波检测对检验人员的经验要求较高,检验人员应熟悉焊接材料、焊接工艺和焊接缺陷,通过经验根据缺陷反射波来进行检测结果判断。

2)纵波脉冲反射法

纵波脉冲反射法超声波检测方法在桥涵钢结构的原材料检测中被广泛应用,如钢板的原材料检测主要参照《厚钢板超声检测方法》(GB/T 2970—2016)要求进行。

(1)检测工艺选择

直探头的选择:不管选用哪种探头,都要保证有效探测区。板厚大于60mm时,若双晶片直探头性能指标能达到单晶片直探头的标准,也可以选用双晶片直探头,其检测灵敏度按照单晶片直探头的方法调节。探头的选用参见表3-12。

探 头 的 选 用　　　　　　　　　表3-12

板厚(mm)	所用探头	探头标称频率(MHz)
6~13	双晶片直探头	5
>13~60	双晶片直探头或单晶片直探头	≥2.0
>60	单晶片直探头	≥2.0

(2)检测灵敏度

①采用双晶片直探头检测板厚不大于60mm时,图3-27式样(或NB/T 47013中CB-I试块)或同厚度钢板上第一次底波高度调整到满刻度的50%,再提高10dB。

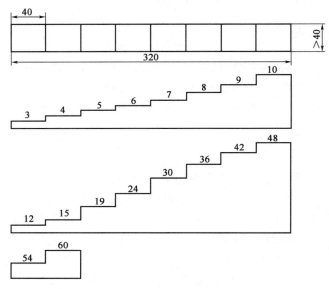

图3-27　板厚≤60mm的双晶片直探头检测用对比试样(尺寸单位:mm)

②采用双晶片直探头检测板厚大于60mm时,用图3-28式样试块(或NB/T 47013中CB-II试块)φ5平底孔第一次反射波高调整到满刻度的50%。

③采用单晶片直探头检测时,用图3-28式样试块(或NB/T 47013中CB-II试块)φ5平底孔第一次反射波高调整到满刻度的50%。

④板厚不小于探头的3倍近场区时,通过计算法,通过钢板无缺陷完好部位的第一次底波来校验灵敏度,其结果应与上条要求相一致。

(3)检测实施

可从钢板的任一轧制表面进行检测,探头沿垂直于钢板的压延方向、间距不大于为100mm的平行线扫查。在钢板周围两侧50mm(板厚超过100mm时,以板厚的一半为准)及焊缝坡口预定线两侧各25mm内沿周边进行扫查。

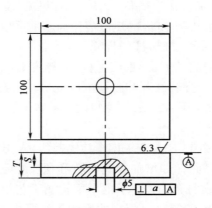

图 3-28　直探头检测用对比试样(尺寸单位:mm)
T-试样厚度；S-检测面到平底孔的距离；a-平底孔的垂直度

采用双晶片直探头检测时,探头隔声层应与压延方向平行(即垂直于压延方向扫查)。

(4)缺陷记录

在检测过程中,发现下列三种情况之一即作为缺陷:

①缺陷第一次反射波波高(F_1)大于或等于满刻度的 50%,即 $F_1 \geq 50\%$；

②当底面第一次反射波波高(B_1)未达到满刻度,此时,缺陷第一次反射波(F_1)波高与底面第一次反射波波高(B_1)之比大于或等于 50%,即 $B_1 < 100\%$,而 $F_1/B_1 \geq 50\%$；

③底面第一次反射波波高(B_1)低于满刻度的 50%,即 $B_1 < 50\%$。

3)横波脉冲反射法

横波脉冲反射法超声波检测方法在桥涵钢结构焊缝检测中被广泛应用,钢结构焊缝的超声波检测主要参照《焊缝无损检测　超声检测　技术、检测等级和评定》(GB/T 11345—2013)要求进行。

(1)检测时机

《公路桥涵施工技术规范》(JTG/T 3650—2020)中规定,桥梁钢结构外观检查合格后,零、部(杆)件的焊缝应在 24h 后进行无损检验。

(2)探伤准备

检测区域为焊缝和焊缝两侧至少 10mm 宽母材或热影响区宽度(取二者较大值)的内部区域。

探伤移动区应无飞溅、锈蚀、油垢、凹坑,探伤面应打磨平滑,露出金属光泽,保持良好的声接触。焊缝表面及探伤表面经外观检查合格后,方可进行探伤。

探头的选择:当检测采用横波且所用技术需要超声从底面反射时,应注意保证声束与底面反射面法线的夹角在 35°~70°之间。当使用多个斜探头进行检测时,其中一个探头应符合上述要求,且保证一个探头的声束尽可能与焊缝熔合面垂直,且多个探头间的折射角度应不小于 10°。

(3)灵敏度

应选用下列任一技术设定参考灵敏度:

①技术 1:以直径为 3mm 横孔作为基准反射体,制作距离-波幅曲线(DAC)。

②技术2：以规定尺寸的平底孔作为基准反射体，制作纵波/横波距离-增益尺寸曲线（DGS）。

③技术3：应以宽度和深度均为1mm的矩形槽作为基准反射体。该技术仅应用于斜探头（折射角≥70°）、检测厚度8mm≤t<15mm的焊缝。

④技术4：串列技术。以直径为6mm平底扎（所有厚度）作为基准反射体，垂直于探头移动区。该技术仅应用于斜探头（折射角为45°）检测厚度t≥15mm的焊缝。

横孔和矩形槽的长度应大于用-20dB法测得的声束宽度。

（4）检验等级

检验等级：GB/T 11345—2013中规定了四个检测等级（A、B、C和D级）。从检测等级A到检测等级C，增加检测覆盖范围（如增加扫查次数和探头移动区等），可提高缺欠检出率。检测等级D，经双方协商后制定符合相关要求的书面检测工艺规程后使用。检测等级与焊缝质量等级有关（见GB/T 19418—2003）。相应的检测等级可由焊缝检测标准、产品标准或其他文件规定。

（5）扫查方式

采用锯齿形扫查方式，并结合前后、左右、转角、环绕运动等四种移动方式，分析反射信号的特点及位置对缺陷的位置、方向、性质或是否为伪信号进行正确判定。

（6）评定

①可通过下列任一技术用于显示的评定和验收：

a. 基于显示长度和回波幅度的评定。

b. 基于显示特征和显示尺寸（采用探头移动技术）的评定。

②基于显示长度和回波幅度的评定对应于GB/T 29712—2013标准要求进行：

a. 应评定所有等于或超过评定等级的显示。

b. 检测技术1~4对应的评定等级见表3-13。

技术1、2、3、4的验收等级2和验收等级3　　　　表3-13

技术 （按GB/T 11345）	评定等级		验收等级2（AL2）		验收等级3（AL3）	
	验收等级2	验收等级3	8mm≤t<15mm	15mm≤t<100mm	8mm≤t<15mm	15mm≤t<100mm
1 （横孔）	H_0-14dB	H_0-10dB	$1≤t$时： H_0-4dB $1>t$时： H_0-10dB	$1≤0.5t$时：H_0 $0.5t<1≤t$时： H_0-6dB $1>t$时： H_0-10dB	$1≤t$时： H_0 $1>t$时： H_0-6dB	$1≤0.5t$时： H_0+4dB $0.5t<1≤t$时： H_0-2dB $1>t$时： H_0-6dB
2 （平底孔）	H_0-8dB 按表A.2或A.3	H_0-4dB 按表A.2或A.3	$1≤t$时： H_0+2dB $1>t$时： H_0-4dB	$1≤0.5t$时： H_0+6dB $0.5t<1≤t$时： H_0 $1>t$时： H_0-4dB	$1≤t$时： H_0+6dB $1>t$时： H_0	$1≤0.5t$时： H_0+10dB $0.5t<1≤t$时： H_0+4dB $1>t$时： H_0

续上表

技术 (按 GB/T 11345)	评定等级		验收等级 2(AL2)		验收等级 3(AL3)	
	验收等级 2	验收等级 3	$8mm \leqslant t < 15mm$	$15mm \leqslant t < 100mm$	$8mm \leqslant t < 15mm$	$15mm \leqslant t < 100mm$
3 (矩形槽)	$H_0 - 14dB$	$H_0 - 10dB$	$1 \leqslant t$ 时: $H_0 - 4dB$ $1 > t$ 时: $H_0 - 10dB$		$1 \leqslant t$ 时: H_0 $1 > t$ 时: $H_0 - 6dB$	
4 (串列技术)	$H_0 - 22dB$	$H_0 - 18dB$	$1 \leqslant 0.5t$ 时: $H_0 - 8dB$ $0.5t < 1 \leqslant t$ 时: $H_0 - 14dB$ $1 > t$ 时: $H_0 - 18dB$		$1 \leqslant 0.5t$ 时: $H_0 - 4dB$ $0.5t < 1 \leqslant t$ 时: $H_0 - 10dB$ $1 > t$ 时: $H_0 - 14dB$	

注:记录等级 = 相应验收等级 $-4dB$。

H_0——参考等级。

③基于显示特征和显示尺寸(采用探头移动技术)的评定参考执行 GB/T 29711—2013 标准要求。显示特征的分类是按以下几个准则依次进行:

a. 回波幅度;

b. 定向反射;

c. 静态回波波形(A 扫描);

d. 动态回波波形。

4)其他无损检测技术介绍

(1)超声波衍射时差法[Time of Flight Diffraction(TOFD)]

这是一种依靠从待检试件内部结构(主要是指缺陷)的"端角"和"端点"处得到的衍射能量来检测缺陷的方法,用于缺陷的检测、定量和定位。

TOFD 技术与传统脉冲回波技术的主要区别:

①更加精确的尺寸测量精度(一般为 ±1mm,当监测状态为 ±0.3mm),且检测时与缺陷的角度几乎无关。尺寸测量是基于衍射信号的传播时间而不依赖于波幅。

②TOFD 技术不使用简单的波幅阈值作为报告缺陷与否的标准。由于衍射信号的波幅并不依赖于缺陷尺寸,在任何缺陷可能被判不合格之前,所有数据必须经过分析,因此培训和拥有相关经验对于 TOFD 技术的应用是极为基本的要求。

(2)超声相控阵检测技术

该技术是采用超声探头晶片的组合,由多个压电晶片按一定的规律分布排列,然后逐次按预先规定的延迟时间激发各个晶片,所有晶片发射的超声波形成一个整体波阵面,能有效地控制发射超声束(波阵面)的形状和方向,能实现超声波的波束扫描、偏转和聚焦。它比单个或多个探头系统具有更强大的能力来确定缺陷的形状、大小和方向。

超声相控阵检测技术使用不同形状的多阵元换能器产生和接收超声波束,通过控制换能器阵列中各阵元发射(或接收)脉冲的不同延迟时间,改变声波到达(或来自)物体内某点时的相位关系,实现焦点和声束方向的变化,从而实现超声波的波束扫描、偏转和聚焦。然后采用机械扫描和电子扫描相结合的方法来实现图像成像。

通常使用的是一维线形阵列探头,压电晶片呈直线状排列,聚焦声场为片状,能够得到缺陷的二维图像,在探伤中可以推广应用。

用相控阵探头对焊缝进行检测时,无须像普通单探头那样在焊缝两侧频繁地来回前后左右移动,而相控阵探头沿着焊缝长度方向平行于焊缝进行直线扫查,对焊接接头进行全体积检测。该扫查方式可借助于装有阵列探头的机械扫查器沿着精确定位的轨道滑动完成,也可采用手动方式完成,易于实现快速检测,检测效率非常高。

2. 射线探伤

射线探伤是利用射线可穿透物质和在物质中有衰减的特性来发现缺陷的一种探伤方法。按探伤所用的射线不同,射线探伤可以分为 X 射线、γ 射线和高能射线探伤三种。由于显示缺陷的方法不同,每种射线探伤又有电离法、荧光屏观察照相法和工业电视法几种。运用最广的是 X 射线照相法,下面介绍其探伤原理和过程。

1) X 射线照相法探伤的原理

照相法探伤是利用射线在物质中的衰减规律和对某些物质产生的光化及荧光作用为基础进行探伤的。图 3-29a)所示是平行射线束透过工件的情况。从射线强度的角度看,由于工件材料对射线的衰减,穿过工件的射线被减弱至 J_C。若工件存在缺陷,如图 3-29a)中的 A、B 点所示,因该点的射线透过的工件实际厚度小,穿过的射线强度 J_A、J_B 比没有缺陷的 C 点射线强度大一些。从射线对底片的光化作用角度看,射线强的部分对底片的光化作用强烈,即感光量大。感光量较大的底片经暗室处理后变得较黑,如图 3-29b)中 A、B 点比 C 点黑。因此,工件中的缺陷可通过射线在底片上产生的黑色影迹判别,这就是射线照相法的探伤原理。

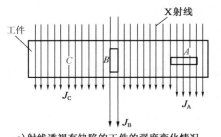
a) 射线透视有缺陷的工件的强度变化情况

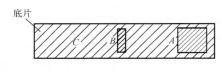
b) 不同射线强度对底片作用的黑度情况

图 3-29 射线透过工件的情况和与底片作用的情况

2) X 射线照相法探伤的工序

(1)确定产品的探伤位置和对探伤位置进行编号。在探伤工作中,抽查的焊缝位置一般选在:

①可能或常出现缺陷的位置。

②危险断面或受力最大的焊缝部位。

③应力集中的位置。

选定的焊缝探伤位置必须按一定的顺序和规律进行编号,以便容易找出翻修位置。

(2)选取软片、增感屏和增感方式。探伤用的软片一般要求反差高、清晰度高和灰雾少。增感屏和增感方式可根据软片或探伤要求选择。

(3)选取焦点、焦距和照射方向。照射方向尤其重要,一定要选择最佳透照角度。

(4)放置铅字号码、铅箭头及像质计。一定按现行《焊缝无损检测　射线检测》(GB/T 3323)要求放置。

(5)选定曝光规范。曝光规范要根据探伤机型事先做出,探伤时按工件的厚度和材质选取。

(6)进行暗室处理。

(7)焊缝质量的评定。由专业人员按现行《焊缝无损检测　射线检测》(GB/T 3323)进行评定,射线探伤必须由持证的专业人员按现行《焊缝无损检测　射线检测》(GB/T 3323)进行,根据图纸中的技术要求或行业标准确定验收。

3)现场射线检测安全防护

(1)X射线现场检测划分为控制区和监督区,作业周围空气比释动能率在 $15\mu Gy/h$ 以上的范围划分为控制区;空气比释动能率在 $1.5\mu Gy/h$ 以上的范围划分为监督区;作业现场应设警戒区,悬挂辐射警示标志、警示红灯等装置。

(2)X射线探伤人员应备有个人剂量报警仪和环境剂量巡视仪,测定工作环境和个人安全照射量。

(3)现场做好三防护,即时间防护、距离防护和屏蔽防护。

3. 磁粉检测法

1)磁粉检测方法的原理及适用范围

磁粉检测用于检测铁磁性材料和构件(包括铁、镍、钴等)表面上或近表面的裂纹以及其他缺陷。磁粉检测对表面缺陷最灵敏,对表面以下的缺陷,随埋藏深度的增加,检测灵敏度迅速下降。采用磁粉检测方法检测磁性材料的表面缺陷,比采用超声波或射线检测的灵敏度高,而且操作简便、结果可靠、价格便宜,因此被广泛用于磁性材料表面和近表面缺陷的检测。

磁粉检测的基本原理如下:当材料或构件被磁化后,若在构件表面或近表面存在裂纹、冷隔等缺陷,便会在该处形成一漏磁场,此漏磁场将吸引、聚集检测过程中施加的磁粉,而形成缺陷显示。因此,磁粉检测首先是对被检构件外加磁场进行磁化。外加磁场的获得一般有两种方法:一种是由可以产生大电流(几百安培至上万安培)的磁力探伤机直接给被检构件通大电流而产生磁场;另一种是把被检构件放在螺旋管线圈产生的磁场中,或是放在电磁铁产生的磁场中使构件磁化。构件被磁化后,在构件表面上均匀喷撒微颗粒的磁粉(磁粉平均粒度为 5~10μm),一般用四氧化三铁或三氧化二铁作为磁粉。

如果被检构件没有缺陷,则磁粉在构件表面均匀分布。当构件上有缺陷时,由于缺陷(如裂纹、气孔、非金属夹杂物等)内含有空气或非金属,其磁导率远远小于构件的磁导率;由于磁阻的变化,位于构件表面或近表面的缺陷处产生漏磁场,形成一个小磁极,如图3-30所示。磁粉将被小磁极所吸引,缺陷处由于堆积比较多的磁粉而被显示出来,形成肉眼可以看到的缺陷图像。为了使磁粉图像便于观察,可以采用与被检构件表面有较大反衬颜色的磁粉。常用的磁粉有黑色、红色和白色。为了提高检测灵敏度，还可以采用荧光磁粉，从而在紫外线照射下更容易观察到构件中缺陷的存在。

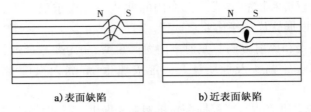

图 3-30　缺陷漏磁场的产生

2）磁粉检测工艺

交流电磁轭是钢结构焊缝检测最常采用的一种方法。

(1) 设备要求

交流电磁轭在最大磁极间距上的提升力应大于 44N，直流电磁轭在其最大磁极间距上的提升力应大于 177N。

(2) 综合性能测试

A1 型灵敏度试片用于被检工件表面有效磁场强度和方向、有效检测区以及磁化方法是否正确的测定。在最不理想部位处能清晰显示 A1-30/100 灵敏度试片上的人工刻槽。

(3) 检测时机

焊接接头的磁粉检测应安排在焊接工序完成之后进行。对于有延迟裂纹倾向的材料，磁粉检测应根据要求至少在焊接完成 24h 后进行。

(4) 检测准备工作

被检焊缝的本身及相邻 20mm 范围内应当没有影响检测灵敏度的氧化皮、油脂、焊接飞溅、机加痕迹、厚重或脱落的涂层。

为了使表面和磁痕显示有良好的视觉对比，可以均匀涂覆一层厚度较薄、附着力好的反差剂，但厚度不能超过 $50\mu m$。

(5) 工艺过程

观察范围为焊缝本身及热影响区，热影响区最小为 5mm 最大为 10mm。

采用连续法时，磁粉或磁悬液应在通磁时间内施加完毕，连续通磁时间为 1～3s，应至少反复两次，停施磁悬液至少 1s 后方可停止磁化。

必须在接近相互垂直的两个方向上进行磁化，最大偏离角小于 30°。

电磁轭检测时，必须保证检测区域之间足够的相互交叠。交叠区域一般不小于 25mm。

非荧光磁粉检测时，磁痕的评定应在可见光下进行，通常工件被检表面可见光照度应大于或等于 1000lx；当现场采用便携式设备检测，由于条件所限无法满足时，可见光照度可以适当降低，但不得低于 500lx。

4. 渗透检测

液体渗透检测是一种检查构件或材料表面缺陷的方法，它不受材料磁性的限制，比磁粉探伤的应用范围更加广泛。

液体渗透检测的基本原理是:利用黄绿色的荧光渗透液或红色的着色渗透液对窄狭缝隙良好的渗透性,经过渗透清洗、显示处理,放大缺陷痕迹,用目视法观察,对缺陷的性质和尺寸做出适当的评价。

液体渗透检测应用于各种金属、非金属、磁性、非磁性材料及零件表面缺陷的检查。可以说,除表面多孔性材料以外,几乎一切材料的表面开口缺陷都可以应用此方法获得满意的检测结果。

此法的优点是应用不受限制,原理简明易懂,检查经济,设备简单,显示缺陷直观,并可以同时显示各个不同方向的各类缺陷。渗透探伤对大型构件和不规则零件的检查以及现场机件的检查,更能显示其特殊的优点。但渗透探伤对埋藏于表皮层以下的缺陷是无能为力的,它只能检查开口暴露于表面的缺陷,另外,还有操作程序繁杂等缺点。

在现代工业探伤中应用的液体渗透探伤分成两大类,即荧光渗透探伤和着色渗透探伤。随着化学工业的发展,这两种渗透探伤技术已日益完善,基本上具有同等的检测效果,被广泛应用于建筑、机械、航空、仪表、压力容器和化工等各个领域。

钢结构中,以上两种方法在当发现裂缝或需要检测结构表面缺陷时采用,详细操作步骤可查阅有关标准规范和无损检测书籍。

三、高强螺栓及组合件力学性能试验

按照《钢结构工程施工质量验收标准》(GB 50205—2020)的要求,扭剪型高强度螺栓连接副应复验其紧固轴力(预拉力),高强度大六角头螺栓连接副应复验其扭矩系数,高强度螺栓连接摩擦面应检验抗滑移系数。

1. 扭剪型高强螺栓连接副预拉力复验方法

(1)复验用的螺栓应在施工现场待安装的螺栓批中随机抽取,每批应抽取 8 套连接副进行复验。

(2)连接副预拉力可采用各类轴力计测试。

(3)试验用的电测轴力计、油压轴力计、电阻应变仪、扭矩扳手等计量器具,应在试验前进行标定,其误差不得超过 2%。

(4)采用轴力计方法复验连接副预拉力时,应将螺栓直接插入轴力计。紧固螺栓分初拧、终拧两次进行,初拧应采用手动扭矩扳手或专用定扭电动扳手;初拧值应为预拉力标准值的 50%左右。终拧应采用专用电动扳手,至尾部梅花头拧掉时,读出预拉力值。

(5)每套连接副只应做一次试验,不得重复使用。在紧固中垫圈发生转动时,应更换连接副,重新试验。

(6)复验螺栓连接副的预拉力平均值应符合表 3-14 的规定,其变异系数应符合下列计算并应小于或等于 10%。

$$\delta = \frac{\sigma_P}{P} \times 100 \tag{3-61}$$

式中:δ——紧固预拉力的变异系数(%);

σ_P——紧固预拉力的标准差(kN);

$\overline{P}$——该批螺栓预拉力平均值(kN)。

扭剪型高强度螺栓紧固预拉力 表3-14

螺栓直径(mm)	16	20	22	24
每批紧固预拉力的平均值μ（kN）	≤120	≤186	≤231	≤270
	≥99	≥154	≥191	≥222

2. 高强度大六角头螺栓连接副扭矩系数的复验方法

（1）复验用的螺栓应在施工现场待安装的螺栓批中随机抽取，每批应抽取8套连接副进行复验。

（2）连接副扭矩系数复验用的计量器具应在试验前进行标定，误差不得超过2%。

（3）每套连接副只应做一次试验，不得重复使用。

（4）连接副扭矩系数的复验应将螺栓穿入轴力计，在测出螺栓预拉力 P 的同时，应测定施加于螺母上的施拧矩值 T，并应按下式计算扭矩系数 K。

$$K = \frac{T}{Pd} \tag{3-62}$$

式中：T——施拧扭矩(N·m)；
  d——高强度螺栓的螺纹规格(螺纹大径)(mm)；
  P——螺栓预拉力(kN)。

（5）进行连接副扭矩系数试验时，螺栓预拉力值应符合表3-15的规定。

螺栓预拉力值范围 表3-15

螺栓规格	M12	M16	M20	M24	M27
P (kN)	≤59	≤113	≤177	≤250	≤324
	≥49	≥93	≥142	≥206	≥265

3. 高强度螺栓连接副抗滑移系数试验方法

1）基本要求

（1）制造厂和安装单位应分别以钢结构制造批为单位进行抗滑移系数试验。制造批可按单位工程划分规定的工程量，每2000t为一批，不足2000t的可视为一批。选用两种及两种以上表面处理工艺时，每种处理工艺应单独检验。每批三组试件。

（2）抗滑移系数试验应采用双摩擦面的两栓或三栓拼接的拉力试件(图3-31)。

（3）抗滑移系数试验用的试件应由金属结构厂或有关制造厂加工，试件与所代表的钢结构件应为同一材质、同批制作、采用同一摩擦面处理工艺和具有相同的表面状态，并应用同批同一性能等级的高强度螺栓连接副，在同一环境条件下存放。

（4）试件钢板的厚度 t_1、t_2 应根据钢结构中有代表性的板材厚度来确定，宽度 b 的规定如表3-16所示。

（5）试件板面应平整，无油污，孔和板的边缘无飞边、毛刺。

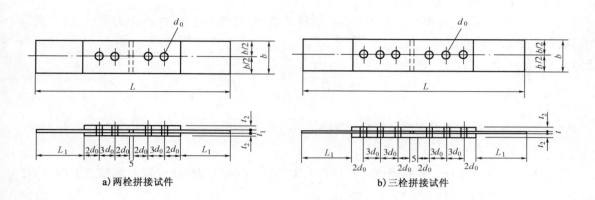

图 3-31 抗滑移系数试件的形式和尺寸

试 件 板 的 宽 度　　　　　　　　　　表 3-16

螺栓直径(mm)	16	20	22	24
板宽 b(mm)	60	75	80	85

2)试验方法

(1)试验用的试验机误差应在 1% 以内。

(2)试验用的贴有电阻片的高强度螺栓、压力传感器和电阻应变仪应在试验前用试验机进行标定,其误差应在 2% 以内。

(3)试件的组装顺序应符合下列规定。

①先将冲钉打入试件孔定位,然后逐个换成装有压力传感器或贴有电阻片的高强度螺栓,或换成同批经预拉力复验的扭剪型高强度螺栓。

②紧固高强度螺栓应分初拧、终拧。初拧应达到螺栓预拉力标准值的 50% 左右。终拧后,螺栓预拉力应符合下列规定:

a. 对装有压力传感器或贴有电阻片的高强度螺栓,采用电阻应变仪实测控制试件每个螺栓的预拉力值应在 $0.05P \sim 1.05P$(P 为高强度螺栓设计预拉力值)范围内;

b. 不进行实测时,扭剪型高强度螺栓的预拉力(紧固轴力)可按同批复验预拉力的平均值取用。

③试件应在其测面画出观察滑移的直线。

(4)将组装好的试件置于拉力试验机上,试件的轴线应与试验机夹具中心严格对中。

(5)加荷时,应先加 10% 的抗滑移设计荷载值,停 1min 后,再平稳加荷,加荷速度为 3~5kN/s。直拉至滑动破坏,测得荷载 N_V。

(6)在试验中当发生以下情况之一时,所对应的荷载可定为试件的滑移荷载:

①试验机发生回针现象。

②试件测面画线发生错动。

③x-y 记录仪上变形曲线发生突变。

④试件突然发生"嘣"的响声。

(7)抗滑移系数,应根据试验所测得的滑移荷载 N_V 和螺栓预拉力 P 的实测值,按下式计算,宜取小数点后两位有效数字。

$$\mu = \frac{N_V}{n_f \sum_{i=1}^{m} P_i} \tag{3-63}$$

式中:N_V——由试验测得的滑移荷载(kN);

n_f——摩擦面面数,取 $n_f = 2$;

$\sum_{i=1}^{m} P_i$——试件滑移一侧高强度螺栓预拉力实测值(或同批螺栓连接副的预拉力平均值)之和(取三位有效数字)(kN);

m——试件一侧螺栓数量。

四、涂装质量检查

1. 涂层干膜厚度测量

涂层干膜厚度测量按《色漆和清漆 漆膜厚度的测定》(GB/T 13452.2—2008)方法 5 的规定进行测量。

检查频率按设计规定执行。无规定时,每 10m² 测 3~5 个点,每个点附近测 3 次,取平均值,每个点的量测值如小于设计值应加涂一层涂料。每涂完一层后,必须检测干膜总厚度。

评判:施工中随时检查湿膜厚度以保证干膜厚度满足设计要求。干膜厚度采用"85-15"规则判定,即允许有 15% 的读数低于规定值,但单一读数不得低于规定值的 85%。对于主体结构外表面,可采用"90-10"规则判定。

涂层厚度达不到设计要求时,应增加涂装道数,直至合格为止。漆膜厚度的测定点的最大值不能超过设计厚度的 3 倍。

2. 涂层漆膜附着力检测

钢结构防腐涂层附着力现场测试一般采用划格法或划叉法进行检测。如现场工作条件好,可使用拉开法进行测试。

1)检测目的

通过对桥梁的加劲梁主桁架钢桁梁等钢结构防腐涂层抗性等级进行测试,评定钢结构防腐涂层抵抗因切割引起的附着力和内聚力破坏的情况,进而确定钢结构防腐涂层的附着性能(抗性等级为 0~5 级,0 级附着性能最好,5 级附着性能最差)。

2)检测依据

(1)《计数抽样检验程序 第 1 部分:按接收质量限 AQL 检索的逐批检验抽样计划》(GB/T 2828.1—2012);

(2)《公路交通安全设施质量检验抽样方法》(JT/T 495—2014);

(3)《防护涂料体系对钢结构的防腐蚀保护 涂层附着力/内聚力(破坏强度)的评定和验

收标准　第2部分:划格试验和划叉试验》(GB/T 31586.2—2015/ISO 16276—2:2007);

(4)《色漆和清漆　划格试验》(GB/T 9286—2021);

(5)原始防腐涂层的相关设计文件。

3)抽样方法及样本数量

由于划格法或划叉法均属于破坏性检测,同时由于一般情况下桥梁的钢结构构件数量繁多,材料性质、涂装工艺及条件、使用环境等差异不大,因此采用抽样方法进行测试。

抽样方案规定了在检查区域内需要进行测量的次数。抽样时应遵循科学、经济的原则。抽出的样本质量特性应能代表检验批的质量。通过对样本的检验做出检验批是否可以被接收的结论,使错判和漏判的概率都达到最小。用最少的费用、时间和人力做出科学的判定,具有可操作性。

抽样依据参考JT/T 495—2014工地抽样的要求,在工地抽检的抽样方法采用GB/T 2828.1—2012。抽样方案和数量应由检测项目负责人审批。

4)检测方法

目前现场检测涂层抗性等级的测试方法有划格法和划叉法。其中划格法适用于厚度不超过250μm的涂层,划叉法不受涂层厚度的限制。对于硬涂层,应采用划叉法。

划叉法和划格法依据《防护涂料体系对钢结构的防腐蚀保护　涂层附着力/内聚力(破坏强度)的评定和验收标准　第2部分:划格试验和划叉试验》(GB/T 31586.2—2015/ISO 16276—2:2007)和《色漆和清漆　划格试验》(GB/T 9286—2021)执行,对涂层的抗性等级进行测试。

划叉法采用单刃切割工具,划格法可以采用单刃切割工具或者多刃切割工具,无论划叉法还是划格法,对压敏胶带粘贴和撕拉的要求均相同。具体设备要求和操作步骤详见上述标准规范。

当检查区域的面积不大于$200m^2$,依据GB/T 31586.2—2015,抗性等级的有效测量次数为1,即每根构件进行一次测量即可。针对多个检测构件,只能对等级进行统计,但是对评级和评定尚未有明确的规定。对针对等级低的(测试结果为1级及以上时),是否重新在测试区域附近复测,如何针对新的测试结果进行评定的认识尚未统一。

第九节　地质雷达法检测混凝土衬砌质量

地质雷达技术是一种先进的无损检测技术,其特点是快速、无损、连续检测,并以实时成像方式显示地下结构剖面,探测结果一目了然,分析、判读直观方便。其探测精度高、样点密、工作效率高,因而在隧道工程质量检测中得到推广应用。地质雷达法适用于探测隧道喷锚衬砌和模筑衬砌厚度、密实性、背后空洞、内部钢架、钢筋分布等。

一、地质雷达法的原理

地质雷达法是一种用于确定地下介质分布的光谱(频率为1M~2GHz)电磁技术,在隧道内通过电磁波发射器向隧道衬砌发射高频宽频带短脉冲,电磁波经衬砌界面或空洞的反射,再返回到接收天线。电磁波在介质中传播时,其路径、电磁场强度与波形将随所通过介质的电性质及几何形态而变化,根据接收到的电磁波传播时间(也称双程走时)、幅度与波形资料推断介质的结构,即可求得反射界面的深度。

实测时将雷达的发射和接收天线密贴于衬砌表面,雷达波通过天线进入混凝土衬砌中,遇到钢筋、钢拱架、材质有差别的混凝土、混凝土中间的不连续面、混凝土与空气分界面、混凝土与岩石分界面、岩石中的裂面等产生反射,接收天线接收到反射波,测出反射波的入射、反射双向旅行时,就可计算出反射波走过的路程长度,从而求出天线距反射面的距离。

二、地质雷达探测系统组成

地质雷达探测系统由地质雷达主机、天线、笔记本电脑、数据采集软件、数据分析处理软件等组成。地质雷达天线可采用不同频率的天线组合,低频天线探测距离长、精度低,高频天线探测距离短、精度高,天线频率有 50MHz、100MHz、500MHz、800MHz、1GHz、1.2GHz 等。

三、地质雷达主机的技术指标

(1)系统增益不低于 150dB。
(2)信噪比不低于 60dB。
(3)模/数转换不低于 16 位。
(4)采样间隔一般不大于 0.2ns。
(5)信号叠加次数可选择或自动叠加。
(6)数据的触发和采集模式为距离/时间/手动。
(7)具有点测与连续测量功能。
(8)具有手动或自动位置标记功能。
(9)具有现场数据处理功能。

四、地质雷达天线的选择

根据探测对象和目的不同、探测深度和分辨率要求综合选择。

(1)对于探测深度≤1.3m 的混凝土结构(如隧道衬砌结构、路基路面密实性)宜采用 400～600MHz 天线;900MHz 天线探测深度<0.5m;900MHz 加强型天线探测深度<1.1m;1.5GHz 天线探测深度<0.25m,宜作为辅助探测。

(2)对于探测深度为 1.3～15m 的混凝土结构(如仰拱深度、厚度等)或较大不良地质(空洞、溶洞、采空区等)宜采用 100MHz 和 200MHz 天线。

五、现场检测

喷射混凝土厚度、二次衬砌混凝土厚度、仰拱深度、混凝土衬砌内部情况及空洞等均可采用地质雷达法检测,其检测和数据处理方法均相同,差别在于各自的反射图像特征不同。

1. 测线布置

隧道施工过程中质量检测以纵向布线为主,环向(横向)布线为辅。两车道纵向测线应分别在隧道拱顶、左右拱腰、左右边墙布置测线,根据检测需要可布置 5~7 条测线;三车道、四车道隧道应在隧道的拱腰部位增加两条测线,遇到衬砌有缺陷的地方应加密;隧底测线根据现场情况布置,一般 1~3 条,特殊要求的地段可布置网格状测线,主要是探测密实情况或岩溶发育情况,宜在施作完成路基或路基调平层后进行。为将测线名称和编号与隧道实体对应和统一,建议面向隧道出口方向(里程增大方向),各测线从左到右依次编号,并标注各测线高度及其在纵向上的起伏变化(图 3-32)。路面中心测线应避开中央排水管及其影响。

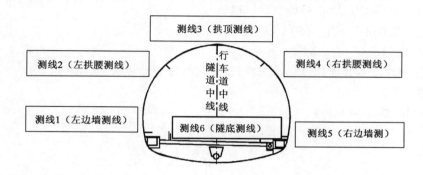

图 3-32 地质雷达测线布置示意图

环向测线实施较困难,可按检测内容和要求布设测线,一般环向测线沿隧道纵向的布置距离为 8~12m。若检测中发现不合格地段,应加密测线或测点。

2. 检测方式

(1)纵向布线采用连续测量方式,特殊地段或条件不允许时,可采用点测方式,测量点距不宜大于 200mm,测线每 5~10m 应有里程标记。

(2)环向测线尽量采用连续方式检测;也可采用点测方式,每道测线不小于 20 个测点。

天线的定位方法可采用常用的手动打标定位法和测量轮测距定位法。测量轮定位法一般用在表面平整的二次衬砌地段,且应加强定位的误差标定或实施分段标定。

3. 现场准备

(1)清理障碍,包括施工障碍、交通车辆或机具、材料堆放等障碍。

(2)确定适当的测线高度,且测线应顺直,高度应统一。

(3)在隧道的同一侧边墙上按 5m 或 10m 间距标出里程桩号。

(4)高空作业台架或高空作业车,应安全可靠,适用方便,能使天线密贴衬砌表面。

(5)现场照明、通风、排水应良好。

(6)排除安全隐患,包括未完工的排水检查井、通行车辆等。

4. 主要参数设置方法

1)介质常数标定

(1)检测前应对喷射混凝土或二次衬砌的相对介电常数或电磁波速做现场标定,且每座隧道应不少于 1 处,每处实测不少于 3 次,取平均值,即为该隧道的相对介电常数或电磁波速。当隧道长度大于 3km、衬砌材料或含水率变化较大时,应增加标定处数。

(2)标定方法:
①钻孔实测。
②在已知厚度部位或材料与隧道相同的其他预制件上测量。
③在洞内、洞口或洞内横洞位置使用双天线直达波法测量。
(3)求取参数时应具备以下条件:
①标定目标体的厚度一般不小于150mm,且厚度已知。
②标定记录中界面反射信号应清晰、准确。
(4)标定结果按本节式(3-65)~式(3-67)计算。
2)时窗长度确定
应根据探测深度和介质速度估算时窗长度,包括理论计算法、实用经验法。
(1)理论计算法
时窗长度按式(3-64)计算:

$$\Delta t = \frac{2h\sqrt{\varepsilon_r}}{0.3}k \tag{3-64}$$

式中:Δt——时窗长度(ns);
　　　k——时窗长度调整系数,一般取1.5左右;
　　　h——目标体估计深度;
　　　ε_r——相对介电常数。

计算时窗长度,除满足理论时窗长度需要外,还宜适当考虑视觉习惯、数据处理、分析过程的方便和精度。
(2)实用经验法
对拱墙衬砌混凝土时窗长度一般控制在30~60ns;对仰拱衬砌混凝土时窗长度一般控制在60~100ns。
3)采样率或采样间隔
应根据仪器性能和要求设置,某些型号仪器无须设置,而是由仪器自动设置或需设置检测时域内的采样点数,衬砌厚度检测时单道信号不宜小于512个采样点。
4)数据位数
应根据仪器性能和要求设置。一般8位或16位即可满足精度要求,但宜设置为16位。但某些型号的仪器无须设置。
5)滤波器设置
在频域上,宜按中心工作频率设置如下:
(1)垂直滤波器(IIR、FIR)
①垂直低通:取2~3倍的中心(天线)频率,如采用400MHz天线,低通截止频率宜为800MHz。
②高通:取1/6~1/4中心(天线)频率。
③高通截止频率:如采用400MHz天线,高通截止频率宜为100MHz。
某些型号的仪器在设置天线频率后,可直接自动调试,无须人工设置滤波器。

(2)水平滤波器(IIR 滤波器)

①水平光滑滤波:一般宜设为3(扫描线数量)。此值增加则光滑度增加,小目标从记录中被滤掉,如果是检测钢筋或管道,此值不应大于 5。若检测浅表非常细小的目标(如混凝土中的细钢筋、电线、铁丝),就不应使用该滤波器,而将此值设为零。若寻找地基层位,此值宜适当提高,但不得超过 20。

②水平背景去除滤波:数据采集时,该滤波器一般不宜使用,而设为 0。

6)数字叠加

叠加次数不宜过大,太大不仅探测运行速率慢,而且抑制噪声的效果也不太明显,一般以 4~32 次为宜。

7)探测扫描速率

探测扫描速率与车辆行驶速率(天线移动速率)是相对应的。探测扫描速率一般宜设置为 50~100scans/s(扫描线/秒),其对应的车辆行驶速率不宜大于 5km/h,不宜过快,以易于目标识别、分析,在视觉上单位纵向长度内的图像展布不宜过长或过短。

8)首波或直达波调试

分自动和手动调试,也包含自动调试找不到信号时的手动调试。现场检测时必须找到直达波而作为深度起点。

9)显示增益设置和调试

最大正负波形幅度宜占调试框宽度的 50%~70%,避免反射信号微弱或饱和失真。如在彩色显示方式下,数据采集时若能在屏幕上辨认出实时显示的较微弱的反射信号,在后处理软件中一般可通过增益放大(GAINS)使反射信号变得更清晰可分辨,更易于处理和异常判定。某些仪器需要设置检测时窗内的增益点数(1~8 个),进行自动调试、分点或段手动调试。在 50ns 时窗长度时宜设为 5 个增益点。

5. 检测工作注意事项

(1)测量人员必须事先经过培训,了解仪器性能及工作原理,并且具备一定的图像识别经验后,才可以进行仪器操作。

(2)正确连接雷达系统,在检测前进行试运行,确保主机、天线及输入输出设备运行正常。

(3)必须保持天线与被测衬砌表面密贴(空气耦合天线除外),天线不能脱离结构物表面或任何一端翘起。天线未密贴的允许程度以能够较清晰分辨反射目标为基本要求,否则应及时对已检测段落重新检测。

(4)天线应能灵活调整高度,使天线与测线位置准确对应。

(5)天线应移动平衡、速度均匀,移动速度宜为 3~5km/h。

(6)当需要分段测量时,相邻测量段接头重复长度不应小于 1m。

(7)记录测线位置和编号、天线移动方向、标记间隔等。

(8)在衬砌表面准确标记隧道里程桩号,严格控制误差。

(9)应随时记录可能对测量产生电磁影响的物体(如渗水、电缆、铁架、埋管件等)及其位置。

应边检测、边记录、边注意浏览实时回波图像、边观察现场环境和安全状况,对有较大可疑的反射异常应及时记录和复检。当发现因参数设置不当或受到障碍影响或天线没有密贴或受到较强电磁场干扰或紧急情况等而检测图像数据质量较差时,应立即停止数据采集,重新设置和重新检测。

六、数据处理与解释

1. 数据处理

数据处理或称后处理,主要包括滤波处理、增益调整、色彩变换、显示方式(灰度图、单点方式)变换、复杂情况下的速度分段处理和折算处理等。

1)处理步骤

(1)应首先确定混凝土的电磁波速度。

(2)混凝土的雷达波相对介电常数和速度若需进行现场标定,则分别按如下处理。

对于收发一体的天线,可按式(3-65)、式(3-66)计算标定:

$$\varepsilon_r = \frac{c^2}{v^2} = \frac{c^2}{\left(\frac{2d}{t}\right)^2} = \frac{t^2 c^2}{4d^2} = \left(\frac{3 \times 10^8 t}{2d}\right)^2 \quad (3\text{-}65)$$

$$v = \frac{2d}{t} \quad (3\text{-}66)$$

对于收发分离的天线,可按式(3-67)计算标定:

$$\varepsilon_r = \frac{c^2}{v^2} = \frac{c^2}{\left(\frac{2d}{t}\right)^2} = \frac{t^2 c^2}{4d^2 + x^2} \quad (3\text{-}67)$$

式中:ε_r——相对介电常数,无量纲;

v——雷达波速度(m/s);

c——真空(空气)中的雷达波速度(光速),取 3×10^8 m/s;

d——已知目标深度(厚度)(m);

t——雷达波在已知厚度的目标中传播的往返旅行时间(s);

x——发射天线与接收天线之间的距离(m)。

(3)回波起始点(零点)的确定方法。

根据已在现场采用的探测方式和拟判定的目标性质,可采用彩色灰度图或黑白灰度图、wiggle方式进行处理,或以其混合方式进行数据分析,但建议起始零点宜选定在直达波正波的中心位置。

(4)数据距离归一化处理。

距离归一化处理是按处理者要求的标记间扫描数对整个数据文件每一个标记间扫描数做等间距的处理方式,通俗理解是使每个距离标记间数据长度相同。

(5)滤波处理。

在反射波图像不够清晰、有明显干扰时须进行滤波,常用的有效方法有水平光滑滤波、水平背景去除滤波、降低增益,应根据需要选择。

①水平光滑滤波:即水平道间叠加,用于压制水平方向上的随机干扰,光滑记录,增强层位的连续性。

②水平背景去除滤波:用于改善识别小目标和消除水平干扰(水平干扰条带、强反射条带),如处理后可分辨出被"背景淹没"的钢筋、钢拱架、反射界面等。

③对采集窗口段的波形降低显示增益,可有效减小干扰或信号幅度过大对波形的影响。

2)注意事项

(1)原始数据处理前应回放检验,数据记录应完整,信号清晰,里程标记准确。不合格的原始数据不得进行处理与解释。

(2)数据处理与解释软件应使用正式认证的软件或经鉴定合格的软件。

(3)应结合现场检测时对所注意到的检测环境和条件变化情况进行解释。

(4)应清晰地看到直达波和反射波,并根据直达波和反射波特征能够分辨出反射波真假异常,提取有效异常,剔除干扰异常或由障碍、天线未密贴或操作不当、天线或仪器缺陷等造成的异常。

(5)分析可能存在干扰的预埋管件等刚性构件的位置,准确地区分衬砌内部缺陷异常与预埋管件异常。

(6)数据处理过程中应选择正确的滤波方式,从而根据数据图像对隧道衬砌质量做出正确的分析与解释。

(7)雷达数据解释完后,若有不确定的疑问应及时进行复检或调查,必要时现场钻孔验证。

2. 混凝土结构厚度分析

雷达数据反映的混凝土厚度界面为反射波同相轴连续的强反射界面,在确认目标界面后,可借助于后处理软件的厚度追踪功能或专用后处理追踪软件,得到间隔一定距离的对应桩号的厚度数据,并按要求绘制出厚度图。需注意点测方式确定厚度位置对数据解释者的能力要求较高,在数据量较小的情况下,不易确定目标位置。

3. 混凝土结构背后回填密实性分析

地质雷达法检测混凝土结构背后回填的密实性(密实、不密实、空洞),可进行定性判定,主要判定特征如下:

(1)密实:反射信号弱,图像均一且反射界面不明显。

(2)不密实:反射信号强,图像变化杂乱。

(3)空洞:反射信号强,图像呈弧形且反射界面明显。

4. 混凝土内部钢架、钢筋、预埋管件判定

地质雷达法检测衬砌钢架、钢筋、预埋管件主要判定特征如下:

(1)钢架、预埋管件:反射信号强,图像呈分散的月牙状。

(2)钢筋:反射信号强,图像呈连续的小双曲线形。

第二篇

桥梁

第四章

地基与基础试验检测

地基是指支承基础的土体或岩体。基础是指建筑物、构筑物和各种设施在地面以下的组成部分,其作用是将上部结构所承受的各种作用荷载传递到地基上。地基可分为天然地基和人工地基。天然地基为未经加固处理或扰动的地基。当天然地基承载力不够时,用换土、夯实、有机或无机结合料稳定等方法加固处理,以提高承载力,这种加固处理后的地基称为人工(或加固)地基。建(构)筑物的安全取决于基础与基础下地基的变形量是否过大、承载能力是否足够。为此,需要对拟建场地进行地质调查、工程勘察和各种土工试验,以查明场地的地质情况和土层结构、地下水情况和岩土的物理力学性能指标,根据建(构)筑物的类型,做出地基评价,为设计施工提供依据。获得岩土地基的各种物理性质指标、力学参数、应力应变规律等,要进行各种土工试验。土工试验从试验环境和方法出发,可分为室内试验、原位测试和原型试验三类。室内试验是指对从现场取回的土样或土料进行物理、力学试验,取得可塑性、密度、透水性和压缩性、抗剪强度、泊松比等指标,由此对岩、土地基进行分类,计算地基的稳定性和承载力。原位测试是在现场进行,土层基本保持天然结构、含水率及应力状态,如平板静载试验、动力触探、原位直剪试验、十字板剪切试验、旁压试验、波速测试等,可对地基进行分层和评价地基稳定性和承载力。原型试验是指通过现场基础足尺试验或工程原型试验,监测受力、变形及孔隙水压力等土工参数及反算土的各种静、动力特性参数等,如桩的荷载试验、动力基础的模态试验等,是评价地基基础承载力和稳定性的有效方法。下面仅对桥梁工程地基与基础检测中的相关问题作简要介绍。

第一节 地基承载力检测

一、地基岩土分类

按《公路桥涵地基与基础设计规范》(JTG 3363—2019),公路桥涵地基的岩土可分为岩石、碎石土、砂土、粉土、黏性土和特殊性土。

1. 岩石

岩石为颗粒间连接牢固、呈整体性或具有节理裂隙的地质体。岩石可按地质和工程分为两类。地质分类主要根据其地质成因、矿物成分、结构构造及风化程度表达,如强风化花岗岩、微风化砂岩等,这对工程的勘察设计是十分必要的。工程分类主要根据岩体的工程性状,在地质分类的基础上,概括其工程性质,便于进行工程评价。因此,在评价公路桥涵地基时,除应确定岩石的地质名称外,尚应按其坚硬程度、完整程度、节理发育程度、软化程度和特殊性岩石进行细分。

(1)岩石的坚硬程度应根据岩块的饱和单轴抗压强度标准值分级,见表4-1。

岩石坚硬程度分级　　　　　　　　　　表4-1

坚硬程度类别	坚硬岩	较硬岩	较软岩	软岩	极软岩
饱和单轴抗压强度标准值 f_{rk}(MPa)	$f_{rk}>60$	$60 \geq f_{rk}>30$	$30 \geq f_{rk}>15$	$15 \geq f_{rk}>5$	$f_{rk} \leq 5$

注:岩石饱和单轴抗压强度试验要点按规范执行。

(2)岩体完整程度根据完整性指数,按表4-2分为完整、较完整、较破碎、破碎和极破碎4个等级。

岩体完整程度划分　　　　　　　　　　表4-2

完整程度等级	完整	较完整	较破碎	破碎	极破碎
完整性指数	>0.75	(0.55,0.75]	(0.35,0.55]	(0.15,0.35]	≤0.15

注:完整性指数为岩体纵波波速与岩块纵波波速之比的平方。

(3)岩体节理发育程度根据节理间距,按表4-3分为节理很发育、节理发育、节理不发育3类。

岩体节理发育程度的分类　　　　　　　　表4-3

程度	节理不发育	节理发育	节理很发育
节理间距(mm)	>400	(200,400]	≤200

此外,岩石尚可按软化系数、特殊成分、结构、性质等分为软化岩石、易溶性岩石、膨胀性岩石、崩解性岩石、盐渍化岩石等。

2. 碎石土

(1)碎石土为粒径大于2mm的颗粒含量超过总质量的50%的土。碎石土可按表4-4分为漂石、块石、卵石、碎石、圆砾和角砾6类。

碎石土的分类　　　　　　　　　　表4-4

土的名称	颗粒形状	粒组含量
漂石	圆形及亚圆形为主	粒径大于200mm的颗粒含量超过总质量的50%
块石	棱角形为主	
卵石	圆形及亚圆形为主	粒径大于20mm的颗粒含量超过总质量的50%
碎石	棱角形为主	
圆砾	圆形及亚圆形为主	粒径大于2mm的颗粒含量超过总质量的50%
角砾	棱角形为主	

注:碎石土分类时,应根据粒组含量从大到小以最先符合者确定。

(2)碎石土的密实度,可根据重型动力触探锤击数 $N_{63.5}$,按表4-5分为松散、稍密、中密、密实4级。当缺乏有关试验数据时,碎石土平均粒径大于50mm或最大粒径大于100mm时,按 JTG 3363—2019 附录表 A.0.2 鉴别其密实度。

碎石土的密实度　　　　　　　　　　　　　　　　　　　　　　表 4-5

锤击数 $N_{63.5}$	密 实 度	锤击数 $N_{63.5}$	密 实 度
$N_{63.5} \leq 5$	松散	$10 < N_{63.5} \leq 20$	中密
$5 < N_{63.5} \leq 10$	稍密	$N_{63.5} > 20$	密实

注：1. 本表适用于平均粒径小于或等于 50mm 且最大粒径不超过 100mm 的卵石、碎石、圆砾、角砾。
　　2. 表内 $N_{63.5}$ 为经修正后锤击数的平均值。

3. 砂土

（1）砂土为粒径大于 2mm 的颗粒含量不超过总质量的 50%、粒径大于 0.075mm 的颗粒超过总质量的 50% 的土。砂土可按表 4-6 分为砾砂、粗砂、中砂、细砂和粉砂 5 类。

砂土的分类　　　　　　　　　　　　　　　　　　　　　　　表 4-6

土 的 名 称	粒 组 含 量
砾砂	粒径大于 2mm 的颗粒含量占总质量的 25%～50%
粗砂	粒径大于 0.5mm 的颗粒含量超过总质量的 50%
中砂	粒径大于 0.25mm 的颗粒含量超过总质量的 50%
细砂	粒径大于 0.075mm 的颗粒含量超过总质量的 85%
粉砂	粒径大于 0.075mm 的颗粒含量超过总质量的 50%

（2）砂土的密实度可根据标准贯入锤击数，按表 4-7 分为松散、稍密、中密、密实 4 级。

砂土的密实度　　　　　　　　　　　　　　　　　　　　　　表 4-7

标准贯入锤击数 N	密 实 度	标准贯入锤击数 N	密 实 度
$N \leq 10$	松散	$15 < N \leq 30$	中密
$10 < N \leq 15$	稍密	$N > 30$	密实

4. 粉土

粉土为塑性指数 $I_p \leq 10$ 且粒径大于 0.075mm 的颗粒含量不超过总质量的 50% 的土。

粉土的密实度应根据孔隙比 e 划分为密实、中密和稍密；其湿度应根据天然含水率 $w(\%)$ 划分为稍湿、湿、很湿。密实度和湿度的划分应分别符合表 4-8 和表 4-9 的规定。

粉土的密实度　　　　　　　　　　　　　　　　　　　　　　表 4-8

孔 隙 比 e	密 实 度	孔 隙 比 e	密 实 度
$e < 0.75$	密实	$e > 0.9$	稍密
$0.75 \leq e \leq 0.90$	中密		

粉土的湿度分类　　　　　　　　　　　　　　　　　　　　　表 4-9

天然含水率 $w(\%)$	湿 度	天然含水率 $w(\%)$	湿 度
$w < 20$	稍湿	$w > 30$	很湿
$20 \leq w \leq 30$	湿		

5. 黏性土

黏性土为塑性指数 $I_p > 10$ 且粒径大于 0.075mm 的颗粒含量不超过总质量的 50% 的土。黏性土根据塑性指数按表 4-10 分为黏土和粉质黏土。

黏性土的分类 表4-10

塑性指数 I_p	土的名称	塑性指数 I_p	土的名称
$I_p > 17$	黏土	$10 < I_p \leq 17$	粉质黏土

黏性土的软硬状态可根据液性指数按表4-11分为坚硬、硬塑、可塑、软塑、流塑5种状态。

黏性土的状态 表4-11

液性指数 I_L	状态	液性指数 I_L	状态
$I_L \leq 0$	坚硬	$0.75 < I_L \leq 1$	软塑
$0 < I_L \leq 0.25$	硬塑	$I_L > 1$	流塑
$0.25 < I_L \leq 0.75$	可塑	……	……

黏性土可根据沉积年代按表4-12分为老黏性土、一般黏性土和新近沉积黏性土。

黏性土的沉积年代分类 表4-12

沉积年代	土的分类
第四纪晚更新世(Q_3)及以前	老黏性土
第四纪全新世(Q_4)	一般黏性土
第四纪全新世(Q_4)以后	新近沉积黏性土

6. 特殊性土

特殊性土是具有一些特殊成分、结构和性质的区域性地基土，包括软土、膨胀土、湿陷性土、红黏土、冻土、盐渍土和填土等。

（1）软土为滨海、湖沼、谷地、河滩等处天然含水率高、天然孔隙比大、抗剪强度低的细粒土，鉴别指标应符合表4-13的规定，包括淤泥、淤泥质土、泥炭、泥炭质土等。

软土地基鉴别指标 表4-13

指标名称	天然含水率 w（%）	天然孔隙比 e	直剪内摩擦角 φ（°）	十字板剪切强度 c_u（MPa）	压缩系数 a_{1-2}（MPa^{-1}）
指标值	≥35或液限	≥1.0	宜小于5	<35kPa	宜大于0.5

（2）淤泥为在静水或缓慢的流水环境中沉积，并经生物化学作用形成，其天然含水率大于液限、天然孔隙比大于或等于1.5的黏性土。

天然含水率大于液限而天然孔隙比小于1.5但大于或等于1.0的黏性土或粉土为淤泥质土。

（3）膨胀土为土中黏粒成分主要由亲水性矿物组成，同时具有显著的吸水膨胀和失水收缩特性，其自由膨胀率大于或等于40%的黏性土。

（4）湿陷性土为浸水后产生附加沉降，其湿陷系数大于或等于0.015的土。

（5）红黏土为碳酸盐岩系的岩石经红土化作用形成的高塑性黏土，其液限一般大于50。红黏土经再搬运后仍保留其基本特征且其液限大于45的土为次生红黏土。

（6）盐渍土为土中易溶盐含量大于0.3%，并具有溶陷、盐胀、腐蚀等工程特性的土。

（7）填土根据其组成和成因，可分为素填土、压实填土、杂填土、冲填土。

素填土为由碎石土、砂土、粉土、黏性土等组成的填土。经过压实或夯实的素填土为压实填土。

杂填土为含有建筑垃圾、工业废料、生活垃圾等杂物的填土。冲填土为由水力冲填泥砂形成的填土。

二、平板载荷试验

平板载荷试验是用于确定地基承压板下应力主要影响范围内土层承载力和变形模量的原位测试方法。它要求岩土体在原有位置上,在保持土的天然结构、含水率及应力状态下来测定岩土的性质。地基平板载荷试验可分浅层平板载荷试验和深层平板载荷试验。

1. 浅层平板载荷试验

1)试验方法原理

浅层平板载荷试验适用于确定浅部地基土层(深度小于3m)承压板下压力主要影响范围内的承载力和变形模量。图4-1为荷载-沉降关系曲线。

平板载荷试验是在试验土层表面放置一定规格的方形或圆形刚性承压板,在其上逐级施加荷载,每级荷载增量持续时间按规范规定进行观测,测记每级荷载作用下荷载板沉降量的稳定值,加载至总沉降量为25mm,或达到加载设备的最大容量为止;然后卸载,其持续时间应不小于一级荷载增量的持续时间,并记录土的回弹值。根据试验记录绘制荷载-沉降(P-S)关系曲线,见图4-1。然后分析地基土的强度与变形特性,求得地基土容许承载力与变形模量等力学参数。

地基在荷载作用下达到破坏状态的过程,可分为三个阶段,见图4-2。

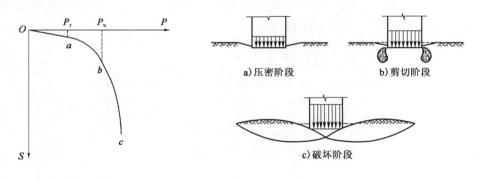

图4-1 荷载-沉降关系曲线　　图4-2 地基破坏过程的三个阶段

(1)压密阶段。相当于P-S曲线上的Oa直线段,这时土中各点的剪应力均小于土的抗剪强度,土体压力与变形呈线性关系,土体处于弹性平衡状态。该阶段荷载板沉降主要是由土中孔隙的减少引起,土颗粒主要是竖向变位,且随时间增长将土体压密,所以也称压密阶段。与a点相应的荷载P为比例界限。

(2)剪切阶段。相当于P-S曲线上的ab段,这时P-S曲线的土体荷载与变形不再呈线性关系,其沉降的增长率随荷载的增大而增大。除土体压密外,在承压板边缘局部的土体剪应力达到或超过土的抗剪强度,土体开始发生塑性变形。土的变形是由于土中空隙压缩和土颗粒的剪切移动引起的,土颗粒同时发生竖向和侧向变位,且随时间不易稳定,故称为局部剪切变形阶段。随着荷载的继续增大，土体中的塑性区范围也逐步扩大，直到土体中形成连续的滑动面，土在荷载板两侧挤出而破坏。因此，剪切阶段是地基中塑性区的发生和发展阶段，与在 P-S 曲线上 b 点相应的荷载 P 为极限荷载。

(3) 破坏阶段。相当于 P-S 曲线上的 bc 段。当荷载超过极限荷载后，即使荷载不再增加，沉降也不能稳定，荷载板急剧下沉，土中产生连续的滑动面，土从承压板下挤出，土体隆起呈环状或放射状裂隙，故称为破坏阶段。这时土体的变形主要由土的剪切变位引起，土体的侧向移动使地基土失稳而破坏。

2) 试验设备

载荷试验设备由稳压加荷装置、反力装置和沉降观测装置三部分组成。

现以半自动稳压油压荷载试验设备为例，说明如下。该设备适用于承压板面积不小于 $0.25\mathrm{m}^2$，对软土地基不小于 $0.50\mathrm{m}^2$，对复合地基不应小于一根桩加固的面积，对强夯处理后的地基不应小于 $2.0\mathrm{m}^2$。利用高压油泵，通过稳压器及反力锚碇装置，将压力稳定地传递到承压板。它由下列三部分组成：

(1) 加荷及稳压系统。由承压板、加荷千斤顶、立柱、稳压器和支撑稳压器的三脚架组成。加荷千斤顶、稳压器、储油箱和高压油泵分别用高压油管连接，构成一个油路系统。

(2) 反力锚碇系统。包括桁架和反力锚碇两部分，桁架由中心柱套管、深度调节丝杆、斜撑管、主钢丝绳、三向接头等组成。

(3) 观测系统。用百分表或其他自动观测装置进行观测。

目前，常用的载荷板试验时加载方式如图 4-3 所示。根据现场情况，也可采用地锚代替荷重的方式，也可二者兼用。总的要求是加荷、卸荷要既简便，又安全，并对试验的沉降量观测不产生影响。荷载板为刚性的方形或圆钢板。

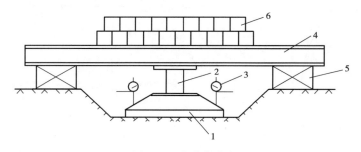

图 4-3　现场载荷试验

1-荷载板；2-千斤顶；3-百分表；4-反力架；5-枕木垛；6-荷重

用油压千斤顶加荷、卸荷虽然方便，但要注意设备是否变形、千斤顶是否漏油及荷载板是否下沉等，要防止千斤顶压力不稳定。注意随时调节，保持压力恒定。

3) 现场测试

(1) 基坑宽度不应小于承压板宽度 b 或直径 d 的 3 倍。

(2) 承压板一般采用 $50\mathrm{cm} \times 50\mathrm{cm}$ 或 $70.7\mathrm{cm} \times 70.7\mathrm{cm}$ 的方板。

(3) 试验土层：应保持土层在原有位置上，保持土的原状结构、天然湿度。试坑开挖时，在试验点位置周围预留一定厚度的土层，在安装承压板前再清理至试验高程。

(4) 承压板与土层接触处，应铺设约 20mm 厚的中砂或粗砂找平，以保证承压板与土层水平、均匀接触。

(5) 试验加荷分级不应少 8 级,第一级荷载包括设备重力。每级荷载增量为地基土层预估极限承载力的 1/10~1/8。最大加载量不应小于设计要求的 2 倍或接近试验土层的极限荷载。

(6) 试验精度不应低于最大荷载的 1%,承压板的沉降采用百分表或电测位移计量测,其精度不应低于 0.01mm。

(7) 加荷稳定标准:每级加载后,按间隔 10min、10min、10min、15min、15min,以后为每隔 30min 测读一次沉降量。当在连续 2h 内,每小时的沉降量小于 0.1mm 时,则认为已趋稳定,可加下一级荷载。

(8) 当试验出现下列情况之一时,可终止加载:
①承压板周围的土体有明显侧向挤出或发生裂纹。
②在某一级荷载下,24h 内沉降速率不能达到稳定标准。
③沉降量急剧增大,P-S 曲线出现陡降段。
④沉降量与承压板宽度或直径之比等于或大于 0.06。

(9) 回弹观测:分级卸荷,观测回弹值。分级卸荷量为分级加荷量的 2 倍,15min 观测一次,1h 后再卸下一级荷载。荷载完全卸除后,应继续观测 3h。

(10) 试验完后,试验点附近应有取土孔提供土工试验指标或其他原位测试资料。试验后,应在沉压板中心向下开挖取土试样,并描述 2 倍承压板直径(或宽度)范围内土层的结构变化。

4) 试验数据处理

根据试验数据绘制 P-S 曲线,利用 P-S 曲线可以得到:

(1) 地基土承载力基本容许值的确定应符合下列规定:
①当 P-S 曲线有比例界限时,取该比例界限所对应的荷载值。
②满足前三款终止加载条件之一时,其相对应的前一级荷载定为极限荷载。当极限荷载值小于比例界限荷载值的 2 倍时,取极限荷载值的一半。
③若不能按上述两款要求确定时,当压板面积为 0.25~0.50m² 时,可取 S/b(或 S/d)= 0.01~0.015 所对应的荷载值,但其值不应大于最大加载量的一半。

同一土层参加统计的试验点不应少于 3 点。当试验实测值的极差不超过其平均值的 30% 时,取其平均值作为该土层的地基承载力基本容许值。当极差不满足要求时,应查明原因,必要时重新划分地基统计单元进行评价。

(2) 计算地基土的变形模量 E_0。一般取 P-S 曲线的直线段,用下式计算:

$$E_0 = (1 - \mu^2) \frac{\pi B}{4} \cdot \frac{\Delta P}{\Delta S} \tag{4-1}$$

式中:B——承压板直径(m),当为方形板时,$B = \sqrt[2]{\dfrac{A}{\pi}}$,$A$ 为方形板面积(m²);

$\dfrac{\Delta P}{\Delta S}$——P-S 曲线直线段的斜率(kPa/m);

μ——地基土的泊松比,对于砂土和粉土,$\mu=0.33$,对于可塑~硬塑黏性土,$\mu=0.38$,对于软塑~流塑黏性土和淤泥质黏性土,$\mu=0.41$。

当 P-S 曲线的直线段不明显时,可用上述确定地基土承载力的方法所确定地基承载力的基本值与相应的沉降量代入式(4-1)计算 E_0,但此时应与其他原位测试资料比较,综合考虑确定 E_0 值。

利用 P-S 曲线还可以估算地基土的不排水抗剪强度和地基土基床反力系数等。

2. 深层平板载荷试验

(1)深层平板载荷试验用于确定深部地基及大直径桩桩端在承压板压力主要影响范围内土层的承载力及变形模量。该法适用于埋深等于或大于 3.0m 和地下水位以上的地基土。承压板的直径为 0.8m 的刚性板,紧靠承压板周围外侧的土层高度不应小于 0.8m。

加载反力装置有压重平台反力装置、地锚反力装置、锚桩横梁反力装置、地锚压重联合反力装置等。

(2)加荷分级可按预估极限承载力的 1/15~1/10 分级施加。每级加载后,第一个小时内按间隔 10min、10min、10min、15min、15min,以后为每隔 30min 测读一次沉降量。当在连续 2h 内,每小时的沉降量小于 0.1mm 时,则认为已趋稳定,可加下一级荷载。

(3)当试验出现下列情况之一时,即可终止加载:

①沉降量急剧增大,P-S 曲线上有可判定极限承载力的陡降段,且沉降量超过 0.04d(d 为承压板直径)。

②在某一级荷载下,24h 内沉降速率不能达到稳定。

③本级沉降量大于前一级沉降量的 5 倍。

④当持力层土层坚硬、沉降量很小时,最大加载量不小于设计要求的 2 倍。

(4)地基土承载力基本容许值的确定应符合下列规定:

①当 P-S 曲线有比例界限时,取该比例界限所对应的荷载值。

②满足前三款终止加载条件之一时,其对应的前一级荷载定为极限荷载;当极限荷载值小于比例界限荷载值的 2 倍时,取极限荷载值的一半。

③若不能按上述两款要求确定时,可取 $S/d = 0.01 \sim 0.015$ 所对应的荷载值,但其值应不大于最大加载量的一半。

同一土层参加统计的试验点不应少于 3 点。当试验实测值的极差不超过其平均值的 30% 时,取其平均值作为该土层的地基承载力基本容许值。当极差不满足要求时,应查明原因,必要时重新划分地基统计单元进行评价。

(5)计算变形模量。深层平板荷载试验的变形模量 E_0 按下式计算:

$$E_0 = w\frac{Pd}{S} \tag{4-2}$$

式中:w——试验深度和土类有关的系数;

P——P-S 曲线上线性段的压力(kPa);

S——与 P 对应的沉降(mm);

d——承压板的直径(m)。

3. 平板载荷试验的局限性

(1)平板载荷试验受荷面积小,加荷影响深度不超过 2 倍的承压板边长或直径,且加荷时间较短,因此不能通过载荷板试验提供建筑物的长期沉降资料。

(2)在沿海软黏土部分地区,地表往往有层"硬壳层",当为小尺寸承压板时,对其下软弱土层还未受影响,而实际建筑物基础大,下部软弱土层对建筑物沉降起主要影响。因此,载荷试验有一定的局限性。

(3)当地基压缩层范围内土层单一、均匀时,可直接在基础埋置高程处进行载荷试验。如地基压缩层范围内是成层变化的或不均匀时,则要进行不同尺寸承压板或不同深度的载荷试验。此时,可以采用其他原位测试和室内土工试验来确定荷载板试验影响不到的土层的工程力学性质。

(4)如果地基土层起伏变化很大,还应在不同地点做载荷试验。

三、圆锥动力触探试验

圆锥动力触探试验(DPT)是利用一定质量的落锤,以一定高度的自由落距将标准规格的锥形探头打入土层中,根据探头贯入的难易程度判定土层的物理力学性质。这是公路桥涵工程勘察中的原位测试方法之一。

1. 圆锥动力触探试验类型及规格、适用范围

1)圆锥动力触探试验类型及规格

圆锥动力触探试验的类型分为轻型、重型和超重型三种,各种试验的类型和规格见表4-14。

圆锥动力触探试验类型及规格　　表4-14

类型		轻型	重型	超重型
落锤	锤的质量(kg)	10	63.5	120
	落距(cm)	50	76	100
探头	直径(mm)	40	74	74
	锥角(°)	60	60	60
探杆直径(mm)		25	42	50~60
指标		贯入30cm的锤击数N_{10}	贯入10cm的锤击数$N_{63.5}$	贯入10cm的锤击数N_{120}

2)圆锥动力触探试验的适用范围

轻型圆锥动力触探试验一般用于贯入深度小于4m的黏性土、黏性土组成的素填土和粉土。可用于施工验槽、地基检验和地基处理效果的检测。

重型圆锥动力触探试验一般适用于砂土、中密以下的碎石土和极软岩。

超重型圆锥动力触探试验一般适用于较密实的碎石土、极软岩和软岩。

2. 试验设备和方法

圆锥动力触探试验设备主要由圆锥触探头、触探杆、穿心锤三部分组成,见图4-4和图4-5。

1)试验设备安装

试验前和试验过程中,应认真检查机具设备是否完好。安装过程中各部件连接紧固,触探架安装平稳,保持触探孔垂直。

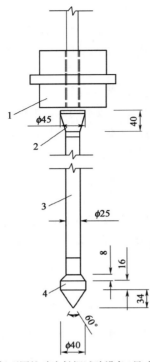

图 4-4 轻型圆锥动力触探试验设备(尺寸单位:mm)
1-穿心锤;2-锤垫;3-触探杆;4-探头

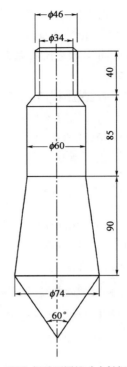

图 4-5 重型、超重型圆锥动力触探试验探头
（尺寸单位:mm）

2）试验方法

触探架与触探头对准孔位,作业过程中始终保持与触探孔垂直。以重型圆锥动力触探为例,试验采用质量为 63.5kg 的穿心锤自动脱钩,以 76cm 的落距自由下落,对土层连续进行触探,将标准试验触探头打入土中 10cm,记录其锤击数。

3）重型和超重型圆锥动力触探试验试验要点

(1) 贯入时,穿心锤应自动脱钩,自由落下。

(2) 地面上触探杆的高度不宜超过 1.5m,以免倾斜和摆动过大。

(3) 贯入过程应尽量连续贯入。锤击速率宜为每分钟 15~30 击。

(4) 每贯入 10cm,记录其相应的锤击数 $N'_{63.5}$、N'_{120}。

3. 试验成果整理

1）触探指标

(1) 实测触探锤击数

各种类型的圆锥动力触探试验是以贯入一定深度的锤击数（如 N_{10}、$N'_{63.5}$、N'_{120}）作为触探指标,通过与其他室内试验和原位测试指标建立相关关系获得地基土的物理力学性质指标,从而评价地基土的性质。

(2) 修正后的触探杆锤击数

①探杆长度的修正。当采用重型和超重型圆锥动力触探试验确定碎石土的密实度时,锤击数应按式(4-3)、式(4-4)进行修正。

$$N_{63.5} = \alpha_1 \cdot N'_{63.5} \quad (4\text{-}3)$$
$$N_{120} = \alpha_2 \cdot N'_{120} \quad (4\text{-}4)$$

式中：$N_{63.5}$、N_{120}——修正后的重型和超重型圆锥动力触探试验锤击数；

α_1、α_2——重型和超重型圆锥动力触探试验锤击数修正系数，按表4-15和表4-16取值；

$N'_{63.5}$、N'_{120}——实测重型和超重型圆锥动力触探试验锤击数。

重型圆锥动力触探试验锤击数修正系数 α_1 表4-15

杆长(m)	$N'_{63.5}$								
	5	10	15	20	25	30	35	40	≥50
2	1.00	1.00	1.00	1.00	1.00	1.00	1.00	1.00	—
4	0.96	0.95	0.93	0.92	0.90	0.89	0.87	0.86	0.84
6	0.93	0.90	0.88	0.85	0.83	0.81	0.79	0.78	0.75
8	0.90	0.86	0.83	0.80	0.77	0.75	0.73	0.71	0.67
10	0.88	0.83	0.79	0.75	0.72	0.69	0.67	0.64	0.61
12	0.85	0.79	0.75	0.70	0.67	0.64	0.61	0.59	0.55
14	0.82	0.76	0.71	0.66	0.62	0.58	0.56	0.53	0.50
16	0.79	0.73	0.67	0.62	0.57	0.54	0.51	0.48	0.45
18	0.77	0.70	0.63	0.57	0.53	0.49	0.46	0.43	0.40
20	0.75	0.67	0.59	0.53	0.48	0.44	0.41	0.39	0.36

超重型圆锥动力触探试验锤击数修正系数 α_2 表4-16

杆长(m)	N'_{120}										
	1	3	5	7	9	10	15	20	25	30	35	40
1	1.00	1.00	1.00	1.00	1.00	1.00	1.00	1.00	1.00	1.00	1.00
2	0.96	0.92	0.91	0.90	0.90	0.90	0.90	0.89	0.89	0.88	0.88	0.88
3	0.94	0.88	0.86	0.85	0.84	0.84	0.84	0.83	0.82	0.82	0.81	0.81
5	0.92	0.82	0.79	0.78	0.77	0.77	0.76	0.75	0.74	0.73	0.72	0.72
7	0.90	0.78	0.75	0.74	0.73	0.72	0.71	0.70	0.68	0.68	0.67	0.66
9	0.88	0.75	0.72	0.70	0.69	0.68	0.67	0.66	0.64	0.63	0.62	0.62
11	0.87	0.73	0.69	0.67	0.66	0.66	0.64	0.62	0.61	0.60	0.59	0.58
13	0.86	0.71	0.67	0.65	0.64	0.63	0.61	0.60	0.58	0.57	0.56	0.55
15	0.86	0.69	0.65	0.63	0.62	0.61	0.59	0.58	0.56	0.55	0.54	0.53
17	0.85	0.68	0.63	0.61	0.60	0.60	0.57	0.56	0.54	0.53	0.52	0.50
19	0.84	0.66	0.62	0.60	0.58	0.58	0.56	0.54	0.52	0.51	0.50	0.48

②侧壁摩擦影响的修正。对于砂土和松散～中密的圆砾、卵石，触探深度在1～15m范围内时，一般不考虑侧壁摩擦的影响。

③地下水影响的修正。对于地下水位以下的中砂、粗砂、砾砂和圆砾、卵石，锤击数可按式(4-5)修正。

$$N_{63.5} = 1.1 N'_{63.5} + 1.0 \tag{4-5}$$

式中：$N'_{63.5}$——修正前的锤击数。

(3) 动贯入阻力

荷兰公式是目前国内外应用最广泛的动贯入阻力计算公式，我国《岩土工程勘察规范》（GB 50021—2001）和《土工试验规程》（SL 237—1999）的条文说明都推荐该公式。

$$q_d = \frac{M}{M+m} \cdot \frac{MgH}{Ae} \tag{4-6}$$

式中：q_d——动贯入阻力（MPa）；

M——落锤质量（kg）；

m——圆锥探头及杆件系统（包括探头、导向杆等）的质量（kg）；

g——重力加速度；

H——落锤高度（m）；

A——圆锥探头截面面积（cm^2）；

e——每击贯入度。

该公式是建立在古典牛顿碰撞理论基础上的，且假定为绝对非弹性碰撞，不考虑弹性变形能量的消耗。

2) 触探曲线

对于圆锥动力触探试验所获得的锤击数值（或动贯入阻力），应在剖面图上或柱状图上绘制随深度变化的关系曲线（$N_{63.5}$-h、N_{120}-h 曲线或 q_d-h 曲线）。根据触探曲线的形态，结合钻探资料，进行地层的力学分层。

4. 试验成果应用

(1) 利用触探曲线进行力学分层。

(2) 评价地基的密实度，见表4-17。

触探击数与砂土密实度的关系　　　　　　　　　　　　　　　表4-17

土的分类	$N_{63.5}$	砂土密实度	孔隙比
砾砂	<5	松散	>0.65
	5~8	稍密	0.65~0.50
	8~10	中密	0.50~0.45
	>10	密实	<0.45
粗砂	<5	松散	>0.80
	5~6.5	稍密	0.80~0.70
	6.5~9.5	中密	0.70~0.60
	>9.5	密实	<0.60
中砂	<5	松散	>0.90
	5~6	稍密	0.90~0.80
	6~9	中密	0.80~0.70
	>9	密实	<0.70

(3)评价地基承载力。
①用轻型动力触探锤击数 N_{10} 确定地基土的承载力。
②用重型圆锥动力触探锤击数 $N_{63.5}$ 确定地基土的承载力。
铁道部行业标准规定用 $N_{63.5}$ 平均值评价冲积、洪积成因的中砂、砾砂和碎石类土地基的承载力,见表4-18。

用重型圆锥动力触探 $N_{63.5}$ 确定地基承载力(单位:kPa)　　　表4-18

击数平均值 $N_{63.5}$	3	4	5	6	7	8	9	10	12	14
碎石土	140	170	200	240	280	320	360	400	480	540
中砂、砾砂	120	150	180	220	260	300	340	380	—	—
击数平均值 $N_{63.5}$	16	18	20	22	24	26	28	30	35	40
碎石土	600	660	720	780	830	870	900	930	970	1 000

③用超重型圆锥动力触探锤击数 N_{120} 确定地基土的承载力。
(4)确定地基土的变形模量。铁道部第二勘测设计院的研究成果(1988年)如下。
圆砾、卵石土地基变形模量 E_0 与 $N_{63.5}$ 的相关关系为:

$$E_0 = 4.48 N_{63.5}^{0.7554} \tag{4-7a}$$

在铁道部《铁路工程地质原位测试规程》(TB 10018—2003)中关于冲、洪积卵石土和圆砾土地基的变形模量 E_0,当贯入深度小于12m时,可根据场地土层的平均锤击数 $N_{63.5}$ 按表4-19取值。

卵石土、圆砾土 E_0 值　　　表4-19

$\overline{N}_{63.5}$(击/10cm)	3	4	5	6	8	10	12	14	16
E_0(MPa)	9.9	11.8	13.7	16.2	21.3	26.4	31.4	35.2	39.0
$\overline{N}_{63.5}$(击/10cm)	18	20	22	24	26	28	30	35	40
E_0(MPa)	42.8	46.6	50.4	53.6	56.1	58.0	59.9	62.4	64.3

特重型动力触探的实测击数,应先按下式换算成相当于重型动力触探的实测击数后,再按式(4-3)进行修正。

$$N_{63.5} = 3N_{120} - 0.5 \tag{4-7b}$$

(5)确定单桩承载力。
(6)确定抗剪强度、地基检验和确定地基持力层。
(7)评价地基均匀性和确定地基持力层。

四、地基容许承载力

1. 有关地基承载力的术语

(1)地基极限承载力。使地基发生剪切破坏而即将失去整体稳定性时相应的最小基础底面压力,称为地基极限承载力。
(2)地基容许承载力。要求作用于基底的压应力不超过地基的极限承载力,且有足够的安全度,而且所引起的变形不超过建(构)筑物的容许变形。满足以上两项要求的地基单位面积上所承受的荷载称为地基容许承载力。

2. 地基承载力的确定

地基承载力可根据地质勘测、原位测试、野外载荷试验以及邻近建(构)筑物调查对比,由经验和理论公式计算综合分析确定。

地基承载力通常由下列几种途径来确定:

(1)由现场载荷试验或原位测试确定。

(2)按地基承载力理论公式计算。

(3)按现行规范提供的经验公式计算。

(4)在土质基本相同的条件下,参照邻近结构物地基容许承载力。

3.《公路桥涵地基与基础设计规范》(JTG 3363—2019)有关地基承载力的规定

(1)地基承载力容许值是在地基原位测试或本规范给出的各类岩土承载力基本容许值$[f]$的基础上经修正而得的,也就是在地基压力变形曲线上,在线性变形段内某一变形所对应的压力值。

地基承载力容许值$[f_a]$是在地基载荷试验和其他原位测试或按《公路桥涵地基与基础设计规范》(JTG 3363—2019)给出的各类岩土承载力基本容许值$[f_{a0}]$的基础上经修正后得到的。

(2)地基承载力基本容许值应首先考虑由载荷试验或其他原位测试取得,其值不应大于地基极限承载力的1/2。对中小桥、涵洞,当受现场条件限制或载荷试验和原位测试确有困难时,也可按照《公路桥涵地基与基础设计规范》(JTG 3363—2019)第4.3.3条规定采用。

(3)地基承载力基本容许值尚根据基底埋深、基础宽度及地基土的类别按《公路桥涵地基与基础设计规范》(JTG 3363—2019)中第4.3.4条规定进行修正。

当缺乏上述资料时可按《公路桥涵地基与基础设计规范》(JTG 3363—2019)推荐的方法确定地基承载力基本容许值,对地质和结构复杂的桥涵地基,应根据现场载荷试验确定容许承载力。

4.地基土承载力基本容许值的确定

地基承载力基本容许值,可根据岩土类别、状态及其物理力学特性指标按下列相关表中规定采用。

(1)一般岩石地基可根据强度等级、节理,按表4-20确定承载力基本容许值$[f_{a0}]$。对于复杂的岩层(如溶洞、断层、软弱夹层、易溶岩石、软化岩石等),应按各项因素综合确定。

岩石地基承载力基本容许值$[f_{a0}]$(单位:kPa)　　　　表4-20

坚硬程度	节理发育程度		
	节理不发育	节理发育	节理很发育
坚硬岩、较硬岩	>3000	3000~2000	2000~1500
较软岩	3000~1500	1500~1000	1000~800
软岩	1200~1000	1000~800	800~500
极软岩	500~400	400~300	300~200

(2)碎石土地基可根据其类别和密实程度按表4-21确定承载力基本容许值$[f_{a0}]$。

碎石土地基承载力基本容许值$[f_{a0}]$(单位:kPa) 表4-21

土 名	密 实 程 度			
	密实	中密	稍密	松散
卵石	1200~1000	1000~650	650~500	500~300
碎石	1000~800	800~550	550~400	400~200
圆砾	800~600	600~400	400~300	300~200
角砾	700~500	500~400	400~300	300~200

注:1.由硬质岩组成,填充砂土者取高值;由软质岩组成,填充黏性土者取低值。
2.半胶结的碎石土,可按密实的同类土的$[f_{a0}]$值提高10%~30%。
3.松散的碎石土在天然河床中很少遇见,需特别注意鉴定。
4.漂石、块石的$[f_{a0}]$值,可参照卵石、碎石适当提高。

(3)砂土地基可根据土的密实度和水位情况按表4-22确定承载力基本容许值$[f_{a0}]$。

砂土地基承载力基本容许值$[f_{a0}]$(单位:kPa) 表4-22

土名及水位情况		密 实 度			
		密实	中密	稍密	松散
砾砂、粗砂	与湿度无关	550	430	370	200
中砂	与湿度无关	450	370	330	150
细砂	水上	350	270	230	100
	水下	300	210	190	—
粉砂	水上	300	210	190	—
	水下	200	110	90	—

(4)粉土地基可根据土的天然孔隙比e和天然含水率$w(\%)$,按表4-23确定承载力基本容许值$[f_{a0}]$。

粉土地基承载力基本容许值$[f_{a0}]$(单位:kPa) 表4-23

e	$w(\%)$					
	10	15	20	25	30	35
0.5	400	380	355	—	—	—
0.6	300	290	280	270	—	—
0.7	250	235	225	215	205	—
0.8	200	190	180	170	165	—
0.9	160	150	145	140	130	125

(5)老黏性土地基可根据压缩模量E_s,按表4-24确定承载力基本容许值$[f_{a0}]$。

老黏性土地基承载力基本容许值$[f_{a0}]$ 表4-24

E_s(MPa)	10	15	20	25	30	35	40
$[f_{a0}]$(kPa)	380	430	470	510	550	580	620

注:当老黏性土E_s<10MPa时,承载力基本容许值$[f_{a0}]$按一般黏性土(表4-25)确定。

(6) 一般黏性土可根据液性指数 I_L 和天然孔隙比 e，按表 4-25 确定地基承载力基本容许值 $[f_{a0}]$。

一般黏性土地基承载力基本容许值 $[f_{a0}]$（单位：kPa）　　　　表 4-25

e	I_L												
	0	0.1	0.2	0.3	0.4	0.5	0.6	0.7	0.8	0.9	1.0	1.1	1.2
0.5	450	440	430	420	400	380	250	310	270	240	220	—	—
0.6	420	410	400	380	380	340	310	280	250	220	200	180	—
0.7	400	370	350	330	310	290	270	240	220	190	170	160	150
0.8	380	330	300	280	260	240	230	210	180	160	150	140	130
0.9	320	280	260	240	220	210	150	180	160	140	130	120	100
1.0	250	230	220	210	190	170	160	150	140	120	110	—	—
1.1	—	—	160	150	140	130	120	110	100	90	—	—	—

注：1. 土中含有粒径大于 2mm 的颗粒质量超过总质量 30% 以上者，$[f_{a0}]$ 可适当提高。

2. 当 $e<0.5$ 时，取 $e=0.5$；当 $I_L<0$ 时，取 $I_L=0$。此外，超过表列范围的一般黏性土，$[f_{a0}]=57.22E_s^{0.57}$。

(7) 新近沉积黏性土地基可根据液性指数 I_L 和天然孔隙比 e，按表 4-26 确定承载力基本容许值 $[f_{a0}]$。

新近沉积黏性土地基承载力基本容许值 $[f_{a0}]$（单位：kPa）　　　　表 4-26

e	I_L		
	≤0.25	0.75	1.25
≤0.8	140	120	100
0.9	130	110	90
1.0	120	100	80
1.1	110	90	—

5. 地基土承载力基本容许值的修正

(1) 修正后的地基承载力容许值 $[f_a]$ 按式（4-8）确定。当地基基础位于水中不透水地层上时，$[f_a]$ 按平均常水位至一般冲刷线的水深每米再增大 10kPa。

$$[f_a] = [f_{a0}] + k_1\gamma_1(b-2) + k_2\gamma_2(h-3) \tag{4-8}$$

式中：$[f_a]$——修正后的地基承载力容许值（kPa）；

$\quad\quad b$——基础底面的最小边宽（m），当 $b<2$m 时，取 $b=2$m，当 $b>10$m 时，取 $b=10$m；

$\quad\quad h$——基底埋置深度（m），自天然地面起算，有水流冲刷时自一般冲刷线起算，当 $h<3$m 时，取 $h=3$m，当 $h/b>4$ 时，取 $h=4b$；

$\quad\quad k_1$、k_2——基底宽度、深度修正系数，根据基底持力层土的类别按表 4-27 确定；

$\quad\quad \gamma_1$——基底持力层土的天然重度（kN/m³），若持力层在水面以下且透水，应取浮重度；

$\quad\quad \gamma_2$——基底以上土层的加权平均重度（kN/m³），换算时若持力层在水面以下且不透水时，不论基底以上土的透水性如何，一律取饱和重度，当透水时，水中部分土层则应取浮重度。

地基土承载力宽度、深度修正系数 k_1、k_2 表 4-27

系数	黏性土			粉土		砂 土								碎 石 土			
	老黏性土	一般黏性土		新近沉积黏性土	—	粉砂		细砂		中砂		砾砂、粗砂		碎石、圆砾、角砾		卵石	
		$I_L \geq 0.5$	$I_L < 0.5$			中密	密实	中密	密实	中密	密实	中密	密实	中密	密实	中密	密实
k_1	0	0	0	0	0	1.0	1.2	1.5	2.0	2.0	3.0	3.0	4.0	3.0	4.0	3.0	4.0
k_2	2.5	1.5	2.5	1.0	1.5	2.0	2.5	3.0	4.0	4.0	5.5	5.0	6.0	5.0	6.0	6.0	10.0

注：1. 对于稍密和松散状态的砂、碎石土，k_1、k_2 值可采用表列中密值的 50%。
2. 强风化和全风化的岩石，可参照所风化成的相应土类取值；其他状态下的岩石不修正。

（2）软土地基承载力基本容许值$[f_a]$按下列规定确定：

① 根据原状土天然含水率，按表 4-28 确定软土地基承载力基本容许值$[f_{a0}]$，然后按下式计算修正后的地基承载力容许值$[f_a]$。

$$[f_a] = [f_{a0}] + \gamma_2 h \tag{4-9}$$

式中，γ_2、h 的意义同前。

软土地基承载力基本容许值$[f_{a0}]$ 表 4-28

天然含水率 w（%）	36	40	45	50	55	65	75
$[f_{a0}]$（kPa）	100	90	80	70	60	50	40

② 根据原状土强度指标确定软土地基承载力容许值$[f_a]$。

$$[f_a] = \frac{5.14}{m} K_p c_u + \gamma_2 h \tag{4-10}$$

$$K_p = \left(1 + 0.2 \frac{b}{l}\right)\left(1 - \frac{0.4H}{blc_u}\right) \tag{4-11}$$

式中：m——抗力修正系数，可视软土灵敏度及基础长宽比等因素选用，一般取 1.5～2.5；

c_u——地基土不排水抗剪强度标准值（kPa）；

K_p——系数；

H——由作用（标准值）引起的水平力（kN）；

b——基础宽度（m），有偏心作用时，取 $b - 2e_b$；

l——垂直于 b 边的基础长度（m），有偏心作用时，取 $l - 2e_i$；

e_b、e_i——偏心作用在宽度和长度方向的偏心距；

γ_2、h——意义同式（4-8）。

第二节　基桩成孔质量检测

目前，我国常用的灌注桩施工有钻孔、冲击成孔、冲抓成孔和人工挖孔等方法。人工挖孔为干作业施工，成孔后孔壁的形状、孔深、垂直度、孔底沉渣及钢筋笼的安放位置等可通过目测或人下到孔内进行检查，质量较容易控制。钻孔、冲击成孔和冲抓成孔等地下湿作业施工的灌注桩,通常需用泥浆护壁,孔内充满泥浆。由于地下施工,加上复杂的地质条件或施工人员操作不当,泥浆原料膨润土的性能差,泥浆外加剂纯碱、氢氧化钠或膨润土粉末等掺入量不合适,调制出的泥浆性能指标不符合要求,从而导致钻孔过程中塌孔、扩径、缩颈、夹泥、孔底沉淀过厚等桩身缺陷,这些缺陷只能用仪器设备去检测。桩径是保证基桩承载力的关键因素,要保证桩径满足设计要求,其孔径不得小于设计要求。基桩垂直度的偏差程度是衡量基桩承载力能否有效发挥作用的关键因素。孔底沉淀厚度的大小,极大地影响桩端承载力的发挥。可见,成孔质量的好坏,直接影响钻孔灌注桩混凝土浇注后的成桩质量。因此,要在钻孔施工中进行泥浆各种性能指标测定,以确保钻孔的顺利进行。在成孔后,灌注混凝土前应进行成孔质量检测。成孔检测在以往大型钻孔灌注桩工程中,往往被忽视了,这是不应该的。实际上,成孔检测有时比成桩检测还重要,因为成孔质量有问题,在成桩后是很难处理的,因此,我们应对成孔检测予以充分的重视。

一、检测标准

我国国家标准《建筑地基基础工程施工质量验收规范》(GB 50202—2018),住房和城乡建设部标准《建筑桩基技术规范》(JGJ 94—2008),交通运输部标准《公路桥涵施工技术规范》(JTG/T 3650—2020)、《公路工程基桩检测技术规程》(JTG/T 3512—2020),分别对混凝土灌注桩成孔质量的检验内容、检验标准、检查方法等提出了具体的规定和要求。成孔质量检验的内容一般包括泥浆各种性能指标测定和钻孔位置、孔深、孔径、垂直度、沉淀厚度等。

1. 泥浆性能指标

在岩土地层基桩的钻孔过程中,一般都要采取护壁措施。泥浆作为钻探的冲洗液,除起护壁作用外,还具有携带岩土、冷却钻头、堵漏等功能,泥浆性能的好坏直接影响钻进效率和生产安全。钻孔泥浆一般由水、黏土(或膨润土)和添加剂按适当配合比配制而成。

(1)《公路桥涵施工技术规范》(JTG/T 3650—2020)对泥浆性能指标的规定,可参照表4-29选用。

泥浆性能指标选择   表4-29

钻孔方法	地层情况	泥浆性能指标							
		相对密度	黏度(Pa·s)	含砂率(%)	胶体率(%)	失水率(mL/30min)	泥皮厚(mm/30min)	静切力(Pa)	酸碱度(pH值)
正循环	一般地层	1.05~1.20	16~22	9~4	≥96	≤25	≤2	1.0~2.5	8~10
	易塌地层	1.20~1.45	19~28	9~4	≥96	≤15	≤2	3~5	8~10
反循环	一般地层	1.02~1.06	16~20	≤4	≥95	≤20	≤3	1~2.5	8~10
	易塌地层	1.06~1.10	18~28	≤4	≥95	≤20	≤3	1~2.5	8~10
	卵石土	1.10~1.15	20~35	≤4	≥95	≤20	≤3	1~2.5	8~10
旋挖	一般地层	1.02~1.10	18~22	≤4	≥95	≤20	≤3	1~2.5	8~11
冲击	易塌地层	1.20~1.40	22~30	≤4	≥95	≤20	≤3	3~5	8~11

注:1. 地下水位高或其流速大时,指标取高限,反之取低限。
   2. 地质状态较好、孔径或孔深较小的取低限,反之取高限。

（2）清孔后，泥浆的相对密度宜控制在 1.03~1.10，对冲击成孔的桩可适当提高但宜不超过 1.15，黏度宜为 17~20Pa·s，含砂率宜小于 2%，胶体率宜大于 98%。

（3）对于大直径或超长钻孔灌注桩，泥浆的选择应根据钻孔的工程地质情况、孔位、钻机性能、泥浆材料等确定。在地质复杂、覆盖层较厚、护筒下沉不到岩层的情况下，宜使用丙烯酰胺，即 PHP 泥浆。

2. 成孔质量标准

钻、挖孔在终孔和清孔后，应进行孔位、孔深检验。《公路工程质量检验评定标准 第一册 土建工程》(JTG F80/1—2017) 中关于钻、挖孔成孔的质量标准见表 4-30。

钻、挖孔成孔的质量标准　　　表 4-30

检查项目	规定值或允许偏差	检查方法和频率
桩位(mm)	群桩：100；单排桩：50	全站仪；每桩测中心坐标
孔深(m)	≥设计值	测绳；每桩测量
孔径(mm)	≥设计值	探孔器或超声波成孔检测仪；每桩测量
钻孔倾斜度(mm)	钻孔：≤1%S，且≤500 挖孔：≤0.5%S，且≤500	钻杆垂线法或超声波成孔检测仪；每桩测量
沉淀厚度(mm)	满足设计要求	沉淀盒或测渣仪；每桩测量

注：S 为桩长，计算规定值或允许偏差时以 mm 计。

二、泥浆性能指标检测

1. 相对密度

用泥浆相对密度计测定。将要量测的泥浆装满泥浆杯，加盖，并洗净从小孔溢出的泥浆，然后置于支架上，移动游码，使杠杆呈水平状态（水平泡位于中央），读出游码左侧所示刻度，即为泥浆的相对密度 γ_x。

若工地无以上仪器，可用一口杯先称其质量为 m_1，再装满清水称其质量 m_2，再倒去清水，装满泥浆并擦去杯周溢出的泥浆，称其质量设为 m_3，则：

$$\gamma_x = \frac{m_3 - m_1}{m_2 - m_1} \tag{4-12}$$

2. 黏度 η

工地用标准漏斗黏度计测定，黏度计如图 4-6a）所示，将滤去大砂粒后的泥浆注入漏斗，然后使泥浆从漏斗下口流出，流满 500mL 量杯所需时间(s)，即为所测泥浆的黏度。

校正方法：漏斗中注入 700mL 清水，流出 500mL，所需时间应是 15s，其偏差如超过 ±1s，测量泥浆黏度时应校正。

3. 静切力 θ

工地可用浮筒切力计[图 4-6b)]测定。测量泥浆切力时，可用下式表示：

$$\theta = \frac{G - \pi d \delta h \gamma}{2\pi d h - \pi d \delta} \tag{4-13}$$

式中:G——铝制浮筒质量(g);
　　　d——浮筒的平均直径(cm);
　　　h——浮筒的沉没深度(cm);
　　　γ——泥浆密度(g/cm³);
　　　δ——浮筒壁厚(cm)。

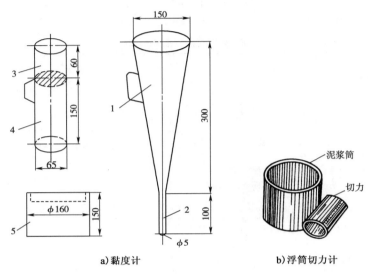

图 4-6　黏度计和浮筒切力计(尺寸单位:mm)
1-漏斗;2-管子;3-量杯 200mL;4-量杯 500mL 部分;5-筛网及杯

量测时,先将约 500mL 泥浆搅匀后,立即倒入切力计中,将切力筒沿刻度尺垂直向下移至与泥浆接触时,轻轻放下,当它自由下降到静止不动时,即静切力与浮筒重力平衡时,读出浮筒上泥浆面所对应的刻度[刻度是按式(4-13)计算值刻划的],即为泥浆的初切力。取出切力筒,按净黏着的泥浆,用棒搅动筒内泥浆后,静置 10min,用上述方法量测,所得即为泥浆的终切力。它们的单位均为 Pa,切力计可自制。

4. 含砂率

工地用含砂率计(图 4-7)测定。量测时,把调好的泥浆 50mL 倒进含砂率计,然后再倒 450mL 清水,将仪器口塞紧,摇动 1min,使泥浆与水混合均匀。再将仪器垂直静放 3min,仪器下端沉淀物的体积(由仪器刻度上读出)乘以 2 就是含砂率(%)。另有一种大型的含砂率计,容积为 1000mL,从刻度读出的数不需乘 2,即为含砂率。

5. 胶体率(%)

胶体率也称稳定率,它是泥浆中土粒保持悬浮状态的性能。测定方法:可将 100mL 泥浆倒入干净量杯中,用玻璃片盖上,静置 24h 后,量杯上部泥浆可能澄清为透明的水,量杯底部可能有沉淀物,以 100 -(水 + 沉淀物)体积即等于胶体率。

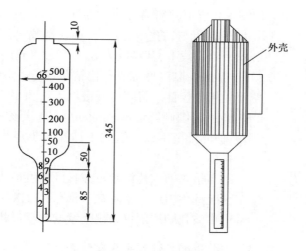

图 4-7 含砂率计(尺寸单位:mm)

6. 失水量(mL/30min)和泥皮厚(mm)

用一张 120mm×120mm 的滤纸,置于水平玻璃板上,中央画一直径 3cm 的圆,将 2mL 的泥浆滴入圆圈中心,30min 后,量算湿润圆圈的平均半径减去泥浆摊平成为泥饼的平均半径(mm),即为失水量,单位为 mL/min。在滤纸上量出泥浆皮的厚度(mm),即为泥皮厚。泥皮愈平坦、愈薄,则泥浆质量愈高,一般不宜厚于 2~3mm。

7. 酸碱度

酸碱度,即酸和碱的强度简称,也有简称为酸碱值的。pH 值是常用的酸碱标度之一。pH 值等于溶液中氢离子浓度的负对数值,即 $pH = -\lg[H^+] = \lg(1/[H^+])$。pH 值等于 7 时为中性,大于 7 时为碱性,小于 7 时为酸性。工地测量 pH 值方法,可取一条 pH 试纸放在泥浆面上,0.5s 后拿出来与标准颜色对比,即可读出 pH 值。

三、成孔质量检测

1. 桩位偏差测量

桩位偏差是指成桩后的位置与设计位置的差距。桩位应在基桩施工前按设计桩位平面图放样桩的中心位置,但由于施工中测量放线不准、护筒埋设有偏差、钻机对位不正、钻孔偏斜、钢筋笼下孔偏差等因素,成桩后导致桩位与设计位置偏离。如桩位偏离超过设计允许范围,桩的受力状况发生变化,将导致桩的承载力和可靠性降低、工程造价增加、工期延误等。因此,成桩后要对实际桩位进行复测,用精密经纬仪或红外测距仪测量桩的中心位置,看其是否满足设计规定和相应规范、标准对桩位中心位置的偏差要求。

2. 钻孔倾斜度检查

在灌注桩的施工过程中,能否确保基桩的倾斜度,是衡量基桩能否有效地发挥作用的一个关键因素。一般对于竖直桩,其倾斜度允许偏差范围在 50~200mm,或是桩长的 0.5%~1%。

钻孔倾斜度的检查可采用图4-8所示的简易方法。在孔口沿钻孔直径方向设一标尺,标尺上 O 点与钻孔中心重合,并使滑轮、标尺 O 点和钻孔中心在同一铅垂线上,其高度为 H_0。穿过滑轮的测绳一端连接于用钢筋弯制的圆球(圆球直径比钻孔直径略小些),另一端通过转向滑轮用手拉住。将圆球慢慢放入钻孔中,并测读测绳在标尺上的偏距 e,则倾斜角 $\alpha = \arctan(e/H)$。该方法工具简单,操作方便,但测读范围以 e 值小于钻孔的半径为最大限度,且读数较为粗糙。

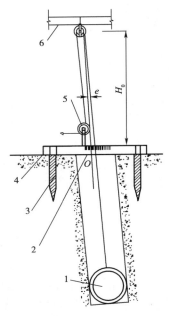

当检查的桩孔深度较深且倾斜度较大时,可根据地质及施工情况选用JDL-1型陀螺斜测仪或JJX-3型井斜仪检查,也可采用声波孔壁测定仪绘出连续的孔壁形状和垂直度。

3. 桩的孔径和垂直度检测

桩的孔径和垂直度检测是成孔质量检测中的两项重要内容。目前有探孔器检测、伞形孔径仪检测、声波法检测三种方法,它们大多可同时检测孔径和垂直度。

1)探孔器检测

钢筋笼式探孔器是一种简便的检测工具,其制作简单、检测方便、应用广泛。钢筋笼探孔器检测孔径如图4-9所示。钢筋笼探孔器测量孔的垂直度见图4-10。

图4-8 桩的倾斜度检查
1-钢筋圆球;2-标尺;3-固定桩;4-木板;5-导向滑轮;6-钻架横梁

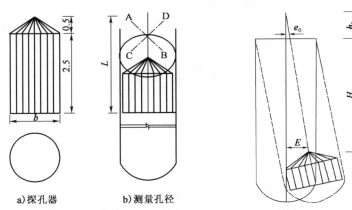

图4-9 钢筋笼探孔器测量孔径(尺寸单位:m)　　图4-10 钢筋笼探孔器测量孔的垂直度

探孔器的尺寸可根据设计桩径大小设计,探孔器的外径 D 不应小于设计桩孔直径,长度 L 为 4~6 倍的外径。探孔器用钢筋制作,应有一定的刚度,每次检测前十字交叉测量探孔器外径 D,二者之差宜不大于20mm,并防止使用过程中变形。检测前,待钻孔的孔深、清孔泥浆指标等检查合格后,再用三脚架将孔径器放入孔内。探孔器对中后,上吊点的位置应固定,并保持在整个检测过程中位置不变。探孔器靠自重下沉,如能在自重作用下顺利下沉到孔底,则表明孔径能满足设计要求。如不能下沉到孔底,则说明孔径小于设计孔径,应进行扩孔等处理。

2)伞形孔径仪检测

伞形孔径仪由测头、设调放大器和记录仪三部分组成。测头为机械式的构件,测头放入测孔之前,将四条腿合拢并用弹簧锁定,待测头放入孔底后,四条腿即自动张开。当测头缓缓上提时,在弹簧力作用下,四条腿端始终紧贴孔壁,随着孔壁凹凸不平状况相应张开和收拢,带动测头密封筒内的活塞上下移动,使四组串联滑动电阻来回滑动,将电阻变化转化为电压变化,经信号设调放大器放大,并由记录仪记录,即可绘出孔径大小随孔深的变化情况。伞形孔径仪如图4-11所示。

用伞形孔径仪测量孔斜是在孔内不同深度连续多点测量其顶角和方位角,从而计算钻孔的倾斜度。顶角测量是利用铅垂原理,测量系统由顶角电阻(阻值已知)和一端装有重块并始终保持与水平面垂直的测量杆组成。当钻孔倾斜时,顶角电阻和测量杆间就有一角度,仪器内部机构便根据角度的大小短路一部分电阻,剩下的电阻值即为被测点的顶角。方位角由定位电阻、接触片等磁定向机构来测量,接触片始终保持指北状态,方位角变化时使接触片的电阻也随之变化,知道电阻值的大小,即可确定被测点的方位角。

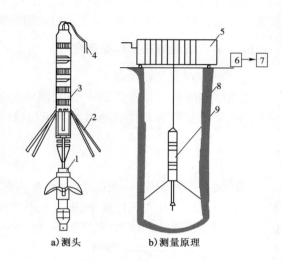

图4-11 伞形孔径仪
1-锁腿架;2-测腿;3-密封桶;4-电缆;5-电缆绞车;
6-放大器;7-记录仪;8-桩孔;9-测头

4. 桩底沉淀厚度检测

桩底沉淀土厚度的大小极大地影响桩端承载力的发挥,因此,在施工过程中必须严格控制桩底沉淀土的厚度。根据《公路桥涵施工技术规范》(JTG/T 3650—2020)规定,孔底沉淀厚度应不大于设计的规定;设计未规定时,对桩径小于或等于1.5m的摩擦桩宜不大于200mm,对桩径大于1.5m或桩长大于40m以及土质较差的摩擦桩宜不大于300mm,对支承桩宜不大于50mm。

测定沉淀土厚度的方法目前还不够成熟,下面介绍工程中常用的几种方法。

1)垂球法

垂球法是一种惯用的简易测定沉淀土厚度的方法。将质量不小于1kg的平底圆锥体垂球,端部连接专用绳索,把垂球慢慢沉入孔内,接触孔底时,轻轻拉起垂球并放下,判断孔底位置,其施工孔深和量测孔深之差值即为沉淀土厚度。

2)电阻率法

电阻率法沉淀土测定仪由测头、放大器和指示器组成。它根据介质不同,如水、泥浆和沉淀颗粒具有不同的导电性能,由电阻阻值变化来判断沉淀土厚度。测试时将测头慢慢沉入孔中,观察表头指针的变化,当出现突变时,记录深度 h_1;继续下沉测头,指针再次突变,记录深度 h_2;直到测头不能下沉为止,记录深度 h_3。设施工深度为 H,则各沉淀土厚度为($h_2 - h_1$)、($h_3 - h_2$)、($H - h_3$)……

3）电容法

电容法沉淀土厚度测定原理是当金属两极间距和尺寸不变时,其电容量和介质的电解率成正比关系,水、泥浆和沉淀土等介质的电解率有较明显差异,从而由电解率的变化量测定沉淀土的厚度。

钻(探)孔在终孔和清孔后,应进行孔位、孔深检验。一般情况下,孔径、孔形和倾斜度宜采用上述专用仪器测定。当缺乏专用仪器时,可采用外径为钻孔桩钢筋笼直径加100mm(不得大于钻头直径),长度为4~6倍外径的钢筋笼探孔器吊入钻孔内检测。

5. 超声波法检测孔径和垂直度

1）测试原理及仪器设备

把泥浆作为均匀介质,则超声波在泥浆介质中传播速度 c 是恒定的。若超声波的发射探测器至孔壁的距离为 L,实测声波发射至接收的时间差为 Δt,则按下式计算:

$$L = c \cdot \frac{\Delta t}{2} \tag{4-14}$$

超声波孔壁测试仪,一般由主机(由超声记录仪、声波发射和接收探头组成)、绕线器和绞车三大部分组成。在现场检测中,通过绞车将探测器自动放入孔内,并靠探测器自重保持测试探头处于铅垂位置。测试时,超声振荡器产生一定频率的电脉冲,经放大后由发射换能器转换为声波,并通过孔内泥浆向孔壁方向传播,由于泥浆与孔壁地层的声阻抗差异很大,声波到达孔壁后绝大部分被反射回来,经接收换能器接收。声波从发送到接收的时间,由计时门打开至关闭的时间差,即为声波在孔内泥浆中的传播时间。超声波测试原理如图4-12所示。

声波探头中的四组换能器(一发一收为一组)呈十字交叉布置,可以探测孔内某高程测点两个方向相反的换能器与孔壁之间的距离,进行连续测试,即可得到该钻孔两个方向孔壁的剖面变化图。如某测点声波探头的两方向相反探头测得的换能器至孔壁的距离分别为 L_1 和 L_2,则桩孔在该点的孔径为 $D = L_1 + L_2 + d$,其中,L_1 和 L_2 为两方向相反的换

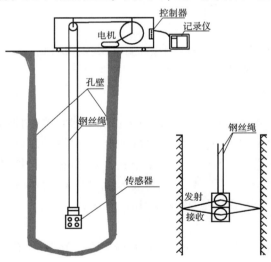

图4-12 超声波测试原理图

能器至孔壁的距离,d 为两个方向相反换能器发射面间的距离。用同样的方法可以计算与此呈正交方向的钻孔孔径。如此改变测点的高度,就可获得整个钻孔在该断面测点剖面孔径变化图。记录的数据经同步放大并产生高压脉冲电流,利用记录笔的高压放电在专用记录纸上同时记录两孔壁信号。当声波探头提升的绞车在测试时始终保持吊点不变且电缆垂直,即可通过钻孔孔壁剖面图得到钻孔的垂直度。声波法检测孔径和垂直度的实测成果如图4-13~图4-16所示。

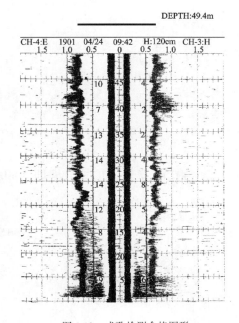

图 4-13 成孔检测合格图形

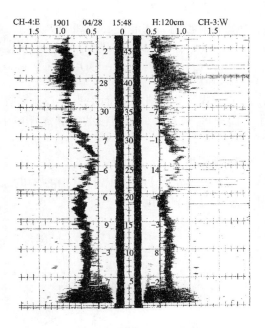

图 4-14 成孔检测有部分缺陷图形

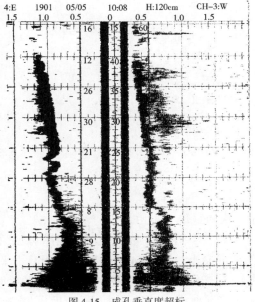

图 4-15 成孔垂直度超标

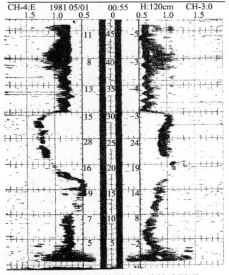

图 4-16 成孔检测有部分缺陷图形

2) 孔径分析

如图 4-17a)所示,假设某截面测试的两个方向 AB 与 CD,孔为圆形,O 为圆心,半径为 R_1,O' 为测试探头中心,L_A、L_B、L_C、L_D 分别为 O' 点到 A、B、C、D 点的距离,于是可导出 R 的计算公式为:

$$R = \frac{\sqrt{(L_C + L_D)^2 + (L_B - L_A)^2} + \sqrt{(L_A + L_B)^2 + (L_C - L_D)^2}}{4} \tag{4-15}$$

孔的直径为 2R。

探头中心偏离孔的中心距离 OO' 为：

$$S = OO' = 0.5 \times \sqrt{(L_A - L_B)^2 + (L_C - L_D)^2} \quad (4\text{-}16)$$

按上式计算出孔口截面探头中心偏离孔的中心距离 S_0 以及任一截面探头中心偏离孔的中心距离 S，两者之差即为该截面偏离孔口中心轴线的距离。

$$\Delta L = S - S_0 \quad (4\text{-}17)$$

3）倾斜度分析

按上述方法分析计算出孔口中心轴的距离 $\Delta L_底$，$\Delta L_底$ 与孔深 H 之比的百分率即为倾斜度，如图 4-17b）所示。

$$倾斜度(\%) = \frac{\Delta L_底}{H} \times 100 \quad (4\text{-}18)$$

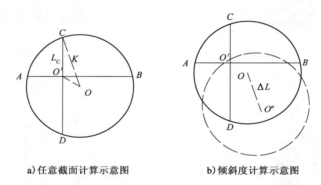

a）任意截面计算示意图　　b）倾斜度计算示意图

图 4-17　测试计算示意图

O-圆心，实线圆-孔口截面；O'-测试探头中心，虚线圆-孔底截面；$S = OO'$；OO''-孔中心偏移距离 $\Delta L_底$；AB、CD-相互垂直的两个剖面

4）实例分析

图 4-13～图 4-16 是某项目基桩孔进行的成孔检测剖面图。

上述四根钻孔灌注桩的桩径全为 1.2m、桩长约 50m。由图 4-13 成孔检测剖面图可见，孔壁变化不大、较规则，成孔合格，可进入下一工序，浇注混凝土。图 4-14 的桩孔中部凹凸不平，需经下钻扩孔扫平后才能往孔内浇注混凝土。图 4-15 成孔倾斜角度较大，需进行孔倾处理后，才能往孔内浇注混凝土。图 4-16 存在部分塌孔又缩颈现象，也需下钻扫平，而后再浇注混凝土，该桩所需的混凝土灌注量较大。上述后三根桩如不进行成孔质量检测，盲目地往孔内灌注混凝土，那么成桩后势必影响基桩承载力。成桩后，用低应变反射波法、声波透射法或钻探取芯法检验桩身质量，未必能发现桩身质量问题。即使发现了，也难以处理这类质量问题。

第三节 桩身完整性检测

基桩桩身完整性检测方法有低应变反射波法、声波透射法和钻探取芯法三种。低应变反射波法具有仪器轻便、操作简单、检测速度快、成本低等特点,可检测桩身缺陷及位置,判定桩身完整性类别,但检测深度有限,在桩基工程质量普查中应用较广。声波透射法需在基桩混凝土浇筑前预埋声测管,测试操作较复杂,可检测灌注桩桩身缺陷及其位置,较可靠地判定桩身完整性类别。经上述两种方法检测后,对桩身缺陷仍存在疑虑时,可用钻芯法进行验证。钻芯法使用设备笨重、操作复杂、成本高,但检验成果直观可靠。它可以检测桩长、桩身混凝土强度、桩底沉渣厚度,鉴别桩底岩土性状,准确地判定桩身完整性类别。如将上述三种方法有机结合,并考虑桩的设计条件、承载性状及施工等因素进行综合分析,不仅可对桩身完整性类别做出可靠的评价,还可对桩的承载力做出评估。

《公路工程基桩检测技术规程》(JTG/T 3512—2020)规定,采用低应变反射波法或声波透射法检测时,被检桩混凝土强度不得低于设计强度的70%且不得小于15MPa,龄期不应少于7d。对混凝土灌注桩进行钻孔取芯检测时,被检桩的混凝土龄期应达到28d或强度达到设计要求。

一、低应变反射波法

1. 基本原理

把桩视为一维弹性均质杆件,设介质密度为 ρ、截面面积为 A、纵波波速为 C、弹性模量为 E,则桩身材料的广义波阻抗 $Z = \rho AC = EA/C$。当桩顶受到激励力后,则压缩波以波速 C 沿桩身向下传播,当遇到桩身波阻抗变化的界面时,压缩入射波(I)在波阻抗界面将产生反射波(R)和透射波(T),如图4-18所示。设桩身载面上、下的波阻抗比值为 n,根据桩身交界面的连续条件和牛顿第三定律,界面上两侧质点速度、内力均应相等,即:

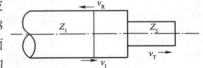

图4-18 在阻抗界面变化时的应力波

$$n = \frac{Z_1}{Z_2} = \frac{\rho_1 A_1 C_1}{\rho_2 A_2 C_2} \tag{4-19}$$

根据桩身交界面的连续条件和牛顿第三定律,界面上两侧质点速度、内力均应相等,即:

$$\left.\begin{array}{c} v_1 = v_2 \quad v_I + v_R = v_T \\ N_1 = N_2 \quad A_1(\sigma_I + \sigma_R) = A_2 \sigma_T \end{array}\right\} \tag{4-20}$$

根据波阵面动量守恒条件可得:

$$\left.\begin{array}{c} \dfrac{\sigma_I}{\rho_1 C_1} - \dfrac{\sigma_R}{\rho_1 C_1} = \dfrac{\sigma_T}{\rho_2 C_2} \\ Z_1(v_I - v_R) = Z_2 \cdot v_T \end{array}\right\} \tag{4-21}$$

将式(4-19)、式(4-20)联合求解可得:

$$\left.\begin{array}{c} \sigma_R = \sigma_I \left(\dfrac{Z_2 - Z_1}{Z_2 + Z_1}\right) = F\sigma_I \\ \sigma_T = \sigma_I \left(\dfrac{2Z_2}{Z_2 + Z_1}\right) = T\sigma_I \end{array}\right\} \tag{4-22}$$

$$\left.\begin{aligned} v_R &= -v_I\left(\frac{Z_2-Z_1}{Z_2+Z_1}\right) = -Fv_I \\ v_T &= v_I\left(\frac{2Z_1}{Z_2+Z_1}\right) = nTv_I \end{aligned}\right\} \tag{4-23}$$

其中,反射系数:

$$F = \frac{1-n}{1+n} \tag{4-24}$$

透射系数:

$$T = \frac{2}{1+n} \tag{4-25}$$

式(4-22)~式(4-25)为反射波法检测桩身完整性的理论依据。桩身各种性状以及桩底不同的支承条件,均可归纳成以下三种波阻抗变化类型:

(1)当 $Z_1 \approx Z_2$ 时,即桩身连续、无明显阻抗差异时。此时 $n=1, F=0, T=1$,由上述各式可知,$\sigma_R=0$、$v_R=0$,即桩身无反射波信号,应力波全透射,表示桩身完整。

(2)当 $Z_1 > Z_2$ 时,相当于桩身有缩颈、离析、空洞及摩擦桩桩底的情况。此时 $n>1, F<0, T>0$,可知,σ_R 与 σ_I 异号,反射波为上行拉力波。由式(4-24)可知,v_R 与 v_I 符号一致,所以反射波与入射波同相。另外,由弹性杆波动传播的符号定义来理解,上行拉力波与下行压力波的方向一致,则反射波引起的质点速度 v_R 与入射波的 v_I 同相,这样在桩顶检测出的反射波速度和应力均与入射波信号极性一致。

(3)当 $Z_1 < Z_2$ 时,相当于桩身扩径、膨胀或端承桩的情况,则 $n<1, F>0, T>0$。由上述各式可知,σ_R 与 σ_I 同号,反射波为上行压缩波,v_R 与 v_I 符号相反,这样在桩顶接收到的反射波速度及应力均与入射波信号的极性相反。同理可得,桩底处的速度为零,而应力加倍。

根据以上三种反射波与入射波的相位关系,可判别某一波阻抗界面的性质,这是低应变反射波法判别桩底情况及桩身缺陷的理论依据。表4-31是根据上述理论绘制出的与桩身阻抗变化相对应的反射波特征曲线示意图。

桩身阻抗变化的反射波特征曲线　　　　表4-31

缺陷	典型曲线	曲线特征
完整		(1)短桩:桩底反射波与入射波频率相近,振幅略小; (2)长桩:桩底反射振幅小,频率低; (3)摩擦桩的桩底反射波与入射波同相位,端承桩的桩底反射波与入射波反相位
扩径		(1)曲线不规则,可见桩间反射,扩径第一反射子波与入射波反相位;后续反射子波与入射波同相位,反射子波的振幅与扩径尺寸正相关; (2)可见桩底反射
缩颈		(1)曲线不规则,可见桩间反射,缩颈第一反射子波与入射波同相位;后续反射子波与入射波反向位,反射子波的振幅大小与缩颈尺寸正相关; (2)一般可见桩底反射

续上表

缺陷	典型曲线	曲线特征
离析		(1)曲线不规则,一般见不到桩底反射; (2)离析的第一反射子波与入射波同相位,幅值视离析程度呈正相关,但频率明显降低; (3)中、浅部严重离析,可见到多次反射子波
断裂		(1)浅部断裂(<2m)由于受钢筋和下部桩影响,反映为锯齿状子波又叠加在低频背景上的脉冲子波,峰—峰为Δf; (2)中、浅部断裂为一多次反射子波等距出现,振幅和频率逐次下降; (3)深部断裂似桩底反射曲线,但所计算的波速远大于正常波速; (4)一般见不到桩底反射
夹泥 空洞 微裂		(1)曲线不规则,一般可见桩底反射; (2)缺陷的第一反射子波与入射波同相位,后续反射子波与入射波反相位; (3)子波的幅值与缺陷的程度呈正相关
桩底 沉渣		桩底存在沉渣,桩底反射波与入射波同相位,其幅值大小与沉渣的厚度呈正相关

2. 检测仪器设备

反射波法检测系统由基桩动测仪、传感器和激振设备组成。

1)基桩动测仪

目前,国内外动测仪都把采集、放大、存储各部件与计算分析软件融为一体,集成为基桩动测仪。我国已制定了《基桩动测仪》(JG/T 518—2017)规程,对基桩动测仪的主要技术性能指标做出规定,将动测仪产品主要技术性能分为1、2、3三个等级。1级较低,3级较高。2级基桩动测仪的性能指标要求如下:

(1)A/D转换器分辨率不低于16bit,单道采样频率不低于25kHz。

(2)加速度测量系统的频响误差小于或等于±10%时,工作频率范围为2~5000Hz;振动幅值线性度小于或等于5%;冲击幅值线性度小于或等于5%。

(3)环境条件:工作时相对湿度(温度40℃时)20%~90%。

动测仪是在野外恶劣环境条件下使用的,容易损坏。为了实现我国计量法规定的量值传递要求,保证有效使用范围,根据计量认证规定,要每年定期对基桩动测仪进行计量检定。有关动测仪各部件的技术性能指标及检定条件,可参考现行《基桩动测仪器测量系统》和《基桩动测仪》中的有关规定。

《公路工程基桩检测技术规程》(JTG/T 3512—2020)对采集处理仪器作如下规定:

(1)数据采集装置的模-数转换器不得低于16bit。

(2)采样间隔宜为5~50μs。

(3)单通道采样点不少于1024点。

(4)放大器增益宜大于60db,可调、线性度良好,其频响范围应满足10Hz~5kHz。

2)传感器主要性能指标

(1)传感器宜选用压电式加速度传感器,也可选用磁电式速度传感器,其频响曲线的有效范围应覆盖整个测试信号的频带范围。

(2)加速度传感器的电压灵敏度应大于100mV/g,电荷灵敏度应大于20PC/g,上限频率不应小于5kHz,安装谐振频率不应小于6kHz,量程应大于100g。

(3)速度传感器的固有谐振频率不应大于30Hz,灵敏度应大于200mV/(cm·s^{-1}),上限频率不应小于1.5kHz,安装谐振频率不应小于1.5kHz。

3)激振设备

(1)激振锤的材质与性能

为了满足不同的桩型和检测目的,应选择符合材质和质量要求的力锤或力棒,以获得所需的激振频率和能量。反射波法基桩质量检验用的手锤和力棒,其锤头的材质有铜、铝、硬塑、橡皮等。改变锤的质量和锤头材质,即可获得检测所需的能量和激振频谱要求。表4-32所列数据为不同激振锤敲击桩头,由安装在锤头上的力传感器和安装于桩头上的测量传感器所记录的信号,分析得到不同材质和质量激振桩头的不同效果。激振锤的材质与性能见表4-32。

激振锤的材质与性能参数表 表4-32

序号	锤 型	材 质	质量 m(kg)	主频(kHz)	脉宽 t(ms)	力值(kN)
1	小钢管	钢	0.09	3.28	0.6	0.14
2	小钢杆	钢	0.27	2.02	0.9	0.41
3	铁锤	钢	1.23	2.50	0.8	1.89
4	木锤	杂木	0.39	1.92	1.0	0.59
5	橡胶锤	生胶	0.30	0.86	2.0	0.43
6	RS手锤	聚乙烯	0.94	0.96	2.0	1.30
7	RS力棒	尼龙	2.97	1.38	1.5	4.49
8	RS力棒	铁	2.95	1.55	1.2	4.46

由表4-32可见,在相同材质情况下,质量大的,力值也大,主频相对减小;在锤的质量相同时,主频随钢、铝、硬塑、橡皮、杂木硬度的降低而减小。

锤击桩头的目的是要在桩顶输入一个符合检测要求的初始应力波脉冲,其基本技术特性为:波形、峰值、脉冲宽度或频谱、输入能量。当波形一定时,我们关注的是峰值和脉宽两个主要问题。峰值决定激励桩身的应力大小,脉宽决定激励的有效频段范围,两者组合将决定输入能量大小及能量在整个有效频段内的分配。

(2)锤激振源对基桩检测信号的影响

①锤激能量。其大小取决于锤的质量和下落速度。对大直径长桩,应选择质量大的锤或力棒,以产生主频率低、能量大的激励信号,获得较清晰的桩底反射信号,但这时桩身的微小缺陷会被掩盖。

②锤头材料。锤头材料硬,产生的高频脉冲波有利于提高桩身缺陷的分辨率,但高频信号衰减快,不容易探测桩身深部缺陷;锤头材料软,产生的低频脉冲波,衰减慢,有利于获得桩底反射信号,但降低了桩身缺陷的分辨率。

③脉冲宽度。小钢锤的脉冲宽度约为0.6ms,尼龙锤约为2.0ms,橡皮锤约为4.8ms。激振脉冲宽度大,有利于探测桩身的深部缺陷,但波长大于缺陷尺寸时,由于波的绕射作用,桩身内的小缺陷不容易识别,从而降低了分辨率;激振力脉冲宽度小,应力波频率高,波长短,有利于对桩身小缺陷的分辨率,但在桩浅部不能满足一维弹性杆件的平截面假定条件,会出现接收信号波形畸变。

3. 现场检测技术

反射波法现场测试仪器设备见图4-19。

1)准备工作

(1)现场踏勘及资料收集

在接受检测任务后,检测人员应了解场地地质条件、建筑物的类型、桩型、桩设计参数、成桩工艺、施工记录及相关的资料,然后根据检测委托书,编制检测纲要。《公路工程基桩检测技术规程》(JTG/T 3512—2020)对检测前准备工作作如下规定:

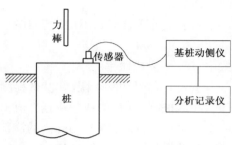

图4-19 反射波法现场测试仪器设备

①传感器安装位置应平整,混凝土灌注桩桩头应凿至新鲜混凝土面,各测试点和激振点宜用砂轮机磨平。

②应测量并记录桩头截面尺寸。

③预制桩的检测应在相邻桩施工完成后再进行。

④根据现场情况,应合理选择合适的激振设备和传感器,并确认整个测试系统处于正常的工作状态。

(2)桩头处理

应根据相应的技术规范、标准的规定,并参考现场施工记录和基桩在工程中所起的作用来确定抽检数量及桩位。公路桥梁的钻孔灌注桩通常是每根桩都要进行检测,对受检桩,要求桩顶的混凝土质量、截面尺寸与桩身设计条件基本相同。桩头应凿去浮浆或松散、破损部分,并露出坚硬的混凝土,桩头外露主筋不宜太长。桩头表面应平整干净、无积水,并将传感器安装点与敲击点部位磨平。

(3)测量传感器及激振设备操作

一般采用加速度传感器,因为它的频率响应范围比较宽、动态范围大、失真度小,能较好地反映桩身的反射信息。速度传感器灵敏度高,低频性能好,用于检测桩体深部缺陷信息较好。

《公路工程基桩检测技术规程》(JTG/T 3512—2020)对传感器及激振设备操作作如下规定:

①传感器应安装在桩头平整面上,对灌注桩应安装在新鲜混凝土面上,并应与桩顶面垂直,确保传感器黏结稳固、耦合良好。

②激振设备应进行现场对比试验选定,短桩或分辨浅部缺陷桩时,宜采用窄脉冲低能量激振,长桩或深部缺陷宜采用宽脉冲大能量激振,选用不同重量和材质的力锤(棒),也可采用软硬适宜的锤垫。

③采用力锤(棒)激振时,其作用力方向应与桩顶面保持垂直。

《建筑基桩检测技术规范》(JGJ 106—2014)对传感器安装作如下规定:

①安装传感器部位的混凝土应平整;传感器安装应与桩顶面垂直;用耦合剂黏结时,应具有足够的黏结强度。

②激振点与测量传感器安装位置应避开钢筋笼主筋的影响。

③根据桩径大小,桩心对称布置 2~4 个安装传感器的检测点:实心桩的激振点应选择在桩中心,检测点宜在距桩中心 2/3 半径处;空心桩的激振点和检测点宜在桩壁厚的 1/2 处,激振点和检测点与桩中心连线形成的夹角宜为 90°。

2)仪器参数设置

(1)采样频率

每通道的采样点数不应少于1024点,采样频率应满足采样定理。

$$f_s \geq 2f_m \tag{4-26}$$

式中:f_s——采样频率;

f_m——信号频率上限,在基桩检测中通常取 $f_s = 3f_m$。

在基桩测试中,采样频率通常在 0~2kHz 范围内已能满足要求。对不同的测试要求,可改变频率范围,如要测 3~5m 内的浅部缺陷,可将频率调到 1~2kHz;如要测桩底反射信号,则可降低频率范围至 0~0.6kHz。

(2)采样点数 N

采样点数 N 应满足 $N \geq \dfrac{3L}{c\Delta t}$,一般每通道的采样点数不少于 1024 点。

采样时间 T,又称采样长度,是一次采样 N 个点数据所需的时间,可表示为 $T = N \cdot \Delta t$。

采样间隔 Δt 是对信号离散采样时,每采一点所需的时间,可表示为 $\Delta t = 1/f_s$。

这样,频率间隔 Δf 频域里两相邻数据的频率间隔可表示为:

$$\Delta f = \frac{1}{T} = \frac{1}{N \cdot \Delta t} \tag{4-27}$$

由上可见,采样频率越高,采样间隔越小,时域分辨率越高,而频域分辨率越低;反之亦然。这是因为 Δt 与 Δf 是互为倒数关系。

(3)适调放大器

放大增益要足够大,在屏幕上有足够大波形,以不限幅为原则。

3)信号采集

《公路工程基桩检测技术规程》(JTG/T 3512—2020)对信号采集作如下规定:

(1)对混凝土灌注桩,激振点宜选择在桩中心,传感器宜安装在距桩中心 2/3 半径处,且距离桩的主筋不小于 50mm;当桩径小于 1000mm 时,不宜少于 2 个测点;当桩径大于或等于 1000mm 时应设置 3~4 个测点;测点宜以桩心为中心对称布置。

(2)对混凝土预制桩,当边长或桩径小于 600mm 时,不宜少于 2 个测点;当边长或桩径大于或等于 600mm 时,不宜少于 3 个测点。

(3)对预应力混凝土管桩,激振点、检测点和桩中心连线形成的夹角宜为 90°,且不应少于 2 个测点。

(4)各测点记录的有效信号数不应少于 3 次,且检测波形应具有良好的一致性。

(5)当检测环境存在干扰时,宜采用信号叠加增强技术进行重复激振,提高信噪比,当时域信号一致性较差时,应分析原因,排除人为和检测仪器等干扰因素,重新检测或增加检测点数量。

在大直径桩的测试中,由仪器本身和外界产生的随机噪声所引起的干扰频段,大都在响应信号的有效频段范围内,干扰信号滤去了,有用信号也受到很大损害。桩的尺寸效应能使桩头径向干扰振型激发出来,即使这种干扰被滤去,还是背离应力波一维纵波传播理论,它所引起的误差仍无法消除。用控制激励脉冲宽度和传感器安装谐振频率及低频飘移,可减小干扰信号的产生。所以在现场检测时,通过改变锤头材料或锤垫厚度,用机械滤波手段,也是提高测试波形质量的有效办法。

4. 检测数据的分析与判定

桩身完整性分析宜以时域曲线为主,辅以频域分析,并结合岩土工程勘察资料、桩型、施工记录和波形特征等因素进行综合分析评判。

1) 时域分析

(1) 桩身波速平均值的确定

当桩长已知、桩底反射信号明确时,选用相同条件下(地质条件、设计桩型、成桩工艺相同)不少于 5 根 I 类桩的桩身波速值,按下式计算其平均值:

$$c_m = \frac{1}{n}\sum_{i=1}^{n} c_i \tag{4-28}$$

$$c_i = \frac{2000L}{\Delta T} \tag{4-29}$$

$$c_i = 2L \cdot \Delta f \tag{4-30}$$

式中:c_m——桩身波速的平均值(m/s);

c_i——第 i 根受检桩的桩身波速值(m/s),且 $|(c_i - c_m)/c_m| \leq 5\%$;

L——测点下桩长(m);

ΔT——速度波第一峰与桩底反射波峰间的时间差(ms);

Δf——幅频曲线上相邻谐振峰间的频差(Hz);

n——参加波速平均值计算的基桩数量,$n \geq 5$。

(2) 桩身缺陷位置计算

当桩身有缺陷但测不到桩底信号时,可根据本地区、本工程同类桩型的波速测试值,按下式计算桩身缺陷 x 的位置:

$$x = \frac{1}{2000} \cdot \Delta t_x \cdot c \quad 或 \quad x = \frac{1}{2} \cdot \frac{c}{\Delta f} \tag{4-31}$$

式中:x——桩身缺陷至传感器安装点的距离(m);

Δt_x——速度波第一峰与缺陷反射波峰间的时间差(ms);

c——受检桩的桩身波速(m/s),无法确定时,用 c_m 值代替;

Δf——幅频曲线上缺陷相邻谐振峰间的频差(Hz)。

(3) 桩身完整性判定

桩身完整性类别判定按表 4-33 综合评判分析。根据时域信号或频域曲线特征判定桩身完整性相对来说较简单直观,而分析缺陷桩信号则复杂些,有的信号的确是因施工质量缺陷产生的,但也有是因设计构造或成桩工艺本身局限导致的,例如预制打入桩的接缝,灌注桩的逐渐扩径再缩回原桩径的变截面,地层硬夹层影响等。因此,在分析测试信号时,仔细分清哪些是缺陷波或缺陷谐振峰,哪些是因桩身构造、成桩工艺、不同地层影响造成的类似缺陷信号特征。另外,根据测试信号幅值大小判定缺陷程度,除受缺陷程度影响外,还受桩周土阻力(阻尼)大小及缺陷所处深度的影响。相同程度的缺陷因桩周土性不同或缺陷埋深不同,在测试信号中其幅值大小各异。因此,如何正确判定缺陷程度,特别是缺陷十分明显时,如何区分是Ⅲ类桩还是Ⅳ类桩,要仔细对照桩型、地基条件、施工情况,结合当地经验综合分析判断。

桩身完整性判定   表4-33

类别	时域信号特征	频域信号特征
Ⅰ	$2L/c$ 时刻前无缺陷反射波,有桩底反射波信号	桩底谐振峰排列基本等间距,其相邻频差 $\Delta f \approx c/2L$
Ⅱ	$2L/c$ 时刻前出现轻微缺陷反射波,有桩底反射波信号	桩底谐振峰排列基本等间距,其相邻频差 $\Delta f \approx c/2L$,局部轻微缺陷产生的谐振峰与桩底谐振峰之间的频差 $\Delta f' > c/2L$
Ⅲ	$2L/c$ 时刻前有明显缺陷反射波,桩底反射信号不明显,其他特征介于Ⅱ类和Ⅳ类之间	
Ⅳ	$2L/c$ 时刻前有严重的缺陷反射波,或因桩身严重缺陷使波形呈多次大振幅反射,无桩底反射信号	严重缺陷峰—峰值排列基本等间距,相邻频差 $\Delta f' > c/2L$,无桩底谐振峰;或因桩身浅部严重缺陷只出现单一谐振峰

桩身完整性分析中出现下列情况时,应结合其他检测方法综合评判:
①超过有效检测长度的超长桩,其测试信号不能反映桩身下部和桩底情况。
②因地层和施工工艺原因引起的桩身截面渐变或多变,且变化幅度较大的混凝土灌注桩。
③桩长的推算值明显与实际提供桩长不符,且缺乏相关资料加以解释或验证。
④实测曲线复杂,无规律或呈现低频大振幅衰减振动,无法对其进行准确的桩身完整性分析与评判。
⑤对预制桩,时域曲线在接头处有明确的同相反射,无法对其判定断裂错位或接桩不良。对嵌岩桩,桩底反射信号与入射波信号同相时,应结合桩底基岩的属性、成桩工艺等因素综合分析其原因,必要时应进行钻孔取芯验证。

2)频域分析

尽管现场动测时的时域信号能较真实地反映桩身情况,但许多实测曲线不可避免地夹杂着许多干扰信号,这给时域分析带来困难,因此对测试信号进行频域分析是必要的。

根据动态信号测试原理,对于反射法动测桩时激励桩头所得的响应信号,在频域中可用下式表示系统响应的总和:

$$V(\omega) = P(\omega) \cdot B(\omega) \cdot F(\omega) \cdot A(\omega) \cdot R(\omega) \quad (4-32)$$

式中:$V(\omega)$——对应的傅立叶变换;

$P(\omega)$——桩身完整性响应函数;

$B(\omega)$——传感器安装后的频响特性;

$F(\omega)$——激振产生的响应函数;

$A(\omega)$——采集和分析时所用带宽与放大器综合函数;

$R(\omega)$——外来干扰因素;

ω——频率自变量,$\omega = 2\pi f$。

可以证明,对于自由桩而言,上式中 $P(\omega)$ 共振峰频率与桩底和缺陷的位置有关,其系统固有频率的表达式为:

$$f_b^L = \left(n + \frac{\arctan\lambda_L}{\pi}\right)\frac{c}{2L} \quad (n = 1,2,\cdots) \tag{4-33}$$

$$f_n^b = \left(n + \frac{\arctan\lambda_b}{\pi}\right)\frac{c}{2b} \quad (n = 1,2,\cdots) \tag{4-34}$$

式中:λ_L、λ_b——分别为与桩底和缺陷有关的函数。

在自由端时,$\lambda_L \to 0$;在支承端时,$\lambda_L \to \infty$。一般情况下,λ_L 介于两者之间,由此可导出完整桩的波速,即:

$$c = 2L \cdot \Delta f \tag{4-35}$$

式中:L——桩长(m);

Δf——频谱分析中的频差峰—峰值(1/s)。

而在缺陷桩所形成的相邻共振峰频差和缺陷位置的关系为:

$$L' = \frac{c}{2 \cdot \Delta f} \tag{4-36}$$

式中:L'——缺陷部位的深度(m)。

将式(4-36)变换后可写成各阶振型的固有频率形式时,有:

$$\Delta f = f_n - f_{n-1} = \frac{c}{2L} \tag{4-37}$$

同样,如桩存在缺陷,其缺陷处距桩顶距离 L' 与两阶谐振峰频率之差的关系式如下:

$$\Delta f' = f'_n - f'_{n-1} = \frac{c}{2L'} \tag{4-38}$$

式(4-37)、式(4-38)可作为频域法判断桩身缺陷的依据,一根桩身完整的幅频特性曲线如图 4-20 所示。

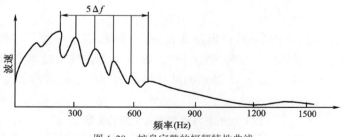

图 4-20 桩身完整的幅频特性曲线

3)时域与频域分析的互相验证

通常,人们只对时域曲线进行积分、滤波、指数放大等进行信号处理后,即可将桩身存在的各种缺陷充分反映展示出来,从而判断桩身完整性问题。但有时桩身有多个缺陷,加之各种干扰信号,时域曲线变得非常复杂,这时需要进行信号的频域分析,将干扰信号滤去后,找出桩身

的缺陷反射信息,再判定桩身完整性。而时域、频域分析可作为反射波法分析时的互相验证与补充,两者各有优缺点:

(1)多数情况下的时域、频域分析结果能很好地统一和相互验证,但时域和频域分析的精度互相矛盾,采样频率越高,时域的分辨率越高,而频域分辨率越低;反之亦然。对缺陷位置和桩长来说,还是以时域计算为准。

(2)非桩土系统引起的干扰振荡较严重时,时域局限性较大,应以频域分析为主体。

(3)桩身存在多个等间距缺陷时,时域难以区分深部缺陷反射与浅部缺陷的多次反射,分析频域的基频和频差可对其加以甄别。

(4)有些桩底反射信号不明显,频谱中有较明显的整桩基频和频差。

(5)涉及离析、缩颈、裂隙等缺陷性状的区分时,时域、频域的相互印证有时特别重要,离析处的谐振峰多见低缓形式,而裂隙的谐振峰较尖锐。

5. 反射波法的特点

1)反射波法的优点

其仪器设备轻便,操作简单,成本低廉;可对桩基工程进行普查,检测覆盖面大;可检测桩身完整性和桩身存在的缺陷及位置,估计桩身混凝土强度、核对桩长等。

2)反射波法的局限性

(1)检测桩长的限制,对于软土地区的超长桩,长径比很大,桩身阻抗与持力层阻抗匹配好,常测不到桩底反射信号。

(2)桩身截面阻抗渐变等时,容易造成误判。

(3)当桩身有两个以上缺陷时,较难判别。

(4)在桩身阻抗变小的情况下,较难判断缺陷的性质。

(5)嵌岩桩的桩底反射信号多变,容易造成误判。

嵌岩桩的时域曲线中桩底反射信号变化复杂,一般情况下,桩底反射信号与激励信号极性相反;但桩底混凝土与岩体阻抗相近,则桩底反射信号不明显,甚至没有;如桩底有沉渣,则有明显的同相反射信号。因此,要对照受检桩的桩型、地层条件、成桩工艺、施工情况等进行综合分析,不宜单凭测试信号定论。

3)混凝土强度与波速的关系

在工程检测中,人们常用波速估计混凝土的强度等级,这是一种平均强度的概念。实际上,桩身混凝土强度远非平均强度指标所能评价。而混凝土强度与波速之间的关系比较复杂,影响混凝土的强度因素很多。表4-34是根据试验得出的混凝土强度与波速的关系,仅供分析时参考。

试验室内混凝土强度与波速的关系 表4-34

波速(m/s)	3000~3250	3250~3500	3500~3750	3750~4000
抗压强度(MPa)	20	25	30	35

表4-35为由中国科学院武汉岩土力学所根据大量地区性现场测试资料得出的波速与混凝土质量的关系。

波速与混凝土质量的关系 表4-35

波速(m/s)	>4000	3500~4000	3000~3500	2000~3000	<2000
混凝土质量	优	好	中等	差	极差
等级	Ⅰ	Ⅱ	Ⅲ	Ⅳ	Ⅴ

6. 检测报告

检测报告应包括下列内容：
(1) 委托方名称,工程名称、地点、建设、勘察、设计、监理及施工单位,设计相关要求。
(2) 工程地质概况。
(3) 被检桩的桩位图、桩型、混凝土强度等级、截面尺寸、桩长、桩号、桩位、桩顶高程。
(4) 检测目的,检测依据,检测数量,成(沉)桩日期,检测日期,检测方法,检测仪器设备。
(5) 桩身完整性实测的时域曲线、桩身波速取值、桩身完整性描述,缺陷的位置及完整性类别。
(6) 检测结论。

二、声波透射法

美国在20世纪50年代就开始用电子管声波仪检测混凝土的质量。随着微机技术的发展,我国的声波仪也步入智能化时代。由微机软件进行数据信息处理和自动判读的智能型数字声波仪已日趋成熟,可在现场实时、动态显示波形,从而大大提高了现场工作效率,缩短了室内数据处理时间。

声波透射法是在预埋声测管的混凝土灌注桩中检测桩身完整性,判定桩身缺陷的程度及其位置。它的特点是检测的范围可覆盖全桩长的各个检测剖面,检测全面细致,信息量大,成果准确可靠;现场操作不受场地、桩长、长径比的限制,操作简便,工作进度快。声波透射法以其鲜明的特点,成为混凝土灌注桩(尤其是大直径桩)桩身完整性检测的一个重要手段,在工民建、水利、交通桥梁和港口等工程建设领域中得到了广泛应用。

1. 基本原理

声波透射法是在灌注桩中预埋两根或两根以上的声测管作为检测通道,管中注满水作为耦合剂,将超声发射换能器和接收换能器置于声测管中,由超声仪激励发射换能器产生超声脉冲,向桩身混凝土辐射传播。声波在混凝土传播过程中,当桩身混凝土介质存在阻抗差异时,将发生反射、绕射、折射和声波能量的吸收、衰减,并经另一声测管中的接收换能器接收,经超声仪放大、显示、处理、存储,可在显示器上观察接收超声波波形,判读出超声波穿越混凝土后的首波声时、波幅及接收波主频等声学参数,通过桩身缺陷引起声学参数或波形变化来检验桩身混凝土是否存在缺陷。

目前,我国的超声仪都采用专用处理软件进行波速、声幅、PSD 计算,并绘制这些参数随深度变化的曲线图,供检测人员分析、判断桩身存在的缺陷位置和范围,估算缺陷的尺寸等,并按规范规定对基桩进行完整性分类。

2. 检测仪器设备

声波检测仪器有两大类:一类是模拟式声波仪,它所显示和分析的是模拟信号,其声波幅值随时间的变化是连续的,这种信号称为时域信号。这类模拟式声波仪,测试时由人工操作,现场工作量大,工作效率低,容易出错,使用场所越来越少。另一类是数字式声波仪,它通过信号采集器采集信号,将采集的模拟信号变为数字信号,由计算软件自动进行声时和波幅判读,既提高了检测精确度,又提高了效率,因而得到了广泛的应用。

1)数字式超声波检测仪

数字式超声仪原理框图如图4-21所示。

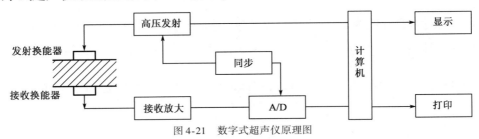

图4-21 数字式超声仪原理图

数字超声仪的作用是重复产生100Hz(或50Hz)频率的高压电脉冲去激励发射换能器。为了测量从发射到接收声波所经过的时间,声波仪从刚开始桩身混凝土发射声波脉冲的同时,就将同步计时门打开,计时器开始不断计时。当发射换能器发射的超声波经水耦合进入混凝土,在混凝土中传播后被接收换能器接收,经超声仪放大、A/D转换为数字信号后加以存储,再经D/A转换为模拟量。在某一时刻出现接收波形时,声波仪即将波形采集下来,转变为数字信号存储。然后转化为模拟波形,显示在屏幕上。同时,启动计算机分析软件,比较前后各信号,找到波形刚刚变大且以后一直较大的那个采样点,即为接收波的起点,并立即关闭计时器,从而获得声时结果。这种数字信号便于存储、传输和各种处理分析,由计算软件自动进行声时和波幅判读后显示打印,可得到声速、波幅、PSD随深度变化的曲线,供基桩桩身质量分析,判定桩身完整性类别。

《公路工程基桩检测技术规程》(JTG/T 3512—2020)对超声波检测仪的技术指标要求如下。

(1)超声波检测仪的技术性能应符合下列规定:

①检测仪器系统应由径向换能器、声波发射、接收放大、数据采集、数据处理、显示及存储等部分组成。

②检测仪应具有波形实时显示和声参量自动判读功能。当采用单孔声波折射法检测时,应具有一发双收功能。

③声波发射应采用高压脉冲激振,其波形为阶跃脉冲或矩形脉冲,脉冲电压宜为250~1000V,且分档可调。

(2)接收放大与数据采集器应符合下列规定:

①接收放大器的频带宽度为5~200kHz,增益分辨率不低于0.1dB,噪声有效值不大于10μV;仪器动态范围不小于100dB,测量误差小于1dB。

②计时显示范围应大于2000μs,精度优于1μs,声时测量误差优于2%。

③采集器模-数转换精度不低于8bit,采样频率不小于10MHz,最大采样长度不小于8kB。
(3)径向振动换能器应符合下列规定:
①径向水平面无指向性。
②谐振频率宜大于25kHz。
③在1MPa水压下能正常工作。
④收、发换能器的导线均应有长度标注,其标注允许偏差不应大于10mm。
⑤收换能器宜带有前置放大器,频带宽度宜为5~60kHz。
⑥单孔检测采用一发双收一体型换能器,其发射换能器至接收换能器的最近距离不应小于30cm,两接收换能器的间距宜为20cm。

《建筑基桩检测技术规范》(JGJ 106—2014)对超声波检测仪的技术指标要求如下。
(1)声波发射与接收换能器应符合下列规定:
①圆柱状径向振动,沿径向无指向性。
②外径小于声测管内径,有效工作段长度不大于150mm。
③谐振频率为30~60kHz。
④水密性满足1MPa水压不渗水。
(2)声波检测仪应符合下列规定:
①实时显示和记录接收信号时程曲线以及频率测量或频谱分析。
②最小采样时间间隔小于或等于$0.5\mu s$,系统频带宽度为1~200kHz,声波幅值测量相对误差小于5%,系统最大动态范围不小于100dB。
③声波发射脉冲为阶跃或矩形脉冲,电压幅值为200~1000V。
④首波实时显示。
⑤自动记录声波发射与接收换能器位置。

2)声测管埋设要求

声测管应选择透声性好、便于安装和费用较低的材料。考虑到混凝土的水化热作用及施工过程中受外力作用较大,容易使声测管变形、断裂,影响换能器上、下管道的畅通,以选用强度较高的金属管为宜。

(1)声测管内径应大于换能器外径(>15mm)。
(2)声测管应下端封闭、上端加盖、管内无异物。声测管连接处应光滑过渡,管口应高出桩顶100~300mm,且各声测管管口高度应一致。
(3)应采取适宜方法固定声测管,使之成桩后相互平行。
(4)声测管埋设数量与桩径大小有关,根据《公路工程基桩检测技术规程》(JTG/T 3512—2020),当桩径小于1000mm时,应埋设2根管;当桩径大于或等于1000mm且小于或等于1600mm时,应埋设3根管;当桩径大于1600mm且小于2500mm时,应埋设4根管;当桩径大于或等于2500mm时,应增加声测管的数量。《建筑基桩检测技术规范》(JGJ 106—2014)规定,桩径小于或等于800mm时,不少于2根声测管;桩径大于800mm且小于或等于1600mm时,不少于3根声测管;桩径大于1600mm时,不少于4根声测管;桩径大于2500mm时,宜增加预埋声测管数量。

声测管应沿桩截面外侧呈对称形状布置,按图4-22所示以路线前进方向的顶点为起始点顺时针旋转依次编号。

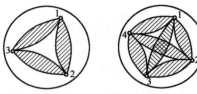

a)《公路工程基桩检测技术规程》(JTG/T 3512—2020)声测管埋设要求

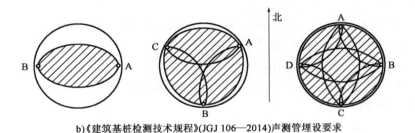

b)《建筑基桩检测技术规程》(JGJ 106—2014)声测管埋设要求

图 4-22 声测管布置图

3. 现场检测技术

1)检测准备工作

受检桩混凝土强度不应低于设计强度的 70%,且不应低于 15MPa,《公路工程基桩检测技术规程》(JTG/T 3512—2020)规定,满足强度条件时,龄期同时不应少于 7d。

检测前的准备工作：

(1)标定超声波检测仪发射至接收的系统延迟时间 t_0。

(2)声测管内灌满清水,且保证换能器应能在声测管中升降畅通。

(3)应准确测量声测管的管径和壁厚,测量精度为 ±0.1mm；测量桩头处声测管外壁相互之间距离,测量精度为 ±1mm。

(4)取芯孔作为超声波法的检测通道时,其垂直度误差不应大于 0.5%,检测前应进行孔内清洗。

(5)声测管的编号宜以路线前进方向的顶点为起始点,按顺时针旋转方向进行编号和分组,每二根编为一组。

(6)在检测开始前或检测过程中应避免如强的电流、磁场或与检测信号频率相当的其他振动干扰。

2)检测方法

声波透射法检测混凝土灌注桩有桩内单孔透射法和跨孔透射法两种。

单孔透射法是在桩身只有一个通道的情况下,如钻孔取芯后需要了解孔芯周围的混凝土质量情况,作为钻芯检测的补充手段使用。这时采用一发两收换能器放于一个钻芯孔中,声波从发送换能器经水耦合进入孔壁混凝土表层滑行,再经水耦合到达接收换能器,从而测出声波沿孔壁混凝土传播的各项声学参数。单孔透射法的声传播途径比跨孔法复杂得多,信号分析难度大,且有效检测范围约一个波长,故此法不常采用。

跨孔透射法是在桩内预埋两根或两根以上的声测管,把发射和接收换能器分别置于两根管中,跨孔透射法现场检测装置如图4-23所示。

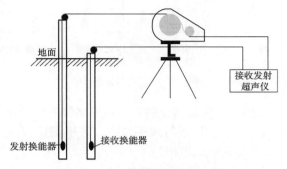

图4-23　跨孔透射法检测装置示意图

测试系统由超声仪、发收换能器、位移量测系统(深度记录、三脚架、井口滑轮)、传输电缆等组成。其中,超声仪和径向换能器组成超声脉冲测量部分。

《公路工程基桩检测技术规程》(JTG/T 3512—2020)采用跨孔透射法检测,对检测方法提出如下要求:

(1)测点间距不应大于250mm。发射与接收换能器应以相同高程同步升降,其累计相对高差不应大于20mm,并随时校正。

(2)在对同一根桩的检测过程中,声波发射电压和仪器参数设置等应保持不变。

(3)检测过程中应读取并存储各测点的声参量,同时应存储各测点包含首波的波形或波列。

(4)对于声时值和波幅值出现明显异常的部位,应采用加密平测、双向斜测或扇形扫测进行局部细测,确定桩身混凝土缺陷的位置、大小和严重程度;上述细测的测点间距不应大于100mm;局部斜测时两支换能器发射、接收部分的中心连线与水平面的夹角不应小于30°。也可利用CT技术进行扫测和数据分析。

3)测试过程

将发收换能器放入桩内声测管中同一深度的测点处,超声仪通过发射换能器发射超声波,经桩身混凝土传播,在另一声测管中的接收换能器接收到超声波,经电缆传输给超声仪,实时高速记录显示接收波形,并判读声学参量。换能器在桩内移动过程的位置,位移测量系统也实时传输给超声仪。当换能器到达预定位置时,超声仪自动存储该测点的波形及声学参量,实现换能器在桩身测管内移动过程中自动记录存储各测点声学参量及波形的目的。全桩各个检测剖面检测出的桩身声学参量(声时、幅值和主频等),按照规范编制软件进行数据处理后,可绘制成基桩质量分析的成果图。

现场测试过程中应保持发射电压与仪器设置参数不变,使同一次测得的声参数具有可比性。

4)测试方式

测试方式可分为三种方法,如图4-24所示。

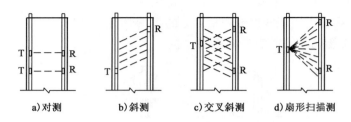

图 4-24　声波透射方法图

(1) 对测(普查)。发射和接收换能器分别置于两声测管的同一高度,自下而上,将收发换能器以相同步长(≤100mm)向上提升,进行水平检测。若平测后,存在桩身质量的可疑点,则进行加密平测,以确定异常部位的纵向范围。

(2) 斜测。让发、收换能器保持一定的高程差,在声测管中以相同步长,同步升降进行测试。斜测分单向斜测和交叉斜测。斜测时,发、收换能器中心连线与水平夹角一般取 30°～40°。斜测可探出局部缺陷、缩颈或专测管附着泥团、层状缺陷等。

(3) 扇形测。扇形测在桩顶、桩底斜测范围受限或为减小换能器升降次数时采用。一只换能器固定在某一高程不动,另一只逐步移动,测线呈扇形分布。此时换算的波速可以相互比较,但幅值无可比性,只能根据相邻测点幅值的突变来判断是否有异常。

通过上述三种方法检测,结合波形进行综合分析,可查明桩身存在缺陷性质和范围大小。

当现场进行平测以后,发现其 PDS、声速、波幅明显超过临界值,接收频率、波形(或频谱)等物理量异常时,为了找出缺陷所造成阴影的范围,确定缺陷位置、范围大小和性质,需要进行更详细的检测。

双管对测时,各种缺陷的细测判断法如图 4-25～图 4-28 所示。其基本方法是将一个探头固定,另一探头上下移动,找出声阴影所在边界位置。在混凝土中,由于各种不均匀界面的漫射和低频波的绕射等原因,使阴影边界十分模糊,但通过上述物理量的综合运用仍可定出其范围。

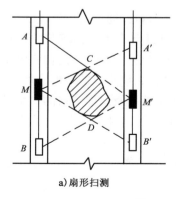
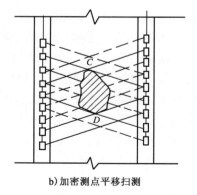

a) 扇形扫测　　　　　　　　　　　b) 加密测点平移扫测

图 4-25　孔洞大小及位置的细测判断

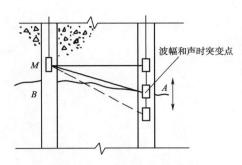

图 4-26 断层位置的细测判断

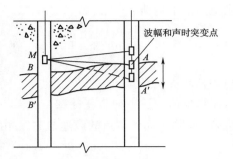

图 4-27 厚夹层上下界面的细测判断

在运用上述分析判断方法时,应注意排除声测管和耦合水声时值、管内混响、箍筋等因素的影响,且检测龄期应在 7d 以上。

如用 PSD 判据,也可用于其他结构物大面积扫测时缺陷判别,即将扫测网络中每条测线上的数据用 PSD 判据处理,然后把各测线处理结果综合在一起,同样可定出缺陷的性质、大小及位置。

图 4-28 颈缩现象的细测判断现场检测一般首先采用水平同步平测法,将收发换能器置于两个声测管中,从管顶(或管底)开始,以一定间距向下进行水平逐点对测,直到桩底时止。为保证

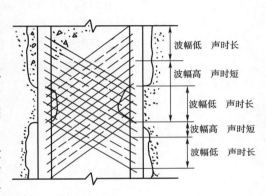

图 4-28 颈缩现象的细测判断现场

测点间声场可以覆盖而不至于漏测,其测量点距可取 20~40cm。超声仪对每一个测点自动步进式编号,从测点编号,即可知道换能器的测试深度。一对测声管测完后,再转入下一对声测管进行测试,可对全桩各个检测剖面进行检测,即可测出桩身声学参数(声时、幅值和主频等)供计算分析,判定桩身混凝土质量情况。

4. 检测数据分析与判定

灌注桩声波透射法检测分析和处理的参数主要有声时 t_c、声速 v、波幅 A_p 及主频 f,同时要观测和记录实测波形。目前使用的数字式声波仪有很强的数据处理和分析功能,可以直接绘制出声速-深度(v-z)曲线、波幅-深度(A_p-z)曲线和 PSD 判据图来分析桩身质量情况。下面简单地介绍数据整理的方法,将有助于我们对桩身缺陷的判定。

1)波速计算

第 i 测点声时 t_{ci} 可由第 i 测点声时测量值 t_i 减去仪器系统延迟时间 t_0 和声测管与耦合水层声时修正值 t' 得到。

$$t_{ci} = t_i - t_0 - t' \tag{4-39}$$

根据每检测剖面两声测管的外壁间净距离 l'(mm),求得第 i 测点声速 v_i(km/s)。

$$v_i = \frac{l'}{t_{ci}} \tag{4-40a}$$

求得声速平均值 v_m(km/s)。

$$v_m = \sum_{i=1}^{n} \frac{v_i}{n} \tag{4-40b}$$

2)声速临界值计算

声速临界值应按下列步骤计算：

将第 j 检测剖面各测点的声速值 $v_i(j)$ 由大到小依次排序，即：

$$v_1(j) \geqslant v_2(j) \geqslant \cdots v_{k'}(j) \geqslant \cdots v_{i-1}(j) \geqslant v_i(j) \geqslant v_i+1(j)$$
$$\geqslant \cdots v_{n-k}(j) \geqslant \cdots v_{n-1}(j) \geqslant v_k(j) \tag{4-41}$$

式中：$v_i(j)$——第 j 检测剖面第 i 声测线声速，$i = 1,2,\cdots,n$；
　　　n——第 j 检测剖面的声测线总数；
　　　$v_k(j)$——拟去掉的低声速值的数据个数，$k = 0,1,2,\cdots$；
　　　$v_{k'}(j)$——拟去掉的高声速值的数据个数，$k' = 0,1,2,\cdots$。

对逐一去掉 $v_i(j)$ 中 k 个最小数值和 k' 个最大数值后的其余数据，按下列公式进行统计计算：

$$v_{01}(j) = v_m(j) - \lambda \cdot s_x(j)$$

$$v_{02}(j) = v_m(j) + \lambda \cdot s_x(j)$$

$$v_m(j) = \frac{1}{n-k-k'} \sum_{i=k'+1}^{n-k} v_i(j)$$

$$s_x(j) = \sqrt{\frac{1}{n-k-k'-1} \sum_{i=k'+1}^{n-k} [v_i(j) - v_m(j)]^2} \tag{4-42}$$

$$C_v(j) = \frac{s_x(j)}{v_m(j)} \tag{4-43}$$

式中：$v_{01}(j)$——第 j 剖面的声速异常小值判断值；
　　　$v_{02}(j)$——第 j 剖面的声速异常大值判断；
　　　$v_m(j)$——$(n-k-k')$ 个数据的平均值；
　　　$s_x(j)$——$(n-k-k')$ 个数据的标准差；
　　　$C_v(j)$——$(n-k-k')$ 个数据的变异系数；
　　　λ——可由《建设基桩检测技术规范》(JGJ 106—2014)表 10.5.3 或《公路工程基桩检测技术规程》(JTG/T 3512—2020)表 10.4.6 中与 $(n-k-k')$ 相对应的系数查得。

按照 $k = 0$、$k' = 0$、$k = 1$、$k' = 1$、$k = 2$、$k' = 2$……的顺序，将参加统计的数列最小数据 v_{n-k} 与异常判断值 v_{01} 进行比较，当 $v_{n-k} \leqslant v_{01}$ 时，v_{n-k} 及其以后的数据均为异常，去掉 v_{n-k} 及其以后的异常数据；将最大数据 $v_{k'+1}$ 与异常判断值 v_{02} 进行比较，当 $v_{k'+1} \geqslant v_{02}$ 时，$v_{k'+1}$ 及其以前的数据均为异常，去掉 $v_{k'+1}$ 及其以前的异常数据。每次剔除一个数据，对剩余数据构成的数列重复计算，直到 $v_{n-k} > v_{01}$，$v_{k'+1} < v_{02}$。

此时，剖面各测点的声速异常判断概率统计值 v_0 按下列方法确定：

$$v_0 = \begin{cases} v_m(1-0.015\lambda) & \text{当} C_v < 0.015 \text{ 时} \\ v_{01} & \text{当} 0.015 \leq C_v \leq 0.045 \text{ 时} \\ v_m(1-0.045\lambda) & \text{当} C_v > 0.015 \text{ 时} \end{cases}$$

检测剖面的声速异常判断临界值 v_c 应根据预留同条件混凝土试件或钻孔取芯法获取的芯样试件的抗压强度与声速对比试验,结合本地区经验,分别确定桩身混凝土声速的低限值 v_L 和平均值 v_p。

当 $v_L < v_0 < v_p$ 时, $v_c = v_0$; 当 $v_0 \leq v_L$ 或 $v_0 \geq v_p$ 时,应分析原因, v_c 的取值可参考同一桩的其他检测剖面的声速异常判断临界值,或同一工程相同桩型的混凝土质量较稳定的被检桩的声速异常判断临界值,进行综合确定。

当 $v_i \leq v_c$ 时,测点的声速可判定为异常,应将其作为可疑缺陷区。

3) 波幅临界值计算

波幅异常时的临界值判据应按下列公式计算:

$$A_D = A_m - 6 \tag{4-44}$$

$$A_m = \sum_{i=1}^{n} \frac{A_i}{n} \tag{4-45}$$

式中: A_D ——波幅临界值(dB);

A_m ——波幅平均值(dB);

A_i ——第 i 个测点波幅值(dB);

n ——测点数。

当测点的波幅值小于波幅临界值时,应将其作为可疑缺陷区。

4) PSD 判据

当采用斜率法的 PSD 值作为辅助异常点判据时,PSD 值应按下列公式计算:

$$\text{PSD} = \frac{(t_i - t_{i-1})^2}{z_i - z_{i-1}} \tag{4-46}$$

式中: PSD ——声时-深度曲线上相邻两点连线的斜率与声时差的乘积($\mu s^2/m$);

t_i ——第 i 测点声时(μs);

z_i ——第 i 测点深度(m)。

可根据 PSD 值在某深度处的突变,结合波幅变化情况,作为异常点判定的辅助依据。

从工程实践经验可知,声速指标比较稳定,重复性好,数据有可比性,但对桩身缺陷不够敏感。波幅虽对桩身缺陷反应很敏感,但它受传感器与桩身混凝土耦合状态的影响很大,可比性较差。斜率法(PSD)判据将桩内缺陷处与正常测点的声时差取平方,将其特别放大,但 K 值很大的地方,有可能是缺陷的边缘。因为 K 值的大小主要取决于相邻两点的声时差值,对于因声测管不平行造成测试误差的干扰有削弱作用。灌注桩所产生各种类型的缺陷,使声学参数变化的特征有所不同:如沉渣是松散介质,声速很低(2000m/s 以下),对声波衰减相当剧烈,其波幅、声速均剧烈下降。泥沙与水泥砂浆的混合物在桩身中存在,则是断桩;如在桩顶出现,则是混凝土强度不够。它们的特点是声速、波幅都明显下降,但前者是突变,后者为缓变。孔壁坍塌或泥团,其声速、波幅均较低,如果是局部泥团,并未包裹声测管时,下降程度不大。粗集料本身波速高,但声学界面多,对声波的反射、散射加剧,能量损耗,幅值下降,混凝土气泡密集时,虽不致形成空洞,但混凝土质量下降,波速不会明显下降,波幅却明显下降。

一般分析步骤是:首先,以波速值进行概率统计法统计判断,得到低于临界值的异常点位置和深度,再分析振幅大小的变化,将上述两者都偏低的测点定为异常部位;再进一步进行细测和斜测,确定缺陷的范围和大小;最后,根据施工情况综合判定缺陷的种类和性质,判定桩身完整性类别。《公路工程基桩检测技术规程》(JTG/T 3512—2020)桩身完整性类别判定见表4-36,《建筑基桩检测技术规范》(JGJ 106—2014)判定见表4-37。

桩身完整性类别判定　　　　　　　　　　　　　表4-36

类别	特　征
Ⅰ	所有测点声学参数正常,接收波形正常; 个别测点的多个声参量轻微异常,但此类测点离散,接收波形基本正常或个别测点波形轻微畸变; 多个测点的个别声参量轻微异常,其他声参量正常,但空间分布范围小,接收波形基本正常或个别测点波形轻微畸变
Ⅱ	一个或多个剖面上多个测点的多个声参量轻微异常,在深度和径向形成较小的区域,多个测点接收波形存在明显畸变;其中个别测点的声速低于低限值; 一个或多个剖面上多个测点的个别声参量明显异常,其他声参量轻微异常,在深度和径向形成较小的区域,多个测点的接收波形存在明显畸变,其中个别测点的声速低于低限值
Ⅲ	某一深度范围内,一个或多个剖面上多个测点的多个声参量明显异常,在深度或径向形成较大的区域,多个测点接收波形存在严重畸变或个别测点无法检测到首波,其中多个测点的声速低于低限值; 一个或多个剖面上多个测点的个别声参量异常严重,其他声参量明显异常,在深度或径向形成较大的区域,多个测点接收波形存在严重畸变或个别测点无法检测到首波,其中多个测点的声速低于低限值
Ⅳ	某一深度范围内,多个剖面上的多个测点的个别或多个声参量异常严重,在深度或径向形成很大区域,波形严重畸变或无法检测到首波,较多测点的声速低于低限值

桩身完整性判定　　　　　　　　　　　　　表4-37

类别	特　征
Ⅰ	所有声测线声学参数无异常,接收波形正常; 存在声学参数轻微异常、波形轻微畸变的异常声测线,异常声测线在任一检测剖面的任一区段纵向不连续分布,且在任一深度横向分布的数量小于检测8剖面数量的50%
Ⅱ	存在声学参数轻微异常、波形轻微畸变的异常声测线,异常声测线在一个或多个检测剖面的一个或多个区段内纵向连续分布,或在一个或多个深度横向分布的数量大于或等于检测剖面数量的50%; 存在声学参数明显异常、波形明显畸变的异常声测线,异常声测线在任一个检测剖面的任一区段内纵向不连续分布,且在任一深度横向分布的数整小于检测剖面数量的50%
Ⅲ	存在声学参数显明异常、波形明显畸变的异常声测线,异常声测线在一个或多个检测剖面的一个或多个区段内纵向连续分布,但在任一深度横向分布的数量小于检测剖面数量的50%; 存在声学参数明显异常、波形明显畸变的异常声测线,异常声测线在任一检测剖面的任一区段内给作曲不连续分布,但在一个或多个深度横向分布的数量大于或等于检测剖面数量的50%; 存在声学参数严重异常、波形严重畸变或声速低于限值异常的声测线,异常声测线在任一检测剖面的任一区段内纵向不连续分布,且在任一深度横向分布的数量小于检测剖面数量的50%
Ⅳ	存在声学参数明显异常、波形明显畸变的异常声测线,异常声测线在一个或多个检测剖面的一个或多个区段内纵向连续分布,且在一个或多个深度横向分布的数量大于或等于检测剖面数量的50%; 存在声学参数严重异常、波形严重畸变或声速低于限值的异常声测线,异常声测线在一个或多个检测剖面的一个或多个区段内纵向连续分布,或在一个或多个深度横向分布的数理大于或等于检测剖面数量的50%

注:1. 完整性类别由Ⅳ类往Ⅰ类依次判定。
　　2. 对于只有一个检测剖面的受检查,桩身完整性判定应按该检测剖面代表桩全部横截面的情况对待。

5. 实例分析

图 4-29 为声波透射法成果图,是一根桩径 1.5m,孔深 41m,采用声波透射法对三个剖面检测的成果图。由图分析,在孔深 23～24m 处,声速、幅值靠近或超过临界值,PSD 值也有异常反应;桩底声学参量明显超过临界值。经钻探取芯验证,23m 附近混凝土轻微不密实,桩底有少量沉渣,说明该桩两处有较轻的质量问题,因是摩擦桩,桩身完整性类别判定为 Ⅱ 类桩。

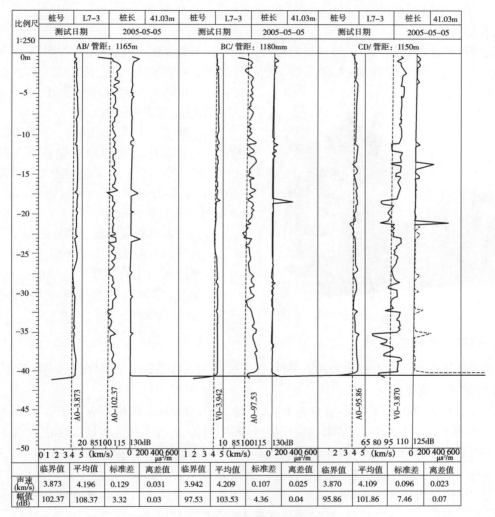

图 4-29 声波透射法成果图

三、钻探取芯法

1. 钻探取芯的目的与适用范围

1) 钻探取芯的目的

(1) 检测桩身混凝土胶结状况,是否存在空洞、蜂窝、夹泥、断桩等缺陷,判定桩身完整性类别,从而分析研究产生质量问题的原因、程度及处理措施。

(2)检测混凝土灌注桩桩长,检验桩底沉渣是否满足设计要求,鉴别桩底持力层的岩土性状和厚度是否符合设计或规范要求。

(3)通过混凝土芯样力学试验,评定桩身混凝土的强度。

(4)对施工中出现异常或因质量问题采取处理后的桩,通过钻探取芯,检验其成桩质量及对工程的影响程度。

(5)桩身存在缺陷的桩,可以利用钻孔进行压浆补强处理。

2)适用范围

钻探取芯法是检测混凝土灌注桩成桩质量的一种有效方法,不受场地条件限制,特别适用于大直径混凝土灌注桩的成桩质量检验。钻芯孔的垂直度不容易控制,故要求受检桩的桩径不宜小于800mm,长径比不宜大于40。一般桩身混凝土强度等级不低于C10。

钻孔取芯应采用液压操纵的钻机(图4-30),钻机应配备单动双管钻具及相应的孔口管、扩孔器、卡簧、扶正稳定器和可捞取松软渣样的钻具,钻杆应顺直,直径宜为50mm。钻机设备参数应符合下列规定:

(1)额定最高转速不低于790r/min。

(2)转速调节范围不少于4档。

(3)额定配用压力不低于1.5MPa。

(4)水泵的排水量应选用50~160L/min,泵压应为1.0~2.0MPa。

图4-30 液压钻机

2. 钻探技术要求

钻探取芯应在混凝土浇灌28d后进行,或受检桩同条件养护时间强度达到设计强度。

(1)钻芯孔数与孔位。

①桩径小于1200mm的桩不应少于1孔,桩径1200~1600mm的桩不应少于2孔,桩径大于1600mm的桩不宜少于3孔;仅为确定桩身混凝土强度、桩长、桩端持力层、桩底沉淀时,可为1孔。

②当钻孔取芯为1孔时,宜在距桩中心100~150mm的位置开孔;当钻孔取芯为2孔或2孔以上时,开孔位置宜在距桩中心(0.15~0.25)d内均匀对称布置。

③对桩端持力层评判的钻探深度应满足设计要求。设计未有明确规定时,1孔进入桩端持力层深度不宜小于3倍桩径,其余钻孔应进入桩端持力层不小于0.5m。

(2)钻机设备安装应平稳牢固,底座水平。钻机立轴中心、天轮中心(天车前沿切点)与孔口中心应在同一铅垂线上,钻机在钻芯过程中不得发生倾斜、移位,钻孔垂直度偏差不应大于0.5%。当桩顶面混凝土与钻机底座的距离较大时,应安装孔口管,孔口管应垂直且牢固。钻进过程中,钻孔内循环水不得中断,应根据回水含砂量及颜色调整水泵水量和钻进速度。每次进尺控制在1.5m内。钻至缺陷处,或下钻速度快的地方,应及时测量钻杆深度,确定缺陷位置;钻至桩底时,应采取适宜的钻芯方法和工艺钻取沉淀、测定沉淀厚度,并对桩端持力层岩土性状进行鉴别;提钻卸取芯样时,应确保芯样完整。

（3）芯样取出后,自上而下按回次顺序排放,芯样侧面应清晰标明回次数、块号、本回次总块数,及时记录孔号、回次数、起止深度、块数、总块数、芯样质量的初步描述及钻进异常情况。桩身混凝土芯样、桩底沉淀及桩端持力层需做详细的编录,对桩身混凝土芯样的描述包括混凝土钻进深度、芯样连续性、完整性、胶结情况、表面光滑情况、端口吻合程度、芯样是否为柱状、集料大小及分布情况,气孔、蜂窝、麻面、沟槽、离析、破碎、夹泥、松散的情况,以及取样编号及位置。对持力层的描述包括持力层的钻进深度,岩土名称、岩芯颜色、结构构造、裂隙发育程度、坚硬及风化程度,以及取样编号及取样位置,或动力触探、标准贯入试验位置及结果。岩性分层需分层描述。如图4-31和图4-32所示。

图4-31 芯样图

（4）当单桩质量评判满足设计要求时,应采用0.5~1.0MPa压力,从钻芯孔孔底往上用水泥浆回灌封闭,否则应封存钻芯孔口,留待处理。

3. 芯样试件截取与加工

芯样截取原则:应科学、准确、客观地评价混凝土实际质量,避免人为因素的影响,特别是混凝土强度;取样位置应标明其深度和高程。有缺陷部位的芯样强度应满足设计要求。

截取混凝土抗压芯样试件应符合下列规定:

（1）当桩长小于10m时,每孔应取2组芯样;当桩长在10~30m时,每孔应取3组芯样;当桩长大于30m时,每孔不应少于4组芯样。

（2）上部芯样位置距桩顶设计高程不宜大于1倍桩径或2.0m,需接桩时,则距开孔高程不宜大于1倍桩径或2.0m;下部芯样位置距桩底不宜大于1倍桩径或2.0m,中间芯样宜等间距截取。

（3）缺陷位置取样时,每个缺陷位置应截取1组芯样进行混凝土抗压强度试验。

（4）当同一根基桩的钻芯孔数大于1孔,其中1孔在某深度存在缺陷时,应在其他孔的该深度处截取芯样进行抗压强度试验。

（5）每组芯样应制作3个抗压强度试件。

混凝土芯样试件加工,由于芯样试件的高度对抗压强度有较大影响,为避免高度修正带来误差,应取试件高径比为1,即在0.95~1.05范围内,且芯样试件内不能含有钢筋,并观察芯样侧面表观混凝土粗集料粒径,应小于芯样试件平均直径的0.5倍。芯样端面的平整度和垂直度应满足要求。

当桩端持力层为中、微风化岩层且岩芯可制作成试件、设计文件要求验证持力层岩芯强度时,应在接近桩底部位截取1组岩石芯样。遇岩性分层时,宜分层取样。

4. 抗压强度试验

芯样抗压强度试验应按现行《普通混凝土力学性能试验方法标准》(GB/T 50081)的有关规定执行。一般情况下,桩的工作条件比较潮湿,芯样试件宜在潮湿状态下进行。芯样试件抗压强度试验应按下列公式计算：

$$f_{\text{cor}} = \frac{4P}{\pi d^2} \quad (4\text{-}47)$$

式中：f_{cor}——混凝土芯样试件抗压强度（MPa），精确至 0.1MPa；

P——芯样试件抗压试验测得的破坏荷载（N）；

d——芯样试件的平均直径（mm）。

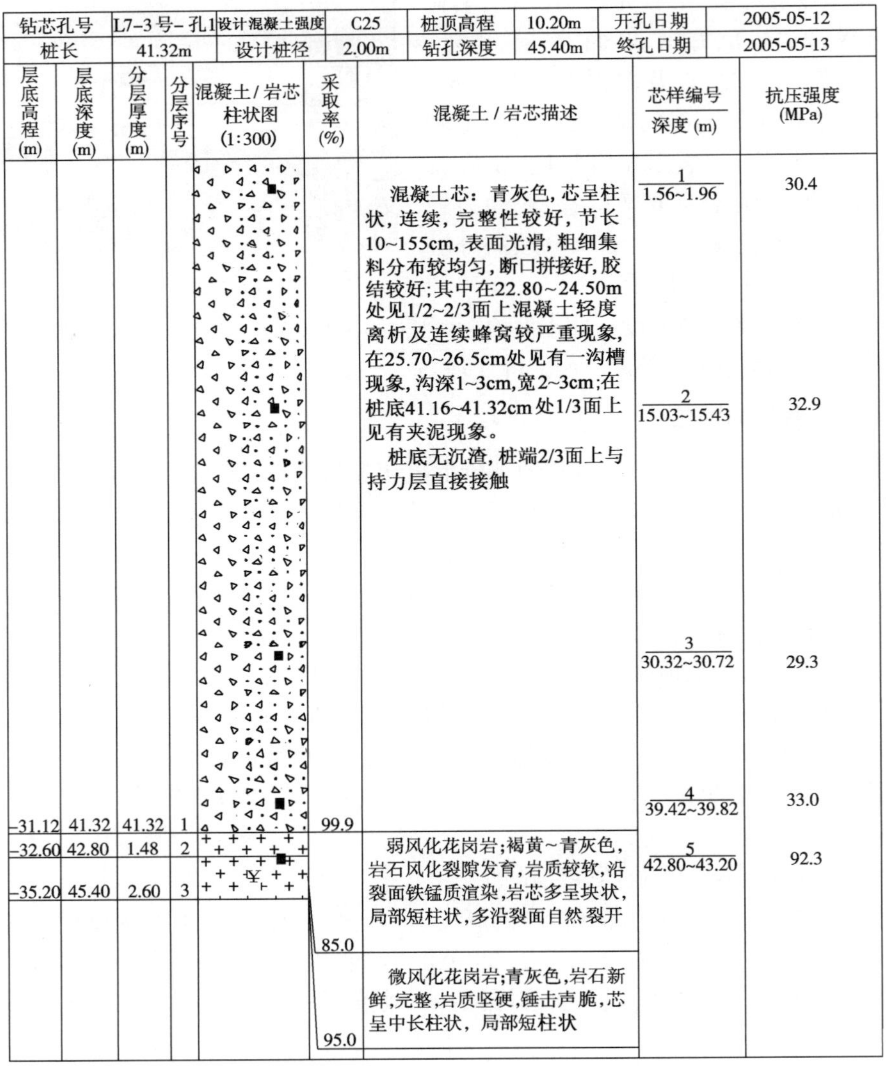

钻芯孔号	L7-3号-孔1			设计混凝土强度		C25	桩顶高程	10.20m	开孔日期	2005-05-12
桩长	41.32m			设计桩径		2.00m	钻孔深度	45.40m	终孔日期	2005-05-13
层底高程(m)	层底深度(m)	分层厚度(m)	分层序号	混凝土/岩芯柱状图(1:300)	采取率(%)	混凝土/岩芯描述		芯样编号/深度(m)		抗压强度(MPa)
					99.9	混凝土芯：青灰色，芯呈柱状，连续，完整性较好，节长10~155cm，表面光滑，粗细集料分布较均匀，断口拼接好，胶结较好；其中在22.80~24.50m处见1/2~2/3面上混凝土轻度离析及连续蜂窝较严重现象，在25.70~26.5cm处见有一沟槽现象，沟深1~3cm，宽2~3cm；在桩底41.16~41.32cm处1/3面上见有夹泥现象。桩底无沉渣，桩端2/3面上与持力层直接接触		$\dfrac{1}{1.56\sim1.96}$		30.4
								$\dfrac{2}{15.03\sim15.43}$		32.9
								$\dfrac{3}{30.32\sim30.72}$		29.3
								$\dfrac{4}{39.42\sim39.82}$		33.0
-31.12	41.32	41.32	1							
-32.60	42.80	1.48	2			弱风化花岗岩：褐黄~青灰色，岩石风化裂隙发育，岩质较软，沿裂面铁锰质渲染，岩芯多呈块状，局部短柱状，多沿裂面自然裂开		$\dfrac{5}{42.80\sim43.20}$		92.3
-35.20	45.40	2.60	3		85.0					
					95.0	微风化花岗岩：青灰色，岩石新鲜、完整，岩质坚硬，锤击声脆，芯呈中长柱状，局部短柱状				

注：■-取样位置。

图4-32 钻探取芯验证成果图

桩底岩芯单轴抗压强度试验可参照《建筑地基基础设计规范》（GB 50007—2011）附录J执行。当判断桩底持力层岩性时，检测报告中只给出平均值即可。

5. 检测资料分析与判定

(1) 混凝土芯样试件抗压强度代表值应按一组 3 块试样强度的平均值确定。同一受检桩同一深度部位有 2 组或 2 组以上混凝土试件抗压强度代表值时，取其平均值作为该桩该深度处混凝土芯样试件抗压强度代表值。

(2) 单桩混凝土芯样试件抗压强度代表值是指该桩中不同深度位置的混凝土芯样试件抗压强度代表值中的最小值。

(3) 桩底持力层性状应根据芯样特征、岩石芯样单轴抗压强度试验值综合判定桩端持力层岩土性状。

(4) 因场地地层的复杂性和施工中的差异，成桩后的差异较大。为保证工程质量，应按单桩进行桩身完整性和混凝土强度评价。

(5) 桩身完整性类别应根据钻芯孔数、现场混凝土芯样特征、芯样试件抗压强度试验结果，按照表 4-38 综合判定。多于 3 个钻芯孔的基桩桩身完整性可类比三孔特征进行判定。

桩身完整性评判 表 4-38

类别	特 征		
	1 孔	2 孔	3 孔
Ⅰ	混凝土芯样连续、完整、胶结好、表面光滑、集料分布均匀、呈长柱状、断口吻合		
	芯样表面偶见少量气孔	局部芯样表面有蜂窝麻面、沟槽、少量气孔，但在 2 孔的同一深度部位的芯样中未同时出现，否则应判为Ⅱ类	局部芯样表面有蜂窝麻面、沟槽、少量气孔，但在 3 孔的同一深度部位的芯样中未同时出现，否则应判为Ⅱ类
Ⅱ	混凝土芯样连续、完整、胶结较好、呈长短柱状、断口基本吻合。有下列情况之一：		
	(1) 局部芯样侧面有蜂窝麻面、沟槽或较多气孔； (2) 局部芯样集料分布不均匀、芯样侧面蜂窝麻面严重或沟槽连续；但对应部位的混凝土芯样试件抗压强度代表值满足设计要求，否则应判为Ⅲ类	(1) 芯样侧面有较多气孔，连续的蜂窝麻面、沟槽或局部混凝土芯样集料分布不均匀，但在 2 孔的同一深度部位的芯样中未同时出现； (2) 芯样侧面有较多气孔，连续的蜂窝麻面、沟槽或局部混凝土芯样集料分布不均匀，且在 2 孔的同一深度部位的芯样中同时出现，但该深度部位的混凝土芯样试件抗压强度代表值满足设计要求，否则应判为Ⅲ类； (3) 任 1 孔局部混凝土芯样破碎段长度不大于 100mm，破碎段处于桩身下部，且另 1 孔在同一深度部位的混凝土芯样完整性类别为Ⅰ类或Ⅱ类，否则应判为Ⅲ类或Ⅳ类	(1) 芯样侧面有较多气孔，连续的蜂窝麻面、沟槽或局部混凝土芯样集料分布不均匀，但在 3 孔的同一深度部位的芯样中未同时出现； (2) 芯样侧面有较多气孔，连续的蜂窝麻面、沟槽或局部混凝土芯样集料分布不均匀，且在 3 孔的同一深度部位的芯样中同时出现，但该深度部位的混凝土芯样试件抗压强度代表值满足设计要求，否则应判为Ⅲ类； (3) 任 1 孔局部混凝土芯样破碎段长度不大于 100mm，破碎段处于桩身下部，且另 2 孔在同一深度部位的混凝土芯样完整性类别为Ⅰ类或Ⅱ类，否则应判为Ⅲ类或Ⅳ类

续上表

类别	特 征		
	1 孔	2 孔	3 孔
Ⅲ	大部分混凝土芯样胶结较好,芯样不连续完整、多呈短柱状或块状,无松散、夹泥现象。有下列情况之一:		
	局部混凝土芯样破碎且破碎长度不大于 100mm	任 1 孔局部混凝土芯样破碎段长度大于 100mm 但不大于 200mm,且另 1 孔在同一深度部位的混凝土芯样完整性类别为Ⅰ类或Ⅱ类,否则应判为Ⅳ类	(1)任 1 孔局部混凝土芯样破碎段长度大于 100mm 但不大于 300mm,且另 2 孔在同一深度部位的混凝土芯样完整性类别为Ⅰ类或Ⅱ类,否则应判为Ⅳ类; (2)任 1 孔局部混凝土芯样松散段长度不大于 100mm,且另外 2 孔的同一深度部位的混凝土芯样完整性类别为Ⅰ类或Ⅱ类,否则应判为Ⅳ类
Ⅳ	有下列情况之一: (1)因混凝土胶结质量差而难以钻进; (2)混凝土芯样任一段松散或夹泥; (3)局部混凝土芯样破碎长度大于 100mm	(1)任 1 孔因混凝土胶结质量差而难以钻进; (2)混凝土芯样任一段松散或夹泥; (3)任 1 孔局部混凝土芯样破碎长度大于 200mm; (4)2 孔在同一深度部位的混凝土芯样破碎	(1)任 1 孔因混凝土胶结质量差而难以钻进; (2)混凝土芯样任一段夹泥或松散段长度大于 100mm; (3)任 1 孔局部混凝土芯样破碎长度大于 300mm; (4)其中 2 孔在同一深度部位的混凝土芯样破碎、夹泥或松散

注:如上一缺陷的底部位置高程与下一缺陷的顶部位置高程高差小于 30cm,则定为两缺陷处于同一深度部位。

当出现下列情况之一时,应判为该桩不满足设计要求:
(1)混凝土芯样试件抗压强度检测值小于混凝土设计强度等级。
(2)桩长、桩底沉渣厚度不满足设计要求。
(3)端持力层岩土性状(强度)或厚度不满足设计要求。

6. 钻探取芯检测报告编制

其内容应包括:
(1)工程概况、检测目的、工期、工作量及完成情况。
(2)地质条件概述、桩基设计概况及有关设计参数。
(3)钻芯设备情况。
(4)检测桩数、钻孔数量、混凝土芯样进尺、岩芯进尺、总进尺、混凝土芯样试件组数、岩石芯样试件组数等内容。
(5)取芯开孔的准确位置布置图,编制每孔的柱状图。
(6)芯样单轴抗压强度试验结果。
(7)芯样全长照片和缺陷部位的特写照片,并进行相应准确位置说明。
(8)异常情况说明。
(9)桩身完整性类别评判。

7. 钻探取芯法存在的问题

钻探取芯法虽然具有直观、可靠、精确度高的优点，但也存在如下问题：

（1）钻探取芯法和芯样加工比较笨重，操作不便，成本也高，普遍使用受到限制。

（2）取芯只能反映钻孔范围内的小部分混凝土质量，对桩身的整个断面来说，以点代面容易造成误判或漏判。

（3）对局部缺陷和水平裂缝等判断不够准确。

（4）钻孔取芯后，桩身结构局部受到损坏，孔洞需进行修补。

第四节　基桩承载力检测

基桩极限承载力的确定方法有静载试验和桩的动力试验两大类。静载试验是确定单桩承载力最原始、最基本的方法，也是最可靠的方法。近代发展起来的一些新的基桩承载力试桩方法，如高应变动力试桩法、自平衡测试法和静动法等，都是在与静载试验的成果对比基础上，建立相关关系，从而提高其成果的可靠性。因此，国内外规范一致规定，凡属重要工程都应通过静载试验确定单桩承载力。

基桩在公路桥梁工程中得到广泛应用，如何正确评价桩的承载能力、选择合理的设计参数是关系到桥梁工程是否安全、经济的重要问题。基桩静载试验是获得基桩轴向抗压、抗拔以及水平向承载力最直接、最可靠的方法，也为进一步研究桩-土作用机理提供条件。基桩竖向受荷载作用的极限承载力大小取决于桩身自身的混凝土强度和桩周地基土强度两大要素。当桩身混凝土强度足够时，基桩承载力则取决于桩周土的侧摩阻力和端阻力大小。对于承受侧向荷载的桩，随着侧向荷载的不断增加，桩侧土塑性区逐渐扩大加深，使基桩丧失水平承载力。

对公路特大桥和地质条件复杂的大、中型桥，一般都应采用静载试验确定桩的承载力，为基桩工程的设计提供依据。基桩静载试验通常可分为单桩竖向抗压静载试验、竖向抗拔静载试验和水平静载试验三种。静载试验的方法有等贯入速率法、循环加卸载法、终极荷载长时间维持法等，而我国惯用的是维持荷载法。维持荷载法又可分为慢速维持荷载法、快速维持荷载法。

《公路工程基桩检测技术规程》（JTG/T 3512—2020）替代了原《公路工程基桩动测技术规程》（JTG/T F81-01—2004），考虑到公路工程的特点，重新界定了凯斯法的适用范围，取消了采用凯斯法检测单桩竖向抗压极限承载力方法，规定利用高应变法检测单桩竖向抗压极限承载力时，全部采用实测曲线拟合法。仅在试沉桩时如现场需要判定单桩竖向抗压承载力，可采用凯斯法对单桩竖向抗压承载力进行初步计算。

关于静载试验检测基桩极限承载力的方法，《公路工程基桩检测技术规程》（JTG/T 3512—2020）和《公路桥涵施工技术规范》（JTG/T 3650—2020）采用的基本方法一致，但部分表述方式和细节要求略有区别，考虑到标准的适用范围特征，本节统一采用《公路工程基桩检测技术规程》（JTG/T 3512—2020）的表述方式，施工阶段检验性的试桩应按照《公路桥涵施工技术规范》（JTG/T 3650—2020）实施。

《公路工程基桩检测技术规程》（JTG/T 3512—2020）规定，对混凝土灌注桩进行承载力检测时，被检桩的混凝土龄期应达到28d或强度达到设计要求。对沉桩进行承载力试验的休止时间,砂类土不少于 7d,粉质土不少于 10d,非饱和黏质土不少于 15d,饱和黏质土不少于 25d。

一、单桩竖向抗压静载试验

1. 试验目的及要求

单桩竖向抗压静载试验通常用来确定单桩承载力和荷载与位移的关系,并校核动力公式的准确程度。当在桩身埋设有测量应力、应变、桩底反力传感器或位移杆时,可以测定桩周土层侧摩阻力和桩端土阻力或桩身截面的位移量。测定桩身应力变化,求出桩身弯矩分布。

单桩竖向抗压静载试验的试验桩有如下要求:

(1) 从成桩到试验的间歇时间,在桩身混凝土强度达到设计要求的前提下,还应满足不少于规范规定的休止时间。

(2) 试桩的成桩工艺和质量控制标准应与工程桩一致。

(3) 试桩桩头混凝土强度不得低于 C30,一般可在桩顶配置加密钢筋网 2~3 层,以薄钢板圆筒做成加筋箍,与桩顶混凝土浇成一体,用高强度等级的砂浆将桩头抹平。

(4) 为安置沉降测点和仪表,试桩顶部露出试坑地面的高度不宜小于 600mm,试坑地面宜与桩承台底设计高程一致。

2. 试验设备

单桩竖向抗压静载试验检测仪器设备由加载装置、反力装置、荷载测量装置、变形测量装置等组成。加载装置由主梁、次梁、锚桩或压重等反力装置,千斤顶及油泵等组成。荷载及变形观测装置由压力表、压力传感器或荷重传感器等组成。

一般静载试验采用油压千斤顶加载,荷载测力系统可采用荷重传感器测量荷重或压力传感器测定油压,实现加卸荷与稳压自动化控制。

当采用两台及两台以上千斤顶加载时,应并联同步工作,且采用的千斤顶型号、规格相同,千斤顶的合力中心与反力装置的中心、被检桩的横截面的形心重合,并保证合力方向垂直。

1) 加载装置

用千斤顶加载的反力装置可根据现场条件选用,主要有锚桩横梁反力装置(图 4-33)、压重平台反力装置(图 4-34)、锚桩压重联合反力装置三种形式。反力装置能提供的反力相对于最大加载量应有一定的储备,一般不应小于最大加载量的 1.3 倍。

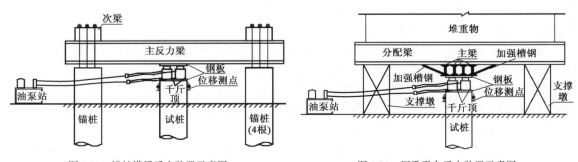

图 4-33 锚桩横梁反力装置示意图　　图 4-34 压重平台反力装置示意图

(1)锚桩横梁反力装置。锚桩一般采用 4 根,如入土较浅或土质松软时,可增至 6 根。应对加载反力装置的全部构件进行强度和变形验算,使其在最大试验荷载的作用下,避免产生过大的变形,并有足够的安全储备。每根锚桩的钢筋笼要沿桩身通长配置,还应对锚桩抗拔力(地基土、抗拔钢筋、混凝土抗拉能力)进行验算,并监测锚桩上拔量。一般情况下,锚桩的上拔量不大于 15mm。

(2)压重平台反力装置。利用平台上压重作为对桩静压试验的反力装置,压重应在试验前一次加上。试桩中心至压重平台支承边缘的距离与上述试桩中心至锚桩中心距离相同。当需加荷载大时,要考虑施加于地基的压应力,不宜大于地基承载力特征值的 1.5 倍。

(3)锚桩压重联合反力装置。当试桩的最大加载量超过锚桩的抗拔能力时,可在横梁上放置或悬挂一定重物,由锚桩和重物共同承受千斤顶反力。当试桩达到破坏时,横梁上的重物容易产生振动反弹,因此要注意安全。

对于基准桩中心与试桩、锚桩中心(或压重平台支承边)的距离,《公路桥涵施工技术规程》(JTG/T 3650—2020)的要求如表 4-39a)所示,《公路工程基桩检测技术规程》(JTG/T 3512—2020)的要求如表 4-39b)所示。

基准桩中心与试桩、锚桩中心(或压重平台支承边)的距离　　　　表 4-39a)

反 力 装 置	基准桩与试桩	基准桩与锚桩(或压重平台支承边)
锚桩横梁反力装置	≥4D	≥4D
压重平台反力装置	≥2.0m	≥2.0m

注:表中为试桩的直径 D(或边长)≤800mm 的情况;若试桩直径 $D>800$mm 时,基准桩中心与试桩中心(或压重平台支承边)的距离不宜小于 4m。

试桩、锚桩(或压重平台支墩边)和基准桩之间的中心距离　　　　表 4-39b)

装　　置	试桩中心与锚桩中心(或压重平台支墩边)	试桩中心与基准桩中心	基准桩中心与锚桩中心(或压重平台支墩边)
锚桩横梁	≥4(3)D 且 >2.0m	≥4(3)D 且 >2.0m	≥3D 且 >2.0m
压重平台	≥4(3)D 且 >2.0m	≥4(3)D 且 >2.0m	≥3D 且 >2.0m

注:1. D 为被检桩、锚桩的设计直径或边宽,取较大者。
　　2. 如被检桩或锚桩为扩底桩或多支盘桩时,被检桩与锚桩的中心距离不应小于 2 倍扩大端直径。
　　3. 括号内数值可用于工程桩抽样检测时多排桩设计桩中心距离小于 4D 的情况。

2)荷载测量

荷载测量可用放置在千斤顶上的荷重传感器直接测定;或采用并联于千斤顶油路的压力表或压力传感器测定油压,根据千斤顶与配套的压力表率定曲线换算荷载。荷重传感器的测量误差不应大于 1%,压力表精度应优于或等于 0.4 级。试验用压力表、油泵、油管在加载时的压力不应超过额定工作压力的 80%,且不应小于额定工作压力的 20%。

3)沉降观测

基准梁和基准桩要严格按相关规定执行。基准梁宜采用工字钢,其高跨比不宜小于 1/40,尤其是大吨位静载试验,要采用较长和刚度较大的基准梁。基准梁的一端固定在基准桩上,另一端简支于基准桩上,并采取遮挡措施,以减少温度气候等对沉降的影响。

沉降由安装在基准梁与桩身间的大量程百分表或电子位移计测量,测量误差要求不大于

0.1%FS,分辨率不低于 0.01mm。对于直径或边宽大于 500mm 的桩,应在桩径的两个正交方向对称安装 4 个位移计测量,直径或边宽小于或等于 500mm 的桩可对称安置 2 个位移测试仪表。沉降测定平面离桩顶距离不宜小于 200mm,测点应牢固地固定于桩身。

4)桩身内力测量器件

通过桩身内力测量可得到桩侧各土层的摩阻力和桩端支承力,基桩内力测量可采用应变式传感器(简称应变计)测量应变,钢弦式传感器测量力,沉降杆测量位移。需要检测桩身某断面或桩底位移时,可在需检测的断面设置沉降杆。

电阻(全桥)式应变式传感器可采用焊接或绑扎在钢盘笼主筋上,随钢盘笼一起下入钻孔内,灌注在桩身混凝土中。成桩后,试桩在轴向荷载作用下,桩身产生应变,在桩身中的电阻应变片的阻值随之发生变化,通过测量应变片电阻的变化,可以得到桩身的应变值,进而得到桩身的应力变化。该传感器受工作环境温度的影响,可通过温度补偿片予以消除。传感器的测量片与补偿片应选用同一规格同一型号的产品,按轴向、横向准确地粘贴在钢筋同一断面上。测点用屏蔽电缆连接,导线对地绝缘电阻大于 500MΩ。正式测试前,电阻片与电缆系统间的绝缘电阻不应低于 200MΩ。电阻应变式传感器所用的电阻应变仪宜有多点自动测量功能。

埋设于桩身中的弦式钢筋计,当桩顶施加荷载时,会产生微量变形,从而改变钢弦原来的应力状态和自振频率。根据事先标定的应力与频率的关系曲线,得到桩身所承受的轴向力。弦式钢筋计应选择与桩身主筋直径大小相同的,直接焊接在桩身的主筋上,并替代这一段钢筋的工作。频率分辨率应不大于 1Hz,其可测范围应大于桩在最大荷载频率时的 1.2 倍。

桩身应力测试器件应安放在两种不同性质的地层界面处,以测量桩侧不同土层的侧摩阻力。同一地层应根据桩径大小对称设置 2~4 只传感器。

桩底的反力,可用埋置于桩端的扁式千斤顶测得。桩(身)端位移测量可通过沉降杆进行测量,沉降杆宜采用内、外管形式,外管固定在桩身,内管(沉降杆)下端固定在需测试的部位,上端高出外管 10~20cm,数据的观测应与桩顶位移观测同步。当为大直径灌注桩时,也可采用较大直径的外管,在其内设置多根沉降杆,同时测量桩身不同深度的位移。

当沉降杆底端固定断面处的桩身埋设有内力传感器时,可得到该断面处的桩身轴力与位移。其计算公式如下:

$$Q_i = \frac{2AE(S_t - S_{t0} - S_i + S_{i0})}{L} - Q_t \quad (4\text{-}48)$$

式中:L——有效桩长;
$\quad A$——桩身截面积;
$\quad E$——桩材弹性模量;
$\quad S_t$——桩顶沉降量;
$\quad S_i$——测点处的桩身沉降量;
$\quad Q_t$——桩顶荷载;
$\quad Q_i$——测点处的桩身轴力;
$\quad S_{t0}$——桩顶荷载卸载为零后桩顶的沉降量;
$\quad S_{i0}$——桩顶荷载卸载为零后测点处的桩身沉降量。

5) 荷载与位移的量测仪表

采用连接荷载箱的压力表测定油压,根据荷载箱率定曲线换算荷载。桩身位移采用电子位移计测量,并用伸出桩顶的位移棒测量向上和向下位移。

3. 试验方法

1) 加载方式

《公路工程基桩检测技术规程》(JTG/T 3512—2020)采用慢速维持荷载法逐级加荷,《建筑基桩检测技术规范》(JGJ 106—2014)给出慢速维持荷载法和快速维持荷载法,以适用不同的试验要求。本节介绍《公路工程基桩检测技术规程》(JTG/T 3512—2020)的慢速维持荷载法的相关要求。快速维持荷载法可参考《建筑基桩检测技术规范》(JGJ 106—2014)。

2) 慢速维持荷载法试验要求

(1) 加载分级:每级加载为最大加载量或预估极限承载力的 1/15 ~ 1/10,第一级可按 2 倍分级加荷。

(2) 沉降观测:下沉未达稳定时不得进行下一级加载;每级荷载施加后按第 5min、15min、30min、45min、60min 测读桩顶沉降量,以后每隔 30min 测读一次。

(3) 稳定标准:每 1h 内的桩顶沉降量不超过 0.1mm,并连续出现两次(从分级荷载施加后的第 30min 开始,按 1.5h 连续三次每 30min 的沉降观测值计算)。

3) 终止加载的规定

当出现下列情况之一时,可终止加载:

(1) 被检桩在某级荷载作用下的沉降量大于前一级荷载沉降量的 5 倍,且桩顶总沉降量大于 40mm。

(2) 被检桩在某级荷载作用下的沉降量大于前一级的 2 倍且经 24h 尚未稳定,同时桩顶总沉降量大于 40mm。

(3) 荷载-沉降曲线呈缓变形时,可加载至桩顶总沉降量 60 ~ 80mm;当桩长超过 40m 或被检桩为钢桩时,宜考虑桩身压缩变形,可加载至桩顶总沉降量超过 80mm。

(4) 工程桩验收时,荷载已达到承载力容许值的 2 倍或设计要求的最大加载量,且沉降达到稳定。

(5) 桩身出现明显破坏现象。

(6) 当工程桩作锚桩时,锚桩上拔量已达到允许值。

4) 桩的卸荷与回弹量观测

(1) 卸载应分级进行,采用逐级等量卸载;每级卸载量取加载时分级荷载的 2 倍。

(2) 卸载时,每级荷载应维持 1h,分别按第 15min、30min、60min 量测桩顶的回弹量,即可卸下一级荷载。卸载至零后,维持时间不得少于 3h。桩端为砂类土时,应在开始 30min 内每 15min 测读一次;桩端为黏质土时,应在开始 60min 内每 15min 测读一次,以后每隔 30min 测读一次桩顶残余沉降量。

(3) 卸载到零后,至少 2h 内每隔 30min 观测 1 次。如果桩尖下为砂类土,则开始 30min 内,每 15min 观测一次;如果桩尖下为黏质土,第 1h 内,每 15min 观测一次。

5) 注意事项

加、卸载时应使荷载传递均匀、连续、无冲击,每级荷载在维持过程中的变化幅度不得超过分级荷载的±10%。

6）试验记录

试验数据宜参考表4-40填写记录,绘制静载试验曲线,如图4-35所示,并编写试验报告。

静压试验记录表　　　　　　　　　　　　表4-40

检测单位名称：　　　　　　　　　　　　　　　　　　　　　记录编号：

工程名称				委托/任务编号				样品名称		
桩　　号				试验依据				试验日期		
主要仪器设备及编号										
加载级	油压（MPa）	荷载（kN）	观测时间	位移计(百分表)读数(mm)				本级沉降（mm）	累计沉降（mm）	备注
				1号	2号	3号	4号	平均值			

检测：　　　　　　　　　　　复核：　　　　　　　　　　　复核日期：

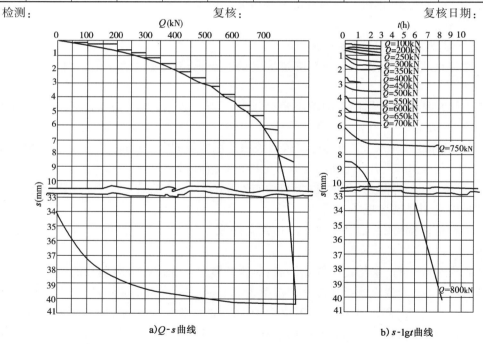

a) Q-s 曲线　　　　　　　　　　b) s-lg$t$ 曲线

图4-35　静压试验曲线

4. 检测数据的分析与判定

1）检测数据的整理

（1）绘制竖向荷载-沉降（Q-s）、沉降-时间对数（s-lg$t$）曲线。需要时,也可绘制其他辅助分析所需曲线。

(2) 当进行桩身应变(应力)、变形和桩底反力测定时,应整理出有关数据的记录表,并绘制桩身轴力分布图,计算不同土层的分层侧摩阻力和端阻力值。

2) 单桩竖向抗压极限承载力的确定

单桩竖向抗压极限承载力是指单桩在竖向荷载作用下达到破坏状态前或出现不适于继续承载的变形所对应的最大荷载。它包含了桩身结构极限承载力和支承桩侧、桩端地基土的极限承载力两层含义。单桩竖向抗压极限承载力可按下列方法综合分析确定:

(1) 根据沉降随荷载变化的特征确定:对于陡降型 Q-s 曲线,取其发生明显陡降的起始点对应的荷载值。

(2) 根据沉降随时间变化的特征确定:取 s-lg$t$ 曲线尾部出现明显向下弯曲的前一级荷载值。

(3) 被检桩在某级荷载作用下的沉降量大于前一级的 2 倍且经 24h 尚未稳定,同时桩顶总沉降量大于 40mm,取前一级荷载值。

(4) 工程桩验收时,荷载已达到承载力容许值的 2 倍或设计要求的最大加载量,且沉降达到稳定,取本级荷载值。

(5) 对于缓变形 Q-s 曲线,可根据沉降量确定,宜取 $s=40$mm 对应的荷载值;对于钢管桩和桩长大于 40m 的混凝土桩,宜考虑桩身弹性压缩量;对直径大于或等于 800mm 的灌注桩或闭口桩,可取 $s=0.05D$(D 为桩端直径)对应的荷载值。

(6) 当按上述 5 款判定桩的竖向抗压承载力未达到极限时,桩的竖向抗压极限承载力宜取最大加载值。

3) 单桩竖向抗压极限承载力统计值的确定

当为设计提供依据时,单桩竖向抗压极限承载力统计值的确定应符合下列规定:

(1) 参加统计的试桩结果,当满足其极差不超过平均值的 30% 时,取其平均值为单桩抗压极限承载力的统计值。

(2) 当极差超过平均值的 30% 时,应分析极差过大的原因,结合工程具体情况综合确定,必要时可增加试桩数量。

(3) 桩数为 3 根或 3 根以下独立承台的基桩,应取低值。

二、单桩竖向抗拔静载试验

1. 试验目的及要求

在个别桩基中设计承受拉力时,用以确定单桩抗拔容许承载力。当埋设有桩身应变(应力)测量传感器时或设有位移测量杆时,可直接测量桩侧抗拔摩阻力或桩端上拔量。

对抽样检测的工程桩,应按设计要求确定最大加载量,检测数量应满足设计要求,不宜少于 3 根。为设计提供依据的试验桩应加载至桩侧土破坏或桩身结构破坏,试验桩数量应满足设计要求,且不应少于 3 根。

单桩竖向抗拔静载试验应采用慢速维持荷载法。

2. 试验设备

可采用油压千斤顶加载。千斤顶的反力装置一般采用两根锚桩和承载梁组成,试桩和承载梁用拉杆连接,将千斤顶置于两根锚桩之上,顶推承载梁,引起试桩上拔。试桩与锚桩间的距离可参照表4-36a)和表4-36b)。加载反力结构的承载能力应不小于最大抗拔加载量的1.3倍。图4-36为抗拔试验检测示意图。

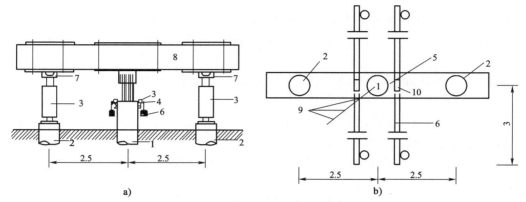

图4-36 抗拔试验检测示意图(尺寸单位:m)

1-试桩;2-锚桩;3-液压千斤顶;4-表座;5-测微计;6-基准梁;7-球铰;8-反力梁;9-地面变形测点;10-10cm×10cm薄钢板

3. 试验方法

单桩竖向抗拔试验的加卸载分级、位移观测、稳定标准均与竖向静载试验一致。
当出现下列情况之一时,可终止加载:
(1)在某级荷载作用下,桩顶上拔量大于前一级上拔荷载作用下上拔量的5倍。
(2)按桩顶上拔量控制时,累计桩顶上拔量超过100mm。
(3)按钢筋抗拉强度控制时,桩顶上拔荷载达到受拉钢筋抗拉强度设计值。
(4)对验收抽样检测的工程桩,达到设计要求的最大上拔荷载或最大上拔位移。

4. 检测数据的分析与判定

试验数据宜参考表4-40填写记录,并绘制如图4-35所示曲线(代表拔出位移的纵坐标改为向上)。判定方法参考单桩竖向抗压静载试验。

三、单桩水平静载试验

1. 试验目的及要求

单桩水平静载试验适用于检测桩顶自由时的单桩水平承载力,推定桩侧地基土水平抗力系数。当桩身埋设有应变(应力)测量传感器时,可量测相应水平荷载作用下的桩身内力,并由此计算桩身弯矩。

当设计对加载方法有要求时,应按设计要求进行加、卸载;当设计没有给出具体加、卸载要求时,宜根据工程桩实际受力特性选择合适的加、卸载方法,可选用单向多循环加、卸载法或慢速维持荷载法。

为设计提供依据时,应加载至桩侧土体破坏或桩身结构破坏,检测数量应满足设计要求,且不应少于 3 根;对工程桩进行检测和评判时,应按设计要求的最大水平加载量或最大水平位移量控制,检测数量应满足设计要求,不宜少于 3 根。

2. 试验设备

(1)一般采用两根单桩,通过高压油泵驱动的水平向千斤顶施加水平力,相互顶推加载;或在两根锚桩间平放一根横梁,用千斤顶向试桩加载;有条件时可利用墩台或专设反力座以千斤顶向试桩加载。在千斤顶与试桩接触处宜安设一球形铰座,以保证千斤顶作用力能水平通过桩身轴线,千斤顶和被检桩接触处应适当补强。

(2)反力装置可采用相邻桩,也可专门设置;反力装置的承载能力及其刚度应大于被检桩的 1.3 倍。当采用顶推法施加荷载时,反力桩与被检桩之间的净距不应小于 5 倍桩径(或边长);当采用牵引法施加荷载时,反力桩与被检桩之间的净距不应小于 10 倍桩径(或边长),且不应小于 6m。

(3)水平位移测量的基准桩应不受试验和其他因素的影响,其与被检桩和反力桩的净距不宜小于 5 倍桩径(或边长);当基准点设置在与加荷轴线垂直方向或被检桩位移相反方向时,间距可适当减小,但不应小于 2m。

(4)测量桩身应变(应力)时,传感器的安装应符合下列要求:

①当利用单桩水平静载试验测量相应水平荷载作用下桩身应变(应力)并推算桩身弯矩时,各测试断面的测量传感器应沿受力方向对称布置在远离中性轴的受拉和受压主筋或桩身表面;安装传感器的纵剖面与受力方向之间的夹角应小于 10°。

②基桩承台底面高程下 15 倍桩径(或边长)范围内应加密测试断面,断面间距不应超过 1 倍桩直径(或边长),对桩径大于或等于 800mm 的桩,宜适当加密。超过此深度,测试断面间距可适当加大。

单桩水平静推试验装置见图 4-37。

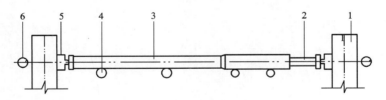

图 4-37 单桩水平静推试验装置
1-桩;2-千斤顶及测力计;3-传力杆;4-滚轴;5-球支座;6-百分表

3. 试验方法

(1)加载分级。荷载分级宜取预估被检桩水平极限承载力或要求最大试验荷载的 1/10 ~ 1/12 作为加载级差。

(2)加卸载方法。

①单向多循环加、卸载法:每级荷载施加后,维持荷载 4min 后测读水平位移并卸载至零,停 2min 后测读残余水平位移,至此完成一个加、卸载循环,如此循环 5 次,完成一级荷载的试

验观测,试验不得中间停歇。

②慢速维持荷载法:加、卸载分级,试验方法及稳定标准与竖向静载试验要求一致。

(3)加载终止条件。当出现下列情况之一时即可终止加载:

①桩身折断。

②水平位移超过 30~40mm(软土取 40mm)。

③达到设计要求的最大加载量或水平位移允许值。

4. 检测数据的分析与判定

(1)检测数据的整理。检测数据应按下列要求整理:

①单向多循环加、卸载法:绘制水平力-时间-力作用点位移 H_0-t-Y_0 曲线(图 4-38)、水平力-力作用点位移梯度 H_0-$\Delta Y_0/\Delta H_0$ 曲线(图 4-39)。

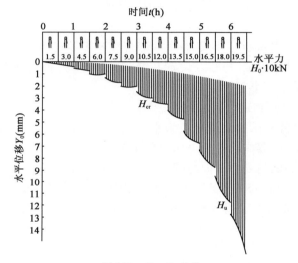

图 4-38 H_0-t-Y_0 曲线

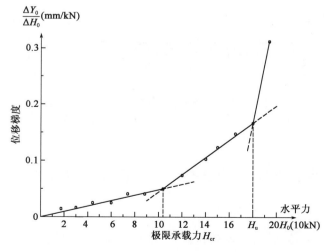

图 4-39 H_0-$\Delta Y_0/\Delta H_0$ 曲线

②慢速维持荷载法:绘制水平力-力作用点位移 H_0-Y_0 曲线、水平力-力作用点位移梯度 H_0-$\Delta Y_0/\Delta H_0$ 曲线、力作用点位移-时间对数 Y_0-lg$t$ 曲线和水平力-力作用点位移双对数 lgY_0-lgH_0 曲线。

③当埋设有桩身应力(应变)传感器时,应绘制各级水平力作用下的桩身弯矩分布图及水平力-最大弯矩截面钢筋拉应力 H-σ_g 曲线(图 4-40),并列表给出相应数据。

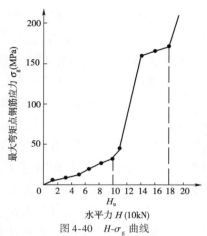

图 4-40　H-σ_g 曲线

(2)单桩水平极限承载力检测值应按下列方法确定:

①单向多循环加、卸载法:根据 H_0-t-Y_0 曲线产生明显陡降的前一级水平荷载值和 H_0-$\Delta Y_0/\Delta H_0$ 曲线上第二直线段的终点对应的水平荷载值综合确定。

②慢速维持荷载法:根据 H_0-Y_0 曲线产生明显陡降的起始点对应的水平荷载值、Y_0-lg$t$ 曲线尾部出现明显弯曲的前一级水平荷载值、H_0-$\Delta Y_0/\Delta H_0$ 曲线和 lgY_0-lgH_0 曲线上第二拐点对应的水平荷载值综合确定。

③取桩身折断或钢筋屈服时的前一级水平荷载值。

(3)单桩水平临界荷载应按下列方法确定:

①单向多循环加、卸载法:根据 H_0-t-Y_0 曲线产生明显陡降的前一级水平荷载值和 H_0-$\Delta Y_0/\Delta H_0$ 曲线上第一拐点对应的水平荷载值。

②慢速维持荷载法:根据 H_0-Y_0 曲线上出现拐点的前一级水平荷载值、H_0-$\Delta Y_0/\Delta H_0$ 曲线和 lgY_0-lgH_0 曲线上第一拐点对应的水平荷载值。

③取 H-σ_g 曲线上第一拐点对应的水平荷载值。

(4)单位工程同一条件下单桩水平承载力容许值的取值方法应符合下列规定:

①当按桩身强度确定水平承载力时,取水平临界荷载统计值和单桩水平极限承载力统计值的一半的小值为单桩水平承载力容许值。

②当桩受长期水平荷载作用且桩不允许开裂时,取水平临界荷载统计值的 0.75 倍和单桩水平极限承载力统计值的一半的小值为单桩水平承载力容许值。

③当按设计要求的水平位移允许值确定水平承载力时,取设计要求的水平位移允许值对应的水平荷载统计值为单桩水平承载力容许值。

(5)当为设计提供依据时,单桩水平临界荷载统计值和水平荷载统计值的确定方法与单桩竖向抗压极限承载力方法一致。

四、高应变动力试桩法

我国早期的动力试桩是依据牛顿刚体碰撞理论、能量和动量守恒定律原理的打桩公式,通过对预制桩施工收锤阶段测得的简单参数,如桩的贯入度与回弹量、落锤高度与回弹高度等,结合场地土有关的经验系数来预估单桩承载力,至今已有近百年历史。在打预制桩时的最后10锤少于3cm,认为已达到桩的预计承载力,可以收锤子了。这种凭实际经验得出的承载力,是粗略的估计值。到1931年,人们意识到打桩问题是波传播问题,但限于当时电子技术发展水平,无法测定一些力学参数。1938年,英国格兰菲尔(W. H. Glanville)等人首先开始桩身应力波的测量。1960年,Smith提出了桩锤-桩-土系统的集中质量法差分求解模型,提供了一套较完整的锤-桩-土系统打桩波动方程分析方法。从1960年开始,美国密西根公路局用特制的测力计测量桩顶的力,并在其上安装有应变式的加速度计,信号由高速示波器记录,主要是为了确定锤击能量。1964年,美国凯斯西部大学G. G. Goble等提出一种简便的确定单桩承载力的方法。他们创建了PDI公司,先后开发研制了PDA、PAK、AL等打桩分析仪,使桩基动测技术在世界各地得到应用。我国在引进消化国外先进技术的基础上,于20世纪80年代开始研制相关设备,分别研制成RSM系列、RS系列、FEI系列等高、低应变基桩动测仪,对推动我国基桩动测技术的发展起到了良好的作用。

高应变动力试桩法是通过与桩应力水平相近的重锤冲击桩顶,即产生沿桩身向下传播应力波和一定的桩-土相对位移,利用对称安装于桩顶一定距离的力和加速度传感器,记录冲击波作用下的加速度与应变信号,经基桩动测仪软件处理后,输出力和速度时程曲线,分析基桩承载力和基桩质量完整性。

1. 检测目的

(1)检测单桩竖向抗压极限承载力,通过采用实测曲线拟合法分析得到桩侧土阻力的分布和桩端土阻力;

(2)检测桩身结构完整性,判定桩身缺陷的位置和缺陷程度;

(3)监测混凝土预制桩和钢桩沉桩过程中桩身应力和锤击能量传递比,为选择沉桩工艺参数和确定桩长提供依据。

本方法宜用于等截面非嵌岩灌注桩、预制混凝土桩和钢桩的现场检测。对超长桩、大直径扩底桩和嵌岩桩,不宜采用本方法进行单桩承载力检测。

检测单桩竖向抗压极限承载力时,应具有同一条件下的动-静试验对比资料和实测经验,并应全部采用实测曲线拟合法。

高应变法检测桩应具有代表性,单位工程同一条件下检测单桩竖向抗压极限承载力时,不宜少于5根;对工程地质条件复杂或对施工质量有疑问时,应增加检测数量;当采用高应变法进行沉桩过程监测或为选择沉桩工艺参数时,不应少于3根。

2. 试验设备

检测仪器设备应包括激振设备、信号采集及分析仪、传感器和贯入度测量仪等。仪器设备装置框图见图4-41。

(1)信号采集器和传感器的性能应符合下列规定:

①检测仪器的主要技术性能指标不应低于《基桩动测仪》(JG/T 518—2017)中规定的2级标准要求,且具有连续采集、快速自动存储、显示实测力与速度信号以及处理分析信号的功能。

②信号采集器的采样频率应大于10kHz,信号采样点数不应少于1024点;采样长度应满足计算、分析要求,记录、处理和数据显示装置应有能力对应变、加速度和时间进行内部标定。

③加速度传感器的安装应满足谐振频率的要求,且加速度在 0~10000m/s² 和频率在 1~7.5kHz 范围内呈线性,当被检桩为钢桩时,宜采用加速度在 50000m/s² 范围内呈线性的加速度计。

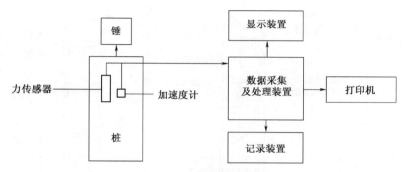

图 4-41　仪器设备装置框图

(2)锤击设备。

①激振锤宜采用由铸铁或铸钢整体制作的自由落锤,也可采用柴油锤、液压锤,严禁使用由钢板制成的分片组装锤。

②锤体应材质均匀、形状对称、锤底平整,高径(宽)比不得小于1,宜采用稳固的导向装置。

③检测单桩竖向抗压极限承载力时,激振锤的重量不得小于预估单桩极限承载力的1.2%,灌注桩的桩径大于800mm或桩长大于35m时宜适当增加锤重。

(3)桩的贯入度应采用精密水准仪等光学仪器测定。

3. 试验方法

(1)桩头处理。

桩顶面应平整,桩露出地面的高度应满足锤击装置和传感器安装的要求,锤重心应与桩顶对中。测点处的截面尺寸应与原桩身截面尺寸相同。

对不能承受锤击的桩头应进行加固处理,在桩顶下 1.5 倍桩径范围内设置加强箍筋,间距宜小于100mm;桩顶下 400~700mm 范围内应铺设 3~5 层钢筋网片,间距 60~100mm,桩顶钢筋网片保护层厚度为50mm,并宜在距桩顶 1.5 倍桩径范围用 3~5mm 钢板围裹。桩头的混凝土强度应比桩身提高 1~2 级,且不得低于C30,并满足地基土类别所需的休止时间。

(2)传感器安装应符合如下规定:

①桩顶下两侧应对称安装 2 只加速度传感器和 2 只应变传感器,其与桩顶的距离不宜小于 2 倍桩径或桩边长;对于大直径桩,传感器与桩顶距离可适当减小,但不得小于 1 倍桩径或桩边长;严禁采用 1 只加速度传感器或 1 只应变传感器进行检测。现场测试仪器设备装置见图 4-42。

②传感器安装面应平整、无明显缺损或截面突变,且所在截面的材质和尺寸应与被检桩相同。

③加速度传感器和应变传感器的中心应位于同一水平截面内,同侧两种传感器间的水平距离不宜大于100mm;固定传感器的螺栓孔应与桩轴线垂直,安装好的传感器应紧贴桩身,且传感器的中心轴应与桩的中心轴平行。

④在安装应变传感器时,应对初始应变进行监测,其值不得超过规定的限值。

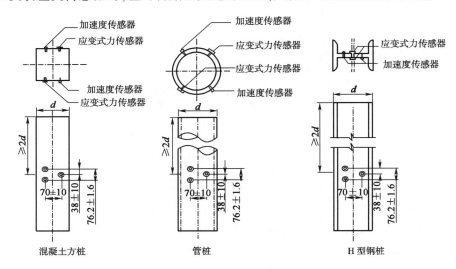

图4-42 测点处传感器装置(尺寸单位:mm)

(3)参数设定如下:

①测点桩身截面积及测点以下桩长,可根据设计文件或施工记录提供的数据设定。

②桩身材料的质量密度 ρ,对混凝土灌注桩可取 2400kg/m³,混凝土预制桩可取 2450~2500kg/m³,预应力混凝土管桩可取 2550~2600kg/m³,钢桩可取 7850kg/m³。

③桩身波速可结合本地经验或按同场地同类型已检桩的平均波速初步设定。如长桩测不到桩底反射信号,可结合本地经验或混凝土强度等参数综合设定桩身波速 c 值。

④桩身弹性模量根据 $E = \rho c^2$ 计算后设定。

(4)检测前,应检查交流供电的测试系统是否良好接地,仪器测试系统是否处于正常状态;结合工程实际情况输入参数设定值。

重锤以自由落锤锤击设有桩垫的桩头,采用以重锤低击,锤的最大落距不宜大于2.5m。桩的贯入度宜用精密水准仪实测,单击贯入度宜为2~6mm,锤锤击次数宜为2~3击。在现场及时检查采集的数据、曲线质量。如测试波形紊乱,应查找原因,处理后重新进行检测,直至达到检测质量要求为止。

(5)测试采集的信号应符合如下要求:

两组力和速度信号时域波形基本一致,峰前力与速度信号重合,峰后两者协调,最终归零。波形采样长度不小于 $5L/c$ 或 $2L/c + 20$ms;波形无明显的杂波干扰,桩底反射清楚,贯入度不宜小于2.5mm。

(6)现场检测信号出现下列情况之一时,应停止检测,且严禁将其用于分析:
①力和速度信号第一峰起始比例失调。
②测试波形紊乱。
③桩身缺陷程度加剧。

4. 检测数据的分析与判定

(1)实测波形应符合下列要求:
①力曲线和速度曲线在起始阶段应重合,两者峰值一般情况下出现在同一时刻t_1,且幅值基本相等;在t_1至t_1+2L/c时间内,力曲线和速度曲线应逐渐分离(图4-43)。
②力曲线和速度曲线应基本光滑、无振荡或低频噪音信号叠加,且曲线尾部应归零。
③同一根被检桩相邻两次有效采样信号应有较好的重复性。

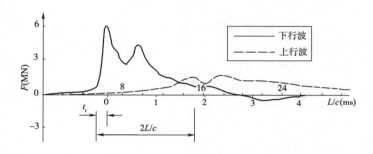

图4-43 桩身波速的确定
F-锤击;L-测点下桩长;c-桩身波速

(2)当出现下列情况之一时,高应变锤击信号不得作为承载力分析计算依据:
①传感器安装处混凝土开裂或出现严重塑性变形,使力曲线最终未归零。
②锤击严重偏心,两侧力信号幅值相差超过1倍。
③触变效应的影响,桩在多次锤击下承载力下降。
④桩身有明显缺陷。
⑤四通道测试数据不全。

(3)推算被检桩的竖向极限承载力前,应依据地质条件和设计参数,通过实测波形对桩承载性状、桩身缺陷程度和位置及连续锤击时缺陷的逐渐扩大或闭合情况先进行定性判别。

采用实测曲线拟合法推算被检桩的极限承载力,应符合下列规定:
①采用的力学模型应与被检桩的工程实际情况相符。
②拟合使用的土参数应在岩土工程的合理范围内,所用土的最大弹性变形值应合理,且不得超过相应桩单元的最大计算位移。
③曲线拟合长度在t_1+2L/c时刻后的延续时间不应少于20ms,对于柴油锤沉桩信号,在t_1+2L/c时刻后的延续时间不应少于30ms。
④拟合结束时,土阻力响应区的计算曲线与实测曲线应吻合,其他拟合区段应基本吻合。
⑤贯入度的计算值应与实测值基本一致。

(4)试沉桩时如现场需要判定单桩竖向抗压承载力,可采用凯斯法推算单桩的极限承载力,且应符合下列规定:

①仅限于中、小直径桩,且应有较可靠的地区经验。

②桩身材质应基本均匀、截面应基本相等。

③单桩轴向抗压极限承载力可按下列公式计算:

$$Q_{uc} = \frac{1}{2}\left\{(1-J_c)\cdot[F(t_1)+Z\cdot v(t_1)]+(1+J_c)\cdot\left[F\left(t_1+\frac{2L}{c}\right)-Z\cdot V\left(t_1+\frac{2L}{c}\right)\right]\right\} \tag{4-49}$$

$$Z = A\cdot\frac{E}{c} \tag{4-50}$$

式中:Q_{uc}——单桩轴向抗压极限承载力(kN);

J_c——凯斯法阻尼系数;

t_1——速度信号第一峰对应的时刻(ms);

$F(t_1)$——t_1 时刻的锤击力(kN);

$v(t_1)$——t_1 时刻的振动速度(m/s);

Z——桩身截面力学阻抗(kN·s/m);

E——桩身材料弹性模量(kPa);

A——桩身截面面积(m^2);

c——桩身波速(m/s);

L——测点以下桩长(m)。

④J_c 应根据基本相同条件下桩的动-静载对比试验结果确定,或由不少于50%被检桩的曲线拟合结果推算,但当其极差相对于平均值大于30%时,不得使用。

(5)对于等截面桩,桩身完整性可按表4-41的规定并结合经验判定。

桩身完整性判定 表4-41

类别	β 值	类别	β 值
Ⅰ	$0.95 < \beta \leq 1.00$	Ⅲ	$0.60 \leq \beta < 0.80$
Ⅱ	$0.80 \leq \beta < 0.95$	Ⅳ	$\beta < 0.60$

注:β 为桩身完整性系数。

①桩顶下第一个缺陷的结构完整性系数 β 值可按下式计算:

$$\beta = \frac{[F(t_1)+Z\cdot v(t_1)]/2 - \Delta R + [F(t_x)+Z\cdot v(t_x)]/2}{[F(t_1)+Z\cdot v(t_1)]/2 - [F(t_x)+Z\cdot v(t_x)]/2} \tag{4-51}$$

式中:β——桩身结构完整性系数;

t_1——速度第一峰所对应的时刻(ms);

t_x——缺陷反射峰所对应的时刻(ms);

ΔR——缺陷以上部位土阻力的估计值,等于缺陷反射起始点的锤击力与速度乘以桩身截面力学阻抗之差值,取值方法见图4-44。

②桩身缺陷位置可按下式计算:

$$x = \frac{c \cdot (t_x - t_1)}{2000} \tag{4-52}$$

式中：x——测点至桩身缺陷之间的距离(m)；
t_x——速度信号第一峰对应的时刻(ms)；
t_1——缺陷反射峰对应的时刻(ms)。

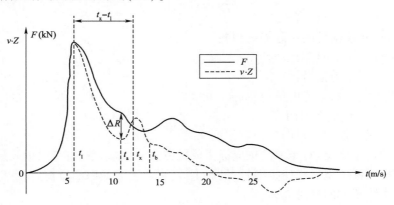

图 4-44　桩身结构完整性系数计算

(6) 当出现下列情况之一时，应按工程地质条件、施工工艺和施工记录，采用实测曲线拟合法或其他检测方法综合评判桩身完整性：

①混凝土灌注桩桩身有扩径、截面渐变或多变。
②桩身存在多处缺陷。
③桩身浅部存在缺陷。
④力曲线在上升沿上升缓慢，力和速度曲线在上升沿出现异常。

(7) 桩身最大锤击拉应力和桩身最大锤击压应力可分别按下列公式计算。

①桩身最大锤击拉应力宜在预计桩端进入软土层或桩端穿过硬土层进入软夹层时测试，桩身最大锤击拉应力为：

$$\sigma_t = \frac{1}{2A}\max\left[Z \cdot v\left(t_1 + \frac{2L}{c}\right) - F\left(t_1 + \frac{2L}{c}\right) - Z \cdot v\left(t_1 + \frac{2L-2x}{c}\right) - F\left(t_1 + \frac{2L-2x}{c}\right)\right] \tag{4-53}$$

式中：σ_t——桩身最大锤击拉应力(kPa)；
x——测点至计算点之间的距离(m)；
A——桩身截面面积(m^2)；
Z——桩身截面力学阻抗(kN·s/m)；
c——桩身波速(m/s)；
L——完整桩桩长(m)。

②桩身最大锤击压应力宜在预计桩端进入硬土层或桩侧土阻力较大时测试，桩身最大锤击压应力为：

$$\sigma_P = \frac{F_{max}}{A} \tag{4-54}$$

式中：σ_P——桩身最大锤击压应力(kPa)；
　　F_{max}——实测最大锤击力(kN)；
　　A——桩身截面面积(m^2)。
（8）桩锤实际传递给桩的能量为：

$$E_n = \int_0^T Fv\mathrm{d}t \tag{4-55}$$

式中：E_n——桩锤传递给桩的实际能量(J)；
　　T——采样结束的时刻；
　　F——桩顶锤击力信号；
　　v——桩顶实测振动速度信号(m/s)。

（9）检测报告应包括下列内容：
①被检桩与对应地质柱状图的相对位置。
②被检桩的施工概况：对于灌注桩应提供成桩方法、充盈系数，宜提供成孔质量检测结果；对于预制桩应提供锤的型号或压机型号、最后10击贯入度或最后的压桩力。
③计算中实际采用的桩身波速。
④选用的各单元桩土模型参数、土阻力沿桩身的分布图。
⑤实测贯入度。
⑥试沉桩和沉桩监控所采用的桩锤型号、垫层类型，监测所得锤击数、桩侧阻力、桩端静阻力、锤击拉应力和压应力、桩身完整性及能量传递比随入土深度的变化。

5. 实测曲线拟合实例分析

由于CASE法的计算过于简单，只利用t_1和$t_2 = t_1 + 2L/c$两个时刻的数据，计算误差较大，阻尼系数J_c的选用带有很强的经验性，不得不依靠动静对比试验来解决，且无法得到桩侧和桩尖阻力分布。为了充分利用现场采集到的桩-土体系中的宝贵数据，在凯斯法的基础上，对桩和土的模型进行改进后，提出实测曲线拟合法程序，对锤击桩顶在桩身中应力波的传播过程，由基桩动测仪记录力和速度的实测曲线。以实测桩顶力时程曲线（或速度时程曲线）作为输入数据，通过不断修改桩土模型参数，求解波动方程，直至计算得到的速度时程曲线（或力时程曲线）和实测速度时程曲线（或力时程曲线）的吻合程度满足要求为止，从而得到单桩承载力、桩身应力等分析结果。其步骤如下：

（1）根据设定的桩土模型及有关参数进行分段参数设定，如桩的参数E、A、ρ、v、L以及土的参数R、Q、J等。
（2）选择有足够锤击能量，能使桩周土阻力充分发挥，并符合分析质量要求的一组实测速度(v)曲线和力(F)曲线。
（3）利用实测的速度（或力、上行波、下行波）曲线作为输入边界条件，运用一维波动方程，对桩身阻抗和土阻力实现分段分层的分析计算，反算桩顶的力（或速度、下行波、上行波）曲线。
（4）若计算的曲线与实测曲线不吻合，说明假设的模型或参数不合理，要重新调整模型及参数后，再行计算，直至计算曲线与实测曲线的吻合程度达到要求为止。
（5）输出计算结果，给出单桩的极限承载力，打印桩侧阻力分布、桩端阻力以及计算的荷载-位移曲线等，如图4-45所示。

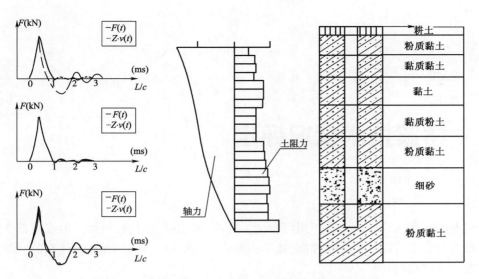

图 4-45　桩侧阻力分布、桩端阻力以及计算的荷载-位移曲线

第五章

桥梁技术状况评定

桥梁不可能永久完好。不管使用何种结构形式,采用哪些材料,桥梁或迟或早都会出现退化。有很多因素影响退化特性和程度,如结构形式、建筑材料、施工质量、设计细部、大气环境、自然灾害、交通荷载作用、冲刷等。

桥梁技术状况评定(包括桥梁检查和评价)是桥梁管理系统的核心内容。如果说桥梁检查是我们认识桥梁的基石,那么评定就是基于现场检查对桥梁技术状况所做的定位。桥梁管理者可根据桥梁检查和评定结果制定养护对策。

桥梁检查必须由专业人员承担,且必须以专业和系统的方式进行。由于桥梁形式多样,管理资源也不是无限的,不可能对每座桥梁都进行充分全面检测,所以再详细的检查也是"有限检测",都有其局限性。另一方面,每座桥都是单独体,它的形式及布局决定了检测的重点。如拱桥与预应力混凝土箱梁桥以完全不同的方式受损,钢桥和木桥也是不同的。桥梁检查必须对任何退化或缺陷的范围和严重程度做出判断。桥梁检查者应尽可能精确地记录一座桥上发现的任何缺陷,注意可能的原因,并建议任何需要养护或专项检查的优先级别。

桥梁技术状况评定的任务是在准确、充分检查的基础上,对已察觉的退化或缺陷做出专业诠释。执行桥梁技术状况评定的技术人员,除需要大量的实际经验和对桥梁专业技术的了解外,还需要有可依照的标准和规程,以使不同的检查人员在对相类似结构进行检查评定时有一致的标准。

2021年,在总结我国近年来公路桥涵养护经验和科技成果,借鉴国内外相关标准规范的先进技术方法基础上,按照"预防为主、防治结合"的养护理念修订颁布了《公路桥涵养护规范》(JTG 5120—2021)。在桥梁检查评定、养护维修、灾害防治及技术管理等方面重点修订,提出了桥涵养护检查等级,用于指导桥涵养护决策;检查类别中增加了初始检查和日常巡查,并将水下检测纳入特殊检查,为加强公路桥梁安全耐久水平、加强桥梁科学养护提供了决策依据。

交通运输部于2011年颁布的《公路桥梁技术状况评定标准》(JTG/T H21—2011)。该标准对公路桥梁按照桥型进行分类评定,提出了更为具体的量化评价指标,统一病害判定尺度,采用分层综合评定与单项指标控制相结合的方法对桥梁技术状况进行评定。

本章首先介绍桥梁基本知识,接下来主要依据《公路桥涵养护规范》(JTG 5120—2021)(以下称JTG 5120—2021)和《公路桥梁技术状况评定标准》(JTG/T H21—2011)(以下称JTG/T H21—2011),叙述桥梁检查和技术状况评定的基本内容。

第一节　桥梁基本知识

桥梁检查者应了解桥梁基本基础知识，熟悉有关桥梁结构、力学和材料等的基本术语。对桥梁检查者而言，为能够全面完成桥梁检测和对桥梁技术状况进行科学评定，亦须具备一定的桥梁理论知识，提高自己识别和理解桥梁主要结构、基本构件和受力特点的能力。

本节主要（以最低要求）介绍桥梁检查者所需的正确描述和识别一座桥梁的基本构成、分类等基础知识。

1. 桥梁结构的组成

桥梁一般由上部结构（也称桥跨结构）、下部结构、支座、桥面系及附属设施等部分组成（图 5-1 和图 5-2）。

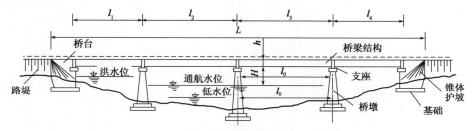

图 5-1　梁式桥基本组成

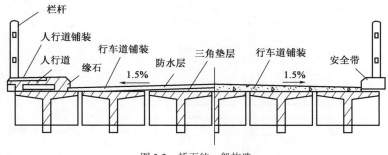

图 5-2　桥面的一般构造

1）上部结构

桥梁是一个受竖向支撑跨越凹地或障碍物（如水、公路或铁路）之上，具有承载交通或其他移动荷载能力的结构物。桥梁上部结构是桥梁承载和跨越的重要部分，上部结构构件支承桥面或桥梁车道以及作用在桥面上的荷载，并传递给桥梁支座。例如梁式桥中的主梁，拱桥中的拱肋（拱圈）等。

(1) 桥梁全长：对于有桥台的桥梁为两岸桥台侧墙或八字墙尾端之间的距离（对于无桥台的桥梁为桥面系的行车道长度），用 L 表示。

(2) 净跨径：对梁式桥为设计洪水位上相邻两桥墩（或桥台）间的水平净距。对于拱式桥，是指每孔拱跨两拱脚截面最低点之间的水平距离，用 l_0 表示。

(3) 计算跨径：对于设支座的桥梁，为相邻两支座中心之间的水平距离，对于不设支座的桥梁，为上下部结构的相交面之中心间的水平距离，用 L_0 表示。桥梁结构的分析计算以计算跨径为准。

(4) 标准跨径：对梁式桥，是指两相邻桥墩中线间水平距离或桥墩中线与台背前缘之间的水平距离，也称为单孔跨径，对于拱式桥和涵洞，则是指净跨径。用 $L_k(k=1、2、\cdots)$ 表示。标准跨径是划分大、中、小桥及涵洞的指标之一。

(5) 总跨径：多孔桥梁中各孔净跨径的总和（$\sum l_0$），它反映桥梁排泄洪水的能力。

上述参数的具体所指均可参见图 5-1。

2) 下部结构

桥梁下部结构是支承桥梁上部结构并将其恒载和车辆等荷载传至地基的建筑物，它包括支座以下的所有单元，一般由桥台、桥墩和基础组成。

桥台设在桥梁两端，桥墩则在两桥台之间。桥台的作用是为上部结构提供端点支承，此外还要与路堤衔接，并防止路堤滑塌。为保护桥台和路堤填土，桥台两侧常做一些防护和导流工程。

桥台基本类型包括：悬臂或全高度桥台，从道路水平线或航道以下延伸到道路上方（图 5-3）和镂空或敞开式桥台，由立柱和翼墙组成（图 5-4）。

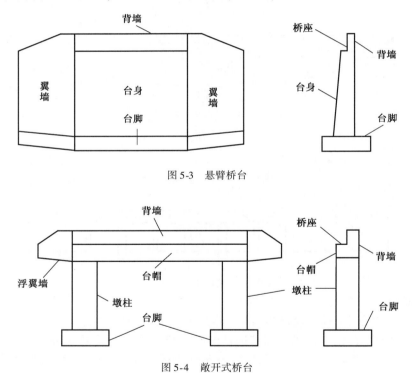

图 5-3 悬臂桥台

图 5-4 敞开式桥台

桥墩的作用是支承桥跨结构。桥墩以对交通流量或水流形成最低障碍的方式，沿桥跨中间点为上部结构提供支承。

桥墩的基本类型有实体墩、立柱墩和悬臂（锤头）墩。

3) 支座

桥梁支座设于桥（墩）台顶部，是支承上部结构并将荷载传给下部结构的装置。它能保证上部结构在荷载、温度变化或其他因素作用下的位移功能。

不允许上部结构水平移位或运动的支座称为固定支座,允许结构水平位移的支座称为可伸展(滑动)支座。固定和伸展支座都允许转动。

4)桥面系及附属设施

桥面系一般由桥面铺装、防撞护栏(栏杆)、人行道、伸缩缝、照明系统等组成。附属设施包括桥头搭板、护坡、导流堤等(参见图 5-1 和图 5-2)。

桥面系的作用是为通过桥梁的交通提供一个顺畅和安全的车道。桥面的功能是将桥上的恒活载传递给桥梁承重构件。对大多数桥梁来说,活荷载通过桥面分散到上部结构。不过,有些桥梁(如混凝土板桥)的桥面和上部结构是一体的,它们将活荷载直接传给桥梁支座。

桥面的受力不外以下两种方式之一:

(1)组合桥面——与支承构件一起作用,可提高上部结构能力。

(2)非组合桥面——不与支承桥面的构件共同作用,不参与上部结构的结构能力。

2. 桥梁的分类

桥梁有各种不同的分类方式,每一种分类方式均反映桥梁在某一方面的特征。

1)按工程规模分类

《公路桥涵设计通用规范》(JTG D60—2015)将特大桥、大桥、中桥、小桥、涵洞按单孔跨径或多孔跨径总长分类见表 5-1。

桥梁涵洞分类 表 5-1

桥涵分类	多孔跨径总长 $L(m)$	单孔跨径 $L_k(m)$
特大桥	$L > 1000$	$L_k > 150$
大桥	$100 \leq L \leq 1000$	$40 \leq L_k \leq 150$
中桥	$30 < L < 100$	$20 \leq L_k < 40$
小桥	$8 \leq L \leq 30$	$5 \leq L_k < 20$
涵洞	—	$L_k < 5$

注:1. 单孔跨径是指标准跨径。
　　2. 梁、板式桥的多孔跨径总长为多孔标准跨径的总长;拱式桥为两岸桥台内起拱线之间的距离;其他形式桥梁为桥面系行车道长度。
　　3. 管涵及箱涵不论管径或跨径大小、孔数多少,均称为涵洞。
　　4. 标准跨径:梁式桥、板式桥以两桥墩中线之间桥中心线长度或桥墩中线与桥台台背前缘线之间桥中心线长度为准;拱式桥和涵洞以净跨径为准。

2)按桥梁的结构体系分类

根据结构体系及其受力特点,桥梁可划分为梁式桥、拱式桥、刚架桥、索结构桥(如悬索桥、斜拉桥)、组合体系桥等。

(1)梁式桥

梁式桥是指结构在竖向荷载作用下,支座只产生竖向反力的无推力梁式体系的桥梁。梁作为承重结构,主要是以其抗弯能力来承受荷载。在竖向荷载作用下,其支承反力也是竖直的,一般梁体结构只受弯、受剪,不承受轴向力。

梁式桥以支承性质和跨度之间的相互关系为基础,一般分为三种桥跨类型,分别为简支、悬臂和连续梁,如图 5-5 所示。

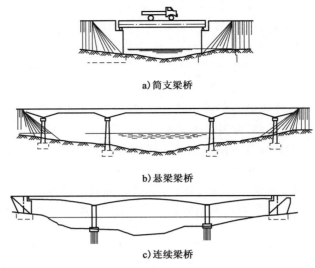

图 5-5 三种梁式桥示意图

①简支跨

简支跨是只有两个支座的桥跨,每个支座处于或接近跨端。简支跨桥可以在两端以两个桥台支承,也可以多跨且各跨相互独立。简支跨桥梁的几个特点如下:

a. 加载时,桥跨向下挠曲和支座(即桥台)处转动;

b. 两支座反力的和等于整体负载;

c. 支座处剪力最大,跨中为零;

d. 整个跨度都是正弯矩,跨中附近最大(相同位置剪力是零),支座处弯矩是零;

e. 上部结构中性轴以下部分受拉,以上部分受压。

简支跨桥梁能轻松地用平衡方程进行分析。但是,它不总是能提供最经济的设计。

②悬臂梁跨

悬臂梁跨一端转动和挠度受约束,另一端完全自由。约束端也称为固定支座。虽然悬臂一般不构成整座桥,但部分桥梁可以表现为悬臂(例如悬臂梁桥和开启桥)。悬臂梁的一些特征如下:

a. 加载时,跨间下挠,但支座没有旋转或变形;

b. 固定支座反力包括竖向力和弯矩;

c. 剪力最大值在固定支座处,自由端为零;

d. 整个跨内弯矩是负的,最大值在固定支座处;自由端为零。

当一座桥纳入悬臂跨时,悬臂通常起延展连续跨的作用。因此,悬臂支座处的弯矩和转动将取决于相邻跨。

③连续跨

连续跨是梁有一个或多个中间支承,各跨行为与相邻跨相关。连续跨桥两端由两桥台支承,桥跨间连续有一个或多个桥墩。连续跨桥梁的一些特征如下:

a. 加载时,跨简下挠和支座(即桥台活桥墩)处转动;

b. 支座反力取决于跨度设置和荷载分布;

c. 支座处剪力最大,跨中或其附近为零;

d. 正弯矩在各跨跨中或跨中附近最大,负弯矩在中间支座(即桥墩)处最大,端部支座(即桥台)处弯矩是零,每个中间跨还有两个位置弯矩为零(称为拐点);

e. 对正弯矩而言,梁的顶部受压,底部受拉;

f. 对负弯矩而言,梁的顶部受拉,底部受压。

连续跨桥允许较长跨度,比多跨简支梁桥梁更经济。这是由于其有效的设计使构件高度更低。然而,连续桥分析比简支跨桥困难,如果桥台或桥墩沉降,更容易承受超应力情况。

(2)拱式桥

拱式桥(图5-6)的主要承重结构是具有曲线外形的拱(其拱圈的截面形式可以是实体矩形、肋形、箱形、桁架等)。在竖向荷载作用下,拱的两端支承处除有竖向反力外,还有水平推力。设计合理的拱轴线,拱主要承受轴向压力,而弯矩、剪力较小。

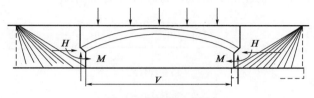

图5-6 拱式桥示意图

根据行车道的位置,拱桥的桥跨结构分为上承式、下承式或中承式三种类型,如图5-7所示。

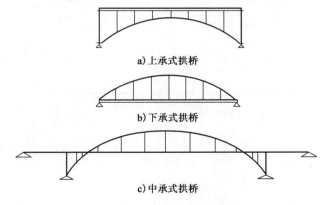

图5-7 上承式、下承式及中承式拱桥图式

拱式桥跨结构按照静力图式可分为三种类型:简单体系的拱桥、组合体系拱桥。

①简单体系拱桥

按照主拱的静力特性,拱可分为三铰拱、两铰拱和无铰拱,如图5-8所示。

三铰拱桥属外部静定结构,但是由于铰的存在,其构造复杂,施工困难,维护费用高。一般较少采用。

无铰拱属外部三次超静定结构,由于无铰,结构整体刚度大,构造简单,施工方便,维护费用少。双曲拱桥、石拱桥和混凝土拱桥多采用无铰拱。

图 5-8 拱桥静力图式

两铰拱介于三铰拱和无铰拱之间,属外部一次超静定结构。钢结构拱桥中采用较多,钢筋混凝土桁架拱桥都属于两铰拱。

②组合体系拱桥

在拱式桥的桥跨结构中,行车系的行车道梁与拱组合,共同受力,称为组合体系拱桥。

根据行车系与主拱的组合方式和静力图式,组合体系拱桥分为无推力和有推力两类。

无推力组合体系拱中,具有竖直吊杆的柔性系杆刚性拱,称系杆拱;刚性系杆柔性拱,称蓝格尔拱;刚性系杆刚性拱,称洛泽拱。如图 5-9 所示。这三种拱,当用斜吊杆代替竖直吊杆时,称为尼尔森拱。该类桥型中系杆是平衡拱推力的重要受力构件。

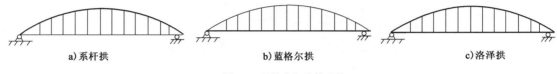

图 5-9 无推力组合体系拱

有推力组合体系拱中没有系杆,由单独墩梁和拱共同受力,拱的推力由墩台承受。刚性梁柔性拱组合称倒蓝格尔拱,刚性梁刚性拱组合称倒洛泽拱,如图 5-10 所示。

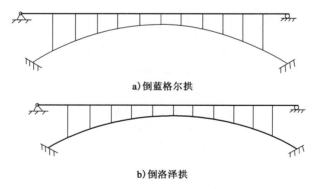

图 5-10 有推力组合体系拱

(3)刚构桥和连续刚构桥

刚构桥是指桥跨结构和墩台(支柱)整体刚性连接的桥梁(图 5-11)。由于墩身与主梁形成刚架,承受上部结构的荷载,一方面主梁受力合理,另一方面墩身在结构上充分发挥了潜能。刚构桥适用于中小跨径、建筑高度要求较严的城市或公路跨线桥。

连续刚构桥综合了连续梁桥和 T 形刚构桥的受力特点,主梁为连续梁体,并与相对较薄的桥墩固结(形成柔性墩)。在受力特点上连续刚构体系上部结构同连续梁一样,而桥墩底部所承受的弯矩、梁体内的轴力随着墩高的增加而减小。连续刚构桥是大跨径预应力混凝土桥梁建设中常用的一种结构体系,其常用跨径在 100～300m 之间。

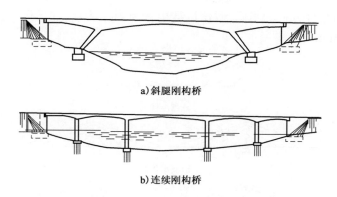

图 5-11　刚构桥示意图

（4）索结构桥

索结构桥主要有悬索桥和斜拉桥，这类桥上作为拉力构件的钢索被用作主缆索、斜拉索和吊杆等。索支承桥由拉索抵抗上部结构荷载，并将力传递给下部结构锚锭、索塔。索支承桥梁的方式可以悬吊也可以斜拉。

①悬索桥

悬索桥（也称吊桥）是跨越能力最强的桥型，主要由主缆、主塔、锚碇、加劲梁、吊杆等组成，如图 5-12 所示。悬索桥的主缆相当于倒置的拱桥拱肋，但与拱桥用刚性的拱肋作为承重结构不同，悬索桥采用柔性缆索作为承重结构，主缆索截面只承受拉力。为避免车辆驶过时桥面随着悬索一起变形，现代公路悬索桥一般均设刚性加劲梁，加劲梁通过吊杆将桥面竖向荷载传递给主缆。

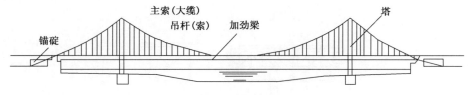

图 5-12　悬索桥示意图

②斜拉桥

斜拉桥是由塔、梁、拉索三种基本构件组成的缆索承重结构体系（图 5-13），一般表现为柔性的受力特性。在竖向荷载作用下，梁以受弯为主，塔以受压为主，斜拉索则承受拉力。梁体被斜拉索多点扣拉，表现出弹性支承连续梁的特点。

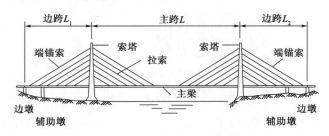

图 5-13　斜拉桥示意图

根据塔、梁之间结合方式的不同,斜拉桥结构分为漂浮体系、支承体系、塔梁固结体系、刚构体系,如图 5-14 所示。

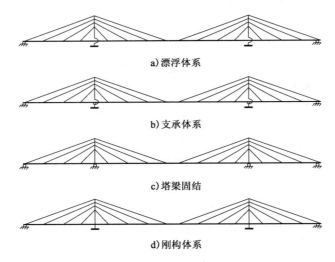

图 5-14 斜拉桥塔梁联结方式示意图

(5)桁架桥

桁架可以被看作除去腹板的深梁。作为桥梁的主要承载构件,跨径从短到长,被设计成简支、多跨和连续跨梁。

桁架桥上部结构通常由两个平行桁架组成,与拱桥的桥跨结构分类相似,桁架桥跨一般也根据行车道的位置(即桁架相对于桥面的位置)分为上承式、下承式或中承式三种类型,如图 5-15 所示。

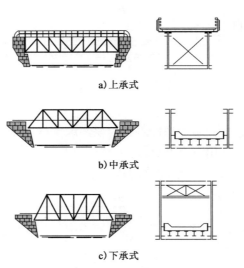

图 5-15 桁架桥三种支承图式

桁架通常由许多短杆件组成,在工厂标准化制作、工地组装有成本效益,因此我国铁路上采用较多。在多数桁架桥上桁架通常被认为是主要构件,不过因为自重轻且具有更高的整体刚度，它们也被用作悬索桥和拱桥的加劲梁，或也被用在开启桥上。

3）按建筑材料分类

按承重结构建筑材料划分，桥梁可分为木桥、石桥、混凝土桥、金属（铸铁、钢）桥等。现今公路上使用最多的是配筋混凝土桥和钢桥。

(1) 配筋混凝土桥

配筋混凝土桥梁是目前公路桥梁的主要类型。对桥梁杆件来说，混凝土是独特的材料，因为它可以形成各种各样的形状，用来承受轴向和弯曲荷载。由于受弯杆构件是压缩和拉伸应力组合的结果，所以为承受构件中的拉应力，混凝土受弯构件一般用普通钢筋（形成钢筋混凝土）或预应力高强钢筋（形成预应力混凝土）。

常见的钢筋混凝土构件类型有板、矩形梁、T形梁、小槽型梁等。这类构件利用混凝土材料受压（拉）能力强（弱）的特性，在构件的受拉区配置钢筋以抵抗各种（如弯曲、剪切引起的）拉应力。它们通常作为上部结构构件和支承桥面，多被用于短跨和小跨（跨径<20m）桥梁。

预应力混凝土梁使用高强度混凝土，以更有效的形状、预应力和严格控制制造工艺使构件能够跨越更大的跨度和支承更重的荷载（如T形梁，梁跨长可达50m）。因为预应力降低中性轴，将更多的混凝土部分受压，预应力混凝土通常比传统钢筋混凝土经济（如公路上大量使用的预应力混凝土空心板梁）。由于预应力技术的参与，现今预应力混凝土简支箱型梁单跨已做到70m，连续刚构桥的跨度也已超过300m。

(2) 钢桥

钢桥的发展历史悠久，由于钢材的强度和质量不断提高，钢桥构件可以承受更重的载荷，能更好地承受不断增加的活荷载的冲击和振动。另一方面钢结构的组合形式和焊接技术的不断进步为设计桥梁构件提供了很大的灵活性，许多跨海跨江特大钢桥的建设是最好的实例。

上述桁架桥、悬索桥和斜拉桥等都是以钢结构为主的桥型。

4）桥梁其他分类

(1) 按跨越障碍的性质分类，桥梁可分为跨河桥、跨谷桥、跨线桥（立交桥）和高架桥等。

(2) 按用途分类，桥梁可分为公路桥、城市桥、铁路桥、公铁两用桥、人行桥、水渠桥、管道桥等。

(3) 按桥梁平面形状分类，桥梁可分为正交桥、斜桥和弯桥等。

篇幅所限，此处不再展开。建议桥梁检查人员阅读桥梁专业基础的相关书籍。

第二节 桥梁检查

《公路桥涵养护规范》（JTG 5120—2021）将公路桥梁养护检查等级分为Ⅰ、Ⅱ、Ⅲ级，分级标准如下：

(1) 单孔跨径大于150m的特大桥、特别重要桥梁的养护检查等级为Ⅰ级。

(2) 单孔跨径小于或等于150m的特大桥、大桥，以及高速公路或一、二级公路上的中桥、小桥的养护检查等级为Ⅱ级。

(3) 三、四级公路上的中桥、小桥的养护检查等级为Ⅲ级。

(4)技术状况评定为 3 类的大、中、小桥应提高一级进行检查。

(5)技术状况评定为 4 类的桥梁在加固维修前应按 I 级进行检查。

桥梁检查分为初始检查、日常巡查、经常检查、定期检查和特殊检查。桥梁评定包括技术状况评定和适应性评定。

为了解决桥梁检查工作中水下构件长期缺乏具体检测方法的现状,《公路桥梁水下构件检测技术规程》(T/CECS G:J56—2019)对桥梁水下构件检测的内容、方法进一步约定,检查结果纳入《公路桥梁技术状况评定标准》(JTG/T H21—2011)评定计算中考虑。

单孔跨径不小于 60m 的桥梁,应设立永久观测点,定期进行控制检测。单孔跨径小于 60m 的桥梁,检测中若发现结构存在异常变形,应进行相应的控制检测。特殊结构桥梁,宜根据养护、管理的需要,增加相应的控制检测项目。观测点设置及检测项目的具体要求如下:

(1)桥梁检测项目与永久观测点布置要求见表 5-2。

桥梁检测项目与永久观测点 表 5-2

	检测项目	永久观测点
1	桥面高程	每孔不宜少于 10 个点,沿行车道两边(靠缘石处)布设,跨中、$L/4$、支点等控制截面必须布设
2	墩、台身、锚碇变位	布置于墩、台身底部(距地面或常水位 0.5~2m)、桥台侧墙尾部顶面和锚碇的上、下游两侧各 1~2 点
3	墩、台身、索塔倾斜度	墩、台身底部(距地面或常水位 0.5~2m)的上、下游两侧各 1~2 点
4	索塔变位	每个索塔不宜少于 2 个点,索塔顶面、塔梁交接处各 1~2 点
5	主缆线形	每孔不宜少于 10 个点,沿索夹位置布设,主缆最低点和最高点必须布设
6	拱轴线	每孔不宜少于 18 个点,沿拱圈上、下游两侧拱肋中心处在拱顶、$L/8$、$L/4$、$3L/8$、拱脚等控制截面布设
7	拱座变位	不宜少于 2 个点,布设于拱座上、下游两侧
8	悬索桥索夹滑移	桥塔侧第一对吊杆索夹处各设 1 点
9	索鞍与主塔相对变位	索鞍处各设 1 点

(2)桥梁永久观测点的设置应牢固可靠。当测点与国家大地测量网联络有困难时,应建立相对独立的基准测量系统。永久观测点有变动时,应及时检测、校准及换算,保持数据的有效和连续。

(3)设置永久观测点后,应绘制永久观测点平面布置图,并在图中明确基准点位置。

(4)桥梁主体结构维修、加固改造前后,应进行控制检测,保持观测资料的连续性。

(5)应设而没有设置永久观测点的桥梁,应在定期检查时按规定补设。测点的布设和首次检测的时间及检测数据等,应按要求归档。

(6)特大桥、大桥、中桥的墩台旁,必要时可设置水尺或标志,以观测水位和冲刷情况。

1. 初始检查

1)检查频率及要求

新建或改建桥梁应进行初始检查。初始检查宜与交工验收同时进行,最迟不得超过交付使用后 1 年。

初始检查后应提交技术状况评定报告,包括下列内容:

(1)桥梁基本状况卡片、桥梁初始检查记录表、桥梁定期检查记录表、桥梁技术状况评定表。

(2)典型缺损和病害的照片、文字说明及缺损分布图,缺损状况的描述应采用专业标准术语,说明缺损的部位、类型、性质、范围、数量和程度等。

(3)三张总体照片。包括桥面正面照片一张,桥梁两侧立面照片各一张。

(4)相关检查内容的成果。

(5)养护建议。

2)检查内容

(1)定期检查需测定的所有项目,并设置永久观测点。

(2)测量桥梁长度、桥宽、净空、跨径等;测量主要承重构件尺寸,包括构件的长度与截面尺寸等;测定桥面铺装层厚度及拱上填料厚度等。

(3)测定桥梁材质强度、混凝土结构的钢筋保护层厚度。

(4)养护检查等级为Ⅰ级的桥梁,通过静载试验测试桥梁结构控制截面的应力、应变、挠度等静力参数,计算结构校验系数;通过动载试验测定桥梁结构的自振频率、冲击系数、振型、阻尼比等动力参数。

(5)有水中基础,养护检查等级为Ⅰ、Ⅱ级的桥梁,应进行水下检测。

(6)量测缆索结构的拉索索力及吊杆索力,测试索夹螺栓紧固力等。

(7)检测钢管混凝土拱桥钢管内混凝土密实度。

(8)当交、竣工验收资料中已经包含上述检查项目或参数的实测数据时,可直接引用。

2. 日常巡查

1)检查频率及要求

养护检查等级为Ⅰ、Ⅱ级的桥梁,日常巡查每天不应少于1次;对有特殊照明需求(功能性及装饰性照明、航空航道指示灯等)的桥梁,应适当开展夜间巡查。养护检查等级为Ⅲ级的桥梁,日常巡查每周不应少于1次。遇地震、地质灾害或极端气象时应增加检查频率。

日常巡查可以乘车目测为主,并应做巡检记录,发现明显缺损和异常情况应及时上报。

2)检查内容

(1)桥路连接处是否异常。

(2)桥面铺装、伸缩缝是否有明显破损;伸缩缝位置的桥面系是否存在异常。

(3)栏杆或护栏等有无明显缺损。

(4)标志标牌是否完好。

(5)桥梁线形是否存在明显异常。

(6)桥梁是否存在异常的振动、摆动和声响。

(7)桥梁安全保护区是否存在侵害桥梁安全的情况。

3. 经常检查

1)检查频率及要求

经常检查频率规定如下:

(1)养护检查等级为Ⅰ级的桥梁,经常检查每月不应少于1次。
(2)养护检查等级为Ⅱ级的桥梁,经常检查每两个月不应少于1次。
(3)养护检查等级为Ⅲ级的桥梁,经常检查每季度不应少于1次。
(4)在汛期、台风、冰冻等自然灾害频发期,应提高经常检查频率。
(5)养护检查等级为Ⅱ、Ⅲ级的桥梁,在定期检查中发现存在4类构件时,加固处治前应提高经常检查频率。
(6)对支座的经常检查每季度不应少于1次。

经常检查宜抵近桥梁结构,以目测结合辅助工具进行。现场填写"桥梁经常检查记录表"。经常检查中发现桥梁重要部件缺损严重,应及时上报。

2)检查内容
(1)桥梁结构有无异常的变形和振动及其他异常状况。
(2)外观是否整洁,构件表面是否完好,有无损坏、开裂、剥落、起皮、锈迹等。
(3)混凝土主梁裂缝是否有发展,箱梁内是否有积水。钢结构主梁抽查焊缝有无开裂,螺栓有无松动或缺失。
(4)斜拉索、吊杆(索)、系杆等索结构锚固区的密封设施是否完好,有无积水或渗水痕迹,密封材料等有无老化和开裂;主缆最低点是否渗水;索鞍是否有异常的位移、卡死、辊轴歪斜以及构件锈蚀、破损;鞍座混凝土是否开裂;鞍室是否渗水、积水。
(5)支座是否有明显缺陷,使用功能是否正常。
(6)桥面铺装是否存在病害。
(7)伸缩缝是否堵塞、卡死,连接部件有无松动、脱落、局部破损。
(8)人行道、缘石有无破损、剥落、裂缝、缺损和松动。
(9)栏杆、护栏有无破损、缺失、锈蚀、移动或错位。
(10)排水设施有无堵塞和破损。
(11)墩台有无明显的倾斜、损伤、开裂及是否受到车、船或漂流物撞击而受损;基础有无冲刷、损坏、悬空;墩台与基础是否受到生物腐蚀。
(12)翼墙(侧墙、耳墙)、锥坡、护坡、调治构造物有无缺损、开裂、沉降和塌陷。
(13)悬索桥锚碇是否存在渗水、积水。
(14)交通信号、标志、标线、照明设施以及桥梁其他附属设施是否完好、正常工作。
(15)永久观测点及标志点是否完好。

4. 定期检查

1)检查频率及要求

养护检查等级为Ⅰ级的桥梁,定期检查周期不得超过1年;养护检查等级为Ⅱ、Ⅲ级的桥梁,定期检查周期不得超过3年。

定期检查应接近各部件仔细检查其缺损情况,并符合下列规定:
(1)现场校核桥梁基本数据,填写或补充完善"桥梁基本状况卡片"。
(2)现场填写"桥梁定期检查记录表",记录各部件缺损状况并绘制主要病害分布图。
(3)对桥梁永久观测点进行复核,对桥面高程及线形、变位等检测指标进行量测。

(4)判断病害原因及影响范围。

(5)进行技术状况评定,提出养护建议。

2)桥面系检查内容

(1)桥面铺装层纵、横坡是否顺适,有无严重的龟裂、纵横裂缝,有无坑槽、拥包、拱起、剥落、错台、磨光、泛油、变形、脱皮、露骨、接缝料损坏、桥头跳车等现象。

(2)伸缩缝是否有异常变形、破损、脱落、漏水、失效,锚固区有无缺陷,是否存在明显的跳车。

(3)人行道有无缺失、破损等。

(4)栏杆、护栏有无缺失、破损等。

(5)防排水系统是否顺畅,泄水管、引水槽有无明显缺陷,桥头排水沟功能是否完好。

(6)桥上交通信号、标志、标线、照明设施是否损坏、失效。

3)混凝土梁桥上部结构检查内容

(1)混凝土构件有无开裂及裂缝是否超限,有无渗水、蜂窝、麻面、剥落、掉角、空洞、孔洞、露筋及钢筋锈蚀。

(2)主梁跨中、支点及变截面处,悬臂端牛腿或中间铰部位,刚构的固结处和桁架的节点部位,混凝土是否开裂、缺损,钢筋有无锈蚀。

(3)预应力钢束锚固区段混凝土有无开裂,沿预应力筋的混凝土表面有无纵向裂缝。

(4)桥面线形及结构变位情况。

(5)混凝土碳化深度、钢筋锈蚀检测。

(6)主梁有无积水、渗水,箱梁通风是否良好。

(7)组合梁的桥面板与梁的结合部位及预制桥面板之间的接头处混凝土有无开裂、渗水。

(8)装配式梁桥的横向连接构件是否开裂,连接钢板的焊缝有无锈蚀、断裂。

4)钢桥上部结构检查内容

(1)构件涂层劣化情况。

(2)构件锈蚀、裂缝、变形、局部损伤。

(3)焊缝开裂或脱开。

(4)铆钉和螺栓松动、脱落或断裂。

(5)结构的跨中挠度、结构变位情况。

(6)钢箱梁内部湿度是否符合要求,除湿设施是否工作正常。

(7)钢-混凝土组合梁桥和混合梁桥的检测,除应符合混凝土结构检查内容外,尚应包括下列内容:

①桥面板与梁的结合部位有无纵向滑移、开裂。

②预制桥面板之间的接头处混凝土有无开裂、压溃、渗水、错位。

③混凝土梁段与钢梁段结合处构造功能是否正常,接合面有无脱开、渗漏、错位、承压钢板变形等。

5)拱桥上部结构检查内容

(1)主拱圈是否变形、开裂、渗水,拱脚是否发生位移。

(2)圬工拱桥拱圈的灰缝有无松散、剥离或脱落,砌块有无风化、断裂、压碎、局部掉块、脱落;钢筋混凝土拱桥的拱圈(片)表观及材质状况检测参照混凝土梁桥上部结构;钢-混凝土组合拱桥及钢拱桥的钢结构检测参照钢桥上部结构。

(3)行车道板、横梁、纵梁及拱上立柱(墙)、盖梁、垫梁的混凝土有无开裂、剥落、露筋和锈蚀。空腹拱的腹拱圈有无较大的变形、开裂、错位,立墙或立柱有无倾斜、开裂。

(4)拱的侧墙与主拱圈间有无脱落,侧墙有无鼓凸变形、开裂,实腹拱拱上填料有无沉陷,排水是否正常。

(5)拱桥的横向联结有无变位、开裂、松动、脱落、断裂、钢筋外露、锈蚀等,连接部钢板有无锈蚀、断裂。

(6)双曲拱桥拱波与拱肋结合处是否开裂、脱开,拱波之间砂浆有无松散、脱落,拱波是否开裂、渗水等。

(7)劲性骨架的拱桥,混凝土是否沿骨架出现纵向或横向裂缝。

(8)吊杆索力有无异常变化。吊杆防护套有无开裂、鼓包、破损,必要时可打开防护套,检查吊杆钢丝涂膜有无劣化,钢丝有无锈蚀、断丝。钢套管有无锈蚀、损坏,内部有无积水;吊杆导管端密封减振设施和其他减振装置有无病害及异常等。

(9)逐个检查吊杆锚头及周围锚固区的情况,锚具是否渗水、锈蚀,是否有锈水流出的痕迹,锚固区是否开裂。必要时可打开锚具后盖抽查锚杯内是否积水、潮湿,防锈油是否结块、乳化失效,锚杯是否锈蚀。锚头是否锈蚀,镦头或夹片是否异常,锚头螺母位置有无异常。

(10)拱桥系杆外部涂层是否劣化,系杆有无松动,锚头、防护罩、钢箱有无锈蚀、损坏。预应力混凝土系杆的检测参照混凝土梁桥上部结构。

(11)钢管混凝土拱桥钢管内混凝土密实度检测,检查频率宜为3~6年1次。

6)斜拉桥上部结构及索塔检查内容

(1)桥塔有无异常变位,锚固区是否有开裂、水渍,有无渗水现象。混凝土结构有无缺损、裂缝、剥落、露筋、钢筋锈蚀。钢结构涂装是否粉化、脱落、起泡、开裂,钢结构是否锈蚀、变形、裂缝;螺栓是否缺失、损坏、松动;钢与混凝土连接是否完好。

(2)拉索索力有无异常变化,观测斜拉索线形有无异常。

(3)斜拉索防护套有无开裂、鼓包、破损、老化变质,必要时可以打开防护套,检查斜拉索的钢丝涂层劣化、破损、锈蚀及断丝情况。

(4)逐个检查锚具及周围锚固区的情况,锚具是否渗水、锈蚀,是否有锈水流出的痕迹,锚固区是否开裂。必要时可打开锚具后盖抽查锚杯内是否积水、潮湿,防锈油是否结块、乳化失效,锚杯是否锈蚀。锚头是否锈蚀、开裂,镦头或夹片是否异常,锚头螺母位置有无异常。

(5)主梁的检测,除应根据建筑材料参照混凝土梁桥和钢桥上部结构外,还应检查梁体拉索锚固区域的混凝土结构是否开裂、渗水,钢结构是否有裂纹、锈蚀、渗水。

(6)钢护筒是否脱漆、锈蚀,钢护筒内有无积水,钢护筒与斜拉索密封是否可靠,橡胶圈是否老化或严重磨损,橡胶圈固定装置有无损坏,阻尼器有无异常变形、松动、漏油、螺栓缺失、结构脱漆、锈蚀、裂缝。

(7)桥梁构件气动外形是否发生改变;气动措施和风障是否完好;钢主梁检修车轨道、桥面风障、护栏、栏杆的形状及位置是否发生改变。

7) 悬索桥主要构件检查内容

(1) 桥塔有无异常变位,混凝土结构有无缺损、裂缝、剥落、露筋、钢筋锈蚀。钢结构涂装是否粉化、脱落、起泡、开裂,钢结构是否锈蚀、变形、开裂;螺栓是否缺失、损坏、松动;钢与混凝土连接是否完好。

(2) 主缆线形是否有变化。主缆防护有无老化、开裂、脱落、刮伤、磨损;主缆是否渗水,缠丝有无损伤、锈蚀,必要时可以打开涂层和缠丝,检查索股钢丝涂膜有无劣化,钢丝有无锈蚀、断丝。锚头防锈漆是否粉化、脱落、开裂,抽查锚头防锈油是否干硬、失效,锚头是否锈蚀、开裂,镦头或夹片是否异常,锚头螺母位置有无异常。

(3) 吊索索力有无异常变化;吊索防护套有无裂缝、鼓包、破损,必要时可以打开防护套,检查吊索钢丝涂膜有无劣化,钢丝有无锈蚀、断丝。钢套管有无锈蚀、损坏,内部有无积水;吊索导管端密封减振设施和其他减振装置有无病害及异常等。

(4) 逐个检查吊索锚头及周围锚固区的情况,锚具是否渗水、锈蚀,是否有锈水流出的痕迹,锚固区是否开裂。必要时可打开锚具后盖抽查锚杯内是否积水、潮湿,防锈油是否结块、乳化失效,锚杯是否锈蚀。锚头是否锈蚀、开裂,镦头或夹片是否异常,锚头螺母位置有无异常。

(5) 索夹螺栓有无缺失、损伤、松动;索夹有无错位、滑移;索夹面漆有无起皮脱落,密封填料有无老化、开裂;索夹外观有无裂缝及锈蚀;测试索夹螺栓紧固力。

(6) 加劲梁的检测,应根据建筑材料参照混凝土梁桥和钢桥上部结构。

(7) 主索鞍、散索鞍上座板与下座板有无相对位移、卡死、辊轴歪斜,鞍座螺杆、锚栓有无松动现象。鞍座内密封状况是否良好。索鞍有无锈蚀、裂缝,索鞍涂装有无粉化、裂缝、起泡、脱落,主缆和索鞍有无相对滑移。

(8) 锚碇外观有无明显病害,如裂缝、空洞等;锚碇有无沉降、扭转及水平位移。锚室顶板、侧墙表面状况是否完好。锚室内有无渗漏水,是否积水,温湿度是否符合要求;除湿设备运行是否正常。

(9) 索股锚杆涂层是否完好,有无锈蚀、裂纹病害。

(10) 桥梁构件气动外形是否发生改变;气动措施和风障是否完好;钢主梁检修车轨道、桥面风障、护栏、栏杆的形状及位置是否发生改变。

8) 支座检查内容

(1) 支座是否缺失。组件是否完整、清洁,有无断裂、错位、脱空。

(2) 活动支座实际位移量、转角量是否正常,固定支座的锚销是否完好。

(3) 橡胶支座是否老化、开裂,有无位置串动、脱空,有无过大的剪切变形或压缩变形,各夹层钢板之间的橡胶层外凸是否均匀。

(4) 四氟滑板支座是否脏污、老化,聚四氟乙烯板是否磨损、是否与支座脱离、是否倒置。

(5) 盆式支座的固定螺栓是否剪断,螺母是否松动,钢盆外露部分是否锈蚀,防尘罩是否完好,抗震装置是否完好。

(6) 组合式钢支座是否干涩、锈蚀,固定支座的锚栓是否紧固,销板或销钉是否完好。钢支座部件是否出现磨损、开裂。

(7) 摆柱支座各组件相对位置是否准确。混凝土摆柱的柱体有无破损、开裂、露筋。钢筋及钢板有无锈蚀。活动支座滑动面是否平整。

(8) 辊轴支座的辊轴是否出现爬动、歪斜。摇轴支座是否倾斜。轴承是否有裂纹、切口或偏移。

（9）球型支座地脚螺栓有无剪断、螺纹有无锈死，支座防尘密封裙有无破损，支座相对位移是否均匀，支座钢组件有无锈蚀。

（10）支承垫石是否开裂、破损。

（11）简易支座的油毡是否老化、破裂或失效。

（12）支座螺纹、螺母是否松动，锚螺杆有无剪切变形，上下座板(盆)的锈蚀状况。

（13）支座封闭材料是否老化、开裂、脱落。

（14）斜拉桥、悬索桥的纵向和横向限位支座的检测，应按本条执行。

9）墩台及基础检查内容

（1）墩身、台身及基础变位情况。

（2）混凝土墩身、台身、盖梁、台帽及系梁有无开裂、蜂窝、麻面、剥落、露筋、空洞、孔洞、钢筋锈蚀等。

（3）墩台顶面是否清洁，有无杂物堆积，伸缩缝处是否漏水。

（4）圬工砌体墩身、台身有无砌块破损、剥落、松动、变形、灰缝脱落，砌体泄水孔是否堵塞。

（5）桥台翼墙、侧墙、耳墙有无破损、裂缝、位移、鼓肚、砌体松动。台背填土有无沉降或挤压隆起，排水是否畅通。

（6）基础是否发生冲刷或淘空现象，地基有无侵蚀。水位涨落、干湿交替变化处基础有无冲刷磨损、颈缩、露筋，有无开裂，是否受到腐蚀。

（7）锥坡、护坡有无缺陷、冲刷。

10）附属设施检查内容

（1）养护检修设施是否完好。

（2）减振、阻尼装置是否完好。

（3）墩台防撞设施是否完备。

（4）桥上避雷装置是否完好。

（5）桥上航空灯、航道灯是否完好，能否保证正常照明。桥面照明及结构物内供养护检修的照明系统是否完好。

（6）防抛网、声屏障是否完好。

（7）结构监测系统仪器设备工作是否正常。

（8）除湿设备工作是否正常。

11）河床及调治构造物检查内容

（1）桥位段河床有无明显冲淤或漂流物堵塞现象，有无冲刷及变迁状况。河底铺砌是否完好。

（2）调治构造物是否完好，功能是否适用。

5. 特殊检查

1）检查要求

当出现下列情况时，应做特殊检查：

（1）定期检查中难以判明构件损伤原因及程度的桥梁。
（2）拟通过加固手段提高荷载等级的桥梁。
（3）需要判明水中基础技术状况的桥梁。
（4）遭受洪水、流冰、滑坡、地震、风灾、火灾、撞击，因超重车辆通过或其他异常情况影响造成损伤的桥梁。

特殊检查应根据检测目的、病害情况和性质，采用仪器设备进行现场测试和其他辅助试验，针对桥梁现状进行检算分析，形成评定结论，提出建议措施。

实施特殊检查前，应充分收集桥梁设计资料、竣工资料、材料试验报告、施工资料、历次检测报告及维修资料等，并现场复核。

特殊检查后应提交检查报告，包括下列内容：
(1)桥梁基本状况信息。
(2)特殊检查的总体情况概述，包括桥梁的基本情况、检测的组织、时间、背景、目的和工作过程等。
(3)现场调查、检测与试验项目及方法的说明。
(4)详细描述检测部位的损坏程度并分析原因。
(5)桥梁结构特殊检查评定结果。
(6)填写"桥梁特殊检查记录表"。
(7)提出结构部件和总体的维修、加固或改建的建议。

2）检查内容
(1)材料的物理、化学性能及其退化程度的测试鉴定；结构或构件开裂状态的检测及评定。
(2)结构的强度、刚度和稳定性的检算、试验和鉴定。桥梁承载能力评定宜按现行《公路桥梁承载能力检测评定规程》(JTG/T J21)执行。
(3)桥梁抵抗洪水、流冰、风、地震及其他灾害能力的检测鉴定。
(4)桥梁遭受洪水、流冰、滑坡、地震、风灾、火灾、撞击，因超重车辆通过或其他因素造成损伤的检测鉴定。
(5)水中墩台身、基础的缺损情况的检测评定。
(6)定期检查中发现的较严重的开裂、变形等病害，应进行跟踪观测，预测其发展趋势。

6. 水下检测

公路桥梁水下构件检测一般包括表观缺陷、基础冲刷及淘空、河床断面测量等内容。检测人员需要同时具备桥梁工程试验检测和水下工程检测要求的资格和能力。

表观缺陷检测采用潜水员、水下机器人或其他专用平台抵近水下构件进行检测。

基础冲刷及淘空检测一般在枯水期进行，采用测深仪、测深杆、测深锤。水底树林和杂草丛生水域不宜使用测深仪。

河床断面测量设置的基准点应牢固可靠，测线布置与桥梁走向平行，布置在桥墩外缘线上、下游 10~20m 范围内。

7. 结构监测

对需要开展结构健康监测的桥梁,应结合桥梁实际,遵循"技术先进、经济适用、精准预警"的原则,建立监测体系,并保证监测系统的实效性、可靠性和耐久性。

桥梁结构监测系统的设计、安装、维护应符合相关技术标准、规范、规程的要求。

8. 结构存在缺陷桥梁排查要点

2020年末,交通运输部印发《关于进一步提升公路桥梁安全耐久水平的意见》(交公路发〔2020〕127号)和《公路危旧桥梁改造行动方案》(交办公路〔2020〕71号),根据有关要求,"十四五"期将集中开展公路危旧桥梁改造行动。同时印发《公路危旧桥梁排查和改造技术要求》(交办公路函〔2021〕321号)和《公路危旧桥梁排查技术指南》,重点针对结构存在缺陷桥梁明确进一步排查要求。

1)轻型少筋拱桥

包括双曲拱桥、普通桁架拱桥、刚架拱桥等,其他具有轻型、少筋、拼装等特点的拱桥均可参考。排查要点如下:

(1)桥面板是否开裂、是否局部塌陷。

(2)主拱圈是否严重开裂、锈蚀,是否渗水侵蚀拱圈结构。

(3)拱脚是否发生位移、转角,拱脚混凝土是否疏松、压裂。

(4)双曲拱桥拱波与拱肋结合处是否开裂、脱开、严重渗水。

(5)普通桁架拱桥、刚架拱桥的主要节点是否开裂。

(6)现浇拼装段或拱脚处混凝土是否疏松、压裂。

(7)横向联系有无变位、松动、脱落、断裂风险。

(8)墩台、拱座是否有位移、倾斜、下沉。

(9)结构整体有无松散、是否有异常振动或不明原因异响。

2)带挂梁结构的桥梁

包括悬臂梁桥、T形刚构桥等,重点排查牛腿附近的构造。排查要点如下:

(1)牛腿上方是否渗漏水、是否长期浸水侵蚀。

(2)牛腿是否存在明显的钢筋锈蚀。

(3)牛腿附近位置是否开裂及裂缝形态。

(4)挂梁是否发生异常位移、支座是否脱落或严重老化。

(5)是否有异常振动或不明原因异响。

3)结构冗余度不足的桥梁

包括无加劲纵梁吊杆拱桥、加劲梁刚度达不到冗余需要的稀索斜拉桥,重点排查吊杆(拉索)缺陷及冗余程度。排查要点如下:

(1)单吊杆的中、下承式拱桥是否设有加劲纵梁。

(2)设置双吊杆的,吊杆是否单独受力,吊杆安全系数是否达到冗余需求。

(3)吊杆(拉索)索力有无异常变化。

(4)吊杆(拉索)表面防护有无裂缝、鼓包、破损。

(5)吊杆(拉索)有无锈蚀、断丝,管内部有无积水。

(6)锚具是否渗水、锈蚀,锚固区是否开裂,锚头是否锈蚀、开裂,墩头或夹片是否异常,锚头螺母位置有无异常。

第三节　桥梁技术状况评定

桥梁评定分为一般评定和适应性评定。

(1)一般评定是依据桥梁定期检查资料,通过对桥梁各部件技术状况的综合评定,确定桥梁的技术状况等级,提出各类桥梁的养护措施。

(2)适应性评定包括以下内容:依据桥梁定期及特殊检查资料,结合试验与结构受力分析,评定桥梁的实际承载能力、通行能力、抗洪能力,提出桥梁养护、改造方案。

一般评定由负责定期检查者进行,即为技术状况评定;适应性评定应委托有相应资质及能力的单位进行。

1. 评定方法及等级分类

1)桥梁技术状况评定方法

公路桥梁技术状况评定包括桥梁构件、部件、桥面系、上部结构、下部结构和全桥评定。公路桥梁技术状况评定应采用分层综合评定与 5 类桥梁单项控制指标相结合的方法,先对桥梁各构件进行评定,然后对桥梁各部件进行评定,再对桥面系、上部结构和下部结构分别进行评定,最后进行桥梁总体技术状况的评定。评定指标如图 5-16 所示。

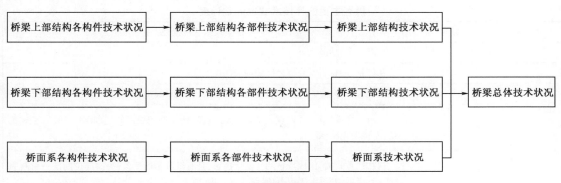

图 5-16　桥梁技术状况评定指标

当单座桥梁存在不同结构形式时,可根据结构形式的分布情况划分评定单元,分别对各评定单元进行桥梁技术状况的等级评定,然后取最差的一个评定单元技术状况等级作为全桥的技术状况等级。

2)桥梁技术状况等级分类

(1)桥梁部件分为主要部件和次要部件。各结构类型桥梁主要部件见表 5-3,其他部件为次要部件。

(2)桥梁总体技术状况评定等级分为 1 类、2 类、3 类、4 类、5 类,见表 5-4。

(3)桥梁主要部件技术状况评定标度分为 1 类、2 类、3 类、4 类、5 类,见表 5-5。

各结构类型桥梁主要部件   表 5-3

序号	结构类型	主要部件
1	梁式桥	上部承重构件、桥墩、桥台、基础、支座
2	板拱桥（圬工、混凝土）、肋拱桥、箱形拱桥、双曲拱桥	主拱圈、拱上结构、桥面板、桥墩、桥台、基础
3	刚架拱桥、桁架拱桥	刚架（桁架）拱片、横向联结系、桥面板、桥墩、桥台、基础
4	钢-混凝土组合拱桥	拱肋、横向联结系、立柱、吊杆、系杆、行车道板（梁）、桥墩、桥台、基础、支座
5	悬索桥	主缆、吊索、加劲梁、索塔、锚碇、桥墩、桥台、基础、支座
6	斜拉桥	斜拉索（包括锚具）、主梁、索塔、桥墩、桥台、基础、支座

桥梁总体技术状况评定等级   表 5-4

技术状况评定等级	桥梁技术状况描述
1 类	全新状态，功能完好
2 类	有轻微缺损，对桥梁使用功能无影响
3 类	有中等缺损，尚能维持正常使用功能
4 类	主要构件有大的缺损，严重影响桥梁使用功能；或影响承载能力，不能保证正常使用
5 类	主要构件存在严重缺损，不能正常使用，危及桥梁安全，桥梁处于危险状态

桥梁主要部件技术状况评定标度   表 5-5

技术状况评定标度	桥梁技术状况描述
1 类	全新状态，功能完好
2 类	功能良好，材料有局部轻度缺损或污染
3 类	材料有中等缺损；或出现轻度功能性病害，但发展缓慢，尚能维持正常使用功能
4 类	材料有严重缺损，或出现中等功能性病害，且发展较快；结构变形小于绝等于规范值，功能明显降低
5 类	材料严重缺损，出现严重的功能性病害，且有继续扩展现象；关键部位的部分材料强度达到极限，变形大于规范值，结构的强度、刚度、稳定性不能达到安全通行的要求

（4）桥梁次要部件技术状况评定标度分为 1 类、2 类、3 类、4 类，见表 5-6。

桥梁次要部件技术状况评定标度   表 5-6

技术状况评定标度	桥梁技术状况描述
1 类	全新状态，功能完好；或功能良好，材料有轻度缺损、污染等
2 类	有中等缺损或污染
3 类	材料有严重缺损，出现功能降低，进一步恶化将不利于主要部件，影响正常交通
4 类	材料有严重缺损，失去应有功能，严重影响正常交通；或原无设置，而调查需要补设

(5)桥梁技术状况评定工作流程见图5-17。

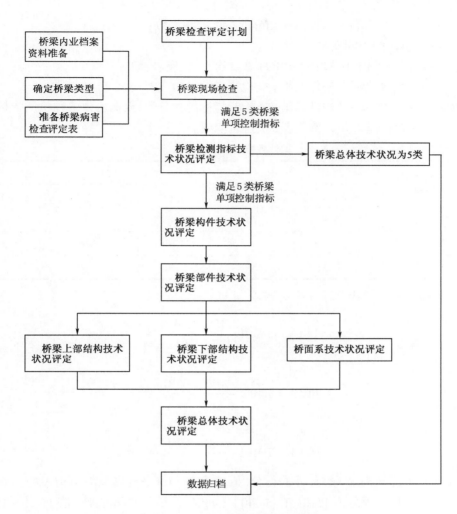

图5-17　桥梁技术状况评定工作流程图

2. 桥梁技术状况评定计算

(1)桥梁构件的技术状况评分按式(5-1)计算。

$$\mathrm{PMCI}_l(\mathrm{BMCI}_l \text{ 或 } \mathrm{DMCI}_l) = 100 - \sum_{x=1}^{k} U_x \tag{5-1}$$

当 $x = 1$ 时,$U_i = DP_{il}$;

当 $x \geqslant 2$,$U_x = \dfrac{DP_{ij}}{100 \times \sqrt{x}} \times (100 - \sum\limits_{y=1}^{x-1} U_y)$(其中 $j = x$,x 取 $2,3,4,\cdots,k$);

当 $k \geqslant 2$ 时,$U_1,\cdots,U_x$ 公式中的扣分值 DP_{ij} 按照从大到小排列;

当 $DP_{ij} = 100$,则 $\mathrm{PMCI}_l(\mathrm{BMCI}_l \text{ 或 } \mathrm{DMCI}_l) = 0$。

式中:PMCI_l——上部结构第 i 类部件的 l 构件的得分,值域为 $0 \sim 100$ 分;

$BMCI_l$——下部结构第 i 类部件的 l 构件的得分,值域为 0~100 分;
$DMCI_l$——桥面系第 i 类部件的 l 构件的得分,值域为 0~100 分;
  k——第 i 类部件 l 构件出现扣分的指标的种类数;
 U_x、U_y——引入的中间变量;
  i——部件类别,例如 i 表示上部承重构件、支座、桥墩等;
  j——第 i 类部件 l 构件的第 j 类检测指标;
 DP_{ij}——第 i 类部件 l 构件的第 j 类检测指标的扣分值;根据构件各种检测指标扣分值进行计算,扣分值按表 5-7 规定取值。

构件各检测指标扣分值　　　　　　　　　表 5-7

检测指标所能达到的最高标度类别	指标标度				
	1 类	2 类	3 类	4 类	5 类
3 类	0	20	35	—	—
4 类	0	25	40	50	—
5 类	0	35	45	60	100

(2)桥梁部件的技术状况评分按式(5-2)计算。

$$PCCI_i = \overline{PMCI} - \frac{100 - PMCI_{min}}{t} \tag{5-2}$$

或

$$BCCI_i = \overline{BMCI} - \frac{100 - BMCI_{min}}{t} \tag{5-3}$$

或

$$DCCI_i = \overline{DMCI} - \frac{100 - DMCI_{min}}{t} \tag{5-4}$$

式中:$PCCI_i$——上部结构第 i 类部件的得分,值域为 0~100 分;当上部结构中的主要部件某一构件评分值 $PMCI_i$ 在 [0,40] 区间时,其相应的部件评分值 $PCCI_i = PMCI_i$;
  $\overline{PMCI}$——上部结构第 i 类部件各构件的得分平均值,值域为 0~100 分;
  $BCCI_i$——下部结构第 i 类部件的得分,值域为 0~100 分;当下部结构中的主要部件某一构件评分值 $BMCI_i$ 在 [0,40] 区间时,其相应的部件评分值 $BCCI_i = BMCI_i$;
  $\overline{BMCI}$——下部结构第 i 类部件各构件的得分平均值,值域为 0~100 分;
  $DCCI_i$——桥面系第 i 类部件的得分,值域为 0~100 分;
  $\overline{DMCI}$——桥面系第 i 类部件各构件的得分平均值,值域为 0~100 分;
  $PMCI_{min}$——上部结构第 i 类部件中分值最低的构件得分值;
  $BMCI_{min}$——下部结构第 i 类部件中分值最低的构件得分值;
  $DMCI_{min}$——桥面系第 i 类部件分值最低的构件得分值;
  t——随构件的数量而变的系数,见表 5-8。

t 值　　　　　　　　　　　　　表 5-8

n(构件数)	t	n(构件数)	t
1	∞	20	6.6
2	10	21	6.48
3	9.7	22	6.36
4	9.5	23	6.24
5	9.2	24	6.12
6	8.9	25	6.00
7	8.7	26	5.88
8	8.5	27	5.76
9	8.3	28	5.64
10	8.1	29	5.52
11	7.9	30	5.4
12	7.7	40	4.9
13	7.5	50	4.4
14	7.3	60	4.0
15	7.2	70	3.6
16	7.08	80	3.2
17	6.96	90	2.8
18	6.84	100	2.5
19	6.72	≥200	2.3

注:1. n 为第 i 类部件的构件总数。
　2. 表中未列出的 t 值采用内插法计算。

(3)桥梁上部结构、下部结构、桥面系的技术状况评分按式(5-5)计算。

$$\text{SPCI}(\text{SBCI 或 BDCI}) = \sum_{i=1}^{m} \text{PCCI}_i(\text{BCCI}_i \text{ 或 DCCI}_i) \times w_i \tag{5-5}$$

式中:SPCI——桥梁上部结构技术状况评分,值域为 0~100;
　　SBCI——桥梁下部结构技术状况评分,值域为 0~100;
　　BDCI——桥面系技术状况评分,值域为 0~100;
　　m——上部结构(下部结构或桥面系)的部件种类数;
　　w_i——第 i 类部件的权重,按《公路桥梁技术状况评定标准》(JTG/T H21—2011)表 4.2.1~表 4.2.4 取值;对于桥梁中未设置的部件,应根据此部件的隶属关系,将其权重值分配给各既有部件,分配原则按照各既有部件权重在全部既有部件权重中所占比例进行分配。

(4)桥梁总体的技术状况评分按式(5-6)计算。

$$D_r = \text{BDCI} \times w_D + \text{SPCI} \times w_{SP} + \text{SBCI} \times w_{SB} \tag{5-6}$$

式中:D_r——桥梁总体技术状况评分,值域为 0~100;

w_D——桥面系在全桥中的权重,按表5-9取值;
w_SP——上部结构在全桥中的权重,按表5-9取值;
w_SB——下部结构在全桥中的权重,按表5-9取值。

桥梁结构组成权重值 表5-9

桥梁部位	权 重	桥梁部位	权 重
上部结构	0.40	桥面系	0.20
下部结构	0.40		

(5)桥梁技术状况分类界限按表5-10规定。

桥梁技术状况分类界限表 表5-10

技术状况评分	技术状况等级(D_j)				
	1类	2类	3类	4类	5类
D_r(SPCI、SBCI、BDCI)	[95,100]	[80,95)	[60,80)	[40,60)	[0,40)

(6)当上部结构和下部结构技术状况等级为3类、桥面系技术状况等级为4类,且桥梁总体技术状况评分为 $40 \leqslant D_\mathrm{r} < 60$ 时,桥梁总体技术状况等级可评定为3类。

(7)全桥总体技术状况等级评定时,当主要部件评分达到4类或5类且影响桥梁安全时,可按照桥梁主要部件最差的缺损状况评定。

3.5类桥梁技术状况单项控制指标

在桥梁技术状况评价中,有下列情况之一时,整座桥应评为5类桥:

(1)上部结构有落梁;或有梁、板断裂现象。

(2)梁式桥上部承重构件控制截面出现全截面开裂;或组合结构上部承重构件结合面开裂贯通,造成截面组合作用严重降低。

(3)梁式桥上部承重构件有严重的异常位移,存在失稳现象。

(4)结构出现明显的永久变形,变形大于规范值。

(5)关键部位混凝土出现压碎或杆件失稳倾向;或桥面板出现严重塌陷。

(6)拱式桥拱脚严重错台、位移,造成拱顶挠度大于限值;或拱圈严重变形。

(7)圬工拱桥拱圈大范围砌体断裂,脱落现象严重。

(8)腹拱、侧墙、立墙或立柱产生破坏造成桥面板严重塌落。

(9)系杆或吊杆出现严重锈蚀或断裂现象。

(10)悬索桥主缆或多根吊索出现严重锈蚀、断丝。

(11)斜拉桥拉索钢丝出现严重锈蚀、断丝,主梁出现严重变形。

(12)扩大基础冲刷深度大于设计值,冲空面积达20%以上。

(13)桥墩(桥台或基础)不稳定,出现严重滑动、下沉、位移、倾斜等现象。

(14)悬索桥、斜拉桥索塔基础出现严重沉降或位移;或悬索桥锚碇有水平位移或沉降。

如某农村小跨径钢筋混凝土桥梁,上部结构为矩形梁加预制桥面板。检测发现,中跨及边跨主梁(矩形梁)有多条竖向裂缝,东侧边跨最大裂缝宽度0.8mm,西侧边跨最大裂缝宽度0.35mm,中跨最大裂缝宽度大于3mm,裂缝长度均大于2/3梁高。裂缝形态下宽上窄,为结构受力裂缝。主梁梁体有明显下挠。按 5 类桥梁技术状况单项控制指标第(2)条,桥梁总体技术状况直接评定为 5 类桥。

4. 结构存在缺陷桥梁评定要点

根据《公路危旧桥梁排查和改造技术要求》,针对结构存在缺陷桥梁的评定,在《公路桥梁技术状况评定标准》(JTG/T H21—2011)基础上,增加以下评定要点。

(1)双曲拱进行技术状况评定时,主拱圈的构件按拱肋、拱波、横向联系划分;拱上结构的构件按立墙或立柱、腹拱圈和拱上侧墙划分。增加立墙或立柱,评定标准见表 5-11;增加腹拱圈评定指标,评定标准见表 5-12;增加拱脚评定指标,评定标准见表 5-13。

双曲拱桥立墙或立柱缺陷　　　　　　　　　　表 5-11

标度	评定标准
	定性描述
1	完好
2	立墙或立柱轻微风化
3	立墙或立柱局部风化或渗水侵蚀
4	立墙竖向、斜向裂缝或渗水侵蚀严重,立柱渗水侵蚀严重、钢筋锈蚀
5	立墙横向裂缝、倾斜或局部砌块脱落,立柱倾斜、出现结构裂缝或大量钢筋锈胀

双曲拱桥腹拱圈缺陷　　　　　　　　　　表 5-12

标度	评定标准
	定性描述
1	完好
2	无明显变形、错位
3	个别腹拱圈横向裂缝
4	个别腹拱圈纵向裂缝或大量腹拱圈横向裂缝
5	腹拱圈开裂严重,局部明显变形有塌陷风险

双曲拱桥拱脚缺陷　　　　　　　　　　表 5-13

标度	评定标准
	定性描述
1	完好
2	轻微风化
3	局部渗水或渗水侵蚀
4	严重侵蚀、局部截面减小或钢筋锈胀
5	拱脚压裂、截面损失过大或发生位移、转角

(2)普通桁架拱桥进行技术状况评定时,桁架拱片的每个拱片作为一个构件考虑,上弦杆、腹杆、下弦杆和节点分别按照不同病害参与计算;桥面板(微弯板、肋拱板等)评定计算时,每跨两片拱肋间的桥面板作为一个构件考虑。增加拱脚评定指标,评定标准见表 5-14;增加现浇拼装节点评定指标,评定标准见表 5-15。

普通桁架拱桥拱脚缺陷 表 5-14

标度	评定标准
	定性描述
1	完好
2	轻微风化
3	拱脚局部裂缝或锈胀
4	拱脚压裂或榫槽破损
5	拱脚轻微位移,或有碎裂滑脱风险

普通桁架拱桥、刚架拱桥现浇拼装节点缺陷 表 5-15

标度	评定标准
	定性描述
1	完好
2	轻微风化
3	混凝土疏松、强度不足或开裂
4	混凝土表层剥落、截面无明显损失
5	混凝土剥落导致截面损失大于10%

(3)刚架拱桥进行技术状况评定时,刚架拱片的每个拱片作为一个构件考虑;桥面板(微弯板、肋拱板等)评定计算时,每跨两片拱肋间的桥面板作为一个构件考虑。增加弦杆评定指标,评定标准见表5-16;增加拱脚评定指标,评定标准见表5-17;增加现浇拼装节点评定指标,评定标准见表5-15。

刚架拱桥弦杆缺陷 表 5-16

标度	评定标准
	定性描述
1	完好
2	大节点处开裂
3	节段中部受弯裂缝或小节点处负弯矩裂缝
4	端部混凝土侵蚀风化严重或支座压缩变形严重
5	端部混凝土截面损失、支座脱落或支撑变位

刚架拱桥拱脚缺陷 表 5-17

标度	评定标准
	定性描述
1	完好
2	轻微风化
3	拱脚局部压裂
4	拱脚榫槽处混凝土挤压开裂或混凝土疏松
5	拱脚压裂或榫槽破损,拱脚有碎裂或滑脱风险

(4)带挂梁结构的桥梁进行技术状况评定时,悬臂梁桥、T形刚构桥上部承重构件划分时悬臂梁和挂梁构件按照主梁、牛腿划分;增加牛腿评定指标,评定标准见表5-18。

牛 腿 缺 陷　　　　　　　　　表 5-18

标度	评 定 标 准
	定性描述
1	完好
2	轻微风化
3	严重渗水侵蚀或局部锈蚀
4	渗水、锈蚀严重,混凝土开裂、个别支座脱落或大量支座老化变形
5	多处严重开裂、严重的钢筋锈胀、异响或异常振动等,有断裂风险

(5)无加劲纵梁吊杆拱桥及类似结构冗余度明显不足的桥梁进行技术状况评定时,吊杆构件按照杆身、上锚头、下锚头进行划分,单根吊杆(拉索)或锚头评分最差值作为整个部件得分参与总评分;增加锚头评定指标,评定标准见表5-19。

锚头(含锚固区)缺陷　　　　　　　　　表 5-19

标度	评 定 标 准
	定性描述
1	完好
2	锚固区混凝土风化或钢构件轻微锈蚀
3	锚头油脂流失但无积水、锈蚀,锚固区混凝土裂纹或钢构件严重锈蚀
4	锚头积水、锈蚀、开裂,锚固区混凝土开裂锈蚀或钢构件变形
5	锚固端索体锈蚀、锚头严重锈蚀或夹片开裂、滑丝、松动,锚固区混凝土碎裂或钢构件裂纹

(6)结构存在缺陷桥梁5类单项控制指标在《公路桥梁技术状况评定标准》(JTG/T H21—2011)基础上,补充细化下列条款:

①轻型少筋拱桥结构松散且振动明显,有整体失稳风险;

②普通桁架拱桥、刚架拱桥拱脚发生位移,现浇拼装节点混凝土有脱落或压溃风险;

③无加劲纵梁吊杆拱桥索力严重异常,主拱圈异常变形,锚头、拉索存在严重锈蚀有断裂风险。

第六章

桥梁荷载试验

桥梁荷载试验是检验桥梁结构工作状态或实际承载能力的一种试验手段。荷载试验的目的、任务和内容通常由实际工程需要所决定。一般桥梁荷载试验的任务有：

1. 检验桥梁设计与施工的质量

对于一些新建的大中型桥梁或者具有特殊设计的桥梁，为保证桥梁建设质量，交竣工时一般要求进行荷载试验，并把试验结果作为评定桥梁工程质量优劣的主要技术资料和依据。另一方面，对桥梁工程师来说新建桥梁的荷载试验的作用很大，可以帮助他们理解活荷载作用下桥梁的正常使用和极限状态行为，验证原来分析得到的有关荷载分布、应力水平和变形的假设。

2. 评定桥梁结构的实际承载能力

国内许多早年建成的桥梁设计荷载等级偏低，难以满足现今交通发展的需要，为对这类桥梁进行加固、改建或在其加固、改建后，有必要通过试验检测确定桥梁的实际承载能力。有时为特殊原因（如超重型车过桥或结构遭意外损伤等），也要用荷载试验方法确定桥梁的承载能力。

3. 验证桥梁结构设计理论和设计方法

桥梁工程中的新结构、新材料和新工艺创新不断，对一些理论问题的深入研究，对某种新方法、新材料的应用实践，往往都需要荷载试验数据。

4. 桥梁结构动力特性及动态反应的测试研究

对一些桥梁在动力荷载作用下的桥梁车致振动问题（包括动态增量和冲击系数），大跨径柔性结构抗风稳定以及桥梁结构抗震性能等，都要求实测桥梁结构的动力特性和动态反应。

《公路桥梁荷载试验规程》（JTG/T J21-01—2015）（以下称 JTG/T J21-01—2015）规定：新建桥梁和进行了加宽或加固后的桥梁，可通过荷载试验来检验桥梁结构的正常使用状态和承载能力是否符合设计要求。对在用桥梁，除按《公路桥梁承载能力检测评定规程》（JTG/T J21—2011）第 3.2.4 条规定（即经检算"作用效应与抗力效应的比值在 1.0～1.2 之间时，应根

据本规程的有关规定通过荷载试验评定承载能力")进行荷载试验外,存在下列情况之一时,可进行荷载试验:

(1)技术状态等级为四、五类。
(2)拟提高荷载等级。
(3)需要通过特殊重型车辆荷载。
(4)遭受重大自然灾害或意外事件。
(5)采用其他方法难以准确判断其能否承受预定荷载。

这就明确了应进行荷载试验只是少数桥梁,对绝大多数在用桥梁来说,按照桥梁管理养护要求,只需进行常规检查或定期检查和结构检算。因此,应该理清荷载试验的适用性问题,即哪些桥梁该做荷载试验,哪些桥梁不该做或没必要做荷载试验的问题。

事实上,桥梁荷载试验还存在风险问题。这可以用世界著名桥梁坍塌事故之一的英国威尔士 Ynys-y-Gwas 桥(单跨预应力混凝土梁桥)的例子来说明。该桥因非常规后张预应力节段组合质量差,纵横向预应力筋严重锈蚀,造成截面削弱,使钢筋应力增至屈服点而突然断裂。对该桥的日常桥面变形监测没有(当然也不能)检测出这种看不见的损伤,它被假定一切完好并可继续服役。就在事故发生前不久,有关方面已推荐对该桥做补充荷载试验。所以如实施荷载试验,结果必将是灾难性的,极有可能造成人员严重伤害或丧失生命。因此,荷载试验之前了解桥梁实际技术状态、桥梁施工和可能隐藏的缺陷的准确信息等至关重要。

本章首先根据考试大纲要求,叙述桥梁荷载试验仪器设备(它是桥梁荷载试验的硬件保证),然后叙述桥梁荷载试验的基本内容和方法。

第一节 桥梁荷载试验仪器设备

桥梁荷载试验的目的是要获得桥梁结构作用与响应的各种参数,如图 6-1 所示。

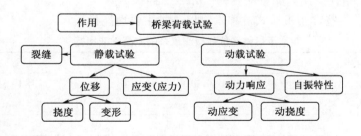

图 6-1 桥梁荷载试验检测参数

为得到这些参数,需要使用各种专业仪器设备。桥梁检测工程师必须了解、熟悉或掌握桥梁荷载试验中一些常用测试仪器的基本性能、如何选用和正确使用。

本节主要介绍桥梁静动载试验仪器设备及相关使用知识。

一、桥梁荷载试验仪器分类

桥梁静动荷载试验仪器按测试对象分类如表 6-1 所示。

桥梁荷载试验仪器分类表 表 6-1

序号	测试参数	机械式仪器设备	电(声、光)测仪器
1	变位	千(百)分表、挠度计、连通管	位移计、水准仪、全站仪
2	应变	千分表引伸仪	电阻应变计、电阻应变仪、计算机数据采集系统
3	裂缝	裂缝尺、引伸仪	超声波探测仪、读数显微镜
4	振动参数	—	测振传感器、放大器、动态信号采集记录分析系统

桥梁试验采用机械式测试仪器已有相当长的历史,机械式测试仪器一般是指各种用于非电量测试的仪表、器具或设备。如百分表(测量支座位移)、引伸计(测试混凝土应变、裂缝开合)这类简单仪器,它们的基本特点是:准确度高,对环境适应性强,读数有一定的灵敏度,工作可靠直观,可重复使用,其性能在许多方面能满足实桥试验检测要求。机械式测试仪器的不足是灵敏度相对较低,不便于远距离操纵,难以自动测量与记录。

现在桥梁荷载试验中使用的仪器设备绝大部分都是电测仪器,或者说与电测技术有关(如许多现代光学仪器设备)。电测仪器的特点是发展更新快,精度比较高,量程也比机械式大得多,所以目前在许多方面基本已取代机械式仪器。

下面将按表 6-1 分类对变位、应变、裂缝和振动测试仪器设备加以叙述。

二、变位测试仪器

1. 线位移测量仪表

桥梁测试中最常用的位移测量仪表是千分表、百分表和挠度计,这类机械式仪表一般可以方便地直接测读结构的位移;另外,由这类不同精度和量程的仪表再配以其他机械装置可组成各种测量其他参数的仪器(如测量应变的千分表引伸仪等)。

表 6-2 列出了一些常用机械式位移量测仪表的主要性能指标。

常用机械式位移量测仪表的主要性能指标 表 6-2

名 称	精 度	量 程
千分表	0.001mm	1~30mm
百分表	0.01mm	10~50mm
挠度计	0.1mm	不限

图 6-2 所示为典型机械式百分表和电子位移测量仪表。这些仪表的使用都需要相对(结构)不动的支架,所以它们适合用在桥梁净空不高、方便搭设支架或布设不动点的地方或测量支座位移(图 6-3)。

图 6-4 是一种适用于中小桥挠度测量的绕丝式挠度计。

使用时可将参考系可以设在地面(或河床)的相对固定物上(这是与千分表、百分表使用方法上的最大区别,也解决了上述"相对不动支架"的难题),通过细钢丝与结构物联系,细钢丝随着结构物的位移变化而变化并带动表盘指针运动。

图 6-2　机械、电子位移测量仪表

图 6-3　测量支座位移

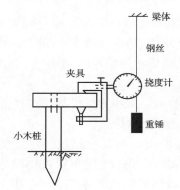

图 6-4　挠丝式位移计

2. 连通管

连通管是一种可用来测量桥梁结构挠度的简单装置。利用物理学上"连通器中处于水平平面上的静止液体的压强相同"的原理，如图 6-5 所示，$p_a = p_1 + \gamma h_1 = p_2 + \gamma h_2$，即 $p_2 - p_1 = \gamma h$。表面压强相同，$p_2 = p_1$ 时，连通器两柱的液面高度相同，$h = 0$。

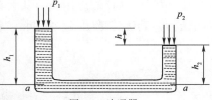

图 6-5　连通器

连通管临时用在桥上测挠度，可用 ϕ10mm 的白塑料软管和三通，配普通(毫米刻度的)钢卷尺，人工可测读到 1mm 精度，十分方便。

使用前，先沿桥梁跨度方向布置管子，然后在每个测点位置剪断管子，接上三通，把三通开口的一端管子竖起来绑在支架上，最后灌水(或其他有色液体)至标尺位置，如图 6-6 所示。桥梁试验时加、卸荷载会引起桥梁结构下挠，此时水管中的水平液面仍需持平，但每个测点的相对水位会发生变化(注意下挠前后的水位线都必须在所安装标尺的有效范围内)，读取这个变化值，经简单计算即可得到桥梁的挠度。

连通管用来测量桥梁挠度的优点是可靠、易行，当挠度的绝对值大于 20mm 时，其 1mm 最小读数至少可有 5% 的相对精度。这个精度对小跨度桥梁显然是不合适的，所以选用连通管之前须先了解挠度的期望值。

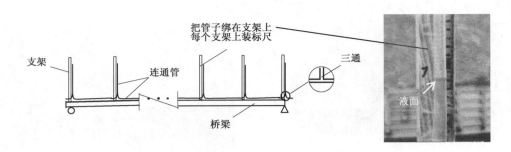

图 6-6 用连通管测桥梁挠度

3. 光学（光电）仪器

可用以测量桥梁变形的光学仪器设备比较多，这里主要介绍目前比较适合桥梁变位测量的几种（电）光学测量仪器，如测量静态变位的高精度全站仪、精密水准仪和测量桥梁动态变位的光电测量仪器等。普通水准仪因目前在桥梁荷载试验中使用率较低，不作专门介绍。

1）高精度全站仪

全站仪是集电子经纬仪、光电测距仪和数据记录装置于一体的测量仪器，所谓"全站仪"是指在测站上观测，能一站测得至被测对象的斜距、竖角、水平角。

测量桥梁变形，特别是静力荷载作用下的变形，要求用高精度全站仪。这里的高精度是指测距精度达到毫米级，测角精度小于或等于 0.5″类的全站仪（现在用在桥梁施工测量上测角精度 1″~2″的全站仪一般不能用来测量桥梁荷载试验的变形响应）。选用全站仪前除应该全面了解所选用全站仪的能力及适用性，确定其实际能力是否能满足待测桥梁变形 5% 相对精度要求。有些中小桥绝对位移几毫米，即使选用再高精度的全站仪其测量精度还是有问题。

全站仪使用时一般都需要在目标点安装棱镜，但也有不用棱镜的"免棱镜"测量全站仪。免棱镜全站仪比较适合测量（悬索桥主缆、钢管混凝土拱肋坐标等）无法安装棱镜的场合。

高精度全站仪被应用在一些大桥成桥状态坐标或变形测量方面，桥梁跨径越大（变形绝对值越大）其优势越明显（相对精度越高）。另一方面，一些智能型全站仪的预学习、360°旋转自寻目标、自动测读记录数据等功能，对大桥挠度测量无论是保证数据质量或是提高现场测量效率、减轻劳作强度等方面都非常有用。

图 6-7 是上海卢浦大桥交工试验时采用高精度智能全站仪测量静载试验结构变形的情形（该测量项目要求测出主拱肋的三维变形，全桥共布置了 16 个测点，用 2 台仪器测量）。正式加载前让仪器预学习，即对所有测点初读数、存入仪器并给仪器设自动循环读数的指令。晚上正式加载试验时，每个工况加载前后读数时，学习过的仪器可以按设定的程序扫描读数。

图 6-7 全站仪用在上海卢浦大桥交工试验中

2）精密水准仪

精密水准仪与一般水准仪比较，其特点是能够精密地整平视线和精确地读数。

数字电子水准仪是结合计算机电子与精密水准仪光学技术的新型精密水准仪。现在普遍采用的电子水准仪的分辨力为 0.01mm，测量精度 0.3mm，测距 150m。这类电子水准仪要求有一根能与其配套使用的铟钢条形编码尺。电子水准仪中的行阵传感器，识别标尺上的条形编码后，经处理器转变为相应的数字，再通过信号转换和数据化，在显示屏上直接显示中丝读数和视距。

电子水准仪的主要优点是：操作简捷，自动观测和记录，既能即时数字显示测量结果，也可将观测结果输入计算机进行后处理。在快速测量高程、高差和一等、二等水准的精密水准测量领域，其外业使用便捷、高效和内业处理计算机化的特点，使测量效率大大提高。桥梁荷载试验中，一些中小跨（桥跨下不宜安装仪表支架）桥梁的挠度测量，可以采用数字电子水准仪。

3）动挠度检测仪

桥梁动挠度的检测是实桥测试技术的一个难点，前面列举的很高级的光学仪器都因为采样频率跟不上而无法测读结构动挠度。

目前市售的桥梁动挠度检测仪的工作原理是：在桥梁的测试点上安装一个测点目标靶，在靶上制作一个光学标志点，通过光学系统把标志点成像在 CCD 接收面上，当桥梁在动荷载作用下产生振动时，测试靶也跟着发生振动，通过测出靶上标志点在 CCD 接收面上图像位置的变化值，可以得到桥梁振动的位移值。其软件可对桥梁动态挠度最大值，最小值，挠度曲线等进行分析。

该类桥梁动挠度检测仪可同时实施两维测量。测量范围垂直不小于 $0 \sim 0.80\text{m}$，水平不小于 $0 \sim 0.3\text{m}$（最大测量距离处），并具有自动旋转跟踪等功能。检测距离 $5 \sim 500\text{m}$，频率响应 $0 \sim 20\text{Hz}$，分辨率达到测量范围的 3‰。

桥梁动挠度检测仪已经在一些桥梁实测上得到应用，以后的发展要求它在硬件和使用稳定性方面有进一步的改进。

三、应变测试仪器设备

应变（应力）是桥梁结构构件强度指标，也是桥梁荷载试验最重要的实测参数之一。桥梁测试技术中很大一部分都与应变测试技术有关。

1. 千分表引伸计

利用千分表 0.001mm 的读数精度，可将其装配成测大型结构构件应变的千分表引伸计。

如图 6-8 所示，当被测物受拉（或受压）时，L 会发生 $\pm \Delta L$ 的变化，而应变 $\varepsilon = \pm \Delta L/L$。显然，被测应变的精度与引伸计的标距有关，当 L 等于 100mm 和 200mm 时，对应引伸计的测量分辨力度分别为 $10\mu\varepsilon$ 和 $5\mu\varepsilon$，量程分别可达到 $\pm 5000\mu\varepsilon$ 和 $\pm 2500\mu\varepsilon$。

千分表引伸计在实桥测试中有较多的应用，因为它使用起来非常方便，标距 L 任意可调（最大可做到 500mm，测量精度可达到 $2\mu\varepsilon$，量程 $\pm 1000\mu\varepsilon$）。所以在精度能满足要求的情况下，千分表引伸仪对测量实际（如混凝土）构件表面应变有独到之处。

有人将千分表引伸计一端的千分表换成了电子应变感应装置，使其成为"装配式应变传感器"。其与千分表引伸计的主要区别是使用了电阻应变技术,并提高了引伸仪的测量精度,且将千分表人工读数转换成自动读数。

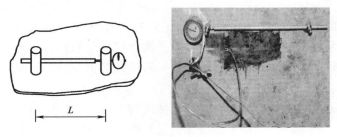

图 6-8 千分表引伸计

千分表引伸计和电子引伸计分别属于机械式和半机械式应变测试仪器。

2. 电阻应变测量技术

电阻应变测量技术是桥梁应变(力)测试中应用最广的手段之一。

电阻应变测量技术是用电阻应变计测定构件的应变,再根据应力、应变的关系,确定构件应力状态的一种试验应力分析方法。电阻应变测量使用电阻应变计及其测量仪器的工作原理是:将电阻应变计粘贴在被测构件上,当构件变形时,应变计与构件一起变形,致使应变计的电阻值发生相应的变化;通过电阻应变测量装置,可将这种变化测量出来,换算成应变值或输出与应变成正比的模拟电信号,用记录仪器记录或直接用计算机采集处理,得到所需要的应变值。

1) 电阻应变计

电阻应变计是电阻应变测量技术中最重要的基本元件。电阻应变计一般由敏感金属栅、基底及引出线三部分组成。

图 6-9a)是目前通用的箔式应变计,其敏感元件是通过光刻技术、腐蚀工艺制成的一种很薄的金属箔栅。将单轴电阻应变计按不同角度(如 45°、60°、120°等,桥梁多用 45°)组合成应变花,测试构件的平面应力或平面应变。实桥上也可直接将三片大标距普通应变计组合起来使用[图 6-9b)]。

a) 普通应变计　　　　　　　　b) 应变花

图 6-9 箔式电阻应变计

电阻应变计应变计尺寸小,质量轻,粘贴方便。它测量灵敏度高,配备合适的测量仪器后最小应变读数可达 10^{-6} 应变($1\mu\varepsilon$),测量应变量程一般可达到 $\pm 20000 \sim 30000\mu\varepsilon$。

由于测量结果是电信号,便于实现长距离测量和采集记录自动化。(电阻应变计还可以制成各种各样精度很高的传感器,以测量力、位移、加速度等力学量。)

(1) 电阻应变计工作原理

每一段有确定长度和截面的金属丝都有一个电阻值 R,当金属丝受拉(或受压)以后,电阻丝长度伸长(或缩短),面积缩小(或扩大),此时电阻值就会有的变化。在一定的范围内,电阻值的相对变化与长度的相对变化之间保持线性关系。用公式来表示,就是:

$$\frac{\Delta R}{R} = k \cdot \varepsilon \tag{6-1}$$

这里 k 被定义为电阻应变计的灵敏系数。它的物理意义是单位应变所造成的相对电阻变化,实际反映了金属丝材料电阻的效应。k 是一个由应变计金属材料本身确定的系数,它与金属材料的成分、工艺等都有关系,也表示电阻应变计输出信号与输入信号在数量上的关系,是应变计的主要工作特性之一。常用应变计的灵敏系数一般在 1.9～2.3 之间。

实际电阻应变计的 k 值由试验测定。因为一般应变计不能重复使用,故实际应变计灵敏系数的测定都采用抽样方法,以样本的平均值为一批应变计的灵敏系数。

式(6-1)是一个很重要的关系式,它在建立了机械量与电量之间的相互转换关系的同时还揭示了电阻变化率与机械应变之间确定的线性关系。

(2)电阻应变计的选用

应变计品种和规格很多,选用时必须从满足测试要求原则出发,结合被测构件的环境条件、材料的匀质程度、测点部位的应变大小和方向等多方面因素综合考虑。

实桥测试需要选择应变计的标距。当结构材料为匀质(如钢材)或局部应力集中梯度比较大时,宜选用小标距应变计;当结构材料为非匀质(如混凝土)或应变梯度小又均匀时,可选用大标距应变计(对混凝土标距 $L \geq 4～5$ 倍最大集料直径)。

具体,测钢构件(或混凝土内钢筋)应变,一般选用 2mm×3mm($B×L$)或 2mm×6mm 的应变计;测混凝土结构表面应变,一般选用 10mm×(80～100)mm($B×L$)的应变计。测试桥梁构件平面应力可选用 45°应变花。

(3)电阻应变计的粘贴和连接

用测试术语来说,电阻应变计是一次仪表(传感元件),而一次仪表的能量转换或传感能力好坏将直接影响整体测试质量。有过电阻应变测试工作经验的都知道,这里所说的质量好坏很大程度上依赖于电阻应变计的粘贴质量,必须对电阻应变计的粘贴和连接环节有足够的重视。

电阻应变计粘贴和连接的一般步骤及应注意的事项参见本章第二节桥梁现场试验准备部分。

2)应变测量仪器

应变测量仪器种类繁多,但其原理基本相同,工作过程也大同小异。

由于由机械应变引起的电阻应变计阻值的变化通常很小,由此产生的电信号十分微弱,而且应变值还有拉、压和动、静之分,所以必须有专门测量应变的仪器进行测量分辨。

这种专门的应变测量仪器的系统框图见图6-10。

图 6-10　应变测试仪器系统

测量应变的仪器设备类型比较多,有静态和动态的,还有模拟的和数字式的,但从框图可以看出,无论采用何种仪器设备,都要通过惠斯顿电桥转换得到电信号。

(1)惠斯顿电桥

惠斯顿电桥是一种常用的电阻～电压转换装置,它能把应变计电阻的微小变化转换为适合放大和处理的电压。图6-11是标准惠斯顿电桥,我们感兴趣的是它与应变计有关的输入输出特性。

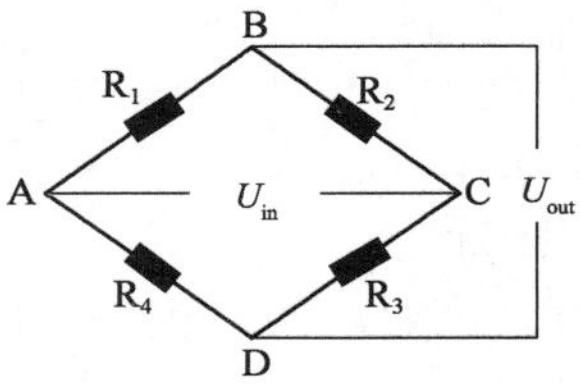

图中,R_1、R_2、R_3 和 R_4 分别为电阻器或应变计,其输出电压 $U_{out} = 0$ 或 $\neq 0$ 表示电桥输出平衡或不平衡。

可以证明,该电桥的输出与应变近似线性,且关系式为:

$$U_{out} = \frac{1}{4}k(\varepsilon_1 - \varepsilon_2 + \varepsilon_3 - \varepsilon_4)U_{in} \tag{6-2}$$

图6-11 惠斯顿电桥

实用上,可以将电桥输出的平衡理解为应变计桥路的初始(调零)状态;而不平衡则可理解为需要调整或测试(读数)的状态。

电桥桥路的不同连接和组合,在实际测试技术上有很好的应用。可以利用电桥的桥臂特性,把不同数量的应变计接入电桥构成半桥或全桥等,如图6-12所示。

实桥测试上,半桥多用于静态应变测试,全桥则用于动态应变测试和应变传感器桥路组合。

桥路组合(即桥路不同连接方法)的最实际应用是实现温度补偿。

接入电桥的电阻应变计的电阻值随温度变化,这一变化当然要引起电桥输出电压,一般每升温1℃,应变放大器输出的变量可达几十微应变。显然,这是非受力应变,需要排除,这种排除温度影响的措施,叫温度补偿。利用电桥桥路的不同组合,半桥和全桥接法均可有效实现温度补偿。

如图6-13所示,用一片和工作片 R_1(贴在被测件上的应变计)完全相同的应变计 R_2,贴在一块与被测件材料相同而不受力的试件上,并使它们处于同一温度场,使用半桥连接(使工作片和补偿片处在相邻桥臂中),这样温度变化就不会造成电桥的输出电压。

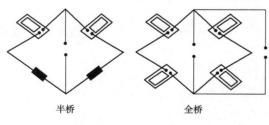

图6-12 电桥桥路

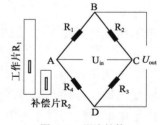

图6-13 温度补偿

这里工作应变计 R_1 的应变变化包括由力 F 和温度 T 引起的两部分,$\varepsilon_1 = \varepsilon_F + \varepsilon_T$;补偿应变计 R_2 不受力,它的应变变化只是由温度 T 而致,$\varepsilon_2 = \varepsilon_T$。根据式(6-2),电桥的输出将为:

$$U_{out} = \frac{k}{4}(\varepsilon_F + \varepsilon_T - \varepsilon_T)U_{in} = \frac{k}{4}\varepsilon_F U_{in} \tag{6-3}$$

显然这里温度影响被排除了,通过电阻应变仪可测得构件上缘的拉应变 ε_F。

补偿片可采用单点补偿多点的办法,具体补多少点要根据被测物的材料特性、测点位置及环境条件决定。一般(钢结构或混凝土)桥梁应变测量,可以一点补多点。野外应变测试温度补偿时必须注意大、小范围温度场的不同或变化(如迎风面和背风面,桥面上方和下方等等),对这种特殊场合的温度补偿一般要求一对一。有些实桥应变测试时,出现数据回零差、重复性差或漂移不稳等问题,很可能是温度补偿不到位,所以要充分重视温度补偿问题。将应变计接成全桥桥路,也能起到温度补偿的作用,有时还能提高电桥的灵敏度。很多用应变计制作成的传感器都是采用全桥接法。

【例 6-1】 图 6-14a)为一圆形受拉构件(钢筋),在钢筋上对称粘贴 4 枚应变计。

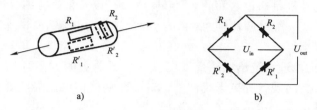

图 6-14 桥路组合

构件受拉力后,R_1 和 R_1' 感应的是轴向拉应变 ε_p,R_2 和 R_2' 感应的是构件受拉后由泊松效应引起的横向应变 $-\mu\varepsilon_p$。按图 6-14b)中桥路方式接桥。根据式(6-2),电桥的输出将为:

$$U_{\text{out}} = \frac{k}{4}[\varepsilon_p - (-\mu\varepsilon_p) + \varepsilon_p - (-\mu\varepsilon_p)]U_{\text{in}} = \frac{2}{4}(1+\mu)k\varepsilon_p U_{\text{in}} \tag{6-4}$$

这里,因所有应变计处同一温度场,接在不同桥臂上相互抵消。但电桥的输出电压增加了 $2(1+\mu)$ 倍,实际要求的构件表面应变为被测应变的 $2/(1+\mu)$ 倍。

(2)电阻应变仪

电阻应变仪是一种专用应变测量放大器,属模拟电子仪器。它们一般具有三个功能:

第一,装有几个电桥补充电阻(以适用于半桥测量)并提供电桥电源;

第二,能把微弱的电信号放大;

第三,把放大后的信号变换显示出来或送给后续设备。

按测量对象的不同,应变仪分成静态电阻应变仪和动态电阻应变仪。静、动态电阻应变仪从原理上讲没有本质不同,主要区别在于:静态应变仪本质上是一台电桥平衡指示器,按电阻变化→桥路不平衡→调节平衡装置→电桥重新平衡→产生读数差→被测应变值,多点测量只需通过多点转换箱(也称平衡箱)切换而不增加放大单元。而动态应变仪测量的信号与时间有关,应变仪本身无法读值,多点测量一般需一对一配置放大单元,需要有后续记录仪器。

(3)静态应变数据采集器

静态应变数据采集器是一种基于单板计算机技术的专用数据采集器。该类采集器测量静态应变时,一台主机可以控制几百、上千个测点的测量和计算。它的特点是扫描箱触点质量好、测点多、速度快,对应变数据进行采集和简单处理都很方便。除测量应变外,它们还可以测量和处理其他物理量,如应力、温度、压力、荷载、角度、电压、功率等。这种采集器不能测量动态信号。

(4)静、动态数据采集处理系统

静、动态数据采集处理系统是基于计算机虚拟仪器技术,既能进行数据采集又能实时处理数据的测试仪器系统。

静态数据采集处理系统由多点扫描箱用 USB 接口接入计算机,用计算机程序进行如桥路平衡、灵敏度修正等系列操作,并完成静态应变采集和分析。一台笔记本可以控制数百个测点的测量和计算。目前市售静态数据采集处理系统都可连接多个接口扫描箱,量程一般为 ±20000 ~ 30000$\mu\varepsilon$。

多通道动态应变测试分析系统其实也是由一台笔记本连接多台多通道数据采集箱组成。其与静态数据采集的差别是通道之间的 A/D 转换要求,以及采样频率等都不一样。目前市售动态数据采集处理系统一般量程达到 30000$\mu\varepsilon$,A/D 转换分辨率 16bit,采样频率 >100kHz,可同时测量多个通道数据。

静、动态数据采集处理系统给实桥应变测试带来了莫大的方便,但有的(特别是动态)系统在现场测量中经常会出现各种抗干扰性差(如应变飘移、信噪比降低等)问题,应引起重视。

3. 基于应变测量技术的传感器

1)力(或荷重)传感器

力(或荷重)电测传感器多数都是用应变计技术制成的,在圆柱形弹性元件上粘贴应变计(加以特殊固化处理),已知元件截面积和实测应变值,通过标定就可求出拉、压力和荷重。

荷载试验加载车称重有时要用到这类电测传感器。

2)钢筋应力计

钢筋应力计比较简单,在一根普通钢筋上粘贴四片应变计,接成全桥,其接线桥路可参见图 6-14。在试验机上对输入力和输出应变进行率定,得到该传感器的灵敏系数。钢筋应力计一般作钢筋混凝土构件应力测试的预埋用,使用时可直接焊在钢筋网上(图 6-15),应力计随构件一起受拉(压)时,其输出应变除以灵敏系数就可得到被测应力。

钢筋应力计在实际工程上应用比较广泛,它的优点是可以直接测到钢筋混凝土构件内部钢筋的应力,使用成本较低;缺点是只能一次性使用,不能长期连续读数(事实上这也是所有基于电阻应变计测试技术仪器的共性问题)。

图 6-15　钢筋应力计

3)弓形应变传感器

弓形应变传感器(图 6-16)设计的思路并不复杂,在一片弹性特别好的弓形钢质元件上粘贴四片应变计(弓形上、下方各一纵一横),接成全桥。在试验机(或标准梁)上对输入力和输出应变进行率定,得到该传感器的灵敏系数。该应变传感器在受拉轴线上有一个固定标距(8cm 或 10cm),使用时将传感器固定在被测构件上,当应变计随构件一起变形时,其输出应变除以灵敏系数就可得到应力。

弓形应变传感器的优点是灵敏度比较高,可以避免现场贴片,传感器能被重复使用。但它对传感器元件材质本身弹性性能和制作加工工艺要求比较高。

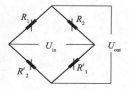

图 6-16　弓形应变传感器

4）电阻式位移计

应变计电测位移计种类很多，其做法基本是在弹性很好的位移传感元件上粘贴应变计，对输入位移和输出应变进行率定，得到该传感器的灵敏度。使用时读出应变就可换算出位移。

一种使用简单方便的滑线电阻式位移计（图 6-17），这类位移计的工作原理也是利用应变电桥进行测量。仪器内部设有四个无感电阻 R_1、R_2、R_3 和 R_4，在 R_1 和 R_2 之间串有一根电阻丝。当位移计的测杆沿导向槽移动时，带动触点在电阻丝上滑动，使桥臂上产生电阻变化，这样就把机械位移转换成了电量输出。

图 6-17　滑丝电阻式位移传感器

这种滑线电阻式位移计的量程可以从 1cm 到 20cm，精度一般高于百分表 2～3 倍。

4. 振弦式应力计

振弦式应力计是一种与前面所述应变测试技术原理上完全不同的应力传感器。振弦式应力计主要元件是一根长度、面积和质量都确定的张紧的钢丝（即振弦），在一定的预拉力情形下该振弦有一个基本频率。当传感器受拉（压）力，其钢丝的拉力产生变化时，钢弦的自振频率会发生相应的变化。电脉冲信号通过传感器内的激振线圈产生电磁力，激发钢弦作正弦机械振动，该振动使钢弦一侧的拾振线圈感应出同频的正弦电信号，通过导线传输到钢弦频率测定仪，显示出振动频率值。按照预先标定的"力—频率"关系曲线，即可得出作用在应力计上的拉（压）力。

用式子来表示，有 $\varepsilon = \alpha f^2$，这里 α 为一个与钢丝特性有关的灵敏系数；f 为钢弦计的频率。而：

$$f = \frac{1}{2L} \sqrt{\frac{F}{m}} \tag{6-5}$$

式中：L——钢丝的长度；
F——拉力；
m——钢丝单位长度的质量。

振弦式传感器的测量范围一般可达几千 $\mu\varepsilon$，测量精度 $1\mu\varepsilon$（也有 $0.1\mu\varepsilon$ 的）。

该类传感器使用比较方便，测钢或混凝土构件的应变时可直接安装在它们的表面（和引伸仪差不多），也可预埋在混凝土内部，如图6-18所示。

埋入式

外置式

图6-18 振弦式应力计

国外有产品做成图6-19式样，它的测距L[相当于引伸仪的标距，5cm（2英寸）一节]可调。

图6-19 可调测距的振弦式应力计

单个振弦式传感器可用便携式读数仪测读。多个振弦式应力计可与计算机直接连接使用。振弦计在桥梁荷载试验中的使用类似引伸仪，适合测点不多或不具有贴应变计条件的情况。

从原理上可以看出，振弦式应力计有一个初始固有频率，当它被安装在结构内部不受力时有一个对应其固有频率的初读数，这个初读数不需要电源维持，所以是一种无源传感器。使用过程中，随时读取应力变化。由于振弦式应力计的初始值（记忆）特性，它被称为智能传感器，并已被广泛使用在桥梁结构应力监测中。

现在，国内桥梁施工监测应力采用振弦式应力计十分广泛，但它的数据（受温度、传感器材质影响等产生的）漂移问题始终未得到彻底解决。为解决这一问题，除注意传感器安装细节外，还应注重品牌，选用质量可靠的产品。

四、裂缝量测仪器

桥梁工程上混凝土出现裂缝的情况十分普遍，这里所提到的裂缝均指可视性裂缝。对可视性裂缝的检测主要包括裂缝的长度、宽度和深度以及裂缝的分布和走向。裂缝的长度、分布和走向等只需通过普通几何测量即可得到，下面主要介绍裂缝宽度和深度测量仪器设备。

1. 测裂缝宽度的读数显微镜和裂缝尺

读数显微镜是可以用来测量裂缝宽度的常用光学仪器，读数显微镜种类很多，图6-20为一种便携式读数显微镜照片。该类显微镜读数精度一般为0.01mm，量程几毫米。它主要由物镜、目镜、刻度分划板和测微机械装置等组成，体积小，质量轻，便于现场使用。

裂缝尺，实质可以是一张硬质的纸片，上面刻印有许多大小不等的标准线条，见图6-21。在现场测试中，只要再配一块放大镜，用比照的方法即可方便地量测裂缝宽度。为提高卡片使用寿命,有人将裂缝尺制作成磁卡大小的厚塑料片,对这类有一定厚度的裂缝尺在实际使用时要注意视角误差。

图 6-20　读数显微镜

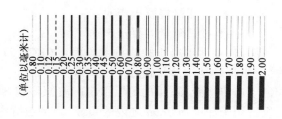

图 6-21　裂缝读数尺

混凝土桥梁荷载试验过程中,有时需要观察已有裂缝的开合情况,当多处、逐点就近观察可能有难度时,可跨裂缝安装(图 6-8)"半个"引伸仪。在裂缝的另一侧顺裂缝粘一小块角铁,用千分表直接顶在角铁竖起的面上(事先将该面整平或抛光),标距不论(只要跨裂缝即可)。如不方便读表,可用电阻式位移传感器替代千分表,以实现自动读数。

2. 裂缝深度测试仪

超声波脉冲法可以测量裂缝深度。有关非金属超声波仪器的原理请参阅本书有关章节。

用非金属超声波仪器能够测量裂缝深度的原理:当混凝土无裂缝时,如采用平测法[图 6-22b)],超声波发射探头发射的信号沿着混凝土表面行进,被接收探头接收[图 6-22a)左];当混凝土有裂缝时超声波发射探头发射的信号绕过裂缝行进,被接收探头接收[图 6-22a)右]。为测得裂缝深度,要求分别测量不过缝混凝土声时和跨缝混凝土声时,再进行相应计算。

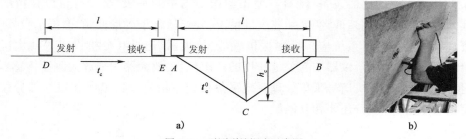

图 6-22　平测裂缝深度示意图

如图 6-22 所示,根据几何学原理 $h_c^2 = AC^2 - (l/2)^2$,因 $AC = v \cdot t_c^0/2$,而 $v = l/t_c$,故 $AC = (l/t_c \cdot t_t^0)/2$。

所以有:

$$h_c^2 = \frac{\left(\dfrac{l}{t_c} \cdot t_c^0\right)^2}{4} - \frac{l^2}{4}$$

则:

$$h_c = \sqrt{\frac{l^2 \left(\dfrac{t_c^0}{t_c}\right)^2 - l^2}{4}} = l/2 \cdot \sqrt{\left(\dfrac{t_c^0}{t_c}\right)^2 - 1} = l/2 \cdot \sqrt{\left(\dfrac{t_c^0 v}{l}\right)^2 - 1} \tag{6-6}$$

式中：h_c——裂缝深度；
     l——超声测距；
     t_c——不过缝测量混凝土声时；
     t_c^0——跨缝测量混凝土声时；
     v——不过缝测量混凝土声速。

《超声法检测混凝土缺陷技术规程》(CECS 21:2000)已列入超声波测量混凝土裂缝深度方法,使用者可具体参照施行。

由于声传播距离有限,实际用超声波探测仪测量混凝土裂缝深度有限(超声法检测规程规定仅适用于深度 500mm 之内的裂缝)。当裂缝深度过深,或受条件限制不能采用平测法时,还可采用钻孔法(图 6-23),此时超声波发射探头和接收探头分置一边,沿空洞往下行进,根据接收信号的变化判断裂缝深度。

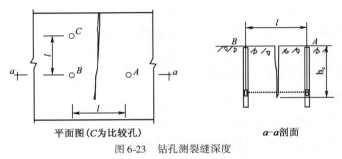

图 6-23　钻孔测裂缝深度

五、桥梁振动试验仪器设备

桥梁振动试验用的仪器设备,既有其他工程振动测量的一般性,又有自己独特的一些要求。如实桥振动经常遇到超低频、低加速度的情况,要求适合于测量低频、微振的仪器。

一套完整的测振仪器系统应包括测振传感器、放大器、记录和分析设备等几大部分。其中,测振传感器在振动测量仪器中起关键作用的一次仪表,放大器用来放大测振传感器转换的电信号;使用专用或计算机信号采集处理系统采集和记录信号。这里所述每一部分仪器除需满足特定的要求外,各部分还要相互匹配。

1. 测振传感器

测振传感器(工程上将能够把振动位移和加速度转换为电参量的测振传感器分别称为位移计和加速度计)具有把振动物理量(位移、加速度等)转换成电量的功能,它的性能好坏,直接关系到是否能真实反映原振动参数,所以在整个测振系统中测振传感器的作用非常重要。

本小节主要介绍几种桥梁结构测振中实用的测振传感器,并提出选用的原则和方法。为便于往下叙述,先熟悉几个桥梁测振术语。

1)桥梁测振术语

被测振动频率——被测桥梁的固有(自振)频率。选用传感器必须先了解被测桥梁的 1 阶或 n 阶自振频率。

测振传感器频率——测振传感器的固有(自振)频率。位移计自振频率相对较低,加速度计自振频率相对较高。

测振传感器幅频响应——传感器幅值成线性响应的频率范围,用曲线表示,纵坐标为传感器灵敏度,横坐标为频率。传感器幅频响应是测振仪器最重要的使用特性。

位移计——能反应被测物振动幅值变化的测振传感器,其相对位移的振幅近似地等于被测振动体的振幅。位移计测量振动信号时,被测物的振动频率必须大于位移计的自振频率。

加速度计——能反应被测物体加速度变化的测振传感器,其相对位移的振幅与被测振动体的加速度成正比。加速度计的可测量频率的上限一般不能超过其自振频率 0.4 倍。

2) 常用测振传感器

桥梁测振试验中常用测振传感器有以下三种:

(1) 磁电式测振传感器

磁电式传感器基本测量原理为:测量时,将传感器与被测物体刚性连接,传感器与被测物体一起振动。传感器振动时,带动内部的摆体运动,摆体处在磁场中,摆体运动时,绕在摆体上的线圈(称为动圈)切割磁力线产生感应电动势,通过合理控制可以使该电动势与被测振动形成确定的函数关系,这样就能检测出桥梁振动。

图 6-24 为某磁电式测振传感器及工作原理。

  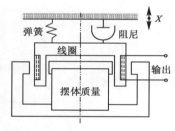

图 6-24　磁电式测振传感器及工作原理

磁电式测振传感器具有较好的低频特性,输出灵敏度比较高,频率范围一般在 0.5 ~ 100Hz 之间。磁电式测振传感器为速度型位移计,它适用于测量一般桥梁的振动。

(2) 压电式测振传感器

压电式测振传感器是一种加速度计。它的原理是利用某些晶体(如石英)的压电效应,将机械能转换成电能,如图 6-25a)所示。当被测物的频率远低于测振传感器的固有频率时,惯性质量块相对于基座的振幅,近似地与被测物的振动加速度峰值成正比。此时压电材料受到压力作用,致使加速度计产生与被测物加速度成正比的电荷。

压电加速度计可以做得很小(几克),也可以做得较大(几百克),它的突出优点是构造简单,频响范围宽。缺点是因阻抗太高,噪声偏大使其超低频特性不好。

适用于实桥的则是改进型的大质量压电式加速度计[图 6-25b)]。该类传感器质量比普通压电式加速度计大(一般为 400 ~ 500g),在传感器内部设置阻抗变换电路,把压电产生的电荷直接先转换成电压。这一转换降低了传感器电荷输出、放大过程的噪声,提高了加速度计的信躁比。由于传感器质量加大,其压电效应增加,提高了传感器灵敏度并降低了频率响应下限。

大质量压电式加速度计以其较好的超低频特性和高灵敏度以及现场使用的便捷性等优点而成为大跨度桥梁振动测试传感器的首选。

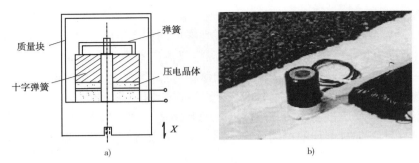

图 6-25　压电式测振传感器

(3) 伺服式测振传感器

伺服式测振传感器是一种高灵敏度的加速度计。它的基本原理是一个受感振质量激励的机电反馈系统,如图 6-26 所示。当加速度计受到沿灵敏轴方向输入的加速度时,感振质量就有运动趋势,定位探测器把它转换成电信号,由此引起伺服放大器的输出电流变化,由电流反馈到位于永久磁场中的恢复线圈,使线圈产生与感振质量经受的初始惯性力大小相等、方向相反的恢复力,故此伺服式测振传感器又叫力平衡式加速度计。

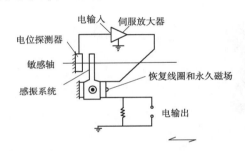 

图 6-26　伺服式测振传感器

伺服式测振传感器的优点是超低频响应性能好(几乎从零开始,比前述大质量压电式加速度计更好),特别适用于长周期、低加速度的特大跨度桥梁的振动测试。另外,因伺服传感器的输出能够精确地反映传感器灵敏轴与重力加速度方向的夹角,它还可用于倾角的精确测量。它的缺点是需提供一个直流电源,在大跨度桥上多点长导线使用时不很方便,另外其价格也偏高。

表 6-3 是实桥测振常用测振传感器,原理相近的测振传感器的性能可参考。

实桥测振试验常用测振传感器　　　　表 6-3

性　能	型　号		
	磁电式	压电式	伺服式
频响范围(Hz)	0.3~20	0.5~1000	0~100
量程(g)	±0.5	±100	±5
抗干扰性	好	好	好
适用工况	行车试验、脉动试验	行车试验,索力测量 高灵敏度也可用于脉动试验	行车试验、脉动试验

3)测振传感器的选用

了解测振传感器的主要原理和性能之后,如何根据实际测试要求合理地选用测振传感器同样是一个十分重要的问题。下面给出几点原则:

(1)灵敏度

测振传感器灵敏度当然越高越好,但在要求高灵敏度传感器的同时,应考虑到与测量无关的噪声的混入(有时它同样会被放大),所以还要求测振传感器的信噪比越大越好。

(2)频率响应

测振传感器的频率响应特性是选用传感器的基础,除需了解传感器本身的频率响应特性及其适用范围外,还要估计(或计算出)被测桥梁的自振特性,原则是被测对象的频率(你感兴趣的 n 阶)期望值必须在传感器适用范围之内。

(3)线性度

任何测振传感器都有一定的线性范围,线性范围宽表示工作量程大,但要注意量程范围与灵敏度的关系。当输入量超出测振传感器标定的线性范围时,除非有专门的非线性校正措施,否则测振传感器不应进入非线性区域。

另外,测振传感器的选用还需结合桥梁结构的特殊性:

①磁电式测振传感器性能稳定、灵敏度高、使用方便可靠,对一般自振频率在 1Hz 以上的桥梁结构都适用。类似测振传感器的不足是下限可测频率有限制(幅频特性下落),现在有些改进型的产品频率下限有所拓展,但要注意它的实际频响曲线。(当超低频率的桥梁时会碰到此类问题)

②加速度计是振动测试中用得最多的测振传感器,从原理上讲,利用它"零响应"、响应频带宽的优势可满足各种振动测试对象的要求。对大跨径桥梁的超低频($f<0.5$Hz)振动,可选用伺服式或大质量压电式加速度计。

在桥梁振动测试仪器中测振传感器最关键,它的性能好坏以及选用恰当与否是整个振动测试成败之所在,一定要引起重视。

为更好地了解测振传感器的主要原理和性能,建议读者至少读一本测振传感器方面的专业书。

2. 测振放大器

测振放大器的种类很多,其输入和输出特性、频响特性等往往都是根据测振传感器而定,将传感器信号真实地放大、输出又能适应各种下一级仪器要求。如磁电式传感器通常只要求匹配带有微积分电路的电压放大器,以便求得速度、加速度等力学量;压电式加速度计因为它的输出阻抗相当高,一般配电荷放大器,但大质量的压电式加速度计因已在传感器内部实施了阻抗变换,所以可直接接电压放大器。总之,放大器选用应注意与测振传感器的匹配性能。

有关放大器这部分内容,这里不作详细介绍,具体可参阅有关书籍资料。

3. 滤波器

在测试系统中,测振传感器拾取的信号一般会有比较宽的频带,有时也会包含许多与测量无关的信号(噪声)成分。滤波器能够提取感兴趣的频率并去掉那些噪声信号,即可以使信号中有用的成分通过,滤去不需要的成分。桥梁测振中最常用的是低通滤波器,有时也用带通滤波器。

现在一些测振放大器,把滤波器置于放大器前端并与放大器为一体的"滤波放大器",其低通滤波频率可以设到很低(1Hz)很细。测振时,先把测振传感器感应的信号按需要的频率进行滤波,再把获取的感兴趣的低频信号进行放大,这对提高超低频信号的信躁比很有用处。使用该类"滤波放大器"要注意低通滤波频率的设置。和传统信号处理(在放大器后做低通滤波)频率可反复调试不一样,使用该类放大器时,现场一经设置、测量,所采集到的数据频率上限(即低通滤波频率)不可再变,故有漏测感兴趣频率的风险。相关内容参见本章第四节桥梁动载试验"一、桥梁动力特性参数测定"之"环境随机振动法"。

4. 信号分析处理设备

20世纪90年代前后,一些国外进口的专用信号分析处理设备曾被广泛应用于振动测试,它们以快速傅立叶(FFT)变换为核心,对振动信号进行采集、分析。随着计算机软硬件技术的发展,现在便携式动态信号采集分析系统的使用已十分普及。它们方便地将信号采集、显示、记录和处理分析功能集合在一起(图6-27)。操作界面友好,使用和携带都十分方便。目前早已商品化的国内动态信号采集分析系统的性能和价格均优于国外同类产品。

5. 测振仪器的标定

"标定"是整个测振过程中重要的一环。任何一次使用单台或是整套仪器系统都有标定问题。考虑到实桥测振一般以整套仪器的系统标定居多,这里只介绍现场系统标定方法。

在桥梁现场做系统标定一般采用参考点标定法。把多个测振传感器集中放置在某参考点上(图6-28),连接、设定、调整好所有仪器(包括传感器、导线、放大器通道和衰减挡等),逐通道编号。按实际制定的桥梁测振方案,完整测试、记录一个"标定"工况。通过该工况的数据处理,获得整个测振系统各通道信号之间的灵敏度、时域响应、频率峰值响应等绝对和相互关系。

图6-27 动态信号采集分析系统

图6-28 现场标定法

现场系统标定方法对振型测量特别方便,是实际工作中经常采用的方法。

第二节 荷载试验准备

桥梁荷载试验包括静载试验和动载试验。为使桥梁荷载试验顺利实施,首先要做好试验的总体设计和组织工作。试验组织者必须熟悉荷载试验的各个方面,做好准备阶段、荷载试验阶段和试验数据整理阶段等三个阶段的工作(图6-29)。

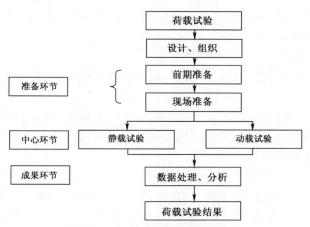

图 6-29 桥梁荷载试验各环节框图

图中准备环节是十分重要的基础工作,试验准备的好坏将直接影响整个试验的质量。作为中心环节,加载试验阶段是试验成败的关键,实际也是对各项准备工作、试验队伍素质的考核。试验成果最终会体现在试验数据上,当然它也是进一步做结构评估的基础。

实桥荷载试验组织准备工作一般包括试验前期准备和现场准备。前期准备工作主要有:资料收集,试验方案拟定,仪器配套以及相应的试验计算等。现场准备工作则有:荷载准备,工作脚手架和桥检车,测点、测站布置等。

一、前期准备

1. 资料收集

1) 书面资料

组织桥梁荷载试验时要向有关部门收集与试验有关的设计资料,仔细阅读与试验有关的文献资料,以便对试验对象有透彻的了解,并对试验进行必要的分析计算。

荷载试验需要收集的资料一般有:

(1) 结构的设计资料:如设计图纸、相关计算等,必要时还要设计的原始资料。

(2) 结构的施工资料:如竣工图纸、材性试验报告、有关施工记录、隐蔽工程报告和重要质量差错报告等。

(3) 对有些桥梁,须收集试验前结构尺寸变化的数据资料,如拱轴线的变形、墩台和拱顶的沉降观察资料等。

2) 现场资料

收集书面资料的同时,应该对桥梁试验现场进行踏勘,收集有关资料。

(1) 找负责设计、施工、监理或养护部门的工程师,了解与试验对象有关的设计、施工、监理和养护等问题,了解得越多越好。

(2) 对实桥进行踏勘,了解结构物的现状、周围的环境条件和试验条件。

2. 试验方案拟定

拟定试验方案是桥梁荷载试验前期准备工作中最重要的环节。通过分析收集到的有关资

料,充分了解试验对象以及试验现场的情况后,根据试验目的和客观条件着手拟订试验方案。一个完整的桥梁荷载试验方案应包括:

1)试验对象工程概况

主要叙述试验对象的结构、与设计和施工有关的技术资料、试验任务的性质等基本情况。

2)试验目的和要求

试验目的是桥梁荷载试验之纲,如新建桥梁的交竣工验收、旧桥承载力评估或改建加固等的试验目的和要求既有相似之处,又各有侧重。所以试验目的一定要非常明确,有了明确的目的才能提具体要求,才能有具体内容。

3)试验内容

要详细列出试验检测内容,实桥静力荷载试验一般应包括被测试结构哪些参数,如变形、应力(应变)、裂缝等。

4)试验方法

这部分内容要定得很细,包括荷载的考虑、测点布置、仪器选用以及具体的测试步骤等,并列出试验程序(工况)表。具体应考虑以下几点:

(1)荷载

必须依据设计荷载的大小并根据现场可能提供荷载的情况来拟定试验加载方案。

对实桥荷载试验,有一个试验加载效率的概念。拟订方案同时或之前,应进行必要的与试验有关的计算,如计算试验荷载作用下主要测试断面的内力或变形控制值,静力加载效率等(参见本章第三节桥梁静载试验)。

鉴于方便和实用的理由,现场实桥试验荷载一般选用三轴载重车辆(图6-30),很少采用其他(有些无行车条件的桥梁也采用水箱、堆物等)加载形式。方案须列清楚车辆的种类、吨位、数量以及要求车辆的轴重、总重等。

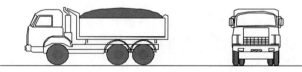

图6-30 试验载重车辆

确定荷载大小和加载方式后,需编制加载细则,一般要求具体到每个工况。

(2)测点和测站布置

根据试验的目的要求,应用桥梁专业知识,考虑各种桥梁体系的受力特点,还要结合测试技术的可行性,确定被测桥梁的控制断面和测点布置。

各种桥梁体系的主要部位是一般静载试验必须观测的部位。方案上应画出结构简图,注明测点测站的位置、测点总数和测站数等。

(3)选用仪器设备

方案要列出试验选用仪器设备的型号、数量等。

5)试验程序(步骤)

一般可列一张工况流程表,列清楚试验的工况序号,加载方式(纵向、横向怎么布置,荷载如何分级),测读内容,时间间隔等内容。

6) 参加试验的人员安排

对于规模较大的桥梁荷载试验,通常需要较多的测试人员,有时单靠某一个单位的专业测试人员不够,需要几个单位的测试人员合作;另外,是否需要临时找辅助人员,具体怎样安排等,方案中均应提出。

7) 试验时间安排

方案要列出整个试验的进度计划。

8) 安全措施

现场交安措施,试验人员、结构物、加载设备和测试仪器等的安全措施等。

9) 其他

方案中有哪些未定因素、一些补充说明内容等须提出来。

一些特别重要的桥梁荷载试验方案,还需要经过专家评审。

试验方案拟订以后,应分发给参加试验的有关单位和个人,并着手测试仪器设备的准备和试验人员的组织。

3. 仪器配套以及相应的试验计算

按照已经拟定的"试验方案"准备仪器(选用和配套)。

1) 选用原则

试验仪器的选用原则是必须确保试验仪器的规格、数量、测试精度等都能够满足试验的要求,以保证试验顺利进行。

(1) 根据被测对象的结构情况,选择精度和量程。如被测对象是一座大跨度桥梁,它的试验挠度期望值达几十厘米,那么选精度为毫米级的量测仪器足够;反之测一座小跨径桥梁的挠度,毫米级的量测精度就不够;等等。

(2) 根据现场环境条件,选择仪器种类。如一座桥上应变测点很多,就应考虑在设置测站方便的同时,选用有合适测点的多点测量仪器,还要估计导线的长短;又如现场有电磁干扰源存在则须带抗干扰性能比较好的仪器,必要时宁可采用机械式仪器。

(3) 选用可靠性好的仪器。实桥试验往往是一次性的,仪器使用性能的可靠与否至关重要。

(4) 尽量考虑仪器设备的便携性,就轻弃重,能小不大。

(5) 要强调经验。一个有经验的试验人员一般能做到对每次试验所需的仪器设备胸中有数,同样一个有经验的试验检测单位都应配备有几套适合不同要求的仪器设备供选用。

2) 配套准备

试验用的仪器一经选定,试验前期还应做好配套准备工作。具体有:

(1) 对所有被选用的仪器设备进行系统检查。各级仪器要逐一开机,从整机到通道进行调试。各类表具要逐个检查,要保证带到现场去的仪器设备质量的完好。

(2) 如有需要,对所有仪器设备进行系统标定,逐个编号。

(3) 根据测点和测站位置,备齐备足测量导线,每根导线都要逐一检查并使完好。如连接应变计的导线,可以预先焊好锡,以减少现场工作量。

(4) 对初次使用的仪器设备或第一次要做的测试内容,先进行模拟测试,使测试人员熟悉测试过程和仪器操作。

仪器设备的完善配备,某种程度上是建立在从事试验的单位和人员平时对仪器的性能熟悉并正确维护的基础之上的,要十分认真地对待这项工作。有不少试验,场面颇大,试验结果却不理想,究其原因往往是测试仪器这一关没能把握住,所以要保证现场试验的成功,必须充分重视仪器设备的准备和使用。

二、现场准备

一般情况下,试验现场的具体准备工作要占去全部试验的大部分工作量,要保证试验的成功,这部分工作必须有条不紊地进行。

1. 荷载准备

荷载(车辆荷载或重物荷载)准备工作要有专人负责准备。

1) 车辆加载

(1)落实车辆型号、数量和装载物。

(2)车辆过秤。在有条件的地方,用地磅称重比较方便,过磅时除称总重外,还要分轴称出各车轴的轴重。在没有地磅的地方,也可用移动电子秤称重。

(3)记录下每辆车的车号、轴距、轮距和轴重指标。

(4)分批编号。按实际轴重和车型编号,对大型桥梁试验用车较多的情形,还要考虑多辆车横向重量的均匀性,以减少计算误差。

(5)对准备做动载试验的车辆,还要求车上时速表准确灵敏,以控制车速。

2) 重物加载

当确定选用重物加载,且加载仅为满足控制截面内力要求时,可采用直接在桥面堆放重物或设置水箱的方法加载。试验前应采取可靠的方法对加载物进行称量,采用水箱或采用在桥面直接堆放重物加载时,可通过测量水体积或堆放重物的体积与重度来换算加载物的重力,分级加载也一样。加载物的堆放应合理。

由于重物加载准备工作量大,加卸载所需周期一般较长,试验受温度变化、仪器稳定性等影响较大,所以实桥加载试验选用重物加载的情况不多。以下不再叙述这部分内容。

2. 工作脚手架和桥检车

比较多的桥梁检测需要工作脚手架,供测试人员粘贴应变计或安装其他表具等;对一些使用相对式仪器测量变形的情况,人员工作脚手架和架设仪器脚手架要分开设置。

目前,桥梁检测车已经十分普及,在许多无架设脚手架条件的地方有很大的优势。

3. 测点、测站布置

实桥测点布置的具体工作就是按试验方案放样,测站布设则要根据现场情况确定。

1) 应变测量准备

应变测点如果比较多,那么这部分准备工作会占据整个试验现场准备大部分工作量,其一般内容有:

(1)放样。把方案上的测点布置到桥上,在准备粘贴应变片测点上,预画定位线、线定准位置和方向(对应变花尤其重要)。

(2)粘贴应变计。包括对试件表面的前处理,贴片,焊接等。必须指出,钢筋混凝土受拉区应变测点应(凿去保护层混凝土)粘贴在钢筋上,全预应力混凝土构件可直接在混凝土表面粘贴。

(3)检查绝缘度。对钢筋测点和混凝土测点绝缘电阻有最低要求(一般>100Ω)。

(4)敷设测量导线。把所有编号导线与测点一一对应焊好,另一端拉到测站位置,绑好捆牢。测量导线的长短与测站的设立位置有关,所以测站设置时要尽可能考虑优化(尽量不用过长导线)。

(5)全部测点接线完成之后,调试仪器,逐点检查,对质量不好的测点,要查出原因予以更正,必要时重新贴片。

(6)防潮。野外条件下温度、湿度影响比较大,要注意及时采取防潮措施。短期使用时可用无水凡士林或703胶等;长期使用情况要用专门配制的防护剂,如环氧树脂掺稀释剂和固化剂。

2)变形测量准备

变形测量包括挠度、支座位移、桥塔水平位移等内容,凡是考虑要布置测点的地方,都要做必要的准备,怎样准备往往与具体采用的测量方法有关,表6-4略举大概。

变 位 测 量 方 法　　　　　　　　　　　表6-4

测 试 内 容	采 用 方 法	准 备 工 作
挠度	挠度计	打木桩,吊钢丝,安装挠度计
	连通管	立标尺,排管子,接三通,备好储水器具
	位移计	搭设工作支架(仪器和人用分开)
	精密水准仪	在桥上布置搁尺位置点
	(高精度)全站仪	在桥上布置棱镜
支座变位	百分表、倾角仪	安装表架、表具、设备
桥塔水平位移	全站仪	标清测点、找好测站或布置棱镜

注:采用光学测量仪器时,测试前需要踩点确定架设仪器的位置。

4. 其他准备

(1)桥上画停车线。按方案排定的工况,用醒目涂料或油漆在桥面行车道上画停车线,停车线要画得清楚、醒目。

(2)如要测裂缝,须在试验梁上画格子线,一般先在试件上刷一层薄薄的石灰水,然后画格子线(格子线不宜太密)。

(3)运营中桥梁做荷载试验有交通问题,试验前要统筹好桥上交通和桥下航道的管制问题。试验如在夜间进行,要做好照明准备工作。

第三节　桥梁静载试验

桥梁静载试验是桥梁荷载试验的主要内容,它是评估桥梁成桥质量和结构承载能力等最为成熟的基本方法。

一、试验计算

桥梁静载试验应进行必要的与试验有关的计算,如计算试验控制荷载、静力加载效率、试验荷载作用下主要测试断面的内力或变形控制值等。所有相关计算结果是试验荷载大小、加载等级等的理论依据,也作为试验加载响应的期望值。

(1)试验控制荷载确定

试验控制荷载根据与设计作用(或荷载)等级相应的活载效应控制值或有特殊要求的荷载效应值确定。以使控制截面或断面产生最不利荷载效应(内力和变形最大)荷载作为试验控制荷载。

具体计算时,应选择设计计算活载作用下能够产生最大截面应力和变形的控制截面或位置,某些特殊桥梁还需考虑对关键构件的专项加载计算。

试验控制荷载计算通常根据桥梁设计图纸采用各种通用的有限元程序建立平面或空间有限元模型,简单结构也可以采用手算确定。旧桥控制荷载确定还需结合实际桥梁技术状态评定结果。

(2)试验荷载确定

根据 JTG/T J21-01—2015,对交、竣工验收荷载试验,静载试验荷载效率系数 η_q 宜介于 0.85~1.05 之间;其他静载试验,η_q 宜介于 0.95~1.05 之间。

静载试验效率 η_q 按式(6-7)计算:

$$\eta_q = \frac{S_s}{S \times (1 + \mu)} \tag{6-7}$$

式中:S_s——静载试验荷载作用下,某一加载试验项目对应的加载控制截面内力或位移的最大计算效应值;

S——控制荷载产生的同一加载控制截面内力或位移的最不利效应计算值;

μ——按规范取用的冲击系数值。

实际工程上,选用车辆荷载进行加载时,要综合试验荷载效率 η_q、与设计活荷载的等效性、车辆的机动性等因素。

下面举一简支空心板梁旧桥确定试验荷载例子,说明如何确定试验荷载效率。

20m(计算跨径19.3m)单跨预应力混凝土空心板梁桥,梁宽99cm、高75cm,车行道宽11m,横向12片梁。原设计荷载汽车—超20级、挂车—120验算;同时用公路—Ⅰ级校验(该桥改建后拟将荷载等级提到公路—Ⅰ级)。

①截面特性计算(表6-5)

空心板梁截面特性　　　　表6-5

截面类型	截面面积(m²)	中性轴至下缘距离(m)	惯性矩(m⁴)
毛截面	0.4150	0.349	0.0278

②控制内力计算

a.荷载横向分布系数计算

采用铰接板梁法计算板梁跨中荷载横向分布系数,分别输入各片梁的抗弯、抗扭惯矩、桥面板沿梁长方向单位长度的抗弯惯性矩和悬臂长度,结果如表6-6所示(这部分内容可电算,也可以查表、手算)。

荷载横向分布系数(按二车道) 表6-6

	梁号	1	2	3	4	5	6
跨中	m_c	0.219	0.218	0.214	0.209	0.197	0.184
	梁号	7	8	9	10	11	12
	m_c	0.184	0.197	0.209	0.214	0.218	0.219

注:规范规定多车道折减后的效应不得小于二车道,本例三车道折减后系数值小于二车道。

b. 控制内力计算

计算上部结构成桥使用阶段汽车—超20级和公路—Ⅰ级(计冲击系数)主要控制截面的内力,如表6-7"设计控制值"一栏。

主要控制截面的内力 表6-7

内力名称	跨中弯矩(kN·m)		支点剪力(kN)	
设计荷载等级	汽车—超20级	公路—Ⅰ级	汽车—超20级	公路—Ⅰ级
设计控制值	4150	4736	1108	1094
试验计算值	4221		1073	
加载效率 η_q	1.02	0.89	0.97	0.98

c. 试验加载效率计算

采用控制内力同样的计算方法(也可利用表6-6横向分布系数手算)将选定的试验车辆加到桥跨上,算出试验荷载作用下控制截面内力和加载效率 η_q,如表6-7所示后两栏。

试验加载计算的基本内容是比较常规的结构分析,也是土木工程师必备的技能之一。

二、加载试验

正式加载试验是整个实桥静载试验的核心内容,也是对试验准备工作的考核。

实桥静载试验一般安排在晚上进行,主要是考虑加载时温度变化和环境的干扰。如果这种干扰不大或对试验数据不会产生任何影响(如适逢阴天),不一定非要安排在晚上。

加载试验过程如下:

1. 静载初读数

静载初读数是指试验正式开始时的零荷载读数,不是准备阶段调试仪器的读数。从初读数开始整个测试系统就开始运作,测量、读数记录人员进入状态各司其职。

2. 加载

JTG/T J21-01—2015 规定:试验荷载应分级施加,加载级数应根据试验荷载总量和荷载分级增量确定,可分成3~5级。当桥梁的技术资料不全时,应增加分级。重点测试桥梁在荷载作用下的响应规律时,可适当加密加载分级。

加载过程中，应保证非控制截面内力或位移不超过控制荷载作用下的最不利值。

当试验条件限制时，附加控制截面可只进行最不利加载。

加载时间间隔应满足结构反应稳定的时间要求。应在前一荷载阶段内结构反应相对稳定、进行了有效测试及记录后方可进行下一荷载阶段。当进行主要控制截面最大内力（变形）加载试验时，分级加载的稳定时间不应少于 5min；对尚未投入营运的新桥，首个工况的分级加载稳定时间不宜少于 15min。

3. 加载控制

JTG/T J21-01—2015 规定：应根据各工况的加载分级，对各加载过程结构控制点的应变（或变形）、薄弱部位的破损情况等进行观测与分析，并与理论计算值对比。当试验过程中发生下列情况之一时，应停止加载，查清原因，采取措施后再确定是否进行试验：

（1）控制测点应变值已达到或超过计算值。

（2）控制测点变形（或挠度）超过计算值。

（3）结构裂缝的长度、宽度或数量明显增加。

（4）实测变形分布规律异常。

（5）桥体发出异常响声或发生其他异常情况。

（6）斜拉索或吊索（杆）索力增量实测值超过计算值。

4. 卸载读零

一个工况结束，荷载退出桥面。各测点读回零值，同样要有一个稳定过程。

试验加卸载要求稳定后读数，实际要观测结构残余变形或残余应变，当结构变形或应变在卸载后不能正常回复时，反映的可能是结构承载能力不足或其他原因，需要仔细分析。

5. 重复加载要求

试验过程中必须时时关心几个控制点数据的情况，一旦发现问题（数据本身规律差或仪器故障等）要重新加载测试。对一些特大桥的主要加载工况，一般也要求重复加载。

三、试验数据整理

整理桥梁现场试验数据，不仅要求有一份完整的原始记录，还要用到一些数据处理方面的知识，同时又要求整理者有桥梁专业方面的知识。从试验总体上说，它还是每个试验程序的结束环节，必须予以充分重视。

通过静载试验得到的原始数据、曲线和图像等是最重要的第一手资料，应该特别强调现场试验数据的原始记录的重要性，对每一份现场记录（无论是数据还是信号）都要求完整、清晰和可靠。另一方面，有些原始数据数量庞大，也不直观，不能直接用来进行结构评估，所以必须对它进行处理分析。

1. 荷载

整理实际荷载的载重、加载工况等，因为实际布载位置、大小等可能会与方案要求的不一样。整理出来的荷载数据，一方面用以结构分析，另一方面会与试验数据结果直接有关。

（1）列出试验加载效率表，（如采取分级加载方法的）还要列出分级加载表。

（2）制作实际载重明细表，表中详细列出加载车辆的型号、车号及其试验时的编号、轮轴距、理论质量和实际载重（包括各轴轴重和总重）等。

（3）绘制荷载的纵、横向（包括对称加载和偏心加载）布置图，并标明具体尺寸。

2. 位移

桥梁位移包括挠度和各种非竖向位移（如拱桥桥轴线的两维变位，斜拉桥索塔的水平变位等）。

实测值和计算值一般都要求画成曲线并放在一起，或列出一张比较表，等等。有的桥梁挠度数据整理时，还应考虑支座位移的影响。

3. 应力和应变

（1）实测应变的修正

应变测试中，出现应变计灵敏系数 $K \neq 2$，或导线过长或过细使导线电阻不能忽略等情况时，需要对实测应变结果进行修正（一般这类因素对测值的影响小于1%时可不予修正）。在计算机控制的数据采集系统里，灵敏系数等修正都可以事先设定，直接得到 ε。

（2）应力、应变的换算

应变计测试结果一般为应变值，而人们感兴趣的往往是应力。对钢结构而言，弹性模量稳定，应力和应变关系是常数乘积关系；对钢筋混凝土或预应力混凝土结构来说，不管是混凝土上测得的应变还是钢筋上测得的应变换算成混凝土应力，都有一个实际弹性模量的取值问题。解决这个问题的办法，一是用取芯实测数据（对新建桥梁可采用回弹推算值或试块数据），二是取桥梁设计规范给出的混凝土弹模值。对有些试验（如极限破坏试验），有时直接以应变指标衡量。

弹性模量确定以后，各种应力状态下测点应力均可按材料力学公式进行计算。

（3）实测与计算的比较

控制断面应力是衡量桥梁结构实际强度的重要指标。具体衡量指标为试验荷载作用下，各主要控制断面测点应力的实测值与计算值的比值。

由于实桥试验往往是按设计基本荷载施加的，故计算截面上各点的应力，对钢结构或预应力混凝土结构一般仍用普通材料力学的弹性阶段方法；对钢筋混凝土结构，可根据断面内力的大小并考虑断面开裂情况采用相应的计算方法。

断面应力的计算值和实测值应列在同一张表内并做成曲线（或图），以便比较。根据需要还可绘制各加载工况下控制截面应变的分布图、截面应变沿高度分布图等。

混凝土结构应力实测值（和变形反映整体不一样）有时会发生局部偏大或偏小问题，当实测值与计算值之间的差别超出正常允许误差范围时应该仔细分析，找出原因。如一些大跨径预应力混凝土桥梁跨中控制断面的应力校验系数有时会超过1或远小于1，原因是合龙段（或附近）混凝土存在（有时肉眼看不见）裂缝，粘贴在其表面的应变计跨过该裂缝或靠近裂缝就会产生偏大或偏小的读数。

4. 残余位移（或应变）

残余位移（或应变）是一个加卸载周期后结构上残留的位移（或应变）。静载试验数据整理中,要关注各测点实测位移与应变的残余值。

总位移(或应变): $S_t = S_l - S_i$

弹性位移(或应变): $S_e = S_l - S_u$

残余位移(或应变): $S_p = S_t - S_e = S_u - S_i$

式中:S_t——加载前测值;

　　S_l——加载达到稳定时测值;

　　S_u——卸载后达到稳定时测值。

用相对残余位移(或应变)来表示:

$$\Delta S_P = \frac{S_p}{S_t} \times 100 \tag{6-8}$$

式中:ΔS_P——相对残余位移(或应变)(%)。

主要控制测点的相对残余位移(或应变)越小,说明结构越接近弹性工作状况,相对残余位移(或应变)不宜大于20%。当大于20%时,表明桥梁结构的弹性状况不佳,应分析原因,必要时再次进行荷载试验加以确定。

5. 校验系数 λ

校验系数 λ 应包括应变(或应力)校验系数及挠度校验系数,其值应按下式计算。

$$\lambda = \frac{S_e}{S_s} \tag{6-9}$$

式中:λ——校验系数;

　　S_e——控制荷载产生的同一加载控制截面内力或位移的最不利效应计算值;

　　S_s——某一加载试验项目对应的加载控制截面内力或位移的最大计算效应值。

常见桥梁结构试验的应变(或应力)、挠度校验系数应符合表6-8的常值范围。

常见桥梁结构校验系数常值表　　　　表6-8

桥 梁 类 型	应变(或应力)校验系数	挠度校验系数
钢筋混凝土板桥	0.20～0.40	0.20～0.50
钢筋混凝土梁桥	0.40～0.80	0.50～0.90
预应力混凝土桥	0.60～0.90	0.70～1.00
圬工拱桥	0.70～1.00	0.80～1.00
钢筋混凝土拱桥	0.50～0.90	0.50～1.00
钢桥	0.75～1.00	0.75～1.00

6. 裂缝

裂缝图应按试验过程中裂缝的实际开展情况进行测绘,当裂缝数量较少时,可根据试验前后观测情况及裂缝观测表对裂缝状况进行描述。当裂缝发展较多时应选择结构有代表性部位描绘裂缝展开图,图上应注明各加载程序裂缝长度和宽度的发展。

图6-31 是一段 T 形梁的裂缝图示意。对于 T 形或矩形截面的梁,可以先画出梁底面和两测面的展开图,然后在图上画出裂缝的走向,标清楚裂缝的宽度及相应的荷载大小。

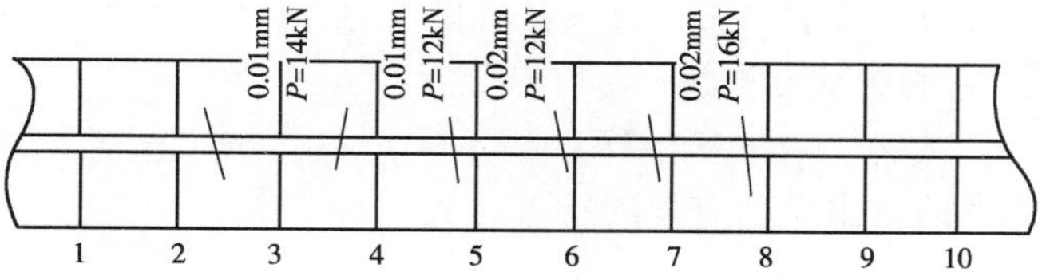

图 6-31 裂缝图示意

JTG/T J21-01—2015 规定：混凝土桥梁裂缝及其扩展情况的评定分析应符合：

（1）试验荷载作用下新桥裂缝宽度不应超过《公路钢筋混凝土及预应力混凝土桥涵设计规范》(JTG 3362—2018)规定的容许值,卸载后其扩展宽度应闭合到容许值的 1/3。

（2）卸载后,试验荷载作用下在用桥梁的裂缝宽度不宜超过《公路桥梁承载能力检测评定规程》(JTG/T J21—2011)的规定。

（3）超过上述规定时,应结合校验系数的计算结果,分析原因,采取措施。

第四节　桥梁动载试验

桥梁是承受动荷载的结构物,针对日常运营过程中各种各样的桥梁动态问题,我们不仅要研究桥梁结构本身的动力特性,还要研究由车辆移动荷载引起的车致振动以及其他动力响应等等。桥梁动载试验是实现上述关注或研究的一个重要手段。

桥梁动载试验涉及的问题和所有工程振动试验研究的问题相似,基本可以归为三个方面：桥梁外部振源、结构动力特性和动力反应。

桥梁外部振源是引起桥梁振动的外作用（包括移动车辆振动的激励或风、地震等）。

结构动力特性是桥梁的固有特性,主要包括三个主要参数（频率、振型和阻尼）,它们是桥梁动态试验中最基本的内容。

动力反应表示桥梁在特定动荷载作用下的动态"输出",桥梁结构动力响应主要参数为动应力、动挠度、加速度等。

本节主要叙述桥梁结构动力特性参数及其试验测定的方法,介绍桥梁（在移动车辆荷载作用下）结构动态响应的测试内容和方法。

一、桥梁动力特性参数测定

结构动力特性参数,也称结构自振特性参数或振动模态参数,其内容主要包括结构的自振频率（自振周期）、振型和阻尼比等,它们都是由结构形式、建筑材料性能等结构所固有的特性所决定的,与外荷载无关。

为叙述方便,先通过最简单的物理模型说明这些特性参数的概念,而后再介绍如何通过试验手段去获得这些参数。

1. 动力特性参数

图 6-32 是一根自由端作用一集中质量 M 的悬臂梁,假定只考虑 y 方向的自由度并不计梁

自重,以 $M\ddot{y}$ 表示惯性力,$C\dot{y}$ 表示阻尼力,Ky 表示弹簧力,$p(t)$ 表示外作用力。这是一个典型的单自由度振动体系,它的振动方程为:

$$M\ddot{y} + C\dot{y} + Ky = p(t) \tag{6-10}$$

如果 $p(t)=0$,体系的自由振动方程的解可写成:

$$y = A\exp(-\zeta\omega t)\sin(\sqrt{1-\zeta}\,\omega_{\mathrm{d}}t + \varphi) \tag{6-11}$$

把式(6-11)画成曲线,如图6-33所示。

图 6-32 悬臂梁动力特性示意

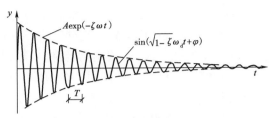

图 6-33 自由振动衰减曲线

下面通过图6-32和图6-33,讨论几个动力特性参数:

(1)自振频率和自振周期

自振频率是动力特性参数中最重要的概念,物理上自振频率指单位时间内完成振动的次数,通常用 f 表示,单位为赫兹(Hz);也可以用圆频率 $\omega(\omega=2\pi f)$ 表示,单位为 1/秒(1/s)。

自振周期(T)物理上指物体振动波形重复出现的最小时间,单位为秒(s),它和自振频率互成倒数关系 $T=1/f$,由于这种倒数关系,工程中一般并不专门区分频率和周期的表达。

对图6-32所示悬臂梁:

$$f = \frac{1}{T} = \frac{1}{2\pi}\sqrt{\frac{K}{M}} \tag{6-12}$$

式中:K——悬臂梁结构的刚度;

M——梁端部的集中质量。

可见结构的自振频率只与结构的刚度和质量有关,并与刚度 K 成正比,与质量 M 成反比。对多自由度情况,以上关系同样存在,一般每个自由度都对应有一个自振频率,通常把多个频率按数值从小到大排列成1阶(也称作基本频率)、2阶、…、n 阶频率。

(2)阻尼

阻尼是存在于结构中的消耗结构振动能量的一种物理作用,它对结构抵抗振动有利。结构工程上假定阻尼属黏滞阻尼,与结构振动速度成正比并习惯以一个无量纲的系数 ζ(阻尼比)来表示阻尼量值大小。

阻尼比 ζ 定义为阻尼系数 C 与临界阻尼 $C_{\mathrm{c}}=2M\omega$ 的比值,即:

$$\zeta = \frac{C}{C_{\mathrm{c}}} = \frac{C}{2M\omega} = \frac{C}{2\sqrt{MK}} \tag{6-13}$$

由图6-33知,阻尼比的大小决定了自由振动衰减的快慢程度,从结构抵抗振动的工程意义上说,一般都希望这种衰减作用能够对结构有利。

在多自由度振动体系中,每一个频率都对应有一个阻尼比。必须指出,阻尼比是(且只能是)试验值。

（3）振型

振型是结构上各点振幅值的连线，它不是结构的变形曲线。

结构动力学认为对应每一个固有频率，结构都有并只有一个主振型。一般情况下，结构线性微幅振动时其可能的自由振动都是无数个主振型叠加的结果；特定条件下结构（被外界激励源激出纯模态时）会按某一自振频率及其相应主振型振动。

具体如对某一根梁来说，它的振型曲线是由沿梁长度方向的多点振动幅值的相对值决定的，详见图 6-36。

2. 动力特性参数测定

测定实桥结构动力特性参数的方法主要有自由振动衰减法、强迫振动法和环境随机振动法等。从桥梁测试技术的发展来说，自由振动衰减法和强迫振动法是用得比较早的方法，它们得到的数据结果往往简单直观，容易处理；环境随机振动法是一种建立在概率统计方法上的技术，它以现场测试简单和数据后续处理计算机化的优势进入桥梁振动测试领域。随着随机振动试验计算机数据分析设备和软件的普及，原则上，自由振动法和强迫振动法得到的试验数据结果也都可以用计算机技术去处理分析。因此，这里三种方法的区别，实际上只剩下激振方法或有无激励的区别。

为更好地了解桥梁结构动力特性测试各种方法并加以贯通理解，下面以三种方法为题分别叙述具体做法。

1）自由振动衰减法

给结构一个初位移或初速度使结构产生振动，因结构的自振特性只与它本身的刚度、质量和材料等固有形式有关，故无论施加何种方式的力、初位移或初速度大小（当然在结构受力允许条件下），只要求能够激发起结构的振动并能够测到结构的自由振动衰减曲线。通过对该曲线的分析处理可以得到一些自振特性参数。

能使桥梁产生自由振动的方法很多，撞击、跳车、突然释放等（只要求给结构一个瞬态激振力），实际做起来，这一类方法比较活，往往根据不同的要求因地制宜。如为测竖向振动可采用跳车、撞击等方法；为测横向或扭转振动可采用突然释放、撞击等方法，见图 6-34。

现场测试前，测试仪器要先行调好，特别是放大器的衰减挡要得当，以保证仪器能够记录到完整的瞬态响应信号；此外，同样工况一般要求重复几次以利数据分析。

实测自由振动衰减曲线的典型形状如图 6-33 所示，通过对它的分析可以求出频率、阻尼和振型等参数。

如直接通过波形的单个（或 m 个）周期 t（m 个 t），可求得：

$$f = \frac{m}{t_m} \tag{6-14}$$

如求阻尼，可在图 6-33 中取第 n 个和第 $n+m$ 个峰值，相除之并两边取对数，求桥梁结构自由振动频率对应的阻尼比。

$$\delta \approx 2\pi m \zeta \tag{6-15}$$

或

$$\zeta = \frac{\delta}{2m\pi} \tag{6-16}$$

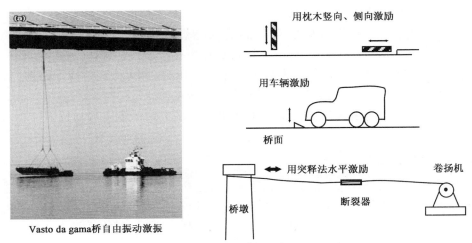

图 6-34 施加外作用力使结构产生自由振动

直接按照记录曲线绘制振型,能得到自由振动频率对应的振型,具体做法和强迫振动法中一样,见下一小节。

自由振动衰减法的优点是激励形式可以多变,比较容易实现,对于一些只要求得到结构基本频率或较其他低阶频率是很方便的,对测试仪器的要求也不高。所得到的频率(特别是基频)对应的阻尼比也比较准确。

2)强迫振动法(共振法)

实桥强迫振动法通常是利用激振器械对结构进行连续正弦扫描,根据共振效应,当扫描频率与结构的某一固有频率相一致时,结构振幅会明显增大,用仪器测出这一过程,绘出频率-幅值曲线(共振曲线),通过曲线得到结构的自振特性参数。

把激振器按要求安装在桥上,根据理论计算得到的期望值对桥梁结构进行扫描激振,同时记录下扫描过程中的输出幅值,把它与相应的频率分别作为纵、横坐标,画出如图 6-35 所示的曲线。

所谓扫描激振,是指用正弦信号控制激振器在一定频率范围内进行扫描,理论上控制信号也可以不是正弦波,而用其他周期波或随机波。但这只适用于模型振动试验,实桥因需采用庞大的机械式激振器进行激励,非周期信号不易实现。

实桥强迫振动实施过程中有些技术问题必须注意:

(1)选择合适的激振点,激振点应避开节点,放在理论振型的极值位置附近。

(2)适当、牢固地安装激振器。

(3)扫描找共振频率。要注意共振峰附近的能量变化,既要加密点数,又要准确记录信号。

(4)一根共振曲线,只能是同一次测量中的数据点绘而成。

图 6-35 中共振曲线的峰值在横坐标上的对应值就是结构的自振频率。在图中,共振曲线峰值的 0.707 倍处,作一平行于频率轴的直线与曲线交两点,这两点对应的横坐标上的频率差 $\Delta f = f_2 - f_1$,据此可求出阻尼比:

$$\zeta = \frac{1}{2f}(f_2 - f_1) = \frac{\Delta f}{2f} \tag{6-17}$$

这个方法称作半功率带宽法,是经典的求结构阻尼方法。一般认为,对各阶频率靠得不是很近的情况,用此法求得的阻尼结构精度比较高。

强迫振动法在测频率、阻尼的同时,还可对桥梁的振型进行测量。当桥梁结构在其某一共振频率上产生共振时,总对应着一个主振型,此时只要在桥上布置足够的测点,同时记录它们在振动过程中的幅值和相位差就可分析得到所要求的振型曲线。

利用仪器记录下来的振动波形可分析、确定振型曲线,下面通过简支梁的例子简单介绍分析、判别的方法。

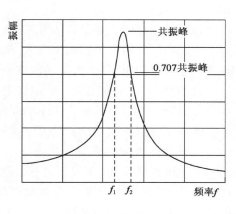

图 6-35 共振曲线

将该简支梁划分成 6 段,梁上布置 7 各测点,其中,中间 5 个测点测到的波形如图 6-36a)所示。图中两端(1 号、7 号)测点为支座不用测试,可直接赋零处理(这是处理支座约束条件的技巧,实际测试中经常用到)。

以一阶振型的确定为例[图6-36a)],先量取各测点的幅值(峰值)A_i,并把它们按 A_i/A_{max} 归一化处理[图6-36b)]中的标注,图中第一振型 $A_{max} = A_4$,将各测点 A_i 除以 A_4);接着以 A_4(或其他某一)测点为基准判断其他四个测点与它的相位差,波形同方向($0 \sim \pi/2$)的为同相位,反方向($\pi/2 \sim \pi$)的为反相位,居两者间($\pi/2$ 附近)是节点附近点。

图 6-36b)是按上述方法(根据左边曲线)绘制的简支梁前二阶振型。

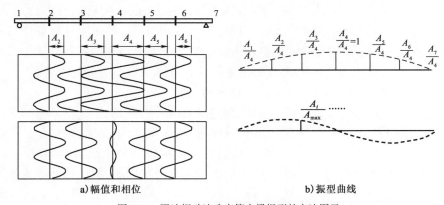

a) 幅值和相位　　　　　　　　　b) 振型曲线

图 6-36 强迫振动法确定简支梁振型的方法图示

实桥振型测量还要注意:

①合理布置测点。事先须了解(各类桥型的)理论振型,测点数目要足以连接曲线并尽可能布在控制断面上。由于每次试验用的传感器数量总是有限的,所以要在桥上选择合适的参考点(将一个传感器放在参考点上始终不动),分批搬动其他传感器到所有测点。

②现场标定。因为振型是考虑同一时刻波形的幅值和相位差得到的,所以测量前要把测振仪器系统放在参考点上标定(前面已介绍过具体方法),要注意标完以后的仪器系统,从传感器、导线,一直到记录通道的变更(最好不再变动或少加变动)。

③确定振型。利用各通道的系统灵敏度,可把实测得到的幅值关系算出来并归一化后,得

到最大坐标值是 1 的振型曲线。

强迫共振法的优点是方法可靠,激出来的自振特性参数精度比较高。对实桥试验来说,它最大的缺点是激振设备和器械庞大,搬装费时费力,所以国内实桥振动试验极少采用。日本为得到桥梁可靠的阻尼比,大跨径桥梁一般都用大型激振器做振动试验。

特别指出,这里介绍的分析结构阻尼、振型的方法,虽然是对强迫振动法来说的,但该方法本身却是振动测试技术里最基本的部分,当然也适用于(后面要介绍的)环境随机振动法。

国内实桥强迫振动试验较完整实例比较少,本节后有一个日本实桥强迫振动试验的例子。

3)环境随机振动法

环境随机振动法(工程上也有人称其为"脉动法")可用来识别桥梁结构的动力特性。早前人们认识到对桥梁等大型结构物进行"激励"的难度和局限性,所以试着通过测量结构响应的时域信号来识别动力特性参数。对一些时域(振动拍波形、自由衰减波形等)波形进行频率、阻尼等参数分析,其过程和结果都有赖于所测波形的可分析或不可分析(对复杂波形往往会束手无策)。20 世纪 80 年代,随机振动数字分析技术开始计算机化,人们研究各种基于"响应"信号数据处理的方法,通过只测响应信号来识别桥梁结构的动力特性参数,包括获得结构的多阶振型。这方面比较典型的例子,有美国普林斯顿大学 1985 年完成的金门大桥主桥和主索塔的环境随机振动测试,研究者通过实测获得了大桥数十阶振型。同期,国内同济大学也应用随机振动方法先后完成天津永和斜拉桥等桥梁的动力特性测试分析。通过多年发展,环境随机振动法目前已成为桥梁振动测试中应用十分广泛的方法。

环境随机振动法牵涉的诸如随机信号数字特征、信号处理方面的基础知识比较多。但考虑到该方法目前在桥梁振动测试(包括斜拉索索力测试)方面的应用已相当普及,实际工程中确实需要了解这方面一些基本的知识点。下面还是从应用的角度简单讲述目前已发展且最为成熟的以谱分析技术为基础的环境随机振动方法。对于下面要出现的一些数学公式和专业术语等有兴趣的读者可进一步参考有关文献。

(1)谱分析基础

随机振动振动信号的频谱代表了信号在不同频率分量处信号成分的大小,它能够提供比时域信号波形更直观、丰富的信息。图 6-37 为一个随机复杂时域振动波形,从波形上很难直观看出其特征,但将其分解成各频率的谐波,并将它投影在 A-f 频域坐标上,就可以识别出信号中的频率分量。

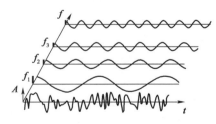

图 6-37 复杂时域波形的频域分解

该图有助于我们理解谱分析的物理意义。实际对图中随机振动信号进行数值估计当然无须先时域分解,而是直接用快速傅氏变换(FFT)算法得到该随机振动振动信号频谱。

对随机数据进行谱分析用得最多的是自功率谱密度函数(也称均方谱密度函数)。其公式:

$$G(f) = \lim_{\Delta f \to 0} \frac{1}{(\Delta f)} \left[\lim_{T \to \infty} \frac{1}{T} \int_0^T x^2(t,f,\Delta f) \, dt \right] \qquad (6\text{-}18)$$

自功率谱密度函数主要用来建立数据的频率结构,在机械振动中,功或能量一般与其振幅的平方或均方值成比例,故 $G(f)$ 叫功率谱密度函数。类似的还有(两组随机数据的)互功率谱密度函数。

自谱分析可以识别结构的阻尼、频率等参数,互谱分析则可以识别数据两两之间的相关特性和相位关系(这对确定结构振型参数是必需的),还可以导出反映激励、响应和结构关系的一个主要函数——传递函数。

传递函数在数学上也被称频率响应函数。具体地说,桥梁结构(假定为线性系统)上任一点 i 的动态位移响应 $y_i(f)$ 可用 k 点的激励力 $x_k(f)$ 和结构系统的传递函数 $h_{ik}(f)$ 表示为:

$$y_i(f) = \sum_{k=1}^{m} h_{ik}(f) x_k(f) \tag{6-19}$$

式中:m——结构的激励点数。

根据自功率谱和互功率谱的测量来计算线性结构的传递函数:

$$G_{ik}(f) = H(f) G_{kk}(f) \tag{6-20}$$

传递函数测量精度的置信程度通过计算相干函数(也叫凝聚函数)得到:

$$\gamma_{ik}^2(f) = |G_{ik}(f)|^2 / G_{ii}(f) G_{kk}(f) \tag{6-21}$$

$$0 \leq \gamma_{ik}^2(f) < 1 \tag{6-22}$$

如果系统响应仅仅是由激励所引起,则在所有频率上激励和响应的相干函数将等于1。如果系统响应不是由激励引起的,则激励和响应是独立的,它们在所有频率上的相干函数将等于零。如果系统响应仅仅部分由激励引起,则相干函数将是 0~1 之间某个值。所以相干函数表征了响应和激励之间的相互依赖性或相干性,是实际随机信号数据处理中区别信噪比、判别振型测点真伪的一个重要参数。

我们知道实桥结构在自然环境(如地脉动、风、水流等)振源影响下会产生随机振动,这种振动有时会比较明显,有时却很微弱(人感觉不出来),但利用测振仪器可测得桥上的这种随机响应信号。问题是实桥激励是随机多元素的,作为输入一般是不可测的,只有输出可测。根据传递函数的定义,似乎无法求传递函数。那么在结构响应可测,激励力不可测的前提下,如何获得结构的动力特性呢?

根据随机振动理论,桥梁振动测试中应用环境随机振动法,有如下假定:

①认为桥梁结构的振动系统属多输入系统,系统的输入和响应是各态历经过程,即结构的自振特性与时间起始点无关,而且当样本足够多时,单个样本的特性能反映所有样本的特征。在比较平稳的地脉动和风荷载情况下,这个假设是成立的。

②假设环境随机激励信号是白噪声。这个假定一般不容易满足,但是在数据分析中主要是利用半功率带宽内的数据,所以只要激励谱比较平坦,而且在桥梁谐振半功率带宽及其附近的一定范围内激励信号分别为白谱就行了,这样的假设是比较容易满足的。

③假设各阶阻尼很小,各阶频率分开,即各模态之间的耦合很小,可以忽略。

实际桥梁结构(特别是大跨度桥梁)基本能满足上述假定或"条件",藉此得以通过实测响应信号识别结构的自振特性,即能够利用响应谱峰值确定频率和振型,并用半功率带宽法求阻尼。

由于(上述"假定"①中)"比较平稳的地脉动和风荷载"的激励频谱一般都在较低频范围(<10Hz),所以对一些自振频率较高的小跨径桥梁不适合使用此法进行测试。

这样就可以用响应谱方法来确定实桥结构的各阶振动模态。

(2)实桥随机振动数据的测量

顺着我们讨论实桥振动试验方法的思路,环境随机振动法和前面两种方法的区别:第一,不用任何激振设备或手段,只以环境随机振源为激励源;第二,需要按照随机数据处理分析要求确定采样、记录时间和方式;第三,应用随机振动数据处理技术分析数据结果。

环境随机振动法主要是增加了随机信号数据采集、处理和分析内容,下面我们以框图形式简要介绍该法在桥上是如何具体实现的以及怎样对随机信号进行数据处理和分析的过程。

现场数据采集、记录过程如图 6-38 所示,其中,拟订测试工况、选择合适的参考点和测点布置、信号滤波和放大以及测试过程的信号监控等,与前面叙述过的强迫振动方法都一样,只有随机信号的采样和记录是新的概念。

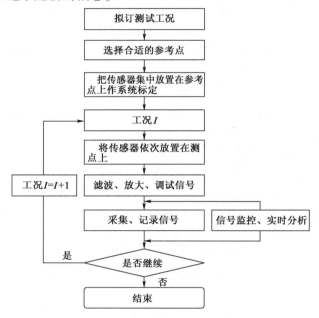

图 6-38　环境随机振动法在实桥上的实现

环境随机振动法是一种数理统计意义上的数值估计和样本分析方法,因为现场测量信号不可能无限,所以对任何连续振动信号的量化都会产生统计意义上的误差,包括随机误差和系统误差。为减少这类误差,具体测试时对信号的采样、记录等都有最低要求。

下面仅以结论形式简单介绍有关内容:

①采样定理

采样定理叙述为:要保证从信号采样后的离散时间信号无失真地恢复原始时间连续信号(即采样不会导致任何信息丢失),必须满足采样频率 f_s 至少是信号最高频率 f_{max}(也称分析频率)的 2 倍。

$$f_s = \frac{1}{T_s} = 2f_{max} \tag{6-23}$$

式中:T_s——采样间隔,与采样频率互成倒数关系。

"采样频率至少是信号最高频率的两倍"是采样信号恢复原始信号的基本保证,这里最高频率为测试感兴趣的最高分析频率。采样定理是满足频率不被混淆的必要条件,事实上,为提高功率谱峰值的估计精度,减少相对误差,以目前的计算机技术完全可以将采样频率设得高一些。

工程上设定最高频率的方法一般是将 $f_s(t)$ 通过设定截止频率的低通滤波器。实际操作时,一般要求先估计被测对象的最高分析频率,再设低通滤波,最后确定采样频率,以保证信号采样的正确。这里先低通滤波再采样过程中,正确确定分析频率非常重要,因为已经被低通滤波的信号,截止频率以上的数据是不能再生的。举例来说,估计最高频率是 2.0Hz,此时取 2.0Hz 为分析频率,低通滤波也设定 2.0Hz;采样结束后,如实际结构最高频率(或你感兴趣的振型对应频率)超过了 2.0Hz,那样在已采集的数据里就不可能得到超过 2.0Hz 的数据了,所以设置适当的滤波频率很重要。

②统计误差和采样时间

对采样时间长短(或者说采样样本大小)的基本要求是满足以有限量的数据进行分析处理数据带来的统计误差,统计误差主要包括随机误差和偏度误差。

随机误差指同一个随机过程不同样本之间的偶然差异。只对有限多的样本或有限长时间的样本记录和运算,测试仪器设备的电噪声、对输出有影响的与被测信号不相干的输入等都会造成随机误差。工程上减小随机误差的有效方法是分段平滑,即将样本数据分成若干段进行记录、分析,再平均,所以解决随机误差的实际做法就是加长采样时间。

偏度误差是系统误差,在不同的分析中,它的大小和方向是不变的。偏度误差,一般来自数据处理过程中的有关运算。为减小偏度误差,一般要求增加半功率带宽内的点数,这实际就是要求提高分辨带宽(采样频率/采样点数)。实际测试中,如将采样频率定得较高,但不注意增加采样点数,会造成频率分辨率下降。

频率分辨率下降和幅值精度降低对用半率带宽计算阻尼比的测量精度有直接影响。现今计算机数据处理技术的发展在很大程度上已经解决(或者说已不存在)分辨率带宽和统计幅值误差之间的矛盾。如要缩短记录时间,可用数据重叠采样技术或提高分段采样点数(2048、4096,甚至更高),前者可对原分段记录的数据按一定重叠率再采样(实际等于提高分段数),后者则直接利用计算机进行高位(16 位或 32 位)数据采样处理,所以可将总的记录时间大大缩短,而误差要求不减。

(3)随机振动信号的数据处理

随机振动信号的数据处理过程如图 6-39 所示。

①硬件要求

a. 专用信号分析仪

所有具有 FFT 数据处理功能的信号分析仪都可以用于做随机信号处理。

b. 虚拟仪器

目前编制得比较好的振动信号数据处理软件(含采集),不仅功能能够满足随机振动信号处理的全部内容,使用也非常方便,基本已替代了专用分析仪。

②随机信号预处理

桥梁现场测试、数据采集一般或多或少都会受到环境干扰,造成采集、记录的信号不理想,所以正式做数据处理前需对信号进行预处理。

信号预处理的目的主要是检验信号数据的平稳性,另外,也对不符合要求(如信号突变点、噪声较大)的信号进行剔除、置零或拼接处理。信号预处理的原则是不能改变原信号的特性、各测点通道相互之间的依赖关系。

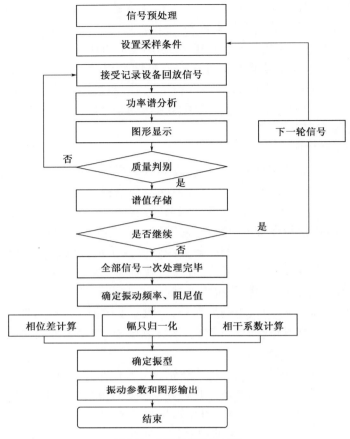

图 6-39 数据分析处理过程

信号预处理的问题对参考通道尤其重要,因为各测点幅值归一、相位判别均需通过参考点相互联系的。换句话说,某一测点信号不好只耽误一点,参考点出错影响的是整体。

图 6-40 为典型的实桥随机振动信号。

③功率谱分析

功率谱分析是随机信号处理的第一步,也称信号一次处理。环境随机振动信号处理一般都采用线性谱(功率谱的平方根谱)。图 6-41 是比较典型的实桥振动线性谱例子。

④确定频率、阻尼

由功率谱可直接读取频率,频率的确定是下面信号二次处理前必需的。通过线性谱还可以用半功率法计算阻尼比(不同软件有不同计算分析方法)。

如果仅分析频率或阻尼,理论上只需要分析一个测点的信号就够了,但对桥梁实际振动分析来说只读出多个频率不够,因为它不能判断这些频率的真伪以及它对应的是哪阶振型。

接下去要做信号二次分析,即相位分析和振型确定。

⑤相位分析

和强迫振动中做法不同,随机振动数据的相位分析不是靠曲线判断的,它由相位函数确定。图 6-42 和图 6-43 分别是典型的相位和相干函数图,图上方都是互功率谱。

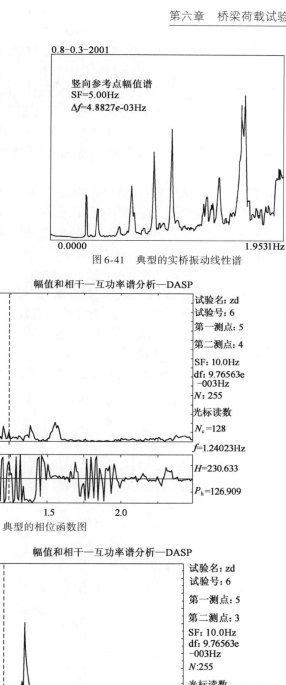

图 6-40 典型的实桥随机振动信号

图 6-41 典型的实桥振动线性谱

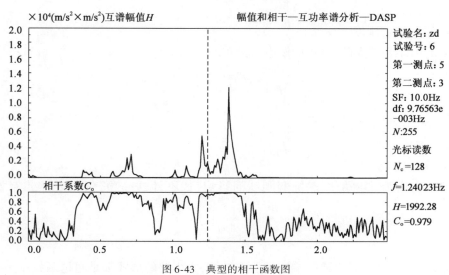

图 6-42 典型的相位函数图

图 6-43 典型的相干函数图

注意到图6-42中,感兴趣的各频率对应的相位函数,要么在零附近(振型曲线判断为同相位),要么在$|\pi|$附近(振型曲线判断为反相位)。如某一测点相位差居$\pi/2$附近,则该测点为该阶频率对应振型节点附近点,这和前面强迫振动法波形判断类似。实际工程上,做相位识别还有一个非常重要的相干函数辅助判别,即识别出的各频率对应的相干函数都应接近1。如某测点相干函数远小于1,一般对应振型节点,否则要检查测试信号是否有问题;如较多测点相干函数均远小于1,那么要怀疑参考点的选择有问题。

⑥振型确定

有了自功率谱的峰值、互功率谱的相位,就可以绘制振型曲线。振型分析幅值的归一化处理等方法与强迫振动完全一样,不再赘述。

环境随机振动法对测试技术要求比较高,最主要是现场测试必须保证每一个测点信号的质量,这方面最基础的还是正确选用测振仪器设备和强迫振动试验方法。

(4)索结构拉索索力测定——随机振动测试方法在工程上的应用

索结构桥梁设计、施工控制中,拉索索力一直是工程师最关心的问题。目前成桥上测定拉索索力一般都采用先测拉索频率,再计算出索力的方法。

下面先简单叙述索力测定的基本原理,然后联系随机振动测试技术介绍具体实施过程。

①索力测定的基本原理

根据弦振动理论,张紧的斜拉索,其动力平衡方程为:

$$\frac{w}{g} \cdot \frac{\partial^2 y}{\partial t^2} - EI \cdot \frac{\partial^4 y}{\partial x^4} - T \cdot \frac{\partial^2 y}{\partial x^2} = 0 \tag{6-24}$$

式中:w——单位索长的重量;

g——重力加速度;

y——垂直于索的长度方向的横向坐标;

t——时间;

x——索的长度方向的纵向坐标;

T——索的张力;

EI——索的抗弯刚度。

如果索的两端是铰支的,方程的解有较简单的形式:

$$T = \frac{4wl^2 f_n^2}{n^2 g} - \frac{n^2 EI \pi^2}{l^2} \tag{6-25}$$

式中:f_n——索的第n阶频率;

l——索长;

n——振动阶数。

式(6-25)右边第二项是拉索抗弯刚度的影响,如不计这一项,索力表达式有如下简单形式:

$$T = \frac{4wl^2 f_n^2}{n^2 g} \tag{6-26}$$

如果索的两端是固结的,或一端固结一端铰结,方程解的形式都是超越函数。

计算表明,对一般细长比极小的拉索,支座形式对索力的影响不大,可以直接采用式(6-26)进行索力计算。对于某一根确定的索,式(6-26)右边的 w、l、g 都是已知值,只要能精确测得 f_n,就可求得索力 T。

对于一些特殊的(较粗、不太长)的索,一般不能直接用式(6-26),要采取另外的计算方法求索力,当然频率还是要求能精确测得。

总之,精确测定拉索的横向振动频率是能够利用测振方法得到拉索索力的关键一步。

②拉索频率测试

拉索频率的测试可采用环境随机振动法,相对桥梁结构环境随机振动测试来说,测索比较简单、容易,因为它只需要测频率一个参数,所用仪器和实桥环境随机振动基本一样。这里需要注意的是测振传感器的选用,对各种不同拉索振动,要估计它们的频率,选择合适的传感器。

测试时,将测振传感器绑扎在拉索上(图6-44),无须对拉索进行任何激励,测量拉索的横向振动随机振动信号,而后对信号进行谱分析。图6-45为实测拉索频谱例子。

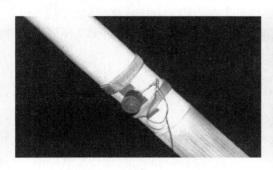

图6-44　拾振器绑扎在拉索上

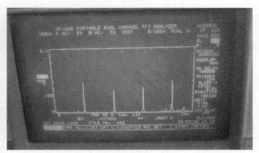

图6-45　实测拉索频谱

③拉索索力的确定

根据拉索索力测定的原理,确定索力的方法与拉索的约束条件等有关。从式(6-25)可以看出,确定索力时,索长和频率均为二阶因子。这意味着:对较长索而言,频率的测试精度要求很高,抗弯刚度的影响也较小;对较短的索来说,则对计算索长的确定比较严格。就是说,对较长的索直接采用式(6-26)计算索力,实际误差不会很大;对较短索的索力,式(6-25)的计算误差相对会大一些,所以要考虑其他因素,如刚度、安装了阻尼器的短斜拉索(包括系杆拱短吊杆)的边界条件等。

根据弦振动理论测定拉索索力的方法发展比较快,从早先的强迫(甚至用手摇晃)激励到随机振动测试谱分析,到目前已发展的无线测试、激光测试等技术,应该说精确测得拉索的频率已不存在任何问题。国内一些软硬件生产厂商业也已推出各种基于频率测量的索力测定软硬件。使用者一定要关注其计算索力的原理,注意其实用的局限性。具体除懂得测试拉索的频率外,还应关心索力的计算方法、误差原因和大小,如索边界条件等。

一种比较可行的做法是编制有限元程序,先输入各种参数和估计索力,考虑几何刚度、抗弯刚度、约束条件等,算出若干阶频率并与实测值比较,如误差不可接受,修改索力再算,直至最后确定索力。对一些精度要求比较高的工程最好的方法是现场标定,在工地施工现场将测试数据与张拉千斤顶的油压表读数或力传感器的读数比照,反过来确定有关计算条件和参数。

对一些明显不适合采用弦振动方法测定索力的情况,应考虑其他测试方法。

桥梁结构动力特性三个参数中,阻尼比是唯一依赖实测得到的,但实桥试验中如何确定阻尼却是最为复杂的问题。

目前用响应谱求阻尼比一般都基于半功率带宽法,实际数据不仅有些离散,误差也比较大。究其原因,主要是当结构在环境振源下处于常时微振(振幅很小)状态时,一方面结构的加速度低频响应信号的信噪比不高,使峰值与半功率带宽数据的精度降低。另一方面,结构阻尼作用机理很复杂,微幅振动时存在各种阻碍结构振动的因素(如结构的弱连接、摩阻力等),它们和阻尼混在一起作用于结构,所以从结构上不同测点(如中跨和边跨、跨中和塔附近)得到的阻尼值往往不一样,有的甚至成倍相差。我们有些工程师做桥梁随机振动测试,将采样频率(或分析频率)设置得比较高,用商用软件直接读出一个阻尼值,觉得很方便。测试期间不看频率分辨率,不管半功率带宽间有几个数据点,甚至不知道该软件是用什么方法算的阻尼比,这样获得的阻尼比是不可信的。所以必须注意并重视半功率方法计算阻尼比的误差。

桥梁受强迫振动共振响应时,振幅一般都比较大,所以能够克服信号信噪比不高和各种阻碍结构振动的因素,其阻尼情况显然和谱分析得到的会不一样。

二、桥梁动载试验

桥梁动载试验主要是测定桥梁在车辆荷载等作用下的动力参数(如动应力、动挠度、加速度等),动载试验的数据结果也能做结构动力特性分析。从测试技术的角度看,测定结构动力反应参数,就是在动力特性测试方法的基础上,进一步对所测信号的时程曲线及其峰值大小做出定量分析。如车辆动载试验中,可以实测桥梁结构的动应变、动挠度值并由此确定桥梁结构动态增量等;又比如在动力特性测试前,将所用仪器测试系统的灵敏度做必要的标定,那么由该系统所测的信号,就可以确定加速度或振幅大小。

实桥动载试验一般采用移动车辆荷载进行加载,对应主要测试动荷载作用下结构的动态响应参数及其随时间的变化。动载试验所采用的测试方法和仪器设备均较静力加载试验复杂,测试技术要求相对也要高一些。

1. 动载试验内容

1)试验荷载

JTG/T J21-01—2015 采用类似于静力试验"加载效率"来定义动载试验"加载效率":

$$\eta_d = \frac{S_d}{S_{lmax}} \quad (6-27)$$

式中:S_d——动力试验荷载作用下控制截面最大内力或变形;

S_{lmax}——控制荷载作用下控制截面最大内力或变形(不计冲击);

η_d——宜取高值,但不应超过1。

一般情况下,一辆或几辆载重车(实桥动载试验时,即使是特大型桥梁,也都采用一辆或几辆载重车作为动载试验荷载)很难满足式(6-27)的加载效率,当然它可能适用于那些一辆或几辆载重车能满足设计控制荷载效应的小桥。所以实桥上(和静载试验不同)将设计控制荷载模拟成（能使结构控制截面产生最大内力或变形的）试验动荷载会有难度。

2）加载方式

JTG/T J21-01—2015 规定:实桥动力响应试验工况包括下列主要内容：

（1）无障碍行车（跑车）试验

宜在 5～80km/h 范围内取多个大致均匀分布的车速进行行车试验。车速在桥联（孔）上宜保持恒定,每个车速工况应进行 2～3 次重复试验。

（2）有障碍行车（跳车）试验

可设置图 6-46 所示的弓形障碍物模拟桥面坑洼进行行车试验,车速宜取 5～20km/h,障碍物宜布置在结构冲击效应显著部位。

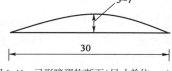

图6-46 弓形障碍物断面（尺寸单位:cm）

（3）制动（刹车）试验

车速宜取 30～50km/h,制动部位应为动态效应较大的位置。JTG/T J21-01—2015 指出,宜首选无障碍行车试验,有障碍行车和制动试验可根据实际情况选择。

加载车辆可以是单辆,也可以两辆或多辆,两辆或多辆加载时应要求车辆保持同速同步。加载过程中,发现车辆明显偏位或车速明显不对或多辆车不同步等情况,应重新加载。

2. 动载试验过程

动载试验过程如图 6-47 所示。

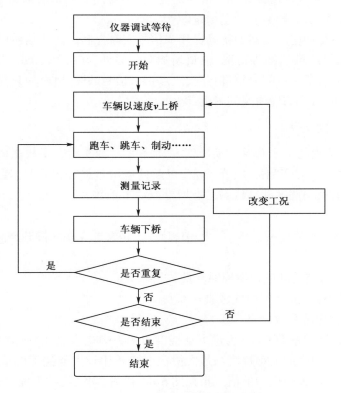

图6-47 动载加载试验过程框图

1) 仪器调试

所有仪器设备在准备阶段应已调试完毕，要考虑好记录的具体方法。如使用动态电阻应变仪，必须根据估计应变的大小确定增益、标定值范围等，调整记录速度和记录幅值等。如采用计算机动态数据采集系统直接采样、记存，其增益、标定值等条件设置大同小异，只是更方便而已。

2) 车辆控制

要控制好车辆上下桥车速、位置和时间。要协助驾驶员准确控制好行车速度，注意每次上桥的行车路线，对一些大跨度桥梁，还要确定车辆行驶到各个断面时的位置信息。

3) 测试记录

(1) 跑车

跑车测试的目的是判别不同车行速度下桥梁结构的动态响应(如位移或应力的动态增量和时程曲线)，还可以分析出动态响应与车速之间的关系。

(2) 跳车

跳车试验的作用是模拟桥面不平整状况下重车过桥所产生的动态效应。

(3) 制动

车辆以一定速度行进，到规定位置突然紧急制动，记录此制动时的动态响应时程曲线。

(4) 实时在线车辆荷载作用

相当于桥梁日常或特殊运营情况下的实时监测，主要测试峰值交通量或特殊车辆作用下的结构动态时程曲线、响应峰值或动态增量等。

动载试验中，要特别注意仪器的正确操作和信号实时控制。防止信号中断或幅值超限，发现信号记录明显出错或被遗漏等情况，应重新加载。另外，在各种不同工况中应抓住主要内容，如要求记录结构动态响应的完整过程时，重点记录信号的完整性；而只为确定动态增量时，则要求能记录到响应信号的峰值及其附近部分。

3. 动载试验数据整理

动载试验数据整理的主要对象是动应变和动挠度。通过动应变数据(曲线)可整理出对应结构构件的最大(正)应变和最小(负)应变以及动态增量或冲击系数；通过动挠度数据(曲线)可得到结构的最大动挠度和结构的动态增量或冲击系数。

(1) 动挠度

图 6-48 是典型动挠度时程曲线，最大动挠度 Y_{max} 是叠加在相应静载挠度 Y_{min} 上的波峰值。

(2) 动应变

图 6-49 是实测得到的动应力响应时程曲线。

这里，最大(最小)动应变可由曲线直接获得。

(3) 动态增量和冲击系数

动态增量(动力增大系数)定义为最大动挠度与最大静挠度之比，或最大动应力与最大静应力之比。冲击系数则为最大动挠度与最大静挠度之差比最大静挠度的值，或为最大动应力与最大静应力之差比最大静应力的值。根据图 6-48 和图 6-49，可按下面公式确定动态增量和冲击系数。

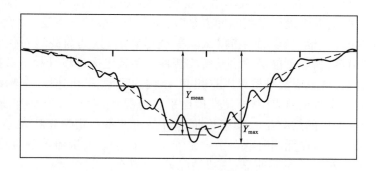

图 6-48 典型动挠度时程曲线

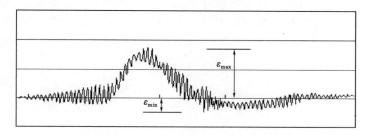

图 6-49 实测得到的动应力响应时程曲线

挠度动态增量：

$$\phi_Y = \frac{Y_{max}}{Y_0} \tag{6-28}$$

应变动态增量(参考挠度图示)：

$$\phi_\varepsilon = \frac{\varepsilon_{max}}{\varepsilon_0} \tag{6-29}$$

式中：Y_0、ε_0——分别为动荷载相应静荷载作用下测点的最大挠度和应变。藉此，

冲击系数：

$$\mu = \frac{Y_{max} - Y_0}{Y_0} \tag{6-30}$$

或

$$\mu = \frac{\varepsilon_{max} - \varepsilon_0}{\varepsilon_0} \tag{6-31}$$

我国桥梁规范过去(2004年前)一直把冲击系数定为跨长的递减函数，也就是在车辆作用下桥梁的冲击系数只取决于跨长。交通运输部2015年12月颁布施行的《公路桥涵设计通用规范》(JTG D60—2015)已规定冲击系数与结构基本频率有关，并规定：

当 $f < 1.5$ Hz 时，$\mu = 0.05$；

当 1.5 Hz $\leqslant f \leqslant 14$ Hz 时，$\mu = 0.1767 \ln f - 0.0157$；

当 $f > 14$ Hz 时，$\mu = 0.45$。

必须指出，这里规范规定的冲击系数不是一般荷载试验得到的"冲击系数"。前者是为简化计算(按《规范》定义的)设计标准汽车荷载所乘的考虑汽车冲击效应的一个系数；后者则是某特定的车辆(一辆或几辆)试验荷载作用下桥梁位移或应变响应的一个动力增大系数。通过试验得到的 μ 有时会大于设计采用的冲击系数,但由于一般情况下这个"大于"是通过小于设计标准汽车荷载的(一辆、两辆或多辆)试验荷载得到的,且其荷载绝对值小于(甚至远小于)设计标准汽车荷载,所以不能简单讲某桥实测冲击系数已大于设计冲击系数。

试验和研究表明,动态增量与桥梁固有频率、结构的阻尼、车行速度、车辆数以及桥面平整度等都有关系。大量实桥试验表明:即使在桥面平整情况下,由于共振原因,最大动态增量会发生在基频为 2.5~4Hz 的桥梁上。动态增量与行车速度不一定呈正比关系,对此不同桥梁结构有不同的结果。有的在低速时动态增量比较大,有的动态增量随车速的提高而提高,有的(如大跨径斜拉桥)这种关系则不明显;一般情况下,单辆车的动态增量会大于多辆车;而桥面平整与否,对动态增量的影响极大。不进行全面动态测试,各种因素很难量化、分析。

实际公路桥梁的冲击系数一直是国内外学者研究的热点之一,目前对一些实桥动力响应参数(如试验冲击系数、车致振动加速度等)的定量评估尚缺乏标准或规范。

第七章

桥梁承载力评定

第一节 概 述

通过试验检测评定桥梁结构实际承载能力一般采用两种方法:一种是适用于大多数在用桥梁的,通过桥梁技术状况检查,结合结构检算评定桥梁承载能力的方法。另一种是确定新建或在用桥梁承载能力最直接、有效,但花费物力相对较大的荷载试验方法。

2011年10月交通运输部正式颁布的《公路桥梁承载能力检测评定规程》(JTG/T J21—2011)(以下均称 JTG/T J21—2011)提出,在用桥梁应以《公路桥涵设计通用规范》《公路钢筋混凝土及预应力混凝土桥涵设计规范》《公路圬工桥涵设计规范》《公路钢结构桥梁设计规范》《公路桥涵地基与基础设计规范》等桥梁设计规范(以下称《桥规》)为基础,按承载能力极限状态和正常使用极限状态等两类极限状态计算桥梁结构或构件抗力效应和作用效应,并采用引入分项检算系数修正极限状态设计表达式的方法进行在用桥梁承载能力检测评定。

JTG/T J21—2011 规定,在用桥梁有下列情况之一时,应进行承载能力检测评定:

(1)技术状况等级为四、五类的桥梁。
(2)拟提高荷载等级的桥梁。
(3)需通行大件运输车辆的桥梁。
(4)遭受重大自然灾害或意外事件的桥梁。

这里首先提到技术状况等级为四、五类的桥梁,因为技术状况等级低的桥梁,无疑其结构已严重退化或因材料强度下降造成抗力下降,桥梁工程师理所当然要关注这类桥梁的安全承载能力。但是,有许多在用桥梁的情况并不那么简单。

一座桥梁的承载能力通常是指其在保证安全使用条件下整体能承受的最大外作用,难就难在知道存在但又不能简单确认诸如共同作用、影响荷载分布的约束等与桥梁实际承载能力相关的因素。这样就导致对技术状况评级差的桥梁,理论上既不能证实其有足够的承载能力,但也没有充分的理由怀疑其实际承载能力可能会大于计算值。所以应谨慎对待这类桥梁实际承载能力的评估。

另一方面,桥梁工程桥型多样、结构各异,交通荷载超等级且又变化多端。具体评定桥梁的承载能力时,一般都限于将桥梁上部结构视为多数桥梁中最薄弱的单元,然后再是桥梁支座和基础,其中承载能力最低的那部分就是全桥能通过荷载的标准。反过来,如果处在能力最低的那部分通过加固补强或其他工程措施提升了承载能力,那么桥梁整体承载能力也将随之提高。这种情况通常与上述(2)、(3)、(4)情况有关。

如果可以找到一种方法证明这座桥其实有能力(或经过适当加强使其有能力)承受所需的活荷载,那么它就可以保留继续服务。这种方法就是对桥梁实施实桥荷载试验。一个合适的荷载试验可以帮助消除理论与现实之间的差距。这种测试相对较快,可以消除初步评估所做假设的疑惑。

JTG/T J21—2011 实际已将上述复杂问题简单化,以便于实施。

本章先介绍基于结构技术状况检查和检算,按 JTG/T J21—2011 确定在用桥梁分项检算系数,继而评定桥梁实际承载能力的方法;然后介绍通过荷载试验,如何确定桥梁实际承载能力的方法。

第二节 基于结构技术状况检查与检算的承载能力评定

基于结构技术状况检查和检算的主要内容包括:按现行规范、标准[《公路桥涵养护规范》(JTG 5120—2021)和《公路桥梁技术状况评定标准》(JTG/T H21—2011)]中有关定期或特殊检查的规定和本教材前面章节所述方法,对结构构件缺损状况、材质状况与状态参数以及实际运营荷载状况等进行检查评估。按《桥规》和 JTG/T J21—2011 分别检算结构或构件在持久状况下承载能力极限状态下的强度、稳定性和正常使用极限状态下的刚度、抗裂性。

JTG/T J21—2011 规定:计算圬工结构、配筋混凝土和钢结构桥梁承载能力极限状态的抗力效应时,应根据桥梁技术状态检查结果,引入检算系数,并分别考虑截面折减系数和材性恶化系数等。对交通繁忙和重载车辆较多的桥梁,通过活载影响修正系数计算汽车荷载效应。

JTG/T J21—2011 还规定:当桥梁结构或构件的承载能力检算系数评定标度为 1 或 2 时,结构或构件的总体状况较好,可不进行正常使用极限状态评定检算;当桥梁结构或构件的承载能力检算系数评定标度 $D \geqslant 3$ 时,应进行持久状况正常使用极限状态评定检算,并采用引入检算系数 Z 的方式对结构应力、裂缝宽度和变形进行修正计算。

此外,JTG/T J21—2011 还指出:桥梁结构检算应针对结构主要控制截面、薄弱部位和出现严重缺损部位。在用桥梁结构检算宜遵循桥梁设计规范,也可采用通过科研所证实的其他可靠方法。桥梁检算宜依据竣工资料或设计资料,并应与桥梁实际情况进行核对修正。对缺失资料的桥梁,可根据桥梁检查结果,参考同年代类似桥梁的设计资料或标准定型图进行检算。结构检算时,宜参照设计采用的计算假定,根据结构预应力状况、恒载分布状况、结构尺寸和开裂状况等方面的检查评定结果,对计算模型的边界条件、结构初始状态等进行调整,重新建立符合实际的计算模型。

1. 圬工结构桥梁承载能力评定

圬工结构桥梁承载能力极限状态,应根据桥梁检测结果按式(7-1)进行计算评定:

$$\gamma_0 S \leqslant R(f_d, \xi_c a_d) Z_1 \tag{7-1}$$

式中：γ_0——结构的重要性系数；
　　　S——荷载效应函数；
　　$R(\cdot)$——抗力效应函数；
　　　f_d——材料强度设计值；
　　　a_d——结构的几何尺寸；
　　　Z_1——承载能力检算系数；
　　　ξ_c——截面折减系数。

抗力效应值应按现行设计规范进行计算，Z_1、ξ_c 应按 JTG/T J21—2011 有关规定取值。（圬工桥梁正常使用极限状态，宜按现行设计和养护规范进行计算评定。）

2. 配筋混凝土桥梁承载能力评定

配筋混凝土桥梁承载能力极限状态，应根据桥梁检测结果按式(7-2)进行计算评定：

$$\gamma_0 S \leqslant R(f_d, \xi_c a_{dc}, \xi_s a_{ds}) Z_1 (1 - \xi_e) \tag{7-2}$$

式中：γ_0——结构的重要性系数；
　　　S——荷载效应函数；
　　$R(\cdot)$——抗力效应函数；
　　　f_d——材料强度设计值；
　　　a_{dc}——构件混凝土几何参数值；
　　　a_{ds}——构件钢筋几何参数值；
　　　Z_1——承载能力检算系数；
　　　ξ_e——承载能力恶化系数；
　　　ξ_c——配筋混凝土结构的截面折减系数；
　　　ξ_s——钢筋的截面折减系数。

抗力效应值应按现行设计规范进行计算，Z_1、ξ_e、ξ_c、ξ_s 应按 JTG/T J21—2011 有关规定取值。正常使用极限状态宜按现行设计和养护规范及检查结果分以下三方面进行计算评定：

1）限制应力

$$\sigma_d < Z_1 \sigma_L \tag{7-3}$$

式中：σ_d——计入活载影响修正系数的截面应力计算值；
　　　σ_L——应力限值；
　　　Z_1——承载能力检算系数。

2）荷载作用下的变形

$$f_{dl} < Z_1 f_L \tag{7-4}$$

式中：f_{dl}——计入活载影响修正系数的荷载变形计算值；
　　　f_L——变形限值；
　　　Z_1——承载能力检算系数。

3）各类荷载组合作用下的裂缝宽度

$$\delta_d < Z_1 \delta_L \tag{7-5}$$

式中：δ_d——计入活载影响修正系数的短期荷载变形计算值；

δ_L——变位限值；

Z_1——承载能力检算系数。

桥梁结构或构件在持久状况下裂缝宽度应小于表 7-1 的限值。

裂 缝 限 值 表　　　　　　　　　　　表 7-1

结 构 类 别	裂 缝 部 位			允许最大缝宽(mm)	其 他 要 求
钢筋混凝土梁	主筋附近竖向裂缝			0.25	
	腹板斜向裂缝			0.30	
	组合梁结合面			0.50	不允许贯通结合面
	横隔板与梁体端部			0.30	
	支座垫石			0.50	
全预应力混凝土梁	梁体竖向裂缝			不允许	
	梁体横向裂缝			不允许	
	梁体纵向裂缝			0.20	
A 类预应力混凝土梁	梁体竖向裂缝			不允许	
	梁体横向裂缝			不允许	
	梁体纵向裂缝			0.20	
B 类预应力混凝土梁	梁体竖向裂缝			0.15	
	梁体横向裂缝			0.15	
	梁体纵向裂缝			0.20	
砖、石、混凝土拱	拱圈横向			0.30	裂缝高小于截面高的一半
	拱圈纵向			0.50	裂缝长度小于跨径的1/8
	拱波与拱肋接合处			0.20	
墩台	墩台帽			0.30	
	墩台身	经常受侵蚀性环境水影响	有筋	0.20	不允许贯通墩台身截面的一半
			无筋	0.30	
		常年有水，但无侵蚀性影响	有筋	0.25	
			无筋	0.35	
		干沟或季节性有水河流		0.40	
		有冻结作用部分		0.20	

注：表中所列除特殊要求外适用于一般条件。对于潮湿和空气中含有较多腐蚀性气体等条件下的缝宽限值应要求严格一些。

3. 钢结构桥梁承载能力评定

钢结构桥梁承载能力极限状态，应根据检测结果，采用引入检算系数 Z_1 的方式进行修正计算。结构构件的强度、总稳定性和疲劳验算时应执行现行设计规范，其应力限值取值为 $Z_1[\sigma]$。

荷载作用下的变形应按式(7-6)计算评定：

$$f_{d1} < Z_1[f] \tag{7-6}$$

式中：f_{d1}——计入活载影响修正系数的短期荷载变形计算值；

$[f]$——允许变形值；

Z_1——承载能力检算系数。

4. 拉吊索承载能力评定

拉吊索强度应按式(7-7)计算评定：

$$\frac{T}{A} \leq Z_1[\sigma] \tag{7-7}$$

式中：T——计入活载影响修正系数索的计算索力；

A——索的计算面积；

$[\sigma]$——允许应力限值。

5. 桥梁地基评定

参照《公路桥涵地基与基础设计规范》(JTG 3363—2019)第3.0.7条相关规定，多年压实未遭破坏的非岩石旧桥，在墩台与基础无异常变位的情况下，地基承载力抗力系数 γ_R 可适当提高，当修正后的地基承载力特征值 $f_a < 150\text{kPa}$ 时 γ_R 取 1.25，$f_a \geq 150\text{kPa}$ 时 γ_R 取 1.5。

6. 分项检算系数确定

1) 圬工与配筋混凝土桥梁承载能力检算系数 Z_1 的确定

应综合考虑桥梁结构或构件表观缺损状况、材质强度和桥梁结构自振频率等的检测评定结果。

(1) 按式(7-8)计算确定结构或构件承载能力检算系数评定标度 D：

$$D = \sum \alpha_j D_j \tag{7-8}$$

式中：α_j——某一项检测指标的权重值，$\sum_{j=1}^{3} \alpha_j = 1$，按表7-2的规定取值；

D_j——结构或构件某项检测指标的评定标度（桥面系、上部和下部结构技术状况等级1、2、3、4和5，对应的缺损状况评定标度值为1、2、3、4和5），按表7-3和表7-4取值。

承载能力检算系数检测指标权重值　　　　表7-2

检测指标名称	缺损状况	材质强度	自振频率
权重 α_j	0.4	0.3	0.3

桥梁混凝土强度评定标准　　　　表7-3

K_{bt}	K_{bm}	强度状况	评定标度
≥0.95	≥1.00	良好	1
0.95 > K_{bt} ≥ 0.90	≥0.95	较好	2
0.90 > K_{bt} ≥ 0.80	≥0.90	较差	3
0.80 > K_{bt} ≥ 0.70	≥0.85	差	4
<0.70	<0.85	危险	5

桥梁自振频率评定标准 表7-4

上 部 结 构	下 部 结 构	评 定 标 度
f_{mi}/f_{di}	f_{mi}/f_{di}	
≥1.1	≥1.2	1
[1.0,1.1)	[1.0,1.2)	2
[0.9,1.0)	[0.95,1.0)	3
[0.75,0.90)	[0.80,0.95)	4
<0.75	<0.80	5

（2）根据结构或构件承载能力检算系数评定标度，按表7-5确定 Z_1 值。

圬工及配筋混凝土桥梁的承载能力检算系数 Z_1 值 表7-5

承载能力检算系数评定标度 D	受弯构件	轴心受压	轴心受拉	偏心受压	偏心受拉	受扭构件	局部承压
1	1.15	1.20	1.05	1.15	1.15	1.10	1.15
2	1.10	1.15	1.00	1.10	1.10	1.05	1.10
3	1.00	1.05	0.95	1.00	1.00	0.95	1.00
4	0.90	0.95	0.85	0.90	0.90	0.85	0.90
5	0.80	0.85	0.75	0.80	0.80	0.75	0.80

注：1. 小偏心受压可参照轴心受压取用承载能力检算系数 Z_1 值。
2. 检算系数 Z_1 值，可按承载能力检算系数评定标度 D 线性内插。

2）钢结构桥梁承载能力检算系数 Z_1 的确定

根据钢结构或构件缺损状况评定标准，按表7-6确定 Z_1 值。

钢结构桥梁承载能力检算系数 Z_1 值 表7-6

缺损状况评定标度	性 状 描 述	Z_1 值
1	焊缝完好，各节点铆钉、螺栓无松动；构件表面完好，无明显损伤，防护涂层略有老化、污垢	(0.95,1.05]
2	焊缝完好，少数节点有个别铆钉、螺栓松动变形；构件表面有少量锈迹，防护涂层油漆变色、起泡剥落，面积在10%以内	(0.90,0.95]
3	少数焊缝开裂，部分节点有铆钉、螺栓松动变形；构件表面完好，有少量锈迹，防护涂层油漆明显老化变色并伴有大量起泡剥落，面积在10%~20%以内。个别次要构件有异常变形，行车稍感振动或摇晃	(0.85,0.90]
4	焊缝开裂，并造成截面削弱。连接部位铆钉、螺栓松动变形，10%~30%已损坏；构件表面锈迹严重，截面损失在3%~10%以内，防护涂层油漆明显老化变色并普遍的起泡剥落，面积在50%以上。个别主要构件有异常变形，行车有明显振动或摇晃并伴有异常声音	(0.80,0.85]
5	焊缝开裂严重，造成截面削弱在10%以上。连接部位30%以上铆钉、螺栓已损坏；构件表面锈迹严重，截面损失在10%以上，材质特性明显退化；防护涂层油漆完全失效。主要构件有异常变形，行车振动或摇晃显著并伴有不正常移动	≤0.80

3）拉吊索承载能力检算系数 Z_1 确定

根据拉吊索缺损状况评定标度，按表7-7确定 Z_1 值。

拉吊索承载能力检算系数 Z_1 值 表 7-7

缺损状况评定标度	性 状 描 述	Z_1 值
1	表面防护完好,锚头无积水,锚下混凝土无裂缝	(1.00,1.10]
2	表面防护基本完好,有细微裂缝,锚头无锈蚀,锚固区无裂缝	(0.95,1.00]
3	表面防护有少数裂缝,伴有少量锈迹,锚头有轻微锈蚀,锚固区有细小裂缝	(0.90,0.95]
4	表面防护普遍开裂,并有部分脱落,锚头锈蚀,锚固区有明显的受力裂缝	(0.85,0.90]
5	表面防护普遍开裂,并有大量脱落,钢索裸露,钢索锈蚀严重,锚头积水锈蚀,锚固区有明显的受力裂缝,裂缝宽度大于 0.2mm	≤0.85

4) 配筋混凝土桥梁承载能力恶化系数 ξ_e 的确定

承载能力恶化系数 ξ_e 是考虑评定基准期内桥梁结构质量状况进一步衰退恶化产生的不利影响,通过承载能力恶化系数 ξ_e 来反映这一不利影响可能造成的结构抗力效应的降低。

(1) 依据检测结果,按表 7-8 确定构件恶化状况评定标度 E。

配筋混凝土桥梁结构或构件恶化状况评定标度 表 7-8

序 号	检测指标名称	权 重 α_j	综合评定方法
1	缺损状况	0.32	恶化状况评定标度 E 按下式计算: $$E = \sum_{j=1}^{7} E_j a_j$$ 式中:E_j——结构或构件某一检测评定指标的评定标度; α_j——某一检测评定指标的权重,$\sum_{j=1}^{7} \alpha_j = 1$
2	钢筋锈蚀电位	0.11	
3	混凝土电阻率	0.05	
4	混凝土碳化状况	0.20	
5	钢筋保护层厚度	0.12	
6	氯离子含量	0.15	
7	混凝土强度	0.05	

注:对混凝土电阻率、混凝土碳化状况、氯离子含量三项检测指标,按规程规定不需要进行检测评定时,其评定标度值应取 1。

(2) 根据恶化状况评定标度 E 及桥梁所处的环境条件,按表 7-9 确定配筋混凝土桥梁的承载能力恶化系数 ξ_e。

配筋混凝土桥梁的承载能力恶化系数 ξ_e 值 表 7-9

恶化状况评定标度 E	环 境 条 件			
	干燥,不冻,无侵蚀性介质	干、湿交替,不冻,无侵蚀性介质	干、湿交替,冻,无侵蚀性介质	干、湿交替,冻,有侵蚀性介质
1	0.00	0.02	0.05	0.06
2	0.02	0.04	0.07	0.08
3	0.05	0.07	0.10	0.12
4	0.10	0.12	0.14	0.18
5	0.15	0.17	0.20	0.25

注:恶化系数 ξ_e 按结构或构件恶化状况评定标度值线性内插。

5) 圬工与配筋混凝土桥梁结构或构件的截面折减系数 ξ_c 的确定

(1) 依据材料风化、碳化、物理与化学损伤三项检测指标的评定标度，按式(7-9)计算确定结构或构件截面损伤的综合评定标度 R：

$$R = \sum_{j=1}^{N} R_j \alpha_j \qquad (7-9)$$

式中：R_j——某项检测指标的评定标度，按表7-10、表7-11的规定确定；并根据测区碳化深度平均值与实测保护层厚度平均值的比值 K_c，按表7-12的规定确定混凝土碳化评定标度；

α_j——某项检测指标的权重值，$\sum_{j=1}^{N} \alpha_j = 1$，按表7-13的规定确定；

N——对砖、石结构，$N=2$；对混凝土及配筋混凝土结构，$N=3$。

圬工与配筋混凝土桥梁材料风化评定标准 表7-10

评定标度	材料风化状况	性状描述
1	微风化	手搓构件表面，无砂粒滚动摩擦的感觉，手掌上粘有构件材料粉末，无砂粒。构件表面直观较光洁
2	弱风化	手搓构件表面，有砂粒滚动摩擦的感觉，手掌上附着物大多为构件材料粉末，砂粒较少。构件表面砂粒附着不明显或略显粗糙
3	中度风化	手搓构件表面，有较强的砂粒滚动摩擦的感觉或粗糙感，手掌上附着物大多为砂粒，粉末较少。构件表面明显可见砂粒附着或明显粗糙
4	较强风化	手搓构件表面，有强烈的砂粒滚动摩擦的感觉或粗糙感，手掌上附着物基本为砂粒，粉末很少。构件表面可见大量砂粒附着或有轻微剥落
5	严重风化	构件表面可见大量砂粒附着，且构件部分表层剥离或混凝土已露粗集料

圬工与配筋混凝土桥梁物理与化学损伤评定标准 表7-11

评定标度	性状描述
1	构件表面较好，局部表面有轻微剥落
2	构件表面剥落面积在5%以内；或损伤最大深度与截面损伤发生部位构件最小尺寸之比小于0.02
3	构件表面剥落面积在10%以内；或损伤最大深度与截面损伤发生部位构件最小尺寸之比小于0.04
4	构件表面剥落面积在15%以内；或损伤最大深度与截面损伤发生部位构件最小尺寸之比小于0.10
5	构件表面剥落面积在20%以内；或损伤最大深度和截面损伤发生部位构件最小尺寸之比大于0.10

混凝土碳化评定标准 表7-12

K_c	评定标度	K_c	评定标度
<0.5	1	[1.5,2.0)	4
[0.5,1.0)	2	≥2.0	5
[1.0,1.5)	3		

材料风化、碳化及物理与化学损伤权重值　　　　　　　　　　表7-13

结构类别	检测指标名称	权重值 α_j
砖、石结构	材料风化	0.20
	物理与化学损伤	0.80
混凝土及配筋混凝土结构	材料风化	0.10
	混凝土碳化	0.35
	物理与化学损伤	0.55

注：对混凝土碳化，按JTG/T J21—2011规定不需要进行检测评定时，其评定标度值应取1。

（2）依据截面损伤的综合评定标度，按表7-14确定截面折减系数 ξ_c。

圬工与配筋混凝土桥梁截面折减系数 ξ_c 值　　　　　　　　表7-14

截面损伤综合评定标度 R	截面折减系数 ξ_c
$1 \leqslant R < 2$	(0.98,1.00]
$2 \leqslant R < 3$	(0.93,0.98]
$3 \leqslant R < 4$	(0.85,0.93]
$4 \leqslant R < 5$	$\leqslant 0.85$

6）按表7-15确定配筋混凝土结构钢筋截面折减系数 ξ_s。

配筋混凝土钢筋截面折减系数 ξ_s 值　　　　　　　　　　　表7-15

评定标度	性状描述	截面折减系数 ξ_s
1	沿钢筋出现裂缝，宽度小于限值	(0.98,1.00]
2	沿钢筋出现裂缝，宽度大于限值，或钢筋锈蚀引起混凝土发生层离	(0.95,0.98]
3	钢筋锈蚀引起混凝土剥落，钢筋外露，表面有膨胀薄锈层或坑蚀	(0.90,0.95]
4	钢筋锈蚀引起混凝土剥落，钢筋外露、表面膨胀性锈层显著，钢筋断面损失在10%以内	(0.80,0.90]
5	钢筋锈蚀引起混凝土剥落，钢筋外露、出现锈蚀剥落，钢筋断面损失在10%以上	$\leqslant 0.80$

7）活载影响修正系数 ξ_q 的确定

依据实际调查的典型代表交通量、大吨位车辆混入率和轴荷分布情况，确定活载影响修正系数 ξ_q：

$$\xi_q = \sqrt[3]{\xi_{q1}\xi_{q2}\xi_{q3}} \tag{7-10}$$

式中：ξ_{q1}——典型代表交通量影响修正系数，按表7-16确定；

ξ_{q2}——大吨位车辆混入影响修正系数，按表7-17确定；

ξ_{q3}——轴荷分布影响修正系数，按表7-18确定。

交通量影响修正系数 ξ_{q1}　　　　　　　　　　　　　　　表7-16

Q_m/Q_d	ξ_{q1}	Q_m/Q_d	ξ_{q1}
$1 < \dfrac{Q_m}{Q_d} \leqslant 1.3$	[1.0,1.05)	$1.7 < \dfrac{Q_m}{Q_d} \leqslant 2.0$	[1.10,1.20)
$1.3 < \dfrac{Q_m}{Q_d} \leqslant 1.7$	[1.05,1.10]	$\dfrac{Q_m}{Q_d} > 2.0$	[1.20,1.35]

注：Q_m 为典型代表交通量；Q_d 为设计交通量。

大吨位车辆混入影响修正系数 ξ_{q2} 表7-17

α	ξ_{q2}	α	ξ_{q2}
α<0.3	[1.00,1.05)	0.5≤α<0.8	[1.10,1.20)
0.3≤α<0.5	[1.05,1.10)	0.8≤α<1.0	[1.20,1.35]

注：ξ_{q2} 值可按 α 值线性内插。

轴荷分布影响修正系数 ξ_{q3} 表7-18

β	ξ_{q3}	β	ξ_{q3}
β<5%	1.00	15%≤β<30%	1.30
5%≤β<15%	1.15	β≥30%	1.40

注：β 为实际调查轴荷分布中轴重超过 14t 所占的百分比。

第三节　基于荷载试验的承载能力评定方法

JTG/T J21—2011 规定：当检算的作用效应与抗力效应的比值在 1.0~1.2 之间时，应通过荷载试验评定桥梁承载能力。这主要是考虑按规范检算时材质参数取值留有一定的安全储备，在保证桥梁安全的前提下，为充分发挥桥梁的承载能力，对作用效应大于抗力效应且在 20% 以内的桥梁，可通过荷载试验进一步评定其实际承载能力。

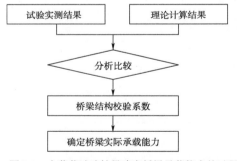

图 7-1　由荷载试验结果确定桥梁承载能力的过程

荷载试验的结果必须非常明确地表明，桥梁是否具有承受达到正常使用极限状态或承载能力极限状态作用荷载的能力。

通过试验荷载作用下结构或构件控制断面变形和应力实测值与对应理论计算值的分析和比较，得到变形和应力校验系数。这个校验系数的大小显然与桥梁实际结构的承载能力大小有关，所以可以用以评估试验桥梁的实际承载能力。

整个过程如图 7-1 所示。

1. 桥梁结构校验系数 λ

试验荷载作用下，结构主要控制断面或构件控制测点的弹性变形或应力实测值与对应理论计算值的比值，以校验系数 λ 的形式表示：

$$\lambda = \frac{S_e}{S_s} \qquad (7-11)$$

式中：S_e——试验荷载作用下控制测点的实测弹性变形（或应变）值；

S_s——试验荷载作用下控制测点的理论计算变形（或应变）值。

校验系数 λ 是反映结构工作状态的一个重要指标。实际工程上总是取各控制断面或最不利受力（如简支梁跨中下缘受拉应力）测点值进行计算，并作为整桥校验系数的控制值。简单理解：校验系数小于 1，说明桥梁结构实际强度或刚度有安全储备；大于 1，则表明强度或刚度不足。

但实际桥梁的 ζ 值因不同桥型、桥跨，或不同材质差别较大。如有些钢结构桥梁，由于材质稳定、计算准确(附加刚度或质量影响小),其应力校验系数会十分接近。所以主要应从实测值与对应计算值比较的思路和方法上理解。一方面,校验系数的大小肯定与桥梁结构实际承载能力有关;另一方面,结构校验系数与实测值和计算值关系都很直接。这实际意味着,当出现 ζ 偏小或偏大的时候,除了要确认实测值的可靠外,还应核实结构尺寸、材料性能以及计算方法和结果是否正确。

2. 实桥承载能力评定

对于荷载试验结果,JTG/T J21—2011 规定:当出现下列情况之一时,应判定桥梁承载能力不满足要求:

(1)主要测点静力荷载试验校验系数大于 1。

(2)主要测点相对残余变位或相对残余应变超过 20%。

(3)试验荷载作用下裂缝扩展宽度超过表 7-1 的限值,且卸载后裂缝闭合宽度小于扩展宽度的 2/3。

(4)在试验荷载作用下,桥梁基础发生不稳定沉降变位。

因为按对桥梁进行荷载试验的条件是检算的作用效应大于抗力效应且在 20% 以内,此检算结果已经预判了被测桥梁的承载能力有不满足要求的可能性。所以如荷载试验的结果控制断面的校验系数仍大于 1,那就应评定桥梁承载能力不满足要求。而相对残余变位或相对残余应变过大,裂缝超限且闭合状况不良,表明桥梁结构在试验荷载作用下有较大的不可恢复的部位或应变,使结构的实际状况偏不安全,所以可直接依据试验结果判定承载能力不满足要求。再者,对正常在用桥梁而言,其地基在长期荷载作用下是趋于稳定的,如在试验荷载作用下发生基础不稳定沉降部位,就可直接评定其承载能力不满足要求。

JTG/T J21—2011 规定:判定桥梁承载能力时,应取主要测点应力校验系数或变位校验系数较大值,按表 7-19 确定检算系数 Z_2,代替式(7-1)~式(7-7)中的 Z_1 进行承载能力评定。

经过荷载试验的承载能力检算系数 Z_2 值表　　　　　　表 7-19

λ	Z_2	λ	Z_2
0.4 及以下	1.30	0.80	1.05
0.50	1.20	0.90	1.00
0.60	1.15	1.00	0.95
0.70	1.10		

注:对主要挠度测点和主要应力测点的校验系数,两者中取较大值;Z_2 值可按 λ 值线性内插计算。

当按 JTG/T J21—2011 检算的荷载效应与抗力效应的比值小于 1.05 时,应判定桥梁承载能力满足要求,否则应判定桥梁承载能力不满足要求。

第三篇

隧 道

第八章

基础知识

第一节 概 述

一、修建公路隧道的目的

公路隧道是修筑在地下供汽车通行的地下构筑物。修建公路隧道的目的是：克服山体、河流、建筑物及市政设施等障碍；缩短行车里程、提高交通便捷、改善行车条件、利用地下空间、节省建设用地、减少植被破坏、保护自然环境；避免公路高边坡，防止碎落、崩塌、滑坡、泥石流、冰雪危害，保证道路运行安全。

二、公路隧道分类

(1)按隧道所处的位置可分为：
山岭隧道，以克服山体障碍而穿越山岭的隧道。
城市隧道，在城镇市区，以克服山体、建筑物、市政设施障碍、缓解交通堵塞而修建的隧道。
水下隧道，以下穿地表水体(江河、海洋、湖泊)而修建的隧道。
(2)按隧道穿越地层可分为：
岩石隧道，岩石地层中修建的隧道。
土质隧道，土层、砂卵地层、淤泥地层中修建的隧道。
(3)按隧道修建方式可分为：
明挖隧道，先将地面挖开，在露天情况下修筑隧道结构，绝大多数进行回填覆盖，也称明洞。
暗挖隧道，在地下先行开挖所需要的空间，并根据需要修筑隧道结构。
沉管法隧道，水下隧道的一种修建方法，是在岸边将隧道预制成若干管节段，通过浮运的方式把预制管节运至指定位置，沉放安装在已疏浚好的基槽内，并将管节拼连起来形成的隧道。
(4)按隧道开挖掘进方式可分为：
钻爆法(也叫矿山法)隧道，是在地层中以挖掘、爆破方式修建的隧道。先在隧道掘进开挖面上通过挖掘或钻眼、爆破开挖形成地下空间,随后根据围岩稳定情况和使用要求对围岩进行支护。

盾构法隧道,采用盾构机,一边进行前部开挖、控制围岩及掌子面不发生坍塌,一边推进、出渣,并在机内拼装管片衬砌的联动作业修建的隧道。断面一次成形,常用于松软土质地层中,隧道成形断面一般为圆形。

掘进机法隧道,采用机械破碎岩石、出渣、支护和推进连续作业修建的隧道。按掘进机在工作面上的切削过程,分为全断面掘进机和部分断面掘进机。按破碎岩石原理不同,又可分滚压式(盘形滚刀)掘进机和铣切式掘进机。滚压式掘进机一般用于中硬岩至硬岩的岩石隧道,铣切式掘进机适用于煤层及软岩。

破碎机法隧道,采用硬岩破碎机进行开挖的隧道,一般采用单臂球形钻头进行掘进,可用于岩石隧道任意断面形状开挖。

(5)按隧道布置方式可分为:

分离隧道,指两隧道并行布置,且两洞结构间彼此不产生有害影响的隧道。

小净距隧道,指并行布置的两隧道间的净距较小,两洞结构彼此产生有害影响的隧道。

连拱隧道,指并行的两座隧道之间无中夹岩柱、隧道的人工结构连接在一起的隧道。

分岔隧道,指由双向行驶的大跨隧道或连拱隧道,由小净距隧道逐渐过渡到分离式双洞隧道的隧道。

(6)按隧道跨度或车道数可分为:

小跨度隧道,指人行横洞、施工通道。

一般跨度隧道,指两车道隧道。

中等跨度隧道,指三车道隧道。

大跨度隧道,指四车道及以上隧道。

(7)隧道按长度分类:

我国《公路隧道设计规范 第一册 土建工程》(JTG 3370.1—2018)按隧道长度将公路隧道分为4类,见表8-1。

公路隧道长度分类表　　　　　　　　　　　　表8-1

分类	特长隧道	长隧道	中隧道	短隧道
长度(m)	$L>3000$	$3000 \geqslant L>1000$	$1000 \geqslant L>500$	$L \leqslant 500$

三、公路隧道基本组成

山岭公路隧道结构除洞门和裸露明洞外,全部埋入地下,一般置于地层包围之中。是由围岩、喷锚衬砌(初期支护)、模筑混凝土衬砌(二次衬砌)、仰拱衬砌、仰拱填充、防水层、排水盲管、深埋水沟、路侧边沟、路面结构、电缆沟及盖板等组成,见图8-1。根据隧道不同长度,隧道内还须配备照明、通风、监控、交通工程设施、防火、防灾救援设施等机电设施(图8-2)和管理设施。

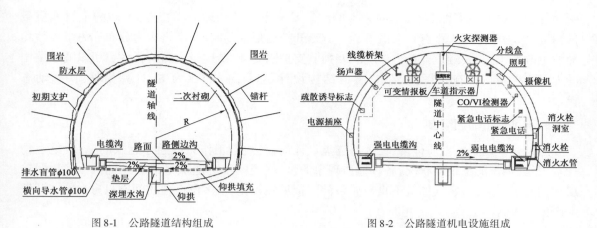

图 8-1 公路隧道结构组成　　　　图 8-2 公路隧道机电设施组成

第二节　公路隧道的特点

公路隧道是特殊的道路结构物,主要有以下特点。

1. 断面大

公路隧道与一般铁路隧道、水工隧洞、矿山地下巷道相比,断面较大。两车道公路隧道净空断面面积约为 $62m^2$、三车道公路隧道净空断面面积约为 $96m^2$、四车道公路隧道净空断面面积约为 $136m^2$。隧道开挖断面越大,对围岩的扰动越大、开挖轮廓暴露的围岩结构面越多、不良地质现象揭露更充分;围岩内的拉伸区与塑性区加大,使得保持围岩稳定性的难度加大,衬砌结构支护能力要求较高,施工难度加大。

2. 形状扁平

公路隧道建筑限界断面是一个宽度大于高度的截角矩形形状,在满足使用功能和施工安全的前提下,尽量使隧道开挖断面轮廓靠近建筑限界,以降低开挖高度、减少开挖量、降低工程造价,一般将公路隧道的断面设计为形状扁平的马蹄形断面。断面扁平容易在围岩拱顶出现拉伸区,衬砌结构拱顶、拱腰弯矩较大,而对于岩土、混凝土之类的材料,其抗拉强度较低,导致隧道顶部容易掉块、坍塌,混凝土结构容易出现开裂。

3. 围岩条件复杂

由于千百万年来复杂的大地构造运动及风化侵蚀等,形成了形态迥异的围岩地质条件,如节理、断层、溶腔、高地应力、风化槽、膨胀岩等。此外,地下水环境、地应力环境不同,以及人类活动如矿山采空区等,使得围岩条件变得更为复杂。公路隧道作为线状构造物,不可避免要穿越各种复杂地质条件,必须根据不同的围岩地质条件,采取不同的对策。

4. 结构受力不确定

隧道施工是在有原始应力场的介质内构筑结构,隧道围岩是结构的一部分,由于公路隧道所穿越的围岩岩性多种多样，不同岩性的围岩具有不同的物理力学特性，不同的围岩地质条件，其应力场分布和大小有很大的差异。隧道开挖后形成临空面，围岩应力分布和力学参数均会发生改变。同时，隧道开挖方法、支护时间、支护刚度，对结构受力影响很大。所以隧道结构受力是不确定的。在实际工程中，隧道结构设计是以工程类比为主、计算为辅，实行动态设计。

5. 不可预见的因素多

隧道处于复杂的地质体内，在公路隧道设计前期，地勘工作只能通过有限的钻孔、地表物探等工作，推定隧道地质状况，各种地质现象的位置、规模不可能探得很准，而地下水、软弱夹层、溶洞、采空区、有害气体等不良地质条件可预见性较差，很多不良地质问题只有在隧道开挖揭露后才了解。

6. 施工环境差

隧道施工作业空间小、能见度差、空气质量差、噪声大、各工序干扰大，影响工人的工作情绪和技能发挥，对隧道施工质量与施工安全造成不良影响，也影响现场监控量测和质量检测工作开展。

7. 隐蔽工程多

隧道工程大部分是隐蔽工程，各工序需要在施工过程中进行检查，一旦漏检或检查力度不够，存在的工程隐患则难以发现。根据表面显示出来的问题，不易判断问题的实质。

8. 防水要求高

隧道衬砌出现渗漏或路面冒水，会造成路面湿滑，对行车安全造成不利影响。特别是在严寒地区，隧道衬砌表面出现吊挂冰柱或在路面结冰，会诱发交通事故。隧道长期或大量的渗漏水，还会对隧道内的机电设备、电力及通信线路造成危害，影响使用寿命。

9. 运营隧道需要照明

高速行驶的车辆在白天接近并穿过隧道时，其行车环境要经历一个"亮—暗—亮"的变化过程，驾驶员的视觉在此过程中也要发生微妙的变化以适应环境。为了减小通过隧道时驾驶员的生理和心理压力，消除车辆进洞时的黑洞效应以及出洞时的黑框效应或眩光现象，从有利于行车安全的角度考虑，一般都需对隧道进行合理有效的照明。同时，隧道内行人、养护人员、洞内故障车辆等，都需要照明。

10. 运营隧道需要通风

车辆通过隧道时，会不断地向隧道内排放废气，污染洞内空气，降低能见度。对于短隧道，由于受自然风和交通活塞风的作用，有害气体的浓度不会积聚太高，不会对驾乘人员的身体健康和行车安全构成威胁，一般不需要通风。但是对于长及特长隧道，自然风和交通活塞风对隧道内空气的置换能力不足，车辆排出的烟尘和带起的粉尘将不断恶化洞内环境，影响行车安全。因此，需要设置机械通风将新鲜空气送入隧道内，稀释有害气体，改善隧道运营环境。此外，在隧道火灾发生时，为了改变隧道内气流流动方向来控制火灾烟气无序蔓延，为人员疏散和防灾救援创造有利条件，也需要进行机械通风。

11. 其他设施

公路隧道需配备必要的交通工程设施、消防设施和逃生救援设施。

第三节　常见质量问题和主要病害现象

我国地域自然条件差异较大，隧道穿越山体的工程地质及水文地质条件复杂多变，受设计和施工技术条件的限制，一些已建成的公路隧道存在不同程度的质量问题和病害现象，常见的有以下几个方面：

1. 隧道渗漏水

公路隧道与其他地下工程一样，在施工期间和建成后，受到地下水的影响。地下水通过一定的通道渗入或流入隧道内部，出现衬砌表面渗水、淌水、滴水，甚至出现股状喷水、涌水等。路面冒水、拱墙部渗漏水可能滴落或流淌到路面，会造成路面积水和湿滑。寒冷地区隧道渗水，会造成衬砌结构冻胀破坏、衬砌挂冰、路面结冰。据调查发现，目前国内无渗漏的公路隧道很少，绝大部分隧道都存在着不同程度的渗漏问题，渗漏位置遍及隧道各个部位。

2. 衬砌开裂

隧道衬砌结构裂缝较为普遍，其形态多样，有拱顶和边墙纵向裂缝、斜向裂缝、网状龟裂裂缝，有的出现错台；裂缝长度从几十厘米到连续几十米；裂缝宽度从小于 0.1mm 到 5mm；同一断面位置，有单条裂缝出现，也有多条裂缝同时出现。

3. 衬砌厚度不足

包括初期支护厚度和二次模筑混凝土衬砌厚度。对模筑混凝土衬砌，衬砌厚度不足主要出现在边墙脚、侧墙、拱顶、仰拱两侧等，有的不足设计厚度的 1/3，严重时会出现衬砌混凝土掉块。

4. 衬砌背后空洞及不密实现象

衬砌背后空洞包括初期支护和二次衬砌。支护结构同围岩的紧密接触是地下结构区别于地面结构的主要特征。初期支护要求紧贴围岩，与围岩共同工作，初期支护背后空洞和不密实都属很严重的质量问题，在隧道拱部、边墙都发现有空洞现象。二次模筑混凝土衬砌空洞主要出现在拱部。

5. 混凝土劣化、强度不足

主要有喷射混凝土强度不足，模筑混凝土强度不足；混凝土在腐蚀性环境作用下产生劣化。

6. 路面隆起、下沉、开裂

隧道运营一段时间后，有些隧道出现路面开裂、底鼓、下沉变形现象，通常伴随电缆沟盖板翘起，路缘石、边沟破坏。

7. 照明亮度不足

在隧道内粉尘浓度较高、潮湿环境条件下,灯具内外容易积尘纳垢、电器老化,使照明亮度不足。

8. 悬挂件锈蚀、松动、脱落、缺失

隧道内风机、灯具、电缆桥架等各种预埋件、悬挂件长期在隧道内特有的环境和车辆振动作用下,出现锈蚀、松动与脱落问题十分普遍,有的甚至出现缺失。这也是老旧隧道主要的安全隐患之一。

9. 附属设施损坏

隧道各种附属设施在运营过程中出现损坏,如设备洞门老化、缺失,电缆槽壁及盖板破损,内装饰层(防火涂层、边墙瓷砖等)起层、脱落等。

第四节 公路隧道试验检测内容

不同类型的隧道,施工方法的不同,在检测内容与方法上有一定差别。本书仅介绍以钻爆法为主要开挖手段的山岭公路隧道的检测。

公路隧道检测技术涉及面广,内容多,其主要内容包括:材料检测,开挖断面检测,初期支护检测(包括辅助措施检查、临时支撑检测),衬砌结构强度检测,结构几何尺寸检测,外观质量检测,衬砌背后的空洞及密实检测,防排水检测,围岩松动检测,围岩预加固检测,施工监控量测,超前地质预报,施工环境检测以及隧道交(竣)工检测,隧道运营过程检查及技术状况评定等。

隧道工程大部分为隐蔽工程,很多检测工作必须在施工过程中进行,检测和预报是隧道工程施工和运营安全不可缺少的技术措施,在隧道施工质量控制和运营过程的安全监控发挥重要作用。

公路隧道检测技术是综合性的工程应用技术,包括设计、施工、仪器设备、传感器技术、通信技术、理论分析、数据统计等。现有的隧道检测技术还在不断更新和发展,还不能完全满足工程建设的需要。本书以工程需求出发,结合我国施工技术现状和检测技术水平,在总结检测工作经验的基础上,系统全面地介绍了公路隧道各项检测项目的目的、内容、原理、仪器、方法、流程及数据处理分析等内容。

第九章

洞身开挖质量检测

第一节 概 述

隧道开挖是控制隧道施工工期和造价的关键工序。超欠挖是隧道开挖过程中的普遍现象。超挖不仅会增加出渣量、衬砌工程量和额外增加回填工程量,导致工程造价上升,同时,局部的过度超挖会引起应力集中,影响围岩稳定性;而欠挖,因侵占了结构空间,直接影响到支护结构厚度,带来工程质量问题,产生安全隐患。欠挖处理费工、费时,影响工期,且欠挖处理时开挖轮廓不易控制、容易引起更大超挖。因此,必须保证开挖质量,为围岩的稳定和支护创造良好条件。

隧道开挖质量的评定主要是超欠挖控制。超欠挖的好坏需通过对开挖断面大量实测数据的统计分析,做出正确的评价。其实质是要准确地测出隧道实际开挖轮廓线,并与设计轮廓线纳入同一坐标体系中比较,从而十分清楚地获悉超挖或欠挖的大小和部位,及时指导下一步的施工。

第二节 开 挖 方 法

隧道开挖方法的选择应根据围岩级别、隧道长度、断面大小、支护结构、工期要求、机械设备的配置及出渣条件等综合确定。用钻爆法开挖时,主要开挖方法有全断面法、台阶法、分部开挖法(弧形导坑留核心土法、双侧壁导坑法、中隔壁法及交叉中隔壁法)等,见表9-1。

(1)全断面法可用于Ⅰ~Ⅲ级围岩两车道及以下跨度的隧道开挖。Ⅰ~Ⅱ级围岩三车道隧道也可采用全断面法开挖。

(2)台阶法可用于Ⅲ~Ⅳ级围岩两车道及以下跨度的隧道。Ⅴ级围岩两车道及以下跨度的隧道在采用了有效的预加固措施后,也可采用短台阶或超短台阶法开挖。

(3)弧形导坑留核心土法可用于Ⅴ~Ⅵ级围岩两车道及以下跨度的隧道、Ⅲ~Ⅳ级围岩三车道隧道或一般土质隧道。

(4)中隔壁法(CD法)或交叉中隔壁法(CRD法)适用于Ⅳ~Ⅵ级围岩、浅埋、大跨、地表沉降需严格控制的情况。

(5)双侧壁导坑法适用于Ⅴ~Ⅵ级围岩、浅埋、大跨及地表下沉量要求严格的情况。

隧道主要开挖方法及开挖、支护顺序图

表 9-1

开挖方法	横断面示意	纵断面示意	施工顺序说明
全断面法			1. 全断面开挖； 2. 初期支护； 3. 全断面二次衬砌
台阶法			1. 上台阶开挖； 2. 上台阶初期支护； 3. 下台阶开挖； 4. 下台阶初期支护； 5. 二次衬砌
环形导坑留核心土法			1. 上环形导坑开挖；2. 拱部初期支护；3. 核心土开挖；4. 下台阶中部开挖；5. 下台阶侧壁开挖；6. 下台阶初期支护；7. 仰拱浇筑；8. 全断面二次衬砌
双侧壁导坑法			1. 左侧上台阶开挖；2. 左侧上台阶初期支护；3. 左侧下台阶开挖；4. 左侧下台阶初期支护；5. 右侧上台阶开挖；6. 右侧上台阶初期支护；7. 右侧下台阶开挖；8. 右侧下台阶初期支护；9. 核心土上台阶开挖；10. 拱部初期支护；11. 核心土中台阶开挖；12. 核心土下台阶开挖；13. 仰拱初期支护；14. 全断面二次衬砌
中隔壁法 CD			1. 左侧上部开挖；2. 左侧上部初期支护；3. 左侧中部开挖；4. 左侧中部初期支护；5. 左侧下部开挖；6. 左侧下部初期支护；7. 右侧上部开挖；8. 右侧上部初期支护；9. 右侧中部开挖；10. 右侧中部初期支护；11. 右侧下部开挖；12. 右侧下部初期支护；13. 仰拱衬砌浇筑；14. 全断面二次衬砌

续上表

开挖方法	横断面示意	纵断面示意	施工顺序说明
交叉中隔壁法 CRD	(图)	(图)	1. 左侧上部开挖;2. 左侧上部初期支护;3. 左侧中部开挖;4. 左侧中部初期支护;5. 左侧下部开挖;6. 左侧下部初期支护;7. 右侧上部开挖;8. 右侧上部初期支护;9. 右侧中部开挖;10. 右侧中部初期支护;11. 右侧下部开挖;12. 右侧下部初期支护;13. 仰拱衬砌浇筑;14. 全断面二次衬砌

第三节 开挖质量标准

一、基本要求

(1) 开挖断面尺寸应符合设计要求。

(2) 应严格控制欠挖。拱脚、墙脚以上 1m 范围内及净空图折角对应位置严禁欠挖。当岩层完整且岩石抗压强度大于 30MPa，并确认不影响衬砌结构稳定和强度时，每 $1m^2$ 内欠挖面积不宜大于 $0.1m^2$，欠挖隆起量不得大于 50mm。

(3) 应尽量减少超挖。隧道允许超挖值规定见表9-2。

隧道允许超挖值　　　　表9-2

项次	检查项目		规定值或允许偏差(mm)	检查方法和频率
1	拱部超挖	Ⅰ级围岩(硬岩)	平均100,最大200	全站仪或激光断面仪检测：每20m 检查1个断面,每个断面自拱顶起每2m 测1点
2		Ⅱ、Ⅲ、Ⅳ级围岩(中硬岩、软岩)	平均150,最大250	
3		Ⅳ、Ⅴ、Ⅵ级围岩(破碎岩、土)	平均100,最大150	
4	边墙超挖	每侧	+100,0	
5		全宽	+200,0	
6	仰拱、隧底超挖		平均100,最大250	全站仪或水准仪：每20m 检查3处

注：1. 超挖测量以爆破设计开挖线为基准线。
　　2. 最大超挖值系指最大超挖处至设计爆破开挖轮廓切线的垂直距离。
　　3. 表列数值不包括测量贯通误差、施工误差。
　　4. 平均超挖值 = $\dfrac{超挖面积}{爆破设计开挖断面周长(不包括隧底)}$。
　　5. 目测疑似超挖断面指检测范围内目测有可疑超欠挖的断面，检测断面可布置在该断面位置，超欠挖范围较大时，可加密检测断面。

(4) 隧道开挖轮廓应按设计要求预留变形量，预留变形量大小宜根据监控量测信息进行调整。

(5) 仰拱超挖部分必须回填密实。

二、爆破效果要求

用钻爆法开挖隧道，其爆破效果应符合下列规定：
(1) 开挖轮廓圆顺，开挖面平整。
(2) 周边炮孔痕迹保存率可按式(9-1)计算，炮痕保存率应满足表9-3的规定。

$$周边炮孔痕迹保存率 \xi = \frac{残留有痕迹的炮孔数}{周边孔总数} \times 100\% \qquad (9-1)$$

炮痕保存率标准　　　　　　　　　　　表9-3

围岩条件	硬岩	中硬岩	软岩
炮痕保存率(%)	≥80	≥70	≥50

注：1. 周边孔指均匀布置在开挖轮廓线周边的炮孔。
　　2. 式(9-1)中周边孔不包括底板周边孔。
　　3. 当炮孔痕迹保存率大于孔深70%时，按残留有痕迹的炮孔计数。
　　4. 松散软岩很难残留炮痕，主要以满足平整圆顺即可认定为合格。

(3) 两茬炮衔接时，出现的台阶形误差不得大于150mm。使用凿岩台车时，可根据实际情况另行确定。

三、开挖断面检测方法

隧道开挖断面检测目前最常用的方法为极坐标法，其代表设备为隧道激光断面仪。断面仪法精度高、速度快、效率高，是一种非接触式测量方法。另外也可采用以内模为参照物直接测量法、使用激光束的方法和使用投影机的方法，见表9-4。

隧道开挖断面检测方法　　　　　　　　　表9-4

测定方法及采用的测定仪		测定方法概要
直接量测开挖面断方法	以内模为参照物直接测量法	以内模为参照物，用钢尺直接测量超欠挖
	使用激光束的方法	利用激光射线在开挖面上定出基点，并由该点实测开挖断面
	使用投影机的方法	利用投影机将基点或隧道基本形状投影在开挖面上，然后据此实测开挖断面
非接触观测法	极坐标法(断面仪法)	以某物理方向(如水平方向)为起算方向，按一定间距(角度或距离)依次测定仪器旋转中心与实际开挖轮廓线交点之间的矢径(距离)及该矢径与水平方向的夹角，将这些矢径端点依次相连即可获得实际开挖的轮廓线

第四节　激光断面仪检测开挖断面

一、测量原理

激光断面仪的测量原理为极坐标法。如图9-1所示，以某物理方向(如水平方向)为起算方向,按一定间距(角度或距离)依次测定仪器旋转中心与实际开挖轮廓线交点之间的矢径(距离)及该矢径与水平方向的夹角,将这些矢径端点依次相连即可获得实际开挖的轮廓线。通过洞内的施工控制导线可以获得断面仪的定点定向数据,在计算软件的帮助下,自动完成实际开挖轮廓线与设计开挖轮廓线的空间三维匹配,最后形成如图9-2所示的输出图形,并可输出各测点与相应设计开挖轮廓线之间的超欠挖值(距离、面积)。如果沿隧道轴向按一定间隔测量多个检测断面,还可得出实际开挖方量、超挖方量、欠挖方量。用断面仪测量实际开挖轮廓线的优点在于不需要合作目标(反射棱镜)。

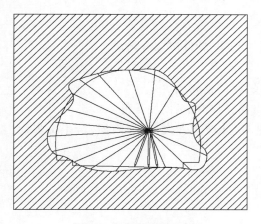

图 9-1　断面仪测量原理

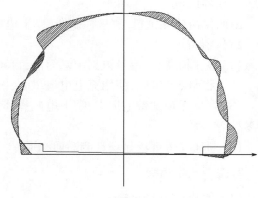

图 9-2　断面仪输出效果图形

用断面仪测量开挖轮廓线,断面仪可以放置在隧道内的任意位置,扫描断面的过程(测量记录)可以自动完成。所测的每点均由断面仪发出的一束十分醒目的单色可见红色激光指示,而且可以由人工随时加以干预。如果在断面仪自动扫描断面的测量过程中,发现轮廓线上的某特征点漏测了,还可以随时用断面仪配置的手持式控制器发出一个停止命令(按一个键),然后用控制键操纵断面仪测距头返回欲测的特征点,完成该点的测量后继续扫描下去。除此以外,在自动测量过程中,测点的间距还可以根据断面轮廓线的实际凸凹形状,随时动态地加以修正。如果事先在控制器中输入了设计断面形状、隧道轴线、平面、纵面设计参数(可以在室内输入)以及断面仪实测时的定向参数(实测时输入),则在完成某一开挖断面的实际测量后,可以立即在控制器的屏幕上显示如图9-2所示的图形。在控制器上操纵断面仪测距头旋转,指向激光所指示的断面轮廓线上的某点,就对应于控制器上图形显示的光标点,并可实时显示该点的超欠挖数值。

如果想获取最后的输出成果,则将断面仪控制器中的数据传输到普通计算机中,运行断面仪配套的后处理软件,则可从打印机、绘图机上自动获得成果。

目前在隧道施工中,激光断面仪不仅可应用于开挖断面检测,也在初期支护(喷射混凝土衬砌)、二次衬砌断面轮廓检测中广泛应用。

二、测量仪器

激光断面仪是把现代激光测距和计算机技术相结合开发出来的硬件、软件一体化的隧道断面测量仪器。我国自20世纪90年代初,引进瑞士Amberg公司生产的断面仪(有Profiler2000、Profiler3000、Profiler4000 等型号),其中 Profile4000 型可以利用后方交会的方法来确定断面仪的坐标和方位。不过在隧道中用后方交会来确定测站坐标很不方便,有时很难操作。另外,专用断面仪价格十分昂贵。因此,为了对断面仪进行定位,还需要用经纬仪或全站仪进行测量。

为此,国内外测量仪器厂商经过科研攻关,开发出了众多隧道断面检测仪器系统。下面以国内开发生产的 BJSD 系列激光隧道多功能断面检测仪为例进行简要介绍。

1. 仪器组成及特点

1)仪器组成

断面仪由检测主机、测量控制器(掌上电脑)、三脚架、软件等部分组成。

2)仪器特点

(1)检测精度高,测量数据记录简洁,自动记录,存储空间大。

(2)无须交流供电,使用充电电池供电,携带方便,符合现场使用条件。

(3)现场无须携带笔记本,掌上电脑操作方便,软件功能强大,操作简便,全中文界面,支持多种操作系统。

(4)断面仪可现场显现被测断面图形。

2. 主要技术指标

(1)检测半径:1~45m。

(2)检测点数:自动检测,一般为 35 个点/断面。

(3)测距精度:优于 ±1mm。

(4)测角精度:优于 0.01°。

(5)方位角范围:30°~330°(仪器测头垂直向下为 0°),连续测量 60°~300°。

(6)手动测头转动方位角范围:0°~350°。

(7)定位测量方式:具有垂直向下激光定心标志、测距功能。

3. 测量方式

隧道断面检测仪需全站仪配合,其测量方式有以下几种:

(1)手动检测方法。由操作者控制移动检测指示光标随意进行测量和记录。

(2)定点检测法。可设置起止角度及测量点数等参数,仪器将按照所定参数自动测量并记录。

(3)自动量测法。仪器依照内部设定的间隔,自动检测并记录数据。

三、检测方法

1. 检测前准备

(1)根据检测任务要求确定检测断面、单个断面检测点数。一般情况下,开挖检测断面为 20m 一个,初期支护检测断面为 10m 一个,二次衬砌检测断面为 20 一个。

(2)采用隧道激光断面仪对隧道开挖断面检测前,应先采用经纬仪或全站仪按一定间距放出测量断面中线测点(放置断面仪的点)及该测点实际高程和对应法向点(与测量点连线且在垂直于隧道轴线的横断面上的点),并记录该点的桩号、实际高程和与中线偏位值。

(3)放点要求。隧道激光断面仪进行断面检测具有任意点检测的优势,检测时虽然无固定检测位置的要求,但为了便于后期数据处理,一般要求:

①条件允许情况下,检测点应放在隧道轴线上(保证等角自动测量时候各测点间距相等)。

②现场条件受限,不能在隧道轴线放置检测点时,可以偏离隧道轴线放检测点,但是应记录下实际高程和与隧道轴线偏位值,并适当加密检测点(避免被检断面远离检测点一侧的测点间距过大)。

③直线隧道且检测点距离较短情况下,可以用相邻测量断面的轴线检测点来确定测量断面与隧道轴线垂直的方向,但是曲线隧道和偏离隧道轴线放点的情况下,须事先放出法向点。

2. 隧道断面检测步骤

(1)将隧道激光断面仪置于所需检测断面的测量点上,安装并调整好仪器,使仪器水平且垂直归零后光点在测量点上。

(2)利用该检测点的法向点或者相邻检测点(在直线段均为中线测点的情况下),确定断面仪主机方向,保证所检测的断面在垂直隧道轴线的断面内,且统一按特定旋转顺序检测。

(3)退出仪器手动调试界面进入主界面,选择"测量断面"。

(4)在"测量断面中"选择等角自动测量,并输入所测量断面的桩号并设置好所量测断面的起始和终止测量角度及所需量测的点数等参数,最后点"测量",仪器自动开始检测,检测时注意观察掌上电脑上所显示的检测断面曲线,如发现异常测点,及时现场观察,以便确定是否为障碍物遮挡引起。

(5)测量结束,在提示栏中显示检测完的信息时即可退出,数据自动保存在掌上电脑中(部分新型断面仪,在测量结束后需要把新测的断面保存在已有或者新建的断面组文件内),然后进行下一个断面检测。检测断面数据带回室内进行处理,以减少在隧道内的时间,减少对施工的影响。

3. 检测数据处理

现场检测完成后,回到室内将掌上电脑的测量数据传输到计算机上,采用该仪器提供的台式机后处理软件对数据进行处理。处理步骤一般如下:

(1)编辑标准断面。熟悉设计资料中的标准断面,根据检测断面测点选择情况和标准断面情况,并考虑到各个断面的超高旋转等因素编制标准断面。

(2)打开标准断面。逐个导入测量曲线(部分新型断面仪导入断面组文件)。

(3)断面数据处理。

①确定水平调整参数,根据测量点的中点偏位和标准断面原点的位置,确定水平偏位调整值 X(测点在标准断面原点右侧为正值,左侧为负值)。

②确定高差调整值,根据测点实际高程 H_1 和标准断面原点设计高程 H_2 确定高差调整值 Δh。

$$\Delta h = H_2 - H_1 \tag{9-2}$$

③计算最终仪器高度值,用测量时的仪器高度值 Z_1 和高差调整值 Δh 计算标准断面仪器高度 Z,即完成断面数据处理过程。

$$Z = Z_1 - \Delta h = Z_1 - (H_2 - H_1) \tag{9-3}$$

（4）完善断面标记。输入相关测量信息（如测量时间、测量单位和测量人等）和检查断面桩号，如发现检测现场输入断面有误，在断面输出前重新编辑桩号。

（5）输入断面结果。根据检测要求和实际需要输出断面处理结果。最后根据处理的标准曲线和实测曲线对比图像和输出的附表的说明，判断隧道断面是否侵入标准断面（初期支护或者二次衬砌）的设计限界，在哪些部位存在侵限和侵限值大小。为了便于后期使用，在最后的结果中应标注障碍物等引起的假侵限部位。

以上为隧道激光断面仪检测隧道的一种方法，但不是唯一方法。

第十章

喷锚衬砌施工质量检测

第一节 概　述

隧道衬砌的主要形式有：喷锚衬砌、整体式衬砌、复合式衬砌。

喷锚衬砌是喷射混凝土支护、锚杆支护、喷射混凝土＋锚杆支护、喷射混凝土＋锚杆＋钢筋网支护、喷射混凝土＋锚杆＋钢筋网＋钢架支护的统称，是一种加固围岩、控制围岩变形、能充分利用和发挥围岩自承能力的衬砌形式，具有支护及时、柔性、紧贴围岩、与围岩共同工作等特点。施工过程中，要求初期支护在隧道开挖后及时施作，以控制围岩变形、防止围岩坍塌、发挥围岩结构作用。锚喷支护施工灵活、经济，目前在隧道工程中广泛应用。

整体式衬砌包括砌体衬砌和模注混凝土衬砌，可以单独采用，早期隧道多采用这种衬砌。

在复合式衬砌中，第一层衬砌采用喷锚衬砌，通常称为初期支护；第二层衬砌采用拱墙整体浇筑的模注混凝土衬砌，也称二次衬砌。

锚杆支护是预先在围岩钻好的锚孔内插入一定长度的锚杆体（通常多用钢筋），并采用机械方法或锚固剂黏结的方法将锚杆体与围岩锚固在一起，形成锚杆支护结构。锚杆支护是利用锚杆的悬吊作用、组合拱作用、挤压作用，将围岩中被节理、裂隙切割的岩块串为一体、填补缝隙，起到改善围岩的力学性能，约束围岩内部和周边变形，调整围岩的受力状态，实现加固围岩，维护围岩稳定的作用。保证锚杆对围岩的支护作用的前提是将锚杆体与围岩锚固在一起，与围岩连成整体，对永久性锚杆要保证锚杆孔内全长注浆饱满和锚杆有效锚固深度，避免锚杆松弛和锈蚀。

喷射混凝土支护是用高压将掺有速凝剂的混凝土拌和料，通过混凝土喷射机直接喷射到隧道开挖壁面上，形成喷混凝土支护结构。喷射混凝土支护具有不需模板、施作速度快、早期强度高、密实度好、与围岩紧密黏结、不留空隙的突出优点，隧道开挖后及时施作喷射混凝土支护，可以起到封闭岩面、防止围岩风化松动、填充坑凹及裂隙、维护和提高围岩的整体性、帮助围岩发挥自身结构能力、调整围岩应力分布，防止应力集中，控制围岩变形，防止掉块、防止坍塌的作用。

喷射混凝土的施工工艺有三种：干喷、潮喷和湿喷。潮喷工艺与干喷工艺相近，在干喷的拌和料中适量加水即为潮喷，隧道施工中宜采用湿喷工艺，不允许采用干喷。

为了提高喷射混凝土的抗剪强度和抗弯强度,提高喷射混凝土的抗冲切能力、抗弯曲能力,提高喷射混凝土的整体性,减少喷射混凝土的收缩裂纹,可在喷混凝土层中设钢筋网,或在喷混凝土混合料中加入钢纤维、化学纤维。

钢架支护(即钢拱架支护),由于自身刚度较大,可提高喷射混凝土层的刚度和强度,安装后即可发挥一定支撑能力。钢架包括钢筋格栅钢架和型钢钢架。格栅钢架是由钢筋焊接加工而成。型钢钢架是由型钢加工成形,根据采用的型钢种类,又分为:工字钢钢架、U形型钢钢架和H形型钢钢架,工程中多采用工字钢钢架。钢架主要用于自稳时间短、初期变形大或对地表下沉量有严格限制的地层中,是控制围岩变形与松弛、提高喷锚衬砌支护能力、维持围岩稳定的有效措施。

喷锚衬砌施工质量检测主要包括锚杆施工质量检查、喷射混凝土的质量检验、钢筋网施工质量检测、钢架施工质量检测、内净空断面质量检测等。

本章主要介绍这些内容的材料加工、安装常规质量检测。喷锚衬砌背后和内部状态等隐蔽检测可通过地质雷达等无损检测技术进行,将在第十一章中介绍。

第二节 锚杆施工质量检查

一、锚杆加工质量检查

锚杆的种类主要包括:砂浆锚杆、药卷锚杆、中空注浆锚杆、自钻式锚杆、组合中空锚杆、树脂锚杆、楔缝式端头锚固式锚杆、管缝式锚杆等。常用的几种全长黏结锚杆杆体构造见图10-1。每一种锚杆在使用安装前,都必须对其材质、规格和加工质量进行检查,以免不合格的锚杆材料用于隧道支护。

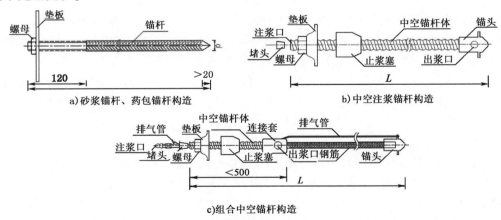

图10-1 全长黏结锚杆杆体构造图(尺寸单位:mm)

1. 锚杆杆体材料力学性能检测

(1)抗拉强度

锚杆在工作时主要承受拉力,检查材质时应首先检测其抗拉强度。方法是,从原材料中或成品锚杆上截取试样,在拉力试验机上做拉伸试验,测试材料抗拉强度和力学特性,确定其是否满足工程要求。

（2）延展性

锚杆是在隧道围岩发生变形后发挥作用,这就要求锚杆材质具有一定的延展性,过脆可能导致锚杆中途断裂失效,所以需对材料的延展性进行试验,对于杆体材料为钢材的锚杆,其断后伸长率 A 不应小于 16%。

（3）弹性

对管缝式锚杆,要求原材料具有一定的弹性,使锚杆安装后管壁和孔壁紧密接触。检查时,可采用现场弯折或锤击,观察其塑性变形情况。

2. 杆体规格

锚杆杆体的直径必须与设计相符,中空锚杆还应检查管壁厚度,可用卡尺或直尺测量。杆体直径和壁厚允许偏差小或等于 4%。此外,还应注意观察杆体直径是否均匀一致、有无削弱钢筋截面的伤痕,若有发现,则应弃之不用。

3. 锚杆长度

锚杆杆体长度应不小于设计值,用直尺测量。

4. 加工质量

锚杆都需要进行一定的加工。锚杆外露端需要加工丝口,用以戴螺母固定垫板;锚杆前端需要加锚头或削尖;组合中空锚杆连接套与螺纹钢筋和中空锚杆体需连接加工;楔缝式端头锚杆锚固端需特殊加工。检查时,首先应测量锚杆各部分的尺寸,其次检查焊接件的焊接质量。对于攻丝部分,应检查丝纹质量,观察是否有偏心现象,并戴上螺母。

二、锚杆安装质量检查

1. 锚杆孔位

钻孔前应根据设计要求定出孔位,做出标记。可用钢卷尺检测锚杆的环向间距和纵向排距,孔位允许偏差为 ±150mm,但需控制累积误差,以保证锚杆设计密度。控制方法是,任意 5～10m 范围内的锚孔数量不少于设计值。检查频率为锚杆数的 10%。

2. 锚杆方向

锚杆打设方向应根据围岩情况,尽量与围岩壁面或岩层主要结构面成大角度相交。采用气腿式风动凿岩机钻孔时,边墙锚杆打设方向能满足要求,而拱部锚杆打设方向不易做到与开挖面垂直,容易出现偏差。锚杆打设方向过于偏斜,会使锚杆实际有效锚固深度降低,造成浪费材料,达不到设计效果。系统锚杆钻孔方向应为设计开挖轮廓法线方向,垂直偏差不宜大于 20°。锚杆打设方向检查主要采用目测,也可采用地质罗盘检测。

3. 钻孔深度

锚杆孔钻孔深度是保证锚杆锚固质量的前提,孔深不足则锚固深度不够。锚杆钻孔深度不小于锚杆设计长度,孔深允许偏差为±50mm。钻孔深度可用带有刻度的塑料管或木棍等插孔量测,检查频率为锚杆数的10%。砂浆锚杆锚固图见图10-2。

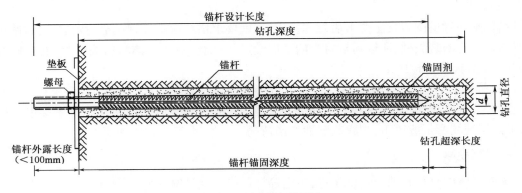

图10-2 砂浆锚杆锚固图

4. 孔径

对于以砂浆作为锚固剂的锚杆,孔径过小会减小锚杆杆体包裹砂浆层的厚度,影响锚杆的锚固力及其耐久性,因此,锚孔钻径大于杆体直径15mm才符合要求。

对于其他形式锚杆,孔内有锚杆连接件、特殊锚头,为便于安装,孔径可以更大一些,以满足安装工艺要求。

孔径检查采用直尺、游标卡尺测量,检查频率为锚杆总数的10%。

5. 锚杆锚固剂(砂浆)强度检测

锚固剂(砂浆)强度是锚杆质量的重要保证。砂浆强度检测,首先是在现场取样,每次锚杆安装应至少取一组试件,在标准养护条件下试件28d的抗压强度,不低于设计强度,设计没有特别要求时,砂浆强度等级应不小于M20。

6. 锚杆垫板

锚杆垫板对发挥锚杆锚固作用十分重要,锚杆垫板要求与岩面紧贴,不能出现吊空(垫板没有贴到围岩)、翘边、螺母没有压住垫板的现象。垫板长、宽尺寸偏差不小于5mm,厚度大于设计值。检查频率为锚杆数的10%。

7. 锚杆数量

锚杆数量是锚杆设计参数的重要指标。锚杆安装数量检测,可直接在现场肉眼点数,或通过全息扫描拍照点数。

8. 锚杆抗拔力

锚杆(抗)拔力是指锚杆锚固后能够承受的抗拔能力。它是锚杆材料、加工及锚固质量的综合反映,是锚杆质量检测的一项基本内容,检测数量为锚杆数的1%且每次不少于3根。锚杆抗拔力检测标准如下:

(1)同组28d锚杆抗拔力的平均值应不小于设计值。

(2)单根锚杆的抗拔力不得低于设计值的90%。

锚杆(抗)拔力测试具体方法见本章第三节。

9. 锚杆锚固长度和砂浆注满度检测

对全长黏结锚杆,还可采用锚杆质量无损检测仪进行锚固长度和密实度检测,具体检测方法见本章第四节。

第三节　锚杆抗拔力测试

一、测试仪器

锚杆抗拔力常用锚杆拉拔计来测试。锚杆拉拔计主要由:手动泵、空心千斤顶、高压油管、传力板、压力表构成。在隧道内,由于锚杆与岩面不完全垂直,还需配备楔形调节垫块。如需测试锚杆抗拔位移,可增加行程计量装置(如千分表)。

二、测试方法

(1)现场随机抽测的锚杆,由于锚杆外露端长度不够,需对受检锚杆端头做加长处理,以便测试千斤顶安装。可采用连接套筒接长,连接抗拉强度应能承受100%杆体极限抗拉力。

专为试验埋设的锚杆,外露长度应加长,试验锚杆可由监理或设计指定埋设。

(2)用砂浆将试验锚杆口部抹平,或用楔形调节垫块调整,使千斤顶作用方向与锚杆方向一致。

(3)套上空心千斤顶,加上传力板,通过锚杆尾端丝口用螺母将千斤顶和传力板固定在一起(图10-3)。

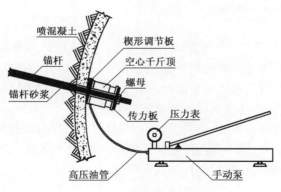

图10-3　锚杆拉拔测试图

(4)通过手动油压泵加压,从压力表读取读数,根据活塞面积换算锚杆承受的抗拔力。

三、注意事项

(1)砂浆锚杆应在锚固砂浆强度达到100%后进行。

(2)被测试锚杆,应将锚杆垫板取下。

(3)安装拉拔设备时,应使千斤顶与锚杆同心,避免偏心受拉。

(4)锚杆抗拔力试验应逐级加载,每级应匀速加载,速率一般不大于10kN/min,稍作停顿,并观测记录其变形数值和破坏情况。

(5)拉拔力到设计要求的抗拉值即可停止加载,一般不做破坏性试验。如有特殊需要,先测取锚杆的最大抗拉力,再进行破坏性试验。

(6)锚杆抗拔力测试不应少于同类型锚杆总数的1%,并不得少于3根。

(7)千斤顶应固定牢靠,并有必要的安全保护措施。应特别注意的是,试验时操作人员要避开锚杆的轴线延长线方向,应在被测锚杆的侧边,并尽可能远离。读取读数时,应停止加压。

从理论上讲,在硬岩岩体中,只要锚固的水泥砂浆长度大于杆体直径的40倍,即使拉拔至钢筋颈缩,锚杆也不会丧失锚固力。也就是说,锚杆抗拔力检测不能检测出锚杆砂浆的密实度和锚杆锚固长度,锚杆的安设质量仅根据锚杆的抗拔力来检验是不全面的。

第四节 锚杆锚固长度和密实度检测

我国公路隧道支护中使用较多的锚杆为全长黏结锚杆[包括普通砂浆锚杆、药包(卷)锚杆、中空注浆锚杆、组合中空锚杆等]。普通砂浆锚杆施工中若钻孔呈水平或向下倾斜,则锚杆孔内的砂浆密实度容易得到保证;若钻孔上仰,特别是垂直向上,则锚杆孔内砂浆很难注满。对长度大于3.0m的药包(卷)锚杆,也难以保证孔内砂浆饱满。

锚杆锚固密实度(或称砂浆注满度、灌浆饱满度、注浆密实度)不好,将严重影响锚杆的有效锚固长度,影响锚杆的长期使用寿命。所以,应增加锚杆锚固密实度检测。

一、锚杆锚固密实度检测原理

锚固密实度检测主要采用声波反射法原理进行。在锚杆杆体外端发射一个声波脉冲,它沿杆体钢筋以管道波形式传播,到达钢筋底端后反射,在杆体外端接收此反射波。如果握裹钢筋的砂浆密实、砂浆又与周围岩体黏结紧密,则声波在传播过程中从钢筋通过水泥砂浆向岩体扩散,能量损失很大,在杆体外端测得的反射波振幅很小,甚至测不到;如果无砂浆握裹,仅是一根空杆,则声波仅在钢筋中传播,能量损失不大,接收到的反射波振幅则较大;如果握裹砂浆不密实,中间有空洞或缺失,则得到的反射波振幅的大小介于前两者之间。因此,可以根据杆体外端声波的反射波振幅大小判定锚杆锚固密实度。

二、检测仪器

锚杆锚固密实度检测主要采用按上述原理开发的锚杆质量无损检测仪。最初的锚杆无损检测仪器大多在基桩低应变检测仪器的基础上开发出来,然后在传感器、激振、频率响应等方面充分考虑了锚杆的实际情况,进行了改进和提高。目前国产锚杆质量无损检测仪品种也比较多,检测速度和精度已得到大幅提高,除可进行锚杆砂浆锚固密实度检测外,还可检测锚杆长度。

三、检测方法

进行锚杆锚固密实度检测前,宜进行室内和现场模拟试验,并以试验检测结果修正现场实测的计算参数,以提高检测可靠度。

室内标准锚杆模拟的锚杆孔宜采用内径不大于 90mm 的 PVC 或 PE 管,其长度应比被模拟锚杆长度长 1m 以上。锚杆宜采用所检测工程锚杆相同的类型,其长度宜涵盖设计锚杆长度范围,锚杆外露段长度与工程锚杆设计相同,外露端头应加工平整。标准锚杆宜包含所检测工程锚杆的等级和主要缺陷类型。胶黏材料宜与所检测工程锚杆相同,设计缺陷宜用橡胶管等模拟。

现场模拟试验制作的标准锚杆试验场地宜选在与被检测工程锚杆围岩条件类同的围岩段,且不应影响主体工程施工并便于钻孔取芯施工。标准锚杆应与被检测工程锚杆的施工工艺参数相同。

试验用杆准锚杆的注浆材料宜选用与工程锚杆相同的注浆材料和配合比,注浆完成后自然养护。

每种规格的锚杆应设计 1 组试验锚杆。每组试验锚杆宜包括:完全锚固密实(密实度100%)、中部锚固不密实(密实度 90%、75%、50%)、孔底锚固密实、孔口段锚固不密实(密实度 90%、75%、50%)、孔口锚固段密实、孔底锚固不密实(密实度 90%、75%、50%)等模型。

对标准锚杆的检测宜在 3d、7d、14d、28d 龄期时分别进行。现场标准锚杆检测完成后,若条件许可,还需采用钻孔取芯等有效手段进行检验。

对标准锚杆试验结果应编写试验报告,报告应明确试验仪器、仪器设置的最佳参数、检测精度、检测有效范围,并应提供杆体波速、杆系波速、杆系能量修正系数及标准锚杆检测图谱。

对待检锚杆锚固密实度的检测应在锚杆锚固 7d 以后进行。检测前,应根据模拟试验结果,对检测仪器设备进行检查调试,并清除待检锚杆外露端周边浮浆,分离待检锚杆外露端与喷层,对被测锚杆的外露自由段长度和孔口段锚固情况进行测量与记录。检测时,周边不得有机械振动、电焊作业等对检测有明显干扰的施工作业。

被检测锚杆宜随机抽样,抽样率应符合相关规范要求,并应重点检测隧道拱部及地质条件较差段的锚杆。

当实测信号复杂、波形不规则,无法对锚固质量进行评价,或对检测结果有争议时,宜采用其他方法进行验证。

四、锚固质量评定

根据锚杆质量无损检测仪提供的波形特征、时域信号特征、幅频信号特征,可进行锚固密实度评判,见表 10-1。

锚固密实度评判标准   表 10-1

质量等级	密实度	质量等级	密实度
A	≥90%	C	70%~80%
B	80%~90%	D	<70%

单根锚杆锚固质量无损检测分级评价见表10-2。

单根锚杆锚固质量无损检测分级评价　　　　表 10-2

锚固质量等级	评 价 标 准
Ⅰ	密实度为 A 级,且长度合格
Ⅱ	密实度为 B 级,且长度合格
Ⅲ	密实度为 C 级,且长度合格
Ⅳ	密实度为 D 级,或长度不合格

锚杆长度合格标准为:应满足设计要求。

第五节　喷射混凝土质量检测

一、质量检测内容

喷射混凝土的质量检验内容除包括对原材料进行检测外,还包括喷射混凝土强度、喷射混凝土初喷厚度和总厚度、外观及表面平整度、喷混凝土支护背后空洞等。此外,还包括施工过程喷射混凝土的回弹及粉尘检测。

1. 喷射混凝土强度

喷射混凝土抗压强度是喷射混凝土的主要性能指标。喷射混凝土强度包括抗压强度、抗拉强度、抗剪强度、疲劳强度、黏结强度等。由于这些指标之间存着一定的内在联系,在一般试验检测中,只检测喷射混凝土的抗压强度,并由此推测混凝土的其他强度。

2. 初喷

隧道开挖暴露后,需立即对开挖面进行初喷,这是保持围岩稳定和施工作业安全很重要的施工环节,应对喷射混凝土初喷环节进行检测。初喷厚度应不小于20mm,初喷范围包括开挖轮廓岩面、超挖面、塌方岩面。

3. 喷射混凝土厚度

喷射混凝土厚度是指混凝土喷层表面与围岩受喷面的距离,是初喷厚度和复喷厚度的总体厚度。喷射混凝土厚度是发挥喷射混凝土支护作用的重要保障。喷射混凝土总体厚度应满足设计要求。

4. 喷射混凝土外观及平整度

喷射混凝土支护外观上应无漏喷、鼓包、开裂、钢筋网(或金属网)外露等现象,喷射混凝土表面要求整体平整、圆顺,不应出现尖角和明显坑凹。

5. 喷射混凝土背后空洞

喷射混凝土必须直接喷射到围岩壁面上,与围岩密贴接触形成组合结构,如图10-4所示。

但实际工程中,在设有钢架支护的地段,由于超挖、掉块和塌方的原因,使隧道实际开挖断面形状与事先加工好的钢架支护形状相差较大,容易出现钢架喷射混凝土层与围岩脱离(图10-5),形成空洞。喷射混凝土衬砌与围岩之间存在空洞时,喷射混凝土层局部形成孤立的薄壳结构,喷射混凝土层结构承载能力和稳定性大为降低(图10-5);同时,由于喷射混凝土衬砌没有形成对围岩的有效约束,围岩也失去了喷射混凝土结构的支护,可能进一步松弛,并可能导致塌方,围岩压力会进一步增大,导致衬砌开裂,影响隧道的使用安全。因此,喷射混凝土背后不允许存在空洞和不密实现象。

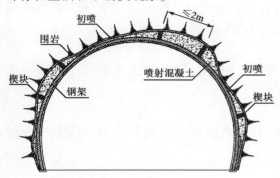

图10-4　喷射混凝土与围岩密贴

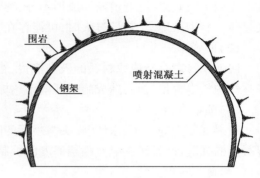

图10-5　喷射混凝土与围岩脱离

6. 喷射混凝土回弹率

喷射混凝土施工过程中,部分喷射混凝土混合料由隧道岩壁跌落到底板的现象称为喷射混凝土的回弹,回弹下来的喷射混凝土混合料体积与喷射混凝土总体积之比,称为喷射混凝土的回弹率。

二、影响喷射混凝土质量的因素

1. 影响喷射混凝土强度的因素

(1)原材料

喷射混凝土原材料主要包括水泥、砂、碎石、速凝剂等。

对水泥强度、安定性、凝结时间进行抽样检查,不合格不得进入施工现场。

为保证喷射混凝土强度,减少粉尘和混凝土硬化后的收缩,需控制混凝土混合料搅拌时水泥的飞扬损失,砂的细度模数、含水率、含泥量及骨料级配、最大粒径等质量指标必须符合相关规定。

喷射混凝土用水必须是无杂质的洁净水,污水、pH值小于4.5的酸性水均不得使用。

为加快喷射混凝土的凝结、硬化,提高其早期强度,减少喷射混凝土施工时因回弹和重力而引起的混凝土脱落,增大一次喷射混凝土厚度和缩短分层喷射的间隔时间,一般需在喷射混凝土中加入速凝剂。速凝剂对于不同品种的水泥,其作用效果也不相同。因此,在使用前应做速凝剂与水泥的相容性试验及水泥净浆凝结效果试验。所采用的速凝剂应保证初凝时间不大于3min,终凝时间不大于12min,并应符合《混凝土外加剂应用技术规范》(GB 50119—2013)的相关规定。

(2)施工作业

在原材料合格的前提下,应按设计和试验调整的配合比,准确称量并进行搅拌。喷射混凝土前,必须先冲洗岩面;喷射中,要控制好水灰比、喷射距离、喷射风压,分层喷射;喷射后,注意洒水养护。

2. 影响喷射混凝土厚度的因素

(1)爆破效果

光面爆破效果差,隧道断面成形不好,容易导致超挖处喷射混凝土层过厚,而欠挖处喷层又过薄。有钢架地段,超挖过大时,可能存在喷混凝土背后不密实、空洞。

(2)回弹率

回弹率过高会造成原材料的极大浪费、施工作业时间延长,增大施工成本,并且使施工现场空气中粉尘含量过高,造成施工环境不达标。

(3)喷射参数

喷射混凝土的风压、水压、喷头与喷面的距离、喷射角度、喷射料的粒径等,不仅影响喷射混凝土的强度,而且还影响对喷层厚度的控制。

(4)施工控制措施

喷射混凝土前没有采取诸如埋设厚度标志桩等控制厚度的措施,容易造成厚度不足。喷射作业完成后没有及时检测,也是喷射混凝土厚度质量失控的一个重要原因。

三、质量检测方法

1. 喷射混凝土抗压强度试验

(1)检查试件的制作方法

检查试件制作方法有喷大板切割法、凿方切割法、喷模法、钻芯法,用于检验喷射混凝土抗压强度的试块,应在喷射现场随机制取。

①喷大板切割法

在施工的同时,将混凝土喷射在450mm×350mm×120mm(可制成6块)或450mm×200mm×120mm(可制成3块)的模型内,在现场养护28d后,用切割机切掉周边,加工成100mm×100mm×100mm的立方体试块,再进行试验。用标准试验方法测得极限抗压强度,并乘以0.95的系数。

②凿方切割法

在已经喷好的喷射混凝土结构物上,养护14d后用凿岩机打密排钻孔,取出长约350mm、宽约150mm的混凝土块,用切割机切掉周边,加工成100mm×100mm×100mm的立方体试块。在现场养护28d后,进行试验。用标准试验方法测得极限抗压强度,并乘以0.95的系数。

③钻芯法

当采用喷大板切割法对强度有怀疑时,也可采用钻孔取芯法。钻孔取芯法应在具有28d强度的支护上,用钻孔取芯机钻取并加工成长100mm、直径10mm的圆柱体。在压力机上进行试验(精确到0.1MPa),其抗压强度换算系数,应通过试验确定。

（2）现场检测方法

①拔出法

拔出法分为预埋和后装两种方法，各有优缺点。对喷射混凝土而言适合后装法。通过在实际结构物上钻孔、切槽，安装拉拔件及装置，然后将其拔出。拉拔件锚深一般为 25mm，过深不宜拔出，过浅则不能反映混凝土的内部情况。已有成套仪器和相关规范[《拔出法检测混凝土强度技术规程》（CECS 69:2011）]。

②射钉法

射钉法又称温莎探针法，是用射钉装置将探针打入混凝土内根据探针打入深度推测混凝土强度，但需要建立混凝土强度相关公式。

（3）检查试件的制取组数

试件 3 件为 1 组。两车道每 10 延米，至少在拱部和边墙各取一组试件。其他工程，每喷射 $50 \sim 100m^3$ 混合料或小于 $50m^3$ 混合料的独立工程，不得少于 1 组。材料或配合比变更时，应重新制取试件。

（4）喷射混凝土抗压强度的合格标准

①同批试件组数 $n \geqslant 10$ 时，试件抗压强度平均值不低于设计值，且任一组试件抗压强度不低于 0.85 倍的设计值。

②同批试件组数 $n < 10$ 时，试件抗压强度平均值不低于 1.05 倍的设计值，且任一组试件抗压强度不低于 0.9 倍的设计值。

③实测项目中，喷射混凝土抗压强度评为不合格时相应分项工程为不合格。检查不合格时，应查明原因并采取措施，可采用补喷增加喷层厚度予以补强，或凿除重喷。

2. 喷射混凝土厚度检测

（1）检查方法和数量

①喷射混凝土厚度可用凿孔法或地质雷达法等方法检查。

凿孔检查时，宜在混凝土喷后 8h 以内，可用电钻、风钻钻孔检查，发现厚度不够时可及时补喷。如喷射混凝土与围岩黏结紧密，颜色相近而不易分辨时，可用酚酞试液涂抹孔壁，碱性混凝土即呈现红色。

②检查断面数量。《公路隧道施工技术规范》（JTG/T 3660—2020）规定，钻孔检查时，每 10m 检查 2 个断面，每个断面从拱顶中线起每隔 3m 凿孔检查一个点。

（2）合格标准

全部检查点喷射混凝土厚度须同时满足如下 3 个条件方视为合格：

①平均厚度≥设计厚度。

②60% 检查点的厚度≥设计厚度。

③最小厚度≥0.6 设计厚度，且≥50mm。

3. 喷射混凝土表面平整度检测

（1）喷射混凝土表面平整度要求

①喷射混凝土基面平整度应满足：

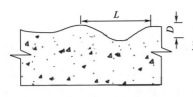

$$\frac{D}{L} \leqslant \frac{1}{6} \qquad (10\text{-}1)$$

式中：L——喷射混凝土相邻两凸面间的距离；

D——喷射混凝土相邻两凸面间下凹的深度(图10-6)。

②隧道断面变化、厚度变化或转折处的阴角 $R \geqslant 5\text{cm}$ 的圆弧。

图10-6 防水板铺设基面检测

③基面不得有钢筋、凸出的构件等尖锐凸出物。

(2)喷射混凝土表面平整度检测方法

平整度用直尺检测，1m 直尺检测，肉眼观察明显凹凸位置、直尺靠在凸出顶端。

4. 喷射混凝土与围岩黏结强度试验

(1)试验方法

①成型试验法

在模型内放置面积为 100mm×100mm×50mm 且表面粗糙度近似于实际情况的岩块，用喷射混凝土掩埋。在混凝土达到一定强度后，加工成 100mm×100mm×100mm 的立方体试块，在标准条件下养护至 28d，用劈裂法进行试验。

②直接拉拔法

在围岩表面预先设置带有丝扣和加力板的拉杆，用喷射混凝土将加力板埋入，喷层厚度约 100mm，试件面积约 300mm×300mm(周围多余的部分应予清除)。经 28d 养护，进行拉拔试验。

(2)黏结强度合格标准

喷射混凝土与岩石的黏结强度：Ⅰ、Ⅱ级围岩不应低于 0.8MPa，Ⅲ级围岩不应低于 0.5MPa。围岩低于 0.5MPa 的软岩、破碎围岩、土石围岩、黄土围岩等，不做黏结强度检测。

5. 喷射混凝土支护背后空洞检测

(1)检查方法和数量

①目前喷射混凝土支护背后空洞检测最常用和有效的方法是地质雷达法、凿孔检验法。

凿孔检查法直观、可靠。凿孔检查时，在喷射混凝土层凿孔，用手电、内窥镜、直尺伸入凿孔内检查。

②检查断面数量。凿孔检查时，每 10m 检查一个断面，每个断面从拱顶中线起每隔 3m 凿孔检查一个点。

(2)合格标准

喷射混凝土支护背部应无空洞、无回填杂物。发现空洞和不密实区，即为不合格，必须进行注浆填充密实。

6. 其他试验

当有特殊要求时，应作喷射混凝土的抗拉强度、弹性模量等指标试验。

第六节　钢筋网施工质量检测

一、原材料检查

钢筋进场时必须对其质量进行全面检查。按批抽取试件做屈服强度、抗拉强度、伸长率和冷弯等试验,性能指标、规格应符合设计及规范要求。钢筋使用前应先进行调直,并将钢筋表面的油渍、铁锈、泥、灰等污物清除干净。

二、铺设质量检查

（1）材料

钢筋网钢筋规格应符合设计要求,使用前应调直、清除锈蚀和油渍,钢筋网环向钢筋每节长度不宜小于2.0m。

（2）铺设

钢筋网应在初喷混凝土后再进行施工。钢筋网钢筋应随初喷面的凹凸起伏进行铺设,与初喷混凝土表面之间的间隙应不大于50mm,并与先期施工的锚杆或专为固定钢筋网所用的短锚杆或其他固定装置绑扎或焊接。采用双层钢筋网时,第二层钢筋网应在第一层钢筋网被喷混凝土全部覆盖后进行铺设。

（3）钢筋网格及钢筋搭接

钢筋网格尺寸应符合设计要求,网格尺寸允许偏差为±10mm。钢筋网搭接长度不应小于30倍钢筋直径,并不小于一个网格长边尺寸,钢筋网每一交点和搭接段应进行绑扎或焊接。

（4）保护层厚度

喷射混凝土保护层厚度不应小于20mm,喷射混凝土完成后即可检测。检测时,沿隧道纵向每5延米范围内检查点不少于3个,分别在边墙、拱腰、拱顶凿孔检查。

第七节　钢架施工质量检测

一、钢架的形式

目前我国公路隧道施工中常用的钢架有格栅钢架和型钢钢架。其中,型钢钢架根据型材种类的不同又分为工字钢架、U形型钢钢架和H形型钢钢架。为了便于施工,每榀钢架需分成若干节段制作,现场拼装。节段之间,除U形型钢钢架外,均应采用钢板用螺栓连接,必要时进行焊接。U形型钢钢架需加工专用的卡具,将两节段型钢嵌套在一起,形成整幅钢架。

1. 格栅钢架

格栅钢架是目前工程上用量最大的钢架。它是由两种或两种以上直径的钢筋按设计组合排列焊接加工而成的桁架式钢架,钢架截面有矩形和三角形两种。主筋弯曲成与隧道开挖断面相同的形状与尺寸,辅筋作波形弯折焊接在主筋上,并设环形箍筋。主筋材料采用 HRB400、HRB500 钢筋,直径一般为 18~25mm,辅筋可采用 HPB300 钢。格栅钢架的特点是质量轻,具有一定刚度,喷射混凝土与钢架结合紧密,整体较好,形成钢筋混凝土结构,能充分发挥材料性能作用。

2. 型钢钢架

用于加工钢架的型钢有 H 形型钢、工字钢和 U 形型钢。一般可在施工现场或工厂用弯曲机冷弯加工成形。型钢钢架的特点是加工方便、强度高、支撑能力较强,但质量较大、与喷射混凝土结合较差、整体较差,喷射混凝土与钢架之间容易渗水。U 形型钢钢架节段间是嵌套连接,具有可收缩性,能适应围岩较大变形。

二、施工质量检测

钢架一般用在围岩条件较差地段,围岩可能出现坍塌失稳、冒顶地段。钢架支护一旦安装就位,就具有一定支护能力,能大大提高初期支护的支护能力。因此,必须重视钢架的加工与安装质量检测,确保施工安全。

1. 材料规格

型钢钢架的型钢型号规格、格栅钢架钢筋规格应符合设计要求。

2. 加工质量检测

(1)加工尺寸

钢架加工尺寸和形状应符合设计要求,应与隧道的开挖断面相适应。加工尺寸小于设计尺寸,将导致初期支护侵入二次衬砌结构,影响二次衬砌结构厚度。同时,加工尺寸精度将影响安装质量,降低钢架的支护效果。不同规格的首榀钢架加工完成后应在平整地面上试拼,周边拼装允许偏差为 ±30mm,平面翘曲应小于 20mm。

格栅钢架需检测钢架截面尺寸(宽×高),对检测的格栅钢架,每节段检测两个截面,截面尺寸不小于设计。

连接钢板钢板宽和厚度误差 ≤ ±5mm;钻孔直径和孔位误差 ≤ ±3mm。

(2)焊接

钢架加工时采用焊接,焊接质量对钢架的结构作用产生直接影响。包括钢架与连接板的焊接、格栅钢架钢筋结点的焊接。为了保证焊接结构的完整性、可靠性,除了对焊接技术和焊接工艺的要求以外,还需对各焊接点进行检测。所有钢筋结点必须采用双面对称焊接,焊接长度应大于 20mm,可通过肉眼检测,敲击听声音方式检测,抽查是否有假焊、漏焊、焊缝气泡,焊缝裂纹、焊缝长度是否符合要求。格栅钢架与连接钢板的焊接应增加 U 形钢筋连接焊,见图 10-7。

(3) 强度和刚度

钢架必须具备足够的强度和刚度,必要时应对钢架的强度和刚度进行抽检,将一定数量的钢架样品放到试验台上进行加载试验。

3. 安装质量检测

(1) 安装尺寸

钢架间距是支护设计的重要参数,检测时,在现场用钢卷尺测量,相邻钢架之间距离误差不应超过±50mm。同时,应在同一设计参数地段,钢架榀数不小于设计值。

(2) 倾斜度

钢架安装后的竖直面应垂直于隧道中线,竖向不倾斜、平面不错位、扭曲,上、下、左、右允许偏差±50mm,钢架在隧道纵面上的倾斜度小于2°。可用坡度规、全站仪或经纬仪检测。

(3) 钢架节段之间的连接

钢架节段之间的连接要求用钢板通过螺栓连接(如同法兰连接),要求上下两钢板对齐、吻合,螺栓孔对正,螺栓拧紧,使上下两块连接钢板贴紧,并进行焊接。可通过肉眼抽检。

(4) 钢架固定

相邻两钢架之间应设纵向连接固定,通常采用HRB400钢筋连接,也有采用短节型钢连接。连接件应与钢架焊接。采用双面焊接,每处焊缝长度不应小于40mm。可通过肉眼、敲击听声音、卷尺抽检。

(5) 钢架与锁脚锚杆固定

钢架与锁脚锚杆固定应连接牢固、传力明确可靠,可增设U形钢筋连接焊接,见图10-8。

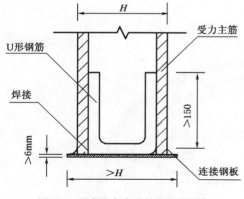

图10-7 格栅钢架与连接钢板的焊接

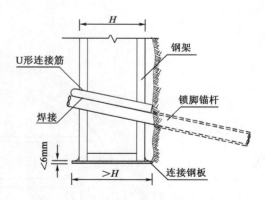

图10-8 钢架与锁脚锚杆固定连接

(6) 钢架楔块

钢架应尽量靠近围岩,当钢架与围岩的间隙过大时应用楔块楔紧,两楔块之间、楔块和钢架与围岩接触点之间距离不宜大于2m,见图10-4。

(7) 保护层厚度

钢架临空一侧的混凝土保护层厚度不应小于20mm。凿孔检测时,每榀从拱顶中线向两侧每10m凿孔检查3点。

第八节 喷锚衬砌断面尺寸检测

喷锚衬砌断面检测,是指喷锚衬砌完成后的内净空断面检测。

对只设喷锚衬砌的隧道,检测喷锚衬砌是否有侵入设计内轮廓线的情况;对采用复合式衬砌的隧道,应在防水板铺设前,检测喷锚衬砌(初期支护)是否侵入二次衬砌结构以内。

一、检测方法

目前最常用的方法为极坐标法,其代表设备为隧道激光断面仪、全站仪。此外,还有以模筑混凝土衬砌内模为参照物的直接测量法。

1. 激光断面仪检测法

采用隧道激光断面仪检测喷锚衬砌内净空尺寸的所用仪器、测试原理和方法与激光断面仪法检测开挖断面相同,参见第九章第四节。

2. 直接测量法

以二次模筑混凝土衬砌内模为参照物的直接测量法,是在二次衬砌模板台车就位后,在模板台车端头沿台车内模以不大于 2.0m 的间距布置测点,在测点位置以内模法线方向用直尺直接量取模板距初期支护表面的距离,如图 10-9 所示。量测数据不应小于模筑衬砌结构设计厚度。

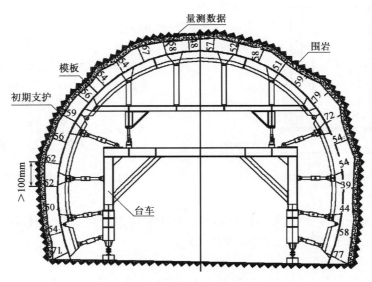

图 10-9 直接测量初期支护内净空尺寸

二、检测频率

断面较大的主洞隧道、紧急停车带等宜按每 10m 检测一个断面,但每模衬砌段应不少于 1 个检测断面,断面较小的横通道、风道等宜按每 5～8m 检测一个断面。发现有侵入二次模筑混凝土衬砌界线部位需对其进行处治,同时在有侵入衬砌界线断面前后进行加密测量。

第十一章

混凝土衬砌施工质量检测

第一节 概 述

混凝土衬砌是隧道结构的重要组成部分,是隧道防水工程的最后一道防线,也是隧道外观美的直接体现。隧道混凝土衬砌质量好坏对隧道长期稳定、使用功能的正常发挥有很大影响。采用钻爆法开挖的隧道,混凝土衬砌通常采用现浇,也称模筑混凝土衬砌,在整体式衬砌、复合式衬砌中的二次衬砌以及明洞衬砌中大量采用。根据结构内是否配有钢筋,又可细分为素混凝土衬砌、钢筋混凝土衬砌。设有仰拱的隧道,仰拱衬砌是混凝土衬砌的一部分。

公路隧道目前多采用复合式衬砌,隧道开挖后,先进行喷锚衬砌(初期支护)施工,铺设防水层,然后浇筑模筑混凝土衬砌。隧道混凝土衬砌质量检测包括:衬砌模板、混凝土强度、衬砌厚度、衬砌钢筋、衬砌背后空洞、外观及整体几何尺寸等。

第二节 混凝土衬砌施工检查

混凝土衬砌浇筑前,应完成初期支护及防排水系统相关检查,合格后方可进行混凝土衬砌施工。

一、衬砌基坑开挖检查

混凝土衬砌施工前,需对衬砌边墙基础开挖(包括与仰拱座连接)的基本尺寸进行检测,基底高程符合设计要求,基坑尺寸应大于或等于设计尺寸,严禁欠挖。采用水准仪检测高程、经纬仪检测位置或用全站仪检测高程和位置,钢尺检测几何尺寸。

基坑开挖应严格控制一次开挖长度,减少基坑暴露时间,如遇初期支护拱脚悬空,应及时用喷射混凝土填实或增加锁脚锚杆等措施。混凝土浇筑前,应清理基坑内的浮渣,抽干基坑内的积水,基坑及边墙存在的超挖部分必须采用同级混凝土回填。

二、模板检查

衬砌模板质量在一定程度上决定着隧道混凝土衬砌的外观质量,并影响衬砌的内在质量,因此,在施工前和施工过程中都应进行严格的质量检查。

1. 拼装模板

(1) 模板及支架应有足够的刚度、强度和稳定性。拱架是模板的依托,一般说来其强度不会存在大的问题,但其整体刚度不足可能引起模板沉降、移位和变形,影响混凝土衬砌成形质量。拱架的刚度可由计算或试验方法来检验,拱架的整体刚度通过增加拱架间的纵向联系、增加横撑、加强横向斜撑等措施进行调整。

(2) 模板拱架应有规整的外形。拱架在使用前应先在样台上试拼,拱架外缘轮廓曲线半径加上模板厚度后不应小于衬砌内轮廓曲线半径。考虑到混凝土浇筑可能引起的变形,拱架曲线半径宜预留 50~80mm 的富余量;每一施工循环的前后两端拱架外形尺寸最大误差不大于 5mm,以免相邻两环衬砌间出现错台。

(3) 模板长度和宽度均不宜过大,模板长度过大容易造成刚度不足,模板宽度过大,不利于衬砌内表面曲线过渡,其长度一般可取 100cm,最大不应超过 150cm;其宽度一般为 50cm,并配若干块较窄的(如宽为 30cm)模板。

(4) 拱架和模板设置位置应准确,架设时应按隧道中线和高程就位,反复校核,施工误差应控制在允许范围内,拱架高程应预留沉落量。施工中应随时测量、调整。

(5) 挡头模板安装要稳定可靠,封堵严实。挡头模板应与衬砌断面相适应,方便止水带固定。安装时要注意与初期支护或岩壁间嵌堵密实。

(6) 浇筑混凝土前,应清除模板内的杂物、清除钢筋上的油污、抽干积水,钢模板应涂脱模剂,木模板应用水湿润,模板接缝不应漏浆。在涂刷模板脱模剂时,不得污染钢筋。

2. 模板台车

(1) 隧道主洞模筑混凝土衬砌施工应采用全断面衬砌模板台车。

(2) 全断面衬砌模板台车模板应留振捣窗,振捣窗纵向间距不宜大于 2.5m、与端头模板距离不应大于 1.8m,横向间距不宜大于 2.0m,振捣窗窗口尺寸不宜小于 45cm×45cm。

(3) 边墙模板应连续支模到达基础,保证边墙基础与拱墙混凝土一次连续浇筑。

(4) 全断面衬砌模板台车就位应以隧道中线为准,按线路方向垂直架设。

(5) 模板安装前应检查隧道中线、高程、断面净空尺寸,检查防水板、排水盲管、预埋件等隐蔽工程,做好记录。

3. 隧道衬砌模板安装质量要求

模板安装应满足施工规范要求,见表 11-1。

隧道衬砌模板安装质量要求　　　表 11-1

项次	检 查 项 目	允许偏差(mm)	检验频率	检 验 方 法
1	平面位置及高程	±15	全部	尺量
2	起拱线高程	±10	全部	水准仪测量
3	拱顶高程	+10,0	全部	水准仪测量
4	模板平整度	5	每 5 延米两侧边墙及拱部选 3 处,每处测 3 点	2m 靠尺和塞尺

三、衬砌钢筋检查

1. 钢筋加工

钢筋加工一般应采用冷加工,加工前应调直,清除表面污渍及锈迹。钢筋加工后表面不应有削弱钢筋截面的伤痕。当采用冷拉方法矫直钢筋时,钢筋的矫直伸长率应满足:HPB 级钢筋不得超过 2%,HRB 级钢筋不得超过 1%。

2. 钢筋绑扎、连接

横向受力主筋与纵向分布筋的每个节点必须进行绑扎或焊接;受力主筋的搭接应采用焊接或机械连接;相邻主筋搭接位置应错开,错开距离应不小于 1m;同一受力钢筋的两处搭接距离应不小于 1.5m;箍筋和限位钢筋应布置在纵、横向筋的交叉连接处,必须进行绑扎或焊接,以保证衬砌内外两层主筋之间的间距。

钢筋的绑扎、间距、数量和位置必须满足设计和施工规范要求(表 11-2)。

衬砌钢筋实测项目及要求　　　　　　　　　　表 11-2

项次	检查项目	规定值或允许偏差	检查方法和频率
1	主筋间距(mm)	±10	尺量或地质雷达法:每模板测 3 点
2	两层钢筋间距(mm)	±5	尺量:每模板测 3 点
3	箍筋间距(mm)	±20	尺量:每模板测 3 点
4	钢筋长度(mm)	满足设计要求	尺量:每模板检查 2 根
5	钢筋保护层厚度(mm)	+10,-5	尺量:每模板检查 3 点

3. 钢筋保护层厚度

钢筋保护层的厚度应满足设计要求,偏差应满足表 11-2 的要求。

4. 工后钢筋直径和位置的检测方法

工后钢筋直径和位置的检测方法有电磁感应法、电磁波反射法等。

四、拱墙衬砌混凝土浇筑

(1)混凝土应采用混凝土搅拌运输车运输,应确保混凝土在运送中不产生离析、撒落及混入杂物。

(2)应采用混凝土输送泵泵送入模,并在混凝土初凝前浇筑完毕,混凝土的入模温度应控制在 5~32℃范围内。

(3)混凝土浇筑前,与混凝土直接接触的喷射混凝土或防水层表面应洒水润湿。

(4)浇筑混凝土时,基础、拱、墙应一次连续浇筑,不得先浇基础和矮边墙。

(5)采用拼装模板施工时,不得采用先拱后墙浇筑。

(6)混凝土浇筑应振捣密实,特别要注意折角部位、钢筋密度大的部位和拱顶部位的振捣,混凝土振捣时不得损坏防水层。

(7)拱部混凝土封顶工艺要求。拱部混凝土浇筑时如出现拱部混凝土供料不够,将导致拱部混凝土结构厚度不足、钢筋外露、衬砌背后形成空洞等严重质量问题,埋下严重安全隐患。因此,必须保证拱顶混凝土供料充足、振捣密实、与围岩紧密接触。为此,拱顶混凝土浇筑时,应通过顶部挡头模板与防水板缝隙观察拱部混凝土是否浇满,在缝隙有混凝土浆液溢出后,再封堵密实。当拱顶混凝土振捣后的厚度已达到设计要求但仍有空洞时,可继续灌注混凝土,或在拱顶进行注浆回填。必须指出:当拱顶衬砌厚度不够时,通过注浆不能弥补衬砌厚度不足的缺陷,对结构强度没有帮助,只能改善结构受力条件。

(8)衬砌混凝土的施工质量应满足表11-3要求。

衬砌混凝土施工实测项目及要求 表11-3

项次	检查项目	规定值或允许偏差	检查方法和频率
1	混凝土强度(MPa)	在合格标准内	按《公路工程质量检验评定标准 第一册 土建工程》(JTG F80/1—2017)要求
2	衬砌厚度(mm)	90%的检查点的厚度≥设计厚度,且最小厚度≥0.5设计厚度	尺量:每20m检查1个断面,每个断面测5点;或地质雷达法:沿隧道纵向分别在拱顶、两侧拱腰、两侧边墙连续测试共5条测线,每20m检查1个断面,每个断面测5点
3	墙面平整度(mm)	施工缝、变形缝处≤20 其他部位≤5	2m直尺:每20m每侧连续检查5尺,每尺测最大间隙
4	衬砌背部密实状况	无空洞,无杂物	地质雷达法:沿隧道纵向分别在拱顶、两侧拱腰、两侧边墙连续测试共5条测线

五、仰拱衬砌、填充和垫层混凝土浇筑

仰拱衬砌习惯上简称仰拱,垫层指无仰拱地段隧道底部找平层。仰拱、仰拱填充、垫层混凝土施工应符合下列要求:

(1)仰拱混凝土衬砌应先于拱墙混凝土衬砌施工,超前距离应根据围岩级别、施工机械作业环境要求确定,一般不宜大于拱墙衬砌浇筑循环长度的2倍。

(2)仰拱衬砌混凝土应整幅一次浇筑成形,不得左右半幅分次浇筑,一次浇筑长度不宜大于5.0m。

(3)仰拱混凝土,应使用模板浇筑,模板应留振捣窗,振捣窗纵横向间距不宜大于2.0m,振捣窗不宜小于450mm×450mm,振捣窗周边模板应加强刚度,窗门应平整、严密、不漏浆。

(4)挡头模板应采用可重复使用并能同时固定止水带的定型模板。

(5)仰拱混凝土衬砌与拱墙混凝土衬砌连接面应规整、密实。

(6)仰拱混凝土衬砌和拱墙混凝土均为素混凝土时,仰拱与拱墙连接面应插连接钢筋,钢筋级别应不低于HRB400、钢筋直径不应小于20mm、长度不应小于500mm。插入深度和外露长度均不应小于250mm,连接钢筋沿衬砌内外缘两侧布置,纵向间距不应大于300mm。当拱

墙衬砌为钢筋混凝土、仰拱为素混凝土时,插入钢筋直径和布置间距应与拱墙受力主筋相同,并与拱墙受力主筋焊接。

(7)仰拱实测项目及要求见表11-4;仰拱填充实测项目及要求见表11-5。

仰拱实测项目及要求　　　　　　　　　　　　　表11-4

项次	检查项目	规定值或允许偏差	检查方法和频率
1	混凝土强度(MPa)	在合格标准内	按《公路工程质量检验评定标准 第一册 土建工程》(JTG F80/1—2017)要求
2	厚度(mm)	不小于设计值	尺量:每20m检查1个断面,每个断面测5点
3	钢筋保护层厚度(mm)	+10,-5	尺量:每20m测5点
4	底面高程(mm)	±15	水准仪:每20m测5点

仰拱填充实测项目及要求　　　　　　　　　　　　　表11-5

项次	检查项目	规定值或允许偏差	检查方法和频率
1	混凝土强度(MPa)	在合格标准内	按《公路工程质量检验评定标准 第一册 土建工程》(JTG F80/1—2017)要求
2	顶面高程(mm)	±10	水准仪:每20m测5点

六、明洞检查

1. 明洞浇筑

(1)明洞仰拱、明洞边墙基础必须置于稳固的地基上,混凝土浇筑前必须将虚渣、杂物、风化软层、淤泥清除干净,抽干积水,基底超挖应按设计要求处理,严禁用虚渣回填。

(2)明洞基础或仰拱混凝土应先于拱墙混凝土施工。

(3)边墙基础浇筑完成后应及时进行周边回填。

(4)明洞外模、支架应安装牢固、定位准确,模板接缝应紧密、不漏浆。

(5)应控制在5~32℃。

(6)明洞浇筑实测项目及要求见表11-6。

明洞浇筑实测项目及要求　　　　　　　　　　　　　表11-6

项次	检查项目	规定值或允许偏差		检查方法和频率
1	混凝土强度(MPa)	在合格标准内		按《公路工程质量检验评定标准 第一册 土建工程》(JTG F80/1—2017)要求
2△	混凝土厚度(mm)	不小于设计值		尺量或地质雷达法:每10m检查1个断面,每个断面测拱顶、两侧拱腰和两侧边墙共5点
3	墙面平整度(mm)	施工缝、变形缝处:20	其他部位:5	2m直尺;每10m每侧连续检查2尺,测最大间隙

(7)外观鉴定内容:混凝土表面密实,每延米的隧道面积中,蜂窝麻面和气泡面积不超过 0.5%,深度超过 10mm 时应处理;结构轮廓线条顺直美观,混凝土颜色均匀,施工缝平顺无错台、混凝土裂缝宽度不超过 0.2mm。

2. 明洞回填

明洞回填施工应遵循对称均衡原则,并应符合下列规定:

(1)明洞拱背回填应在外模拆除、防水层和排水盲管施工完成后进行。人工回填时,拱圈混凝土强度应不小于设计强度的 75%。机械回填时,拱圈混凝土强度应不小于设计强度。

(2)明洞两侧回填水平宽度小于 1.2m 的范围应采用浆砌片石或同级混凝土回填。

(3)回填料不宜采用膨胀岩土。

(4)回填顶面 0.2m 可用耕植土回填。

(5)明洞土石回填应对称分层夯实,分层厚度不宜大于 0.3m,两侧回填高差不应大于 0.5m,回填到拱顶以上 1.0m 后,方可采用机械碾压。回填土压实度应符合设计规定。

(6)单侧设有反压墙的明洞回填应在反压墙施工完成后进行。

(7)回填时不得倾填作业。

(8)明洞回填时,应采取防止损伤防水层的措施。

(9)洞门顶排水沟砌筑在填土上时,应在夯实后砌筑。

(10)明洞回填实测项目及要求见表 11-7。

明洞回填实测项目及要求   表 11-7

项次	检查项目	规定值或允许偏差	检查方法和频率
1	回填压实	符合设计要求	尺量:厚度及碾压遍数
2	每层回填层厚(mm)	≤300	尺量:每层每侧测 5 点
3	两侧回填高差(mm)	≤500	水准仪:每层每侧测 3 处
4	坡度	满足设计要求	尺量:检查 3 处
5	回填厚度(mm)	不小于设计值	水准仪:回填层顶面测 5 处

七、洞门检查

1. 洞门墙浇筑

(1)隧道洞门宜在洞口衬砌施工完成后及时施作。

(2)洞门墙浇筑不得对衬砌产生偏压。

(3)洞门墙基础、混凝土模板、入模温度要求与明洞相同。

(4)洞门墙混凝土的施工质量应满足表 11-8 的要求。

2. 洞门墙墙背回填

(1)当墙背垂直开挖,超挖数量较小时,应采用与墙体相同的材料同时砌筑;超挖数量较大时,应采用浆砌片石回填。

(2)墙后排水设施应与洞门墙同步施工,并保证渗水能顺畅排出。

洞门混凝土端墙和挡土墙质量控制标准   表 11-8

序号	项目	规定值或允许偏差（mm）	检验频率	检验方法
1	强度	在合格标准内	按《公路隧道施工技术规范》（JTG/T 3660—2020）附录 B.1 要求	按《公路隧道施工技术规范》（JTG/T 3660—2020）附录 B.1 要求
2	平面位置	50	每边不少于 4 处	全站仪
3	断面尺寸	不小于设计	每边不少于 4 处	全站仪
4	顶面高程	±20	每边不少于 4 处	全站仪
5	表面平整度	5	拱部不小于 2 处，墙身不少于 4 处	2m 靠尺测量
6	竖直度或坡度（%）	0.5	每边不少于 4 处	吊垂线

八、拆模板检查

在衬砌混凝土达到一定强度之后才能拆除衬砌模板。为加快工程进度而提前拆模，会造成低强度混凝土过早承载，致使衬砌出现裂缝。适宜的拆模时间应根据实际采用的混凝土的强度-时间（龄期）关系曲线确定。

《公路隧道施工技术规范》（JTG/T 3660—2020）规定拆除拱架、墙架和模板，应符合以下要求：
(1) 不承受外荷载的拱、墙，混凝土强度应达到 5.0MPa。
(2) 承受围岩压力的拱、墙以及封顶和封口的混凝土应达到设计强度，满足设计要求。
(3) 围岩和初支变形未稳定、或在塌方地段浇筑的衬砌混凝土应达到设计强度的 100%。

九、养护要求

(1) 混凝土拆模后应立即养护。普通混凝土养护时间不得小于 7d。
(2) 掺外加剂或引气剂时，混凝土养护时间不得少于 14d。
(3) 隧道内空气湿度＞90% 时，可不进行洒水养护。

第三节　模筑混凝土衬砌质量检测

一、质量检测指标

模筑混凝土衬砌结构是目前隧道衬砌工程中最主要的结构形式，与喷射混凝土的质量检验指标一样，除对原材料进行检测外，主要包括：混凝土强度、混凝土衬砌结构厚度、混凝土密实度、混凝土外观及表面平整度、混凝土衬砌背后空洞。

1. 混凝土强度

混凝土强度包括抗压强度、抗拉强度、抗剪强度、疲劳强度等。由于这些指标之间存着一定的内在联系,在一般试验检测中,只检测混凝土的抗压强度,并由此推测混凝土的其他强度。混凝土抗压强度是其物理力学性能及耐久性的一个综合指标,工程中把它作为检测混凝土强度的主要指标。强度指标应满足设计要求。

2. 混凝土衬砌结构厚度

混凝土衬砌结构厚度是发挥混凝土衬砌结构支护作用的重要保障。混凝土衬砌结构厚度检测是控制混凝土施工质量的重要环节。在《公路工程质量检验评定标准 第一册 土建工程》(JTG F80/1—2017)中,混凝土衬砌厚度检测被列为质量等级评定的基本项目,也是保证工程质量的主要检验项目。衬砌厚度指标须满足设计要求。

3. 混凝土密实度

混凝土密实度是指混凝土固体物质部分的体积占总体积的比例,说明混凝土体积内被固体物质所充填的程度,即反映了混凝土的致密程度。混凝土衬砌结构密实度对混凝土强度和耐久性影响较大。在实际检测中通常以混凝土密实性作定性描述。

4. 混凝土衬砌外观

混凝土衬砌外观检测包括蜂窝麻面、裂缝、平整度和几何轮廓、钢筋外露等,混凝土衬砌表面轮廓线应顺直、规整、光滑、色泽一致。蜂窝麻面面积不得超过总面积的0.5%,深度不应超过10mm。

5. 混凝土衬砌背后空洞

混凝土衬砌是隧道围岩的支护结构和维护结构,只有与初期支护密贴接触,才能对围岩起到支护作用。但实际工程中,由于超挖、混凝土收缩或混凝土供料不足等原因,使混凝土衬砌与围岩脱离,形成空洞。混凝土衬砌与围岩(初期支护)之间存在空洞时,由于空洞处失去对围岩的约束、混凝土衬砌的受力条件与计算假定条件出现偏差,结构承载能力会受到一定影响,同时也影响隧道围岩的稳定。因此,混凝土衬砌结构背后空洞检测是控制混凝土施工质量的重要环节。衬砌背后空洞合格标准与喷混凝土有所不同,一般情况下需满足下列要求。

(1)衬砌背后应无空洞、无回填杂物,超挖部分按设计要求处理。

(2)《公路工程竣(交)工验收办法实施细则》(交公路发〔2010〕65号)规定,空洞累计长度不大于隧道总长的3%,单个空洞面积不大于3m^2。

二、混凝土抗压强度试验

混凝土抗压强度是隧道衬砌混凝土的主要性能指标,质量检查有以下几种方法。

(1)混凝土抗压强度试验:标准试件法、凿芯法。

(2)现场检测混凝土强度:超声—回弹综合法、回弹法。

标准试件法,在模筑混凝土浇筑现场,取混凝土料将150mm×150mm×150mm标准试模填满,检查试件的制取组数制作方法按混凝土抗压强度标准试件方法制作,在标准养护条件下养护28d,按照标准试验方法测得。

凿芯法、超声—回弹综合法,检查试件的制取组数和抗压强度的合格标准与喷射混凝土强度检测方法相同,见第十章第五节。

回弹法,见第一篇混凝土检测章节。

三、混凝土衬砌结构厚度检测方法

1. 凿芯法和冲击钻打孔量测法

凿芯法和冲击钻打孔量测法检查是现场检测的主要方法,是最直观、最可靠和最准确的检测方法。不足之处在于此方法具有破坏性,需要把衬砌凿穿,容易凿穿防水层。此方法仅针对衬砌厚度个别"点"的测量,实测过程中,隧道衬砌厚度值变化较大时,并不能依靠此方法全面反映厚度情况。

(1) 凿芯法

凿芯法(即钻孔取芯量测法)是通过量测混凝土芯样的长度,便可以准确地获得该处衬砌混凝土的厚度。钻孔取芯的设备与前述钻芯法检测混凝土强度一样,但多选用小直径钻头。

(2) 冲击钻打孔量测法

对于普查性检测,采用凿芯法成本高,且费时、费力,可选用冲击钻打孔量测法。具体做法是先在待检测部位用普通冲击钻打孔,然后量测孔深。为提高量测精度,可以采用已知长度为 L_0 的带直角钩的高强度铁丝深入钻孔中至孔底,平移铁丝并缓慢向孔壁移动,使直角钩挂在衬砌混凝土外表面。量测铁丝衬砌厚度为:

$$L = L_0 - L_i \tag{11-1}$$

式中:L_0——为铁丝的直段长度;

L_i——量测铁丝外露部分长度。

如果铁丝直钩不能够挂在衬砌混凝土外表面,则表明衬砌背后无孔洞或较大离缝,直接量测铁丝外露部分即可。

2. 激光断面仪检测法

激光断面仪检测法是在同一断面位置,将用隧道激光断面仪检测的喷锚衬砌内轮廓线与二次模筑混凝土衬砌内轮廓线对比,即可得出模筑混凝土衬砌的厚度尺寸。利用该方法必须满足以下条件:

(1) 衬砌浇筑前已有初期支护内轮廓线的实测结果。

(2) 衬砌背后不存在空洞或间隙。

(3) 初期支护内轮廓线的实测结果与二次模筑混凝土衬砌内轮廓线的测试结果在同一坐标系中的同一断面位置。

激光断面仪法所用仪器、测试原理和方法,见第九章第四节。

3. 直接测量法

直接测量法是以二次模筑混凝土衬砌内模为参照物,直接测量。二次衬砌模板台车就位后,在模板台车端头沿台车内模以不大于 2.0m 的间距布置测点,以内模法线方向用直尺直接量取模板距初期支护表面的距离,可得到二次模筑混凝土衬砌厚度,见第十章第八节。

4. 地质雷达法

地质雷达法在混凝土衬砌表面布置纵向连续测线,采用地质雷达设备配合高频天线对衬砌结构进行扫描,得到衬砌结构厚度数据。检测方法与喷射混凝土厚度检测相同,具体参见第三章第九节。

四、混凝土衬砌结构背后空洞检测

1. 钻孔取芯量测法

可在凿芯法检测混凝土衬砌厚度时同时进行,取芯后,在孔内可用直尺量取数据,或用内窥镜观察空洞情况。

2. 冲击钻打孔量测法

在采用已知长度为 L_0 的用带直角钩的高强度铁丝量测衬砌混凝土厚度同时,将铁丝直接插入底部,量取外露长度 L_i,将测得的衬砌厚度 L 扣除,即为空洞高度(厚度)L_k。

即:

$$L_k = L_0 - L_i - L \tag{11-2}$$

如果铁丝直钩不能够挂在衬砌混凝土外表面,则表明衬砌背后无孔洞或较大离缝。

3. 地质雷达法

检测方法与衬砌厚度检测相同,具体方法参加第三章第九节。

五、外观缺陷检测

隧道混凝土衬砌外观缺陷检测包括:裂缝、蜂窝麻面、平整度和几何轮廓等。外部缺陷检测可用人眼观察、有刻度的放大镜、塞尺皮尺等量测,并采用手绘记录、拍照记录。近年来逐步采用了红外成像法连续扫描记录,快速、直观、准确。衬砌平整度和内轮廓线检测的基本要求及检测方法前已述及,这里仅介绍采用刻度放大镜或塞尺检测衬砌混凝土裂缝。

1. 刻度放大镜

刻度放大镜也称为裂缝显微镜。操作方法是将物镜对准待观测裂缝,通过旋转显微镜侧面的旋钮可将图像调整清晰,可直接从目镜读出裂缝的宽度数值。

部分裂缝显微镜具有自动测读裂缝宽度的功能,具有很高的分辨率,显微镜连有一个在任何工作条件下都能提供清晰图像的可调光源。如 Wexham 裂缝显微镜是一种性能优越的产品,用来测试混凝土和其他材料中的裂缝宽度;目镜分度镜可以 360°旋转,以达到与所测裂缝平行。量程为 4mm,被 0.2mm 的刻度格分割,0.2mm 刻度格又被 0.02mm 的小刻度格分割。

2. 塞尺

塞尺由标有厚度的数个薄钢片组成,可以量测裂缝的宽度和深度。根据插入裂缝的钢片厚度和深度,得出宽度较大的裂缝的宽度和深度。

3. 合格标准

衬砌混凝土轮廓线顺直、规整,衬砌表面应密实、无裂缝,颜色应均匀一致。混凝土表面蜂窝麻面面积不得超过总面积的 0.5%,深度不应超过 10mm。

六、仰拱及仰拱填充检测

仰拱衬砌及仰拱填充属隐蔽工程,需在施工过程中进行检测。施工完成后检测方法多用钻孔取芯法、地质雷达法检测仰拱混凝土衬砌及仰拱填充混凝土的强度、厚度、深度(见第三章第九节)。采用钻孔取芯法检测仰拱断面形状时,每个检测断面应分别在断面的左、中、右钻孔,钻孔总数应不少于 5 个点。

七、隧道衬砌整体检测

衬砌混凝土完成后还应对隧道整体情况进行检测,包括隧道中线、路线中线、衬砌偏位、隧道净高、净宽、车道宽度等。主要实测项目及检测控制指标见表 11-9。

隧道总体实测项目及要求　　　　表 11-9

项次	检查项目	规定值或允许偏差	检查方法和频率
1	行车道宽度(mm)	±10	尺量或激光断面仪法:曲线每 20m、直线每 40m 检查 1 个断面
2	内轮廓宽度(mm)	不小于设计值	
3	内轮廓高度(mm)	不小于设计值	激光测距仪或激光断面仪法:曲线每 20m、直线每 40m 检查 1 个断面,每个断面测拱顶和两侧拱腰共 3 点
4	隧道偏位(mm)	20	全站仪:曲线每 20m、直线每 40m 测 1 处
5	边坡或仰坡坡度	不大于设计值	尺量:每洞口检查 10 处

第十二章

隧道防排水检测

第一节 概 述

隧道开挖改变了地下水径流途径,隧道可能成为地下水新的排泄通道,地下水渗入隧道,将增大隧道的施工难度、影响施工质量。另一方面,隧道渗漏水的长期作用,将影响隧道结构的耐久性,降低隧道内各种设施的使用效率和寿命,给隧道的运营条件带来不良影响。因此,隧道衬砌结构设计中,均设计了完善的防排水系统,以防止和减少地下水对隧道的危害。良好的防水与排水,是保证隧道衬砌结构耐久性和行车舒适性的重要条件。

一、隧道防排水的基本原则及要求

隧道防排水应遵循"防、排、截、堵结合,因地制宜,综合治理"的原则。隧道防排水设计应对地下水妥善处理,洞内外应形成一个完整畅通的防排水系统。

高速公路、一级公路和二级公路隧道防排水应满足下列要求:
(1)拱部、边墙、路面、设备箱洞不渗水。
(2)有冻害地段隧道衬砌背后不积水,排水沟不冻结。
(3)车行横通道、人行横通道等服务通道拱部不滴水,边墙不淌水。

三级、四级公路隧道应做到:
(1)拱部、边墙不滴水,路面不积水,设备箱洞不渗水。
(2)有冻害地段隧道衬砌背后不积水,排水沟不冻结。

隧道防排水工程,应注意保护自然环境。当隧道内渗漏水引起地表水减少,影响居民生产、生活用水时,应对围岩采取堵水措施,减少地下水的渗漏。

二、隧道防排水系统组成

1. 复合式衬砌防排水系统

复合式衬砌是目前我国隧道工程中采用最多的一种结构形式。防排水系统基本组成如图12-1所示。

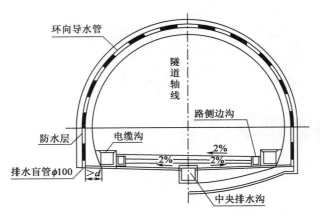

图 12-1 复合式衬砌防排水系统构成示意图

(1) 防水

复合式衬砌结构的防水,是在初期支护与二次衬砌之间铺设防水层,相当于给二次模筑混凝土衬砌"穿上一层雨衣"。防水层包括无纺布和防水板。无纺布通常采用土工织物,铺设在初期支护与防水板之间,起缓冲、虑水和导水作用。防水板通常采用高分子防水卷材,包括EVA、ECB、PE(含 HDPE、LDPE)等,近年来也有采用预铺反黏类(通常称为自粘式)卷材,它具有防止结构与卷材间水窜流等的特性。

二次衬砌是隧道防水的最后一道防线,二次衬砌混凝土自身的防水性能也有一定要求,《公路隧道设计规范 第一册 土建工程》(JTG 3370.1—2018)规定二次衬砌混凝土的抗渗等级在有冻害地段及最冷月份平均气温低于 −15℃ 的地区不低于 P8,其余地区不低于 P6。

此外,为防止二次混凝土衬砌施工缝渗水,隧道中采用了中埋式止水带、背贴式止水带等施工缝止水材料。

(2) 排水

隧道内水的来源一般是由围岩中渗出的地下水和隧道使用过程中产生的污水,需要通过完善的排水系统排出洞外。

①围岩体内渗水通过防水板与初期支护间的土工布(无纺布)及环向排水管,汇入二次衬砌拱脚处沿隧道纵向设置的排水管,再通过与纵向排水管相连的横向导水管,排入路面下方的深埋(中央)水沟排出洞外。

②路基下渗出的地下水通过路面下渗水盲管汇入深埋(中央)水沟或路侧边沟排出洞外。

③隧道内路面污水由路侧边沟排出洞外。

2. 明洞防排水

(1) 防水

明洞防水和洞内防水一样,是在衬砌背后铺设防水层,在明洞衬砌混凝土浇筑完成、拆除外模后施作。明洞防水层施工顺序:先用水泥砂浆将衬砌外表面抹平顺,涂上热沥青,铺防水板、无纺布,布设排水盲管,分层进行土石回填(ока在靠近防水层 300mm 范围内用黏土隔水层回填)。要求防水层与拱背粘贴紧密,接头搭接长度不小于 100mm。

(2) 排水

明洞衬砌背后排水是在衬砌背后设纵向、横向排水盲沟;明洞槽边坡、仰坡坡面水,是在开挖线以外设截水沟;回填顶面设排水沟排水。

3. 连拱隧道中墙防排水

连拱隧道中隔墙防、排水结构主要与中隔墙的结构有关,常见的有以下两种形式。

(1)整体式中墙防、排水

连拱隧道整体式中墙防排水由墙顶排水管、竖向排水管、墙顶防水板及止水带几部分组成,见图12-2。

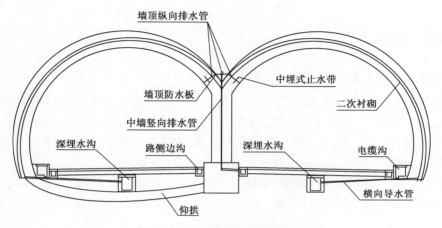

图12-2 连拱隧道整体式中隔墙防排水示意图

墙顶排水管沿中隔墙顶部铺设,以一定间隔布设的竖向排水管需预埋在中隔墙体内,并与墙顶排水管连通,将中隔墙顶部积水引向边墙脚,并引入深埋水沟或路侧边沟。中隔墙顶面铺设的墙顶防水板与拱墙防水板进行焊接,同时注意纵向排水管穿透防水板的位置需作密封处理,在中墙顶与拱墙连接的施工缝需设中埋式止水带,形成防排水系统。由于整体式中墙结构构造特殊,施作空间小,现实中很难实现。所以,一般情况下不采用整体式中墙。

(2)复合式中墙防排水

连拱隧道复合式中墙防排水与复合式衬砌完全相同,不需对中墙防排水做特殊处理,见图12-3。

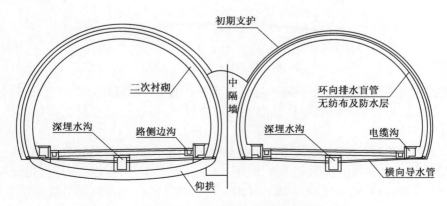

图12-3 连拱隧道复合式中墙防排水意图

第二节　防水层施工质量检测

一、防水层材料基本要求

防水卷材及无纺布的材料品种、规格、性能必须符合设计要求和有关标准,材质均匀、无破损。

二、防水卷材施工工艺

1. 防水层铺设的基面要求

(1)隧道开挖并进行初期支护后,喷射混凝土基面可能存在粗糙,局部凹凸不平,并可能有锚杆头外露的现象,影响防水层铺设,并可能损伤防水层。因此,在防水卷材铺设前,应对喷射混凝土基面进行检测。喷射混凝土要求表面平顺,无凹凸不平现象,基面平整度满足要求详见第十章第五节。

(2)铺设基面不得有锚杆露头和钢筋断头外露。

(3)在防水施工前,如拱墙有渗流、涌水,应用不透水薄膜隔离、铺排水管,将水隔离,引至边墙脚。

(4)明洞衬砌拱背混凝土应平整,不得有钢筋露头露出。如有不平整现象,可用砂浆抹平。

2. 防水层铺设

防水卷材的铺设宜采用无钉热合铺设法铺挂,见图12-4。

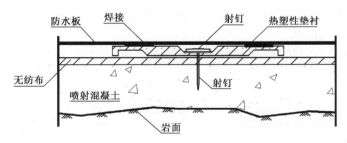

图12-4　无钉热合铺设法示意图

无钉热合铺设法是指先将能与防水卷材热溶黏合的垫衬用机械方法固定在喷射混凝土基面上,然后用"热合"方法将防水卷材黏贴在固定垫衬上,保证防水卷材无机械损伤。防水板的铺挂施工程序如下。

(1)防水卷材垫衬的施工,在隧道拱顶喷射混凝土表面上标出隧道纵向中心线,先用射钉枪将塑料垫片沿隧道拱顶中线固定一排,间距500mm,然后向两侧按梅花形固定塑料垫片,拱部间距为500~700mm、侧墙间距为700~1000mm。固定塑料垫衬的同时将无纺布固定在喷射混凝土基面上。

(2)防水卷材的铺设,先将防水卷材裁断,裁剪长度要考虑搭接,并有一定富余,找出裁下的防水卷材中线,使防水卷材中线与隧道中线重合,从拱顶开始向两侧下垂铺设,边铺边与垫片热熔焊接。铺挂时松弛适当(松弛系数为1.1~1.2),以保证防水层在浇筑衬砌混凝土时与初期支护表面密贴,不产生弦绷和褶皱现象。

在铺设防水卷材时,应为下一环预留不少于100mm的搭接余量。

3. 防水卷材的焊接

1)自动爬焊机焊接

相邻两块防水卷材接缝一般采用自动爬焊机双缝焊接[图12-5a)、图12-5d)],其工艺及质量要求如下:

(1)焊接前,应在小块塑料片上试温。

(2)焊接温度应控制在200~270℃,焊接爬行速度宜控制在0.1~0.15m/min范围内。焊缝速度太快则焊缝不牢固,太慢则易焊穿、烤焦。焊接过程中要根据焊缝的热熔情况随时调节温度,直至焊缝熔接达到最佳效果,两条焊缝同时完成,每条焊缝的有效焊接宽度不应小于10mm。

(3)每次焊接过程尽可能一次完成,尽量减少间断和停机次数,如有间断或停机,应及时对其进行修补。

2)交叉焊缝焊接

防水卷材的纵向焊缝与横向焊缝叠合时,需先将焊好的焊缝边缘部位剪平约10cm,再进行另一条焊缝的焊接。然后用热风枪将两条焊缝的重叠部位焊接,并滚压密实[图12-5b)]。

3)薄型的防水卷材焊接

用塑料热合机焊接材质较薄的防水卷材时,可采用反弯法进行施工,即首先将两层膜折起平焊接,然后将其弯向一侧点焊在卷材上,避免180°剥离[图12-5c)、图12-5e)]。

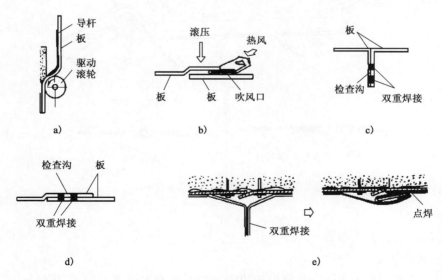

图12-5 防水板焊接过程示意图

4)防水卷材与固定垫片的焊接

EVA 或 LDPE 防水卷材在与固定垫片用压焊器进行热合时,压焊时间一般为 10s。

5)防水卷材缺陷修补焊接

(1)焊缝若有漏焊、假焊,应采用热溶滚压进行补焊[图 12-5a)]。

(2)防水卷材出现破损、烤焦、焊穿及固定点外露等须立即修补,修补片材料与防水板相同,修补片尺寸要求大于破坏边缘 70mm。修补片宜裁剪成圆角,不宜裁剪成有正方形、长方形、三角形等的尖角。应采用热溶滚压焊接[图 12-5a)]。

三、防水层质量检查

1. 外观检查

检查方式:肉眼观察。

(1)防水层表面平顺,无褶皱、无气泡、无破损,与洞壁密贴,松弛适度,无紧绷现象。

(2)焊接应无脱焊、漏焊、假焊、焊焦、焊穿,粘接应无脱粘、漏粘。

2. 充气检查

1)检查方法

采用双缝焊接的焊缝可用充气法检查防水板焊缝。检查方法如图 12-6 所示。将 5 号注射针与压力表相接,用打气筒充气,当压力表达到 0.25MPa 时,保持 15min,压力下降在 10% 以内,焊缝质量合格。如压力下降超过 10%,证明焊缝有假焊、漏焊。用肥皂水涂在焊接缝上,找出产生气泡地方重新补焊,直到不漏气为止。

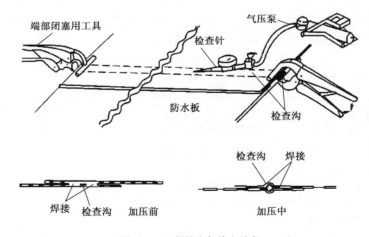

图 12-6 双焊缝充气检查示意

2)检查数量

每条焊缝均应做充气检查。

3)焊缝强度检查

焊缝拉伸强度不得小于防水板强度的 70%,焊缝抗剥离强度不小于 70N/cm。

3. 复合式衬砌防水层检查

复合式衬砌防水层检查项目见表12-1。

复合式衬砌防水层实测项目及要求　　　　表12-1

项次	检查项目		规定值或允许偏差	检查方法和频率
1	搭接长度(mm)		≥100	尺量:每5环搭接抽查3处
2	缝宽(mm)	焊接	焊缝宽≥10	尺量:每5环搭接抽查3处
		粘接	粘缝宽≥50	
3	固定点间距(m)		满足设计	尺量:每20m检查3处
4	焊缝密实性		压力下降在10%以内	充气法:压力达到0.25MPa时停止充气,保持15min;每20m检查1处焊缝

4. 明洞防水层检查

明洞防水层实测项目见表12-2。

明洞防水层实测项目及要求　　　　表12-2

项次	检查项目		规定值或允许偏差	检查方法和频率
1	搭接长度(mm)		≥100	尺量:每环搭接测3点
2	卷材向隧道暗洞延伸长度(mm)		≥500	尺量:测3点
3	卷材向基底的横向延伸长度(mm)		≥500	尺量:测3点
4	缝宽(mm)	焊接	焊缝宽≥10	尺量:每衬砌台车抽查1环,每环搭接测5点
		粘接	粘缝宽≥50	
5	焊缝密实性		同表12-1	充气法(同表12-1):每10m检查1处焊缝

四、施工缝止水带施工工艺与检查方法

1. 止水带类型

止水带按材质可分为:橡胶止水带、塑料止水带、金属止水带等。按用途分为:变形缝用止水带、施工缝用止水带、有特殊耐老化要求的接缝用止水带等。按设置位置分为:中埋式止水带、背贴式止水带。按形状分为:平板型止水带、变形型止水带等,品种很多。此外,一些新式的止水带,如可排水止水带、可注浆止水带等在工程实践中也取得良好效果。

中埋式止水带,因构造简单、施工简便及质量可靠,在隧道中使用较为普遍。

背贴式塑料止水带一般与防水板组合使用(图12-7)。

止水带的物理力学性能应满足《地下工程防水技术规范》(GB 50108—2008)及设计文件的相关要求。

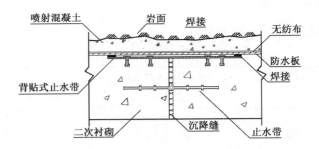

图 12-7　背贴式止水带与止水带布置示意图

2. 止水带检查内容

（1）止水带材料规格、品种、形状、尺寸必须符合设计要求和有关标准[如《高分子防水材料　第 2 部分：止水带》(GB 18173.2—2014)]规定。

（2）止水带与衬砌端头模板应正交。

《公路隧道施工技术规范》(JTG/T 3660—2020)关于止水带安装质量检查及控制标准见表 12-3。

止水带实测项目及要求　　　　　　表 12-3

项次	检查项目	规定值或允许偏差	检查频率	检查方法
1	纵向偏离(mm)	±50	每环 5 点	尺量
2	偏离衬砌中线(mm)	≤30	每环 5 点	尺量
3	固定点间距(mm)	符合设计要求	每处止水带检查 5 点	尺量

注：1. 纵向偏离，指止水带中线沿隧道纵向偏离施工缝。
　　2. 偏离衬砌轴线，指偏离衬砌截厚度中线的偏位。
　　3. 背贴式止水带仅检查其中"纵向偏离"，不检查其他两项。

3. 止水带外观鉴定要求

（1）止水带应无松脱、扭曲。

（2）止水带连接接缝应无裂口、脱胶。

4. 中埋式止水带施工检查

中埋式止水带的施工质量检查主要是预埋位置检查和止水带接头黏结检查。现以图 12-8 为例予以说明。

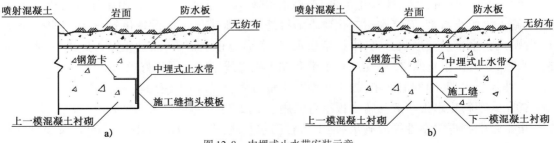

图 12-8　中埋式止水带安装示意

二次衬砌浇筑是一环一环地逐段推进。止水带通常在先浇的一环衬砌端头由挡头板固定。止水带出现转角时应做成圆弧形,转角半径橡胶止水带不小于200mm,钢边止水带不小于300mm。

(1)止水带安装的横向位置。止水带预埋于设计衬砌厚度的1/2处,用钢卷尺量测内模到止水带的距离,偏差不应超过30mm。

(2)止水带安装的纵向位置。止水带以施工缝或伸缩缝为中心两边对称(图12-8),即埋在相邻两衬砌环节内的宽度是相等的。用钢卷尺检查,要求止水带偏离中心不能超过5cm。

(3)止水带应与衬砌端头模板正交。浇筑混凝土前应用角尺检查,否则会降低止水带在两边埋入混凝土的有效长度,并有可能影响混凝土密实性。

(4)根据止水带材质和止水部位可采用不同的接头方法。每环中的接头不宜多于1处,且不得设在结构转角处。对于橡胶止水带,其接头形式应采用搭接或复合接;对于塑料止水带,其接头形式应采用搭接或对接。止水带的搭接宽度可取10cm,冷黏或焊接的缝宽不小于5cm。

(5)止水带每隔0.3~0.5m预埋钢筋卡,在浇筑下一模衬砌混凝土时将露出的另一半止水带卡紧固定,使止水带垂直施工缝浇筑在混凝土内,见图12-8。

第三节　排水系统施工质量检查

一、排水系统组成

排水系统包括:排水盲管、横向导水管、路侧边沟、深埋水沟、防寒泄水洞等。

排水盲管又称排水盲沟,包括环(竖)向排水盲管、纵向排水盲管、横向排水盲管。排水盲管属渗水盲管,地下水可以进入管内也能从管内渗出。环(竖)向排水盲管、纵向排水盲管布置在隧道衬砌背后;横向排水盲管布置在路面结构层以下,可以起到疏导和防止衬砌背后及路面下积水,减少静水压力的作用,如图12-9所示。排水盲管主要为以合成纤维、塑料、钢丝弹簧等为原料,经不同的方法制成的类型土工产品,种类较多。

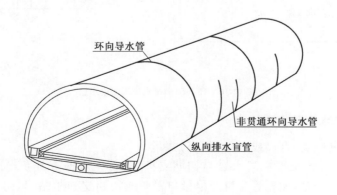

图12-9　公路隧道排水系统

横向导水管不同于排水盲管,是连接衬砌背后的纵向盲管与深埋水沟或边沟的封闭管,主要作用是将衬砌背后地下水直接排入深埋水沟或边沟,不允许管内水渗出。通常采用塑料圆管,管壁不打孔。引排至路侧边沟的横向导水管有时只在衬砌边墙内预埋或衬砌浇筑完后打孔,称为泄水孔。

路侧边沟主要用于排出运营期间隧道内污水,包括隧道清洁用水、消防用水、车轮带入的雨水、衬砌结构的局部渗水等。

深埋水沟,一般设置在隧道中部路面结构下方,又称中心(排)水沟,也有的设置在隧道路面两侧下方。为了便于施工及运营期间对深埋水沟排水状况的检查、疏通,深埋水沟每隔一段距离还要设检查井。

防寒泄水洞仅在严寒地区的富水隧道设置,一般设置于隧道的正下方,以排出隧道围岩中的地下水,减小隧道周边地下水聚集。

二、环向盲管、竖向盲管

1. 环(竖)向排水盲管作用

环(竖)向排水盲管的主要作用是将隧道衬砌背后渗水引排到隧道边墙脚的纵向排水盲管,通过横向导水管或泄水孔排出,减少衬砌背后积水。

2. 环(竖)向排水盲管安设

在无纺布与防水板铺设前,按设计要求的间距,将环向、竖向排水管布设在喷射混凝土表面,用铆钉或膨胀螺钉、铁丝、塑料片、无妨布片等固定。渗漏水较多时,根据渗漏水量及部位增加环向、竖向排水盲管。环向、竖向排水盲管多采用圆形弹簧排水管、打孔透水塑料管[图12-10a)]、半圆形弹簧排水管[图12-10b)],有的也采用排水板或塑料乱丝盲沟。

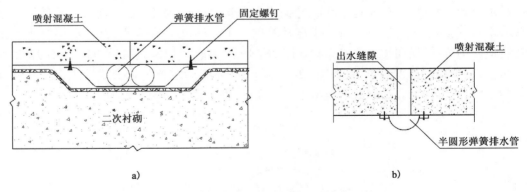

图12-10 环(竖)向排水盲管安设示意

3. 环(竖)向排水盲管安装检查

检查方法:目测检查、直尺或卡尺(钢尺)测量。

环(竖)向排水盲管布置在防水层与初期支护间,首先应检查其布设间距是符合设计要求。局部涌水量大时应增加盲管。盲管尽量与岩壁或初期支护紧贴,与初期支护的最大间距不得大于5cm。环向盲管的底部与墙脚纵向排水管通过三通接头连接,接头要牢固。

三、纵向排水盲管

1. 纵向排水盲管作用

纵向排水盲管设置于隧道模筑混凝土衬砌两侧墙脚背后,其作用一是收集环(竖)向排水盲管排至边墙脚的水,二是收集被防水卷材阻挡经无纺布导流或自重淌流至边墙脚的水。最后将衬砌背后汇入边墙脚的地下水通过横向导水管、泄水孔引入深埋水沟或路侧边沟。

2. 纵向排水盲管的基本要求

(1)具有较高的透水性能。
(2)具有一定的强度,在混凝土浇筑过程中,不能被混凝土混合料压瘪。
(3)纵向排水盲管布设高度和坡度应符合设计要求。
(4)安设位置不能侵占模筑混凝土衬砌空间。
(5)需用无纺布将盲管包裹,防止泥沙和混凝土浇筑时浆液进入,堵塞盲管。
(6)连续铺设,不得断开。

3. 纵向排水盲管检查

1)检测方法

肉眼观测、直尺或钢尺测量、水准仪、坡度尺等。

2)外观检查

(1)纵向排水盲管材质及规格检查。塑料制品若保存不当,极易发生老化,可目测管材的色泽和管身的变形;轻轻敲击,观察管体是否变脆;用卡尺或钢尺量管径与管壁,检查其是否与设计要求相符。

(2)管身透水孔检查。纵向排水盲管壁必须有一定规格和数量的透水孔,用直尺检查钻孔直径和孔间距。

(3)检查纵向排水盲管是否被无纺布包裹严密。

3)安装检查

(1)坡度检查

纵向排水盲管易出现管身高低起伏现象,造成纵向排水不畅。因此,施工中一定要为纵向盲管做好基础,坡度与设计路线纵坡一致,用坡度尺检查。

(2)平面位置检查

纵向排水盲管平面上常出现忽内忽外的现象,严重时侵占模筑混凝土衬砌空间,造成衬砌结构厚度不足。这种情况通常是由于边墙脚欠挖造成的,必须进行欠挖处理,再铺设。纵向排水管安设示意图见图12-11。

(3)连接检查

施工中应注意检查纵向排水盲管与环(竖)向排水盲管及横向导水管的连接。一般应采用三通管连接,纵向排水盲管管节之间应用直通导管连接,所有接头应牢靠,并用无纺布及扎丝包裹,防止松动脱落。三通连接示意图如图12-12所示。

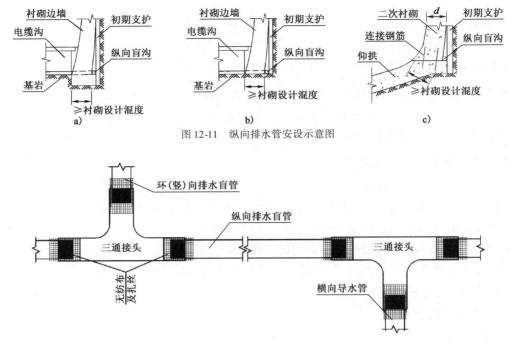

图 12-11 纵向排水管安设示意图

图 12-12 三通连接示意图

四、横向导水管

横向导水管起点位于衬砌背后的边墙脚,通过三通管与纵向排水盲管相连,垂直于隧道轴线布设,先穿过边墙衬砌,在有深埋水沟的隧道,一部分横向导水管横向埋设在路面结构以下与深埋水沟连通;无深埋水沟地段可直接接入边沟。横向导水管通常为硬质塑料管。

对横向导水管的检查,一是检查接头是否牢靠,对接有无错位;二是检查是否连通,需做灌水试验检测。

五、深埋水沟

深埋水沟断面形状通常有圆形和矩形两种。圆形沟多采用预制混凝土圆管,圆管上部半圆钻有一系列透水小孔,孔径 $\phi \approx 12mm$,安放在预设的沟槽内。矩形沟有预制钢筋混凝土矩形沟和现浇钢筋混凝土矩形沟,矩形沟盖板一般单独预制(盖板可钻透水小孔)。路面下积水、地下渗水可通过盖板接缝、透水小孔流入深埋水沟。深埋水沟构造见图 12-13。

根据深埋水沟形式的不同,检查内容也有区别。下面以预制混凝土圆管沟为例说明其质量要求与检测方法。

1. 外观检查

(1)预制管节外形规整、无变形、缺损和开裂,表面应平整,蜂窝麻面面积不得超过1%,深度不超过1cm。用钢尺、卡尺量测圆管直径、管壁厚度,透水小孔数量、间距、直径符合设计要求。

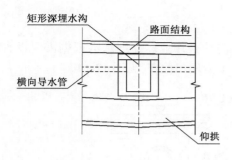 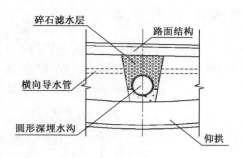

图 12-13 深埋水沟构造

(2)管壁强度。

用石块轻敲管壁,检查混凝土强度是否满足设计与施工要求。出现疏松掉块,不得使用。可用回弹仪检测管壁混凝土强度,但须专门标定。

2. 施工检查

深埋水沟施工时先挖基槽,整平基底,然后铺设管节,最后用透水碎石回填夯实。在软岩或断层破碎带的管段基础,应将不良岩(土)体用强度较高的碎石替换,并用素混凝土找平基础,使基础平整、密实。

(1)管沟基础检查

基槽平面位置、槽底高程、宽度、排水坡度应符合设计要求,基底应平整。

(2)管节铺设检查

①管节铺设有透水孔的一面朝上、安放平稳,接头无错位、接头处流水面高差不得大于5mm,管底坡度不得出现反坡。

②管内不得有泥土、碎石等杂物。

③管节间接缝和管壁透水孔用无纺布包裹。

④透水碎石回密实,不得使管节移位。

⑤横向导水管出口接入碎石层。

隧道内排水沟(管)应满足表 12-4 的要求。

排水沟(管)实测项目及要求 表 12-4

项次	检 查 项 目	规定值或允许偏差	检查方法和频率
1△	混凝土强度(MPa)	在合格标准内	按《公路工程质量检验评定标准 第一册 土建工程》(JTG F80/1—2017)要求
2	轴线偏位(mm)	15	全站仪:每10m测1处
3	断面尺寸或管径(mm)	±10	尺量:每10m测1处
4△	壁厚(mm)	不小于设计值	尺量:每10m测1处
5	沟底高程(mm)	±20	水准仪:每10m测1处
6△	纵坡	满足设计要求	水准仪:每10m测1处
7	基础厚度(mm)	不小于设计值	尺量:每10m测1处

六、深埋水沟检查井

检查井是深埋水沟的一部分,主要用于深埋水沟检查作业。深埋水沟根据需要设置检查井,检查井的位置、构造不得影响行车安全,并应便于清理和检查,见图 12-14。

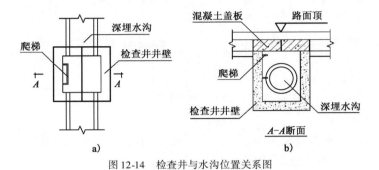

图 12-14 检查井与水沟位置关系图

1. 外观检查

检查方式:观察检查、钢尺测量。

(1)井身尺寸与设计要求相符。
(2)井内砂浆抹面密实光洁,无裂缝;井内平整圆滑。
(3)圆形检查井内壁应圆顺。

2. 施工检查

检查方式:观察检查;钢尺、水准仪、经纬仪测量。

检查井检查项目及要求如表 12-5 所示。

检查井检查项目及要求 表 12-5

序号	项 目	规定值或允许偏差(mm)	检验频率	检验方法
1	轴线偏位	±50	每个检查	全站仪、水准仪、经纬仪
2	断面尺寸	±20	每个检查	尺量
3	井底高程	±15	每个检查	水准仪
4	井盖与相邻路面高差	0,+4	每个检查	水准仪、水平尺、靠尺

七、防寒泄水洞

水是寒区隧道产生各种病害的重要因素。在严寒地区,为了最大程度减轻隧道的冻害影响,建立合理有效的防排水系统至关重要。防寒泄水洞是隧道排除地下水的主要措施之一,其形状类似一个带孔的小隧道,位于隧道正下方的冻结线以下。防寒泄水洞能够很大程度上减少或消除隧道内部冒水、挂冰、积冰、冻胀等病害,如图 12-15 所示。为了加强防寒泄水洞的泄水能力,通常防寒泄水洞中每隔一段距离垂直设置有与防寒泄水洞断面大小一致的横向导水洞。

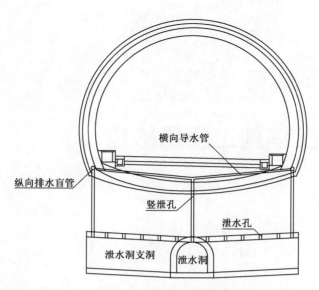

图 12-15 防寒泄水洞布设横断面示意图

防寒泄水洞检查：

（1）防寒泄水洞位置、结构形式、纵坡及混凝土强度及泄水孔布置和数量应符合设计要求。

（2）防寒泄水洞应排水通畅，无淤积堵塞。

（3）防寒泄水洞尺寸、高程、平面位置应符合表 12-6 规定。

防寒泄水洞质量标准　　　　　　　　　表 12-6

序号	项　目	施工控制值	检验频率	检验方法
1	断面净空尺寸(mm)	+100、-50	每 10m 检测 1 次	尺量、断面仪
2	洞底高程(mm)	±50	每 10m 检测 1 次	全站仪、水准仪、经纬仪
3	轴线偏位(mm)	±100		
4	排水沟纵坡(%)	±0.5%、不积水	每 10m 随机检查 1 处	水准仪、全站仪、经纬仪

第十三章

辅助工程施工质量检查

第一节 概 述

隧道通过浅埋、严重偏压、岩溶流泥地段、砂土层、砂卵(砾)石层、回填土、软弱破碎地层、断层破碎带等自稳性差的地段以及大面积淋水或涌水地段时,由于开挖后围岩的自稳时间短于完成支护所需的时间,或初期支护的强度不能满足围岩较长时间的稳定的要求,容易导致开挖面失稳、隧道冒顶、坍塌。在这些围岩条件下,需要在隧道开挖前或开挖中采取一定辅助施工措施,对围岩进行预支护或预加固处理以增强隧道围岩稳定,确保安全掘进。

常用的辅助工程措施包括围岩稳定措施和涌水处理措施,围岩稳定措施又可以分为对围岩预加固措施和围岩支护措施。

第二节 围岩稳定措施

围岩稳定措施包括:超前管棚、超前小导管、超前锚杆、超前玻璃纤维锚杆、超前钻孔注浆、超前水平旋喷桩、围岩径向注浆、地表砂浆锚杆、地表注浆、护拱、临时支撑等。围岩稳定措施及其适用条件见表13-1。

围岩稳定措施及其适用条件 表13-1

序号	辅助工程措施	适 用 条 件
1	超前管棚	围岩及掌子面自稳能力弱开挖后拱部易出现塌方的地段、富水断层破碎带、塌方处理段,浅埋段,地面有其他荷载作用的地段,地面沉降有较高控制要求的地段,地质较差的隧道洞口段、岩堆、(塌方)堆积体、回填土地、层砂土质地层地段
2	超前小导管	在围岩自稳时间很短的砂土层、砂卵(砾)石层、薄层水平层状岩层、富水断层破碎带、开挖后拱顶围岩可能剥落或局部坍塌地段,塌方处理段、浅埋段,溶洞填充段
3	超前锚杆	无地下水的软弱地层、薄层水平层状岩层、开挖数小时内拱顶围岩可能剥落或局部坍塌的地段
4	超前玻璃纤维锚杆	软弱地层采用大断面隧道开挖、浅埋地段严格控制地面沉降的隧道
5	超前钻孔预注浆	软弱围岩及富水断层破碎带、堆积土地层,隧道开挖可能引起掌子面突泥、流坍地段,进行隧道堵水及隧道周边或全断面预加固

续上表

序号	辅助工程措施	适用条件
6	超前水平旋喷桩	饱和软土、淤泥质黏土、黏性土、粉土、砂性土地段
7	围岩径向注浆	围岩稳定性时间长,变形较大的地段
8	地表砂浆锚杆	地层松散,稳定性差的浅埋段、洞口地段和某些偏压地段
9	地表注浆	围岩稳定性较差,开挖过程中可能引起塌方的浅埋段、洞口地段
10	护拱	边、仰坡稳定性差的洞口段,顶部坍方段,严重偏压的半明半暗隧道
11	临时支撑	隧道施工变形较大、施工工序转换较复杂或紧急抢险

围岩稳定措施应结合围岩条件、隧道施工方法、进度要求、施工机械、工期、造价等因素选用不同的措施,可选用一种或多种方法。

一、超前管棚

超前管棚(也称超前大管棚)是在隧道开挖前,沿隧道开挖轮廓线外顺隧道轴线方向打设多根钢管(导管),排列形成钢管棚。管棚可分为先采用水平钻机打孔,再安设钢管的普通管棚和打孔安设钢管一次完成的自进式管棚。

超前管棚是在隧道开挖前施作,对掌子面前方拱顶围岩已形成纵向支护,隧道开挖过程中在钢架支撑的共同作用下具有强大的支护能力,对阻止围岩下沉、防止掌子面拱顶塌方和维护掌子面稳定等有显著效果。

管棚钢管沿隧道开挖轮廓线外100~200mm外布设,需有一定外倾角以保证管棚钢管不侵入隧道开挖轮廓线内;钢管环向间距一般为350~500mm,一次支护的长度一般为10~45m。管棚与后续超前支护间应有不小于3.0m的水平搭接长度;管棚钢管宜选用热轧无缝钢管,钢管直径一般为89~110mm,钢管内需插有钢筋笼或钢筋束,并注满强度等级不小于M20的水泥砂浆,以加强管棚的抗弯折性能。管棚钢管上可钻注浆孔,注浆孔孔径宜为10~16mm,间距宜为200~300mm,呈梅花形布置。管棚钢管外露端应支承在预先浇筑的混凝土套拱上,套拱内一般应预埋钢管制成的导向管,以保证管棚钢管准确就位和钻孔导向。

二、超前小导管

超前小导管是沿隧道开挖轮廓线环向设置,向纵向前方外倾5°~12°角度打设的密排无缝钢管,钢管直径一般为42~50mm、环向间距为300~400mm、钢管长度为3.0~5.0m;小导管纵向水平搭接长度不小于1.0m;小导管杆体钻有孔径为6~8mm的注浆孔,注浆孔梅花形布置,间距150~250mm,可通过小导管向围岩体注水泥砂浆,强度等级不应小于M10,杆体尾端300mm长度范围内不钻孔,以便用于止浆封堵。小导管尾端应支承在钢架上,与钢架组成支护体系。

超前小导管具有管棚的作用,比超前锚杆的支护能力强,比管棚简单易行,灵活经济,但支护能力较管棚弱。

三、超前锚杆

超前锚杆是沿隧道拱部开挖轮廓线布置,向纵向前方外倾5°~20°角度打设的密排砂浆锚杆，锚杆直径一般为22～28mm，环向间距宜为300～400mm，超前锚杆长度宜为3.0～5.0m，采用自进式锚杆时长度宜为5.0～10m，超前锚杆纵向两排之间应有1.0m以上的水平搭接段。拱部超前锚杆用以支托拱上部临空的围岩，起插板作用，同时增强掌子面的稳定。当松散破碎围岩钻孔成孔性差时，可采用自进式超前锚杆。超前锚杆充填砂浆多为早强砂浆，强度等级不应低于M20。

超前锚杆布置与超前小导管相同，作用原理相同，但作用能力较超前小导管弱。

四、超前钻孔预注浆

超前钻孔预注浆是在隧道掌子面采用水平钻机打孔，把具有充填和凝胶性能的浆液材料，通过配套的注浆机具设备压入所需加固的地层中，经过凝胶硬化作用后充填和堵塞地层中缝隙，提高注浆区围岩密实性或减小渗水系数，能固结软弱和松散岩体，使围岩强度和自稳能力得到提高。以达到封堵前方地下水及加固前方隧道周边或未开挖掌子面的目的。注浆管为钢管，管径不小于42mm，注浆材料、注浆压力、注浆范围、注浆方式等具体参数应根据前方地质条件、工程要求等进行具体设计。

超前钻孔预注浆有前进式注浆、后退式注浆、全孔一次注浆、劈裂注浆等形式，可根据涌水量、水压大小及注浆孔的深度等多种因素合理选用。

五、超前水平旋喷桩

超前水平旋喷桩是旋喷桩加固地层工艺在隧道中的应用，它采用水平定向钻机打设预导孔，然后在回撤钻杆同时，采用高压将配制好的水泥浆液通过钻杆喷射到土体中，使土体颗粒与水泥浆搅拌混合，胶结硬化，形成水平圆柱状水泥土固结体。根据不同工艺，旋喷桩直径有所不同：采用单管法施工，直径为0.3～1.0m；采用二重管法施工，直径为0.6～1.4m；采用三重管法施工，直径为0.7～2.0m。大型或重要的工程，旋喷桩直径还可通过现场试验确定。旋喷桩布孔间距或外倾角，根据现场地质条件和加固范围确定。周边加固时，外倾角宜一般为3°～10°，环向间距以相邻孔浆液能互相搭接形成拱形结构为原则。旋喷桩一次施作长度一般为5～20m，每一循环的搭接长度不小于2.0m。在旋喷桩内还可插入型钢、钢筋笼、钢筋束或钢管，以增加旋喷桩的抗拉、抗弯强度。

六、超前玻璃纤维锚杆

玻璃纤维锚杆主要用于隧道前方未开挖掌子面的加固，以阻止软弱掌子面土体挤出、坍塌，也可用于对周边围岩进行预加固。玻璃纤维锚杆强度高、重量轻，抗拉强度，由于玻璃纤维锚杆抗剪强度较低，施工机械可直接挖除，玻璃纤维锚杆对掌子面加固后，可实现对隧道全断面机械化开挖。

玻璃纤维锚杆有全螺纹实心锚杆和全螺纹中空锚杆，全螺纹实心锚杆直径为18～32mm；全螺纹中空锚杆直径为18～60mm。对掌子面区域进行加固的间距1.0～3.0m；对隧道周边围岩区域进行加固的间距宜为0.3～0.6m。纵向加固长度一般为10～30m，每一循环搭接长度不小于6.0m。

七、地表砂浆锚杆

地表砂浆锚杆是在地面对地层加固的一种方法,是从隧道上方地表向下设置的砂浆锚杆,一般垂直向下设置,也可根据地形及主结构面具体情况倾斜设置。锚杆一般采用16～22mm螺纹钢筋,由单根或多根钢筋并焊组成,间距宜为1.0～1.5m,呈梅花形布置。锚杆长度一般深至距衬砌外缘0.5m,锚孔直径应大于杆体直径30mm,充填砂浆强度等级不低于M20。

锚杆设置范围:纵向一般超出不良地质地段5～10m;横向为1～2倍隧道宽度。为保证达到预期加固效果,锚固砂浆在达到设计强度的70%以上时,才能进行下方隧道的开挖。

八、地表注浆

地表注浆也在地面对地层加固的一种方法,是从隧道上方地表向下打设注浆孔,进行围岩预注浆。注浆孔一般竖向设置,注浆孔径不小于110mm,注浆孔间距宜为单孔浆液扩散半径的1.4～1.7倍,按梅花形或矩形排列布孔,孔深根据加固地层、隧道埋深确定,但不宜超过隧道底部开挖线以下1.0m。地表注浆加固范围纵向超出不良地质地段5～10m,横向为1～2倍隧道宽度。

九、护拱

护拱是设在明洞段、溶洞空腔段、较大超挖空腔段、塌方空腔段的衬砌外侧拱形结构物,其作用是改善衬砌结构空腔段的受力条件,提高拱背的防护能力,防止上方落石产生的冲击荷载危害。护拱可采用干砌片石、浆砌片石、混凝土构筑,厚度一般不小于1.0m,或按设计要求设计设置。

十、临时支撑

临时支撑种类较多,包括在掌子面发生挤出、不能自稳或涌泥的地段,采用的锚喷支护、砂袋封闭掌子面;分部开挖时的临时钢架支撑、临时仰拱;围岩变形较大、初期支护开裂严重、拆换拱圈衬砌的地段的拱形钢架支承、扇形钢架支承、型钢斜撑、方木斜撑、型钢桁架支撑、木朵支撑;对掌子面前方进行高压注浆时的临时止浆墙等。

第三节 涌水处理措施

涌水处理措施包括:超前围岩预注浆堵水、开挖后径向注浆堵水、超前钻孔排水、坑道排水(泄水洞排水)、井点降水等。涌水处理措施及其适用条件见表13-2。

涌水处理措施及其适用条件　　表13-2

序号	辅助工程	适用条件
1	超前围岩预注浆堵水	地下水丰富且排水时挟带泥沙引起开挖面失稳,或排水后对其他用水(如灌溉用水、工业用水、生活用水)、生态环境影响较大,或斜、竖井施工时排水费用较注浆堵水高时

续上表

序号	辅助工程	适用条件
2	开挖后径向注浆堵水	已实施预注浆但开挖后仍涌（淋）水严重，且初期支护存在变异甚至破坏的涌水处理不彻底的地段
3	超前钻孔排水	开挖面前方有高压地下水或有充分补给源的涌水，且排放地下水不会影响围岩稳定及隧道周围环境条件
4	坑道排水（泄水洞排水）	开挖面前方有高压地下水或有充分补给源的涌水，且排放地下水不会影响围岩稳定及隧道周围环境条件
5	井点降水	均质砂土、亚黏土地段以及浅埋地段

涌水处理措施应符合"预防为主、疏堵结合、注重保护环境"的原则。

一、超前围岩预注浆堵水

超前围岩预注浆堵水是指以堵水为目的，对掌子面前方未开挖段的围岩进行注浆堵水的措施。可根据地质条件和工程目的，选用超前帷幕预注浆、超前周边预注浆、超前局部断面预注浆等方式。斜井、竖井施工时排水费用较高，在地下水量较大时，也可采用超前围岩预注浆堵水。

超前注浆圈厚度和注浆段长度根据掌子面前方围岩地质条件、地下水涌水量和地下水压力、止浆墙厚度和施工机械水平及经济合理性等因素确定。注浆圈厚度是指隧道开挖轮廓线至注浆外缘的距离，一般为 3~6m；注浆段长度是指沿隧道纵向的注浆段长度，一次注浆长度一般为 10~30m。注浆孔底中心间距以各孔浆液扩散范围相互重叠为原则，一般中心间距为 1.5~3.0m，为浆液扩散半径的 1.5~1.7 倍。

注浆量和浆液扩散半径通常很难准确确定，通常是根据地层孔隙、裂隙及连通性、注浆压力、浆液种类等在现场试验确定或按工程类比法选定。

二、径向注浆堵水

径向注浆堵水是以堵水为目的，对隧道开挖后对隧道周边暴露的股状水、裂隙水、大面积淋水采用沿隧道径向对围岩进行注浆堵水的措施。根据围岩地质条件、涌水形态、涌水规模和防排水要求可选用全周边径向注浆、局部径向注浆和补充注浆等措施。

径向注浆堵水注浆圈厚度宜控制在开挖轮廓线以外 3~6m。

三、超前钻孔排水

超前钻孔排水是利用超前钻孔，排出隧道前方高压地下水。高压地下水排泄后，可以减小或消除高压水喷出（涌出）对隧道可能产生的危害，减少对支护和围岩稳定性的影响。

超前钻孔排水孔径一般不小于 76mm、钻孔深度不宜小于 10m，孔底位置超前掌子面 1~2 个循环进尺，每断面钻孔数不少于 3 个，以保证达到排泄地下水的目的。

四、泄水洞排水

泄水洞排水是指利用平行于正洞的导坑排出对隧道施工及运营产生危害的地下水。泄水洞底高程应低于正洞底高程。根据地下水类型和水流方向,泄水洞可布置在不危及隧道围岩和结构稳定的隧道两侧或下方。有明显集中出水点或地下暗河的隧道,地形条件允许时,泄水洞也可以横向布设,以减小泄水洞长度及施工难度。泄水洞纵坡一般不小于 0.5%,以保证自流排水。

五、井点降水

井点降水是在隧道前方两侧或隧道口基坑周边预先埋设一定数量的滤水管(井),利用抽水设备,抽排隧道周边的地下水,使隧道在开挖过程中保持无水状态,是施工期间为了减少和消除高地下水位对施工的影响而采取的降水措施。降水井点类型有:轻型井点、喷射井点、电渗井点、管井井点、深井井点等。应根据地层渗透系数、降水范围及降水深度等因素,选择井点类型、降水方法与设备,确定井点位置和数量。为确保降水后的实际工程效果,降水后水位线应低于隧底开挖线 0.5~1.0m。

第四节 注浆材料性能试验

一、注浆材料分类及其主要性能

1. 对注浆材料的要求

隧道注浆工程中采用的注浆材料,应符合以下要求:
(1)浆液应无毒无臭,对人体无害,不污染环境。
(2)浆液黏度低、流动性好、可注性强、凝结时间可按要求控制。
(3)浆液固化体稳定性好,能满足注浆工程的使用寿命要求。
(4)浆液应对注浆设备、管路及混凝土结构物无腐蚀性,易于清洗。

常用的注浆材料有单液水泥浆、水泥-水玻璃双液浆、超细水泥浆、水溶性聚氨酯浆液、丙烯酸盐浆液等。注浆材料的选用,应根据注浆目的、用途、所在地质环境、地下水环境和造价综合考虑,配合比应经现场试验确定。

以加固围岩为目的的注浆宜采用强度高、耐久性好的单液浆;以堵水为目的的注浆宜采用凝固时间短、强度较高的双液浆或其他化学浆液。

采用水泥单液浆液时,水灰比可采用 0.8:1~2:1;采用水泥-水玻璃双液浆液时,应根据凝胶时间配制,一般水泥浆液的水灰比为 0.8:1~1.5:1,水玻璃浓度为 25~40 波美度,水泥浆与水玻璃的体积比宜为 1:1~1:0.3。注浆过程中应根据浆液扩散情况、注浆量、注浆压力等参数调整注浆材料和配比。

注浆材料通常划归两大类,即水泥浆和化学浆。按浆液的分散体系划分,以颗粒直径 0.1μm

为界,大者为悬浊液,如水泥浆;小者为溶液,如化学浆。注浆材料的具体分类见表13-3。

注 浆 材 料 分 类　　　　表13-3

注浆材料	水泥浆	普通水泥浆液
		超细水泥浆液
		水泥-水玻璃双液浆(CS液浆)
	化学浆	水玻璃类
		水溶性聚氨酯浆液
		丙烯酸盐浆液
		脲醛树脂类
		铬木素类
		丙烯酰胺类
		聚氨酯类
		其他

2. 注浆材料的主要性能

(1)黏度

黏度是表示浆液流动时,因分子间互相作用而产生的阻碍运动的内摩擦力。其单位为帕斯卡秒(Pa·s),工程上常用厘泊(CP)来计量,$1CP = 10^{-3} Pa·s$。现场常以简易黏度计测定,以"s"作单位。一般地,黏度是指浆液配成时的初始黏度。黏度大小影响浆液扩散半径、注浆压力、流量等参数的确定。

浆液黏度变化曲线浆液在固化过程中,黏度变化有两种类型,如图13-1所示。

曲线Ⅰ是一般浆液材料,如单液水泥浆、环氧树脂类、铬木素等,黏度逐渐增加,最后固化。随着黏度增长,浆液扩散由易到难。

曲线Ⅱ表示如丙烯酰胺类浆液,凝胶前虽聚合反应开始,但黏度不变。到凝胶发生,黏度突变,顷刻形成固体,有利于注浆。

(2)渗透能力

渗透能力即渗透性,指浆液注入岩层的难易程度。对于悬浊液,渗透能力取决于颗粒大小;对于溶液,渗透能力则取决于黏度。

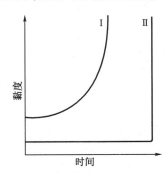

图13-1　浆液黏度变化曲线

根据试验,砂性土孔隙直径必须大于浆液颗粒直径的3倍以上浆液才能注入,即:

$$K = \frac{D}{d} \geqslant 3 \qquad (13-1)$$

式中:K——注入系数;

D——砂性土孔隙直径;

d——浆液颗粒直径。

据此,国内标准水泥粒径为 0.085mm,只能注入 0.255mm 的孔隙或粗砂中。凡水泥不能渗入的中、细、粉砂土地层,只能用化学浆液。

(3)凝胶时间

凝胶时间是指参加反应的全部成分从混合时起,直到凝胶发生,浆液不再流动为止的一段时间。其测定方法是:凝胶时间长的,用维卡仪;一般浆液,通常采用手持玻璃棒搅拌浆液,以手感觉不再流动或拉不出丝为止,从而测定凝胶时间。

(4)渗透系数

渗透系数是指浆液固化后结石体透水性的高低,或表示结石体抗渗性的强弱。

(5)抗压强度

注浆材料自身抗压强度的大小决定了材料的使用范围,大者可用以加固地层,小者则仅能堵水。在松散砂层中,浆液与介质凝结体强度对于在流沙层中修建隧道或凿井至关重要。

表 13-4 是几种注浆材料的主要性能指标。

注浆材料的主要性能指标　　　　　表 13-4

浆液体名称	黏度 (Pa·s)	可能注入的最小粒径(mm)	凝胶时间	渗透系数 (cm/s)	岩石体抗压强度 (MPa)
纯水泥浆	15~140	1.1	12~24h	10^{-3}~10^{-1}	5.0~25.0
超细水泥浆液			4~10h		32.0~83.0
水溶性聚氨酯浆液	100~300(20℃)		10~1800s		<1.5
丙烯酸盐浆液			3~5min(常温下)		
水泥加添加剂			6~15h		
水泥-水玻璃			几秒~几十分钟	10^{-3}~10^{-2}	5.0~20.0
水玻璃类	$(3~4)\times10^{-3}$	0.1	瞬间~十几分钟	10^{-2}	<3.0
铬木素类	$(3~4)\times10^{-3}$	0.03	十几秒~十几分钟	10^{-5}~10^{-3}	0.4~0.2
脲醛树脂类	$(5~6)\times10^{-3}$	0.06	十几秒~十几分钟	10^{-3}	2.0~8.0
丙烯酰胺类	1.2×10^{-3}	0.01	十几秒~十几分钟	10^{-6}~10^{-5}	0.4~0.6
聚氨酯类	几十~几百	0.03	十几秒~十几分钟	10^{-6}~10^{-4}	6.0~10.0

二、化学浆液黏度测定

1. 原理

本试验方法的工作原理、试样制备、结果表示等部分参照《合成橡胶胶乳表观黏度的测定》(SH/T 1152—2014)的规定。

2. 仪器

(1)NDJ-79 型旋转式黏度计

选择转速为 750r/min,第二单元 2 号转子(因子为 10)。

(2)恒温水

温控精度为 25℃±1℃。

3. 测定步骤

将试样注入测试器，直到它的高度达到锥形面下部边缘。将转筒浸入液体直到完全浸没为止，将测试器放在仪器支柱架上，并将转筒挂于仪器转轴钩上。

启动电动机，转筒从开始晃动直到完全对准中心为止。将测试器在托架上前后左右移动，以加快对准中心。指针稳定后方可读数。

第五节 施工质量检查

采用辅助施工措施对隧道不良地质地段的围岩进行加固，以确保隧道结构的稳定性和安全性。一方面要确定安全、经济、合理的施工措施，另一方面要确保施工质量，从而达到加固的效果。由于隧道施工固有的特点——水文地质情况复杂多变、施工场地狭小、环境差等，给施工带来很大难度，特别是对于不良地质地段，由于辅助施工方法的技术要求高、难度大，对施工质量提出了更高的要求。因此，做好辅助施工措施的施工质量检查工作至关重要。

《公路工程质量检验评定标准 第一册 土建工程》(JTG F80/1—2017)对管棚、超前小导管、超前锚杆等实体工程提出了明确的检验评定标准，对于没有规定的其他辅助措施，建议参照其他实体工程的检验评定办法或设计要求，制定符合工程实际的检查办法与指标要求。本书提供了注浆效果检查的参考标准。

一、超前管棚

1. 基本要求

(1) 管棚注浆浆液强度、配合比、注浆压力和注浆量应满足设计要求。
(2) 管棚套拱基底承载力应满足设计要求并符合施工技术规范规定。
(3) 超前钢管的打入角度应满足设计要求并符合施工技术规范规定。
(4) 两组管棚之间纵向水平搭接长度应不小于3m。

2. 实测项目

管棚实测项目检查方法和频率见表13-5。

管棚实测项目及要求　　表13-5

项次	检查项目	规定值或允许偏差	检查方法和频率
1	长度(mm)	不小于设计值	尺量:逐根检查
2	数量(根)	不少于设计值	目测;现场逐根清点
3	孔位(mm)	±50	尺量:每环抽查10根
4	孔深(mm)	大于钢管长度设计值	尺量:每环抽查10根

3. 外观鉴定

钢管尾端与钢架焊接应无假焊、漏焊。

二、超前小导管

1. 基本要求

（1）超前小导管注浆浆液强度、配合比、注浆压力和注浆量应满足设计要求，且浆液应充满钢管及周围的空隙。
（2）超前小导管的打入角度应满足设计要求并符合施工技术规范规定。
（3）两组小导管之间纵向水平搭接长度不小于1m。

2. 实测项目

超前小导管实测项目应符合表13-6的规定。

超前小导管实测项目及要求　　　　　　　表13-6

项次	检查项目	规定值或允许偏差	检查方法和频率
1	长度(mm)	不小于设计值	尺量：逐根检查
2	数量(根)	不少于设计值	目测：现场逐根清点
3	孔位(mm)	±50	尺量：每5环抽查5根
4	孔深(mm)	大于钢管长度设计值	尺量：每5环抽查5根

3. 外观鉴定

钢管尾端与钢架焊接应无假焊、漏焊。

三、超前锚杆

1. 基本要求

（1）超前锚杆的打入角度应满足设计要求并符合施工技术规范规定。
（2）超前锚杆纵向两排之间水平搭接长度应不小于1m。
（3）锚杆孔内灌注砂浆应饱满密实。

2. 实测项目

超前锚杆实测项目应符合表13-7的规定。

超前锚杆实测项目及要求　　　　　　　表13-7

项次	检查项目	规定值或允许偏差	检查方法和频率
1	长度(mm)	不小于设计值	尺量：逐根检查
2	数量(根)	不少于设计值	目测：逐根清点
3	孔位(mm)	±50	尺量：每5环抽查5根
4	孔深(mm)	±50	尺量：每5环抽查5根
5	孔径(mm)	≥40	尺量：每5环抽查5根

3. 外观鉴定

锚杆尾端与钢架焊接应无假焊、漏焊。

四、注浆效果检查

围岩注浆结束后,应及时对注浆效果进行检查。检查方法通常有以下三种。

1. 分析法

分析注浆记录,查看每个孔的注浆压力、注浆量是否达到设计要求以及注浆过程中漏浆、跑浆是否严重,从而以浆液注入量估算浆液扩散半径,分析是否与设计相符。

2. 检查孔法

用地质钻机按设计孔位和角度钻检查孔,提取岩芯进行鉴定。同时,测定检查孔的吸水量(漏水量),单孔时应小于 $1L/(min·m)$,全段应小于 $20L/(min·m)$。

3. 物探无损检测法

用地质雷达、声波探测仪等物探仪器对注浆前后岩体声速、波速、振幅及衰减系数等进行无损探测,以判断注浆效果。

注浆效果如未达到设计要求,应补充钻孔再注浆。

第十四章

施工监控量测

第一节 概 述

隧道施工监控量测是指在隧道施工过程中使用各种类型的仪表和工具,对围岩和支护衬砌变形、受力状态的监测。通过施工监控量测可达到以下目的:

(1)确保安全:根据量测信息,预警险情,以便及时采取措施,避免事故。

(2)指导施工:了解隧道围岩及支护变形发展趋势,对围岩稳定性作出判断、预测隧道围岩最终稳定时间,以安排合理的施工顺序和二次衬砌施作时机。

(3)修正设计:检验施工预设计,调整支护参数和施工方法,使设计和施工更经济、合理。

(4)积累资料:已有工程的量测结果可以直接应用到后续同类围岩中,也为其他类似工程积累参考资料。

第二节 施工监控量测内容及要求

一、施工监控量测内容

监控量测的内容较多,通常分为必测量测项目和选测量测项目两类。

必测量测项目是施工过程中的经常性的量测项目,通过对围岩及支护状态的观察、变形观测,判断围岩稳定性。这类量测项目量测方法简单、量测密度大、可靠性高,对监视围岩稳定、指导设计、施工有巨大作用。

选测量测项目是必测项目的拓展和补充。通过对围岩及支护结构受力、内力、应变,围岩内部位移等进行监测,深入掌握围岩的稳定状态与支护效果。选测量测项目多、测试元件埋设难度较大,费用较高,一般只对特殊地段、危险地段或有代表性的地段进行量测。多数选测量测项目竣工后可以长期观测。

二、仪器及传感器要求

(1)仪器及传感器具有出厂合格证,重复使用仪器须按规定时期标定,一次性传感器须有出厂标定。

(2)量测元件应具有良好的防水、防腐蚀、防振、防冲击波能力。

(3)量测仪器、元件的量测精度、量程满足工程要求。

(4)量测元件在埋设后能长期有效工作。

(5)量测基点应长期稳定、不受干扰,满足测量精度要求,可利用施工测量基点。

三、测点保护

隧道监控量测过程中测点及测桩、传感器导线保护完好是连续采集量测数据的基本保障,必须严格保护。

(1)测点及测桩埋设不要过多地暴露在喷射混凝土外,能进行正常测试即可。尽可能加保护套,防止爆破飞石、机械设备损坏。一旦发现测点损坏,要尽快重新埋设,并读取补埋后初始读数。

(2)测点及测桩应牢固可靠、不松动、不移位,测桩锚固深度不小于20cm。

(3)测点及测桩不得悬挂任何物体,不得触碰和敲击,不得随意撤换,遭破坏后应即时恢复。

(4)测点周边应有红油漆或警示标识牌,易于识别。

(5)传感器线缆埋入衬砌部分应穿管保护,防止喷混凝土或混凝土施工过程损坏。

(6)传感器导线末端头应装入预留保护盒内。

(7)支护结构施工时要注意保护测点。

第三节 必测量测项目

必测量测项目包括:洞内外观察、拱顶下沉量测、周边收敛量测、地表沉降观测,见表14-1。

必测量测项目及量测方法　　　　表14-1

序号	项目名称	方法及工具	测点布置	精度	量测间隔时间			
					1~15d	16d~1个月	1~3个月	大于3个月
1	洞内、外观察	现场观测、地质罗盘等	开挖及初期支护后进行	—	—			
2	周边位移	各种类型收敛计、全站仪或其他非接触量测仪器	每5~100m一个断面,每断面2~3对测点	0.5mm(预留变形量不大于30mm时);1mm(预留变形量大于30mm时)	1~2次/d	1次/2d	1~2次/周	1~3次/月
3	拱顶下沉	水准仪、钢钢尺、全站仪或其他非接触量测仪器	每5~100m一个断面		1~2次/d	1次/2d	1~2次/周	1~3次/月

续上表

序号	项目名称	方法及工具	测点布置	精度	量测间隔时间			
					1~15d	16d~1个月	1~3个月	大于3个月
4	地表下沉	水准仪、铟钢尺、全站仪	洞口段、浅埋段（$h≤2.5b$），布置不少于2个断面，每断面不少于3个测点	0.5mm	开挖面距量测断面前后<2.5b时,1~2次/d; 开挖面距量测断面前后<5b时,1次/(2~3)d; 开挖面距量测断面前后≥5b时,1次/(3~7)d			
5	拱脚下沉	水准仪、铟钢尺、全站仪	富水软弱破碎围岩、流沙、软岩大变形、含水黄土、膨胀岩土等不良地质和特殊性岩土段	0.5mm	仰拱施工前,1~2次/d			

注：b-隧道开挖宽度；h-隧道埋深。

一、洞内外观察

1. 观察目的

在隧道勘察设计阶段，地质勘探工作很难提供完全准确的地质资料。因此，特别需要在施工过程中对隧道围岩开挖揭露的地质情况、地下水出露情况、支护工作状态进行观察并描述，同时还需对隧道开挖影响范围的地表及周边地段情况进行观察、观测，进行围岩级别判定，了解并预测其变化。

2. 观察内容

洞内掌子面观察，隧道已施工区间的支护状态及施工状态观察，洞外地表及周边建筑变形观察。

1）掌子面观察

（1）岩性、岩层产状。

（2）地层结构面（节理、裂隙）形态、规模、产状及充填物。

（3）不良地质（溶洞、断层、采空区、有害气体等）揭露情况。

（4）地下水类型、涌水量、涌水位置、涌水压力等。

（5）开挖工作面的稳定状态、坍塌、掉块、明显变形、挤出等。

2）支护状态及施工状态观察

（1）开挖方法，台阶长度、高度、宽度。

（2）初期支护、二次衬砌、仰拱衬砌施作时机、一次开挖长度、距开挖面的距离。

（3）初期支护、二次衬砌开裂及渗水情况（位置、状态、水量等）。

（4）钢拱架有无悬空及悬空长度、钢拱压曲、歪斜。

（5）仰拱衬砌底鼓、开裂、渗水现象。
（6）施工中存在的其他缺陷。
3）洞外观察
（1）地表开裂、滑移、沉陷。
（2）边坡仰坡开裂、滑塌、碎落、渗水。
（3）地面植物、树木倾斜和移动。
（4）地表水水流变化。

3. 观察方法

主要为目视调查，并借助地质罗盘、地质锤、手电、放大镜、卷尺、秒表、相机等工具和设备进行，并详细记录和描绘。

4. 观察频率

隧道洞内掌子面一般每开挖循环做一次，下台阶和仰拱每开挖循环检查一次；初期支护、二次衬砌巡查每天一次；洞外观察与地表沉降观测一致，当遇天气变化特别是极端天气情况时应实时观察。

5. 围岩分级

围岩是隧道周围的岩土体的统称，一般指因隧道开挖扰动而使原始应力发生改变的区域，是隧道结构的一部分。地层岩性、岩体强度、围岩完整程度和地下水对隧道围岩稳定性及结构作用有很大影响。由于隧道穿越的地层情况非常复杂，围岩的稳定性有很大差异，隧道工程界采用围岩分级方法来综合评价围岩性质、判断围岩的稳定性，作为确定隧道衬砌结构、开挖方法、临时支护措施以及指导施工的基本依据。

1）围岩级别的定量划分

隧道围岩分级的综合评判方法应按以下顺序进行：首先，根据岩石的坚硬程度和岩体完整程度两个基本因素的定性特征和定量的岩体基本质量指标（BQ），综合进行初步分级。其次，对围岩进行详细定级时，应在岩体基本质量分级基础上，考虑修正因素的影响修正岩体基本质量指标值。最后，按修正后的岩体基本质量指标$[BQ]$，结合岩体的定性特征综合评判，确定围岩的详细分级。

（1）围岩基本质量指标BQ

围岩基本质量指标BQ，根据分级因素的定量指标岩石饱和单轴抗压强度R_c和岩体完整性指数K_v值确定：

$$BQ = 100 + 3R_c + 250K_v \tag{14-1}$$

① 当$R_c > 90K_v + 30$时，应以$R_c = 90K_v + 30$和K_v代入计算BQ值。
② 当$K_v > 0.04R_c + 0.4$时，应以$K_v = 0.04R_c + 0.4$和R_c代入计算BQ值。

（2）岩石饱和单轴抗压强度R_c

岩石坚硬程度定量指标应采用岩石饱和单轴抗压强度R_c。R_c应采用实测值。当无条件取得实测值时，也可采用实测的岩石点荷载强度指数$I_{S(50)}$的换算值，并按下式换算：

$$R_c = 22.82 I_{S(50)}^{0.75} \tag{14-2}$$

式中：R_c——岩石饱和单轴抗压强度。

(3) 岩体完整性指数 K_v

岩体完整性指标(K_v)，应针对不同的工程地质岩组或岩性段，选择有代表性的点、段，测试岩体弹性纵波速度，并应在同一岩体取样测定岩石纵波速度。

$$K_v = (v_{pm}/v_{pr})^2 \tag{14-3}$$

式中：v_{pm}——岩体弹性纵波速度（km/s）；
　　　v_{pr}——岩石弹性纵波速度（km/s）。

岩体完整程度的定量指标应采用岩体完整性指数 K_v。K_v 应采用实测值。当无条件取得实测值时，也可用岩体体积节理数 J_v，并按表14-2确定对应的 K_v 值。

J_v 与 K_v 的对应关系　　　　　　　　　　　　　　　　　　表14-2

J_v（条/m³）	>3	3~10	10~20	20~35	≥35
K_v	>0.75	0.75~0.55	0.55~0.35	0.35~0.15	≤0.15

岩体完整性指数 K_v 与岩体完整程度的对应关系，可按表14-3确定。

K_v 与岩体完整程度的对应关系　　　　　　　　　　　　　　　　　表14-3

K_v	>0.75	0.75~0.55	0.55~0.35	0.35~0.15	≤0.15
完整程度	完整	较完整	较破碎	破碎	极破碎

(4) 围岩基本质量指标修正值[BQ]

考虑隧道的地下水、结构面产状与地应力状态对岩体质量的影响，对 BQ 值进行修正。

$$[BQ] = BQ - 100(K_1 + K_2 + K_3) \tag{14-4}$$

式中：K_1——地下水影响修正系数；
　　　K_2——主要软弱结构面产状影响修正系数；
　　　K_3——初始应力状态影响修正系数。

K_1、K_2、K_3 的取值分别见表14-4~表14-6。

地下水影响修正系数 K_1　　　　　　　　　　　　　　　　表14-4

地下水出水状态	BQ			
	>450	450~351	350~251	<250
潮湿或点滴状出水	0	0.1	0.2~0.3	0.4~0.6
淋雨状或涌流状出水，水压<0.1MPa 或单位出水量<10L/(min·m)	0.1	0.2~0.3	0.4~0.6	0.7~0.9
淋雨状或涌流状出水，水压>0.1MPa 或单位出水量>10L/(min·m)	0.2	0.4~0.6	0.7~0.9	1.0

主要软弱结构面产状影响修正系数 K_2　　　　　　　　　　　表14-5

结构面产状及其与洞轴线的组合关系	结构面走向与洞轴线夹角<30°结构面倾角30°~75°	结构面走向与洞轴线夹角>60°结构面倾角>75°	其他组合
K_2	0.4~0.6	0~0.2	0.2~0.4

始应力状态影响修正系数 K_3 表 14-6

初始应力状态	BQ				
	>550	550~451	450~351	350~251	<250
极高应力区	1.0	1.0	1.0~1.5	1.0~1.5	1.0
高应力区	0.5	0.5	0.5	0.5~1.0	0.5~1.0

(5) 围岩级别的判定

公路隧道围岩级别根据以上方法计算获得的围岩基本质量指标 BQ 或修正的围岩基本质量指标 $[BQ]$，按表 14-7 划分。

公路隧道围岩级别划分 表 14-7

围岩基本质量指标 BQ 或修正的围岩基本质量指标 $[BQ]$	>550	550~451	450~351	350~251	≤250
围岩级别	Ⅰ	Ⅱ	Ⅲ	Ⅳ	Ⅴ

2) 围岩级别的定性划分

围岩分级中，岩石坚硬程度、岩体完整程度两个基本因素的定性划分和定量指标及其对应关系如下。

(1) 岩石坚硬程度划分

岩石坚硬程度可按表 14-8 定性划分。

岩石坚硬程度的定性划分 表 14-8

坚硬程度		定性鉴定	代表性岩石
硬质岩	坚硬岩	锤击声清脆，有回弹，震手，难击碎；浸水后，大多无吸水反应	未风化~微风化的花岗岩、正长岩、闪长岩、辉绿岩、玄武岩、安山岩、片麻岩、硅质板岩、石英岩、硅质胶结的砾岩、石英砂岩、硅质石灰岩等
	较坚硬岩	锤击声较清脆，有轻微回弹，稍震手，较难击碎；浸水后，有轻微吸水反应	1. 中等（弱）风化的坚硬岩； 2. 未风化~微风化的熔结凝灰岩、大理岩、板岩、白云岩、石灰岩、钙质砂岩、粗晶大理岩等
软质岩	较软岩	锤击声不清脆，无回弹，较易击碎；浸水后，指甲可刻出印痕	1. 强风化的坚硬岩； 2. 中等（弱）风化的较坚硬岩； 3. 未风化~微风化的凝灰岩、千枚岩、砂质泥岩、泥灰岩、泥质砂岩、粉砂岩、砂质页岩等
	软岩	锤击声哑，无回弹，有凹痕，易击碎；浸水后，手可掰开	1. 强风化的坚硬岩； 2. 中等（弱）风化~强风化的较坚硬岩； 3. 中等（弱）风化的较软岩； 4. 未风化的泥岩、泥质页岩、绿泥石片岩、绢云母片岩等
	极软岩	锤击声哑，无回弹，有较深凹痕，手可捏碎；浸水后，可捏成团	1. 全风化的各种岩石； 2. 强风化的软岩； 3. 各种半成岩

岩石饱和单轴抗压强度 R_c 与岩石坚硬程度的对应关系也可按表14-9确定。

R_c 与岩石坚硬程度定性划分的关系 表14-9

R_c(MPa)	>60	60~30	30~15	15~5	≤5
坚硬程度	硬质岩		软质岩		
	坚硬岩	较坚硬岩	较软岩	软岩	极软岩

（2）岩体完整程度划分

岩体完整程度可按表14-10定性划分。

岩体完整程度的定性划分 表14-10

完整程度	结构面发育程度		主要结构面的结合程度	主要结构面类型	相应结构类型
	组数	平均间距(m)			
完整	1~2	>1.0	结合好或结合一般	节理、裂隙、层面	整体状或巨厚层状结构
较完整	1~2	>1.0	结合差	节理、裂隙、层面	块状或厚层状结构
	2~3	1.0~0.4	结合好或结合一般		块状结构
较破碎	2~3	1.0~0.4	结合差	节理、裂隙、劈理、层面、小断层	裂隙块状或中厚层状结构
	≥3	0.4~0.2	结合好		镶嵌碎裂结构
			结合一般		薄层状结构
破碎	≥3	0.4~0.2	结合差	各种类型结构面	裂隙块状结构
		≤0.2	结合一般或结合差		碎裂结构
极破碎	无序		结合很差		散体状结构

注：平均间距指主要结构面间距的平均值。

结构面的结合程度，应根据结构面特征按表14-11确定。

结构面结合程度的划分 表14-11

结合程度	结构面特征
结合好	张开度小于1mm，为硅质、铁质或钙质胶结，或结构面粗糙、无充填物； 张开度1~3mm，为硅质或铁质胶结； 张开度大于3mm，结构面粗糙，为硅质胶结
结合一般	张开度小于1mm，结构面平直，钙泥质胶结或无充填物； 张开度1~3mm，为钙质胶结； 张开度大于3mm，结构面粗糙，为铁质或钙质胶结
结合差	张开度1~3mm，结构面平直，为泥质胶结或钙泥质胶结； 张开度大于3mm，多为泥质或岩屑充填
结合很差	泥质充填或泥夹岩屑充填，充填物厚度大于起伏差

（3）围岩级别判定

围岩级别定性划分可根据围岩岩体或土体主要特征，按表14-12确定。

围岩级别定性分级标准　　　　　　表 14-12

围岩级别	围岩岩体或土体主要定性特征	岩体基本质量指标 BQ 或岩体修正质量指标 $[BQ]$
Ⅰ	坚硬岩,岩体完整	>550
Ⅱ	坚硬岩,岩体较完整;较坚硬岩,岩体完整	550~451
Ⅲ	坚硬岩,岩体较破碎;较坚硬岩,岩体较完整;较软岩,岩体完整,整体状或巨厚层状结构	450~351
Ⅳ	坚硬岩,岩体破碎;较坚硬岩,岩体较破碎~破碎;较软岩,岩体较完整~较破碎;软岩,岩体完整~较完整	350~251
Ⅳ	土体:①压密或成岩作用的黏性土及砂性土;②黄土(Q_1、Q_2);③一般钙质、铁质胶结的碎石土、卵石土、大块石土	
Ⅴ	较软岩,岩体破碎;软岩,岩体较破碎~破碎;全部极软岩和全部极破碎岩	≤250
Ⅴ	一般第四系的半干硬至硬塑的黏性土及稍湿至潮湿的碎石土、卵石土、圆砾、角砾土及黄土(Q_3、Q_4)。非黏性土呈松散结构,黏性土及黄土呈松软结构	
Ⅵ	软塑状黏性土及潮湿、饱和粉细砂层、软土等	

注:本表不适用于特殊条件的围岩分级,如膨胀性围岩、多年冻土等。

当根据围岩岩体或土体主要定性特征与岩体基本质量指标 BQ 或$[BQ]$确定的级别不一致时,应通过对定性划分和定量指标的综合分析,确定岩体基本质量级别。当两者的级别划分相差达 1 级及以上时,应进一步补充测试。

二、周边收敛量测

周边收敛是指隧道两侧壁面测点之间连线的相对位移。

1. 量测仪器

隧道周边收敛量测是在隧道两侧壁面对称埋设测桩,用收敛计进行量测,如图 14-1 所示。目前隧道施工中常用的收敛计为弹簧式收敛计和重锤式收敛计。

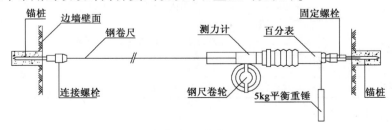

图 14-1　周边收敛量测图

2. 测点布置

周边位移量测沿隧道纵向每 5~50m 布置一个量测断面。对于洞口段、浅埋地段、软弱地层段、大变形段，断面布置间距一般不大于 2 倍开挖洞径或 20m。地质条件差或重要工程，应加密布设。周边收敛量测断面和拱顶下沉量测断面应布置在同一断面（桩号）。每个量测断面，一般布置两条水平测线，如图 14-2 所示。三台阶法开挖时，上台阶 1 条，下台阶 1 条；三台阶法开挖的隧道，单洞四车道隧道，需设 3 条测线，每台阶至少一条测线；侧壁导坑开挖、双侧壁导坑开挖时，在导坑内按同样的方法布设测线。测线应高出开挖底面不小于 1.5m。

3. 测点埋设

隧道开挖初期数据变化较大，测点要及时埋设，各测点宜在靠近掌子面、不受爆破影响范围内尽快安设，初读数应在每次开挖后 12h 内、下一循环开挖前取得，最迟不得超过 24h。

隧道开挖初喷后，在测线布置位置钻直径 42mm、深 300mm 的孔，埋入测桩，测桩杆长≥300mm，用锚固剂将测桩锚固在钻孔内（测桩不能焊在钢拱架上），测桩外露头需加保护套，如图 14-3 所示。每条测线两端各一个。喷射混凝土复喷时不要把保护套覆盖，可在喷射混凝土前用易凿除的填充物保护测头，待喷射混凝土复喷完成后，凿除覆盖喷层和保护填充物，漏出测头，并用红色油漆做好标记。记录测点埋设桩号、测点编号和埋设时间。

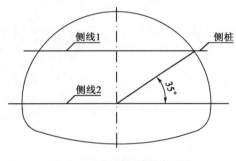

图 14-2　周边收敛测线布置图

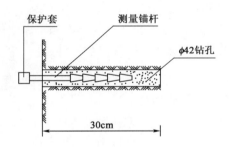

图 14-3　周边收敛测桩埋设图

4. 测取读数方法

不同的收敛计有不同的使用方法，下面介绍重锤式收敛计读数测取方法。每次量测时将收敛仪固定在隧道边墙一侧的测桩上，拉出收敛仪上钢卷尺固定在隧道另一侧同一高度的测桩上，安装好收敛仪后，记录钢卷尺读数。挂上平衡重锤慢慢放下，待稳定后读取百分表读数，再抬起平衡重锤让百分表读数回位，然后慢慢放下重锤，待稳定后读取百分表读数，反复 3 次，3 组读数在现场分别填入记录表，并记录仪器编号、断面桩号、测线编号、测量人、记录人、量测日期签署齐全。每条测线分别重复进行。

注意，某一量测断面每次量测都使用同一收敛仪量测，以避免不同仪器出现的量测误差。

5. 量测频率

待固定测桩的锚固剂强度达到 70% 以后即可测取初始读数，并将读数填入现场量测记录表。此后量测频率除满足表 14-1 的基本要求外，还应根据围岩位移变化速度和量测断面距开挖面距离按表 14-13 和表 14-14 要求进行，并应满足最低量测频率要求。当量测断面施工状况发生变化时(如下台阶开挖、仰拱开挖),应增加量测频率。

净空位移和拱顶下沉的量测频率(按位移速度)　　表 14-13

位移速率(mm/d)	量测频率	位移速率(mm/d)	量测频率
≥5	2~3次/d	0.2~0.5	1次/3d
1~5	1次/d	<0.2	1次/(3~7)d
0.5~1	1次/(2~3)d		

净空位移和拱顶下沉的量测频率(按距开挖面距离)　　表 14-14

量测断面距开挖面距离(m)	量测频率	量测断面距开挖面距离(m)	量测频率
(0~1)b	2次/d	(2~5)b	1次/(2~3)d
(1~2)b	1次/d	>5b	1次/(3~7)d

注:1. b 为隧道开挖宽度。
2. 变形速率突然变大、喷射混凝土表面、地表有裂缝出现并持续发展时应加大量测频率。
3. 上下台阶开挖工序转换或拆除临时支撑时应加大量测频率。

6. 数据整理及计算

(1)每次测量后 12h 之内,应室内对所量测的数据进行整理和分析。
(2)每条测线每次测取的 3 组读数,计算平均值作为本条测线本次的净空值。
(3)计算周边收敛值。

根据每次测得的净空与上次测得净空值的差,得到两次净空值的变化,即为两次量测时间段内的周边收敛值,按式(14-5)计算:

$$\Delta d = d_{(i)} - d_{(i-1)} \tag{14-5}$$

式中:Δd——收敛值;
$d_{(i)}$——本次测取读数;
$d_{(i-1)}$——上次测取读数。

(4)温度修正。

当隧道内温度变化较大时应对钢尺进行温度修正,按下式计算:

$$\varepsilon_t = \alpha(T_0 - T)L \tag{14-6}$$

式中:ε_t——温度修正值;
α——钢尺线膨胀系数;
T_0——鉴定钢尺的标准温度,$T_0 = 20℃$,也可是洞内常温下的鉴定钢尺温度;
T——每次量测时的平均气温;
L——钢尺长度。

(5)绘制时间-变形曲线图。

根据计算结果,绘制时间-周边收敛曲线。计算过程可编程用计算机完成,并自动生成时间-周边收敛曲线图。

三、拱顶下沉量测

隧道拱顶下沉量测是了解隧道拱顶下沉变化情况。

1. 量测仪器

精密水准仪量测、塔尺,量测精度为 ±0.5mm。

2. 测点布置

拱顶下沉量测断面布置与周边收敛量测断面布置相同。双车道及以下隧道每个量测断面布置 1~2 个测点,三车道及以上隧道每个量测断面布置 2~3 个测点,采用分部开挖法时每开挖分部拱部至少布置 1 个测点,如图 14-4 所示。

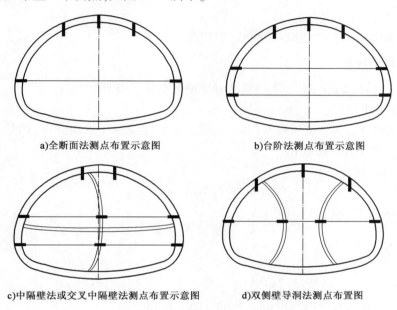

图 14-4 单洞隧道拱顶下沉测线布置图

3. 测点埋设

和周边收敛量测一样,各测点宜在靠近掌子面、不受爆破影响范围内尽快安设,初读数应在每次开挖后 12h 内、下一循环开挖前取得,最迟不得超过 24h。

隧道围岩开挖初喷后,在测点位置垂直向上钻孔,孔深 300mm、孔径 42mm。用锚固剂将带挂钩的测桩锚在钻孔内,挂钩向下外露,如图 14-5 所示。挂钩可用 φ8 钢筋,弯成圆形或三角形,并用红色油漆做好标记。记录测点埋设桩号、测点编号和埋设时间。

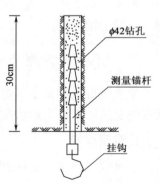

图 14-5 隧道拱顶下沉测桩埋设图

4. 基点埋设

用水准仪量测拱顶下沉时,需另外埋设稳定的观测基点,基点埋设时间应在测点埋设之前完成。基点应选择通视条件好、地基稳定不变形、监测期间不被扰动和破坏的坚硬岩石或构造物上,一般是在距被测断面以外 20m 远的距离。基点应打孔埋设测桩。孔深 100~200mm、孔径 38～42mm。测桩钢筋直径为 18～22mm，竖向埋没，上端露头小于 50mm，外露头磨圆。记录测点埋设时间。洞内基点可设在已完成的稳定的衬砌边墙或基础上。

5. 测取读数方法

每次量测时在后方基点立塔尺或钢钢尺，读取基点（后视）读数，再将钢卷尺或（塔尺）吊挂在拱顶挂钩上，在钢卷尺或（塔尺）基本不摆动的状态下通过精密水准仪测取（前视）读数。每次测取读数填入记录表，多个拱顶测点尽可能使用同一基点，并一站完成。

6. 量测频率

拱顶下沉量测频率与周边收敛量测频率相同。

7. 数据整理及计算

（1）每次测量后 12h 之内，应室内对所量测的数据进行整理和分析。

（2）计算拱顶下沉值。

设基点高程为 h_0，前一次后视点（基点）读数为 A_1，前视点（拱顶测点）读数为 B_1，当次后视点读数为 A_2，前视点读数为 B_2。

前一次拱顶高程为：

$$h_1 = h_0 + A_1 + B_1 \tag{14-7}$$

当次拱顶高程为：

$$h_2 = h_0 + A_2 + B_2 \tag{14-8}$$

拱顶位移值：

$$\Delta h = h_2 - h_1 = (A_2 + B_2) - (A_1 + B_1) \tag{14-9}$$

计算结果：若 $\Delta h < 0$，则拱顶下沉；若 $\Delta h > 0$，则拱顶上移。

（3）绘制时间-变形曲线图。

根据计算结果，绘制时间-拱顶下沉曲线。计算过程可编程用计算机完成，并自动生成时间-拱顶下沉曲线图。

四、地表沉降量测

地表下沉量测是为了观测隧道通过地段的地表下沉量和下沉范围；地表有建筑物时还包括观测建筑物下沉变形情况，同时了解随隧道开挖掘进与地表下沉的动态关系。

1. 量测仪器

水准仪或精密水准仪、塔尺，量测精度为 ±0.5mm。

2. 测点布置

地面观测测点布置在隧道上方隧道开挖可能引起地表沉降的区域。量测断面尽可能与隧道轴线垂直，一般应在开挖面距离测量断面 3 倍隧道开挖宽度前布设测点。地表下沉量测断面间距见表 14-15。量测断面宜与洞内周边收敛和拱顶下沉量测布置在同一个断面（桩号）。

地表下沉量测断面纵向间距　　　　　　　　　表 14-15

隧道埋深	纵向测点间距(m)
$h > 2.5b$	视情况布设量测断面
$b < h \leq 2.5b$	10 ~ 20
$h \leq b$	5 ~ 10

注：b-开挖宽度，h-隧道埋深。

量测范围应大于隧道开挖影响范围。隧道中线附近适当加密测点。单洞隧道每个量测断面的测点不少于 5 个，连拱隧道每个量测断面测点不少于 7 个，量测断面测点布置如图 14-6 所示。横向布置间距为 2 ~ 5m，一般布置 7 ~ 11 个测点，隧道中线附近较密。小净距隧道、四车道大断面隧道，根据情况适当加密。当地表有建筑物时，应在建筑物周围增设地表下沉观测点。

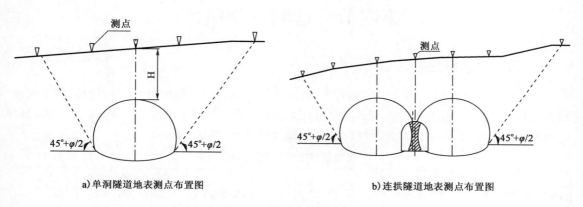

图 14-6 地表下沉测点布置图

3. 基点埋设

基点应选择在隧道开挖影响范围以外，通视条件好、基础稳定、抗自然灾害强的位置。基点在整个地表观测期间不移动、不变形、不被破坏。在稳定性好、强度高、不易风化的裸露基岩上埋设基点时，可在基岩上钻孔，孔深 100 ~ 200mm、孔径 38 ~ 42mm。埋入直径为 18 ~ 22mm 的钢筋，竖向埋没，钢筋露头 50mm，磨圆，用红油漆作明显标记。在土质区域，应在不被人畜踩踏、水流冲刷的位置设基点，需挖坑（深度不小于 300mm，直径不小于 400mm），插入长 500mm、直径为 22mm 的钢筋、周边灌注 C20 混凝土，钢筋露头 5mm，磨圆、用红油漆作明显标记。基点埋设后应记录埋设时间。

4. 测点埋设

测点埋设要求与基点埋设要求相同。基点和测点的埋设时机应在隧道开挖到达量测断面前 3 倍隧道开挖跨度距离前完成，洞口段应在开挖进洞前完成。记录测点埋设桩号、测点编号和埋设时间。

5. 测取读数方法

地表沉降测取读数方法与普通水准仪高程测量方法相同。每次测取读数填入记录表，多个测点尽可能使用同一基点,并尽可能减少仪器转站。

6. 量测频率

地表沉降观察应在固定基点和测点的混凝土或锚固剂强度达到70%以后测取初始读数,此后当开挖面距量测断面前后距离 $d ≤ 2.5b$(b 为开挖宽度)时,每天1~2次;$2.5b < d ≤ 5b$ 时,每两天量测一次,当 $d > 5b$ 时,每周量测1次;当有工序转换或出现异常情况时,应适当增大量测频率。

7. 数据整理

每次测量后立即(不超过12h)在室内对所量测的结果进行整理,录入计算机。每次测得的测点与基点的高差值与前次测得高差值的差,即为测点下沉值。具体计算方法与拱顶下沉计算方法计算相同,计算过程应编程用计算机完成,并自动生成时间-拱顶下沉曲线。

第四节 选测量测项目

一、选择项目量测内容

选测量测项目内容较多,包括:围岩内部位移量测、锚杆轴力量测、围岩与喷射混凝土间接触压力量测、喷射混凝土与二次衬砌间接触压力量测、喷射混凝土内应力量测、二次衬砌内应力量测、钢支撑内力量测、围岩弹性波速、爆破振动量测等,见表14-16。

选测量测项目及测量频率　　　表14-16

序号	项目名称	方法及工具	布置	测试精度	量测间隔时间			
					1~15d	16d~1个月	1~3个月	大于3个月
1	钢架内力及外力	支柱压力计或其他测力计	每代表性地段1~2个断面,每断面钢架内力3~7个测点,或外力1对测力计	0.1MPa	1~2次/d	1次/2d	1~2次/周	1~3次/月
2	围岩内部位移(洞内设点)	洞内钻孔中安设单点、多点杆式或钢丝式位移计	每代表性地段1~2个断面,每断面3~7个钻孔	0.1mm	1~2次/d	1次/2d	1~2次/周	1~3次/月
3	围岩内部位移(地表设点)	地面钻孔中安设各类位移计	每代表性地段1~2个断面,每断面3~5个钻孔	0.1mm	同地表下沉要求			
4	围岩压力	各种类型岩土压力盒	每代表性地段1~2个断面,每断面3~7个测点	0.01MPa	1~2次/d	1次/2d	1~2次/周	1~3次/月
5	两层支护间压力	压力盒	每代表性地段1~2个断面,每断面3~7个测点	0.01MPa	1~2次/d	1次/2d	1~2次/周	1~3次/月

续上表

序号	项目名称	方法及工具	布置	测试精度	量测间隔时间			
					1~15d	16d~1个月	1~3个月	大于3个月
6	锚杆轴力	钢筋计、锚杆测力计	每代表性地段1~2个断面,每断面3~7锚杆(索),每根锚杆2~4测点	0.01MPa	1~2次/d	1次/2d	1~2次/周	1~3次/月
7	支护、衬砌内应力	各类混凝土内应变计及表面应力解除法	每代表性地段1~2个断面,每断面3~7个测点	0.01MPa	1~2次/d	1次/2d	1~2次/周	1~3次/月
8	围岩弹性波速度	各种声波仪及配套探头	在有代表性地段设置	—				
9	爆破振动	测振及配套传感器	邻近建(构)筑物	—	随爆破进行			
10	渗水压力、水流量	渗压计、流量计	—	0.01MPa	—			
11	地表下沉	水准测量的方法,水准仪、钢钢尺等	有特殊要求段落	0.5mm	开挖面距量测断面前后<2.5b时,1~2次/d;开挖面距量测断面前后<5b时,1次/(2~3)d;开挖面距量测断面前后>5b时,1次/(3~7)d			
12	地表水平位移	经纬仪、全站仪	有可能发生滑移的洞口段高边坡	0.5mm	—			

注:b-隧道开挖宽度。

围岩内部位移测试精度可为0.1mm,爆破振动速度测试精度可为1mm/s,其他选测项目监测设备元器件的满量程(F.S.),可为预计控制值的1.5~2.0倍,测试精度按表14-17选取。

元器件的精度 表14-17

序号	元器件	精度
1	压力盒	≤0.5% F.S.
2	电阻应变片	±0.5% F.S.
3	混凝土应变计	±0.1% F.S.
4	钢筋计	拉伸,0.5% F.S.;压缩,1.0% F.S.
5	锚杆轴力计	≤0.5% F.S.
6	水压计	≤0.1% F.S.

二、量测断面选择和测点布置要求

洞内量测项目的量测断面位置布置和数量见表 14-16，一般是布置在围岩条件较差的Ⅳ、Ⅴ和Ⅵ级围岩中，每种围岩级别的每连续地段可设 1~2 个断面；Ⅲ级围岩可设 1 个断面；有特殊要求的地段可设 1~2 个断面；与必测量测断面布置在同一桩号，同步进行量测。

对每一量测断面，测点位置一般布置在拱顶、两侧拱腰和边墙位置。两车道隧道 3~5 个，三车道隧道 5~7 个。根据量测内容的不同，每个断面位置的测点数要求不同。

和周边收敛和拱顶下沉量测一样，测点要及时埋设，要求在距开挖面 2m 范围内、开挖后 24h 内完成，在下一循环开挖或爆破前读取初始读数。

三、围岩内部位移量测

1. 量测目的

围岩内部位移（洞内设点）是量测隧道周边与围岩内部某一点沿量测孔钻孔方向的相对位移。通过量测可了解隧道围岩内部不同深度的位移情况，了解围岩松弛区大致范围，为判断围岩的松弛变形情况提供数据。

2. 量测仪器和原理

目前国内外量测围岩内部位移，采用多点位移计和单点位移计。多点位移计一般为杆式多点位移计，单点位移计一般为弦式（钻孔伸长计、引伸计）；数据采集方式可分为机械式（百分表、数显百分表、游标卡尺）和电测式（差动电阻式、电感式、振弦式等）。

（1）杆式多点位移计基本构造

杆式多点位移计测试原理示意图如图 14-7 所示。它是由若干定位件、薄壁 PVC 管、传导杆若干（一般为铝、铜棒）、百分表等构成，每一传导杆连接一个固定件，传导杆穿在 PVC 管内，可以在管内自由伸缩。定位件是均匀布置在测孔内，通过水泥砂浆与测孔孔壁固定在一起。

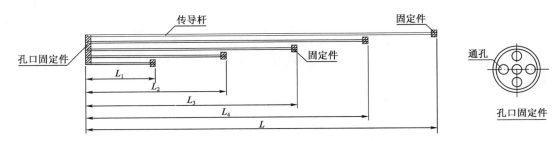

图 14-7 杆式多点位移计测试原理示意图

（2）量测原理

当围岩松弛时，由于定位件（点）与水泥砂浆的黏结作用，带动定位件（点）移动，同时带动传导杆伸缩，在测孔孔口用百分表量测传导杆的伸缩量，即测得固定件（点）与孔口固定点的相对位移值。围岩内部松动程度与围岩深度有很大关系,深度越大、松动位移越小。当钻孔足够深(穿过松动范围)时,位于足够深的固定件(点)可以认为是不动点。测得隧道周边与固定件(点)的相对位移即为隧道周边的绝对位移。位于松动范围内的固定件(点)会随围岩的松动产生位移,所以测得的位移为相对位移(图14-8)。根据某一时间段内前后两次量测数据,计算出各固定件(点)与隧道周边的相对位移,也可测得各固定件(点)之间的相对位移,即可获得围岩内部位移不同深度的位移分布情况。

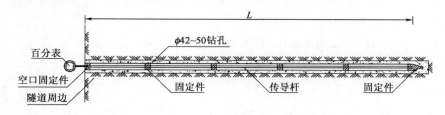

图14-8　多点位移计量测原理图

(3)适用条件

杆式位移计适用于能钻孔成型的各类岩体。埋设方便,价位低廉,因此得到广泛采用。

3. 测点布置

宜在代表性地段设1~2个量测断面。采用多点位移计量测时,在选定的量测断面,沿隧道开挖轮廓线分别在拱顶、拱腰和边墙部位布置3~7个深孔、连拱隧道钻6个深孔(图14-9),也可在隧道较敏感位置布置钻孔。孔深应比锚杆设计长度大100~200mm,或根据量测要求和分析松动范围确定钻孔深度,一般为3.0~5.0m。每个测孔内一般布置5个测点,即6个定位件(孔口必须有一个定位件)、5根连杆。

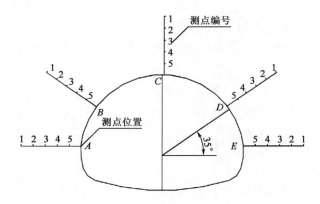

图14-9　多点位移计测点布置断面图

单点位移计是沿隧道开挖轮廓线分别在拱顶、拱腰和边墙部位布置测点,每个部位的钻孔数量根据内部测点数确定。如内部测点需要4个,则需钻4个孔,钻孔深度根据测点深度确定(1.5~4.5m)。

4. 位移计埋设

(1)多点位移计埋设。

在隧道开挖初喷后或初期支护完成后沿隧道径向钻孔,钻孔直径为 42~50mm、钻孔深度较位移计略长 50~100mm,钻孔钻好后先用水冲洗清孔,将组装好的多点位移计插入钻孔,同时插入$\phi 5\sim 10$的注浆软管,注入 M20 水泥砂浆,边注浆边拔出注浆软管,使孔内注满砂浆,用止浆塞封口。用红色油漆做好标记,记录埋设桩号、各固定件(点)编号、埋设位置及对应孔口固定件通孔位置、埋设时间。

多点位移计不得用药包锚固剂锚固,宜采用灌注水泥砂浆进行锚固。

(2)钢丝式单点位移计按安装说明书进行安装,不需要注浆。

5. 数据采集

多点位移计量测待锚固砂浆强度达到 70% 以后即可测取初始读数(钢丝式单点位移计安装好后立即量测)。量测前先用纱布擦干净基准板上的锥形测孔,然后将百分表插入孔口固定件通孔内,用百分表测取读数。每次量测时,对每一测点(通孔)应连续采集 3 个读数,将每次测取的读数填入现场量测记录表格,以后测取读数的频率按表 14-13 要求执行。当隧道量测断面工作状态发生改变时,量测频率应重新按初始读数开始时的量测频率执行。并保存原始记录,测量人、记录人、日期签署齐全。

单点位移计采集方式与多点位移计相同。

6. 数据整理和位移计算

(1)每次测量后(不超过 12h)立即在室内对所量测的结果进行整理,将原始记录录入计算机。对每一测点量测的 3 个读数的均值,即为该测点的量测值。

(2)位移计算。

①测点与隧道周边相对位移

每一测点前后两次量测值的差为本测点与隧道周边(孔口)相对位移值,按式(14-10)计算:

$$\Delta S_{(i)} = S_{(i)} - S_{(i0)} \tag{14-10}$$

式中:$\Delta S_{(i)}$——i 测点与周边的相对位移值;

$S_{(i)}$——i 测点本次量测值;

$S_{(i0)}$——i 测点前次量测值。

②同一测孔内各测点的相对位移

第 1 测点与其他测点的相对位移按式(14-11)~式(14-14)计算:

$$\Delta S_{(1-5)} = \Delta S_{(1)} - \Delta S_{(5)} \tag{14-11}$$

$$\Delta S_{(1-4)} = \Delta S_{(1)} - \Delta S_{(4)} \tag{14-12}$$

$$\Delta S_{(1-3)} = \Delta S_{(1)} - \Delta S_{(3)} \tag{14-13}$$

$$\Delta S_{(1-2)} = \Delta S_{(1)} - \Delta S_{(2)} \tag{14-14}$$

式中:ΔS_{1-i}——1 测点与 i 测点的相对位移,$i=2,3,4,5$;

$\Delta S_{(i)}$——i 测点与周边的相对位移值,$i=1,2,3,4,5$。

其他各测点间的位移,以此类推。
计算过程应编程用计算机完成。

7. 绘制位移曲线

(1)根据同一测孔各测点的相对位移绘制某一时刻不同深度位移分布图。
(2)绘制时间-围岩内部位移曲线图。

四、锚杆轴力量测

1. 量测目的

通过量测掌握锚杆不同深度受力情况判断围岩的位移范围,评价锚杆支护效果。

2. 量测仪器和原理

锚杆轴力量测,按其量测原理可分为电测式和机械式两类。其中电测式又可分为电阻应变式和钢弦式。电阻应变式和机械式是通过量测不同深度锚杆的变形,钢弦式是通过测定不同深度处传感器受力后钢弦振动频率的变化。

(1)电阻应变式测力锚杆

电阻应变式测力锚杆,是在锚杆表面沿锚杆轴线方向贴电阻应变片。使用时,将它埋置在钻孔中,注满砂浆,锚杆受力变形后带动应变片一起变形,用电阻应变仪测定锚杆轴向应变,根据轴向应变转求锚杆所受的应力。由于应变片的绝缘电阻低,敏感栅通电流后的温度效应,黏结固化不充分等原因,很难保证量测的可靠性和精确度。在隧道工程现场测试中很少应用。

(2)钢弦式测力锚杆

钢弦式测力锚杆,是由若干个钢弦式钢筋应力计、屏蔽导线、分线器插头和分线器、频率仪组成。使用时,将3~4个钢弦式钢筋应力计与锚杆钢筋分段串联,如图14-10所示,埋置在钻孔中,每个钢筋应力计引出一根导线。

图14-10 测力锚杆连接示意图

钢弦式测力锚杆制作价格便宜、安装方便,广泛应用与隧道现场测试。

(3)机械式测力锚杆

机械式测力锚杆,是在与锚杆直径相同的钢管内设置长度不等的细长变形传递杆,每一传递杆的一端分别固定在锚杆内壁预定的不同位置上,而另一端则至孔口端头基准板,传递杆钢管内可自由伸缩。锚杆埋入钻孔后,借助于百分表量测传递杆的伸缩位移值,即测得锚杆不同段的变形,然后根据钢管的弹性模量,即得各测点间的应力。以此了解锚杆轴力及其分布状态。机械式量测锚杆与钢弦式测力锚杆相比,不便于远距离量测,对施工的干扰大,速度较慢,在隧道现场测试中很少采用。

3. 测点布置

代表性地段设 1~2 个量测断面。锚杆轴向力量测是在选定的量测断面,沿隧道开挖轮廓线分别在拱顶、拱腰和边墙部位钻 3~8 个深孔,也可在隧道较敏感位置布置钻孔。孔深应比锚杆设计长度大 200mm,或根据量测要求和分析松动范围确定钻孔深度,一般为 3.0~5.0m,每个孔内一般设 3~6 个测点(即 3~6 个钢弦式钢筋计),测点断面布置见图 14-11。

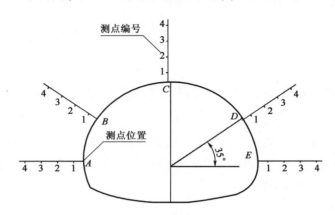

图 14-11　隧道锚杆轴力测点断面布置图

4. 传感器埋设

(1) 钢弦式测力锚杆埋设。

在隧道开挖初喷后或初期支护完成后沿隧道开挖轮廓径向钻孔,钻孔直径一般比锚杆杆体直径大 20~30mm,约 50mm,钻好孔后先用水冲洗清孔,准备好水泥砂浆、注浆设备,然后插入钢弦式测力锚杆,同时插入 $\phi5~10$ 注浆软管。传感器导线沿着锚杆引向钻孔外。导线引出钻孔外后,穿保护管引至保护盒内,在导线末端打上编码号,与钢筋应力计一一对应。注入 M20 水泥砂浆,边注浆边拔出注浆软管,使孔内注满注浆,用止浆塞封口,安装图见图 14-12。钢弦式测力锚杆不得采用药包锚固剂锚固。安装完后用喷混凝土将锚头和导线覆盖,只露出保护盒。用红色油漆做好标记,记录埋设桩号、各传感器编号、埋设位置和埋设时间。

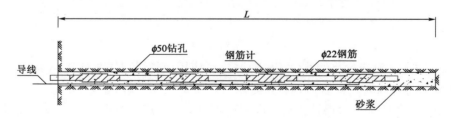

图 14-12　锚杆轴力量测制作及埋设图

(2) 机械式测力锚杆埋设与多点位移计埋设基本相同。

5. 数据采集

(1) 钢弦式测力锚杆数据采集

锚杆轴力量测是待锚固砂浆凝固后测取初始读数。打开保护盒盖,将钢筋应力计导线插头与频率仪连接,读取钢筋计频率读数,并做好原始记录,测量人、记录人、量测日期等签署齐全。以后测取读数的频率按表 14-13 的要求执行。当隧道量测断面工作状态发生改变时,量测频率应加密。量测时用频率仪测取压力盒频率读数。

(2)机械式测力锚杆数据采集

机械式测力锚杆待锚固砂浆强度达到 70% 以后即可测取初始读数,量测前先用纱布擦干净基准板上的锥形测孔,将百分表插入锥形孔内测取读数,每个测孔读取 3 次,计算 3 个数的平均值。某一时段前后两次量测出的距离变化值即为每个测点与基准面间的相对位移。根据不同测点产生的位移,除以基点与测点的距离得到应变,再乘以钢管钢材的弹性模量,得到锚杆轴向应力。

6. 数据整理

(1)每次测量后(不超过 12h)立即对所量测的读数进行整理,录入计算机。根据生产厂家提供钢筋计标定表,换算每一钢筋计所受的力,即为该测点量测时刻的锚杆轴力。

(2)锚杆某一测点不同时刻锚杆轴力变化,按式(14-15)计算:

$$\Delta n = n_{(i)} - n_{(i-1)} \tag{14-15}$$

式中:Δn——量测点锚杆轴力差值;

$n_{(i)}$——本次测点锚杆轴力;

$n_{(i-1)}$——前次测点锚杆轴力。

计算过程应编程用计算机完成,并自动生成测点时间-锚杆轴力曲线。

(3)根据同一测力锚杆各测点的轴力绘制某一时刻不同深度的锚杆轴力分布图。

五、围岩压力量测

1. 量测目的

围岩压力量测是指围岩与初期支护间接触压力和初期支护与二次衬砌间接触压力量测(两层衬砌间接触压力),是在围岩与支护间和两次衬砌间埋设压力传感器,量测围岩压力的大小、分布及围岩压力变化状态,判断围岩和支护结构的稳定性。

2. 量测仪器

接触压力量测仪器根据测试原理和测力计结构不同分为液压式测力计和钢弦式压力盒。目前,量测围岩压力的传感器主要采用钢弦式压力盒。

3. 测点布置

一个代表性地段可设置 1~2 个接触压力量测监测断面。测点重点布置在拱顶、拱腰、边墙、中墙等控制部位。双车道隧道每个监测断面布置 3~7 个测点,连拱隧道、三车道及以上隧道应增加测点,见图 14-13。

4. 压力盒的埋设

(1)围岩与初期支护间的接触压力

将压力盒埋设在围岩与初期支护间。在喷混凝土之前,在确定的测点位置,将岩面用砂浆找平,把压力盒双模的一面贴紧围岩,用铆钉、铅丝或钢筋固定,导线穿管引至保护盒内,喷射混凝土时将压力盒和导线全部覆盖,如图 14-14a)所示。导线头在保护盒内露出。

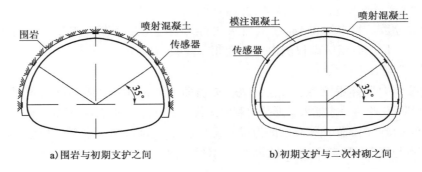

a) 围岩与初期支护之间　　　b) 初期支护与二次衬砌之间

图 14-13　压力盒埋布置图

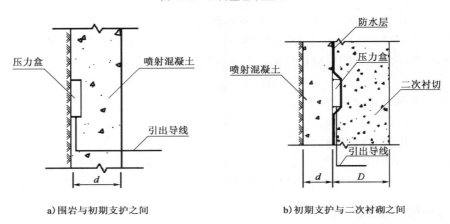

a) 围岩与初期支护之间　　　b) 初期支护与二次衬砌之间

图 14-14　接触压力量测压力盒埋设构造图

(2) 初期支护与二次衬砌之间的接触压力

将压力盒埋设在初期支护与二次衬砌之间。铺挂防水板之前,在确定的测点位置,将喷射混凝土表面用砂浆找平,将压力盒双模的一面紧贴喷射混凝土表面,用水泥钉、铅丝将压力盒固定,导线需穿管引至保护盒内。防水板铺挂和二次衬砌混凝土浇筑过程中,保证压力盒不移位,导线不被扯断,如图 14-14b) 所示。记录埋设桩号、各传感器编号、埋设位置和埋设时间。

5. 数据采集

围岩与初期支护间的接触压力量测是待喷射混凝土作业完成后测取初始读数;初期支护与二次衬砌间的接触压力量测是待二次模筑衬砌混凝土终凝后测取初始读数。以后测取读数的频率按表 14-13 的要求执行。当隧道量测断面工作状态发生改变时,量测频率应加密。

6. 数据整理和压力计算

每次测量后立即在室内对所量测的结果进行整理,录入计算机。根据生产厂家提供压力盒标定表,换算压力盒所受的应力,即为该测点本次测定的接触压力值。

同一测点不同时间接触压力的差即接触压力变化,按式(14-16)计算:

$$\Delta p = p_{(i)} - p_{(i-1)} \tag{14-16}$$

式中:Δp——量测点接触压力差值;

$p_{(i)}$——本次测点读数;

$p_{(i-1)}$——上次本测点读数。

计算过程应编程用计算机完成,随着量测数据的积累,自动生成各测点的时间-压力曲线。

六、衬砌应力量测

1. 量测目的

衬砌应力量测包括初期支护喷射混凝土应力量测和二次衬砌模筑混凝土应力量测,通过量测了解隧道喷射混凝土和模筑混凝土的受力状态。

2. 量测仪器

量测衬砌应力的传感器主要有钢弦式应变计和应变砖。

(1)钢弦式应变计

量测衬砌应力时,是将量测元件(装置)直接安装于喷射混凝土内和二次衬砌砌模筑混凝土中。为了使量测数据能直接反映混凝土层的变形状态和受力的大小,要求量测元件材质的弹性模量应与混凝土层的弹性模量相近,不致引起混凝土层应力的异常分布、影响评价效果。将钢弦式应变计埋入混凝土内,混凝土结构受力后,带动钢弦式应变计钢丝受力发生改变,引起钢丝振动频率变化,用频率仪测出振动频率,根据事先标定出的频率—应变曲线求出作用在混凝土的应变,再根据混凝土弹性模量计算出混凝土应力。目前钢弦式应变计在隧道现场测试中应用较多。

(2)应变砖

应变砖是由电阻应变片外加银箔防护做成银箔应变计,再用混凝土材料制成(50~120)mm×40mm×25mm的矩形立方块(外壳形如砖)。量测混凝土应变计时,将应变砖埋入混凝土内,混凝土结构受力后,应变砖也随着产生应力。采用电阻应变仪量测出应变砖应变量的大小,然后根据事先标定出应变砖的应力-应变曲线,可求出混凝土所受应力的大小。由于应变砖和混凝土基本上是同类材料,埋入混凝土的应变砖不会引起应力的异常变化,所以应变砖可直接反映混凝土层的变形与受力的大小。

3. 测点布置

在选定的量测断面,在隧道拱顶、拱腰和边墙布设测点,见图14-15。必要时在仰拱上布设测点。

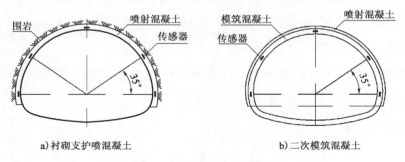

图14-15 混凝土应力计布置图

4. 钢弦式应变计埋设

（1）喷射混凝土应变计埋设

在喷射混凝土复喷前,将应变计受力方向顺隧道开挖轮廓线的切线方向,用钢筋或借助钢筋网、铅丝,将混凝土应变计固定在喷射混凝土层内中间,见图14-16a),导线穿管引至保护盒。在喷射混凝土过程中保证应变计不移位,导线不被扯断。

（2）模筑混凝土应变计埋设

在模筑混凝土浇筑前,将应变计受力方向顺隧道开挖轮廓线的切线方向,用钢筋或借助衬砌钢筋、铅丝,将混凝土应变计固定在模筑混凝土衬砌厚度中间,如图14-16b)所示,导线穿管引至保护盒。在混凝土浇筑过程中保证应变计不移位,导线不被扯断。

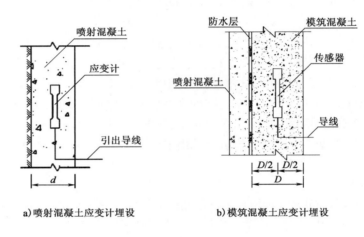

图14-16 应变计埋设图

传感器埋设后,记录埋设桩号、各传感器埋设位置、编号和埋设时间。

5. 数据采集

喷混凝土层轴力量测是待喷混凝土作业完成后测取初始读数,模筑混凝土应力量测是待模筑混凝土终凝后测取初始读数,并将读数填入现场量测记录表格,以后测取读数的频率按表14-13要求执行。埋设的传感器为应变砖时,每次量测时应连续测取不少于3个读数,取3个数的量测平均值作为当次的数据。

6. 数据整理和应力计算

混凝土应力量测的数据整理和受力计算与接触压力量测的数据整理和压力计算方法相同。

七、钢架应力量测

1. 量测目的

在喷锚衬砌设有钢架的地段,根据需要可对钢架的受力进行量测,了解钢架受力变化和实际工作状态。钢架分格栅钢架和型钢钢架。

2. 量测仪器

型钢钢架应力量测可采用钢弦式表面应变计和钢弦式钢筋应力计,格栅钢架应力量测一般采用钢弦式钢筋应力计。也有采用光纤光栅表面应变计和钢筋计,光纤光栅传感器具有体积小,重量轻,对被测介质影响小,灵敏度和分辨率高,结构简单灵活、安装方便等特点,逐渐在隧道测试中得到应用。目前多采用钢弦式钢筋应力计。

3. 测点布置

一个代表性地段可设置 1~2 个钢架内力监测断面。在选定的量测断面,在隧道拱顶、拱腰、边墙、中墙等控制结构强度的部位布设测点。也可根据围岩情况布置在受力敏感位置,但应避开钢架节段的接头位置,距接头距离应大于 500mm。测点不宜少于 5 个,连拱隧道不宜少于 7 个。

4. 传感器埋设

1) 钢弦式表面应变计量测型钢钢架受力

用钢弦式表面应变计量测型钢钢架受力时,将表面应变传感器顺钢架轴线方向安装在型钢钢架的表面,用电焊机将传感器底座与在被测钢架表面焊接固定,保证与钢架一起变形,最后在传感器上罩上薄铁皮盒。薄皮铁盒可避免表面应变传感器遭到损坏,还可避免传感器和钢架共同变形时受到喷射混凝土的阻力。钢弦式表面应变计可分别安装在型钢拱架的上、下翼缘外侧,根据量测的应变值,可计算出钢架截面的应力分布。

2) 钢弦式钢筋计量测型钢钢架受力

用钢弦式钢筋计量测型钢钢架受力时,将钢筋计顺钢架轴线方向安装在型钢拱架的表面,将钢筋计两端焊在型钢钢架的翼缘上(上翼缘在内侧、下翼缘的外侧),钢筋计的中段不要与钢架接触,当中段与钢架脱接触时,可在两端加钢垫块,如图 14-17 所示。钢弦式钢筋计可分别安装在型钢拱架的上、下翼缘,根据量测的应变值,可计算出钢架截面的应力分布。

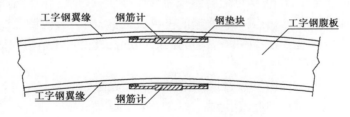

图 14-17　型钢拱架钢筋计安装构造图

钢筋计价格便宜、安装方便,隧道工程中应用较多。

3) 钢弦式钢筋计量测格栅钢架受力

格栅钢架是采用钢筋焊接而成的,传感器安装时,是在测点位置按照钢筋计的长度将格栅钢架主筋截开一段,用钢筋计置换,即将钢筋计的两端与截断的主筋对接连接。钢筋计直径应与格栅钢架主筋直径相同。连接时为保证钢筋计与钢筋同心,一般要求采用丝口连接,防止钢筋计偏心或受扭而影响元件的使用和读数的准确性。

4）传感器安装注意事项

（1）焊接时,要注意给传感器降温,以防温度过高烧坏传感器钢弦和线圈。

（2）导线需管穿引至保护盒内,并保证喷射混凝土过程中导线不被扯断。

（3）传感器埋设后,记录埋设桩号、各传感器埋设位置、编号和埋设时间。

5. 数据采集

钢架受力量测是待喷射混凝土作业完成后开始量测,用频率仪测取读数,并将读数填入现场量测记录表格,以后测取读数的频率按表14-13的要求执行。当隧道量测断面工作状态发生改变时,量测频率加密。

6. 数据整理和受力计算

钢架受力量测的数据整理和受力计算与接触压力量测、衬砌应力量测的数据整理和计算方法相同。

八、围岩声波测试

围岩声波测试,是地球物理探测方法中的一种,通常泛指声波(频率 2～20kHz)和超声波(20kHz 以上)测试,因目前国内岩体测试中激发的弹性波频率大都在声波范围内,故一般称为声波测试。声波测试,具有快速、简易、经济等特点,在地下工程测试中,被广泛地用来测定岩体物理性质(动弹性模量、岩体强度、完整性系数等),判别围岩稳定状态,提供围岩分类的参数。

1. 基本原理

岩体声波测试,是对岩体(岩石)施加动荷载、激发弹性波在介质中的传播来研究岩体(岩石)的物理力学性质及其构造特征,一般用波速、波幅、频谱等参数进行表征。岩体虽非理想弹性介质,但如果作用应力小且持续时间短,所产生的质点位移量也非常小,一般不超过其弹性变形范围,在这种特定条件下,则可把岩体视为弹性介质,这是用弹性波法对岩体进行测试的基础。目前在声波测试指标中应用较普遍的是纵波速度,次之为横波速度和波幅变化的观测。在岩体中,波的传播速度与岩体的密度及弹性常数有关,受岩体结构构造、地下水、应力状态的影响,一般说来有如下规律：

(1)岩体风化、破碎、结构面发育,则波速低衰减快,频谱复杂。

(2)岩体充水或应力增加,则波速增高,衰减减少,频谱简化。

(3)岩体不均匀性和各向异性使波速与频谱的变化也相应地表现出不均一性和各向异性。

利用上述原理,在岩体中造成小的扰动,根据所得的弹性波(声波)在岩体中的传播特性与正常情况相比,即可判定岩体受力后的形态。

2. 测试仪器

声波测试的主要仪器是声波仪及换能器(亦称声测探头)。声波仪是进行声波测试的主要设备,它的主要部件是发射机与接收机。发射机根据使用要求,能向声波测试探头输出一定频率的电脉冲,向探头输出能量。接收机将探头所接收到的微量信号,经过放大,并在示波管上反映出来。接收机不仅要求能够正确显示声波波形,而且要求在测得声波时能直接测得发射探头发射后到达接收探头的时间间隔,以便计算波速。纵波与横波主要根据起始波到达的时间及其波形特性辨别。目前国内应用的声波仪主要有 SYC-Z 岩石参数测定仪及 YB4-四线岩体波速仪等。图 14-18 为出了声波测试仪器的工作原理图。

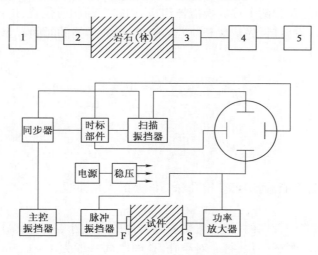

图 14-18　声波测试仪工作原理图
1-振荡器;2-发射换能器;3-接受换能器;4-放大器;5-显示器

声波测试探头(换能器),按其功能可分为发射换能器和接收换能器,其主要元件都是压电陶瓷,主要功能是将声波仪输出的电脉冲变为声波能,或将声波能变为电信号输送给接收机。

发射换能器要求具有较高的发射能量(效率),接收换能器要求具有较高的灵敏度。两种换能器通常是专用的,各用其长,有时也可互相使用。国内换能器种类较多,按其结构可分为增压式、喇叭式和弯曲式等。增压式主要用于岩体钻孔测试中,其优点是在较宽的频带内有较高的灵敏度,但由于钢管侧面有缝,使径向振动声场分布不均匀,方向性很强;喇叭式(夹心式)主要用于岩体(岩石)表面测试或岩柱的透测测试中,弯曲式则主要用于室内小试件高频超声测试。

3. 围岩声波测试内容

地下工程岩体中可采用声波测试的内容很多,主要有以下几个方面:

(1)地下工程位置的地质剖面检测(声波测井),用以划分岩层,了解岩层破碎情况和风化程度等。

(2)岩体力学参数如弹性模量、抗压强度等的测定。

(3)围岩稳定状态的分析,如测定围岩松动圈大小等。

(4)判定围岩的分级,如测定岩体波速和完整性系数等。

4. 围岩松动圈测定方法

围岩松动圈是地下工程设计和评定围岩稳定性的重要参数之一。测定松动圈的原理,主要是声波传播速度决定于岩体完整性程度。完整岩体的波速一般较高,而在裂隙扩张的松动区波速相对较低,因而在围岩压密区(应力升高区)和松动区之间会出现明显的波速变化。测试方法有单孔法和双孔法。应当指出,松动区不等于塑性区,它是塑性区中岩体松弛部分。

1) 单孔法

单孔测量是用风钻在岩体中打一小孔,将发射换能器和接收换能器组装在一起,放入充满液体的测孔中。换能器的组装方式有一发一收、一发二收、二发二收等。通常采用一发二收,该组合由一个发射换能器和两个接收换能器组成,固定三组相对位置,以两个接收换能器为实测距离。观察顺序为:发射后,先读取至"收2"的纵、横波传播的时间 t_{p2} 和 t_{s2},再读取至"收1"的 t_{p1} 和 t_{s1}。不难证明:

$$v_p = \frac{df}{t_{p2} - t_{p1}} = \frac{df}{\Delta t_p} = \frac{ec}{\Delta t_p} \quad (14-17)$$

$$v_s = \frac{df}{t_{s2} - t_{s1}} = \frac{df}{\Delta t_s} = \frac{ec}{\Delta t_s} \quad (14-18)$$

测试时,不断移动换能器,即可获得孔深与波速的关系曲线。

2) 双孔法

双孔测试是目前应用较广的方法,它受局部岩体的影响小,一般采用双孔同步、单发单收的方式。在测试断面的测试部位,打一对小孔,孔间距离一般为 1~1.5m,在一孔中放入发射换能器,另一孔中放入接收换能器,平行移动这两个换能器,即可得声波与孔深的曲线关系。

根据实测资料,波速与孔深关系曲线类型大致可归纳为 4 种类型,如图 14-19 所示。

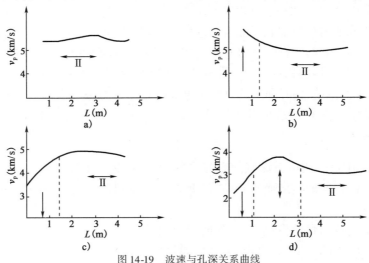

图 14-19 波速与孔深关系曲线

(1) "一"形,无明显分带,表示围岩较完整。
(2) "/"形,无松弛带,有应力升高,表示围岩较坚硬。
(3) "⌐"形,无应力升高带,有松弛带,但应分清是爆破松动还是围岩进入塑性松动。
(4) "凸"形,松弛带、应力升高带均有。

实测的 v_p-L 曲线形态有时比上述 4 种曲线更为复杂,而且也不能单纯根据曲线形态来确定松动区范围,还必须考虑排除岩性及各向异性的影响。应当指出,若能在洞室工程开挖前后与支护前后作不同时期的声波测试,就能更加准确地判定围岩的稳定状态和松动区范围及其发展过程。

5. 围岩分类的声波测试

在当前国内外的围岩分类中,常引用岩体纵波速度以及岩体与岩块波速比的平方作为围岩分类的基本判据。通常,岩体的波速越高,表明岩体越坚硬,弹性性能越强,结构越完整,所含较弱的结构面减少。但有时波速并不能反映岩体完整性好坏,如有些破碎硬岩的波速高于完整性较好的软岩,因此还要采用岩体完整性系数 $K_v = (v_{mp}/v_{rp})^2$ 来反映岩体的完整性,v_{mp} 为岩体纵波速度,v_{rp} 为岩块纵波速度,K_v 越接近于1,表示岩体越完整。

在软岩与极其破碎的岩体中,有时无法取出完整而扰动不严重的岩块,不能测取岩块的纵波速度,这时可用相对完整系数 $K_x = (v_{mp}/z_p)^2$ 代替 K_v 进行判断,v_{zp} 为岩体纵波速度最大值,在具体工程中,要结合岩体结构、岩体应力状况分析应用,如软弱完整岩体应力高的情况下,测出的 v_{zp} 偏高,K_x 值偏小。若岩体极破碎,岩体应力又小的情况下,测出的 v_{zp} 偏低,K_x 值偏高。

围岩分类中声波测试方法,除采用钻孔法外,还可采用锤击法。锤击法受开挖影响较明显,测得波速比用钻孔法测得的偏低。在围岩分类中,必须考虑不同情况下测取波速的差异,而应分别采用不同的标准。

6. 动弹性模量的测试

动弹性模量是用弹性波法求得的,在无限介质条件下:

$$E_d = \rho v_p^2 \frac{(1+\mu)(1-2\mu)}{1-\mu} \quad \text{或} \quad E_d = \rho v_p^2 \frac{3v_p^2 - 4v_s^2}{2v_p^2 - v_s^2} \tag{14-19}$$

式中:v_s、v_p——横波、纵波的波速;

ρ——介质密度;

μ——泊松比。

在有限介质条件下:

(1) $\lambda \geq (5 \sim 10)d, l/d > 3$:

$$E_d = \rho v_b^2 \tag{14-20}$$

式中:v_b——细长杆的纵波波速;

λ——波长;

d——棒的直径;

l——棒的长度。

(2) $\lambda \leq 0.1l, \lambda > 10\delta$:

$$E_d = \rho v_e^2 (1 - \mu^2) \tag{14-21}$$

式中:v_e——板中的纵波波速;

λ——波长;

l——板的长度;

δ——板的厚度。

九、爆破振动监测

1. 量测目的

当隧道采用钻爆法开挖,邻近建(构)筑物和其他保护对象时,应进行爆破振动速度监测,并根据相应安全判据和允许标准,对爆破施工工艺提出改进建议。

2. 量测仪器

爆破测振仪及测振探头。

3. 测点布置

爆破振速监测点应根据现场实际情况,选择在需保护的建(构)筑物上离爆破点最近点或结构薄弱部位上。

测点埋设时,不应选择松软的浮土、盖板、有地下空洞的地方布点,在监测区域遇到上述地点,可以微调测点位置,以保证爆破监测数据的正常、真实有效。

传感器安装的准确性是数据可靠性的重要保障。现场安装时,应注意以下几点:

(1)每个测点一般布置 3 个测试方向,一般为建(构)筑物的主轴方向、垂直主轴水平方向、垂直地面方向。

(2)测振探头安装时,应使用水平尺及罗盘,进行调平及调方向,确保三维测量方向的准确性。

(3)传感器必须与被监测物可靠黏结,黏结剂可选择石膏粉、AB 胶,也可以选择以夹具或磁座方式,与被测物形成刚性连接。

(4)连接完成后,可轻拽线缆,确认线缆已接好。

(5)仪器进入信号等待状态后,轻轻用手指敲击传感器,观察仪器是否记录,确保传感器及仪器的可靠工作。

4. 爆破振速安全判据

爆破振速安全性判定按照《爆破安全规程》(GB 6722—2014)中有关规定,采用如下标准(表 14-18)。

爆破振动安全判据 表 14-18

序号	保护对象类别	安全允许质点振动速度(cm/s)		
		$f \leqslant 10Hz$	$10Hz < f \leqslant 50Hz$	$f > 50Hz$
1	土窑洞、土坯房、毛石房屋	0.15~0.45	0.45~0.9	0.9~1.5
2	一般民用建筑物	1.5~2.0	2.0~2.5	2.5~3.0
3	工业和商业建筑物	2.5~3.5	3.5~4.5	4.2~5.0
4	一般古建筑与古迹	0.1~0.2	0.2~0.3	0.3~0.5
5	运行中的水电站及发电厂中心控制设备	0.5~0.6	0.6~0.7	0.7~0.9
6	水工隧道	7~8	8~10	10~15
7	交通隧道	10~12	12~15	15~20

续上表

序号	保护对象类别	安全允许质点振动速度(cm/s)		
		$f \leq 10Hz$	$10Hz < f \leq 50Hz$	$f > 50Hz$
8	矿山巷道	15~18	18~25	20~30
9	永久性岩石高边坡	5~9	8~12	10~15
10	新浇大体积混凝土(C20): 龄期:初凝~3d 龄期:3~7d 龄期:7~28d	1.5~2.0 3.0~4.0 7.0~8.0	2.0~2.5 4.0~5.0 8.0~10.0	2.5~3.0 5.0~7.0 10.0~12

注:1. 爆破振动监测应同时测定质点振动相互垂直的三个分量。

2. 表中质点振动速度为三个分量中的最大值,振动频率为主振频率。

3. 频率范围根据现场实测波形确定或按如下数据选取:硐室爆破 f 小于 20Hz,露天孔深爆破 f 在 10~60Hz 之间,露天浅孔爆破 f 在 40~100Hz 之间,地下孔深爆破 f 在 30~100Hz 之间,地下浅孔爆破 f 在 60~300Hz 之间。

5. 爆破安全距离的确定

爆破振动安全允许距离,按照参考式(14-22)进行计算:

$$R = \left(\frac{K}{V}\right)^{1/\alpha} \cdot Q^{1/3} \qquad (14-22)$$

式中:R——爆破振动安全允许距离(m);

　　　Q——炸药量,齐发爆破为总药量,延时爆破为最大一段药量(kg);

　　　V——保护对象所在地质点振动安全允许速度(cm/s);

K、α——与爆破点至计算保护对象间的地形、地质条件有关的系数和衰减指数,通过现场试验确定;在无试验数据的条件下,可参考表 14-19 选取。

爆破区不同岩性的 K、α 值　　　　表 14-19

岩　性	K	α
软弱岩石	250~350	1.8~2.0
中硬岩石	150~250	1.5~1.8
坚硬岩石	50~150	1.3~1.5

第五节　量测数据处理及应用

一、量测数据的处理

1. 量测数据处理的目的

由于现场量测所得的原始数据,不可避免地具有一定的离散性,其中包含着测量误差甚至测试错误。不经过整理和数学处理的量测数据一时难以直接利用。数学处理的目的是：

(1)将同一量测断面的各种量测数据进行分析对比、相互印证,以确认量测结果的可靠性。

(2)探求围岩变形或支护系统的受力随时间变化规律、空间分布规律,判定围岩和支护系统稳定状态。

2. 量测数据处理的内容及方法

量测数据的整理应借助计算机进行管理。其主要内容包括：
(1)绘制位移、应力、应变随时间变化的曲线。
(2)绘制位移速率、应力速率、应变速率随时间变化的曲线。
(3)绘制位移、应力、应变随开挖面推进变化的曲线。
(4)绘制位移、应力、应变随围岩深度变化的曲线。
(5)绘制接触压力、支护结构应力在隧道横断面上的分布图。

由于量测误差所造成的离散性,按实测数据所绘制的位移等物理量随时间或空间变化的散点图上下波动,很不规则,难以用来分析。因此,需要采用数学处理的方法,将实测数据整理成实验曲线或经验公式。

回归分析是目前量测数据处理的主要方法,通过对量测数据回归分析可以预测最终值和各阶段的变化趋势。常用的回归曲线方程有以下几种：

(1)对数函数
$$u = A + B\ln(1+t) \tag{14-23}$$

$$u = \ln\frac{B+T}{B+t_0} \tag{14-24}$$

(2)指数函数
$$u = A e^{-\frac{B}{t}} \tag{14-25}$$

$$u = A(e^{-Bt_0} - e^{-BT}) \tag{14-26}$$

(3)双曲函数
$$u = \frac{t}{A+Bt} \tag{14-27}$$

$$u = A\left[\left(\frac{1}{1+Bt_0}\right)^2 - \left(\frac{1}{1+BT}\right)^2\right] \tag{14-28}$$

式中：u——位移值(mm)；
　A、B——回归系数；
　　t——量测时间(d)；
　t_0——测点初读数时距开挖时的时间(d)；
　T——量测时距开挖时的时间(d)。

3. 回归分析的方法与步骤

(1)在以时间为横坐标、位移为纵坐标的坐标系中,标出由量测值确定的各对应的实测点,即得所谓散点图,如图14-20所示。

(2) 根据实测点描绘出光滑的试验曲线。它一般不可能通过所有实测点，但应注意使曲线尽量接近所有实测点，并使实测点分布在试验曲线的两边，如图 14-20 所示。

(3) 根据所描绘的试验曲线形状选择回归函数。一般来说，位移时态曲线都是非线性的。在位移随时间渐趋稳定的情况下，可选择常用的对数函数、指数函数或双曲线函数。函数中的待定系数可以按量测数据，通过最小二乘法求得。

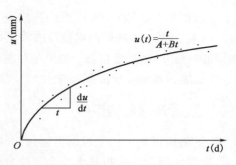

图 14-20 位移-时间曲线

设有一组实测数据：$t_1、t_2、t_3、\cdots、t_i、\cdots、t_n；u_1、u_2、u_3、\cdots、u_i、\cdots、u_n$。

选择双曲线函数 $u = t/(A + B)$ 作为回归函数，求 $A、B$ 值。由于上述函数是非线性的，通常都需先将其线性化。如将上式改写为：

$$\frac{1}{u} = \frac{A}{t} + B \tag{14-29}$$

令 $y = 1/u, x = 1/t$，则得：

$$y = Ax + B \tag{14-30}$$

则各试验点与它的偏差为：

$$d_i = Ax_i + B - y_i = \frac{A}{t_i} + B - \frac{1}{u_i} \tag{14-31}$$

根据最小二乘法原理，$A、B$ 应满足下面条件：

$$\sum_{i=1}^{n} d_i^2 = \sum_{i=1}^{n} (Ax_i + B - y_i)^2 = \min \tag{14-32}$$

为满足式 (14-32) 应有：

$$\frac{\partial (\sum_{i=1}^{n} d_i)}{\partial A} = \sum_{i=1}^{n} 2(Ax_i + B - y_i)x_i = 0 \tag{14-33}$$

$$\frac{\partial (\sum_{i=1}^{n} d_i)}{\partial B} = \sum_{i=1}^{n} 2(Ax_i + B - y_i)x_i = 0 \tag{14-34}$$

联立以上方程可得：

$$A = \frac{n\sum_{i=1}^{n} x_i y_i - \sum_{i=1}^{n} x_i \sum_{i=1}^{n} y_i}{n\sum_{i=1}^{n} x_i^2 - (\sum_{i=1}^{n} x_i)^2} \tag{14-35}$$

$$B = \frac{\sum_{i=1}^{n} x_i^2 y_i - \sum_{i=1}^{n} x_i \sum_{i=1}^{n} x_i y_i}{n\sum_{i=1}^{n} x_i^2 - (\sum_{i=1}^{n} x_i)^2} \tag{14-36}$$

将 $x_i = 1/t_i, y_i = 1/u_i$ 代入，即可求得 A, B，并可以按式 (14-37) 求得回归精度。

$$S = \frac{\sum_{i=1}^{n} (Ax_i + B - y_i)^2}{n - 2} \tag{14-37}$$

求得回归函数后,可以进一步修改原先所描绘的试验曲线。

(4)根据上述的回归函数可以预测最终的位移值($t=\infty$):$u_\infty=1/B$ 以及 du/dt,d^2u/d^2t,都是判断稳定性的重要指标。如果位移曲线始终保持 $d^2u/d^2t<0$ 说明位移速率不断下降,这是稳定的标准。若出现 $d^2u/d^2t \geq 0$,说明位移速率维持不变或不断增大,表明围岩进入危险状态。

二、量测数据的应用

量测所得到的信息目前可通过理论计算(反分析)和经验两种途径来实现反馈。用有限元、边界元等和反分析技术结合理论分析方法,计算结果可起到定性的作用。由于岩体结构的复杂性和多样性,在计算理论上做了近似和简化,另一方面理论计算的输入参数不易取得,理论计算分析还未达到定量标准。当前广泛采用经验方法来实现反馈。根据"经验"(包括调研及必要的理论分析)建立一套判断准则,然后根据量测结果(经过处理的)判断围岩稳定性及支护系统的可靠性,以便及时调整设计参数和进行施工决策。工程实际应用中通常以位移为基础进行控制判断。

1. 根据位移量测结果判断

(1)位移速率

①当位移速率大于 1mm/d 时,表明围岩处于急剧变形阶段,应密切关注围岩动态。

②当位移速率在 1~0.2mm/d 之间时,表明围岩处于缓慢变形阶段。

③当位移速率小于 0.2mm/d 时,表明围岩已达到基本稳定,可以进行二次衬砌作业。

(2)位移时态曲线

①当位移速率很快变小,时态曲线很快平缓,如图 14-21a)所示,表明围岩稳定性好,可适当减弱支护。

②当位移速率逐渐变小,即 $d^2u/d^2t<0$,时态曲线趋于平缓,如图 14-21b)所示,表明围岩变形趋于稳定,可正常施工。

③当位移速率不变,即 $d^2u/d^2t=0$,时态曲线直线上升,如图 14-21c)所示,表明围岩变形急剧增长,无稳定趋势,应及时加强支护,必要时暂停掘进。

④当位移速率逐步增大,即 $d^2u/d^2t>0$,时态曲线出现反弯点,如图 14-21d)所示,表明围岩已处于不稳定状态,应停止掘进,及时采取加固措施。

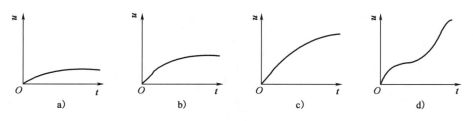

图 14-21 典型位移时态曲线

(3)位移量

将隧道设计的预留变形量作为极限位移值,根据实测的总位移量进行施工管理,见表 14-20。

位 移 管 理 等 级　　　　　　　　　　　　　　　　表 14-20

管理等级	管理位移(mm)	施工状态
Ⅲ	$U < (U_0/3)$	可正常施工
Ⅱ	$(U_0/3) \leq U \leq (2U_0/3)$	应加强支护
Ⅰ	$U > (2U_0/3)$	应采取特殊措施

注：U-实测位移值；U_0-设计极限位移值。

2. 根据选测项目量测结果判断

（1）围岩压力及初期支护与二次衬砌间接触压力

将量测压力先换算成结构内力，再按《公路隧道设计规范　第一册　土建工程》（JTG 3370.1—2018）规定的安全系数进行判定。

（2）钢架应力

可根据钢材的抗拉、抗压极限强度来判别型钢钢架的受力安全性。

（3）锚杆轴力

根据锚杆轴力换算锚杆应力，锚杆应力应小于钢材的屈服强度，HRB400 钢材的屈服强度为 400MPa。

（4）喷射混凝土内应力和模筑混凝土衬砌内应力

按《公路隧道设计规范　第一册　土建工程》（JTG 3370.1—2018）规定的安全系数进行判定。

第十五章 超前地质预报

第一节 概 述

隧道超前地质预报是一项复杂的系统性工作,是设计阶段地质勘察的补充和延伸,是保证隧道施工安全的重要环节和重要技术手段。其主要工作是在分析既有地质资料的基础上,采用地质调查、物探、超前地质钻探、超前导坑等手段,对隧道开挖工作面前方的工程地质与水文地质条件以及不良地质体的工程性质、位置、产状、规模等进行探测、分析、判释,并做出预报和提出技术建议。避免或减少由于地质不明所造成的工程事故以及由此带来的不必要的人力、物力、财力浪费。

一、超前地质预报的内容

超前地质预报的主要内容包括:
(1)地层岩性预报,包括对地层岩性、软弱夹层、破碎地层、煤层及特殊岩土体等的预测预报。
(2)地质构造预报,包括对断层、节理密集带、褶皱等影响岩体完整性的构造等的预测预报。
(3)不良地质条件预报,包括对岩溶、采空区、人工洞室、瓦斯等的预测预报。
(4)地下水状况预报,特别是对岩溶管道水及断层、裂隙水等发育情况进行预测预报。
(5)对围岩级别变化的判断。

二、超前地质预报要求

(1)应将超前地质预报列为隧道施工的必要工序。
(2)应根据前期获得的地质资料,确定重点预报地段、预报方法和技术要求,并根据预报实施中掌握的地质情况及时调整。
(3)采用地质调查与勘探相结合、物探与钻探相结合、长距离与短距离相结合、地面与地下相结合、超前导坑与主洞探测相结合的方法,并对各种方法预报结果综合分析,相互验证,提高预报准确性。
(4)隧道为平行双洞隧道或设有平行导坑时,应充分利用先行超前隧道进行后行隧道的超前地质预报工作。

第二节　超前地质预报方法

超前地质预报方法有:地质调查法、超前钻探法、物探法和超前导坑预报法。隧道超前地质预报实施前,根据隧道工程地质与水文地质条件、隧道地质复杂程度,对隧道进行分段,针对不同地质情况,选择不同的方法和手段。

一、地质调查法

地质调查法是根据隧道已有勘察资料,利用地质罗盘、地质锤、放大镜、数码相机或摄像机等工具,通过踏勘、现场调查,开展地表补充地质调查和隧道内地质素描,经过地层层序对比、地层分界线及构造线在地下和地表相关性分析、断层要素与隧道几何参数的相关性分析、临近隧道内不良地质体的前兆分析等,推测开挖掌子面前方可能揭示的地质情况的一种超前地质预报方法。

1. 隧道地表补充地质调查

(1)对已有地质勘察成果的熟悉、核查和确认。
(2)地层、岩性在隧道地表的出露及接触关系,特别是对标志层的熟悉和确认。
(3)断层、褶皱、节理密集带等地质构造在隧道地表的出露位置、规模、性质及其产状变化情况。
(4)地表岩溶发育位置、规模及分布规律。
(5)煤层、石膏、膨胀岩、含石油天然气、含放射性物质等特殊地层在地表的出露位置、宽度及其产状变化情况。
(6)人为坑洞位置、走向、高程等,分析其与隧道等空间关系。
(7)根据隧道地表补充地质调查结果,结合设计文件、资料和图纸,核实和修正超前地质预报重点区段。

2. 隧道内地质素描

隧道内地质素描是将隧道所揭露的地层岩性、地质构造、结构面产状、地下水出露点位置及出水量、煤层、溶洞等准确记录下来并绘制成图表,隧道内地质素描包括以下主要内容:
1)工程地质
(1)地层岩性:描述地层时代、岩性、层间结合度、风化程度等。
(2)地质构造:描述褶皱、断层、节理裂隙特征、岩层产状等,断层的位置、产状、性质、破碎带的宽度、物质成分、含水情况以及与隧道的关系,节理裂隙的组数、产状、间距、充填物、延伸长度、张开度及节理面特征、力学性质,分析组合特征、判断岩体完整程度。
(3)岩溶:描述岩溶规模、形态、位置、所属地层和构造部位,充填物成分、状态,以及岩溶展布的空间关系。
(4)特殊地层:煤层、沥青层、含膏盐层和含黄铁矿层等应单独描述。
(5)人为坑洞:影响范围内的各种坑道和洞穴的分布位置及其与隧道的空间关系。

（6）地应力：包括高地应力显示性标志及其发生部位，如岩爆、软弱夹层挤出、探孔饼状岩芯等现象。

（7）塌方：应记录塌方部位、方式、规模及其随时间的变化特征，并分析产生塌方的地质原因及其对继续掘进的影响。

（8）有害气体及放射性危害源的存在情况。

2）水文地质

（1）地下水的分布、出露形态及围岩的透水性、水量、水压、水温、颜色、泥沙含量测定，以及地下水活动对围岩稳定的影响，必要时进行长期观测。地下水的出露形态分为：渗水、滴水、滴水成线、股水（涌水）、暗河。

（2）水质分析，判定地下水对结构材料的腐蚀性。

（3）出水点和地层岩性、地质构造、岩溶、暗河等的关系分析。

（4）必要时进行地表相关气象、水文观测，判断洞内涌水与地表径流、降雨的关系。

（5）必要时应建立涌突水点地质档案。

3）围岩稳定性特征及支护情况

记录不同工程地质、水文地质条件下隧道围岩稳定性、支护方式以及初期支护后的变化情况。发生围岩失稳或变形较大的地段，详细分析、描述围岩失稳或变形发生的原因、过程、结果等。

4）围岩分级

核查和确认隧道围岩分级。

5）影像

隧道内重要的和具代表性的地质现象应进行拍照和录像。

3. 地质调查法工作要求

（1）隧道地表补充地质调查应在洞内超前地质预报前进行，并在洞内超前地质预报实施过程中根据需要随时补充，做好现场记录，并及时整理。

（2）地质素描图应采用现场绘制草图、室内及时誊清的方式完成，实时记录现场实际揭露情况。地质素描原始记录、图、表应及时整理。

（3）隧道地表补充地质调查和洞内地质素描资料应及时补充绘制在隧道工程地质平面图和纵断面图上。

（4）采集的标本应及时整理。

二、超前钻探法

超前地质钻探是利用钻机在隧道开挖工作面进行水平钻探获取开挖前方地质信息的一种超前地质预报方法。在富水软弱断层破碎带、富水岩溶发育区、煤层瓦斯发育区、重大物探异常区等地质条件复杂地段必须采用。超前地质钻探主要采用冲击钻和回转取芯钻，为提高预报准确率和钻探速度、减少占用开挖工作面的时间，通常两者交替使用。

冲击钻：不能取芯样，可通过冲击器的响声、钻速变化、岩粉及颜色、钻杆振动、冲洗液流失变化等粗略探明岩性、岩石强度、岩体完整程度、溶洞、暗河及地下水发育情况等。由于钻进速度快、耗时少，一般情况下多采用冲击钻。

回转取芯钻：可取芯样，鉴定准确可靠，地层变化里程可准确确定。由于钻进速度慢、耗时多，一般只在特殊地层、特殊目的地段使用。如煤系地层、溶洞及断层破碎带物质成分的鉴定、岩土强度试验取芯等。

超前钻探法主要是利用专门钻机进行超前地质钻探，也可采用局部加深炮孔进行探测。

1. 超前地质钻探钻孔要求

1）孔数

（1）断层、节理密集带或其他破碎富水地层应布设 1~3 个孔。

（2）富水岩溶发育区每循环宜钻 3~5 个孔，揭示岩溶时，应适当增加，以满足安全施工和溶洞处理所需资料为原则。

（3）煤层瓦斯地层，先在距煤层 15~20m（垂距）的开挖工作面钻 1 个超前钻孔，初步探明煤层位置，在距初探煤层位置 10m（垂距）开挖工作面，钻 3 个以上超前钻孔。

2）孔深

（1）不同地段不同目的钻孔应采用不同的钻孔深度。

（2）钻探过程中应进行动态控制和管理，根据钻孔情况可适时调整钻孔深度，以达到预报目的为原则；煤层瓦斯超前钻孔深度应根据探测煤层情况确定。

（3）在需连续钻探时，前后两循环钻孔应重叠 5~10m。

3）孔径

钻孔直径应满足钻探取芯、取样和孔内测试的要求。

4）钻孔布置

钻孔起孔位置一般位于开挖面中下部。多个钻孔时，可在开挖面下部两侧和拱部位置。两侧和拱部钻孔的终孔位置一般需位于隧道开挖轮廓线以外，富水岩溶发育区超前钻探应终孔于隧道开挖轮廓线以外 5~8m。

2. 加深炮孔探测钻孔要求

加深炮孔探测是利用局部炮孔加深凿孔过程获取地质信息的一种方法。

（1）探测炮孔孔深较设计爆破孔（或爆破循环进尺）深 3m 以上。

（2）孔数、孔位应根据开挖断面大小和地质复杂程度确定。

（3）钻到溶洞和岩溶水及其他不良地质时，应视情况采用超前地质钻探和其他探测手段继续探测。

3. 超前地质钻探技术要求

（1）实施超前地质钻探的人员应经技术培训和考核，经考核合格后方可上岗。

（2）钻探前地质技术人员应进行技术、质量交底。

（3）钻探过程中应有专业地质工程师跟班。

（4）应做好钻探记录，包括钻孔位置、开孔时间、终孔时间、孔探、钻进压力、钻进速度随钻孔深度变化等。

（5）及时鉴定岩芯、岩粉，判定岩石名称，对于断层带、溶洞填充物、煤层、代表性岩土等应拍摄照片备查,并选择代表性岩芯整理保存。

(6)在富水地段进行超前钻探时必须采取防突措施,并测定水压。

(7)应编制探测报告,内容包括工作概况、钻孔探测结果、钻孔柱状图,必要时应附钻孔布置图、代表性岩芯照片等。

三、物探法

物探法包括弹性波反射法、电磁波反射法(地质雷达探测)、瞬变电磁法、高分辨率直流电法、红外探测等。其中弹性波反射法是利用人工激发的地震波、声波在不均匀地质体中所产生的反射波特性来预报隧道开挖工作面前方地质情况的一种物探方法,它包括地震波反射法、水平声波剖面法、负视速度法和极小偏移距高频反射连续剖面法(简称"陆地声呐法")等方法,目前最常用的为地震波反射法。

1. 地震波反射法

1)探测原理

地震波反射法是通过小药量爆破所产生的地震波信号在隧道开挖工作面前方不同岩层中以球面波的形式、以不同的速度传播,在地质界面处被反射,并被高精度的接收器接收。通过后处理软件得到各种围岩构造界面、地层界面与隧道轴线相交所呈现的角度及与掌子面的距离,并可初步测定岩石的弹性模量、密度、动泊松比等参数以供参考。进一步分析隧道前方围岩性质、节理裂隙密集带分布、软弱岩层及含水状况等。此方法适用于划分地层界线、查找地质构造、探测不良地质体的厚度和范围。地震波反射法探测原理见图15-1。

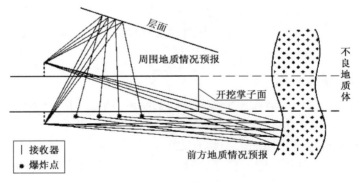

图15-1 隧道地震波法(TSP)预测原理示意图

2)探测仪器

隧道地震波反射法通常采用TGP或TSP隧道超前地质预报系统,其由主机、检波器(探头)、信号线及后处理软件组成。

3)探测方法

(1)观测系统的设计

根据隧道施工情况及地质条件,确定检波器(探头)和炮点在隧道左右边墙的位置,接收器和炮点位置应在同一高度。

(2)现场标志

在隧道现场,根据设计的观测系统,确定所有接收点和炮点的位置,并做出相应的标志。

(3)钻孔

①应按设计要求钻孔(位置、孔深、孔径、倾角等)。

②一般情况下,钻孔位置不应偏离设定的位置;特殊情况下,以设定的位置为圆心,可在半径0.2m的范围内移位。

③孔身应平直顺畅,能确保耦合剂、套管或炸药放置到位。

④在不稳定的岩层中钻孔时,采用外径与孔径相匹配的薄壁塑料管或PVC管插入钻孔,防止塌孔。

(4)安装套管

用环氧树脂、锚固剂或加特殊成分的不收缩水泥砂浆作为耦合剂,安装接收器套管。

(5)填装炸药

①用装药炮杆将炸药卷装入炮孔底部。

②在激发前,炮孔应用水或其他介质填充,封住炮孔,确保激发能量绝大部分在地层中传播。

(6)仪器安装与测试

①用清洁杆清洗套管内部。

②将检波器(探头)插入套管,并应确保接收器的方向正确。

③采集信号前应对接收器和记录单元的噪声进行测试。

(7)数据采集

①设置采集参数:采集参数主要包括采样间隔、时窗长度、采集数、传感器分量(应为X、Y、Z三分量接收)以及接收器数量等,按实际情况进行设定。

②背景噪声检查:背景噪声过大会影响采集数据的准确性。因此数据采集前,应进行背景噪声检查,采取压制干扰的措施,尽可能减少仪器本身及环境产生的背景噪声干扰。

③数据记录:放炮时,准确记录隧道内炮点号,在放炮过程中采用炮序号递增或递减的方式进行,确保炮点号与采集数据一一对应。

(8)质量控制

在每炮记录后,应显示所记录的地震道,通过检查显示地震道的特征,据此对记录的质量进行控制。

①用直达波的传播时间来检查放炮点的位置是否正确,以及使用的雷管是否合适。

②根据信号强度,检查信号是否过强或过弱,若直达波信号过强或过弱,应将炸药适当减少或增加。

③根据初至波信号的特性,对信号波形进行质量控制,若初至后出现鸣震,表明接收器单元没有与围岩很好耦合或可能由于套管内严重污染造成,这时,应清洁套管和重新插入接收器单元,直至信号改善为止。

④根据每炮记录特征,了解存在的噪声干扰,必要时应切断干扰源,同时检查封堵炮孔的效果。

⑤对记录出现:X、Y、Z三分量接收器接收存在某一分量不工作或工作不正常;初至波时

间不准或无法分辨；信噪比低，干扰波严重影响到预报范围的反射波；记录序号（放炮序号）与炮孔号对应关系错误的地震道时，应重新装炸药补炮，接收和记录对应的地震道信号。

4）数据分析与解释

（1）准确输入现场采集参数，包括隧道、接收器和炮点的几何参数等。

（2）剔除不合格的地震道，只有合格的才能参与处理。

（3）根据预报长度选择恰当的时间窗口；带通滤波参数合理，避免波形发生畸变；提取的反射波，应确保其强度足够；速度分析时，建立与预报距离相适应的模型；反射层提取时，根据地质情况和分辨率选择提取反射层的数目。

（4）数据解释应结合隧道地质勘察资料、设计资料、施工地质资料、反射波成果分析显示图及岩体物理力学参数等进行。综合上述成果资料，推断隧道开挖掌子面前方围岩的工程地质与水文地质条件，如软弱夹层、断层破碎带、节理密集带等地质体的基本状况、规模和位置等。结合岩体物理力学参数、围岩软硬、含水情况、构造影响程度、节理裂隙发育情况等资料，参照有关规范可对围岩级别进行判定和评估。

5）预报距离

地震波反射法连续预报时前后两次预报距离宜重叠10m以上。预报距离应符合下列要求：

（1）在软弱破碎地层或岩溶发育区，每次预报距离宜为100m左右，不宜超过150m。

（2）在岩体完整的硬质岩地层每次预报距离宜为150~180m，不宜超过200m。

（3）水平声波剖面法可中距离预报断层破碎带、洞穴、采空区等。软弱破碎地层或岩溶发育区的有效探测距离宜取20~50m，不宜超过70m；岩体完整的硬岩地层有效探测距离宜取50~70m，不宜超过100m。

（4）隧道位于曲线上时，应根据曲线半径大小，按上述原则合理确定预报距离。

2. 电磁波反射法

1）探测原理

电磁波反射法超前地质预报主要采用地质雷达法（Ground Penetrating Radar，GPR）。地质雷达法探测是利用电磁波在隧道开挖工作面前方岩体中的传播及反射，根据传播速度、反射走时和波形特征进行超前地质预报的一种物探方法。地质雷达法用于探测浅部地层、岩溶、空洞、不均匀体，具有快速、无损伤、可连续可单点方式探测、实时显示等特点。

2）探测仪器

地质雷达探测系统由发射单元、接收单元、天线、主控器、专用笔记本电脑、信号线、数据采集软件、后处理软件等组成。

3）探测方法

（1）通过试验选择雷达天线的工作频率，确定相对介电常数。当探测对象情况复杂时，应选择两种及以上不同频率的天线。当多个频率的天线均能符合探测深度要求时，应选择频率相对较高的天线。

（2）测网密度、天线间距和天线移动速度应反映出探测对象的异常，测线宜采用十字或网格形式布设。

（3）选择合适的时间窗口和采样间隔，并根据数据采集中的干扰变化和效果及时调整探测工作布局或工作参数。

（4）掌子面超前地质预报常采用单点探测方式,同时可结合连续探测方式进行比对。

（5）探测区内不应有较强的电磁波干扰,现场测试时应清除或避开探测区附近的金属物等电磁干扰物;当不能清除或避开时应在记录中注明,并标出位置。

（6）支撑天线的器材应选用绝缘材料,天线操作员应与工作天线保持相对固定的位置。

（7）测线上天线经过的表面应相对平整,无障碍,且天线易于移动;测试过程中,应保持工作天线的平面与探测面基本平行,距离相对一致。

（8）现场记录应注明观测到的不良地质体与地下水体的位置与规模等。

（9）重点异常区应重复探测,重复性较差时应查明原因。

（10）质量控制检查时重复探测的记录与原探测记录应具有良好的重复性,波形一致,没有明显的位移。

4）数据分析与解释

（1）参与数据分析与解释的雷达剖面应清晰。

（2）数据分析包括编辑、滤波、增益等处理。情况较复杂时,还宜进行 FK 滤波、正常时差校正、褶积、速度分析、消除背景干扰等处理。

（3）数据解释应结合地质情况、电性特征、探测体的性质和几何特征综合分析。必要时应考虑影响相对介电常数的各种因素,制作雷达探测的正演和反演模型。

5）预报距离

地质雷达工作天线频率越低,波长越大,能量衰减越慢,预报距离就越大,但相应的分辨率会降低。此外预报距离还取决于介质的衰减系数、接收器的信噪比和灵敏度、发射器发射功率、系统总增益、目标的反射系数、几何形状及其产状等。因此地质雷达法在一般地段预报距离宜控制在 30m 以内,在岩溶发育地段的有效预报长度则应根据雷达波形判定。连续预报时前后两次重叠长度宜在 5m 以上。

3. 高分辨直流电法

1）探测原理

高分辨直流电法是以岩石的电性差异（电阻率差异）为基础,电流通过布置在隧道内的供电电极时,在围岩中建立起全空间稳定电场,通过研究地下电场的分布规律,并根据视电阻率分布图预报开挖工作面前方储水、导水构造分布和发育情况的一种直流电法探测技术。现场采集数据时必须布置三个以上的发射电极,进行空间交汇,区分各种影响,并压制不需要的信号,突出隧道前方地质异常体的信号,该方法也称为"三极空间交汇探测法"。

高分辨直流电法适用于探测地层中存在的地下水体位置及定性判断含水量,如断层破碎带、溶洞、溶隙、暗河等地质体中的地下水。

2）探测仪器

高分辨率直流电法探测系统由主机、电极、多道电极转换器、多芯电缆、发射电源、数据采集软件、后处理软件等组成。

3）探测要求

（1）发射、接收电极应布置在同一直线上。

(2)发射、接收电极接地良好。
(3)发射、接收电极间距应测量准确。
(4)数据重复测量应具有良好的重复性,否则应检测电极和电源是否正常、工频干扰是否过大等。

4)数据处理与解释
(1)数据处理应采用增强有效信号、压制干扰信号等手段,使视电阻率等值线图能够清晰成像。
(2)数据解释时地质异常体(储、导水构造)判断标准应以现场多次采集分析验证的数据为依据,同时总结规律,找出隧址区异常标准值。

5)预报距离
高分辨率直流电法有效预报距离不宜超过80m,连续探测时宜重叠10m以上。

4. 瞬变电磁法

1)探测原理
瞬变电磁法(Transient Electromagnetic Method,TEM)是一种时间域的电磁探测方法,瞬变电磁法超前地质预报探测原理是在隧道掌子面布设一定波形电流的发射线圈,向掌子面前方发射一次脉冲磁场,并在掌子面前方低阻异常带产生感应电流;在一次脉冲磁场间断期间,感应电流不会立即消失,在其周围空间形成随时间衰减的二次磁场;通过掌子面接收线圈接收二次磁场的变化,就可以判断前方低阻异常带电性要素,并推断出前方地质异常体位置和规模,进而推断围岩破碎、含水、地质构造等情况。总体而言,前方地质体的导电性越好,二次磁场(瞬变场)的强度就越大且热损耗就越小,故衰减越慢,延迟时间越长。

2)探测仪器
瞬变电磁法探测系统由发送机、接收机、放大器、发送线圈(回线)、接收探头(回线)、发送机电源、接收机电源、系统采集软件和后处理软件等组成。

3)探测要求
(1)探测时间:应选择在爆破及出渣完成之后将开挖台车、喷浆机等金属物体向掌子面后移至20m以外进行,且避免电磁场信号干扰。
(2)测线布置:应在隧道掌子面底板位置沿隧道环向平行于掌子面布置测线测点,线框主要按直立、恰当的仰角和俯角沿测线进行探测。
(3)数据重复测量应具有良好的重复性,否则应检查线框和仪器电源是否正常、工频干扰是否过大等。
(4)应做好探测测线、探测方向等原始记录,并绘制各测线的多测道剖面图和视电阻率剖面图。

4)数据处理与解释
完成现场数据采集后,对探测测线及探测方向进行整理,通过专用后处理软件打开原始数据后先进行有效性分析,然后进行预处理,包括时间道设置和滤波处理,再计算视电阻率,绘制各测线的多测道剖面图和视电阻率剖面图,结合现有地质资料进行定量或定性解释。一般情况下,视电阻率较高,曲线比较规则,表明围岩完整性较好,含水率低;视电阻率较低,曲线不规则,变化较大,表明围岩完整性较差,含水率高。

5)预报距离

瞬变电磁法每次有效预报距离宜为100m左右,且由于采用该方法进行探测时会存在20m以上的盲区,因此连续探测时宜重叠30m以上。

5. 红外探测法

1)探测原理

红外探测是根据红外辐射原理,即一切物质都在向外辐射红外电磁波的原理,通过接收和分析红外辐射信号,探测局部地温异常现象,判断地下脉状流、脉状含水带、隐伏含水体等所在的位置进行超前地质预报的一种物探方法。红外探测适用于定性判断探测点前方有无水体存在及其方位,不能定量给出水量大小等数据。

2)探测仪器

采用专用的红外探水仪。

3)探测要求

(1)探测时间:应选择在爆破及出渣完成之后进行。

(2)测线布置:需在拱顶、拱腰、边墙、隧底位置沿隧道轴向布置测线、测点。

(3)做好数据记录,并绘制红外探测曲线图。

(4)以下情况下所采集的探测数据无效:

①仪器已显示电池电压不足,未更换电池而继续采集的数据。

②开挖掌子面炮眼、超前探孔等钻进过程中采集的数据。

③喷锚作业后水泥水化热影响明显的部位所采集的数据。

④爆破作业后测线范围内温差明显时所采集的数据。

⑤测线范围内存在高能热源场(如电动空压机等)时所采集的数据。

4)数据处理与解释

(1)先认真检查探测数据的可靠性。

(2)根据探测数据绘制探测曲线。

(3)分析解释时应先确定正常场,再确定异常场,由异常场判定地下水的存在,再结合现场的工程地质和水文地质条件分析与判定。

(4)在分析单条曲线的同时,还应对所有探测曲线进行对比,比如两边墙探测曲线的对比、顶底探测曲线的对比,依此确定隐蔽水体或含水构造相对隧道的所在空间位置。

(5)沿隧道轴向的红外探测曲线与和开挖掌子面红外探测的数据最大差值,两者应结合分析,在实践中不断总结经验,做出符合实际的分析判断。

(6)通过探测与施工开挖验证,总结出正常场的特点,以提高对异常场的分辨准确率。

5)预报距离

红外探测法有效预报距离宜在30m以内,连续预报时前后两次重叠长度宜在5m以上。

四、超前导坑预报法

超前导坑预报法是将超前导坑中揭示的地质情况,通过地质理论和作图法预报正洞地质条件的方法。超前导坑预报法可分为平行超前导坑法和正洞超前导坑法。线间距较小的隧道可互为平行导坑,以先行开挖的隧道预报后开挖的隧道地质条件。根据超前导坑揭露的地质情况推测隧道未开挖地段地质条件,预报内容主要包括:

(1)地层岩性、地质构造的分布位置及范围等。

(2)岩溶的发育分布位置、规模、形态、充填情况及其展布情况。

(3)采空区及废弃矿巷与隧道的空间关系。

(4)有害气体及放射性危害源的分布层位。

(5)涌泥、突水及高地应力现象出现的隧道里程段。

(6)其他可以预报的内容。

根据分析预报结果,按1:100~1:500比例绘制超前导坑地质与隧道地质关系平面简图、导坑工程地质纵断面图,以及1:100~1:200地质横断面图。

五、综合超前地质预报法

对于断层、岩溶、煤层瓦斯等各种不良地质条件,宜综合运用上述两种或两种以上方法进行预报,综合分析,以达到长短结合、取长补短、相互印证、提高预报准确性的目的。

第三节　不良地质体的预报

对于不同的不良地质条件,应采取不同的超前地质预报方法,并提供相应的预报内容,以达到预报的目的。

一、断层预报

1. 断层出现前兆标志

断层出现前兆标志一般有:节理组数急剧增加;岩层牵引褶皱出现;岩石的强度明显降低;压碎岩、碎裂岩、断层角砾岩等出现;临近富水断层前断层下盘泥岩、页岩等隔水岩层明显湿化、软化,或出现淋水和其他涌突水现象。

2. 预报方法

断层预报应探明断层的主要性质、产状、富水情况、在隧道中的分布位置、断层破碎带的规模、物质组成等,并分析其对隧道的危害程度。断层预报应以地质调查法为基础,以弹性波反射法和地质雷达法探测为主,必要时采用高分辨率直流电法、瞬变电磁法、红外探测法探测断层带地下水的发育情况及超前钻探法验证。

断层预报可按以下步骤进行:

(1)根据区域地质资料、工程地质平面图与纵断面图以及必要的补充地质调查,采用隧道内地质素描、断层趋势分析等手段进一步核实断层的性质、产状、位置与规模等。

(2)采用弹性波反射法确定断层在隧道内的大致位置和宽度。

(3)必要时采用高分辨直流电法、瞬变电磁法、红外探测法探测断层带地下水的发育情况。

(4)必要时采用超前钻探预报断层的确切位置和规模、破碎带的物质组成及地下水的发育情况等。

二、岩溶预报

1. 大型岩溶出现前兆标志

大型岩溶出现前兆标志一般有：裂隙、溶隙间出现较多的铁染锈或黏土；岩层明显湿化、软化，或出现淋水现象；小溶洞出现的频率增加，且多有水流、河砂或水流痕迹；钻孔中的涌水量剧增，且夹有泥沙或小砾石；有哗哗的流水声；钻孔中有凉风冒出。

2. 预报方法

岩溶预报应探明岩溶在隧道内的分布位置、规模、充填情况及岩溶水的发育情况，分析其对隧道的危害程度。岩溶预报应以地质调查法为基础，以超前钻探法为主，结合多种物探手段进行综合超前地质预报。

岩溶预报可按以下步骤进行：

(1) 通过分析隧址区岩溶发育的规律，以指导超前地质预报工作。

(2) 根据隧道内地质素描结果，验证、调整地质复杂程度分级和超前地质预报方案。

(3) 根据岩溶发育条件，可采用弹性波反射法进行长、中长距离探测，以探明断层等结构面和规模较大、可足以被探测的岩溶形态；采用高分辨率直流电法、红外探测进行中长、短距离探测，可定性探测岩溶水；采用地质雷达进行短距离探测，以查明岩溶位置、规模和形态。

(4) 根据地质复杂程度分级、隧道内地质素描、物探异常带进行超前地质钻探预报和验证，对富水岩溶发育地段，超前地质钻探必须连续重叠式进行；超前钻探揭示岩溶后，应适当加密，必要时采用地质雷达及其他物探手段进行短距离的精细探测，配合钻探查清岩溶规模及发育特征。

三、煤层瓦斯预报

1. 煤层瓦斯出现前兆标志

煤层瓦斯出现的前兆标志一般是：开挖掌子面地层压力增大，鼓壁、深部岩层或煤层的破裂声明显、响煤炮，掉渣，支护严重变形；瓦斯浓度突然增大或忽高忽低，掌子面温度降低，憋闷，有异味等；煤层结构变化明显，层理紊乱，由硬变软，厚度与倾角发生变化，煤由湿变干，光泽暗淡，煤层顶、底板出现断裂、波状起伏等；钻孔时有顶钻、夹钻、顶水、喷孔等动力现象；掌子面发出瓦斯强涌出的嘶嘶声，同时带有粉尘；掌子面有移动感。

2. 预报方法

煤层瓦斯预报应探明煤层分布位置、煤层厚度，测定瓦斯含量、瓦斯压力、涌出量、瓦斯放散初速度、煤的坚固性系数等，判定煤的破坏类型，分析判断煤的自燃及煤尘爆炸性、煤与瓦斯突出危险性，评价隧道瓦斯严重程度及对工程的影响，提出技术措施和建议等。煤层瓦斯预报应以地质调查法为基础，以超前钻探法为主，结合多种物探手段进行综合超前地质预报。采用仪器设备必须符合以下要求：

(1) 瓦斯地层中的钻探须使用专用防爆钻机。

(2)瓦斯隧道中的物探仪器须为防爆仪器,非防爆仪器应在充分保障探测工作环境安全的前提下经过建设管理部门特许批准使用。

煤层瓦斯预报可按以下步骤进行:

(1)根据区域地质资料、工程地质勘查报告、工程地质平面图与纵断面图、煤层地表钻探资料和必要的补充地质调查,通过地质作图进一步核实煤层的位置与厚度等。

(2)采用物探法确定煤层在隧道内的大致位置和厚度。

(3)采用洞内地质素描,利用地层层序、地层厚度、标志层和岩层产状等,通过作图分析确定煤层的里程位置。

(4)接近煤层前,必须对煤层位置进行超前钻探,标定各煤层准确位置,掌握其赋存情况及瓦斯状况,要求如下:

①应在距煤层20m(垂距)处的开挖掌子面上钻1个超前钻孔,初探煤层位置;

②应在距初探煤层位置10m(垂距)处的开挖掌子面上钻3个超前钻孔,分别探测开挖掌子面前方上部及左右部位的煤层位置,并采取煤样和气样进行物理、化学分析和煤层瓦斯参数测定,在现场进行瓦斯及天然气含量、涌出量、压力等测试工作;按各孔见煤、出煤点计算煤层厚度、倾角、走向及与隧道的关系,并分析煤层顶、底板岩性;掌握并收集钻孔过程中的瓦斯动力现象。

(5)穿越煤层前应进行瓦斯突出危险性预测,并应符合以下规定:

①根据围岩强度和预计瓦斯压力确定掌子面距突出煤层的安全距离,在煤层垂距不小于安全距离处的开挖掌子面进行瓦斯突出危险性预测;

②开挖工作面瓦斯突出危险性预测应采用瓦斯压力法或瓦斯含量法作为主要预测方法,并至少选取钻屑指标法或钻孔瓦斯涌出初速度法进行验证。其中有任何一项指标超过临界值表,该开挖掌子面即为有突出危险掌子面;其预测时的临界指标应根据实测数据确定,当无实测数据时,可参照表15-1中所列出的危险性临界值。钻孔过程中出现顶钻、夹钻、喷孔等动力现象时,应视开挖掌子面为突出危险掌子面。

突出危险性预测指标临界值　　　　表15-1

预测指标	瓦斯压力 (kPa)	吨煤瓦斯含量 (m^3/t)	钻屑瓦斯解吸指标		钻孔瓦斯涌出初速度 (L/min)
			Δh_2(Pa)	K_1[mL/(g·$min^{1/2}$)]	
临界值	0.74	8	干煤样:200 湿煤样:160	干煤样:0.5 湿煤样:0.4	5

第十六章

隧道施工环境检测

第一节 概 述

公路隧道在施工中带来强烈的噪声、冲击、振动、大气污染、弃渣污染,并对施工人员的身体产生危害。因此,在隧道的施工阶段必须采取相应的措施,降低施工过程给环境和人员带来的不利影响,并加强施工环境检测。隧道施工环境检测的主要任务是监测隧道施工过程中隧道内的粉尘、有害气体及核辐射。

一、隧道施工作业环境监测的目的

《公路隧道施工技术规范》(JTG/T 3660—2020)主要对施工隧道中空气中的氧气含量、粉尘浓度、有害气体、噪声、温度等指标的允许值做出了明确规定。因此,隧道施工作业环境监测目的主要是监测隧道施工环境是否达到了规定的标准,以评价作业环境,修正通风方案。

二、隧道施工作业环境监测的主要内容

根据《公路隧道施工技术规范》(JTG/T 3660—2020)规定,一般隧道施工,主要监测粉尘浓度、一氧化碳浓度、硫化氢浓度、氡气浓度、洞内温度;瓦斯隧道施工,重点监测瓦斯浓度;放射性地层隧道施工,重点监测核辐射。

第二节 粉尘浓度测定

一、隧道施工作业环境粉尘浓度应符合的卫生及安全标准

山岭公路隧道所穿过的地层地质条件千变万化,施工中产生的粉尘危害性很大。一般的粉尘能引起职业病,危害施工人员的身体健康,特殊情况下在煤层内掘进时产生的煤尘还有爆炸危险,严重威胁着隧道的施工安全。因此,必须重视粉尘检测与防治工作,改善劳动条件,确保施工安全。

我国《公路隧道施工技术规范》(JTG/T 3660—2020)规定,隧道施工场所空气中各类粉尘容许浓度见表16-1。

工作场所空气中粉尘容许浓度(单位:mg/m³) 表 16-1

名　　称	PC-TWA		临界不良健康效应
	总粉尘	呼吸性粉尘	
白云石粉尘	8	4	尘肺病
沉淀 SiO_2(白炭黑)	5	—	上呼吸道及皮肤刺激
大理石粉尘(碳酸钙)	8	4	眼、皮肤刺激;尘肺病
电焊烟尘	4	—	电焊工尘肺
沸石粉尘	5	—	尘肺病,肺癌
硅灰石粉尘	5	—	—
硅藻土粉尘(游离 SiO_2 含量<10%)	6	—	尘肺病
滑石粉尘(游离 SiO_2 含量<10%)	3	1	滑石尘肺
煤尘(游离 SiO_2 含量<10%)	4	2.5	煤工尘肺
膨润土粉尘	6	—	鼻、喉、肺、眼刺激;支气管哮喘
石膏粉尘	8	4	上呼吸道、眼和皮肤刺激;肺炎等
石灰石粉尘	8	4	眼、皮肤刺激;尘肺
石墨粉尘	4	2	石墨尘肺
水泥粉尘(游离 SiO_2 含量<10%)	4	1.5	水泥尘肺
炭黑粉尘	4	—	炭黑尘肺
矽尘　10%≤游离 SiO_2 含量≤50%	1	0.7	矽肺
矽尘　50%<游离 SiO_2 含量≤80%	0.7	0.3	矽肺
矽尘　游离 SiO_2 含量>80%	0.5	0.2	矽肺
稀土粉尘(游离 SiO_2 含量<10%)	2.5	—	稀土尘肺;皮肤刺激
萤石混合性粉尘	1	0.7	矽肺
云母粉尘	2	1.5	云母尘肺
珍珠岩粉尘	8	4	眼、皮肤、上呼吸道刺激
蛭石粉尘	3	—	眼、上呼吸道刺激
重晶石粉尘	5	—	眼刺激;尘肺
其他粉尘	8		

注:1. 表中的其他粉尘指游离 SiO_2 低于10%,不含石棉和有毒物质,而尚未制定容许浓度的粉尘。
  2. 表中列出的各种粉尘,凡游离 SiO_2 高于10%者,均按矽尘容许浓度对待。
  3. PC-TWA:时间加权平均容许浓度,以时间为权数规定的8h工作日、40h工作周的平均容许接触浓度。
  4. 总粉尘:可进入整个呼吸道(鼻、咽和喉、胸腔支气管、细支气管和肺泡)的粉尘,简称"总尘"。技术上是指用总粉尘采样器按标准方法在呼吸带测得的所有粉尘。
  5. 呼吸性粉尘:按呼吸性粉尘标准测定方法所采集的可进入肺泡的粉尘粒子,其空气动力学直径均在7.07μm以下,空气动力学直径5μm粉尘粒子的采样效率为50%,简称"呼尘"。

二、检测粉尘浓度的基本方法和检测原理

我国常采用质量法测定粉尘浓度,目前普遍采用滤膜测尘法。

1. 总粉尘(总尘)浓度检测原理

空气中的总粉尘用已知质量的滤膜采集,由滤膜的增量和采气量,计算出空气中总粉尘的浓度。

2. 呼吸性粉尘(呼尘)浓度检测原理

空气中粉尘通过采样器上的预分离器,分离出的呼吸性粉尘颗粒采集在已知质量的滤膜上,由采样后的滤膜增量和采气量,计算出空气中呼吸性粉尘的浓度。

三、总粉尘(总尘)浓度检测

1. 测试仪器

(1)滤膜:过氯乙烯滤膜或其他测尘滤膜。

空气中粉尘浓度≤50mg/m³时,用直径37mm或40mm的滤膜;粉尘浓度>50mg/m³时,用直径75mm的滤膜。

用直径0.3μm的油雾进行检测时,滤膜的阻留率不小于99%;用20L/min的流量采样,过滤面积为8cm²时,滤膜的阻力不大于1000Pa;因大气中湿度变化而造成滤膜的质量变化,不大于0.1%。

(2)粉尘采样器:包括采样夹和采样器两部分。

①采样夹:应满足总粉尘采样效率的要求,总粉尘采样夹理想的入口流速为1.25m/s±10%。

a. 粉尘采样夹:可安装直径40mm和75mm的滤膜,用于定点采样。

b. 小型塑料采样夹:可安装直径≤37mm的滤膜,用于个体采样。

②采样器:用于个体采样时,流量范围为1~5L/min;用于定点采样时,流量范围为5~80L/min。用于长时间采样时,连续运转时间应≥8h。需要防爆的工作场所应使用防爆型粉尘采样器。

(3)抽气装置:近几年,电动测尘仪得到广泛应用,它是以微型电池或蓄电池为动力,采用密闭触点开关,带动小型电动抽气机抽取含尘空气,使其通过装有滤膜的采样器及流量计,进行粉尘测定。

(4)分析天平:感量0.1mg或0.01mg。

(5)秒表或其他计时器。

(6)干燥器:内装变色硅胶。

(7)镊子。

(8)除静电器。

2. 测定过程

1)滤膜的准备

(1)干燥:称量前,将滤膜置于干燥器内2h以上。

（2）称量：用镊子取下滤膜的衬纸，将滤膜通过除静电器，除去滤膜的静电，在分析天平上准确称量。

（3）在衬纸上和记录表上记录滤膜的质量和编号。

（4）将滤膜和衬纸放入相应容器中备用，或将滤膜直接安装在采样头上。

（5）安装：滤膜毛面应朝进气方向，滤膜放置应平整，不能有裂隙或褶皱。用直径75mm的滤膜时，做成漏斗状装入采样夹。

2）采样

（1）现场采样按照《工作场所空气中有毒物质监测的采样规范》（GBZ 159—2004）执行。要根据现场空气中粉尘的浓度、使用采样夹的大小和采样流量及采样时间，估算滤膜上总粉尘的增量（Δm）。使用直径≤37mm的滤膜时，Δm不得大于5mg；直径为40mm的滤膜时，Δm不得大于10mg；直径为75mm的滤膜时，Δm不限。

（2）采样前，要通过调节使用的采样流量和采样时间，防止滤膜上粉尘增量超过上述要求（即过载）。采样过程中，若有过载可能，应及时更换采样夹。

（3）掘进工作面可在风筒出口后面距工作面4~6m处采样，其他作业点一般在工作面上方采样。采样器进风口要迎着风流，距地板高度为1.3~1.5m。

（4）采样时间应在测点粉尘浓度稳定以后，一般在作业开始30min后进行。采样持续时间以15min为宜。

为保证测尘的准确性，便于对比，要求在同一测点相同的流量下，同时采集两个样品。

3）样品的运输和保存

采样后，取出滤膜，将滤膜的接尘面朝里对折2次，置于清洁容器内。或将滤膜或滤膜夹取下，放入原来的滤膜盒中。室温下运输和保存。携带运输过程中应防止粉尘脱落或二次污染。

4）样品的称量

称量前，将采样后的滤膜置于干燥器内2h以上，除静电后，在分析天平上准确称量。滤膜增量$\Delta m \geqslant 1$mg时，可用感量为0.1mg分析天平称量；滤膜增量$\Delta m \leqslant 1$mg时，应用感量为0.01mg分析天平称量。

采样前后，滤膜称量应使用同一台分析天平。

测尘滤膜通常带有静电，影响称量的准确性，因此，应在每次称量前除去静电。

3. 总粉尘浓度计算

按式（16-1）计算空气中总粉尘的浓度：

$$C = \frac{m_2 - m_1}{Q \times t} \times 1000 \tag{16-1}$$

式中：C——空气中总粉尘的浓度（mg/m³）；

m_2——采样后的滤膜质量（mg）；

m_1——采样前的滤膜质量（mg）；

Q——采样流量（L/min）；

t——采样时间（min）。

空气中总粉尘时间加权平均浓度按 GBZ 159—2004 规定计算。

四、呼吸性粉尘(呼尘)浓度检测

1. 测试仪器

(1)滤膜:过氯乙烯滤膜或其他测尘滤膜。

(2)呼吸性粉尘采样器:主要包括预分离器和采样器。预分离器对粉尘粒子的分离性能应符合呼吸性粉尘采样器的要求,即采集的粉尘的空气动力学直径应在 7.07μm 以下,且直径为 5μm 的粉尘粒子的采集率应为 50%。

(3)采样器:性能和技术指标应符合《工作场所空气中粉尘测定 第 1 部分:总粉尘浓度》(GBZ/T 192.1—2007)要求。需要防爆的工作场所应使用防爆型粉尘采样器。

(4)流量计:流量计的量程和精度应满足采样器性能的要求。用于长时间采样时,连续运转时间应≥8h。

(5)分析天平:感量 0.01mg。

(6)秒表或其他计时器。

(7)干燥器:内装变色硅胶。

(8)镊子。

(9)除静电器。

2. 测定过程

1)滤膜的准备

(1)干燥:称量前,将滤膜置于干燥器内 2h 以上。

(2)称量:用镊子取下滤膜的衬纸,除去滤膜的静电;在分析天平上准确称量,在衬纸上和记录表上记录滤膜的质量和编号;将滤膜和衬纸放入相应容器中备用,或将滤膜直接安装在采样夹上。

(3)安装:安装时,滤膜毛面应朝进气方向,滤膜放置应平整,不能有裂隙或褶皱。

2)采样

(1)现场采样按照 GBZ 159—2004,并参照 GBZ/T 192.1—2007 的附录 B 和 C 执行。要根据现场空气中粉尘的浓度、使用采样夹的大小和采样流量及采样时间,估算滤膜上总粉尘的增量(Δm)。Δm 不得小于 0.1mg,不得大于 5mg。

(2)采样前,要通过调节采样时间,防止滤膜上粉尘增量超过上述要求。采样过程中,若有过载可能,应及时更换预分离器。

(3)掘进工作面可在风筒出口后面距工作面 4~6m 处采样,其他作业点一般在工作面上方采样。采样器进风口要迎着风流,距地板高度为 1.3~1.5m。

(4)采样时间应在测点粉尘浓度稳定以后,一般在作业开始 30min 后进行。采样持续时间以 15min 为宜。

为保证测尘的准确性,便于对比,要求在同一测点相同的流量下,同时采集两个样品。

3)样品的运输和保存

样品的运输和保存的要求与总粉尘浓度检测相同。

4)样品的称量

样品的称重要求与总粉尘浓度检测相同。

3. 呼吸性粉尘浓度计算

空气中呼吸性粉尘的浓度同样可按式(16-1)计算,但其中 C 为空气中呼吸性粉尘的浓度,单位为 mg/m^3;空气中呼吸性粉尘时间加权平均浓度按 GBZ 159—2004 规定计算。

五、快速粉尘浓度测定

滤膜测尘的准确性比较高,能够比较正确地反映粉尘状况,所以,我国目前普遍采用这一方法。但是,这种测尘方法操作程序多,需要时间较长,不能当时得出测定结果,因而还不能起到及时指导现场防尘工作的作用,同时也影响测尘工作的普遍开展。

为了简化测尘过程,迅速获得测尘结果,国内外都在研究各种快速测尘仪器,如光电测尘仪、静电测尘仪、β射线测尘仪、全体粉尘采样器(由工人携带于身上,小流量长时间连续采样)等。我国煤炭系统研制的 ACG-1 型煤尘测定仪、ACH-1 型呼吸性粉尘测定仪、ACS-1 型水泥粉尘测定仪,均属光电型。这些新型测尘仪器的推广和应用将会极大地促进我国的防尘劳动保护工作。

第三节 瓦 斯 检 测

一、瓦斯隧道施工作业环境应符合的卫生及安全标准

隧道在掘进过程中有时穿过煤系地层,煤系地层经常富含瓦斯。瓦斯是可燃和可爆气体,其主要成分是甲烷(CH_4)。瓦斯爆炸是含有瓦斯与助燃成分的混合气体在火源引燃下,瞬间完成燃烧反应,形成高温高压产物的过程。由于反应过程很快,与时间成反比的功率就很大,所形成的瞬间压力对掘进中的隧道有很大的破坏力,对人员生命安全有很大威胁。因此,瓦斯监测是瓦斯隧道施工环境监测的重要内容,是保证施工安全的重要措施。

《公路隧道施工技术规范》(JTG/T 3660—2020)、《公路瓦斯隧道设计与施工技术规范》(JTG/T 3374—2020)规定,瓦斯隧道装药爆破时,爆破地点 20m 内风流中瓦斯浓度必须小于 1.0%;开挖面瓦斯浓度大于 1.5% 时,所有人员必须撤至安全地点;经瓦斯检测浓度不超过 1%,且洞内通风机及其开关附近 10m 以内风流中的瓦斯浓度不超过 0.5% 时,方可人工启动洞内通风机;当通风后瓦斯检测浓度仍存在超过 1% 的,应采取稀释瓦斯安全措施;在确认甲烷浓度小于 0.5%,二氧化碳浓度小于 1.5% 后,方可允许施工人员进入工区开挖面作业。

二、瓦斯隧道瓦斯浓度检测的基本方法

对瓦斯隧道的瓦斯浓度监测应采用人工监测和自动监测相结合的方法。

(1)人工监测是专职瓦斯检测员使用便携式瓦斯检测仪在测点处直接读取数据。专职的瓦斯检测员定期检查各隧道瓦斯情况,瓦检员配备的检测仪器为便携式瓦斯测量仪和光干涉

瓦斯检定器。

（2）自动监测则是在测点处安设甲烷传感器，将甲烷浓度转换成标准的电信号，传给分站（数据采集站），分站将采集的信号经过运算处理后，传给监控计算机，通过监控计算机读取数据。

三、催化型瓦斯测量仪

1. 催化型瓦斯测量仪检测原理

在催化剂的作用下，瓦斯与氧气在较低温度下发生强烈氧化（无焰燃烧），反应的化学方程式为：

$$CH_4 + 2O_2 \xrightleftharpoons{催化} CO_2 + 2H_2O + Q \tag{16-2}$$

根据催化理论，反应过程是由于催化剂 Pt、Pd 的存在，降低了瓦斯（CH_4）和氧（O_2）发生链反应的活化能，在催化剂表面的活化中心附近，被吸附的 CH_4 分子内部结构离开了稳定状态而活化裂解，加速链反应的进行。CH_4 与 O_2 在 Pt、Pd 催化下的反应是一种多相反应，在这种反应中，气体在催化剂表面上的吸附与否与活化程度和催化反应密切相关。金属催化剂的吸附能力取决于金属和气体分子结构以及吸附条件。另外，催化剂的分散度对化学反应也有重要影响。

利用载体催化元件测量瓦斯浓度的原理如图 16-1 所示。这是一个简单的测量电桥，催化元件 T_1（黑元件）为工作元件，没有浸渍催化剂的元件 T_2（白元件）为补偿元件。无瓦斯时，通过 W_2 的调整，可使电桥处于平衡状态，此时在工作电流加热下，元件温度为 500℃ 左右。当有瓦斯时，瓦斯与氧气在工作元件表面发生反应，放出反应热 Q。反应热被元件吸收引起温度升高。由于铂丝是电阻温度系数很高的热敏材料，元件的温度增量 ΔT 将引起电阻增量 ΔR，从而使电桥不平衡，产生一个与瓦斯浓度成正比的输出信号。利用这个原理可以检测瓦斯浓度。如果把获得的信号放大传送到远处，就可以实现瓦斯浓度的遥测。

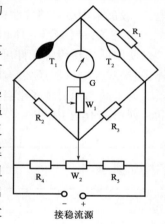

图 16-1 测量电桥

2. 催化型瓦斯测量仪

在瓦斯和其他可燃性气体的检测中，最常用的是载体催化型的仪器，它使用的载体催化元件（以下简称元件），是一种热敏式瓦斯传感器。由于它具有体积小（典型尺寸为一个长 3mm，直径 1.2mm 的圆柱体）、质量轻（每个元件为 7mg）、构造简单、使用方便、消耗功率小、性能稳定等一系列优点，成为目前国内外自动检测瓦斯的主要传感器。

催化型瓦斯测量仪元件的构造见图 16-2。铂丝螺旋圈是元件的骨架，又是一个热敏电阻，通过一定电流后铂丝被加热，元件温度升高。载体的作用是使催化剂有良好的分散度，提供足够的反应面积。通常使用的是 K 型氧化铝（Al_2O_3），经

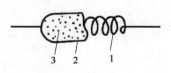

图 16-2 催化型瓦斯测量仪载体催化元件
1-铂丝螺旋圈；2-载体；3-催化剂

过良好处理的 K 型氧化铝(Al_2O_3)是坚硬的多孔状材料,它具有每克几十平方米的比表面积。常用的催化剂是铂、钯、铊等铂族元素。

催化型瓦斯测量仪使用纯铂丝元件或载体催化元件作为传感器检测瓦斯浓度。不论是哪种元件,携带型瓦斯测量仪又分为两类:一类是由桥路输出直接推动电表指示;另一类是测量电桥的输出信号经过电子线路放大后,推动电表指示或推动数字显示电路指示瓦斯浓度。经放大后的信号还可以与声光显示单元连接,给出专门的停限指示或声光警报信号。

还有一类仪器,它们介于携带型测量仪与固定式连续检测仪器之间。这类仪器用表头指示或者数字显示瓦斯浓度,并将检测信号经放大整形后推动警报电路,当瓦斯超限时发出声光警报信号。抚顺煤矿安全仪器厂生产的 AQJ-9 型瓦斯指示警报器就属于这类仪器。这类仪器使用蓄电池供电,经过一次充电,一般可连续工作 8h。

由于在隧道掘进过程中人员比较分散,工作地点变动频繁,便携式瓦斯检测仪表具有十分重要的作用。为了适应不同条件,需要性能各异、规格不同的各式仪器仪表,它们各有特点,满足不同的要求。从技术上讲,不论哪种便携式仪器,都必须保证以下三个基本方面的性能:

(1)必须有性能稳定、功耗小的瓦斯传感元件。目前使用的都是低功耗的载体催化元件。

(2)应有适于长期隧道内工作、性能可靠的较先进的电路设计。为了保证质量,减少耗电,一般都采用尽可能完整的大规模专用集成电路。

(3)要有结构合理、体积小、质量轻的外壳及仪器的其他机械零件。

使用低功耗传感元件可以使仪器除反应气室外,整机其他部分设计成为本质安全型。此外,便携式检测仪器还要解决好电池问题。

为了简明扼要地了解各种便携式瓦斯检测仪表的性能,现将国内研制成功并投产的部分品种列于表 16-2 中。

便携式瓦斯检测器一览表 表 16-2

性能指标	型号				
	JJ-1	SJ-1	SWJ-1	DTX-2	WS85-01
测量范围	$0 \sim 2\%$,CH_4	$0 \sim 4\%$,CH_4	$0 \sim 8\%$,CH_4	$0 \sim 4\%$,CH_4	$0 \sim 5\%$,CH_4
基本误差	$\pm 0.2\%$,CH_4	$0 \sim 1\%$ $\pm 0.1\%$ $1\% \sim 2\%$ $\pm 0.2\%$ $2\% \sim 4\%$ $\pm 0.3\%$	$0 \sim 2\%$ $\pm 0.1\%$ $2\% \sim 3\%$ $\pm 0.2\%$ $3\% \sim 4\%$ $\pm 0.3\%$ $4\% \sim 8\%$ $\pm 0.4\%$	$0 \sim 2\%$ $\pm 0.2\%$ $2\% \sim 4\%$ $\pm 0.4\%$	$0 \sim 2\%$ $\pm 0.1\%$ $2\% \sim 5\%$ $\pm 0.3\%$
报警方式	声光	红光		声报警	声光
响应时间		≤15s	≤7s		≤7s
供电方式	镉镍蓄电池	镉镍蓄电池	镉镍蓄电池	镉镍蓄电池	镉镍蓄电池
工作时间	12h	连续4h	间断工作	间断工作	连续4h,可间断工作
显示方式	发光二极管	液晶数码	液晶数码	电子表显示	液晶数码
报警范围	两挡可调				连续可调
计时器	无	无	有	与读数显示共用	有

续上表

性能指标	型　　号				
	JJ-1	SJ-1	SWJ-1	DTX-2	WS85-01
环境温度		0~35℃	0~40℃		0~40℃
相对湿度		≤95%	≤97%		≤98%
防爆类型	KBH	KBH	KBH	KBH	KBH
尺寸	77mm×146mm×30mm	80mm×161mm×47mm	76mm×134mm×37mm	93mm×150mm×40mm	80mm×133mm×27mm
质量	300g	700g	450g	500g	360g

四、光干涉瓦斯检定器

1. 光干涉瓦斯检定器的检测原理

根据光学知识,某种物质的折射率等于光在真空中传播的速度除以光在这种物质中传播的速度。光程等于光线所通过的路程乘以光所通过的物质的折射率。

由此可知,如果两束光波通过的路程长短不同,或是通过的物质不同,或是通过的路程和物质都不同,光程都可能不同。两束光波光程长短的差别,叫作光程差。两束具有光程差的相干波(同一光源发出的光波)相遇,就会产生光的干涉现象。当两束光波的光程差等于 $(n+1/2)\lambda$ 时,产生暗条纹;当两列光波的光程差等于 $n\lambda$ 时,产生亮条纹。因为白色光是各种单色光的混合光,白色光具有不同的波长,在一定的路程内,各色光的光程差不同。如果使用单色光为光源,干涉将形成明暗相间的条纹;如果使用白色光源,干涉所产生的条纹是彩色条纹。

当气室各小室内充进相同的气体时,两列光波所经过的光程一定。如在一支光路中改变气体的化学成分或温度、压力等,则因折射率起了变化,光程及光程差也就随之变化,所看到的干涉条纹便会移动。光通过的路程是固定的,根据条纹移动的大小可测知气体折射率的变化。如使两通路的温度、压力相同,当被测气体的化学成分已知时,则可做定量分析,测出被测气体的浓度。这就是光干涉检定器的工作原理。

2. 光干涉瓦斯检定器

与催化型瓦斯测量仪不同的另一类型的瓦斯测量仪器是光干涉瓦斯检定器。其内部的光学系统如图 16-3 所示:由光源发出的光经过聚光镜之后到达平面镜,在 o 点分为两部分:一部分反射,一部分折射。第一部分光束经平面透镜穿过气室的侧室,经折光镜将其折回穿另侧的小室后又回到平面镜,折射入平面镜后在其后表面(镀反射膜)反射,于 o' 点穿出平面镜向反射镜前进,经偏折后进入望远镜。第二部分光束折射入平面镜后在其后表面反射,然后穿过气室中央小室回到平面镜(如图中虚线所示),于 o' 点反射后与第一部分光束会合,一并进入望远镜。两束光在物镜的焦平面上产生白光特有的干涉现象:干涉条纹中央为黑纹,两旁为彩纹。人眼通过目镜进行观测。

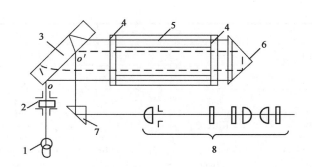

图 16-3 光干涉瓦斯检定器内部的光学系统
1-光源;2-透镜;3-平面镜;4-平面透镜;5-气室;6-折光镜;7-反射镜;8-望远镜

为了避免隧道内二氧化碳和水蒸气对测量精度的影响,采用装有钠石灰的吸收管来吸收二氧化碳,用装有氯化钙的吸收管来吸收水蒸气。

气室中两侧的部分称为空气室,其中充有新鲜空气;中间的部分称为气样室,使用时吸入被测气样。空气室与气样室不相通。

五、人工检测的测点布设

1. 瓦斯隧道内施工工作面

隧道内各工作面(掌子面开挖、掌子面初期支护、仰拱开挖、仰拱混凝土施工、防水板挂设、二次衬砌立模、二次衬砌混凝土灌注、隧道防水治理等),每个隧道断面均采用5点法(如图16-4所示)检测瓦斯,取最大值作为该断面瓦斯浓度。

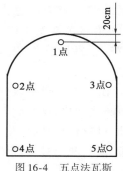

图 16-4 五点法瓦斯检测断面图

2. 瓦斯可能产生积聚的地点

二次衬砌台车部位、隧道内避车洞室和综合洞室的上部及隧道内具有明显凹陷的地点。

3. 隧道内可能产生火源的地点

电机附近、变压器、电气开关附近、电缆接头的地点。

4. 瓦斯可能渗出的地点

地质破碎地带、地质变化地带、煤线地带、裂隙发育的砂岩、泥岩及页岩地带。

5. 水平钻孔附近

在隧道进行水平钻孔时,水平钻孔附近。

6. 其他区域

被特批允许的洞内电气焊接作业地点、内燃机具、电气开关、电机附近20m范围内。

六、自动监测系统与测点布设

1. 自动监测系统

自动监测使用的是煤矿监测监控系统,主要由监测终端、监控中心站、通信接口装置、井下分站、传感器组成。其系统配置见表 16-3。

煤矿监测监控系统主要技术参数　　　　表 16-3

仪器名称	技术参数
煤矿监测监控系统	系统容量:16~128 个分站 分站容量:16 路模拟量或开关量输入;8 路开关量输出 控制主机:8 路模拟量或开关量输入;4 路开关量输出 数据传输方式:RS485 总线传输 数据传输速率:1200bit/s、2400bit/s、4800bit/s 误码率中心站到接口,接口到分站,分站到传感器传输误码率:均小于 8~10 传输距离接口与分站距离:>25km 分站与传感器距离:>2km 巡检周期:≤0.1~0.3s/台分站 可接入的传感器信号制:频率 200~1000Hz (优选)电流 1~5mA 或 4~20mA,电压 0~5V 开关量:0/5mA、-5/+5mA、无电位触点 数据存储模拟量:每 3min 存储 1 次 开关量:每变化一次存储 1 次 累计量:每小时存储 1 次 数据存储期限:1 年

2. 自动监测系统测点布设

(1)平行双洞射流巷道通风时,自动瓦斯监测的测点布置如图 16-5 所示。

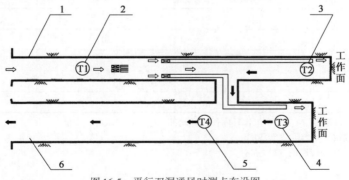

图 16-5　平行双洞通风时测点布设图

1-进风洞;2-进风区测点;3-进风洞开挖工作面测点;4-回风洞开挖工作面测点;5-回风区测点;6-进风洞

(2)独头掘进送风式通风时,自动瓦斯监测的测点布置如图 16-6 所示。

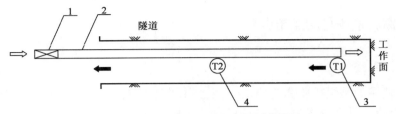

图 16-6 独头掘进送风式通风时测点布设图
1-风机;2-风管;3-工作面测点;4-回风区测点

第四节 一氧化碳检测

一、隧道施工作业环境一氧化碳浓度应符合的卫生及安全标准

一氧化碳是空气中常见的化合物,其分子式为 CO。在通常状况下,一氧化碳是无色、无臭、无味、有毒的气体,具有可燃性、还原性和毒性。标准状况下气体密度为 1.25g/L,和空气密度(标准状况下 1.293g/L)相差很小,为中性气体。一氧化碳能均匀地散布于空气中,不用专门的仪器检测不易察觉。一氧化碳微溶于水,一般化学性不活泼,但浓度在 12.5%~74.2% 时能引起爆炸。一氧化碳毒性极强,当空气中 CO 浓度超过 0.4% 时,在很短时间内人就会失去知觉,抢救不及时就会中毒死亡。隧道在修建过程中可能会遇到一氧化碳,鉴于一氧化碳的危害性,对人员生命安全有很大威胁,因此,一氧化碳检测是瓦斯隧道施工环境监测的重要内容,是保证施工安全的重要措施。

《公路隧道施工技术规范》(JTG/T 3660—2020)引用国家职业卫生标准《工作场所有害因素职业接触限值 第 1 部分:化学有害因素》(GBZ 2.1—2019)的规定,对一氧化碳的容许浓度规定如表 16-4 所示。

工作场所空气中有毒物质容许浓度(单位:mg/m^3) 表 16-4

中文名(CAS No.)	MAC	TWA	STEL
一氧化碳			
非高原	—	20	30
高原			
海拔 2000~3000m	20	—	—
海拔 >3000m	15	—	—

注:MAC——最高容许浓度,指在一个工作日内任何时间都不应超过的浓度;
　　TWA——时间加权平均容许浓度(8h);
　　STEL——短时间接触容许浓度(15min)。

二、一氧化碳检测的基本方法

一氧化碳早期检测方法是检知管法。

目前 CO 传感器主要采用的是三点定电位的电化学原电池传感器。按敏感元件电解质性质的不同,它主要分为胶体电解质 CO 敏感元件、固体电解质 CO 敏感元件和液体电解质 CO 敏感元件。从分析方法上分,主要有电化学法、电气法(热导式和半导式)、色谱法(层析法)、光学吸收法(红外吸收法和紫外吸收法)等。

三、检知管

1. 检知管的检测原理

CO 气体缓慢而稳定地流过检知管时,与管中试剂发生化学反应,呈现一定的颜色(比色式)或变色长度(比长式),通过对比测得 CO 浓度。

2. 检知管

我国煤炭行业最早在 20 世纪 50 年代采用气体检测管测 CO 的浓度。气体检测管起源于美国,1919 年哈佛大学发明了第一支 CO 气体检测管。随着检测管技术的日臻完善,其应用范围也在不断扩大,由最初的定性检测一种气体发展成为现在可定性、定量检测分析几百种气体,目前气体检测管法仍然是气体快速检测的一个重要方法。

检测管是一支直径 4~6mm、长 150mm 左右的密封玻璃管,管内装有易与一氧化碳发生反应的药品。使用时,将检知管封口打开,通过一定容积的吸气球,使一定量的被测气体通过检知管。吸入气体中的一氧化碳与药品作用,白色的药品颜色迅速变化,有比色式与比长式两种。

1) 比色式 CO 检知管

比色式检知管是根据管内药品与一氧化碳作用后颜色的变化,来判断一氧化碳浓度的。仪器备有一块标准比色板,上面标有与各种颜色相对应的一氧化碳浓度。检知管吸入气体后,对比检知管与标准比色板的颜色,找出与检知管颜色最接近的标准色条,它所对应的一氧化碳浓度就是被测气样的一氧化碳浓度。

2) 比长式 CO 检知管

比长式 CO 检知管如图 16-7 所示,是用吸附了五氧化二碘(I_2O_5)和发烟硫酸(H_2SO_4)的硅胶制成。当 CO 气体通过检测管时,测试区由白色变为褐色环状,浓度越高,褐色环从起点开始向前移动的距离越长。

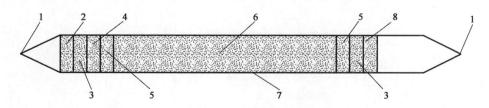

图 16-7　比长式 CO 检知管示意图

1-管尖;2-起始端衬塞;3-保护层;4-除干扰层;5-隔离层;6-指示粉;7-玻璃管;8-衬塞

利用五氧化二碘制成的白色粉末,在发烟硫酸的催化作用下,与 CO 反应生成碘(I_2),方程式为:

$$5CO + I_2O_5 \xrightarrow{H_2SO_4} I_2 + 5CO_2 \qquad (16\text{-}3)$$

比长式 CO 检知管的测定值按式(16-4)计算：

$$X = \frac{L \cdot C_s}{L_s} \qquad (16\text{-}4)$$

式中：X——检知管的测定值($1\text{ppm} = 0.001‰$)；

L——指示粉的变色长度的测量值(mm)；

C_s——检知管接近标准气样浓度的分度线的浓度(ppm)；

L_s——检知管分度线起始端到接近标准气样浓度的分度线长度(mm)。

CO 与检知管试剂的反应与吸入 CO 的速度有关,过快、过慢都会带来明显的误差,因此这种方法检测 CO 比较粗糙,对试剂颜色变化的长度和深浅的判断也会因不同人存在差异。无论比色式还是比长式,每支检知管都只能使用一次。

虽然目前国内对 CO 气体的检测和分析还有采用检知管检测的,但是隧道施工采样分析具有周期长、采样点数受限制、检知管检测具有无法直观读数、检测精度低等缺点。因此检知管逐渐被其他检测方便的新型检测器所取代。

四、CO 传感器

CO 气体传感器根据检测原理的不同,目前主要有电化学传感器、催化可燃气体传感器、固态传感器和红外传感器四种 CO 检测传感器。

1. 电化学 CO 气体传感器

在 CO 自动监测系统中,电化学传感器占 2/3,而便携式检测仪则几乎全部为电化学式。电化学式气体传感器主要有化学原电池式、定电位电解式、电量式、离子电极式四种类型。其中以定电位电解式的应用最为广泛。

1)定电位 CO 传感器的原理

电化学气体传感器的典型装置是由阴极和阳极组成的,阴极是检测电极。阳极和阴极之间充有一层薄的电解质,当气体与传感器电解液接触时,在检测电极表面发生氧化还原反应,反应产生的电流大小与气体浓度成正比。工作原理框图如图 16-8 所示。

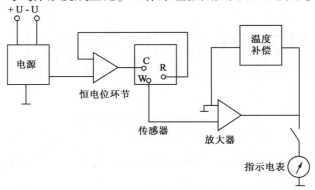

图 16-8 定电位 CO 传感器的工作原理图

被测量的 CO 通过 PTFE(聚四氟乙烯)薄膜扩散到工作电极 W,电极 W 受到恒电位的控制作用,具有一个恒定的电位,CO 在 W 电极上在催化剂的作用下与电解液中的水发生氧化反应,生成 CO_2 和 H^+,同时释放出电子。W 极发生氧化反应:

$$CO + H_2O \longrightarrow CO_2 + 2H^+ + 2e \qquad (16\text{-}5)$$

在对电极 C 上,氧在催化剂作用下与氢质子发生还原反应生成水,并得到电子。电极 C 上发生氧的还原反应:

$$\frac{1}{2}O_2 + 2H^+ \longrightarrow H_2O \qquad (16\text{-}6)$$

总化学反应式为:

$$CO + \frac{1}{2}O_2 \longrightarrow CO_2 + 2e \qquad (16\text{-}7)$$

参比电极:使 W 和 R 间保持恒定电位。

W 和 C 间的反应电流为 i(给定电极上发生化学变化的物质的量与通过的电量成正比),其大小与一氧化碳浓度成比例。该电流经放大后由电表指示出一氧化碳的浓度值。

2)定电位 CO 传感器的构造

定电位 CO 传感器的构造如图 16-9 所示。

定电位 CO 传感器主要由以下几个部分组成:

(1)气体扩散电极(透气膜+电极),防水透气膜:(特氟龙)(PTFE,Poly tetra fluoroethylene);活性层:铂黑+PTFE 乳液。含有催化剂的多孔膜电极,易于被测气体与电解液在气、固、液三相界面上进行氧化还原反应。

(2)透气膜,非均相微孔膜,透气但不透水和离子。空隙率大则灵敏度高,响应时间短,但易漏液。

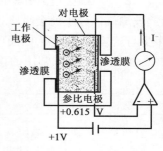

图 16-9 定电位 CO 传感器的构造

3)电解液

硫酸或硫酸水溶液。

4)典型仪器介绍

AT2 型一氧化碳测量仪是一种矿用安全火花型携带式检测仪器,其主要技术指标如下:

(1)测量范围:0 ~ 50ppm、0 ~ 500ppm 两个量程(1ppm = 1 × 10^{-6} mg/m^3)。

(2)测量精度:误差小于 ±5% 满度值(20℃ ±5℃)。

(3)反应时间:反应 90% 值时 ≤30s。

(4)传感器寿命:1 年。

2. 催化可燃 CO 气体传感器

催化性可燃气体传感器检测元件是由经金属氧化物的催化处理的铂丝螺线圈制成。可燃性气体分子在金属线圈表面燃烧,引起温度升高,使铂丝电阻值改变。CO 的浓度越高,燃烧产生的热量越大,铂丝的阻值就越高,从而使原来的平衡电桥不平衡。铂丝线圈电阻改变的大小和气体的浓度成比例,相应得到一个与气体浓度成比例的电信号。

因为催化型可燃气体传感器利用气体分子在铂丝螺线圈表面燃烧的原理,所以它要求催化型可燃气体传感器背景气体中含有不低于 9% 的氧气。当氧气含量过低时,可燃气体不能在检测元件上充分燃烧,容易造成检测结果低于实际值。可燃性混合气体在达到特定的点燃温度后才会燃烧,但是在有催化剂的情况下,点燃温度会大大降低。

3. 固态传感器

固态传感器的工作敏感元件是由一种或多种过渡金属氧化物组成的,金属氧化物通常为 SnO、SnO_2、Fe_2O_3 三类材料。这些金属氧化物通过制备和加工成珠状或薄片型传感器,将加热器置入传感器中使它保持在最佳检测温度上。工作原理:

当加热器将感测材料升到高温,氧气会被吸附在感测材料表面,然后从感测材料的导带捕获两个电子而形成氧离子,造成感测材料的电阻值上升,而当还原性气体如 CO 吸附在感测材料的导带,便造成电阻值下降,电阻值的变化与气体体积分数具有函数关系。当检测气体出现时,金属氧化物将气体电离成带电的离子或复合物,从而导致电子的转移。由置入金属氧化物中的偏置电极可测出传感器电导率的变化,传感器电导率的变化与气体浓度成比例。

4. 红外气体传感器

红外吸收式气体传感器的检测原理是基于 Lambert-Beer 定律。当有红外光照射气体分子时,被测气体分子就会吸收自己相应波长(特征吸收频率)的红外光,气体吸收红外光能量的多少与气体浓度相关,因而可以测定红外光被吸收能量的多少测定气体浓度。

表 16-5 为 4 种常用的检测传感器的检测原理和优缺点对比。

常用 CO 检测传感器的比较 表 16-5

类 型	原 理	优 缺 点
电化学气体传感器	气体与专门研制的电极材料发生化学反应引起催化作用,反应产生的电流与气体浓度成正比。由此将反应所产生的电流转换成对应的气体浓度结果	消耗功能小;对目标气体具有一定的选择性。容易受杂质气体干扰电化学气体传感器需要定期标定;液态的易漏液
催化型可燃气体传感器	气体分子在传感器表面燃烧,铂线圈温度升高使其电阻值改变,从而使电桥变得不平衡。铂线圈电阻改变的大小和气体浓度成比例,得到相应的与气体浓度成比例的电信号	适用于大多数烃类的气体通用传感器;连续稳态催化剂中毒易而使传感器失效;选择性差
固态传感器	金属氧化物使气体电离成带电的离子或复合物,从而导致电子的转移。从而使置入金属氧化物中的偏置电极电导率变化,这种变化与气体浓度成比例	结构简单,寿命长;检测范围气体种类最多选择性差,不能用于泄漏气体的检测;不易标定
红外吸收气体传感器	气体吸收特定波长的红外光,吸收红外能力的大小与浓度成比例,由吸收的强弱可测得气体浓度	实现自动校正,自动运行的功能;红外吸收式气体传感器可以检测多种气体;且具有灵敏度高、气体选择性好、可靠性好、相应速度快等优点

目前,CO 检测仪的发展方向主要有微小型化、集成化、智能化、多功能化、通用化和网络嵌入式互联网化。

第五节 硫化氢检测

一、隧道施工作业环境硫化氢浓度应符合的卫生及安全标准

硫化氢是一种窒息性气体,化学式为 H_2S,其物理性质是无色气体,有臭鸡蛋味;其化学性质是分子量为 34,密度为 1.19g/L,比空气重。硫化氢的爆炸极限范围是 4.3%~46%。硫化氢立即威胁生命或健康浓度为 142mg/m³。《硫化氢职业危害防护导则》(GBZ/T 259—2014) 规定了不同浓度的硫化氢对人的影响,见表 16-6。

不同浓度的硫化氢对人的影响　　　　表 16-6

在空气中浓度 (1×10^{-6}mg/m³)	暴露时间	暴露于硫化氢人体反应
1400(1000)	立即	昏迷并呼吸麻痹而死亡,除非立即进行人工呼吸急救
1000(700)	数分钟	很快引起急性中毒,出现明显的全身症状。开始呼吸加快,接着呼吸麻痹,如不及时救治死亡
700(500)	15~60min	可能引起生命危险:发生肺水肿、支气管炎及肺炎,接触时间更长者,可引起头痛、头昏、步态不稳、恶心、呕吐、鼻咽喉发干及疼痛、咳嗽、排尿困难等,昏迷。如不及时救治可出现死亡
300~450(200~300)	1h	可引起严重反应:眼和呼吸道黏膜强烈刺激症状,并引起神经系统抑制,6~8min 即出现眼刺激症状。长期接触可引起肺水肿
70~150(50~100)	1~2h	出现眼及呼吸道刺激症状。吸入 2~15min 即发生嗅觉疲劳。长期接触可引起亚急性或慢性结膜炎
30~40(20~30)	—	虽臭味强烈,仍能耐受。这可能是引起局部刺激及全身性症状的阈浓度。部分人出现眼部刺激症状,轻微的结膜炎
4~7(2.8~5)	—	中等强度难闻臭味
0.18(0.13)	—	微量的可感觉到的臭味
0.011	—	嗅觉阈

众所周知,在铁路、公路、矿山、引水、煤炭生产等地下工程施工或开采中,常常会受有害、有毒气体的影响。瓦斯、一氧化碳是最常见的有害、有毒气体,需要参建各方引起高度重视和重点防治,以免出现重、特大安全事故,给人民生命和国家财产带来不可估量的损失。但是在隧道施工中遇到更有毒的硫化氢气体,是非常少见的。当其浓度超过国家规定的安全指标值的 10 倍时,人体接触会立即死亡。因此,在隧道施工过程中要高度重视和预防剧毒的硫化氢气体溢出,以避免人员伤亡。

《公路隧道施工技术规范》(JTG/T 3660—2020)引用国家职业卫生标准《工作场所有害因素职业接触限值　第 1 部分:化学有害因素》(GBZ 2.1—2019)的规定,对硫化氢容许浓度的规定如表 16-7 所示。

工作场所空气中有毒物质容许浓度（单位：mg/m³） 表16-7

中文名(CAS No.)	MAC	TWA	STEL
硫化氢	10	—	—

二、硫化氢检测的基本方法

硫化氢在低浓度[(0.13~4.6)ppm]时可闻到臭鸡蛋味；当浓度达到4.6ppm时，会使人的嗅觉钝化。如果硫化氢在空气中的含量达到100ppm以上，嗅觉会迅速钝化，而感觉不到空气中硫化氢的存在。因此根据嗅觉器官来判断硫化氢是否存在是极不可靠，十分危险的。应该采用检测仪器来确定的存在及其含量。

国家、行业标准规定的硫化氢测定方法是亚甲基蓝比色法。现场检测常用的方法主要有：检知管法、醋酸铅试纸法和硫化氢传感器法。

三、亚甲基蓝比色法

该方法的原理是用碱性锌氨络合盐溶液吸收一定体积的气体，使其中的硫化氢形成稳定的络合物。然后在硫酸溶液中，硫化氢与对氨基-N,N-二甲基苯胺溶液和三氯化铁溶液作用，生成亚甲基蓝。根据颜色深浅进行分光光度测定。测定结果用标准状况(0℃,1atm)下的浓度(mg/m³)表示。它表示在吸收时间内，被吸收气体所含硫化氢的量。该方法所用设备器材较多，测定时间长，不能立即显示测定结果。具体化学反应见式(16-8)和式(16-9)：

$$(CH_3)_2N-C_6H_4-NH_2 + S^{2-} \xrightarrow{FeCl_3} [(CH_3)_2N-C_6H_3-N=C_6H_3=N(CH_3)_2]Cl$$

[氯化亚甲基蓝（蓝绿色）]

$$H_2S + Cd(OH)_2 = CdS\downarrow + 2H_2O \quad (16-8)$$

四、检知管法

比长式硫化氢检知管法原理是将吸附醋酸铅($PbAc_2$)和氯化钡($BaCl_2$)的硅胶装入细玻璃管内，抽取100mL含硫化氢的气体，在60s内注入，形成褐色硫化铅(PbS)。根据硅胶柱变色的长度测定硫化氢的体积分数。通过硅胶柱变色长度与标准尺比较，求得硫化氢的体积分数。此法具有简便、快捷、便于携带和灵敏度高的优点。比长式硫化氢检知管构造如图16-10所示。

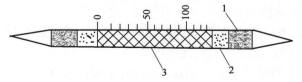

图16-10 比长式硫化氢检知管构造
1-玻璃棉塞；2-保护胶；3-指示胶

五、醋酸铅试纸法

该方法的原理是通过醋酸铅试纸与硫化氢反应生成褐色硫化铅,与标准比色板对比求得硫化氢的体积分数。此法适用于大气硫化氢测量,是一种定性和半定量方法。具体化学反应原理如下:

$$Pb(CH_3COO)_2 + H_2S = PbS(棕色或黑色) + 2CH_3COOH \qquad (16\text{-}9)$$

六、H_2S 传感器

1. 硫化氢库仑检测仪

该方法利用库仑滴定原理,将被测气体导入滴定池,在装有溴化钾酸性溶液的池内发生电解。电解电流与被测物质的瞬时浓度呈线性关系,由此得出被测物质的浓度值。

2. 硫化氢气敏电极检测仪

由工作电极、参比电极、内充电解液和透气膜组成。工作电极为硫电极;用 Ag/AgCl 电极或 LaF_3 电极作参比电极。内充电解液 pH 值为 5 的柠檬酸盐缓冲液。硫化氢通过透气薄膜进入电解液转变为 S^{2-} 离子。

硫化氢气敏电极检测仪的特点是重现性好,响应时间为 $1 \sim 3min$,适用于 H_2S 在线检测。

3. 便携式气体监测仪

便携式气体监测仪利用化学传感器来感应硫化氢,其测定结果表示在某一瞬时流经化学传感器的硫化氢体积,是一个无量纲数值。

1)工作原理

该检测仪上的传感器应用了定电压电解法原理。其构造是在电解池内装有 3 个电极:工作电极、对电极、参比电极,施加一定的极化电压,使薄膜同外部隔开,被测气体透过此膜到达工作电极时,发生氧化—还原反应,传感器输出电流。该电流与硫化氢浓度成正比,电流信号经放大送至模拟/数字转换器,将模拟量转换成数字,然后由液晶显示器显示出来。它具有体积小、重量轻、反应快、灵敏度高等特点。

2)典型仪器介绍

Mini Pac C190TOX 型检测报警仪是一种个人便携式气体检测报警仪,适用于在工矿环境中连续检测硫化氢气体。它的传感器反应灵敏,采用液晶屏以 ppm 形式直接显示环境中的硫化氢气体浓度,如果被测空气中的 H_2S 气体浓度超过设定的报警值,仪器将发出声光报警。

(1)工作原理

电化学传感器以扩散方式工作。它能直接与扩散在环境气体中的硫化氢反应,产生线性电信号。印刷电路板从传感器获得电信号经放大、模/数转换后在液晶屏上直接显示出所测气体的浓度。当浓度达到设定值,蜂鸣器和发光二极管发出声光报警信号。

(2)参数

检测范围:0 ~100ppm(最大 200);

报警设定值:10ppm(0 ~50 可调);

传感器型号:电化学传感器;
传感器响应时间:达到测量值90%时小于30s;
传感器寿命典型值:24个月。

4. 固定式硫化氢检测仪

固定式硫化氢检测仪的主机应安装于24h值班的中心控制室,检测仪的探头一般安装在离现场硫化氢气体易泄漏或聚积地点1m的范围内,这样一旦探头接触到硫化氢气体,就可迅速通过连线传送到中心控制室,显示硫化氢的浓度,并且声光报警。

1)工作原理

其工作原理与便携式硫化氢检测仪相同。

2)典型仪器

Sp-1104型H_2S检测探头。

(1)用途

现场需要24h连续监测硫化氢浓度的固定式硫化氢检测仪,这种检测仪的主机一般多装于中心控制室。探头数可根据现场气样测定点的当量来确定。

(2)工作原理

传感器应用了定电压电解法原理,内有3个电极,即工作电极、对电极和参比电极。被测气体透过电极间的薄膜到达工作电极,发生氧化—还原反应,使传感器产生一输出电流,该电流与硫化氢浓度成正比。该电流信号经放大后,送至模/数转换电路,即可将模拟量转换成数字显示出来。

(3)参数

检测范围:0~200ppm;

响应时间:小于35s(90%响应);

传感器寿命:大于2年;

输入:10~30V DC;

输出:4~20mA,过量程时$I_{max} \approx 25mA$;

最远安装距离大于1000m。

目前在隧道施工中遇到更有毒的硫化氢气体,是非常少见的。一旦发现有硫化氢泄漏,必须穿戴正压式空气呼吸器,只有这样才能保证作业人员的生命安全。

第六节 氡气检测

已知氡的放射性同位素比较多,通常所指的氡为氡-222,又称镭射气,是由铀-238系列中的衰变产物镭核素直接衰变产生的放射性惰性气体。隧道施工环境中的氡主要来源于围岩,由地层深处含有铀、镭的土壤、岩石产生高浓度的氡,通过围岩中存在的断裂、节理进入隧道。由于无色无味,吸入人体后,氡及子体放出的α粒子对体内细胞组织形成内照射(核辐射的一种形式),造成辐射危害。

氡气可导致肺癌、白血病,丧失生育能力,造成胎儿畸形、基因畸形遗传等。

一、隧道施工作业环境氡气浓度应符合的卫生及安全标准

隧道施工过程中的氡是由岩石中的镭、铀等衰变产生,氡气是以扩散传播的方式从岩石表面和水中析出到空气中,扩散传播是从压力梯度的高压方向到低压方向。隧道施工作业过程中打钻、爆破和出渣作业会产生大量的岩石尘,岩石尘飘浮在空气中造成更大的比表面积析出氡,最终引起作业场所氡浓度变大。氡的危害近年来逐渐受到重视,控制隧道内空气中的氡及其子体浓度,是保护隧道作业人员最直接的方法。

《公路隧道施工技术规范》(JTG/T 3660—2020)未对氡气的浓度进行规定。国家职业卫生标准《公共地下建筑及地热水应用中氡的放射防护要求》(WS/T 668—2019)中,对地下建筑的氡浓度水平规定为每个检测点的氡浓度均小于 $400Bq/m^3$,取各点检测结果的算术平均值作为该场所的检测值,可判定该场所的氡浓度符合本标准,如果有一个以上的点的氡浓度大于或等于 $400Bq/m^3$,则需对场所进行跟踪测量。隧道施工可参照此标准进行氡及及其子体浓度控制。

二、氡气浓度检测的方法及原理

氡气检测的方法很多,常用的氡测量方法分类及其特点见表16-8。

常用氡测量方法分类及其特点　　　　　　　表16-8

采样方式	方　法	特　点
瞬时采样	电离室法	直接,快速,灵敏度较低,设备笨重
	闪烁室法	操作简便,灵敏度较高,野外使用不便
	双滤膜法	可同时测量氡和子体浓度,受湿度影响大,不便携带
	气球法	简单,快速,便于携带,球壁效应难于修正,受湿度影响较大
连续采样	闪烁室连续监测仪	自动化程度高,可连续监测氡浓度的动态变化,但设备都比较复杂,不便于野外使用,较昂贵
	自动双滤膜法	
	扩散静电法	
	流气式电离室	
累积采样	固体径迹探测器	便于携带或邮寄,径迹稳定(不易衰退),无须及时测量,适合大规模布点,只用于长期测量
	热释光剂量计	小型价廉,无电源,无噪声,精度比径迹法稍差,读数方便,受湿度影响
	活性炭被动吸附法	灵敏度高,成本低,操作简便,无噪声,能重复使用,只用于短期测量,受湿度影响
	驻极体测氡法	价廉,重量轻,体积小,电荷信息稳定,可重复使用,不受温、湿度影响,可用于长期和短期测量

1. 电离室法工作原理

电离室法的工作原理是：含氡气体进入电离室后，氡及其子体放出的 α 粒子在空气中电离，产生电子空穴对。电离室的中央电极积累的正电荷使静电计的中央石英丝带电，在外电场的作用下，石英丝发生偏转，偏转速度与其上的电荷量成正比，也就是与氡浓度成正比，测出偏转速度即可计算出氡的浓度。典型仪器有德国产的 DOSE man 便携式氡气监测仪（图16-11）及成都理工大学的 CD-1α 杯测氡仪。

图 16-11　德国产的 DOSE man 便携式氡气监测仪

2. 闪烁室法工作原理

闪烁室法的工作原理：氡进入闪烁室后，氡及其子体衰变产生的 α 粒子使闪烁室壁的 ZnS(Ag) 产生闪光，光电倍增管将光信号转变成电脉冲信号，经过电子学线路放大、记录。单位时间内的脉冲数与氡浓度成正比，以此确定氡浓度。典型仪器有北京核仪器厂生产的 FD-125 型氡分析仪和核工业北京地质研究院生产的 FD-216 环境氡测量仪（图 16-12）。

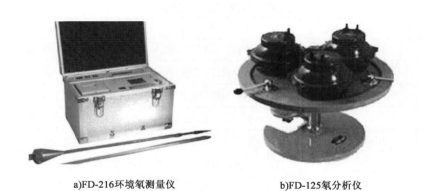

a) FD-216 环境氡测量仪　　　　b) FD-125 氡分析仪

图 16-12　FD-216 环境氡测量仪和 FD-125 氡分析仪

3. 双滤膜法工作原理

双滤膜法是一种绝对测氡方法，它的工作原理是：含氡空气通过入口滤膜进入双滤膜筒，被滤掉子体的纯氡在通过双滤膜筒的过程中产生新的子体，其中一部分被出口滤膜收集。根据氡子体固有的积累、衰变规律，可确定被测气体中氡的浓度。双滤膜采样系统的结构如图 16-13 所示。

4. 气球法工作原理

气球法的工作原理和双滤膜法类似，用气球代替了衰变筒。气球法属于主动式采样，是瞬时测量方法，可以同时测氡和子体。气球法的采样结构如图 16-14 所示。

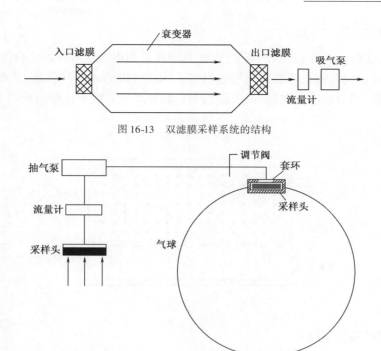

图 16-13　双滤膜采样系统的结构

图 16-14　气球法的采样结构

5. 扩散静电法工作原理

扩散静电法的工作原理是：采样室内外存在氡浓度差，被测环境中的氡以扩散的形式或者被抽气泵抽进采样室内。进入采样室之前，通过的滤膜已经将气体中已有的氡子体过滤。此时，进入采样室的氡衰变产生氡子体，主要是 ^{218}Po 正离子，在电场作用下被收集在中央电极上，由 ^{218}Po 再衰变产生 α 粒子，α 粒子被探测器收集，经电子学线路整形、计数得到相应脉冲数，通过相对刻度就可以确定待测空气的氡浓度。典型仪器有 Model-1027 型连续测氡仪和 RAD7 氡气探测器等（图 16-15）。

a) Mode1-1027型连续测氡仪　　　b) RAD7氡气探测器

图 16-15　氡气探测器

6. 活性炭吸附法工作原理

活性炭测氡法是一种静态、累积测氡方法,其原理是利用活性炭对氡气有强吸附力的特点吸附收集氡气,通过仪器测量活性炭中氡的衰变子体放射出的 γ 射线强度,从而获得氡浓度。活性炭采样器通常用塑料或金属制成,敞口处带有滤膜或用青铜粉烧结而成的金属过滤器,如图 16-16 所示。

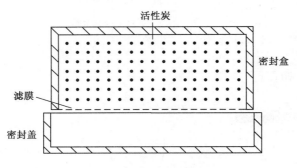

图 16-16　活性炭采样器结构

7. 径迹蚀刻法工作原理

径迹蚀刻法是一种累计测量方法,属被动式采样。它的工作原理是:空气中的氡气通过滤膜扩散到测量杯中,氡及氡子体衰变产生的 α 粒子碰撞到径迹片上,沿着它们的轨迹造成原子尺度的辐射损伤,经化学处理,这些潜径迹能够扩大为可观察的永久型径迹。径迹蚀刻探测器由扩散杯、渗透膜和径迹片组成,结构如图 16-17 所示。

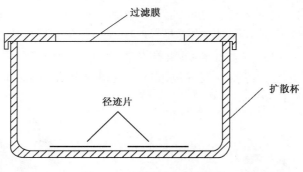

图 16-17　径迹蚀刻探测器结构

三、氡子体的检测原理与方法

氡子体的测量原理是将待测空气用过滤膜过滤,将氡子体收集在滤膜上进行测量。测量的方法有很多,根据取样后测量时间和方法的不同有三点法、三段法、五段法和 α 谱法等。

1. 三点法

三点法是测量采样结束后 3 个时刻的 α 计数率,从而求出 ^{218}Po,^{214}Pb,^{214}Bi 三种子体的浓度。这种方法的优点是设备简单,测量容易。缺点是对于低浓度氡测量精度差,但用于浓度较高的矿山、冶炼厂等工作场所是简单快捷的方法。

2. 三段法

三段法是在三点法的基础上发展起来的,其不同点是通过测量取样后三段时间间隔内样品的 α 积分技术,从而求出氡子体浓度,该方法比三点法有较高的精度。

3. 五段法

五段法是测量取样后五段时间间隔内样品的 α 计数,从而确定氡子体浓度,该方法可同时测量氡、氡子体,对氡子体不可忽略的场合非常方便。

4. α 能谱法

α 能谱法是用 α 谱仪分别测出 ^{218}Po 和 ^{214}Bi 的 α 计数,从而确定 ^{218}Po 和 ^{214}Bi 的浓度。该方法的最大优点是提高了氡子体测量的精度,对 ^{218}Po 的精度改善尤为明显,缺点是设备笨重,不便现场使用。

氡的测量技术很多,方法的选择需要考虑测量环境、目的、时间、费用等因素。如果是大面积氡浓度普查,可考虑径迹蚀刻法、活性炭吸附等累计测量方法;对于隧道施工现场快速地检测,可采用瞬时或连续测量的电离室法和双滤膜法。

第七节 核辐射检测

公路隧道施工环境中围岩均具有一定含量的放射性,通常情况下,这些放射性强度属于岩石本底含量。极少数情况下,放射性元素铀、镭、钍等核素在有利的地质构造作用下,有可能发生富集,形成富铀区以致成铀矿,从而可能存在超过几倍(甚至几十倍)天然放射性本底的情况。这时,应根据国家对辐射防护的规范要求,在隧道内工作时视辐射强度高低要采取必要的防护措施。此外,这类隧道洞渣在作建筑材料时,应符合国家规范要求。

环境中放射性元素主要通过外照射与内照射对人体产生损伤。

外照射是指隧道环境物质(如土壤、岩石等)中的天然放射性核素镭、钍、钾等核素所放出的 γ 射线对人体所造成的辐射损伤。内照射一般指由核素镭产生的氡被人呼吸进入体内肺和呼吸道系统后,氡及子体放出的 α 粒子对体内细胞组织所造成的辐射危害。

通常可检测 γ 辐射剂量率(必要时还可用便携式四道能谱仪测定岩石中的镭、钍、钾含量),来确定环境(外照射)放射性强度,以判断环境安全性。

在放射性异常地段施工,对人员及周围环境主要产生以下放射性危害:

(1)隧道开挖及爆破时产生含辐射性矿物粉尘对隧道内空气的污染。

(2)从开挖后裸露的岩石及裂隙水中逸出的氡气及氡子体对空气及放射性物质造成的表面污染。

(3)隧道围岩中矿石 γ 射线对施工人员的外照射。

(4)施工中产生的废水、废气、废渣等对环境的污染。

一、隧道施工作业环境核辐射应符合的卫生及安全标准

《公路隧道施工技术规范》(JTG/T 3660—2020)未对核辐射进行规定。国家标准《电离辐射防护与辐射源安全基本标准》(GB 18871—2002)规定:"由来自各项获准实践的综合照射所致的个人总有效剂量和有关器官或组织的总当量剂量不超过附录 B(标准的附录)中规定的相应剂量限值。"在实践中可直接采用国家标准。

测定环境的 γ 辐射剂量率和照射量率都可表征环境辐射强度的高低。目前我国还没有关于辐射剂量率的控制标准限值,仅有的国家标准是《环境地表 γ 辐射剂量率测定规范》(GB/T 14583—1993)。因为我国国土辽阔,岩性繁多,放射性本底差别很大,在确定异常时很难用统一的标准数字来划分全国各地的异常。例如:在北京市,室内吸收剂量率一般为 100~110nGy/h;而在本底较高的广州市,室内吸收剂量率一般为 140~160nGy/h。因此,由于放射性本底的差异就决定了选取最低异常值的不同。异常要根据当地的具体条件和当地大面积和大量正常岩石测得的放射性本底值来确定,通常有两种方法:一是取大量正常平均本底值的 3 倍作为最低异常限值;二是正常平均本底值 +(3×本底值的标准误差)作为最低异常限值。

二、检测方法

通过对隧道施工沿线天然环境的地表和隧道中的 γ 辐射剂量率进行测定,以检查施工地段是否存在天然放射性核素镭、钍、钾的异常。

环境辐射测量用仪表要求能量线性较好,现在多采用塑料闪烁探测器。现在辐射测量用仪表多采用对射线敏感的化学材料如碘化钠 NaI 或铯(Tl)等制成闪烁体,利用 X、γ 射线打在闪烁体上引起发光,由光电倍增管进行光电转换和倍增后转换为电流信号,再通过 I/F 变换把电流信号变换成计数频率,来测定环境(外照射)放射性强度。

1. 测量方式

测量方式有即时测量、连续测量。隧道内检测时一般采用点位上的即时测量方式:

(1)即时测量:可用各种 γ 辐射剂量率仪直接测量出点位上的 γ 辐射空气吸收剂量率瞬时值。

(2)连续测量:将仪器固定在环境中的某一点上,连续测量 γ 辐射剂量率值随时间的变化。

2. 检测方法

(1)测量点位的选取:在正常岩性地段,沿侧壁和底板测点距离一般取 1~2m 即可;当遇有断裂构造或其他情况时可加密测点。

(2)测量:一般在地表测量环境 γ 辐射剂量率时,测量条件是在平面即 2π 条件下,将仪器固定在 1.0m 高度上进行测量的。周围不存在任何反射物(包括人体),以免产生散射射线。

例如在宽 6.0m、高 3.5m 的隧道中,仪器位于隧道宽度中间,离地表 1.0m 高处,与地表的平面即 2π 测量条件有较大差别,测量的立体角大于 2π(除底板外,还有顶板和测壁的影响),

实际测出的γ辐射剂量率会有所偏高,如何取在空气中测得的岩石γ辐射剂量率异常值要根据具体条件而定。

(3) 测点数的要求:每测点的计数时间一般设置为20～30s;为了取得较准确的本底平均值,一般取20个以上的测点读数;在小的隧道中,也要取10个以上测点的读数平均值。

(4) 剂量估算:剂量估算参考国家标准 GB/T 14583—1993(目前还没有新标准代替)。环境γ辐射剂量率对居民产生的有效剂量当量可用下式进行估算:

$$He = Dr \cdot K \cdot t \tag{16-10}$$

式中:He——有效剂量当量(Sv);
　　Dr——环境地表γ辐射空气吸收剂量率(Gy/h);
　　K——有效剂量当量率与空气吸收剂量率比值,这里采用0.7Sv/Gy;
　　t——环境中停留时间(h)。

3. 检测仪器

环境辐射测量用仪器一般要求如下:
(1) 量程范围:$(1～50000)\times10^{-8}$Gy/h。
(2) 能量响应:$(30\text{keV}～3\text{MeV})\leq15\%$。
(3) 相对固有误差:$\leq10\%$。
(4) 角响应:$\leq15\%$(137Cs 源 0°～150°相对于最大响应数值)。
(5) 宇宙射线响应:$\leq15\%$。
(6) 长期稳定性:$\leq5\%$(连续工作8h)。
(7) 抗干扰能力:$\leq5\%$。
(8) 使用环境:
①温度:$(-10～+45)$℃。
②相对湿度:$\leq90\%(40℃)$。

下面以核工业北京地质研究院生产的 HD-2005 便携式 X-γ 剂量率仪的现场操作来说明检测方法:
(1) 仪器使用前应首先检查电池的电量是否充足。
(2) 到达现场,取出仪器,首先将探测器和操作台连接好,根据测量需要设置不同的测量时间。
(3) 测量前,仪器需要先预热5min以上。
(4) 在进行测量时,将探测器放在三脚架上,探测器的质心(在探测器上有标志)距离地面有1m左右,人应远离探测器,以免散射影响。
(5) 若 X、γ 场的有效能量低于100keV,或要求测角质层以下的剂量时,应旋去探测器保护筒。
(6) 测量结束时应注意先关闭电源,再将探测器与仪器操作台分开,将仪器装箱。

第十七章 隧道运营环境检测

第一节 运营通风方式

隧道正常运营时,隧道通风主要是为了稀释隧道内的CO、烟雾和空气中的异味,提高隧道行车的舒适性和安全性。火灾工况时,隧道通风则是为了改变隧道内气流流动方向来控制火灾烟气蔓延,为人员疏散和防灾救援创造有利条件。

隧道通风分为自然通风和机械通风两大类。自然通风是通过气象因素形成的隧道内空气流动,以及机动车从洞外带入新鲜空气来实现隧道内外空气交换。机械通风是通过风机作用使空气沿着预定路线流动来实现隧道内外空气交换。隧道机械通风的基本方式主要有纵向式、半横向式、全横向式以及在这三种基本方式基础上的组合通风方式。隧道机械通风方式分类如表17-1所示。

机械通风方式的分类　　　　　　　　　　　　　　　　表17-1

纵向通风方式	半横向通风方式	全横向通风方式	组合通风方式
1. 全射流 2. 集中送入式 3. 通风井送排式 4. 通风井排出式 5. 吸尘式	1. 送风式 2. 排风式 3. 平导压入式	1. 顶送顶排式 2. 底送顶排式 3. 顶送底排式 4. 侧送侧排式	1. 纵向组合式 2. 纵向+半横向组合式 3. 纵向+集中排烟组合式

第二节 运营照明方式

运营隧道照明的目的是为了解决驾驶员在进出隧道的视觉适应问题以及在隧道内部的视觉问题。

在进出隧道时,由于隧道洞外与洞内有较强的亮度差异,白天极易引起进入隧道的"黑洞效应"或"黑框效应"和驶出隧道的"白洞效应",夜间则刚好相反。在隧道内部,由于汽车排放的废气集聚在隧道里形成烟雾,汽车前照灯的光被这些烟雾吸收和散射,造成光幕,降低了前方障碍物与其背景(路面、墙面)之间的亮度对比度,从而降低了障碍物的能见度。

为解决这些问题,隧道在运营中需根据人眼的适应性特点进行隧道照明,以解决驾驶员在公路隧道行驶中的视觉适应性问题,提高隧道行车的安全性。

根据隧道行车的视觉特点,隧道运营照明的基本方式可根据隧道照明区段分为入口段照明、过渡段照明、中间段照明和出口段照明,如图 17-1 所示。

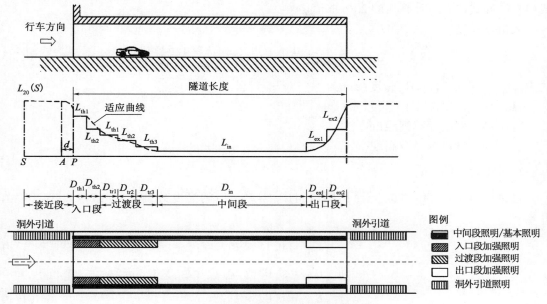

图 17-1　各照明段亮度与长度示意图

P-洞口;S-接近段起点;A-适应点;d-适应距离;$L_{20}(S)$-洞外亮度;L_{th1}、L_{th2}-入口段亮度;L_{tr1}、L_{tr2}、L_{tr3}-过渡段亮度;L_{in}-中间段长度;D_{th1}、D_{th2}-入口段 TH_1、TH_2 分段长度;D_{tr1}、D_{tr2}、D_{tr3}-过渡段 TR_1、TR_2、TR_3 分段长度;D_{ex1}、D_{ex2}-出口段 EX_1、EX_2 分段长度

1. 入口段照明

根据我国《公路隧道照明设计细则》(JTG/T D70/2-01—2014),隧道入口段可分为入口段 1 和入口段 2。入口段 1 和入口段 2 的亮度和长度分别可表示为:

$$L_{th1} = k \times L_{20}(S) \tag{17-1}$$

$$L_{th2} = 0.5 \times k \times L_{20}(S) \tag{17-2}$$

式中:L_{th1}——入口段 TH_1 的亮度(cd/m²);

L_{th2}——入口段 TH_2 的亮度(cd/m²);

k——入口段亮度折减系数,可按表 17-2 取值;

$L_{20}(S)$——洞外亮度(cd/m²)。

入口段亮度折减系数 k　　　　表 17-2

设计小时交通量 N[veh/(h·ln)]		设计速度 v_t(km/h)				
单向交通	双向交通	120	100	80	60	20~40
≥1200	≥650	0.070	0.045	0.035	0.022	0.012
≤350	≤180	0.050	0.035	0.025	0.015	0.010

注:当交通量在其中间值时,按线性内插取值。

对于长度 $L>500\mathrm{m}$ 的非光学长隧道及长度 $L>300\mathrm{m}$ 的光学长隧道,入口段 TH_1、TH_2 的亮度应分别按式(17-1)及式(17-2)计算。长度 $300\mathrm{m}<L\leqslant500\mathrm{m}$ 的非光学长隧道及长度 $100\mathrm{m}<L\leqslant300\mathrm{m}$ 的光学长隧道,入口段 TH_1、TH_2 的亮度宜分别按式(17-1)和式(17-2)计算值的 50% 取值;长度 $200\mathrm{m}<L\leqslant300\mathrm{m}$ 的非光学长隧道,入口段 TH_1、TH_2 的亮度宜分别按式(17-1)和式(17-2)计算值的 20% 取值。

入口段长度:

$$D_{th1} = D_{th2} = \frac{1}{2}\left(1.154 D_s - \frac{h-1.5}{\tan 10°}\right) \quad (17\text{-}3)$$

式中:D_{th1}——入口段 TH_1 长度(m);

　　　D_{th2}——入口段 TH_2 长度(m);

　　　D_s——照明停车视距(m);

　　　h——隧道内净空高度(m)。

2. 过渡段照明

过渡段由 TR_1、TR_2、TR_3 三个照明段组成,与之对应的亮度分别按式(17-4)~式(17-6)计算:

$$L_{tr1} = 0.15 \times L_{th1} \quad (17\text{-}4)$$

$$L_{tr2} = 0.05 \times L_{th1} \quad (17\text{-}5)$$

$$L_{tr3} = 0.02 \times L_{th1} \quad (17\text{-}6)$$

过渡段长度计算应按式(17-7)~式(17-9)计算:

过渡段 1 长度:

$$D_{tr1} = \frac{D_{th1}+D_{th2}}{3} + \frac{v_t}{1.8} \quad (17\text{-}7)$$

式中:v_t——设计速度(km/h);

　　　$v_t/1.8$——2s 内的行驶距离。

过渡段 2 长度:

$$D_{tr2} = \frac{2v_t}{1.8} \quad (17\text{-}8)$$

过渡段 3 长度:

$$D_{tr3} = \frac{3v_t}{1.8} \quad (17\text{-}9)$$

长度 $L\leqslant300\mathrm{m}$ 的隧道,可不设置过渡段加强照明;长度 $300\mathrm{m}<L\leqslant500\mathrm{m}$ 的隧道,当在过渡段 TR_1 能完全看到隧道出口时,可不设置过渡段 TR_2、TR_3 加强照明;当 TR_3 的亮度 L_{tr3} 不大于中间段亮度 L_{in} 的 2 倍时,可不设置过渡段 TR_3 加强照明。

3. 中间段照明

中间段 L_{in} 亮度取值见表 17-3。

中间段亮度表 L_{in}（单位：cd/m^2）　　　　　　　　　　　表 17-3

设计速度 v_t (km/h)	L_{in}		
	单向交通		
	$N \geq 1200 veh/(h \cdot ln)$	$350 veh/(h \cdot ln) < N < 1200 veh/(h \cdot ln)$	$N \leq 350 veh/(h \cdot ln)$
	双向交通		
	$N \geq 650 veh/(h \cdot ln)$	$180 veh/(h \cdot ln) < N < 650 veh/(h \cdot ln)$	$N \leq 180 veh/(h \cdot ln)$
120	10.0	6.0	4.5
100	6.5	4.5	3.0
80	3.5	2.5	1.5
60	2.0	1.5	1.0
20～40	1.0	1.0	1.0

注：1. 当设计速度为100km/h时，中间段亮度可按80km/h对应亮度取值。
　　2. 当设计速度为120km/h时，中间段亮度可按100km/h对应亮度取值。

单向交通且以设计速度通过隧道的行车时间超过135s时，隧道中间段宜分为两个照明段，与之对应的长度及亮度不应低于表17-4的规定。

中间段各照明段长度及亮度取值　　　　　　　　　　　表 17-4

项　目	长度(m)	亮度(cd/m^2)	适 用 条 件
中间段第一照明段	设计速度下30s行车距离	L_{in}	—
中间段第二照明段	余下的中间段长度	$L_{in} \times 80\%$，且不低于$1.0\ cd/m^2$	采用连续光带布灯方式，或隧道壁面反射系数不小于0.7时
		$L_{in} \times 50\%$，且不低于$1.0\ cd/m^2$	

行人与车辆混合通行的隧道，中间段亮度不应小于$2.0cd/m^2$。

4. 出口段照明

在单向交通隧道中，应设置出口段照明，出口段宜划分为EX_1、EX_2两个照明段，每段长度宜取30m，与之对应的亮度应按式(17-10)~式(17-11)计算：

$$L_{ex1} = 3 \times L_{in} \quad (17-10)$$
$$L_{ex2} = 5 \times L_{in} \quad (17-11)$$

长度$L \leq 3000m$的直线隧道可不设置出口段加强照明；长度$300m < L \leq 500m$的直线隧道可只设置EX_2出口段加强照明。

第三节　运营通风检测

隧道运营通风主要通过洞外的新鲜空气置换被来往车辆废气污染过的洞内空气，提高行车的安全性和舒适性，保护驾乘人员和洞内工作人员的身体健康。隧道运营通风检测的主要内容包括一氧化碳检测、烟雾浓度检测、隧道内风压检测和隧道风速检测。

一、一氧化碳浓度检测

1. 一氧化碳浓度

隧道在修建中可能会遇到一氧化碳，运营后稀释汽车废气中的一氧化碳是机械通风的主要目的。因此必须重视对一氧化碳的检测,保证施工安全和驾乘人员的健康。鉴于一氧化碳的危害性,我国《公路隧道通风设计细则》(JTG/T D70/2-02—2014)对运营公路隧道一氧化碳浓度做了规定。

(1)正常交通时,隧道内 CO 设计浓度可按表 17-5 取值。

CO 设 计 浓 度 δ 表 17-5

隧道长度(m)	≤1000	>3000
$\delta(cm^3/m^3)$	150	100

注:隧道长度为 1000m<L≤3000m 时,可按线性内插法取值。

(2)交通阻滞时,阻滞段的平均 CO 设计浓度可取 150cm^3/m^3,同时经历时间不宜超过 20min。阻滞段长度按每车道不宜大于 1000m 计算。

(3)人车混合通行的隧道,洞内 CO 设计浓度不应大于 70cm^3/m^3。

(4)隧道内进行养护维修时,洞内 CO 设计浓度不应大于 30cm^3/m^3。

2. 一氧化碳检测

隧道一氧化碳检测纵向的测点布置与隧道的通风方式有关,靠近进出口的测点应布置在距洞口 10m,检测各通风段的风速值,每通风段宜检测 3 个以上的断面,断面间距不宜大于 500m,如检测到某一断面超标,应向隧道进口方向增加检测断面来达到判断在何处开始超过允许浓度的目的。

1)检知管

参见第十六章第六节。

2)AT2 型一氧化碳测量仪

与检知管不同的另一种类型的一氧化碳检测仪器,是利用控制电位电化学原理来检测一氧化碳浓度的。AT2 型一氧化碳测量仪是一种矿用安全火花型携带式检测仪器,现以 AT2 型仪器为例来说明这类仪器的检测原理。

(1)主要技术指标

测量范围:0~50ppm、0~500ppm 两个量程;

测量精度:误差小于 ±5% 满度值(20℃±5℃);

反应时间:反应 90% 值时≤30s;

传感器寿命:1 年,保证使用半年。

(2)检测原理

仪器采用控制电位电化学原理,实现对空气中 CO 浓度的测定。工作原理框图如图 17-2 所示。

被测量的 CO 通过传感器聚四氟乙烯薄膜扩散到工作电极 W,W 电极受到恒电位环节的控制作用,具有一个恒定的电位,CO 在 W 电极上发生氧化反应:

$$CO + H_2O \longrightarrow CO_2 + 2H^+ + 2e^- \tag{17-12}$$

同时在电极 C 上发生氧的还原反应:

$$\frac{1}{2}O_2 + 2H^+ \longrightarrow H_2O \tag{17-13}$$

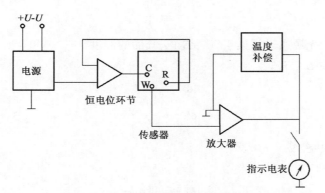

图 17-2　AT2 型一氧化碳测量仪工作原理

总化学反应式为：

$$CO + \frac{1}{2}O_2 \longrightarrow CO_2 + 2e^- \tag{17-14}$$

二、烟雾浓度检测

柴油车排放气体中，除 SO_2 等物质外，还有大量的游离碳素（煤烟）。煤烟不仅影响隧道内的能见度、舒适性，而且也影响施工作业人员的健康。

柴油车排烟量与车重、车速和路面坡度有关。根据国际道路协会常设委员会（PIARC）的污染报告，对于水平路段，排烟量与车重近似满足图 17-3 所示关系。图 17-4 给出了排烟量与车速的关系。

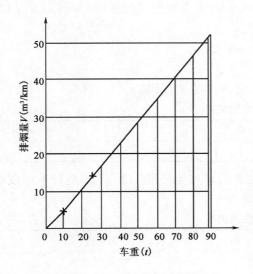

图 17-3　车重与排烟量的关系

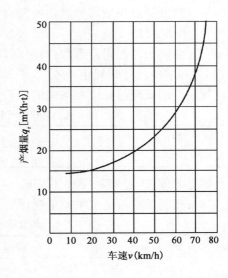

图 17-4　柴油车产烟量与车速关系

煤烟对空气的污染程度用烟雾浓度表示。烟雾浓度可通过测定光线在烟雾中的透过率来确定。光线在烟雾中的透过率用 τ 表示：

$$\tau = \frac{E}{E_v} \tag{17-15}$$

式中：E、E_v——同一光源通过污染空气、洁净空气后的照度。

τ 与烟雾的厚度 $L_{(m)}$ 有关：

$$\tau = e^{-\alpha L} \tag{17-16}$$

$$\alpha = -\frac{1}{L}\ln\tau \tag{17-17}$$

式中：α——烟雾吸光系数。

令 $K = \alpha$，则

$$K = -\frac{1}{L}\ln\tau \tag{17-18}$$

式中：K——烟雾浓度。

在隧道通风中，取 $L = 100\text{m}$，测定 t 后确定 K，则有：

$$K = \frac{1}{100}\ln\tau \tag{17-19}$$

式中：τ——100m 厚烟雾光线的透过率。

隧道内烟雾浓度增加，可见度、舒适感降低，从车安全考虑，确定的可见度叫安全可见度。安全可见度指从驾驶员看到前方障碍物到制动汽车所行的距离，可用下式计算：

$$x = \frac{vt}{3.6} + \frac{v^2}{254(\varphi \pm i)} \tag{17-20}$$

式中：x——距离(m)；

v——车速(km/h)；

t——驾驶员意识到需要制动的反应时间 + 汽车制动机械传动的迟滞时间(s)，$t = 1 + 0.5 = 1.5\text{s}$；

φ——路面与轮胎附着系数，对湿沥青路面，$\varphi = 0.45$；

i——道路坡度(%)；上坡取 +，下坡取 -。

计算所需的安全可见度和车速的关系见表 17-6(坡度按 3% 计算)。

安全可见度与车速的关系　　　　　　　　　　　　　　　　　　　表 17-6

车速(km/h)	20	30	40	50
可见度(m)	12	21	32	44

当烟雾浓度、透过率和车速不同时，对舒适程度的感觉也不同。表 17-7 是行车速度为 40km/h 时，驾驶员对舒适水平的主观评价。

烟雾浓度与舒适性的关系　　　　　　　　　　　　　　　　　　　表 17-7

烟雾浓度 $K(\text{m}^{-1})$	$L = 100\text{m}$ 处透过率 $\tau(\%)$	舒 适 性
5×10^{-3}	60	空气洁净
7.5×10^{-3}	48	稍有烟雾
9×10^{-3}	40	舒适度下降
12×10^{-3}	30	不愉快的环境

透过率与隧道照明水平有关,随着路面照度的增加,透过率可乘以修正系数。其修正值见表 17-8。

透过率与照度的关系　　　　　表 17-8

路面照度(lx)	30	40	50	60	70	80
透过率修正值	1	0.93	0.87	0.80	0.73	0.67

随着我国公路交通事业的日益发展,大型的载重柴油车将会越来越多,目前柴油车所占交通量已达到整个交通量的 30% ~50%,正迅速赶上发达国家的水平,所以应严格控制烟雾的浓度。

《公路隧道通风设计细则》(JTG/T D70/2-02—2014)规定,烟尘设计浓度应满足下列要求,

(1)采用显色指数 $33 \leqslant R_a \leqslant 60$、相关色温 2000~3000K 的钠光源等光源时,烟尘设计浓度 K 应按表 17-9 取值。

烟尘设计浓度 K(钠光源)　　　　　表 17-9

设计速度 v_t(km/h)	$v_t \geqslant 90$	$60 \leqslant v_t < 90$	$50 \leqslant v_t < 60$	$30 < v_t < 50$	$v_t \leqslant 30$
烟尘设计浓度 K(m^{-1})	0.0065	0.0070	0.0075	0.0090	0.0120 *

注:* 此工况下应采取交通管制或关闭隧道等措施。

(2)采用显色指数 $R_a \geqslant 65$、相关色温 3300~6000K 的荧光灯、LED 灯等光源时,烟尘设计浓度 K 应按表 17-10 取值。

烟尘设计浓度 K(荧光灯、LED 灯等光源)　　　　　表 17-10

设计速度 v_t(km/h)	$v_t \geqslant 90$	$60 \leqslant v_t < 90$	$50 \leqslant v_t < 60$	$30 < v_t < 50$	$v_t \leqslant 30$
烟尘设计浓度 K(m^{-1})	0.0050	0.0065	0.0070	0.0075	0.0120 *

注:* 此工况下应采取交通管制或关闭隧道等措施。

(3)双洞单向交通临时该为单洞双向交通时,隧道内烟尘浓度不应大于 0.012m^{-1}。

(4)隧道内养护维修时,隧道作业段空气的烟尘浓度不应大于 0.0030m^{-1}。

烟雾浓度检测主要采用光透过率仪。以 SH-1 型光透过率仪为例,它由稳压电源、投光部、受光部和自动记录仪四大部件组成,测定光路长度 100m,光透过率量程 5% ~100%,精度为满量程 5%。由所检测得到的光透过率计算烟雾浓度。

烟雾浓度检测纵向的测点布置与隧道的通风方式有关,靠近进出口的测点应布置在距洞口 10m,检测各通风段的烟雾浓度值,每通风段宜检测 3 个以上的断面,断面间距不宜大于 1000m,如检测到某一断面超标,应向隧道进口方向增加检测断面来达到判断在何处开始超过允许浓度的目的。

三、隧道风压检测

隧道风压是隧道通风的基本控制参量。在长大公路隧道中,通风系统往往由复杂的通风网络构成,要使风流有规律地流动,就必须调整或控制网络内各节点的风压。此外,风压还是各种通风机的一项基本性能指标,检验通风机时必须对其风压进行检测。本节介绍空气压力的基本概念和测定方法。

1. 基本概念

1)空气静压(静压强)

空气静压是气体分子间的压力或气体分子对与之相接触的固体或液体边界所施加的压

力,空气的静压在各个方向上均相等。空间某点空气静压的大小与该点在大气中所处的位置和人工所造成的压力有关。

大气压力是地表静止空气的压力,它等于单位面积上空气柱的重量。

地球为空气所包围,空气圈的厚度高达 1000km。靠近地球表面的空气密度大,距地球表面越远,空气密度越小,不同海拔高程处空气柱的重量是不一样的。因此,对不同地区来讲,由于海拔高程、地理位置、空气温度和湿度不同,其大气压(空气静压)也不同。各地大气压力主要随海拔高度变化而变化,其变化规律如表 17-11 所示。

不同海拔高度的大气压　　　　　　　表 17-11

海拔高度(m)	0	100	200	300	500	1000	1500	2000
大气压(kPa)	101.32	100.12	98.92	97.72	95.46	89.86	84.7	79.7

在真空状态下,静压为零。

根据度量空气静压大小所选择的基准不同,空气压力有绝对压力和相对压力之分。

绝对压力是以真空状态绝对零压为比较基准的静压,即以零压力为起点表示的静压,绝对静压恒为正值,记为 p_s。

相对压力是以当地大气压 p_a 为比较基准的静压,即绝对静压与大气压力之差。如果隧道中或管道中的绝对静压高于大气压力,则为正压,反之为负压。相对静压用 h_s 表示,随标准的基准 p_a 变化而变化。

2)空气动压

运动着的物体具有动能,当其运动受到阻碍的时候,就有压力作用在障碍物表面上,压力的大小取决于物体动能的大小。当风流受到阻碍时,同样有压力作用在障碍物上,这个力称为风流的动压,用 h_v 表示。动压因空气运动而产生,它恒为正值并具有方向性,作用方向与风流方向一致;在与风流平行的面上,无动压作用。如果风流中某点的风速为 $v(m/s)$,单位体积空气的质量为 $\rho(kg/cm^2)$,则动压 $h_v(Pa)$ 可用下式表示:

$$h_v = \frac{1}{2}\rho v^2 \tag{17-21}$$

或

$$h_v = \frac{\gamma}{2g} v^2 \tag{17-22}$$

3)全压

风流的全压即静压与动压的代数和。

2. 隧道空气压力测定

1)绝对静压的测定

通常使用水银气压计和空盒气压计测定空气绝对静压。

水银气压计:如图 17-5 所示,它主要由一个水银盛槽与一根玻璃管组成。玻璃管上端密闭,下端插入水银盛槽中,管内上端形成绝对真空,下部充满水银。当水银盛槽中水银表面受到空气压力时,管内水银柱高度随着空气压力而变化,此管中水银面与盛槽中的水银面的高差即为所测空气的绝对静压。

空盒气压计:如图 17-6 所示,它主要由一个被抽成真空的皱纹状金属空盒与连接在盒上带指针的传动机构组成。

图 17-5　水银气压计
1-水银柱面；2-尖端；3-水银柱；4-旋钮；5-皮囊；6-测微游标旋钮

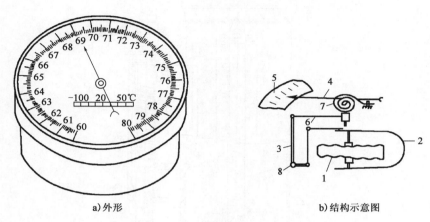

a) 外形　　　　　　　　　　　　b) 结构示意图

图 17-6　空盒气压计
1-金属盒；2-弹簧；3-传递机构；4-指针；5-刻度盘；6-链条；7-弹簧丝；8-固定支点

空盒气压计又称无液气压计，其测压原理是：由于盒内抽成真空（实际上还有小量余压），当大气压作用于盒面上时，盒面被压缩，并带动传动杠杆使指针转动，根据转动的幅度可读得大气压力数值。

空盒气压计是一种携带式仪表，一般用在非固定地点概略地测定大气压力数值。使用前必须经水银气压计校定；测量时将盒面水平放置在被测地点，停留 10~20min 待指针稳定后再读数；读数时视线应该垂直于盒面。

2）相对静压的测定

通常使用 U 形压差计、单管倾斜压差计或补偿式微压计与皮托管配合测定风流的静压、动压和全压。

U 形压差计：亦称 U 形水柱计，有垂直和倾斜两种类型，如图 17-7 所示。它们都是由一内径相同，装有蒸馏水或酒精的 U 形玻璃管与刻度尺组成。

它的测压原理是：U 形玻璃管两侧液面承受相同的压力时，液面处于同一水平面；当两侧液面承受不同的压力时，压力大的一侧液面下降，另一侧液面上升。对 U 形水柱计来说，两水面的高差

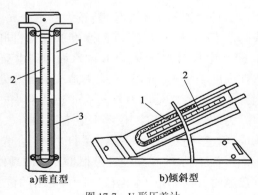

a) 垂直型　　　　b) 倾斜型

图 17-7　U 形压差计
1-U 形玻璃管；2-刻度尺；3-蒸馏水或酒精

即为两侧压力差。对倾斜 U 形压差计，则要考虑实际的高差。垂直 U 形压差计精度低，多用于测量较大的压差。倾斜 U 形压差计精度要高一些。

补偿式微压计：如图 17-8 所示，它由盛水容器 A 和 B 以胶管连通而成。容器 B 固定不动，B 中装有水准头，容器 A 可以上下移动。

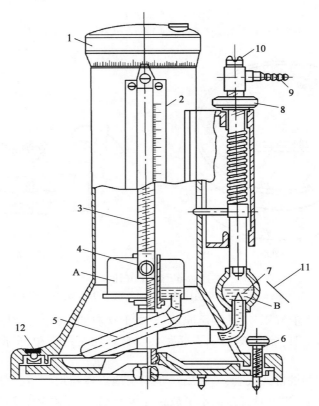

图 17-8 补偿式微压计

1-微调盘；2-刻度尺；3-螺杆；4-胶管接头"-"；5-连通胶管；6-底座螺钉；7-水准头；8-调节螺母；9-胶管接头"+"；10-密封螺钉；11-反光镜；12-水准泡；A、B-盛水容器

这种仪器的测压原理是：较大的压力 p_1 连到"+"接头与 B 相通，小压力 p_2 连到"-"接头与 A 相通，B 中水面下降，水准头露出，同时 A 内液面上升。测定时，旋转螺杆以提高容器 A，则 B 中水面上升，直至 B 中水面回到水准头所在水平为止。即通过提高容器 A 的位置，用水柱高度来平衡（补偿）压力差造成的 B 中水面下降，使它恢复到原来的位置。此时 A 内液面上升的高度恰好是压力差 p_1-p_2 造成的水柱高度 H。

为使 H 测量准确，仪器上装有微调与水准观察装置。微调装置由刻有 200 等分的微调盘构成，将它左右转动一圈，螺杆将带动 A 上下移动 2mm，其精度能读到 0.01mm 水柱（mmH_2O）。水准观察装置是根据光学原理使水准头形成倒像，当水准头的尖端和像的尖端恰好接触时，说明 B 中水面已经达到要求的位置。

使用补偿式微压计时，要整平对零；使 B 中水准头和像的尖端恰好相接，并注意大小两个压力不能错接，最后在刻度尺和微调盘上读出所测压力差。

皮托管:它是接收和传递压力的工具,与压差计相配合使用。

如图17-9所示,皮托管由两根金属小圆管1和2构成,内管1和外管2同心套结成一整体,但互不相通。内管前开一小孔4与标有"+"的脚管相通,孔4正对风流,内管就能接收测点的全压。外管前端不通,在前端不远处的管壁上开有4~6个小孔,孔3与标有"-"的脚管相通,当孔4正对风流时,外管孔3与风流垂直不受动压作用,只能接收静压。

3. 风流的全压、静压、动压的相互关系及其在水柱上的显示

压入式通风:如图17-10所示,风流的绝对压力高于大气压力,风流的相对压力为"+"。若用p_s表示绝对静压,p_t表示绝对全压,h_t表示相对全压。由图17-10可得:

$$h_s = p_s - p_a \tag{17-23a}$$

$$h_v = p_t - p_s \tag{17-23b}$$

$$h_t = p_t - p_a = h_s + h_v \tag{17-23c}$$

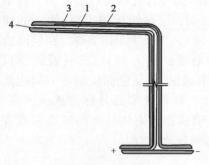

图17-9 皮托管

1-内管;2-外管;3-侧孔;4-前空

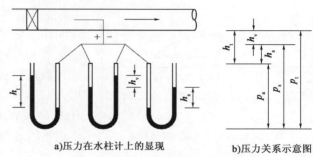

图17-10 送风式通风压力关系示意图

a)压力在水柱计上的显现　　b)压力关系示意图

抽出式通风:如图17-11所示,风流的绝对压力低于大气压力,风流的相对压力为"-"。水柱计读数等于相对压力的绝对值。由图17-11可得:

$$h_s = p_s - p_a \quad \text{或} \quad |h_s| = p_a - p_s \tag{17-24a}$$

$$h_v = p_t - p_s \tag{17-24b}$$

$$h_t = p_t - p_a \tag{17-24c}$$

或

$$|h_t| = p_a - p_t = |h_s| - h_v \tag{17-24d}$$

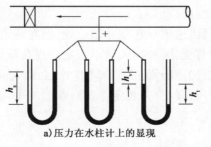 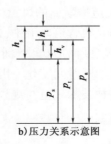

a)压力在水柱计上的显现　　b)压力关系示意图

图17-11 排风式通风压力关系示意图

四、隧道风速检测

在我国已建成的设有机械通风的公路隧道中,绝大部分都采用射流风机纵向通风。在这种通风方式下,风流速度既不能过小,也不能过大。风速过小,则不足以稀释排出隧道内的车辆废气;风速过大,则会使隧道内尘土飞扬,使行人感到不适。因此,我国《公路隧道通风设计细则》(JTG/T D70/2-02—2014)规定:单向交通隧道风速不宜大于 10m/s,特殊情况可取 12m/s;双向交通隧道风速不应大于 8m/s;人车混用隧道风速不应大于 7m/s。

1. 隧道风流的速度分布及平均风速

空气在隧道及管道中流动时,由于与流道壁面摩擦以及空气的黏性,同一横断面上各点风流的速度是不相同的。

紊流风流在靠近边壁处有一层很薄的层流边层,该层流边层的厚度很小,而且雷诺数越大,其厚度越小。在此层内,流体质点沿近乎平行于管壁的弯曲轨迹运动。层流边层内,空气流动的速度叫作边界风速,以 v_0 表示,见图 17-12。在层流边层以外,即流道横断面的绝大部分,充满着紊流风流,其速度大于边界风流,并从壁面向轴心方向逐渐增大。如果将大于边界风速那部分称为紊流风速,并以 U 表示,则流道横断面上任一点的风速 v_1 就等于边界风速与紊流风速之和,即:

$$v_1 = v_0 + U \qquad (17\text{-}25)$$

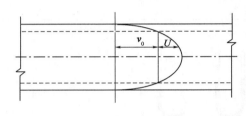

图 17-12 隧道中风流速度分布图

则断面上平均风速为:

$$v = \frac{\int_A v_1 \mathrm{d}A}{A} \qquad (17\text{-}26\mathrm{a})$$

或

$$v = \frac{Q}{A} \qquad (17\text{-}26\mathrm{b})$$

式中:v_1——断面上一点的风速(m/s);

dA——断面上的微元面积;

A——流道的横断面积(m^2);

Q——通过流道横断面的风量(m^3/s)。

在圆形截面的直线管道风流中,最高风速出现在截面轴心处;但在隧道或非圆截面的管道中,流道的曲直程度、断面形状及大小均有变化,最高风速不一定出现在截面轴线上,同一断面上的流速分布也可能随时间变化。因此,确定断面的平均风速时,必须先测各点的风速,然后计算其平均值。各种技术规范与规程对风速的有关规定都是对断面的平均风速而言的。

2. 隧道风速检测

1)用风表检测

常用的风表有杯式和翼式两种,如图 17-13 所示。

 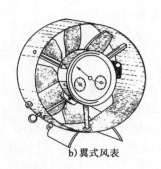

a) 杯式风表   b) 翼式风表

图 17-13　风表

杯式风表用在检测大于 10m/s 的高风速；翼式风表用在检测 0.5~10m/s 的中等风速，具有高灵敏度的翼式风表也可以用在检测 0.1~0.5m/s 的低风速。

杯式和翼式风表内部结构相似，由一套特殊的钟表传动机构、指针和叶轮组成。杯式的叶轮是 4 个杯状铝勺，翼式的叶轮则是 8 张铝片。此外，风表上有一个启动和停止指针转动的小杆，打开时指针随叶轮转动，关闭时叶轮虽转动但指针不动。某些风表还有回零装置，以便从零开始计量风速。

检测时，先回零，待叶轮转动稳定后打开开关，则指针随着转动，同时记录时间。经过 1~2min 后，关闭开关。测完后，根据记录的指针读数和指针转动时间，算出风表指示风速，再用如图 17-14 所示的校正曲线换算成真实风速。风表可以测一点的风速，也可以测隧道的平均风速。

用风表检测隧道断面的平均风速时，测风员应该使风表正对风流，在所测隧道断面上按一定的路线均匀移动风表。通常所采用的线路如图 17-15 所示。

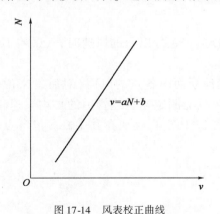

图 17-14　风表校正曲线　　　　图 17-15　用风表检测断面平均风速的线路

根据测风员与风流方向的相对位置，分迎面和侧面两种测风方法。

(1) 迎面法：测风员面向风流站立，手持风表，手臂向正前方伸直，然后按一定的线路使风表均匀移动。由于人体位于风表的正后方，人体的正面阻力减低流经风表的流速，因此，用该法测得的风速 v_s 需经校正后才是真实风速 v，$v = 1.14 v_s$。

(2) 侧面法：测风员背向隧道壁站立，手持风表，手臂向风流垂直方向伸直，然后按一定的线路使风表均匀移动。使用此法时,人体与风表在同一断面内,造成流经风表的流速增加。如果测得风速为 v_s,那么实际风速则为:

$$v = \frac{v_s(S - 0.4)}{S} \tag{17-27}$$

式中:S——所测隧道的断面积(m^2);
  0.4——人体占据隧道的断面积(m^2)。

2)用热电式风速仪和皮托管与压差计检测

热电式风速仪分热线和热球式2种,其原理相同。以 QDF 型热球式风速仪为例,该仪器由热球式探头、电表和运算放大器组成。在测杆的端部有一个直径约0.8mm 的玻璃球,球内绕有加热玻璃球用的镍铬丝线圈和2个串联的热电偶,热电偶的冷端连接在磷铜质的支柱上直接暴露在风流中。当一定大小的电流通过加热线圈后,玻璃球的温度上升,则热电势小,反之热电势大。热电势再经运算放大器后就可以在电表上指示出来,校正后的电表读数即为风流的真实速度。

热电式风速仪操作比较简便,但现有的热电式风速仪易于损坏,灰尘和温度对它有一定的影响,有待进一步改进,以便广泛使用。

皮托管和压差计可用于通风机风筒内高风速的测定,它是通过测量测点的动压,然后按下式换算出测点风速 v_1:

$$v_1 = \sqrt{\frac{2gH_v}{\gamma}} = \sqrt{\frac{2H_v}{\rho}} \tag{17-28}$$

式中:H_v——测点的动压力(Pa);
  g——重力加速度(9.8m/s^2);
  γ——测点周围空气重度(N/m^3);
  ρ——空气密度(kg/m^3)。

皮托管与精度为 0.1Pa 的压差计配合使用,在测定 1.5m/s 以上的风速时,其误差不超过±5%;当风速过低或压差计精度不够时,误差比较大。

热电式风速仪和皮托管与压差计都不能连续累计断面内各点的风速(对后者来说是动压),只能孤立地测定某点风速(动压)。因此,用这类仪器测定隧道或管道的平均风速时,应该把隧道断面划分成若干个面积大致相等的小块(图17-16),再逐块在其中心测量各点的风速 $v_1,v_2,\cdots,v_n$。最后取平均值得平均风速 v,即:

$$v = \frac{v_1 + v_2 + \cdots + v_n}{N} \tag{17-29}$$

式中:N——划分的等面积小块数。

圆形风筒的横断面应划分成若干个等面积的同心圆环(图17-17),每一个等面积圆环里相应地有一个检测圆。用皮托管和压差计测定时,在互相垂直的两个直径上,可以测得每个检测圆的 4 个动压值,由这一系列的动压值就可计算出风筒全断面的平均风速。

检测圆的数量 N,根据被测风筒的直径确定。一般直径为 30~60cm 时 N 取3,直径为 70~100cm 时 N 取4。

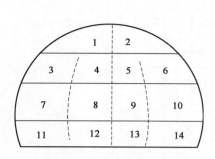 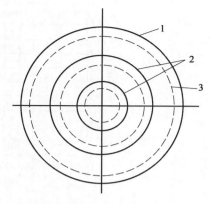

图 17-16　隧道断面划分的等面积小格　　图 17-17　圆形风筒划分的等面积同心部分
1-风筒壁；2-等面积同心部分界线；3-检测圆

由于运营隧道按上述方法现场检测隧道断面风速非常困难，耗时较长，现场条件和交通管制的限制可以改进隧道断面风速的现场检测方法。

借助重庆交通科研设计院的大比尺的模型试验的研究成果可简化隧道断面风速的现场检测方法。正常工况下，隧道中的通风气流可看作不可压缩黏性流体的等温流动，公路隧道内的通风工况可看作定常流动，对于沿隧道纵向的空气运动，其气流一般属于充分发展的紊流，对紊流流态，如隧道断面几何尺寸相似，则流速分布亦相似。试验取气流稳定区域的某一风管断面，测量该断面内各个点的风速，试验中在某一断面均匀布置 5 个观测孔，测试仪可以沿孔轴面移动，共计测试 15 个点来计算平均风速点。

模型试验研究表明，满足充分紊流特征的空气流动，其气流的边界层很薄，绝大多数区域速度相同，实验结果的平均值与隧道断面重心点的风速值很接近，可以固定此点的测试值代表隧道断面的平均风速。隧道纵向的测点布置与隧道的通风方式有关，测点布置应远离射流风机 60m 以上，检测各通风段的风速值，每通风段宜检测 3 个以上的断面。

第四节　运营照明检测

一、基本概念

照明工程中的基本概念较多，为了阐述方便，这里对常用的几个概念作以简介，如读者需要深入了解，请参考有关资料。

1. 光谱光效率

图 17-18 所示为光谱光效率曲线，光谱光效率是人眼在可见光光谱范围内视觉灵敏度的一种度量。在明视觉（照度较高）条件下，人眼对 555nm 光波的视觉灵敏度最高；在暗视觉（照度较低）条件下，人眼对 507nm 光波的视觉灵敏度最高。偏离峰值，无论是短波长，还是长波长，人眼的灵敏度都要下降，离峰值越远，人眼的视觉灵敏度越低。图 17-18 给出了人眼的光谱光效率曲线。

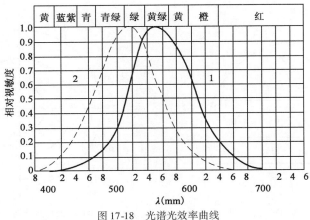

图 17-18 光谱光效率曲线

2. 光通量

光通量是光源发光能力的一种度量,是指光源在单位时间内发出的能被人眼感知的光辐射能的大小。光通量常用符号 Φ 表示,单位为流明(lm)。例如,一只 220V、40W 白炽灯发出的光通量为 350lm;一只 220V、40W 的荧光灯发出的光通量为 2100lm。

3. 光强

光强用于反映光源光通量在空间各个方向上的分布特性,它用光通量的空间角密度来度量。光强常用符号 I 表示,可由下式计算:

$$I = \frac{d\Phi}{d\omega} \tag{17-30}$$

式中:$d\omega$——由(点)光源向外张的微小空间角(锥面所围的空间),若以半径为 r 的球面截取锥面,而被锥面截取的微小球面面积为 dA,则 $d\omega = dA/r^2$;

$d\Phi$——微小空间角 $d\omega$ 内的光通量。

光强单位是坎德拉(cd),1cd = 1lm/sr,坎德拉是国际单位制的基本单位之一。

光强常用于说明光源和灯具发出的光通量在空间各方向上的分布密度。例如,一只 220V、40W 白炽灯发出 350lm 光通量,它的平均光强为 $350/4\pi = 28$cd;若在该灯泡上装一盏白色搪瓷平盘灯罩,则灯的正下方的光强能提高到 70~80cd。虽然两种情况下,光源发出的光通量没变,但后者使光通量在空间分布更集中。

4. 照度

照度是用来表示被照面上光的强弱的,以被照场所光通量的面积密度来表示。取微小面积 dA,入射的光通量为 $d\Phi$,则照度 E 为:

$$E = \frac{d\Phi}{dA} \tag{17-31}$$

对于任意大小的表面积 A,若入射光通量为 φ,则在表面积 A 上的平均照度 E 为:

$$E = \frac{\varphi}{A} \tag{17-32}$$

照度的单位为勒克斯(lx),1lx 即在 1m² 的面积上均匀分布 1lm 光通量的照度值,或者是一个光强为 1cd 均匀发光的点光源,以它为中心,在半径为 1m 的球表面上,各点所形成的照度值。

1lx 的照度是比较小的,在此照度下仅能大致辨认周围物体,要进行区别细小零件的工作则是不可能的。为了对照度有些实际概念,现举几个例子:晴朗的满月夜地面照度约为 0.2lx,白天采光良好的室内照度为 100~500lx,晴天室外太阳散射光(非直射)下的地面照度约为 1000lx,中午太阳光照射下的地面照度可达 100000lx。

5. 亮度

亮度用于反映光源发光面在不同方向上的光学特性。在一个"面"光源上取一个单元面积 $\Delta A'$,从与表面法线成 θ 角的方向去观察,在这个方向上的光强 I_θ 与人眼所"见到"的光源面积 ΔA 及亮度 I_θ 间的关系为:

$$L_\theta = \frac{I_\theta}{\Delta A'} = \frac{I_\theta}{\Delta A \cdot \cos\theta} \tag{17-33}$$

如果 ΔA 是一个理想的漫射发光体或理想漫反射表面的二次发光体,它的光强将按余弦分布。将 $I_\theta = I_0 \cdot \cos\theta$ 代入式(17-33)得:

$$L_\theta = \frac{I_0 \cdot \cos\theta}{\Delta A \cdot \cos\theta} = \frac{I_0}{\Delta A} \tag{17-34}$$

即理想漫射发光体或理想漫反射表面二次发光体的亮度与方向无关。亮度的单位为坎德拉每平方米(cd/m^2)。表 17-12 列出了各种光源的亮度。

各种光源的亮度表　　　　　　　　　　　　　　　　　表 17-12

光　源	亮度(cd/m^2)	光　源	亮度(cd/m^2)
太阳	1.6×10^9	蜡烛	$(0.5 \sim 1.0) \times 10^4$
碳极弧光灯	$(1.8 \sim 12) \times 10^8$	蓝天	0.8×10^4
钨丝灯	$(2.0 \sim 20) \times 10^6$	电视屏幕	$(1.7 \sim 3.5) \times 10^4$
荧光灯	$(0.5 \sim 1.5) \times 10^4$		

在隧道照明中,路面亮度是最重要的技术指标,并且经常把路面的光反射视为理想漫反射。在这种假设下,亮度 L 与照度 E、反射系数 ρ 间存在以下简单的关系:

$$L = \frac{\rho E}{\pi} \tag{17-35}$$

6. 照明检测分类

隧道照明检测可分为试验室检测和现场检测。试验室检测主要对单个灯具的特性或质量进行检测,为照明设计提供依据,或为工程选用合格产品;现场检测则主要对灯群照明下的路面照度、亮度和眩光参数进行检测,用以评价隧道照明工程的设计效果与施工质量。

二、照度检测

1. 检测原理

照度检测一般采用将光检测器和电流表连接起来,并且表头以勒克斯(lx)为单位进行分度构成的照度计。如 JD 系列指针式照度计和数字式照度计,将光电池放到要测量的地方,当它的全部表面被光照射时,由表头可以直接读出照度的数值。由于照度计携带方便、使用简单,因而得到广泛的应用。

通常好的照度计应符合下列要求:

(1)应附有 $V(\lambda)$ 滤光器。常用的光电池(硒、硅)其光谱灵敏度曲线与 $V(\lambda)$ 曲线都有相当大的偏差,这就造成测量光谱能量分布不同的能源,特别是测量非连续光谱的气体放电灯产生的照度时,出现较大的偏差。所以照度计都要给光电池配一个合适的颜色玻璃滤光器,构成颜色滤光器,构成颜色校正光电池。它的光谱灵敏度曲线与 $V(\lambda)$ 曲线相符的程度越好,照度测量的精度越高。

(2)应配合适的余弦校正(修正)器。当光源由倾斜方向照射光电池表面时,光电流输出应当符合余弦法则,即这时的照度应等于光线垂直入射时的法线照度与入射角余弦的乘积。但是,由于光电池表面镜面的反射作用,在入射角较大时,会从光电池表面反射掉一部分光线,致使光电流输出小于上面所说的正确数值。为了修正这一误差,通常在光电池外加一个均匀漫透射材料制成的余弦校正器,如图 17-19 所示。这种光电池组合称为余弦校正光电池,其余弦特性如图 17-20 所示。

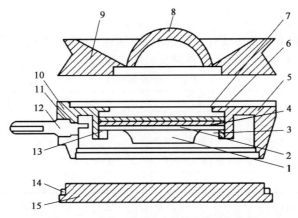

图 17-19 有校正的硒光电池接收器结构示意

1-弹性压接片(正极);2-晒电池;3-导电环(负极);4-光谱修正滤光器;5-磨砂玻璃;6-橡皮;7-凹槽;8-余弦修正器;9-前盖;10-底座;11、14-密封圈;12-插座;13-垫圈;15-后盖

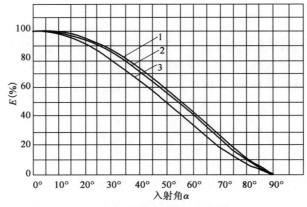

图 17-20 光电池的余弦曲线特性

1-理想的余弦特征曲线;2-光电池修正后的特征曲线;3-光电池未加余弦修正器时的特征曲线

(3)应选择线性度好的光电池。在测量范围内,照度计的读数要与投射到光电池的受光面上的光通量成正比。也就是说,光电流与光电池受光面的照度应呈线性关系。硒光电池的线性度主要取决于外电路的电阻和受光量,外电路的电阻越小,照度越低,线性度越好。

用作低照度测量时,应选择低内阻的硒光电池,它有较高的灵敏度;用作高照度测量时,应选择高内阻的硒光电池,它的灵敏度低而线性响应较好,受强光照射时不易损坏。

(4)硒光电池受强光(1000lx以上)照射时会逐渐损坏,为了测量较大的光强度,硒光电池前应带有几块已知减光倍率的中性减光片。

照度计在使用保管过程中,由于光电池受环境影响,其特性会有所改变,必须定期对照度计进行标定,以保证测量的精度。

照度计的标定可在光具座上进行,如图17-21所示。利用标准光强(烛光)灯,在满足"点光源"(标准灯距光电池的距离是光源尺寸的10倍以上)的条件下,逐步改变硒光电池与标准灯的距离d,记下各个距离时的电流计读数,由距离平方反比律$E = I/d^2$计算光照度,可得到相当于不同光照度的电流计读数。将电流计读数与光照度的关系作图,就是照度计的标定曲线,由此可对照度计进行分度。标定曲线不仅与硒光电池有关,而且与电流计有关,换用硒光电池或电流计时,必须重新标定。

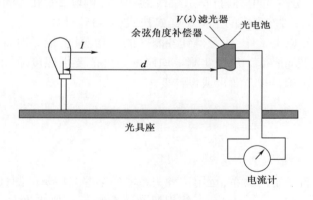

图17-21 标定照度的装置

2. 现场检测

隧道路面的照度检测是隧道照明检测的基本内容之一。一是许多隧道的照明设计参数是直接以照度给出的,二是隧道照明中最为重要的亮度可通过简单公式由照度换算。根据照明区段的不同,隧道照度检测可分为洞口段照度检测和中间段照度检测。

1)纵向照度曲线测试

纵向照度曲线反映洞口段沿隧道中线照度的变化规律。第一个测点可设在距洞口10m处,之后向内每米设一测点,测点深入中间段10m。用便携式照度仪测试各点照度,并以隧道路面中线为横轴、以照度为纵轴绘制隧道纵向照度变化曲线。

2)横向照度曲线测试

横向照度曲线反映照度在隧道路面横向的变化规律。洞口照明段分为入口段和过渡段,过渡段由TR_1、TR_2、TR_3三个照明段组成。测试横向照度时,可在各区段各设一条测线,该线可位于各区段的中部。在各测线上,测点由中央向两边对称布置,间距 0.5m。用便携式照度仪测取各点照度,并以各测线为横轴、以照度为纵轴绘制隧道横向照度变化曲线。横向照度越均匀越好。

3) 加强段路面平均照度检测

加强照明段分为入口段和过渡段,过渡段由 TR_1、TR_2、TR_3 三个照明段组成。测试路面平均照度时,由于加强照明灯具布置的间距较小,各测区长度以 10m 为宜,也可根据灯具间距适应调整,纵向各点间距取灯间距的一半均匀布置即 $d = s/2$,横排由中央向两边对称布置,分取路中心、行车道中线,路缘点,侧墙 2m 处。测取各交点的照度 E_i。若某测区的测点数为 n,则该测区的平均照度 E 为:

$$E = \frac{1}{n}\sum_{i=1}^{n} E_i \tag{17-36}$$

4) 中间段路面平均照度检测

中间段路面的平均照度是隧道照明设计的重要指标,它与整个隧道的照明效果和后期运营费用密切相关。视隧道长度的不同,测区的总长度可占隧道总长度的 5%~10%;各测区基本段路面平均照度检测时测点布置:取灯具间距这一长度均匀布置 10 个点即 $d = s/10$,横排由中央向两边对称布置,分取路中心、行车道中线,路缘点,侧墙 2m 处。测取各交点的照度 E_i。若某测区的测点数为 n,则该测区的平均照度 E 按式(17-36)计算。

对所有的测区重复以上工作,便可得到各测区的平均照度,最后对各测区的照度再平均,即得全隧道基本段的平均照度。比较实测平均照度与规范要求照度或设计照度,便可知道该隧道的中间段照度是否满足规范要求或设计要求。

三、亮度检测

1. 检测原理

光度量之间存在着一定的关系,运用这种关系能使某些光度量的测量变得较为容易,并且能用照度计来测量其他光度量。图 17-22 为测量亮度的原理图。

为了测量表面 S 的亮度,在它的前面距离 d 处设置一个光屏 Q。光屏上有一透镜(透射比为 t),它的面积为 A。在光屏的右方设置照度计作检测器 M,M 与透镜直的距离为 l,M 与透镜的法线垂直。在 l 的尺寸比 A 大得多的情况下,照度计检测器上的照度为:

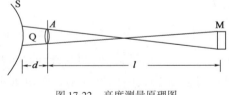

图 17-22 亮度测量原理图

$$E = \frac{1}{l^2} = \frac{\tau L A}{l^2} \tag{17-37a}$$

即

$$L = \frac{E l^2}{\tau A} \tag{17-37b}$$

根据这一原理制成亮度计。亮度计的刻度已由厂家标定。

典型透镜式亮度计如图 17-23 所示。被测光源经过物镜后，在带孔的反射镜上成像，其中一部分光经过反射镜上的小孔到达光电接收器上，另一部分光经过反射镜反射到取景器上，在取景器的目镜后可以用人眼观察被测目标的位置以及被测光源的成像情况。如成像不清楚，可以调节物镜的位置。光电接收器前一般加 $V(\lambda)$ 滤光器以配合人眼的光谱光效率。如果放一些特定的滤色片，还可用来测定光源的颜色。

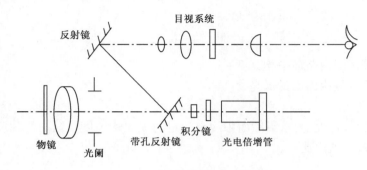

图 17-23　透镜式亮度计原理简图

亮度计的视场角 θ 决定于带孔反射镜上小孔的直径，通常在 $0.1° \sim 2°$；测量不同尺寸和不同亮度的目标物时用不同的视场角。

亮度计可事先用标准亮度板进行检验，在不同标准亮度下对亮度计的读数进行分度。标准亮度板可用标准光强灯照射在白色理想漫射屏上获得。

2. 现场检测

严格地讲，路面某点的亮度与观察它的方向有关；但工程上为了简便，将路面的光反射看成理想漫反射，这样，作为二次光源的路面亮度便与方向无关。传统检测方法根据亮度与照度之间的关系进行换算，即 $L = E/C$，对混凝土路面 $C = 13$，对沥青路面 $C = 22$。目前，随着成像技术与电子技术的不断成熟，已有不同亮度计可直接用于现场亮度检测。本教材就分别对两种亮度检测方法进行介绍。

1) 照度换算测量法

(1) 路面平均亮度(L_{av})

驾驶员观察障碍物的背景，在隧道中主要是路面，只有当路面亮度达到一定值以后，驾驶员才能获得立体感，在此基础上，亮度对比越大越容易察觉障碍物。路面(背景)亮度越高，眼睛的对比灵敏度越好。

路面平均亮度在设计或规范中都有明确的规定。其检测方法可参考中间段路面平均照度检测方法，并根据下式确定：

$$L_{av} = \frac{E_{av}}{C} \tag{17-38}$$

(2) 路面亮度均匀度

保证亮度均匀度是为了给驾驶员提供良好的能见度和视觉上的舒适性。如果亮度高，则均匀度要求可以不很严格。干燥路面和湿路面有很大变化，均匀度也相应有很大变化。严格的均匀度要求，一般限于干燥路面和路面平均亮度较低的情况。

①总均匀度(U_0)

照明装置保证良好的路面平均亮度后,路面上一些局部区域还可能出现最小亮度L_{min}。通常较差的亮度对比都发生在路面较暗的区域,往往影响到对障碍物的辨认。为了使路面上所有区域都有足够的亮度和对比度,提供令人满意的能见度,需要规定路面最小亮度和平均亮度比值的范围。

$$U_0 = \frac{L_{min}}{L_{av}} \quad (17-39)$$

式中:L_{av}——计算区域内路面平均亮度;

L_{min}——计算区域内路面最低亮度。

②纵向均匀度(U_1)

为了提供视觉舒适性,要求沿路面中线有一定的纵向均匀度。纵向均匀度是沿中线局部亮度的最小值和最大值之比。

$$U_1 = \frac{L'_{min}}{L'_{max}} \quad (17-40)$$

路面(墙面)上连续忽明忽暗对驾驶员干扰很大,称为"光斑效应"。当隧道较长时,驾驶员眼睛会很疲劳,影响发现障碍物。

2)亮度成像测量法

亮度成像测量法采用定制的光学系统,通过对测量区域成像亮度分析,根据亮度测量分析软件对测量区域内的亮度进行统计,得出亮度平均值、最大值、最小值、平均亮度、亮度纵向均匀度等指标。

如图17-24所示,光学系统的物镜将被测目标成像到 CCD 的光敏面上,阵列探测器将测量响应值传送到 MCU,MCU 将结果上传至配备有专业软件的计算机中存储和分析。具体测试步骤如下:

(1)进行测量参数设置。
(2)拍摄需要测量的照明区域。
(3)进入隧道/道路亮度分析界面。
(4)在软件界面选择需要亮度分析的区域,如入口段、中间段、出口段、洞外亮度区域等。

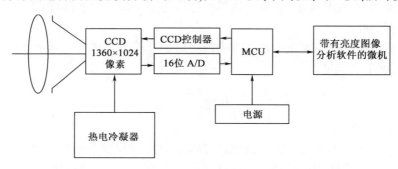

图17-24 亮度成像测量法原理

(5) 在软件界面输入分析区域的横纵间距或分析点数。
(6) 计算出分析区域的平均亮度、亮度均匀度和亮度纵向均匀度等指标。
(7) 导出亮度数据,可根据需要进行详细分析。

四、眩光检测

进一步评价隧道的照明质量,需要检测隧道照明的各项眩光参数。隧道照明的眩光可以分为 2 类:失能眩光和不舒适眩光。前者表示照明设施造成的能见度损失,用被测试对象亮度对比的阈值增量(T_1)表示。失能眩光是生理上的过程,是表示由生理眩光导致辨认能力降低的一种度量。后者表示在眩光感觉中的动态驾驶条件下,对隧道照明设施的评价。该眩光降低驾驶员驾驶的舒适程度,用眩光控制等级(G)表示。不舒适眩光是心理上的过程。

1. 失能眩光

这种眩光导致的识别能力下降,是由于光在眼睛里发生散射过程造成的。来自眩光光源的光在视网膜方向上的散射会引起光幕(等效光幕)作用,在视网膜方向上的散射程度越大,光幕作用越大。在眩光条件下的总视感,必须把光幕亮度叠加在无眩光时景物成像亮度之上。等效光幕亮度(L_v)可按以下经验公式计算:

$$L_v = K\left(\frac{E_{\text{眼}1}}{\theta_1^2} + \frac{E_{\text{眼}2}}{\theta_2^2} + \cdots\right) = K\sum_1^n \frac{E_{\text{眼}i}}{\theta_i^2} \tag{17-41}$$

式中:$E_{\text{眼}i}$——第 i 个眩光光源在眼睛(与视线相垂直的平面上)产生的照度;

θ_i——视线与第 i 个眩光光源入射到眼睛的光线之间形成的夹角;

K——年龄因素(平均值为 10)。

通常在隧道照明中,对 $1\sim 5\mathrm{cd/m^2}$ 之间的平均亮度,阈增量 T_1 可由光幕亮度的数值和平均路面亮度值结合对比灵敏度确定:

$$T_1(\%) = \frac{65 L_v}{L_{av}^{0.8}} \times 100 \tag{17-42}$$

2. 不舒适眩光

眩光造成的不舒适感,是用眩光控制等级(G)表示所感到的不舒适程度的主观评价。这种主观评价取决于各种照明器和其他照明装置的特性,可以用下列经验关系式描述:

$$G = f(I_{80}, I_{88}, F, \Delta C, L_{av}, h', P) \tag{17-43}$$

式中:I_{80}、I_{88}——照明器在同路轴平行的平面内,与垂直轴形成 80°、88°方向上的光强值(cd);

F——照明器在同路轴平行的平面内,投影在 76°角方向上的发光面积($\mathrm{m^2}$);

ΔC——光的颜色修正系数,对于低压钠灯($\Delta C = 0.4$);

L_{av}——平均路面亮度($\mathrm{cd/m^2}$);

h'——水平视线距灯的高度(m);h' = 灯的安装高度 $-1.5\mathrm{m}$;

P——每 1km 安装的照明器个数。

经验计算公式为:

$$G = 13.84 - 3.31\lg I_{80} + 1.3\left(\lg\frac{I_{80}}{I_{88}}\right)\frac{1}{2} - 0.81\lg\frac{I_{80}}{I_{88}} + 1.29\lg F +$$
$$\Delta C + 0.97\lg L_{av} + 4.41\lg h' + 1.46\lg P \tag{17-44}$$

公式中各参数的调整范围是：

$50 \leq I_{80} \leq 7000(cd)$，$1 \leq I_{88} \leq 50(cd)$，$0.007 \leq F \leq 0.4(m^2)$，$0.3 \leq L_{av} \leq 7(cd/m^2)$，$5 \leq h' \leq 20(m)$，$20 \leq P \leq 100$，灯的排数为 1 或 2。

眩光等级 G 与主观上对不舒适感觉评价的相应关系为：

$G=1$：无法忍受；$G=2$：干扰；$G=5$：允许的极限；$G=7$：满意；$G=9$：无影响。

光强可由照明器配光曲线查出，或经室内试验测取。

五、照明灯具光强分布检测

1. 检测原理

测量光强主要应用直尺光度计（光轨），见图 17-25。它由以下几部分组成：能在光具座 A 上移动的光头 B、已知光强度的标准光源 S、旋转待测光源 C 的活动台架和防止杂散光的黑色挡屏 D 等。用光度镜头，对标准光源的已知光强进行比较。光度镜头可由光电池构成。使用光电池光度镜头时，使灯与光电池保持一定的距离，先对标准灯测得一个光电流值 i_s，然后以被测灯代替标准灯测得另一个光电流值 i_t。假设标准灯的已知光强为 I_s，则被测光强 I_t 为：

$$I_t = \frac{i_t}{i_s} I_s \tag{17-45}$$

或者，分别改变被测灯和标准灯与光电池的距离 L_t、L_s，使其得到相等的光电流。此时，被测灯的光强可由下式求出：

$$I_t = \left(\frac{L_t}{L_s}\right)^2 I_s \tag{17-46}$$

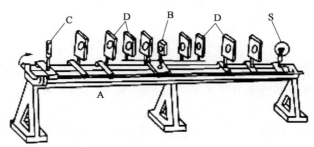

图 17-25　测试光强度的装置

在实际测量照明器的光强时，为了使式（17-46）准确成立，距离 L 取得必须大[当为光源最大尺寸的 5 倍以上时，使用式（17-46）引起的误差小于 1%]。

2. 检测方法

本节以测量一台室内照明器的配光特性为例，介绍照明器光强分布（配光曲线）的测量方法。

1)测量装置及要求

室内照明器使用时光轴垂直向下,采用立式分布光度计,使用 C-γ 坐标系统。为保证光强测量的精度(要求测量值与实际值的差异不大于 ±5%),有如下要求。

(1)光电池

工作要稳定(包括它的工作线路),暴露在高照度下不会发生疲劳,对不同量程都有线性响应;光电池的光谱灵敏度要符合 CIF 光谱光效率曲线;由于光电池得到的读数是其本身受光面的平均照度,要求光电池的面积对照明器的张角不大于 $0.25°$。

(2)分布光度计

分布光度计能刚性架着照明器,并能提供照明器在两个方向转动,保证能测任意角度上的光强;角度误差随光束扩散角的不同而不同,若光束扩散角用 α 表示,角度误差用 δ 表示,则应符合下列要求:

$$2° < \alpha < 4° \quad -0.1° \leqslant \delta \leqslant 0.1°$$
$$4° < \alpha < 8° \quad -0.2° \leqslant \delta \leqslant 0.2°$$
$$\alpha > 8° \quad -0.4° \leqslant \delta \leqslant 0.4°$$

(3)测试距离

测试距离需要足够长,以保证照度的平方反比定律完全成立。一般不小于 3m 或不小于照明器发光口面上最大线度的 5 倍。

(4)照明器光度中心的确定

照明器光度中心的确定对测试距离有影响,确定方法如下:

①对于嵌入式照明器(格栅和全部直接光的照明器),测量距离应从照明器出光口(顶棚平面)算起。

②对于侧面发光的照明器(如直接—间接型照明器吸顶安装),测量距离应从发光体的任何中心算起,且在测光时应设置一块模拟顶棚的挡板,以符合照明器使用条件。

③对于悬挂式照明器:

a. 光源的光中心在反射器内,且没有折射器,测量距离应从照明器出光口面算起。

b. 光源的光中心不在反射器内,且没有折射器,测量距离应从光源中心算起。

c. 如有折射器,则测量距离应从折射器几何中心算起。

(5)环境温度

不同光源测试时,对环境温度要求不同。管状荧光灯要求 25°C±2°C;HID 灯要求 25°C±5°C;白炽灯没有明确规定。空气流动与空调都会对测量有影响;当差别超过 2% 时,需要修正。

(6)电源电压

避免电源电压对测量结果的影响,可采用稳压电源装置。稳定精度:白炽灯 ≤ ±0.2%;气体放电灯 ≤ ±0.5%;各谐波的均方根值不超过基波波形的 3%;频率稳定精度为 ±0.5%;输出阻抗为低阻抗。

(7)光源

测试前光源必须经过老练,以保证测试过程中发出的光通量恒定不变或只有极微小的变化。钨丝灯和管状荧光灯老练 100h,其他灯老练 200h(老练方式是点燃 4h,关闭 15min 作为一周期)。

(8) 照明器在光度计上稳定

在不小于 15min 的间隔里,连续测定 3 次光强;若它们之间的变化小于 1%,可以认为灯在光度计上已趋稳定,可以进行光度测量。

2) 测量依据

根据照度的平方反比定律可知:

$$E(\gamma) = \frac{I(\gamma)}{L^2} \quad (17\text{-}47a)$$

$$I(\gamma) = E(\gamma)L^2 \quad (17\text{-}47b)$$

式中:$E(\gamma)$——被测光源或照明器在 γ 方向上的测试照度值;

$I(\gamma)$——光源或照明器在 γ 方向上的光强值;

L——测试距离。

若把光强在空间分布的球体分解成一个个球带,则光源光通量 Φ_s 为:

$$\Phi_s = \sum_1^n \Phi\omega = \sum_1^n I_s(\gamma)\mathrm{d}\omega \quad (17\text{-}48)$$

将式(17-47)代入式(17-48),简化后可得:

$$\Phi_s = \sum_1^n E_s(\gamma) \cdot 2\pi \cdot (\cos\gamma_1 - \cos\gamma_2)l^2$$

$$= L^2 \sum_1^n E_s(\gamma) \cdot C(\gamma) \quad (17\text{-}49)$$

式中:γ_1、γ_2——球带的起始角度与终止角度(图 17-26);

$C(\gamma)$——球带系数,$C(\gamma) = 2\pi(\cos\gamma_1 - \cos\gamma_2)$;

$E_s(\gamma)$——光源在 γ 方向上的测试照度值。

通常配光曲线是按光源光通量为 1000lm 给出的,故引进折算系数 K:

$$K = \frac{1000L^2}{\Phi_s} = \frac{1000}{\sum_1^n E_s(\gamma) \cdot C(\gamma)} \quad (17\text{-}50)$$

则照明器的光强分布表达式可写成:

$$I_L(\gamma) = E_L(\gamma)K \quad (17\text{-}51)$$

式中:$I_L(\gamma)$——照明器在 γ 方向上的光强值;

$E_L(\gamma)$——照明器在 γ 方向上的测试照度值;

K——折算系数。

综合式(17-33)和式(17-34)可知:在测试时,只要接收器(光电池)围绕光源转一圈测得光源在各个方向的照度值 $E_s(\gamma)$,然后用同样的方法测得照明器在各个方向的照度值 $E_L(\gamma)$,即可求得照明器的光强分布(一个 C 平面上的)。这种方法称为相对测量法。

对于任一测光平面 C 上的光强分布,参照式(17-51)可写出下式:

$$I(C,\gamma) = E_L(C,\gamma) \cdot K \quad (17\text{-}52)$$

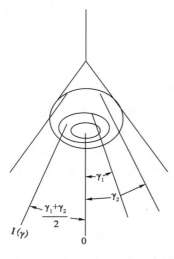

图 17-26 球带与光通计算

3）测量步骤

（1）光源光通的测量

①光源在光度计上安装时,使其呈水平(垂直)位置,避免产生冷端,也要避免光源的性能带来的影响。

②采用以 10° 为间隔的球带光通测量时,测量 10° 的中间点值,即测点 γ 角为 5°、15°、25°……将此值乘以球带系数,就代表该球带内的光通量,这样把 18 个累加就得到相应的光源光通量。式(17-50)表示的折算系数 K 也可求得。

③在测量过程中要经常校验灯是否处在稳定状态。方法是比较每次在过光源轴线中心垂直线方向(铅垂线)上的读数,此读数变化不应超过 2%。

（2）照明器光强的测量

①光强测量一般在相互间隔为 30° 的 12 个半平面(过灯轴线子午面)上进行,也有在间隔 15° 或 22.5° 等几种方法下进行的。其中一个半平面必须通过照明器的对称轴线,在每个半平面上可采用 10° 球带的中点角度法进行测量。

②对于具有旋转对称分布的照明器,可以将所有读数(指同一球带上)平均后代表该球带上的光强;对于光分布具有两个对称平面的照明器(如直管形荧光灯具),可取各对称平面上相应方向上的值求平均后代表照明器在该平面上的光强。

③照明器在测量过程中也要校验灯是否处在稳定状态;方法是每次测量照明器垂直方向上的光强变化不应超过 2%。

4）光强分布曲线(配光曲线)及其数值

（1）这是以 cd/1000 lm 为单位的极坐标照明器配光曲线。

（2）旋转对称的配光,采用过铅垂线一个平面中的光强表示(该值往往是几个过子午面上的平均值)。

（3）对于非对称配光,往往用两个或两个以上的配光曲线表示,并要标出配光曲线所表征的平面。例如直管形荧光灯具往往取平行于灯管与垂直于灯管两个子午面上的配光曲线。

（4）在给出配光曲线的同时,用表列出 5°、15°、25°、…、165°、175° 等角度上的照明器光强值。

第十八章

运营隧道结构检查

第一节 概 述

运营隧道结构检查是隧道运营管理中的一项重要工作,通过结构检查,了解隧道土建结构的技术状况,为隧道维修、保养以及隧道安全运营管理提供科学依据。

《公路隧道养护技术规范》(JTG H12—2015)提出了公路隧道分级养护的理念,根据公路等级、隧道长度和交通量大小,公路隧道养护可分为三个等级,并根据隧道养护等级对我国隧道结构检测、分级标准及技术状况评定方法进行了规范。不同养护等级的隧道,其结构检查的频率有一定的区别,养护等级分级标准见表18-1及表18-2。

高速、一级公路隧道养护等级分级表　　　　　表18-1

单车道年平均日交通量 [pcu/(d·ln)]	隧道长度(m)			
	$L > 3000$	$3000 \geqslant L > 1000$	$1000 \geqslant L > 500$	$L \leqslant 500$
≥10001	一级	一级	一级	二级
5001~10000	一级	一级	二级	二级
≤5000	一级	二级	二级	三级

二级及二级以下公路隧道养护等级分级表　　　　　表18-2

年平均日交通量 (pcu/d)	隧道长度(m)			
	$L > 3000$	$3000 \geqslant L > 1000$	$1000 \geqslant L > 500$	$L \leqslant 500$
≥10001	一级	二级	二级	三级
5001~10000	二级	二级	三级	三级
≤5000	二级	三级	三级	三级

根据检测目的、内容和范围和不同,隧道检测可分为经常性检查、定期检查、应急检查和专项检查。

第二节 结构检查及技术状况评定

一、经常性检查

经常检查是对土建结构的外观技术状况进行的一般性定性检查。

1. 检查频率

根据隧道养护等级的不同,经常性检测的工作频率应不低于表 18-3 规定的频率;当某一分项技术状况评定状况值为 3 或 4 时(表 18-7~表 18-16),或在极端天气后发现异常情况时,应提高相应地段或相应分项的经常检查频率。

公路隧道结构经常检查频率表　　　　　表 18-3

检查分类	养护等级		
	一级	二级	三级
经常检查	1 次/月	1 次/2 月	1 次/季度

2. 检查方法

经常检查一般采用目测方法,配合以简单的检查工具进行。检查完成后,应翔实记述检查项目的缺损类型,估计缺损范围和程度以及养护工作量,对异常情况做出缺损状况判定分类,并提出相应的养护措施。

3. 检查内容及判定标准

经常检查的结论以定性判断为主,对各个检查项目的判定结果分为情况正常、一般异常、严重异常三种情况,检查内容和判定标准宜按表 18-4 执行。

经常性检查内容和判定标准　　　　　表 18-4

项目名称	检查内容	判定描述	
		一般异常	严重异常
洞口	边(仰)坡有无危石、积水、积雪;洞口有无挂冰;边沟有无淤塞;构造物有无开裂、倾斜、沉陷等	存在落石、积水、积雪隐患;洞口局部挂冰;构造物局部开裂、倾斜、沉陷,有妨碍交通的可能	坡顶落石、积水漫流或积雪崩塌;洞口挂冰掉落路面;构造物因开裂、倾斜或沉陷而致剥落或失稳;边沟淤塞,已妨碍交通
洞门	结构开裂、倾斜、沉陷、错台、起层、剥落;渗漏水(挂冰)	侧墙出现起层、剥落;存在渗漏水或结冰,尚未妨碍交通	拱部及其附近部位出现剥落;存在喷水或挂冰等,已妨碍交通
衬砌	结构裂缝、错台、起层、剥落	衬砌起层,且侧壁出现剥落状况,尚未妨碍交通,将来可能构成危险	衬砌起层,且拱部出现剥落状况,已妨碍交通
	渗漏水	存在渗漏水,尚未妨碍交通	大面积渗漏水,已妨碍交通
	挂冰、冰柱	存在结冰现象,尚未妨碍交通	拱部挂冰,形成冰柱,已妨碍交通
路面	落物、油污、滞水或结冰;路面拱起、坑槽、开裂、错台等	存在落物、滞水、结冰、裂缝等,尚未妨碍交通	拱部落物,存在大面积路面滞水、结冰或裂缝,路面拱起、坑槽、开裂、错台,已妨碍交通

续上表

项目名称	检查内容	判定描述	
		一般异常	严重异常
检修道	结构破损;盖板缺损;栏杆变形、损坏	栏杆变形、损坏;道板缺损;结构破损,尚未妨碍交通	栏杆局部毁坏或侵入建筑限界;道路结构破损,已妨碍交通
排水设施	缺损、堵塞、积水、结冰	存在缺损、积水或结冰,尚未妨碍交通	沟管堵塞,积水漫流,结冰,设施缺损严重,已妨碍交通
吊顶及各种预埋件	变形、缺损、漏水(挂冰)	存在缺损、漏水,尚未妨碍交通	缺损严重,或从吊顶板漏水严重,已妨碍交通
内装饰	脏污、变形、缺损	存在缺损,尚未妨碍交通	缺损严重,已妨碍交通
标志、标线轮廓标	是否完好	存在脏污、部分缺失,可能会影响交通安全	基本缺失或严重缺失,影响行车安全

当经常检查中发现隧道存在一般异常情况时,应进行监视、观测或做进一步检查;当经常检查中发现隧道存在严重异常情况,应采取措施进行处治,若对其产生原因及详细情况不明时,还应做定期检查或专项检查。

二、定期检查

定期检查是按规定周期对土建结构的技术状况进行的全面检查,主要目的在于发现异常情况和原有异常情况的发展变化。通过定期检查,可系统掌握隧道结构各分项的技术状况和功能状况,进而可进行土建结构总体技术状况评定,为制订养护工作计划提供依据。

1. 检查频率

定期检查的频率宜根据隧道技术状况确定,一般可按表18-5 要求进行,宜每年检查1 次,最长不得超过3 年检查1 次。当经常检查中发现某重要分项技术状况评定状况值为3 或4 时(表18-7~表18-16),应立即开展一次定期检查。定期检查宜安排在春季或秋季进行。新建隧道应在交付使用1 年后进行首次定期检查。

公路隧道结构定期检查频率表　　　　表18-5

检查分类	养护等级		
	一级	二级	三级
定期检查	1次/年	1次/2年	1次/3年

2. 检查方法

定期检查需要配备必要的检查工具或设备,进行目测或量测检查。检查时,要求尽量靠近结构,依次逐段检查隧道各个结构部位,注意发现异常情况和原有异常情况的发展变化;对于有异常情况的结构,应在其适当位置做出标记;此外,检查结果宜尽可能量化。在逐段对隧道土建结构各分项技术状况进行评定的基础上,再进行土建结构技术状况评定。

定期检查所需的仪器设备及工具:

(1)尺寸测量:卷尺、游标卡尺、水准仪、激光断面仪等。

(2)裂缝检查:带刻度的放大镜、宽度测定尺、测针、标线、裂缝测宽、测深仪等。

(3)衬砌结构检查:锤子、回弹仪、超声波仪、地质雷达等。

(4)漏水检查:pH 试验纸、温度计等。

(5)路面检查:摩擦系数测定仪、平整度仪等。

(6)照明器具:卤素灯或目测灯、手电筒。

(7)记录工具:隧道结构病害展布记录纸、记录本、照相机或摄像机。

(8)升降设备:可移动台架、升降台车。

此外,近年来,用于隧道衬砌内表面病害连续扫描记录的隧道车载摄像和激光扫描技术已有发展,在国内外均已有成功应用的专业装备。

3. 检查内容及判定标准

定期检查内容详见表 18-6。由于隧道衬砌结构类型、洞门形式、内装形式的不同,不同的隧道,定期检查的重点及内容也会有差异。

定期检查内容表　　　　　表 18-6

项目名称	检查内容
洞口	山体滑坡、岩石崩塌的征兆及其发展趋势;边坡、碎落台、护坡道的缺口、冲沟、潜流涌水、沉陷、塌落等及其发展趋势
洞口	护坡、挡土墙的裂缝、断缝、倾斜、鼓肚、滑动、下沉的位置、范围及其程度,有无表面风化、泄水孔堵塞、墙后积水、地基错台、空隙等现象及其程度
洞门	墙身裂缝的位置、宽度、长度、范围或程度
洞门	结构倾斜、沉陷、断裂范围、变位量、发展趋势
洞门	洞门与洞身连接处环向裂缝开展情况、外倾趋势
洞门	混凝土起层、剥落的范围和深度,钢筋有无外露、受到锈蚀
洞门	墙背填料流失范围和程度
衬砌	衬砌裂缝的位置、宽度、长度、范围或程度,墙身施工缝开裂宽度、错位量
衬砌	衬砌表层起层、剥落的范围和深度
路面	路面拱起、沉陷、错台、开裂、溜滑的范围和程度;路面积水、结冰等范围和程度
检修道	检修道毁坏、盖板缺损的位置和状况;栏杆变形、锈蚀、缺损等的位置和状况
排水系统	结构缺损程度,中央窨井盖、边沟盖板等完好程度,沟管开裂漏水状况;排水沟(管)、积水井等淤积堵塞、沉沙、滞水、结冰等状况
吊顶及各种预埋件	吊顶板变形、缺损的位置和程度;吊杆等预埋件是否完好、有无锈蚀、脱落等危及安全的现象及其程度;漏水(挂冰)范围及程度
内装饰	表面脏污、缺损的范围和程度;装饰板变形、缺损的范围和程度等
标志、标线、轮廓标	外观缺损、表面脏污状况,连接件牢固状况、光度是否满足要求等

隧道洞口、洞门、衬砌结构、衬砌渗漏水、路面、检修道、排水设施、吊顶及预埋件、内装饰、交通标志标线等各分项技术状况评定标准应按表 18-7～表 18-16 进行。

隧道洞口技术状况评定标准　　　　　表 18-7

状况值	技术状况描述
0	完好,无破坏现象
1	山体及岩体、挡土墙、护坡等有轻微裂缝产生,排水设施存在轻微破坏

续上表

状况值	技术状况描述
2	山体及岩体裂缝发育,存在滑坡、崩塌的初步迹象,坡面树木或电线杆轻微倾斜,挡土墙、护坡等产生开裂、变形,土石零星掉落,排水设施存在一定裂损、阻塞
3	山体及岩体严重开裂,坡面树木或电线杆明显倾斜,挡土墙、护坡等产生严重开裂、明显的永久变形,墙角或坡面有土石堆积,排水设施完全堵塞、破坏,排水功能失效
4	山体及岩体有明显而严重的滑动、崩塌现象,挡土墙、护坡断裂、外倾失稳、部分倒塌,坡面树木或电线杆倾倒等

隧道洞门技术状况评定标准　　　　表 18-8

状况值	技术状况描述
0	完好,无破坏现象
1	墙身存在轻微的开裂、起层、剥落
2	墙身结构局部开裂,墙身轻微倾斜、沉陷或错台,壁面轻微渗水,尚未妨害交通
3	墙身结构严重开裂、错台;边墙出现起层、剥落,混凝土块可能掉落或已有掉落;钢筋外露,受到锈蚀,墙身有明显倾斜、沉陷或错台趋势,壁面严重渗水(挂冰),将会妨害交通
4	洞门结构大范围开裂、砌体断裂、混凝土块可能掉落或已有掉落;墙身出现部分倾倒、垮塌,存在喷水或大面积挂冰等,已妨碍交通。

衬砌破损技术状况评定标准　　　　表 18-9

状况值	技术状况描述	
	外荷载作用所致	材料劣化所致
0	结构无裂损、变形和背后空洞	材料无劣化
1	出现变形、位移、沉降和裂缝,但无发展或已停止发展	存在材料劣化,钢筋表面局部腐蚀,衬砌无起层、剥落,对断面强度几乎无影响
2	出现变形、位移、沉降和裂缝,发展缓慢,边墙衬砌背后存在空隙,有扩大的可能性	材料劣化明显,钢筋表面全部生锈、腐蚀,断面强度有所下降,结构物功能可能受到损害
3	出现变形、位移、沉降、裂缝密集,出现剪切性裂缝,发展速度较快;边墙处衬砌压裂,导致起层、剥落,边墙混凝土有可能掉下;拱部背面存在大的空洞,上部落石可能掉落至拱背;衬砌结构侵入内轮廓界限	材料劣化严重,钢筋断面因腐蚀而明显减小,断面强度有相当程度的下降,结构物功能受到损害;边墙混凝土起层、剥落、混凝土块可能掉落或已有掉落
4	衬砌结构发生明显的永久变形,裂缝密集,出现剪切性裂缝,裂缝深度贯穿衬砌混凝土,并且发展快速;由于拱顶裂缝密集,衬砌开裂,导致起层、剥落,混凝土块可能掉下;衬砌拱部背面存在大的空洞,且衬砌有效厚度很薄,空腔上部可能掉落至拱背;衬砌结构侵入建筑限界	材料劣化非常严重,断面强度明显下降,结构物功能损害明显;由于拱部材料劣化,导致混凝土起层、剥落,混凝土块可能掉落或已有掉落

衬砌渗漏水技术状况评定标准　　　　　　　　　　表 18-10

状况值	技术状况描述
0	无渗漏水
1	衬砌表面存在浸渗,对行车无影响
2	衬砌拱部有滴漏,侧墙有小股涌流,路面有浸渗但无积水,拱部、边墙因渗水少量挂冰,边墙脚积冰;不久可能会影响行车安全
3	拱部有涌流、侧墙有喷射水流,路面积水,沙土流出,拱部衬砌因渗水形成较大挂冰、胀裂,或涌水积冰至路面边缘,影响行车安全
4	拱部有喷射水流,侧墙存在严重影响行车安全的涌水,地下水从检查井涌出,路面积水严重,伴有严重的沙土流出和衬砌挂冰,严重影响行车安全

隧道路面技术状况评定标准　　　　　　　　　　表 18-11

状况值	技术状况描述
0	路面完好
1	路面有浸湿、轻微裂缝、落物等,引起使用者轻微不舒适感
2	路面有局部的沉陷、隆起、坑洞、表面剥落、露骨、破损、裂缝、轻微积水,引起使用者明显的不舒适感,可能会影响行车安全
3	路面出现较大面积的沉陷、隆起、坑洞、表面剥落、露骨、破损、裂缝、积水严重等,影响行车安全;抗滑系数过低引起车辆打滑
4	路面大面积的明显沉陷、隆起、坑洞,路面板严重错台、断裂,表面剥落、露骨、破损、裂缝,出现漫水、结冰或堆冰,严重影响交通安全,可能导致交通意外事故

检修道技术状况评定标准　　　　　　　　　　表 18-12

状况值	技术状况描述	
	定性描述	定量描述
0	护栏、路缘石及检修道面板均完好	—
1	护栏变形,路缘石或检修道面板少量缺角、缺损,金属有局部锈蚀,尚未影响其使用功能	护栏、面板、路缘石损坏长度≤10%,缺失长度≤3%
2	护栏变形损坏、螺栓松动、扭曲,金属表面锈蚀,部分路缘石或检修道面板缺损、开裂,部分功能丧失,可能会影响行人和交通安全	护栏、面板、路缘石损坏长度>10%且≤20%,缺失长度>3%且≤10%
3	护栏倒伏、严重损坏,侵入限界,路缘石或检修道面板缺损开裂或缺失严重,原有功能丧失,影响行人和交通安全	护栏、面板、路缘石损坏长度>20%,缺失长度>10%

洞内排水设施技术状况评定标准　　　　　　　　　　表 18-13

状况值	技术状况描述
0	设施完好,排水功能正常
1	结构有轻微破损,但排水功能正常
2	轻微淤积,结构有破损,暴雨季节出现溢水,可能会影响交通安全

续上表

状况值	技术状况描述
3	严重淤积,结构较严重破损,溢水造成路面局部积水、结冰,影响行车安全
4	完全阻塞,结构严重破损,溢水造成路面积水漫流、大面积结冰,严重影响行车安全

吊顶及预埋件技术状况评定标准 表18-14

状况值	技术状况描述
0	吊顶完好
1	存在轻微变形、破损、浸水,尚未妨碍交通
2	吊顶破损、开裂,滴水,吊杆等预埋件锈蚀,尚未影响交通安全
3	吊顶存在较严重的变形、破损,出现涌流、挂冰,吊杆等预埋件严重锈蚀,可能影响交通安全
4	吊顶严重破损、开裂甚至掉落,出现喷涌水、严重挂冰,各种预埋件和悬吊件严重锈蚀或断裂,各种桥架和挂件出现严重变形或脱落,严重影响行车安全

注:本分项含各种灯具、通风机等拱顶设备的悬吊结构评定。

内装饰技术状况评定标准 表18-15

状况值	技术状况描述	
	定性描述	定量描述
0	内装饰完好	—
1	个别内装饰板或瓷砖变形、破损,不影响交通	损坏率≤10%
2	部分内装饰板或瓷砖变形、破损、脱落,对交通安全有影响	损坏率>10%,且≤20%
3	大面积内装饰板或瓷砖变形、破损、脱落,严重影响行车安全	损坏率>20%

交通标志标线技术状况评定标准 表18-16

状况值	技术状况描述	
	定性描述	定量描述
0	完好	—
1	存在脏污、不完整,尚未妨碍交通	损坏率≤10%
2	存在脏污、部分脱落、缺失,可能会影响交通安全	损坏率>10%,且≤20%
3	大部分存在脏污、脱落、缺失,影响行车安全	损坏率>20%

土建结构技术状况评分按下式计算:

$$JGCI = 100 \cdot \left[1 - \frac{1}{4}\sum_{i=1}^{n}\left(JGCI_i \times \frac{w_i}{\sum_{i=1}^{n}w_i}\right)\right] \quad (18\text{-}1)$$

式中:w_i——分项权重;

$JGGI_i$——分项状况值,值域 0~4。

分项状况值 $JGGI_i$ 计算按下式。

$$JGGI_i = \max(JGGI_{ij}) \quad (18\text{-}2)$$

式中：$JGGI_{ij}$——各分项检查段落状况值；

j——检查段落号，按实际分段数量取值。

其中土建结构各分项目权重 w_i 按下表 18-17 取值。

土建结构各分项权重表 表 18-17

分项		分项权重 w_i	分项	分项权重 w_i
洞口		15	检修道	2
洞门		5	排水设施	6
衬砌	结构破损	40	吊顶及预埋件	10
	渗漏水		内装	2
路面		15	交通标志、标线	5

土建结构技术状况评定分类界限值宜按表 18-18 规定执行。

土建结构技术状况等级界限值 表 18-18

技术状况评分	土建结构技术状况评定分类				
	1 类	2 类	3 类	4 类	5 类
JGCI	≥85	≥70，<85	≥55，<70	≥40，<55	<40

土建结构技术状况评定时，当洞口、洞门、衬砌、路面和吊顶及预埋件的技术状况评定状况值达到 3 或 4 时，对应土建结构技术状况应直接评为 4 类或 5 类。

在公路隧道技术状况评价中，有下列情况之一时，隧道土建技术状况评定应评为 5 类隧道：

(1)隧道洞口边仰坡不稳定，出现严重的边坡滑动、落石等现象。

(2)隧道洞门结构大范围开裂、砌体断裂、脱落现象严重，可能危及行车道内的通行安全。

(3)隧道拱部衬砌出现大范围开裂、结构性裂缝深度贯穿衬砌混凝土。

(4)隧道衬砌结构发生明显的永久变形，且有危及结构安全和行车安全的趋势。

(5)地下水大规模涌流、喷射，路面出现涌泥沙或大面积严重积水等威胁交通安全的现象。

(6)隧道路面发生严重隆起，路面板严重错台、断裂，严重影响行车安全。

(7)隧道洞顶各种预埋件和悬吊件严重锈蚀或断裂，各种桥架和挂件出现严重变形或脱落。

三、应急检查

应急检查是在隧道遭遇自然灾害(地震、火灾、洪水等)、发生交通事故或出现其他异常事件后，为了查明缺损状况、采取应急措施，而对遭受影响的结构进行的详细检查。

应急检查的内容和方法原则上与定期检查相同，但主要针对发生异常情况或者受异常事件影响的结构或结构部位作重点检查，以掌握其受损情况。应急检查应根据受异常事件影响的结构，决定采取的检查方法、工具和设备。

应急检查结果的记录、评定标准与定期检查相同。检查完成后，应提交应急检查报告，总结检查内容和结果，评估异常事件的影响，确定合理的对策措施。

四、专项检查

专项检查是根据经常检查、定期检查和应急检查的结果,对于需要进一步查明缺损或病害产生原因而进行的更深入的专门检测,其目的是为制订病害处治方案提供基础资料,更多情况是针对破损或病害局部开展的检查,检查项目可按表 18-19 选择执行。

专项检查项目表　　　　　　　　表 18-19

检查项目		检查内容
结构变形检查	公路线形、高程检查	公路中线位置、路面高度、缘石高度以及纵、横坡度等测量
	隧道横断面检查	隧道横断面测量、周壁位移测量(与相邻或完好断面比较)
	净空变化检查	隧道内壁间距测量(自身变化比较)
裂缝检查	裂缝调查	裂缝的位置、宽度、长度、开展范围或程度等
	裂缝检测	裂缝的发展变化趋势及其速度;裂缝的方向及深度等
漏水检查	漏水调查	漏水的位置、水量、浑浊程度、冻结及原有防排水系统的状态等
	漏水检测	水温、pH 值检查、电导度检测、水质化学分析
	防排水系统	拥堵、破坏情况
材质检查	衬砌强度检查	强度简易测定,钻孔取芯、各种强度试验等
	衬砌表面病害	起层、剥落、蜂窝、麻面、孔洞、露筋等
	混凝土碳化深度检测	采用酚酞液检查混凝土的碳化深度
	钢筋锈蚀检测	剔凿检测法、电化学测定法、综合分析判定法
衬砌及围岩状况检查	无损检查	无损检测衬砌厚度、空洞、裂缝和渗漏水等,以及钢筋、钢拱架、衬砌配筋位置及保护层厚度、围岩状况、仰拱充填层密实及其下岩溶发育情况
	钻孔检查	钻孔测定衬砌厚度等、内窥镜观测衬砌及围岩内部状况
荷载状况检查	衬砌应力及拱背压力检查	衬砌不同部位的应力及其变化,拱背压力的分布及其变化
	水压力检查	地下水丰富的隧道检查衬砌背后水压力大小、分布及变化规律

专项检查的项目通常由定期检查或应急检查结果确定,某些检测需要专业的检测手段和设备,专项检查的内容、目的不同,选择的检测方法、手段也可能不相同。

第三节　衬砌裂缝检查与检测

运营隧道衬砌裂缝是最常见的病害类型,裂缝检测也是隧道结构检测的重要内容。隧道衬砌裂缝包括受力裂缝、沉降裂缝、混凝土收缩裂缝等。裂缝发展可能导致衬砌局部失稳、坍塌、掉块,威胁隧道运营安全。同时,有水区域的隧道,衬砌裂缝可能会出现衬砌渗漏水,对衬砌结构混凝土及钢筋产生侵蚀,对结构强度和稳定性产生不良影响,诱发新的裂缝产生,形成恶性循环,加速隧道衬砌结构破坏。

一、检测内容

1. 常规裂缝检查

(1) 位置:系指裂缝中点的位置,可简单地分为隧道拱部、边墙、路面 3 个部位,可用裂缝中点与隧道中线或墙底线的距离进行定位。

(2) 方向:用量角器或罗盘测量在裂缝起始端处,裂缝起始端和终端的连线与隧道中线或墙底线的夹角。

(3) 长度:用钢卷尺测量裂缝起始端到终端的距离。

(4) 宽度:用游标卡尺或裂缝计测量,裂缝宽度系指裂缝最宽处的宽度,可用实测宽度表示,也可用如下裂缝宽度特征表示:

①微裂缝:裂缝宽度小于 0.2mm;
②微张开:裂缝宽度界于 0.2~3mm;
③张开:裂缝宽度界于 3~5mm;
④宽张开:裂缝宽度大于 5mm。

(5) 裂缝形态即裂缝展布状态,一般裂缝表现为以下几种形态:

①平直:裂缝基本呈一条直线;
②起伏:裂缝总体上呈一条直线,细部有弯曲起伏;
③弧形:裂缝呈弧形;
④分叉:裂缝从某一处向多于一个方向发展;
⑤交叉:多条裂缝相交呈交叉状;
⑥龟裂:多条裂缝闭合在局部区域形成多个闭合状。

裂缝展布状态一般用素描裂缝展布图和拍照的方法记录。展布图应有桩号、特征描述;照片应注明桩号和编号;衬砌环向施工缝应清晰标示。图 18-1 是隧道衬砌裂缝展布图示意。

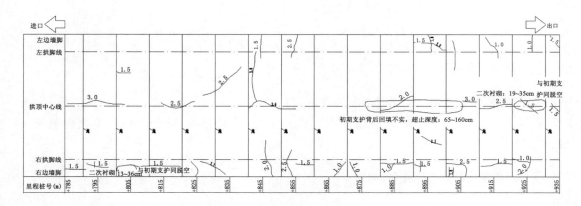

图 18-1 衬砌裂缝展布图

2. 详细裂缝检查

除了常规裂缝检测,为了深入了解裂缝特征,还可对裂缝进行全面的检测,裂缝全面检测是在常规检测的基础上,增加以下内容:

(1)裂缝深度和倾角检测:检查裂缝的深度和倾角,可利用钻孔取样方法或无损检测的方法进行,也可以采用凿孔检查的方法。

(2)裂缝发展性观测:隧道在荷载或其他外界因素作用下,裂缝的宽度、长度和深度可能会不断发展,所以需要观测其变化规律。通常是对裂缝宽度和长度进行定期或不定期多次检测和观测。裂缝的宽度可以采用标点量测法、砂浆涂抹法和裂缝测量计的方法进行观测,裂缝长度扩展可采用尖端标记法、砂浆涂抹法进行观测。具体见图18-2~图18-5。

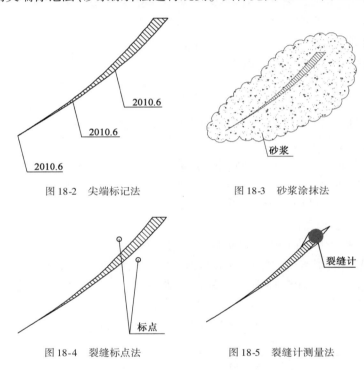

图18-2 尖端标记法　　图18-3 砂浆涂抹法

图18-4 裂缝标点法　　图18-5 裂缝计测量法

二、裂缝检测工具

隧道衬砌裂缝检测和观测需要准备以下工具:

数码相机、卷尺、游标卡尺、裂缝计(尺、卡)、探针、手持钻机、锤子、电筒、声波检测仪、砂浆、水泥钉、高空作业车等。

三、衬砌裂缝检测结果的判定

根据隧道衬砌裂缝检测结果,可对存在裂缝段落的衬砌结构进行技术状况评定。对于已知裂缝扩展和裂缝扩展性无法确定的情况,可分别参照表18-20、表18-21进行衬砌结构技术状况值评定。

当裂缝存在开展时的评定标准

表 18-20

结构	裂缝宽度 b(mm)		裂缝长度 l(m)		评定状况值
	$b>3$	$b\leqslant 3$	$l>5$	$l\leqslant 5$	
衬砌	√		√		3/4
	√			√	2/3
		√	√		2
		√		√	2

当无法确定裂缝是否存在开展时的评定标准

表 18-21

结构	裂缝宽度 b(mm)			裂缝长度 l(m)			评定状况值
	$b>5$	$5\geqslant b>3$	$3\geqslant b$	$l>10$	$10\geqslant l>5$	$5\geqslant l$	
衬砌	√			√			3/4
	√				√		2/3
	√					√	2/3
		√		√			3
		√			√		2/3
		√				√	2
			√	√	√	√	1/2

第四节 渗漏水检查与检测

渗漏水是公路隧道最常见的病害之一，渗漏水与衬砌裂缝经常相伴出现，共同影响衬砌结构的安全性和耐久性。隧道衬砌渗水出现滴漏、涌流、喷射及路面渗水、冒水会造成路面湿滑。寒冷地区衬砌渗水会引起衬砌混凝土冻胀开裂、拱墙变形，拱墙上悬挂冰柱、冰溜；路面形成冰层、冰锥。

一、渗漏水检查内容

隧道渗漏水检查可分为简易检测和水质检测两类。结合隧道病害具体状况、隧道重要程度及养护等级、业主要求等因素综合决定需要检测的内容。

1. 简易检测

简易检测包括：

（1）位置：漏水点的位置或渗水区中心点的位置，用皮尺或钢卷尺测量，一般从漏水点和渗漏水的起始端与隧道中线或墙底底线的距离进行定位。

(2)范围:渗漏水润湿的面积,或存在渗漏水润湿痕迹的面积,以 m^2 计。

(3)漏水状态和漏水流量检查:根据漏水压力、流量等因素,将漏水状态分为喷射、涌流、滴漏、浸渗四类,如图18-6所示。在漏水显著的情况下,可用计量容器收集,用秒表记录时间,即可测得该处漏水流量(L/min)。

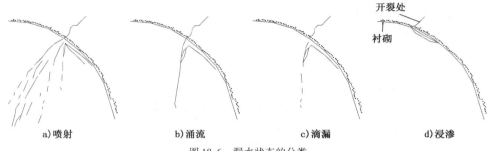

图 18-6　漏水状态的分类

(4)浑浊程度:漏水如果是浑浊的,需检查砂土是否和漏水一起流出,如有,则需测定每处砂土流失量(如水槽内堆积的砂土量);降雨后隧道出现漏水浑浊或有泥沙析出,则需进行隧道衬砌背后空洞和水流来源的详细勘察查,地下水渗流规律的长期观测。

(5)pH 值:漏水是助长衬砌材质劣化的原因之一,特别是当漏水显示出强酸性时,混凝土有严重劣化的危险。检查时,一般使用 pH 试纸对漏水的酸碱度作简易测定。

(6)冻结检查:主要检查隧道衬砌混凝土上的挂冰、路面堆冰和结冰的位置、分布,并记录温度变化、最低温度值。长隧道需测量隧道洞内沿隧道纵向的温度分布。当冻害可能造成衬砌材质受损时,需对衬砌材质进行检测。

2. 渗漏水水质检测

当渗漏水可能具有腐蚀作用时,应对水质进行检测,主要包括:

(1)温度检测:通过测量水温,可掌握各处水温的季节性变化规律,便于判定漏水与地下水、地表水的关系。

(2)pH 值及水质检测:必要时应利用容器收集水样,利用 pH 测定器精确测定渗漏水 pH 值,或送专业水质检测机构进行详细的水质分析,注意水样收集前应保持容器的干燥,水样收集完毕应保持容器封闭,避免水样污染。

(3)水样检测:必要时,将收集到的水样交专业机构,利用导电计等仪器对渗漏水溶解物质及数量进行检验,并就渗漏水对衬砌结构的腐蚀性进行评价和推定。

二、渗漏水检查工具

数码相机、卷尺、pH 试纸、量桶或量杯、秒表、水样收集容器、温度计、导电计等。

三、渗漏水检测结果的判定

根据渗漏水是否具有腐蚀性以及渗漏水水量大小、形态、位置、结冰状态等,评判渗漏水对衬砌结构的安全性及洞内行车安全的影响。评判标准见表18-22。

渗漏水的评定标准 表 18-22

结构	主要异况	漏水程度				是否影响行车		评定状况值
		喷射	涌流	滴漏	浸渗	是	否	
拱部	漏水	√				√		4
			√			√		3
				√		√		2
					√		√	1
	挂冰					√		3
							√	1
侧墙	漏水	√				√		3
			√			√		2
				√		√		2
					√		√	1
	冰柱					√		3
							√	1
路面	砂土流出					√		3/4
							√	1
	积水					√		3/4
							√	1
	结冰					√		3/4
							√	1

第五节　隧道净空断面变形检测

隧道净空断面变形包括衬砌鼓出、裂缝发展、施工缝错台、衬砌沉降(陷)、电缆沟上翘、边沟下陷和冒出、路面沉陷和上鼓等，检测内容包括：高程检测、隧道断面检测、隧道衬砌结构裂缝发展监测、拱顶及边墙沉降检测、路面和电缆沟沉降(陷)检测等。根据检测结果判断隧道整体沉降及隧道断面形状的变化情况，为隧道处治决策和处治设计提供依据。隧道衬砌结构变形监测与隧道施工监测类似，通过长期的定期或不定期观测，了解隧道衬砌结构变形与裂缝发展速度与发展趋势。

一、隧道净空断面变形检测

1. 衬砌高程检测

衬砌高程检测，即通过隧道建设时期高程控制点或独立设置的永久固定点，利用经纬仪、水准仪或全站仪对隧道路面控制点、路沿和衬砌边墙或基础沉降与变形进行测量。

2. 净空断面检测

采用激光断面检测仪对隧道净空断面进行检测,检查隧道衬砌混凝土是否存在侵入设计内轮廓线。也可采用过去采用的隧道净空检测尺和隧道检测(查)车进行检测,老的检测方法,检测过程和程序比较复杂,且精度较低,比较直观。

3. 衬砌结构变形监测

在地质不良地段,隧道上跨、下穿结构物等特殊地段,施工中隧道出现塌方和大变形地段,可对其净空变化进行长期的监测或检测,一般需对衬砌拱顶下沉和衬砌宽度收敛状况进行监测,特殊情况可依照检测要求特别定制监测方案。衬砌结构变形状况和变形发展的监测方法、检测仪器和操作步骤可参照隧道施工监控量测要求进行,但不得影响车辆通行和行车安全。

二、衬砌变形结果的判定

衬砌的变形、沉降一般较慢,变形需要较长时间,在地震、滑坡、暴雨后可能发生明显的变化,在北方寒冷地区,结构由于冻胀而变形,并随季节的循环而反复发生。当变形发生时,路面、边沟、电缆沟表现较为明显。

任何时候用隧道激光断面检测仪检测出隧道衬砌或附属设施任何部分侵入建筑限界,应直接判定侵限区域属于 3 类及以上病害。

隧道衬砌变形病害评定标准见表 18-23,当变形速度呈现加速时,则可以将等级提高一级;如因山体滑移导致衬砌变形,则应判定为 3/4 类。

基于变形速度的评定标准　　　　　表 18-23

结构	变形速度 v(mm/年)				评定状况值
	$v \geq 10$	$10 > v \geq 3$	$3 > v \geq 1$	$1 > v$	
衬砌	√				4
		√			3
			√		2
				√	1

如隧道衬砌结构同时存在剥落、材料劣化等病害,可参照下表 18-24 ~ 表 18-26 进行分项技术状况判定。

衬砌起层、剥落的评定标准　　　　　表 18-24

结构	部位	掉落的可能性		判定
		有	无	
衬砌	拱部	√		4
			√	1
	侧墙	√		3
			√	1

衬砌断面强度降低的评定标准　　　　　　表 18-25

结构	主要原因	起层和剥落的可能性		劣 化 程 度			评定状况值
				有效厚度/设计厚度			
		有	无	<1/2	1/2~2/3	>2/3	
拱部	劣化,冻害,设计或施工不当等	√					4
			√				1
				√			3
					√		2
						√	1
侧墙		√					3
			√				1
				√			3
					√		2
						√	1

钢材腐蚀的评定标准　　　　　　表 18-26

结构	主要原因	腐蚀程度	评定状况值
衬砌	盐害、渗漏水、酸(碱)化等	表面或小面积的腐蚀	1
		浅孔蚀或钢筋全周生锈	2
		钢材断面减小程度明显,钢结构功能受损	3

第十九章

盾构隧道施工质量检测与监测

第一节 概 述

盾构隧道即采用盾构法施工的隧道,盾构隧道施工过程可以分为三个阶段:盾构的始发与到达、盾构的掘进以及盾构隧道贯通后联络通道、风道、泵房等辅助设施的施工。盾构隧道的重点施工步骤如下:①建造盾构始发竖井和到达竖井;②把盾构主机和配件分批吊入始发竖井中,并在预定始发掘进位置上将盾构设备组装成整机,随后调试其性能使之达到设计要求;③盾构从竖井预留洞门处始发,沿着隧道设计轴线掘进;④盾构掘进到达预定终点的竖井,掘进过程结束,随后解体盾构,吊出地面。

盾构法作为一种新型的暗挖施工方法,由于具有机械化程度高,对地层扰动小,掘进速度快,地层适应性强,对周围环境影响小等特点,逐渐成为水下公路隧道建设的主要施工方法。其主要优缺点如下。

1. 主要优点

(1)适用地层广,软土、砂软土、软岩直到岩层均可使用。

(2)对环境影响小,地表占地面积较小,征地费用少。

(3)盾构法构筑的隧道的抗震性好。

(4)施工不受地形、地貌、江河水域等地表环境条件和大气条件的限制。

(5) 在松软含水地层中修建埋深较大的长隧道往往具有技术和经济方面的优越性。

2. 主要缺点

(1)盾构机械购置费昂贵,规模较小工程造价相对较高。

(2)断面尺寸多变的区段适应能力差。

(3)当隧道的曲率半径较小或埋深较浅时,施工难度大。

第二节 盾构隧道管片质量检测

在盾构隧道施工过程中,必须配套使用大量的拼装式管片,管片的质量直接关系到盾构隧道后期运营的安全性和维护成本,因此,对管片质量检测是盾构隧道施工检测的重要组成部分。本节内容所涉及主要标准为行业标准《盾构隧道管片质量检测技术标准》(CJJ/T 164—2011)。

盾构隧道管片类型按照材料分为可分为混凝土管片、钢管片、铸铁管片等,其中混凝土管片又可分为钢筋混凝土管片和纤维混凝土管片。目前,我国盾构隧道管片主要是采用钢筋混凝土管片,见图 19-1。

图 19-1　钢筋混凝土管片

《盾构隧道管片质量检测技术标准》(CJJ/T 164—2011)对盾构隧道管片质量检测提出了明确的规定。混凝土管片质量检测项目应包括:混凝土强度、外观、尺寸、水平拼装、渗漏、抗弯性能及抗拔性能,抽样检测数量见表 19-1。

混凝土管片质量抽样检测数量　　　表 19-1

序号	检 测 项 目	抽样检测数量
1	混凝土强度	抽检数量不少于同一检测批管片总数的 5%
2	外观	每 200 环抽检 1 环,不足 200 环时按 200 环计
3	尺寸	
4	水平拼装	每 1000 环抽检 1 次,不足 1000 环时按 1000 环计
5	渗漏	每 1000 环抽检 1 次,不足 1000 环时按 1000 环计
6	抗弯性能	
7	抗拔性能	

注:外观及尺寸的检测应按标准块、邻接块、封顶块三种类型管片分别抽检;渗漏、抗弯性能检测宜选用标准块。

一、混凝土强度

1. 检测方法

混凝土管片的混凝土强度检测应采用回弹法或钻芯法,对混凝土管片的混凝土强度进行抽样检测。

回弹法检测混凝土管片的强度时,原则上按《回弹法检测混凝土抗压强度技术规程》(JGJ/T 23—2011)的规定执行,回弹操作面宜选择管片内弧面及管片拼接面。回弹法见第一篇混凝土检测章节。

当抽检混凝土管片的混凝土检测条件不符合《回弹法检测混凝土抗压强度技术规程》（JGJ/T 23—2011）有关规定或对回弹法结果有争议时，采用钻芯法进行混凝土强度检测。钻芯法见第十章第五节。

2. 检测标准

《盾构隧道管片质量检测技术标准》（CJJ/T 164—2011）规定：混凝土管片的强度等级不应小于C50，且应符合设计要求；当生产过程的混凝土试件强度试验报告评定为合格且回弹法抽检推定值或钻芯法芯样强度实验值满足设计要求时，判定批混凝土管片强度合格。

二、外观

盾构隧道管片外观检测项目一般包括贯穿或非贯穿性裂缝、内外弧面露筋、孔洞、疏松、夹渣、蜂窝、拼接面裂缝、麻面、粘皮、缺棱掉角、飞边、环纵向螺栓孔，具体的实测项目及要求见表19-2。

盾构隧道管片外观实测项目及要求 表19-2

序号	检查项目		规定值或允许偏差	检查方法和频率
1	主控项目	贯穿裂缝	不允许	尺量：全部
2		内、外弧面露筋	不允许	目测：全部
3		孔洞	不允许	尺量：全部
4		疏松、夹渣	不允许	目测：全部
5		蜂窝	不允许	目测：全部
6	一般项目	非贯穿性裂缝	裂缝宽度允许范围0~0.10mm	尺量：全部
7		拼接面裂缝	拼接面方向长度不超过密封槽，裂缝宽度允许范围0~0.20mm	尺量：全部
8		麻面、粘皮	表面麻皮、粘皮总面积不大于表面积的5%	尺量：全部
9		缺棱掉角、飞边	应修补	目测：全部
10		环、纵向螺栓孔	畅通、内全面平整，不应有塌孔	目测：全部

三、尺寸检测

盾构隧道管片尺寸检测项目一般包括宽度、厚度和钢筋保护层厚度检测，具体实测项目及要求见表19-3。

盾构隧道管片尺寸的实测项目及要求 表19-3

序号	检查项目		规定值或允许偏差	检查方法和频率
1	主控项目	宽度(mm)	±1	游标卡尺：内、外弧面的两端部及中部各测量1点
2		厚度(mm)	+3,−1	游标卡尺：管片的四角及拼接面中部各测量1点
3	一般项目	钢筋保护层厚度(mm)	±5	钢筋探测仪：内弧面和外弧面各测量5点

四、水平拼装

盾构隧道管片水平拼装检测项目一般包括成环后内径、成环后外径、环向缝间隙、纵向缝间隙等项目,具体实测项目及要求见表19-4。

盾构隧道管片水平拼装尺寸的实测项目及要求　　　表19-4

序号	检测项目	规定值或允许偏差	检查方法和频率
1	成环后内径(mm)	±2	尺量:同一水平测量断面上选择间隔约45°的四个方向
2	成环后外径(mm)	+6,-2	
3	环向缝间隙(mm)	0~2	尺量:环向缝间隙应测量不少于6点
4	纵向缝间隙(mm)	0~2	尺量:纵向缝间隙应每条缝测量不少于2点

五、渗漏检测试验

管片在隧道土体中,整个外弧面与土体及地下水直接接触,承受地下水渗透压力的作用,管片渗漏检测试验是为了模拟管片经受隧道土体中地下水渗透压力作用的情况,检测管片抵抗渗漏的能力,从一个侧面反映管片内部情况的密实性。管片渗漏检测试验应按照行业标准《盾构隧道管片质量检测技术标准》(CJJ/T 164—2011)进行。

1. 试验仪器设备

1)渗漏检测试验架

渗漏检测试验架用于固定试件的支承座,应采用刚性支座,横压件、紧固螺杆及试验架钢板应具有足够的强度、刚度和稳定性。钢板与管片应紧密接触,结合橡胶密封垫密封,进水口应均匀分布在承水压面的轴线上。

渗漏检测试验架如图19-2所示。

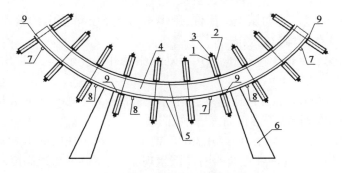

图19-2　渗漏检测试验架示意图
1-横压件;2-紧固螺栓;3-螺母;4-管片;5-检测架钢板;6-刚性支座;7-泄压排水孔;8-加压进水孔;9-橡胶密封垫

渗漏检测试验架将混凝土管片外弧面等分为三个检测区域(图19-3),每个检测区域应分别布置进水孔和排水孔。试验架钢板与管片外弧面之间应采用橡胶密封垫密封,橡胶密封垫应沿三个检测区域边界布置。橡胶密封垫内侧距离管片侧边不应大于100mm。

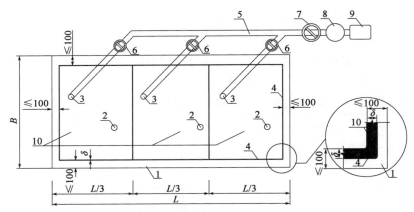

图 19-3 管片渗漏检测试验示意图(尺寸单位:mm)

1-管片;2-泄压排水孔;3-加压进水孔;4-橡胶密封垫;5-进水管;6-阀门;7-总阀门;8-压力表;9-加压水泵;10-检测区域;δ-橡胶密封垫的宽度;L-管片跨度;B-管片宽度

2)压力表

最大量程为 2.5MPa,最小分度值为 0.05MPa。

3)电子秒表

最大量程>3h,最小分度值为 1s。

4)加压水泵

能保证连续加压。

2. 试验方法、步骤

渗漏检测试验前,首先安装连接好渗漏检测装置,打开泄压排水孔,接通进水阀门,注入自来水,当泄压排水孔排水时关闭泄压排水孔,启动加压水泵,分级施加水压。具体检测步骤如下:

(1)将管片内弧面向上,平稳吊放在渗漏检测试验架上,同时保证管片与试验架中心吻合,两端、两侧均匀对称。

(2)沿三个检测区域边界布置橡胶密封垫,检查橡胶密封垫与管片外弧面的密贴程度。

(3)在管片内弧面宽度方向压上横压件,用螺栓与上下支承座上的紧固横杆连接,紧固螺母时从中间向两边分布且均匀的紧固。

(4)打开出水阀,然后接通进水阀,利用手动加压泵开始注水,当两端出水阀有水排出时,将出水阀关闭,启动加压泵。

(5)加压时按 0.05MPa/min 加压速度,加压至 0.2MPa 时,恒压 10min,检查管片内弧面是否有渗漏水现象,观察管片侧面渗透高度,做好记录。

(6)然后继续加压到 0.4MPa、0.6MPa、0.8MPa、…每级恒压时间 10min,直至加压到设计抗渗压力,恒压 2h,检查管片内弧面是否有渗漏水现象,观察侧面渗透高度,做好记录。

(7)稳压时间内,应保证水压稳定,出现水压回落应及时补压,保证水压保持在规定压力值。

(8)混凝土管片渗漏检测过程中,若因橡胶密封垫不密实出现渗漏水时,应判定试验失败,重新检测。

3. 判定标准

混凝土管片的抗渗性能应按行业标准《盾构隧道管片质量检测技术标准》(CJJ/T 164—

2011)的规定进行判定:在设计抗渗压力下稳压2h,管片内弧面不出现渗漏水现象,侧面渗水高度不超过50mm,判定该检测批管片抗渗性能合格。

六、抗弯性能检测试验

管片抗弯性能试验是指对管片进行径向破坏性压弯试验,以检测其在外力作用管片下外表面径向承受的最大荷载是否符合设计要求。管片抗弯性能试验应按照行业标准《盾构隧道管片质量检测技术标准》(CJJ/T 164—2011)进行。

1. 试验仪器设备

1)试验反力架

用于固定试件的试验反力架所能提供的反力不得小于最大试验荷载的1.2倍。试验反力架应具有足够的强度、刚度和稳定性。试验反力架见图19-4。

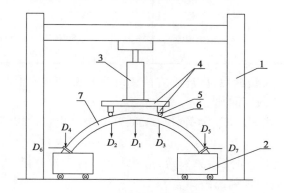

图19-4 抗弯性能试验反力架示意图

1-加载反力架;2-活动小车;3-油压千斤顶;4-荷载分配梁;5-加压棒;6-橡胶垫;7-管片;$D_1 \sim D_5$-竖向位移测点;D_6、D_7-水平位移测点

2)荷载测试系统

最大量程为500kN,最小分度值为0.5kN。

3)读数显微镜

用以读取裂缝宽度,最大量程为10mm,最小分度值为0.01mm。

4)百分表

用以测量位移,最大量程为30mm,最小分度值为0.01mm。

5)电子秒表

最大量程>2h,最小分度值为1s。

6)油压千斤顶

确保500kN连续加压。

2. 试验要求

管片应在0℃以上的温度中进行试验且为随机抽取的合格品,蒸汽养护后的管片应在冷却至常温后进行试验。管片在试验前,应测量其实际尺寸并仔细检查管片的表面,所有的缺陷和裂缝应在管片上标出。试验用的加荷设备及仪表应先进行标定或校准。

3. 试验方法与步骤

（1）管片检测过程中，应布设竖向和水平位移测点（图19-4），管片应平稳安放在检测架上，加载点上应垫上厚度不小于20mm的橡胶垫，读数显微镜观测裂缝，百分表测量位移，电子秒表测量时间，千斤顶油压表测读荷载。

（2）荷载分级和加载时间：采用分级加荷法，每级加载值符合表19-5的规定，每级恒载时间不少于5min，记录每级荷载值作用下的各测点位移，并施加下一级荷载。

抗弯性能检测加载值　　　　　　　　　　表19-5

荷 载 值	一级	二级	三级	四级	五级	六级	七级
分级加载值 设计荷载值	20%	20%	20%	20%	10%	5%	5%
累计加载值 设计荷载值	20%	40%	60%	80%	90%	95%	100%

（3）当混凝土管片出现裂缝后，应连续应持续荷载10min，观察混凝土管片裂缝的开展，并应取本级荷载值为开裂荷载实测值。

（4）当加载至设计荷载时，应持续荷载30min，观察混凝土管片裂缝开展，记录最大裂缝宽度，随后卸载，终止检测。

（5）当出现下列情况之一时，检测失败，应重新检测：①位移随加载变化出现异常突变；②混凝土管片在加载点处出现局部破坏。

4. 判定标准

混凝土管片的抗弯性能应按行业标准《盾构隧道管片质量检测技术标准》（CJJ/T 164—2011）的规定进行判定：加载达到设计荷载并持荷30min后，没有观察到裂缝或裂缝宽度不大于0.2mm，判定该检测批管片抗弯性能符合设计要求。

七、抗拔性能检测试验

管片抗拔性能检测主要是检测吊装孔预埋受力构件是否能满足管片吊装时的施工要求，故检测荷载满足设计荷载即可，不需做破坏试验。试验的目的在于验证管片起吊、安装时的安全性。管片抗拔性能检测应按照行业标准《盾构隧道管片质量检测技术标准》（CJJ/T 164—2011）进行。

1. 试验仪器

1）抗拔性能检测装置

混凝土管片应采用穿心式张拉千斤顶进行管片吊装孔的预埋受力构件抗拔性能检测。抗拔性能检测装置（图19-5）中的承压钢板开孔直径应大于吊装孔直径5mm；橡胶垫厚度及承压钢板厚度不应小于10mm；管片内弧面与橡胶垫之间的空隙应填细砂找平。

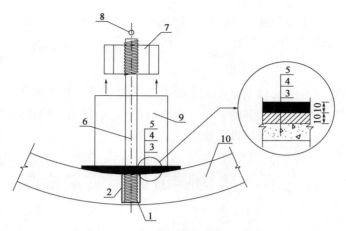

图 19-5　抗拔性能试验反力架示意图(尺寸单位：mm)

1-吊装孔；2-预埋受力构件；3-细砂；4-橡胶垫；5-承压钢板；6-螺杆；7-螺母；8-位移测点；9-穿心式张拉千斤顶；10-管片

2）荷载测试系统

最大量程为 500kN,最小分度值为 0.5kN。

3）读数显微镜

用以读取裂缝宽度,最大量程为 10mm,最小分度值为 0.01mm。

4）百分表

用以测量位移,最大量程为 30mm,最小分度值为 0.01mm。

5）电子秒表

最大量程＞2h,最小分度值为 1s。

6）油压千斤顶

确保 500kN 连续加压。

2. 检测方法和步骤

(1) 设备安装：

①先将螺杆旋入吊装孔螺栓管内,检查螺栓的旋入深度及垂直度。

②将橡胶垫及承压钢板套进螺杆,然后安装穿心式张拉千斤顶,旋紧螺母,使管片、螺栓、螺杆、千斤顶、螺母连接成一整体。

③安装荷载测试系统。

(2) 加载：混凝土管片抗拔性能检测应采用分级加载方式,每级加载值应符合表 19-6 的规定,每级持荷时间不应少于 5min,应记录每级荷载作用下螺栓的位移量。

抗拔性能检测加载值　　　　表 19-6

荷　载　值	一级	二级	三级	四级	五级	六级	七级
分级加载值 设计荷载值	20%	20%	20%	20%	10%	5%	5%
累计加载值 设计荷载值	20%	40%	60%	80%	90%	95%	100%

(3)当抗拔性能检测加载达到设计荷载时,应持续荷载 30min,每 5min 测量一次位移,记录荷载和位移,终止试验并观察混凝土管片裂缝开展情况。

3. 判定标准

混凝土管片的抗拔性能应按行业标准《盾构隧道管片质量检测技术标准》(CJJ/T 164—2011)的规定进行判定:设计荷载下的最后 3 次所测位移,相邻两个位移差均小于 0.01mm,应判定该检测批管片预埋受力构件抗拔性能符合设计要求。

第三节　盾构隧道施工质量检测

一、管片拼装质量检测

管片作为盾构隧道的永久衬砌结构,其拼装质量直接关系到隧道的整体质量和安全,影响着隧道的防水性能及耐久性能。

管片拼装方式分为通缝拼装和错缝拼装。

1. 通缝拼装

通缝拼装即各环管片的纵缝对齐的拼装方法(图 19-6),这种拼装方法能够使衬砌结构获得较好的柔性,在良好地层中,能够充分调动周围土体的抗力,在保证衬砌结构满足使用要求的情况下,使衬砌结构容易发生较大变形。

2. 错缝拼装

错缝拼装即前后环管片的纵缝错开拼装(图 19-7),一般错开 1/3 ~ 1/2 块管片弧长。错缝拼装能够使衬砌环接缝刚度分布均匀,提高了管片环纵向刚度,减小管片接缝和整体结构的变形,利于防水,但截面内力也相应增大。错缝拼装时,管片环、纵缝相交处仅三缝交汇,相对于通缝拼装的环、纵缝十字形相交,在接缝防水上较易处理。因此在防水要求较高或软土地区盾构隧道中,通常采用错缝拼装。

图 19-6　管片通缝拼装

图 19-7　管片错缝拼装

3. 拼装质量要求

根据《盾构法隧道施工及验收规范》(GB 50446—2017)相关规定,管片拼装质量应符合以下要求:

(1)管片不得有内外贯穿裂缝、宽度大于 0.2mm 的裂缝及混凝土剥落现象。

(2)管片防水密封质量应符合设计要求,不得缺损,黏结应牢固、平整。

(3)螺栓质量及拧紧应符合设计要求。

(4)管片拼装过程中,应对隧道轴线和高程进行控制,其允许偏差和检测方法应符合表 19-7 的规定。

隧道轴线和高程允许偏差和检测方法　　　　表 19-7

检测项目	允许偏差	检测方法	检测数量	
			环数	点数
隧道轴线平面位置(mm)	±75	用全站仪测中线	逐环	1 点/环
隧道轴线高程(mm)	±75	用全站仪测高程	逐环	

(5)施工中管片拼装允许偏差和检测方法应符合表 19-8 的规定。

管片拼装允许偏差和检测方法　　　　表 19-8

检测项目	允许偏差	检测方法	检测数量	
			环数	点数
衬砌环椭圆度(‰)	±6	断面仪、全站仪测量	每 10 环	—
衬砌环内错台(mm)	6	尺量	逐环	4 点/环
衬砌环间错台(mm)	7	尺量	逐环	

(6)粘贴管片防水密封条前,应将密封槽清理干净;粘贴后的防水密封条应牢固、平整和严密,位置应正确,不得有起鼓、超长和缺口现象。

(7)螺栓孔橡胶密封圈安装应符合设计要求,不应遗漏,且不宜外露。

(8)管片嵌缝防水应符合设计要求。当无设计要求时,应符合《地下工程防水技术规范》(GB 50108—2008)的规定。

二、壁后注浆质量检测

在盾构施工中,由于刀盘开挖直径与盾构管片外径间存在空隙,同时因地质条件、地下水、隧道埋深、掘进模式等因素的影响,易造成地层变形、管片错台、隧道漏水等不良现象,因此要对管片背后的空隙选择合理的注浆材料进行充填。

1. 壁后注浆类型

壁后注浆分为同步注浆、即时注浆和二次注浆。同步注浆是在盾构掘进的同时通过盾构注浆管和管片的注浆孔进行壁后注浆的方法;即时注浆是在掘进后迅速进行壁后注浆的方法;二次注浆是对壁后注浆的补充,其目的是填充注浆后的未填充部分,补充注浆材料收缩体积减小部分,处理渗漏水和处理由于隧道变形引起的管片、注浆材料、地层之间产生剥离,通过填充注浆使其形成整体,提高止水效果等。

2. 壁后注浆要求

根据国家标准《盾构法隧道施工及验收规范》(GB 50446—2017)等相关规范,壁后注浆应满足以下要求:

(1)根据注浆要求,应通过试验确定注浆材料和配比。可按地质条件、隧道条件和工程环境选用单液或双液注浆材料。

(2)注浆材料的强度、流动性、可充填性、凝结时间、收缩率和环保等应满足施工要求。浆液应符合下列规定:①浆液应按设计施工配合比拌制;②浆液的相对密度、稠度、和易性、杂物最大粒径、凝结时间、凝结后强度和浆体固化收缩率均应满足工程要求;③拌制后浆液应易于压注,在运输过程中不得离析和沉淀。

(3)应根据注浆量和注浆压力控制同步注浆过程,注浆速度应根据注浆量和掘进速度确定。

(4)注浆压力应根据地质条件、注浆方式、管片强度、设备性能、浆液特性和隧道埋深等因素确定。

(5)同步注浆和即时注浆的注浆量充填系数,应根据地层条件、施工状态和环境要求确定,充填系数宜为1.30~2.50。

(6)二次注浆的注浆量和注浆压力,应根据环境条件和沉降监测结果等确定。

3. 壁后注浆的检测内容

壁后注浆的检测内容主要包括:盾构管片壁后注浆层厚度、密实情况、缺陷及管片壁后病害。

4. 壁后注浆的检测方法

壁后注浆填充质量检测一般采用地质雷达法或打开管片注浆孔进行防水试验等方法。地质雷达法见第十一章第四节。

三、成型盾构隧道验收

依据国家标准《盾构法隧道施工及验收规范》(GB 50446—2017)的规定,成型盾构隧道验收项目分为主控项目和一般项目,主控项目包括表观病害、接缝、防水、轴线平面位置和高程偏差;一般项目包括衬砌环椭圆度、衬砌环内错台和衬砌环间错台。

1. 主控项目

(1)结构表面应无贯穿裂缝、无缺棱掉角,管片接缝应符合设计要求。

检测数量:全数检测。

检测方法:观察检测,检查施工记录。

(2)隧道防水应符合设计要求。

检测数量:全数检测。

检测方法:观察检测,检查施工记录。

(3) 隧道轴线平面位置和高程偏差应符合表 19-9 的规定。

隧道轴线平面位置和高程偏差　　　　　　表 19-9

序号	检测项目	允许偏差(mm)	检测方法	检测数量
1	隧道轴线平面位置	±150	全站仪或经纬仪测量	10 环
2	隧道轴线高程	±150	水准仪测量	10 环

(4) 衬砌结构严禁侵入建筑限界。

检测数量:每 5 环检测 1 次。

检测方法:激光断面仪、全站仪、水准仪等测量。

2. 一般项目

隧道允许偏差应符合表 19-10 的规定。

隧道允许偏差　　　　　　表 19-10

序号	检测项目	允许偏差	检测方法	检测数量
1	衬砌环椭圆度(‰)	±8	激光断面仪、全站仪测量	10 环
2	衬砌环内错台(mm)	12	尺量	10 环,4 点/环
3	衬砌环间错台(mm)	17	尺量	10 环,4 点/环

第四节　盾构隧道施工监测

盾构施工阶段风险主要体现在开挖引起周边地层变化、对工程周边环境的影响以及盾构管片结构的变形、渗漏等。依据《盾构法隧道施工及验收规范》(GB 50446—2017)和《城市轨道交通工程监测技术规范》(GB 50911—2013)的规定,盾构隧道施工监测主要是针对管片结构及外部的地表、深层土体、孔隙水等进行监测。盾构隧道施工监测流程为:①收集、分析相关资料,现场踏勘;②编制和审查监测方案;③埋设、验收与保护监测基准点和监测点;④校验仪器设备,标定元器件,测定监测点初始值;⑤采集监测信息;⑥处理和分析监测信息;⑦提交监测日报、警情快报、阶段性监测报告等;⑧监测工作结束后,提交监测工作总结报告及相应的成果资料。

一、盾构隧道施工监测项目及方法

盾构隧道管片结构和周围岩土体监测项目及方法见表 19-11。监测项目中,管片结构竖向位移、净空收敛和地表沉降尤为重要。其中,管片结构竖向位移和净空收敛监测能够及时了解和掌握隧道结构纵向坡度变化、差异沉降、管片错台、断面变化及结构受力情况,对判断工程的质量安全非常重要;地表沉降监测可以反映出盾构施工对岩土体及周边环境影响程度、同步注浆和二次注浆效果,以及盾构机自身的施工状态,对掌握工程安全尤为重要。

盾构隧道管片结构和周围岩土体监测项目　　　　表 19-11

序号	监测项目	工程监测等级			监测方法或仪器
		一级	二级	三级	
1	管片结构竖向位移	√	√	√	几何水准测量、电子测距三角高程测量、静力水准测量等
2	管片结构水平位移	√	○	○	小角法、方向线偏移法、视准线法、投点法、激光准直法等
3	管片结构净空收敛	√	√	√	收敛计、全站仪、红外激光测距仪等
4	管片结构应力	○	○	○	应力计
5	管片连接螺栓应力	○	○	○	
6	地表沉降	√	√	√	精密水准仪、钢钢尺或全站仪
7	土体深层水平位移	○	○	○	测斜仪
8	土体分层竖向位移	○	○	○	分层沉降仪、水准测量等
9	管片围岩压力	○	○	○	界面土压力计
10	孔隙水压力	○	○	○	孔隙水压力计

注：1. √-应测项目，○-选测项目。
　　2. 本表中，工程监测等级参考《城市轨道交通工程监测技术规范》(GB 50911—2013)规定划分，可根据当地经验结合地质条件进行调整。

盾构隧道穿越的建(构)筑物、在影响范围内的建(构)筑物，以及影响范围内的地下管线等，也应根据工程实际情况纳入监测。

二、盾构隧道施工监测频率

盾构隧道施工监测频率一般根据施工方法、施工进度、监测对象、监测项目、地质条件等情况综合确定，也可参照表19-12。监测频率应使得监测信息及时系统地反映施工工况及监测对象的动态变化情况。

盾构隧道工程监测频率　　　　表 19-12

监测部位	监测对象	开挖面与监测点或监测断面的距离	监测频率
开挖面前方	周围岩土体和周边环境	$5D < L \leq 8D$	1 次/3~5d
		$3D < L \leq 5D$	1 次/2d
		$L \leq 3D$	1 次/1d
开挖面后方	管片结构、周围岩土体和周边环境	$L \leq 3D$	1~2 次/1d
		$3D < L \leq 8D$	1 次/1~2d
		$L > 8D$	1 次/3~7d
监测数据趋于稳定			1 次/15~30d

注：D-隧道开挖直径(m)；L-开挖面与监测面的水平距离(m)。

三、盾构隧道施工监测项目控制值及预警

1. 监测项目控制值

监测项目控制值是工程施工过程中对结构自身及周边环境安全状态或正常使用状态进行

判断的重要依据,也是工程设计、工程施工及施工监测等工作的重要控制点。监测项目控制值的大小,直接影响到结构自身和周边环境的安全,对施工进展和监测手段的确定有一定影响。

盾构隧道管片结构竖向位移、净空收敛、地表沉降以及隧道周边环境等项目监测控制值,可参照表 19-13 ~ 表 19-15,也可根据工程地质条件和当地施工经验确定。

盾构隧道管片结构竖向位移、净空收敛监测项目控制值　　表 19-13

监测项目		累计值(mm)	变化速率(mm/d)
管片结构沉降	坚硬~中硬土	10~20	2
	中软~软弱土	20~30	3
管片结构差异沉降		$0.04\% L_i$	—
管片结构净空收敛		$0.2\% D$	3

注:L_i-沿隧道轴向两监测点间距;D-隧道开挖直径。

盾构隧道地表沉降(隆起)监测控制值　　表 19-14

监测项目		工程监测等级					
		一级		二级		三级	
		累计值(mm)	变化速率(mm/d)	累计值(mm)	变化速率(mm/d)	累计值(mm)	变化速率(mm/d)
地表沉降	坚硬~中硬土	10~20	3	20~30	4	30~40	4
	中软~软弱土	15~25	3	25~35	4	35~45	5
	地表隆起	10	3	10	3	10	3

注:1. 本表主要适用于标准断面的盾构隧道,其他断面应根据实际情况调整。
2. 本表中,工程监测等级参考《城市轨道交通工程监测技术规范》(GB 50911—2013)规定划分,可根据当地经验结合地质条件进行调整。

地下管线沉降及差异沉降控制值　　表 19-15

管线类型	累计值(mm)	变化速率(mm/d)	差异沉降(mm)
燃气管道	10~30	2	$0.3\% L_g$
雨污管道	10~20	2	$0.25\% L_g$
供水管	10~30	2	$0.25\% L_g$

注:1. 燃气管道的变形控制值适用于 100~400mm 的管径。
2. L_g-管节长度。

2. 监测预警

监测预警是整个监测工作的核心,通过监测预警能够使有关单位对异常情况及时做出反应,采取相应措施,控制和避免工程自身和周边环境等安全事故的发生。

监测预警标准和预警等级主要根据工程特点、项目控制值和当地施工经验等确定,当监测数据达到预警标准或实测变形值大于允许变形的 2/3 时,应进行预警。当监测巡查时发现下列情况时,也应及时进行预警:

(1)周边地表出现明显的沉降(隆起)或较严重的突发裂缝、坍塌。

（2）建（构）筑物等周边环境出现危害正常使用功能或结构出现过大变形、沉降、倾斜或裂缝等。

（3）周边地下管线变形明显增长或出现裂缝、泄漏等。

（4）隧道结构出现明显变形、较大裂缝、较严重漏水。

（5）根据工程经验判断可能出现的其他警情。

参 考 文 献

[1] 中华人民共和国交通部.公路工程质量监督检查办法(2007年3月15日 交通部质监公字〔2007〕5号).

[2] 中华人民共和国交通运输部.公路工程竣(交)工验收办法(2004年3月31日 交通部令2004年第3号).

[3] 中华人民共和国交通运输部.公路工程竣工质量鉴定工作规定(试行)(2012年2月20日 交通运输部 厅质监字〔2012〕25号).

[4] 中华人民共和国交通运输部.公路工程竣(交)工验收办法实施细则(2010年2月25日 交通运输部 交公路发〔2010〕65号).

[5] 中华人民共和国行业标准.公路工程质量检验评定标准 第一册 土建工程:JTG F80/1—2017[S].北京:人民交通出版社股份有限公司,2017.

[6] 中华人民共和国行业标准.公路项目安全性评价规范:JTG/T B05—2015[S].北京:人民交通出版社股份有限公司,2015.

[7] 中华人民共和国行业标准.公路桥涵设计通用规范:JTG D60—2015[S].北京:人民交通出版社股份有限公司,2015.

[8] 中华人民共和国行业标准.公路钢筋混凝土及预应力混凝土桥涵设计规范:JTG 3362—2018[S].北京:人民交通出版社股份有限公司,2018.

[9] 中华人民共和国行业标准.公路钢结构桥梁设计规范:JTG D64—2015[S].北京:人民交通出版社股份有限公司,2015.

[10] 中华人民共和国行业标准.公路桥涵施工技术规范:JTG/T 3650—2020[S].北京:人民交通出版社股份有限公司,2020.

[11] 中华人民共和国行业标准.公路工程岩石试验规程:JTG E41—2005[S].北京:人民交通出版社,2005.

[12] 中华人民共和国国家标准.普通混凝土力学性能试验方法标准:GB/T 50081—2002[S].北京:中国建筑工业出版社,2003.

[13] 中华人民共和国国家标准.预应力混凝土用钢绞线:GB/T 5224—2014[S].北京:中国标准出版社,2014.

[14] 中华人民共和国国家标准.预应力混凝土用钢丝:GB/T 5223—2014[S].北京:中国标准出版社,2015.

[15] 中华人民共和国国家标准.金属材料弯曲试验方法:GB/T 232—2010[S].北京:中国标准出版社,2010.

[16] 中华人民共和国国家标准.金属材料线材反复弯曲试验方法:GB/T 238—2013[S].北京:中国标准出版社,2014.

[17] 中华人民共和国国家标准.钢筋混凝土用钢 第1部分:热轧光圆钢筋:GB 1499.1—2017[S].北京:中国标准出版社,2017.

[18] 中华人民共和国国家标准.钢筋混凝土用钢 第2部分:热轧带肋钢筋:GB 1499.2—2018[S].北京:中国标准出版社,2018.

[19] 中华人民共和国国家标准.低合金高强度结构钢:GB/T 1591—2018[S].北京:中国标准出版社,2018.

[20] 中华人民共和国国家标准.金属应力松弛试验方法:GB/T 10120—2013[S].北京:中国标准出版社,2014.

[21] 中华人民共和国国家标准.预应力混凝土用钢棒:GB/T 5223.3—2017[S].北京:中国标准出版社,2017.

[22] 中华人民共和国国家标准.金属材料 拉伸试验 第1部分:室温试验方法:GB/T 228.1—2021[S].北京:中国标准出版社,2021.

[23] 中华人民共和国国家标准.预应力混凝土用螺纹钢筋:GB/T 20065—2016[S].北京:中国标准出版社,2017.

[24] 中华人民共和国国家标准.碳素结构钢:GB/T 700—2006[S].北京:中国标准出版社,2007.

[25] 中华人民共和国国家标准.金属材料 夏比摆锤冲击试验方法:GB/T 229—2007[S].北京:中国标准出版社,2008.

[26] 中华人民共和国国家标准.桥梁用结构钢:GB/T 714—2015[S].北京:中国标准出版社,2016.

[27] 中华人民共和国国家标准.钢及钢产品力学性能试验取样位置及试样制备:GB/T 2975—1998[S].北京:中国标准出版社,1999.

[28] 中华人民共和国行业标准.钢筋焊接及验收规程:JGJ 18—2012[S].北京:中国建筑工业出版社,2012.

[29] 中华人民共和国行业标准.钢筋焊接接头试验方法标准:JGJ/T 27—2014[S].北京:中国建筑工业出版社,2014.

[30] 中华人民共和国行业标准.钢筋机械连接技术规程:JGJ 107—2016[S].北京:中国建筑工业出版社,2016.

[31] 中华人民共和国行业标准.公路桥梁预应力钢绞线用锚具、夹具和连接器:JT/T 329—2010[S].北京:人民交通出版社,2010.

[32] 中华人民共和国国家标准.预应力筋用锚具、夹具和连接器:GB/T 14370—2015[S].北京:中国标准出版社,2016.

[33] 中华人民共和国行业标准.预应力筋用锚具、夹具和连接器应用技术规程:JGJ 85—2010[S].北京:中国建筑工业出版社,2010.

[34] 中华人民共和国国家标准.金属材料洛氏硬度试验 第1部分:试验方法(A、B、C、D、E、F、G、H、K、N、T标尺):GB/T 230.1—2009[S].北京:中国标准出版社,2009.

[35] 中华人民共和国行业标准.公路桥梁板式橡胶支座:JT/T 4—2019[S].北京:人民交通出版社股份有限公司,2019.

[36] 中华人民共和国行业标准.公路桥梁板式橡胶支座规格系列:JT/T 663—2006[S].北京:人民交通出版社,2007.

[37] 中华人民共和国行业标准. 公路桥梁盆式支座: JT/T 391—2019[S]. 北京: 人民交通出版社股份有限公司, 2019.

[38] 中华人民共和国国家标准. 桥梁球型支座: GB/T 17955—2009[S]. 北京: 中国标准出版社, 2009.

[39] 中华人民共和国行业标准. 预应力混凝土桥梁用塑料波纹管: JT/T 529—2016[S]. 北京: 人民交通出版社股份有限公司, 2016.

[40] 中华人民共和国行业标准. 预应力混凝土用金属波纹管: JG/T 225—2020[S]. 北京: 中国标准出版社, 2020.

[41] 中华人民共和国行业标准. 公路桥梁伸缩装置通用技术条件: JT/T 327—2016[S]. 北京: 人民交通出版社股份有限公司, 2017.

[42] 中华人民共和国国家标准. 氯化聚乙烯防水卷材: GB 12953—2003[S]. 北京: 中国标准出版社, 2003.

[43] 中华人民共和国国家标准. 建筑防水卷材试验方法: GB/T 328.1~27—2007[S]. 北京: 中国标准出版社, 2007.

[44] 中华人民共和国行业标准. 回弹法检测混凝土抗压强度技术规程: JGJ/T 23—2011[S]. 北京: 中国建筑工业出版社, 2011.

[45] 中国工程建设标准化协会标准. 超声回弹综合法检测混凝土强度技术规程: T/CECS 02: 2020[S]. 北京: 中国计划出版社, 2020.

[46] 中华人民共和国行业标准. 钻芯法检测混凝土强度技术规程: JGJ/T 384—2016[S]. 北京: 中国建筑工业出版社, 2016.

[47] 中国工程建设标准化协会标准. 超声法检测混凝土缺陷技术规程: CECS 21:2000[S]. 北京: 中国计划出版社, 2000.

[48] 中华人民共和国国家标准. 钢结构工程施工质量验收规范: GB 50205—2020[S]. 北京: 中国计划出版社, 2020.

[49] 中华人民共和国国家标准. 混凝土质量控制标准: GB 50164—2011[S]. 北京: 中国建筑工业出版社, 2011.

[50] 中华人民共和国国家标准. 普通混凝土长期性能和耐久性能试验方法标准: GB/T 50082—2009[S]. 北京: 中国建筑工业出版社, 2009.

[51] 中华人民共和国行业标准. 公路工程基桩检测技术规程: JTG/T 3512—2020[S]. 北京: 人民交通出版社股份有限公司, 2020.

[52] 中华人民共和国行业标准. 建筑桩基技术规范: JGJ 94—2008[S]. 北京: 中国建筑工业出版社, 2008.

[53] 中华人民共和国行业标准. 建筑桩基检测技术规范: JGJ 106—2014[S]. 北京: 中国建筑工业出版社, 2014.

[54] 中华人民共和国行业标准. 公路桥涵地基与基础设计规范: JTG 3363—2019[S]. 北京: 人民交通出版社股份有限公司, 2019.

[55] 中华人民共和国行业标准. 公路桥涵养护规范: JTG 5120—2021[S]. 北京: 人民交通出版社股份有限公司, 2021.

[56] 中华人民共和国行业标准.城市桥梁养护技术标准:CJJ 99—2017[S].北京:中国建筑工业出版社,2017.

[57] 中国工程建设标准化协会标准.公路桥梁水下构件检测技术规程:T/CECS G:J56—2019[S].北京:人民交通出版社股份有限公司,2020.

[58] 中华人民共和国行业标准.公路桥梁技术状况评定标准:JTG/T H21—2011[S].北京:人民交通出版社,2011.

[59] 中华人民共和国行业标准.公路桥梁承载能力检测评定规程:JTG/T J21—2011[S].北京:人民交通出版社,2011.

[60] 中华人民共和国行业标准.公路桥梁荷载试验规程:JTG/T J21-01—2015[S].北京:人民交通出版社股份有限公司,2016.

[61] 中华人民共和国行业标准.公路隧道施工技术规范:JTG/T 3660—2020[S].北京:人民交通出版社股份有限公司,2020.

[62] 中华人民共和国行业标准.公路隧道施工技术细则:JTG/T F60—2009[S].北京:人民交通出版社,2009.

[63] 中华人民共和国行业标准.公路隧道设计规范 第一册 土建工程:JTG 3370.1—2018[S].北京:人民交通出版社股份有限公司,2018.

[64] 中华人民共和国行业标准.公路隧道照明设计细则:JTG/T D70/2-01—2014[S].北京:人民交通出版社股份有限公司,2014.

[65] 中华人民共和国行业标准.公路隧道通风设计细则:JTG/T D70/2-02—2014[S].北京:人民交通出版社股份有限公司,2014.

[66] 中华人民共和国行业标准.铁路隧道衬砌质量无损检测规程:TB 10223—2004[S].北京:中国铁道出版社,2004.

[67] 中华人民共和国行业标准.铁路瓦斯隧道技术规范:TB 10120—2002 J160—2002[S].北京:中国铁道出版社,2002.

[68] 中华人民共和国行业标准.铁路隧道超前地质预报技术指南:铁建设[2008]105号[S].北京:中国铁道出版社,2008.

[69] 中华人民共和国行业标准.公路隧道养护技术规范:JTG H12—2015[S].北京:人民交通出版社股份有限公司,2015.

[70] 中华人民共和国行业标准.锚杆锚固质量无损检测技术规程:JGJ/T 182—2009[S].北京:中国建筑工业出版社,2010.

[71] 中华人民共和国行业标准.铁路隧道衬砌质量无损检测规程:SL 326—2005[S].北京:中国水利水电出版社,2005.

[72] 中华人民共和国行业标准.公路工程质量检验评定标准 第二册 机电工程:JTG 2182—2020[S].北京:人民交通出版社股份有限公司,2020.

[73] 中国铁路总公司企业标准.铁路隧道监控量测技术规程:Q/CR 9218—2015[S].北京:中国铁道出版社,2015.

[74] 中国工程建筑协会标准.拔出法检测混凝土强度技术规程:CECS 69:2011[S].北京:中国建筑科学研究院,2011.

[75] 中华人民共和国国家标准.岩土锚杆与喷射混凝土支护工程技术规范:GB 50086—2015[S].北京:中国计划出版社,2016.

[76] 中华人民共和国国家标准.地下工程防水技术规范:GB 50108—2008[S].北京:中国计划出版社,2008.

[77] 中华人民共和国国家标准.高分子防水材料 第2部分:止水带:GB 18173.2—2014[S].北京:中国标准出版社,2014.

[78] 中华人民共和国国家标准.预应力混凝土用钢材试验方法:GB/T 21839—2019[S].北京:中国标准出版社,2019.

[79] 中华人民共和国行业标准.公路养护工程质量检验评定标准 第一册 土建工程:JTG 5220—2020[S].北京:人民交通出版社股份有限公司,2020.

[80] 中华人民共和国行业标准.混凝土超声检测仪:JT/T 659—2006[S].北京:人民交通出版社,2006.

[81] 中华人民共和国行业标准.基桩动测仪:JG/T 518—2017[S].北京:中国标准出版社,2017.

[82] 中华人民共和国行业标准.公路瓦斯隧道设计与施工技术规范:JTG/T 3374—2020[S].北京:人民交通出版社股份有限公司,2020.

[83] 章关永.桥梁结构试验[M].北京:人民交通出版社,2010.

[84] 中华人民共和国行业标准.公路工程物探规程:JTG/T 3222—2020[S].北京:人民交通出版社股份有限公司,2020.

[85] 张劲泉,王文涛.桥梁检测与加固手册:上册[M].北京:人民交通出版社,2007.

[86] 张劲泉,宿健,程寿山,等.混凝土旧桥材质状况与耐久性检测评定指南及工程实例[M].北京:人民交通出版社,2007.

[87] 交通运输部工程质量监督局.公路桥梁和隧道施工安全风险评估制度及指南解析[M].北京:人民交通出版社,2011.

[88] 林维正.土木工程质量无损检测技术[M].北京:中国电力出版社,2008.

[89] 交通运输部公路科学研究院.公路危旧桥梁排查技术指南[M].北京:人民交通出版社股份有限公司,2020.